Baedeker
Allianz Reiseführer

Polen

VERLAG KARL BAEDEKER

Hinweise zur Benutzung

Sternchen (Asterisken) als typographisches Mittel zur Hervorhebung bedeutender Bau- und Kunstwerke, Naturschönheiten und Aussichten, aber auch guter Unterkunfts- und Gaststätten hat Karl Baedeker im Jahre 1846 eingeführt; sie werden auch in diesem Reiseführer verwendet: Besonders Beachtenswertes ist durch * einen vorangestellten 'Baedeker-Stern', einzigartige Sehenswürdigkeiten sind durch ** zwei Sternchen gekennzeichnet.
Zur raschen Lokalisierung der Reiseziele von A bis Z auf der beigegebenen Reisekarte sind die entsprechenden Koordinaten der Kartennetzmaschen jeweils neben der Überschrift in Rotdruck hervorgehoben: Kraków **G 6**

Farbige Streifen an den rechten Seitenrändern erleichtern das Auffinden der Großkapitel des vorliegenden Reiseführers: Die Farbe Blau steht für die Einleitung (Natur, Kultur, Geschichte), die Farbe Rot für die Reiseziele, und die Farbe Gelb markiert die praktischen Informationen.

Wenn aus der Fülle von Unterkunfts-, Gast- und Einkaufsstätten nur eine wohlüberlegte Auswahl getroffen ist, so sei damit gegen andere Häuser kein Vorurteil erweckt.

Da die Angaben eines solchen Reiseführers in der heute so schnellebigen Zeit fast ständig Veränderungen unterworfen sind, kann der Verlag weder Gewähr für die absolute Richtigkeit leisten noch die Haftung oder Verantwortung für eventuelle inhaltliche Fehler übernehmen. Auch lehrt die Erfahrung, daß sich Irrtümer kaum gänzlich vermeiden lassen.

Baedeker ist ständig bemüht, die Qualität seiner Reiseführer noch zu steigern und ihren Inhalt weiter zu vervollkommnen. Hierbei können ganz besonders die Erfahrungen und Urteile aus dem Benutzerkreis als wertvolle Hilfe gar nicht hoch genug eingeschätzt werden. Vor allem **Ihre Kritik, Berichtigungen und Verbesserungsvorschläge sind uns stets willkommen.** Sie helfen damit, die nächste Auflage noch aktueller zu gestalten. Bitte schreiben Sie in jedem Falle an die

Baedeker-Redaktion
Karl Baedeker GmbH
Zeppelinstr. 41
Postfach 3162
D-73751 Ostfildern.
Telefax: (0711) 4502-343; E-Mail: baedeker@mairs.de
http://www.baedeker.com

Der Verlag dankt Ihnen im voraus bestens für Ihre Mitteilungen. Jede Einsenderin und jeder Einsender nimmt an einer jeweils zum Jahresende unter Ausschluß des Rechtsweges stattfindenden Verlosung von drei JRO-Leuchtgloben teil. Falls Sie gewonnen haben, werden Sie benachrichtigt. Ihre Zuschrift sollte also neben der Angabe des Buchtitels und der Auflage, auf welche Sie sich beziehen, auch Ihren Namen und Ihre Anschrift enthalten. Die Informationen werden selbstredend vertraulich behandelt und die persönlichen Daten nicht gespeichert.

◀ *Titelseite: Durch das Bild der "Schwarzen Madonna" wurde das Kloster Jasna Góra in Częstochowa (Tschenstochau) zum meistbesuchten Wallfahrtsort Polens.*

Vorwort

Dieser Reiseführer gehört zur neuen Baedeker-Generation. In Zusammenarbeit mit der Allianz Versicherungs-AG erscheinen bei Baedeker durchgehend farbig illustrierte Reiseführer in handlichem Format. Die Gestaltung entspricht den Gewohnheiten modernen Reisens: Nützliche Hinweise werden in der Randspalte neben den Beschreibungen herausgestellt. Diese Anordnung gestattet eine einfache und rasche Handhabung. Der vorliegende Band hat Polen zum Thema, ein altes europäisches Kulturland mit vielfältigen landschaftlichen Schönheiten.

Der Reiseführer gliedert sich in drei Hauptteile: Im ersten Teil wird über das Land im allgemeinen, Landesnatur, Klima, Ökologie, Staat und Verwaltung, Bevölkerung, Sprache, Bildung und Wissenschaft, Wirtschaft, Verkehr, Tourismus, Geschichte, berühmte Persönlichkeiten sowie Kunst und Kultur berichtet. Eine kleine Sammlung von Literaturzitaten leitet über zum Zweiten Teil des Reiseführers, in dem zunächst einige Routenvorschläge gemacht werden, um dann die Reiseziele in Polen – Landschaften, Gebirge, Flüsse – im einzelnen zu beschreiben. Daran schließt sich ein dritter Teil an mit reichhaltigen praktischen Informationen, die dem Besucher das Zurechtfinden vor Ort wesentlich erleichtern. Specials beschäftigen sich mit der katholischen Kirche in Polen, dem Umbruch in Polen, dem Deutschen Orden sowie mit dem Thema 'Schlesien gestern und heute'. Sowohl die Reiseziele als auch die Informationen sind in sich alphabetisch geordnet. Baedeker Allianz Reiseführer zeichnen sich durch Konzentration auf das Wesentliche sowie Benutzerfreundlichkeit aus. Sie enthalten eine Vielzahl eigens entwickelter Pläne und zahlreiche farbige Abbildungen.

Masurische Seenplatte: Segelboote am Löwentinsee

Zu diesem Reiseführer gehört als integrierender Bestandteil eine ausführliche Reisekarte, auf der die im Text behandelten Reiseziele anhand der jeweils angegebenen Kartenkoordinaten leicht zu lokalisieren sind. Wir wünschen Ihnen mit dem Baedeker Allianz Reiseführer viel Freude und einen schönen Aufenthalt in Polen!

Baedeker
Verlag Karl Baedeker

Inhalt

Natur, Kultur Geschichte

Seite 8 – 123

Reiseziele von A bis Z

Seite 124–457

Praktische Informationen von A bis Z

Seite 458 – 508

Anmerkungen zum polnischen Alphabet

Das polnische Alphabet hat etliche Buchstaben mit diakritischen Zeichen. Es ist üblich, diese jeweils hinter solchen ohne diakritische Zeichen einzuordnen, also: a, ą; l, ł. Auf diese Weise können ungewohnte Abfolgen entstehen, etwa: Lublin, Łagów; Łowicz, Łódź; Szklarska Poręba, Śląsk. Findet man ein Reiseziel nicht am erwarteten Platz, empfiehlt es sich, unter der Variante mit diakritischem Zeichen zu suchen. Die Buchstaben des polnischen Alphabets lauten in ihrer Reihenfolge:
a ą b c ć d e ę f g h i j k l ł m n ń o ó p r s ś t u w y z ź ż.
Im Register (am Ende des Buches), das sowohl die polnischen als auch die deutschen Ortsnamen enthält, wird jedoch ohne Rücksicht auf die diakritischen Zeichen sortiert, um ein problemloses Auffinden zu gewährleisten.

Baedeker Specials

Keineswegs

"Noch ist Polen nicht verloren" – wer kennt ihn nicht, den Beginn der polnischen Nationalhymne. Immer wieder in ihrer Geschichte hatten die Polen Anlaß genug, sich an diesen Worten festzuhalten, denn keine andere europäische Nation ist so oft erobert, zerteilt und geschunden worden wie die polnische. Auch heute, nach Abschaffung des sozialistischen Systems, ist das nun marktwirtschaftlich und nach Westen orientierte Land noch nicht über den Berg.
Was den Polen hilft, ist ihr Glaube: 98 % aller Polen sind katholisch. Der polnische Katholizismus ist lebendig, und er wird mit einer Inbrunst praktiziert, die nicht wenige westliche Besucher befremden mag. Wer ihn erleben möchte, begebe sich im August nach Tschenstochau, wo Abertausende die Schwarze Madonna, die Nationalheilige, verehren.
Eine andere Religion und ihre Kultur, die dem Land ihren Stempel aufgedrückt haben, die jüdische, ist vernichtet worden. Verantwortlich dafür ist Deutschland, das aus Polen ein einziges Konzentrations- und Vernichtungslager machte. Gerade für Deutsche ist eine Reise nach Polen deshalb auch eine Begegnung mit der Geschichte ihres Landes, der sie nicht ausweichen sollten.
Doch genug von dunkelster Vergangenheit und vielleicht nicht immer erfreulicher Gegenwart. Wer nach Polen reist, begibt sich in ein Land, das keineswegs einen verlorenen Eindruck macht, sondern sich als vielfältiges Reiseland erweist. Neben viel unberührter Natur wie dem Urwald von Białowieża bietet das Land eine Reihe ansprechender Erholungsgebiete: im Norden die lange Ostseeküste mit ihrem weißen Sandstrand, eine ausge-

Volkskunst

Nowy Sącz: "Christus im Elend" – von Janina Mordarska

Schlesien

Zu den schönsten Bauten des Landes gehört das Schloß in Brzeg (Brieg). Prunkstück ist das Portal mit Porträtbüsten u.a. (Detail).

verloren

Ostpolen

Halbwilde Pferde leben im Białowieża-Nationalpark.

dehnte Seenlandschaft und endlose Wälder; im Süden die Sudeten und Karpaten mit bizarren Felsformen und Berggipfeln. Hier wie dort fühlen sich sportbegeisterte Urlauber wohl: Wassersportler können sich in einem Wassersportzentrum an der Ostsee einmieten oder in einem der malerischen Seengebiete Kayakfahren; für Petrijünger wird mancherorts ein kombinierter Camping- und Angelurlaub geboten. Bergregionen, Wälder und Nationalparks sind das ideale Revier für Wanderer und Klettertouren; in den Sudeten und Karpaten, deren höchste Bergkette das sagenumwobene Riesengebirge ist, kann man Wintersport treiben oder in Zakopane in der Hohen Tatra ergründen, weshalb es so viele polnische Künstler einst in diese "Winterhauptstadt" Polens gezogen hat. Die Weichsel, "die Königin der polnischen Flüsse", durchströmt das Land von Süden nach Norden und eint nicht nur Gebirge und Ebenen, sondern auch Gebiete, die lange unter österreichischen Kaisern, preußischen Königen und russischen Zaren aufgeteilt war. Sie verbindet auch Warschau und Krakau, Polens wichtigste Städte, nicht zuletzt dank ihrer Museen und Baudenkmäler. Während Warschaus historischer Kern nach der völligen Vernichtung neu aufgebaut worden ist, bietet Krakau mit dem Rynek Glówny den größten in Europa erhaltenen mittelalterlichen Marktplatz und mit dem Wawel das alte polnische Königsschloß. Nicht weit entfernt davon erinnert das ehemalige jüdische Viertel Kazimierz mit seinen Synagogen an die untergegangene jüdische Kultur. Die Vergangenheit – die polnisch-jüdische und die deutsche – ist hier wieder gegenwärtig.

Warschau

Die Altstadt ist wiederaufgebaut worden.

Störche

In den Masuren kann man vielerorts Storchennester beobachten.

Zahlen und Fakten

Vorbemerkung

Polen ist ein altes europäisches Kulturland zwischen Ost und West mit einer über viele Jahrhunderte hinweg unruhigen, leidvollen Geschichte: Kriege, Teilungen, Besetzung, die Zerstörungen durch das nationalsozialistische Deutschland, 40 Jahre kommunistische Herrschaft. Jetzt hat Polen die Chance und die Hoffnung, im Europa an der Schwelle zum 21. Jahrhundert eine neue Rolle zu spielen. Dazu gehört auch, Polen als Reise- und Urlaubsland neu zu entdecken. Gastfreundschaft ist eine traditionelle Tugend der Polen, ihr Land ist reich an landschaftlichen und kulturellen Schätzen. Von den weißen Stränden der Ostsee über die Weite der Seenplatten bis hin zum Riesengebirge und der Tatra, von den Kreuzritterburgen über die Königs- und Magnatenschlösser bis hin zur alten Hauptstadt Krakau: Es gibt viele lohnende Motive, Polen zu besuchen.

Allgemeines

Lage und Grenzen

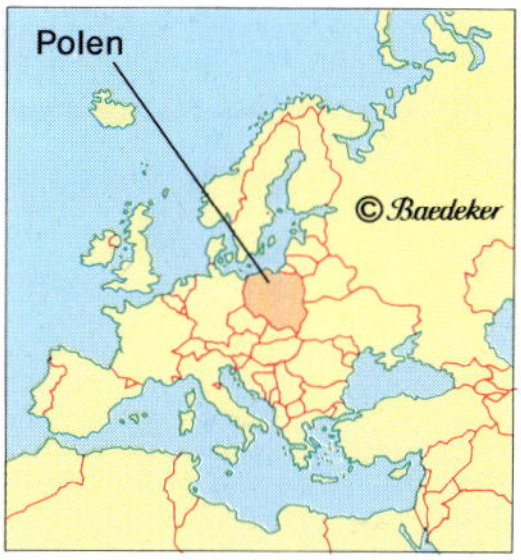

Die Republik Polen erstreckt sich im östlichen Mitteleuropa zwischen 54° 50′ und 49° 00′ nördlicher Breite bzw. 14° 09′ und 24° 08′ östlicher Länge. Sie grenzt im Westen an die deutschen Bundesländer Sachsen, Brandenburg und Mecklenburg-Vorpommern, im Norden an die Ostsee und Rußland (Gebiet um Königsberg/Kaliningrad), im Nordosten an Litauen, im Osten an Weißrußland und die Ukraine, im Süden an die Slowakische und die Tschechische Republik. Die Grenzen sind insgesamt 3672 km lang, davon entfallen 528 km auf die Ostseeküste; die Grenze zu Deutschland ist 467 km lang, zur Tschechischen und zur Slowakischen Republik 1391 km, zur Ukraine 490 km, zu Weißrußland 442 km, zu Litauen 110 km und zu den zu Rußland gehörenden Gebieten (Kaliningrad/Königsberg) 244 km.

Fläche und Ausdehnung

Mit 312 683 km² Fläche ist Polen etwa um 14 % kleiner als Deutschland (7. Rang in Europa). Den nördlichsten Punkt bildet das Kap von Rixhöft (Przykłądek Rozewie) nördlich von Danzig (Gdańsk), den südlichsten der Gipfel des Opołonek in den Ostbeskiden; die Nord-Süd-Ausdehnung beträgt 5° 50′ geographischer Breite oder 649 km. Ost-westlich erstreckt sich das Land zwischen Osinów Dolny bei Zehden an der Oder im Westen und Zosin (in der Gemeinde Horodło) am Bug im Osten über 10° 01′ geographischer Länge; das entspricht 689 km und 40 Minuten Ortszeit.
Der höchste Punkt liegt in der Tatra (Rysy, 2499 m ü. d. M.). Der größte Teil des Landes ist niedriges Flachland; 71 % liegen unter 200 m ü. d. M., 26 % zwischen 200 und 500 m und nur 3 % über 500 m hoch.

Landesnatur

Geographische Gliederung

Polen wird – ähnlich wie Deutschland – im Norden vom Meer, der Ostsee, und im Süden von Gebirgen, den Sudeten und Karpaten, begrenzt. Die Landschaften Polens sind als annähernd parallel verlaufende Streifen

◀ *Der Kulturpalast ist das höchste Gebäude in Warschau.*

Geographische Gliederung (Fortsetzung)

angeordnet. Hinter der Ostseeküste verläuft ein Gürtel von Seenplatten, deren Gewässer zwischen Moränenhügeln liegen. Die Mitte des Landes wird von topfebenen Niederungen eingenommen. Den Süden bilden Gebirgsketten mit je besonderem Charakter.

Landschaften

Ostseeküste

Die für die über 500 km lange polnische Ostseeküste typische Landschaft ist ausgedehnter breiter Strand mit fast weißem Sand. Der Strand fällt sehr flach ab und bildet einen breiten Flachwasserbereich. Hinter dem Strand erstreckt sich ein mit Kiefernwald bewachsener Dünengürtel.

Die Küste wird durch die Meeresströmung geformt, die sich mit geringer Geschwindigkeit, jedoch beständig am Ufer entlang nach Osten bewegt. Diese Strömung hat alle Unebenheiten der Küstenlinie ausgeglichen. Schmale, sandige Nehrungen trennen kleine Buchten vom offenen Meer und geben ihnen den Charakter von Strandseen oder Haffs; Beispiele an der pommerschen Küste der Leba-See (Jezioro Łebsko), der Garder See (Jezioro Gardno) oder der Jamunder See (Jezioro Jamno). Weiter östlich ist an der Danziger Bucht das Frische Haff (Zalew Wiślany) nahezu vollständig von der Ostsee getrennt, während die Halbinsel Hela (Hel) weit in die Danziger Bucht hineingewachsen ist, ohne ein geschlossenes Haff zu bilden.

Der Sand wurde vom Wind ins Land hineingetragen und zu Dünen aufgehäuft, die bis über 50 m Höhe erreichen können. Wanderdünen, die sich

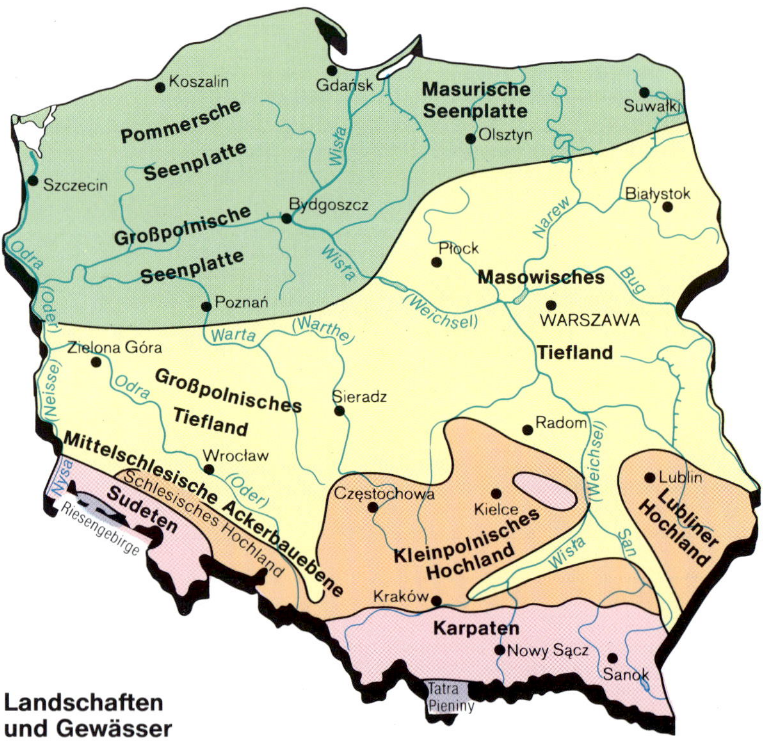

Landschaften und Gewässer

Ostseeküste bei Rixhöft

An der Warthe (Großpolen)

Landschaften, Ostseeküste (Fortsetzung)

einst ins Landesinnere bewegten und dabei Dörfer und Felder verschütteten, sind heute sehr selten. Auf den jungen Dünen, die durch Bepflanzung in jüngerer Zeit aufgehalten werden konnten, wachsen als Pionierpflanzen Strandhafer und andere Gräser; die älteren, völlig zur Ruhe gekommenen Dünen sind mit einem trockenen, sehr kargen Wald aus Kiefern und Wacholder bewachsen. Die Senken zwischen den Dünen sind mitunter feucht bis sumpfig und mit Erlenwäldern bestanden.

Seenplatten

Drei Seenplatten sind in Polen zu unterscheiden. Die beiden westlichen sind die Pommersche Seenplatte (Pojezierze Pomorskie) im Norden parallel zur Ostseeküste und die Großpolnische Seenplatte (Pojezierze Wielkopolskie), die südlich anschließt. Beide Seenplatten haben ein mildes ozeanisches Klima, es dominieren Buchenwälder oder Buchenmischwälder. Im Osten liegt die Masurische Seenplatte (Pojezierze Mazurskie) mit eher kontinentalem Klima; hier wachsen Fichtenmischwälder. Botanisch und zoologisch ist dieses Gebiet wegen einiger aus der sibirischen Taiga stammenden Tier- und Pflanzenarten interessant. Ein attraktives Urlaubsgebiet sind die Großen Masurischen Seen (Wielkie Jeziora Mazurskie), die durch Kanäle verbunden sind.
Der Gürtel der Seenplatten war während der letzten Vereisung in der Würm-Eiszeit vor etwa 12000 Jahren mit skandinavischem Inlandseis bedeckt. Das vordringende Eis transportierte Gesteinsschutt, der heute in Form von Moränen weitgehend landschaftsbestimmend ist. Die Moränen bestehen aus Lehm, Sand und Kies; stellenweise ist Ton eingelagert. Zahlreiche Steine unterschiedlicher Größe behindern die landwirtschaftliche Bearbeitung des Bodens. In der kuppigen Moränenlandschaft und in den eiszeitlichen Schwemmsandebenen (sog. Sander) breiten sich zahlreiche Seen aus, die meist recht flach sind (bis 20 m); einige Rinnenseen, so genannt wegen ihrer langgestreckten Form und dem tief ausgefurchten Bett, erreichen größere Tiefen (Dratzig-See/Jezioro Drawsko in Hinterpommern, 83 m; Hańcza-See in Ostmasuren, 108 m).

Masowisches Tiefland (bei Warschau)

Das Tiefland

Südlich der Seenplatten mit ihrem kuppigen, auf polnischem Gebiet bis 329 m ü. d. M. aufragenden Relief schließt sich der breite Gürtel des polnischen Tieflands an. Es ist insgesamt dicht besiedelt und wird in drei Bereiche eingeteilt: im Westen das Großpolnische Tiefland (Niżina Wielkopolska), südlich davon die Mittelschlesische Ackerbauebene (Niżina Śląska) und im Osten das Masowische Tiefland (Niżina Mazowiecka). Auch klimatisch sind diese drei Gebiete unterschiedlich: Das Großpolnische Tiefland ist am trockensten, die Mittelschlesische Ebene am wärmsten, das Masowische Tiefland hat ein eher kontinentales Klima.
Das Material des Untergrunds ist von früheren Eiszeiten aufgebaut worden und hat durch Abtragungsvorgänge während langer Zeiträume (Wind, Niederschläge, Fließwasser) sein heutiges ausgeglichenes Relief erhalten. Das typische Landschaftsbild ist die weite, bis zum Horizont reichende Ebene. Der Untergrund des Tieflands ist großenteils lehmig und fruchtbar. Die einmal hier wachsenden großen Mischwälder (Eiche, Hainbuche, Linde, Ahorn, Birke und Waldkiefer) wurden sehr bald zur landwirtschaftlichen Nutzung abgeholzt; es blieben die kargsten, sandigen Schollen übrig, die heute mit Kiefernwald bestanden sind.

Mittelgebirge

Der Bereich der polnischen Mittelgebirge, die im wesentlichen Plateaucharakter aufweisen, erstreckt sich – klammert man das Sudetenvorland aus – im Südosten des Landes. Nördlich und westlich des Weichseloberlaufs ist dies das Kleinpolnische Hochland (Wyżyna Malopolska) mit dem Krakau-Tschenstochauer Jura (im Westen) und dem Heilig-Kreuz-Hochland (im Osten). Im Osten Polens, zwischen Weichsel und Bug, dehnt sich das das Lubliner Hochland (Wyżyna Lubelska) aus, das südlich in die Hügelkette der Roztocze übergeht.

Krakau-Tschenstochauer Jura

Der Krakau-Tschenstochauer Jura (Wyżyna Krakowsko-Częstochowska) erstreckt sich mit ca. 90 km Länge von Tschenstochau (mit dem Jasna Góra) südöstlich bis vor die Tore Krakaus. Die ausgedehnte Platte aus

Krakau-Tschenstochauer Jura (Fortsetzung)

Jurakalk erreicht in der Góra Zamkowa 504 m Höhe ü. d. M.; die Erosion hat diese Platte zerklüftet und eine außergewöhnlich malerische Karstlandschaft entstehen lassen, mit scharf eingeschnittenen Tälern, Dolinen und Trichtern, Felsnadeln und Höhlen. Auf einem Teil der Kalktafel lagern Lößschichten.

Hochland von Kielce und Sandomierz

Das Hochland von Kielce und Sandomierz (Wyżyna Kielecko-Sandomierska) kulminiert in den Heilig-Kreuz-Bergen (Góry Świętokrzyskie), den Resten sehr alter Bergzüge, die während der Kaledonischen Faltung entstanden und seitdem fast völlig zerstört wurden. Ihr höchster Gipfel ist mit 612 m ü. d. M. der Lysica. Die Heilig-Kreuz-Berge sind z. T. aus paläozoischen Quarziten aufgebaut; die höheren, steileren Lagen tragen Fichtenwald. Das Klima ist der Höhenlage entsprechend relativ rauh, die Vegetationsperiode ist zwei Wochen kürzer als im nördlich gelegenen Warschau. Im Nationalpark Puszcza Jodłowa ist noch weitgehend ursprünglicher Wald mit subalpinem Charakter erhalten geblieben (Fichten- bzw. Tannenmischwälder); an tiefer gelegenen Südhängen wiederum gibt es Wärmeinseln mit besonderer Flora und Fauna.

Lubliner Hügelland

Das Lubliner Hügelland (Wyżyna Lubelska; 160–240 m ü. d. M.) ist Teil eines Hochlands, das sich von der Weichsel bis an den Oberlauf des Dnjepr erstreckt. Das Erscheinungsbild der welligen, agrarisch geprägten Landschaft beruht auf einer dicken Lößschicht, die auf einer Kalktafel lagert; fließendes Wasser formte den Löß teilweise zu malerischen Schluchten mit steilen Wänden. Der Boden ist größtenteils sehr fruchtbar; im östlichen Teil, in der Nähe von Hrubieszów, trifft man schon auf die legendäre ukrainische Schwarzerde. Wald gibt es, da zur Ackerlandgewinnung abgeholzt, nur wenig. Für Naturfreunde ist das Gebiet wegen der Arten interessant, die von den Steppen am Schwarzen Meer hierher vorgedrungen sind. Im Südosten geht das Hügelland in den Höhenzug der Roztocze über, der geologisch und landschaftlich allerdings anders geartet ist und bis 390 m Höhe erreicht. Auch er ist durch seine Naturschönheiten bekannt (Roztoczański-Nationalpark).

Die Gebirge

Die Südwest- und die Südgrenze Polens verläuft über die Sudeten und östlich daran anschließend die Karpaten. Getrennt werden die beiden Gebirgszüge, deren Geologie und Landschaftscharakter unterschiedlich sind, von der Mährischen Pforte (Brama Morawska) am Oberlauf der Oder, dem historisch bedeutsamen Übergang zwischen Polen und dem böhmisch-mährischen Raum.

Sudeten

Die relativ dicht besiedelten Sudeten (Sudety) bilden die Wasserscheide zwischen den Einzugsgebieten von Oder und Elbe. Sie sind Ergebnis der variskischen Gebirgsbildung während des jüngeren Paläozoikums; im Tertiär wurden sie aus ihrer Umgebung herausgehoben und erhielten dabei im wesentlichen ihre heutige Gestalt. Sie bauen sich im Kern aus alten Graniten und kristallinen Schiefern auf, ferner aus Gneisen, Glimmerschiefern und Porphyren.
Die Höhenzüge der Sudeten haben meist die Gestalt von langen Kämmen mit sanften Abhängen und sind mit Fichtenwäldern bestanden. Nur das Riesengebirge (Karkonosze) ragt mit der Schneekoppe (Śnieżka; 1602 m ü. d. M.) über die Baumgrenze; oberhalb 1200 m trifft man auf Knieholzbewuchs (Latschen) und alpine Flora. Durch den Kalkmangel ist die Flora der Sudeten wesentlich ärmer an verschiedenen Gattungen als die der Karpaten. Die verschiedenen Vegetationszonen liegen im Vergleich mit der Tatra um 250–300 m niedriger.
Die Sudeten und das Sudetenvorland sind reich an Heilquellen und damit auch an Kurorten (z. B. Kudowa, Duszniki und Polanica im Glatzer Becken, Cieplice bei Jelenia Góra).

Karpaten

Das große Gebirgssystem der Karpaten (Karpaty) entstand im selben Faltungsprozeß wie die Alpen. Der polnische Anteil an den Westkarpaten glie-

In den Sandezer Beskiden

Hohe Tatra: Tourengeher auf dem Morskie Oko

Die Gebirge, Karpaten (Fortsetzung)

dert sich in die Schlesischen Beskiden (Beskid Śląski, Quellgebiet der Weichsel), die Hohen Beskiden (Beskid Wysoki, mit der Hohen Tatra und dem höchsten Gipfel Polens, dem Rysy), die Niederen Beskiden (Beskid Niski) und die Bieszczady oder Ostbeskiden (Beskid Wschodnie).

Beskiden

Die Beskiden ziehen sich über etwa 300 km durch den ganzen Süden des Landes von der Mährischen Pforte bis zur Ostgrenze. Sie bestehen zum größten Teil aus Schiefern und Sandstein, einem unbeständigen Gestein, das leicht verwittert; daher sind die Bergkämme der Beskiden abgerundet. Der größte Teil liegt unter 1300 m ü. d. M. und damit unter der Baumgrenze (zweithöchster Gipfel ist der Turbacz, 1310 m; der Babia Góra ist mit seinen 1725 m Höhe ein 'Ausreißer'). Auch in den Beskiden gibt es viele Mineralquellen in bekannten Kurorten (Jastrzębie, Szczawnica, Iwonicz). Der östlichste Teil, die Ostbeskiden (Bieszczady), ist nur schwach besiedelt und für seine ursprünglich gebliebene Landschaft bekannt.

Tatra

Die Tatra (Tatry) gliedert sich in zwei streng zu unterscheidende Teile, die Hohe Tatra (Tatry Wysokie) und die Westliche Tatra (Tatry Zachodnie). Während die Westliche Tatra aus Triaskalken aufgebaut ist, besteht der Kern der Hohen Tatra aus Granit. Die Hohe Tatra erreicht auf polnischem Gebiet im Gipfel des Rysy 2499 m Höhe, südlich davon (auf slowakischem Gebiet) in der Gerlsdorfer Spitze (Gerlachovský štít) 2655 m. Das gesamte Massiv hat Hochgebirgscharakter mit von Gletschern geformten Trogtälern und kleinen Karseen. Die Waldgrenze liegt bei 1500 m, die obere Grenze des Krummholzes bei 1800 m.
Nördlich der Tatra vorgelagert ist das dicht besiedelte Podhale-Becken mit dem international bekannten Wintersportort Zakopane. Die Bewohner, die Goralen, besitzen noch eine reiche Folklore. Im Osten wird das Podhale-Becken durch den schmalen Gebirgsrücken der Pieniny (im Gipfel der Drei Kronen/Trzy Korony 982 m hoch) begrenzt, der vom Fluß Dunajec in einem pittoresken, tief eingeschnittenen Tal durchbrochen wird.

Klima

Allgemeines

Polen hat als östliches Nachbarland ein ähnliches Klima wie Nord- und Mitteldeutschland. Das wird besonders bei einem Vergleich der durchschnittlichen Juli-Temperaturen deutlich, die in großen Teilen beider Länder zwischen 16 und 18 °C liegen. Im Winter macht sich jedoch die kontinentalere Lage Polens (mit größeren Temperaturschwankungen zwischen Tag und Nacht sowie zwischen Sommer und Winter) bemerkbar: Während die mittlere Januartemperatur in Berlin bei 0 °C liegt, nimmt sie nach Osten hin rasch ab und erreicht in Posen (Poznań) nur noch −2,2 °C, in Warschau −3,5 °C und in Suwałki −5 °C. Lange und vergleichsweise strenge Winter und entsprechend kurze Vegetationsperioden prägen somit das Klima namentlich in den östlichen Teilen des Landes und in den südlichen Randgebirgen.
Aufgrund der geringen Höhe über dem Meeresspiegel ist Polen in weiten Teilen ausgesprochen niederschlagsarm. In großen Gebieten in der Mitte des Landes fallen im Jahresmittel weniger als 500 mm Niederschlag. Östlich der Weichsel fällt der Niederschlag an über 80 Tagen als Schnee.
Nur nach Süden bilden Sudeten und Beskiden eine gewisse Barriere; aus allen anderen Richtungen können Luftmassen ungehindert in das Land vordringen. Vorherrschend sind westliche Winde und ozeanische Luftmassen; daneben stößt auch polare und kontinentale Luft aus dem Norden und Osten nach Polen vor, die insbesondere im Winter für große Kälte sorgt. Der Wechsel der Luftmassen ist der Grund für die Unbeständigkeit der Witterung im Lande und die große Unterschiedlichkeit des Wetterverlaufs von Jahr zu Jahr.

Jahreszeiten

Sechs Jahreszeiten lassen sich in Polen unterscheiden:
- Winter mit Frost und Schnee etwa von Mitte Dezember bis Ende Februar
- Vorfrühling mit Wechsel von noch winterlichem und schon frühlingshaftem Wetter von März bis Anfang April
- Frühling mit vielfach heiterem Wetter (sowie regelmäßigem Kälteeinbruch im Mai) in April und Mai
- Sommer mit Sonne und Wärme, aber auch größeren Niederschlägen von Juni bis August
- sonniger und trockener Herbst im September und Oktober
- regnerischer und trüb-nebliger Vorwinter von November bis Mitte Dezember.

Klimadiagramme

Im folgenden werden die Teilräume Polens anhand von Klimadiagrammen typischer Stationen dargestellt. Die Buchstaben bezeichnen die Monate, der Jahresgang der Temperatur ist als rotes Band dargestellt. Die obere Grenze entspricht der durchschnittlich höchsten täglichen Temperatur, die untere Grenze entspricht der niedrigsten Nachttemperatur. Die Höhe der blauen Niederschlagssäulen entspricht der monatlichen Niederschlagsmenge. Zum Vergleich sind in das Klimadiagramm von Warschau die Temperatur- und Niederschlagskurven für Kassel eingetragen.

Zentralpolen (Klimastation Warschau)

Das Klimadiagramm von Warschau läßt im Vergleich mit dem von Kassel die stärkere Kontinentalität erkennen: Die täglichen Temperaturschwankungen sind größer, die Wintertemperaturen sind niedriger und die Sommertemperaturen höher (sie zählen zu den höchsten des Landes). Von Dezember bis März liegt das tägliche Temperaturminimum unter dem Gefrierpunkt. Wenn polar-kontinentale Luftmassen ins Land dringen, kann es noch im Mai und schon im September Frost geben.
Die Jahresniederschläge sind mit 561 mm geringer als in anderen Landesteilen; die regenreichsten Monate sind Juli bis Oktober. Das trockenste Gebiet Polens mit etwa 500 mm Jahresniederschlag liegt in den Tiefländern von Warthe und Weichsel etwa im Dreieck Warschau – Bromberg – Posen.

Acht regionaltypische Klimastationen

Entwurf: Prof. Dr. Wolfgang Hassenpflug

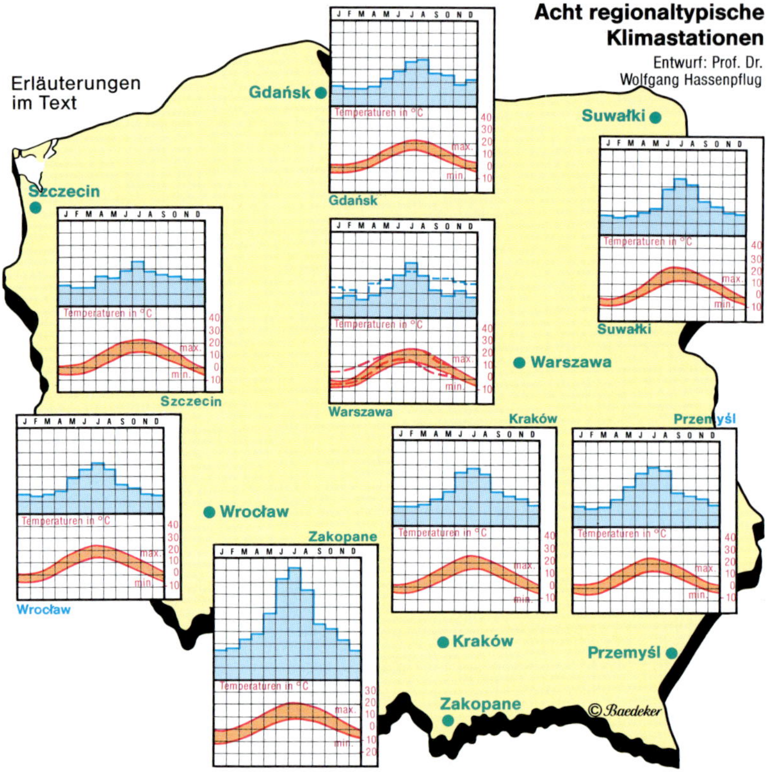

Ostseeküste (Klimastationen Danzig und Stettin)

Das Klima des Küstenraums zwischen Pommerscher und Danziger Bucht ist erheblich von der Ostsee geprägt, die temperaturausgleichend wirkt. Daher hat Danzig geringere tägliche und jährliche Temperaturschwankungen als das weiter im Land gelegene Stettin; die höchsten Tagestemperaturen liegen in Danzig im Januar durchschnittlich bei 1,2 °C, im Juli bei 19,1 °C, in Stettin bei 1 bzw. 23,1 °C; die tiefsten Nachttemperaturen sind im Januar –3,4 °C für Danzig und –4 °C für Stettin, im Juli 11,2 ° C bzw. 13,1 °C. Das Oderhaff bei Stettin ist im Winter regelmäßig vereist; für den Einsatz hier wurden die ersten Eisbrecher Deutschlands gebaut.

Die vorherrschenden auflandigen Winde aus West sind recht kräftig, so daß auf der vorwiegend sandigen Küste mit ihren windgeschorenen Bäumen eine starke Brandung steht. An der Küste ist der Niederschlag mit 700–800 mm relativ stark (Steigungsregen aufgrund der Moränenhöhen des Hinterlandes); in der Danziger Bucht – in Lee beachtlicher Moränenhügel (v. a. Turmberg/Wieżyza, 329 m) – gehen die Niederschläge wieder zurück (absinkende Luftmassen mit Wolkenauflösung).

Die niederschlagsärmsten Monate sind Februar und März, die niederschlagsreichsten Juli und August (wobei die Werte 60–100 mm unter denen von Zakopane in der Tatra liegen). Im Juni scheint an 282 Stunden die Sonne. Die mittleren Wassertemperaturen betragen in der Danziger Bucht im Winter ca. 1 °C und erreichen im Sommer 18 °C.

Masuren (Klimastation Suwałki)

Im Nordosten ist es ganzjährig kühler als in der Mitte des Landes. Im Juli liegen die Tageshöchsttemperaturen bei 22,0 °C (Warschau 24,5 °C), im Februar bei –2,6 ° (Warschau –1 °C). In den Winternächten ist der Unterschied noch deutlicher: –9,0 °C durchschnittliche Tiefsttemperatur gegenüber –6 °C in Warschau. Die Zahl der Tage mit Niederschlag ist mit 166 im Jahr recht hoch (zwischen 11 und 17 Tage im Monat); der Winter ist mit weniger als 40 mm im Monat niederschlagsarm, von Juni bis August gibt es je etwa 80 mm. An 99 Tagen des Jahres liegt Schnee (7 im November, 17 im Dezember, 27, 24 bzw. 20 in Januar, Februar bzw. März). Die Sonnenscheindauer ist mit 1621 Stunden im Jahr höher als in Warschau (1590) oder Danzig (1589).

Südliches Polen (Klimastationen Breslau, Krakau und Przemyśl)

Der Süden Polens (ohne die Randgebirge) hat von West nach Ost zunehmend kontinentaleres Klima. Das schlesische Tiefland entlang der Oder sowie die Weichselniederung nördlich der Beskiden gehören zu den wärmsten Gebieten Polens; um Zielona Góra (Grünberg) in Niederschlesien ist sogar Weinbau möglich. Die Temperaturmaxima bzw. -minima (Tag/Nacht) liegen in Breslau im Januar bei 0,9 bzw. –5,5 °C, im Juli bei 24,3 bzw. 13,1 °C. Ein großer Teil des jährlichen Niederschlags fällt Juli/August; die Niederschlagsmenge nimmt nach Osten hin zu. Die sommerlichen Niederschläge kommen oft in ausgesprochenen Wolkenbrüchen und können verheerendes Hochwasser verursachen. Auch die Zahl der Schneetage nimmt von West nach Ost deutlich zu (Breslau 47, Przemyśl 74), die durchschnittliche Sonnenscheindauer nur leicht.

Sudeten und Beskiden (Klimastation Zakopane)

Das Klima in den Gebirgen an der Südgrenze Polens macht sie sowohl für die Sommerfrische wie für den Wintersport geeignet. Die Fremdenverkehrsorte an der Nordflanke des Gebirges haben durchwegs niedrigere Temperaturen als das Tiefland, da mit je 100 m Anstieg die Temperatur um etwa 0,7 °C zurückgeht. Zakopane in 844 m Höhe hat eine Jahresdurchschnittstemperatur von 4,9 °C (Warschau, 110 m ü. d. M., 8,1 °C).

Winter in Podlasien (mittleres Ostpolen)

Klima, Sudeten und Beskiden (Fortsetzung)

Das breite Temperaturband im Klimadiagramm von Zakopane ergibt sich aus den großen täglichen Temperaturschwankungen. Im Januar fällt das Thermometer nachts auf −11 °C und bleibt auch tags unter dem Nullpunkt. Im Sommer liegen die nächtlichen Tiefstwerte unter 10 °C, die täglichen Höchstwerte klettern nur im Juli auf über 20 °C.
Der Jahresniederschlag von 1124 mm fällt zu 40 % im Sommer (Juni, Juli und August, an jeweils ca. 15 Tagen). Der Dezember ist mit neun Niederschlagstagen der trockenste Monat. An 117 Tagen liegt in Zakopane Schnee (von Anfang Dezember bis Ende März fast durchgehend). In der Hohen Tatra hält sich die bis zu 1 m dicke Schneedecke 200 Tage des Jahres, in den Gipfellagen gibt es ganzjährig Schneefelder. In den Sudeten fallen über 1300 mm Niederschlag im Jahr, in der Tatra ca. 1700 mm (höchster Wert in Polen).
Die Schneekoppe (1603 m ü. d. M.) hat folgende Kenndaten: Im Januar Tageshöchstwerte bei −5 °C, nächtliche Tiefstwerte bei −10,3 °C. Von November bis März bleibt die Temperatur den ganzen Tag unter dem Gefrierpunkt, von Oktober bis April liegen die Nachttemperaturen unter Null, und auch im ganzen Sommer kann wohl einmal Frost auftreten. Insgesamt gibt es 174 Niederschlagstage im Jahr (jeden Monat 13 bis 16). An 178 Tagen des Jahres liegt Schnee: im November schon an 18 Tagen, dann den Winter über praktisch ständig und im Mai noch an 7 Tagen. Die Sonnenscheindauer ist mit 1348 Stunden im Jahr geringer als in Warschau (1590 Stunden), im Winter (November bis Februar) aber 20 bis 47 Stunden pro Monat höher als in der Hauptstadt.

Ökologie

Allgemeines

Polen hat ebenso wie Deutschland eine typisch mitteleuropäische Flora und Fauna. Daneben aber kann Polen mit vielen Pflanzen und Tieren aufwarten, die im sonstigen Europa sehr selten geworden oder schon verschwunden sind.

Flora

Auf den Dünen an der Ostsee wachsen Stranddistel, Dünenstiefmütterchen und Strandplatterbse. Die alten, völlig beständigen Dünen sind mit einem sehr trockenen und kargen Wald aus Waldkiefern und hin und wieder mit Wacholder bewachsen. Paradoxerweise kann man in den Senken zwischen den Dünen Flächen mit feuchten oder sogar sumpfigen Erlenwäldern antreffen. Sandkiefernwälder mit Heidelbeeren und Heidekraut prägen überhaupt das Landschaftbild im Norden und in Großpolen, wachsen aber auch sonst in den sandigen Flußschwemmgebieten.
In den Seenplatten im Westen mit ihrem milden ozeanischen Klima dominieren Buchenwälder oder Buchenmischwälder. Die im Osten gelegene Masurische Seenplatte hat ein eher kontinentalem Klima; hier wachsen dichte Fichtenmischwälder. Außerdem trifft man hier aus Sibirien und der Taiga stammende Pflanzenarten an.
Im südlichen Polen (Nordschlesien, südliches Großpolen, Lubliner Land) verbreitet sind Eichenmischwälder. Das Lubliner Hochland ist besonders interessant, denn hierher sind auch Pflanzenarten vorgedrungen, die in den Steppen am Schwarzen Meer beheimatet sind.
Ein charakteristisches Merkmal des Krakau-Tschenstochauer Juras ist die große Zahl unterschiedlichster Biotope, trockene und feuchte, sonnige und tief im Schatten der Felsen liegende, solche mit Kalk- oder Lößboden usw. mit dem Resultat einer reichhaltigen Flora und Fauna.
Im Świętokrzyski-Nationalpark (Puszcza Jodłowa) ist noch weitgehend ursprünglicher Wald mit subalpinem Charakter erhalten geblieben (Nadelmischwälder); im Kontrast dazu gibt es an tiefer gelegenen Südhängen Wärmeinseln, die eine besondere Flora und Fauna (z. B. Federgras, Zikaden) aufweisen.
In den Bergregionen der Sudeten und Karpaten folgen über den unterschiedlichen Laubmischwäldern (Buchen, Eichen) bis etwa 1000–1200 m

Stranddistel an der Ostseeküste

Schwalbenwurzenzian im Riesengebirge

Storch in Schlesien

Wisent in der Puszcza Białowieska

Flora (Fortsetzung)

Höhe Nadelmischwälder (Fichten, Tannen, Buchen, Lärchen), bis 1400 m Fichtenwälder. Die Krummholzstufe mit Latschen und Zirbelkiefern und typischen alpinen Krautpflanzen (Eisenhut, Enzian) reicht bis etwa 1800 m Höhe, in den Matten blühen Edelweiß, Silberwurz und Alpenrosen.

Fauna

Ein augenfälliges Beispiel für die Besonderheiten der polnischen Tierwelt ist der Storch. Im Jahr 1984 schätzte man seinen Bestand auf 30000 Paare; es gibt Gebiete, wo man in einem Dorf 30 Storchennester zählen kann. An Frühlingsabenden singen nicht die Nachtigallen, sondern die Sprosser (Polnische Nachtigall, *Erithacus philomela*), und zwar noch schöner und mit größerem Repertoire als erstere. Einen Wolf oder einen Luchs zu Gesicht zu bekommen ist natürlich recht unwahrscheinlich; dennoch töten sie in den Karpaten angeblich jedes Jahr soviel Rotwild wie die Jäger. In der Tatra und in den Ostbeskiden (Bieszczady) leben noch Bären in freier Wildbahn; in den Sümpfen der Biebrza kann man gelegentlich Elche sehen, besonders im Winter, wenn Bäume und Sträucher ohne Laub sind. Am Wigry-See bei Suwałki zählt man Dutzende von Biberburgen. Das Wisent wurde vor dem Aussterben gerettet, indem man es in Gefangenschaft vermehrte und dann auswilderte. Heute leben etwa 500 Tiere in verschiedenen 'Urwald'-Reservaten, z. B. in der Puszcza Białowieska (Urwald von Białowieża).

Umweltprobleme

Nach dem Zweiten Weltkrieg begannen die kommunistischen Machthaber mit dem intensiven Wiederaufbau und Ausbau der Schwerindustrie, des Kohle- und Stahlkomplexes, der zum großen Teil für die Rüstung arbeitete. Das hervorstechendste Beispiel ist das gigantische Metallkombinat bei Nowa Huta, das 40 Jahre lang den Namen Lenin-Hütte trug. Bei seinem Bau wurden 106 km^2 ausgezeichnetes Ackerland zerstört, weit von den Kohlen- und Erzlagerstätten entfernt, dafür aber vor den Toren Krakaus, der großen Stadt mit den kostbarsten Baudenkmälern und Kulturschätzen Polens. Im System der Planwirtschaft arbeitete die Industrie selten 'ökono-

Waldsterben an den Schneegruben (Riesengebirge)

Ökologie, Umweltprobleme (Fortsetzung)

misch', also sinnvoll wirtschaftend. Sie verbrauchte bedeutend mehr Rohstoffe und Energie und stieß wesentlich mehr Schadstoffe aus, um die gleiche Menge an Gütern zu produzieren, als in den westlichen Ländern. Die Vorschriften zum Umweltschutz waren von den staatlichen Unternehmen immer ohne Probleme zu unterlaufen. Allgemein üblich war und ist die Einleitung ungereinigter Abwässer direkt in die Flüsse; Weichsel und Oder haben nicht einen Abschnitt mit sauberem Wasser. Teile der Ostseeküste, v. a. die Danziger Bucht, sind nicht mehr zum Baden geeignet.
Die Emission von Schwefeldioxid allein durch die Industrie betrug in den 80er Jahren zwischen 2,6 und 2,8 Mio. Tonnen jährlich. Insgesamt 27 Bergbau- und Industriezentren im ganzen Land wurden offiziell als "ökologisch bedrohte Gebiete" ausgewiesen, allen voran das Oberschlesische Industriegebiet (Górnośląski Okręg Przemysłowy, GOP, im Raum Kattowitz; im weiteren Umkreis sind noch Oppeln, Tschenstochau, Krakau, Bielsko-Biała und in der Tschechischen Republik Ostrau dazuzuzählen), in dem die Belastung von Wasser, Boden und Luft das Ausmaß einer Katastrophe angenommen hat.

Ökologische Fortschritte

In den 80er Jahren begannen ökologisch orientierte Bürgerinitiativen, obwohl von der Regierung ignoriert und oft nur im Untergrund agierend, massiv zu handeln und gewannen immer mehr Einfluß. 1983 wurde das Amt für Umweltschutz und Wasserwirtschaft gegründet; 1989 trat bei den Verhandlungen zwischen der kommunistischen Regierung und der Solidarność eine Gruppe von Arbeitern besonders für den Umweltschutz ein. Ein großer Erfolg war die Entscheidung der ersten nichtkommunistischen Regierung 1990, den bereits fortgeschrittenen Bau eines Kernkraftwerks (vom selben Typ wie Tschernobyl) in Żarnowiec zu stoppen; es hätte 40 km vom Stadtzentrum Gdynias (Gdingen) entfernt gelegen, und zwar genau in der Richtung der hier häufigen Nordwestwinde. Das Jahr 1990 brachte weitere wichtige Veränderungen für den Umweltschutz, neue Gesetze ebenso wie konkrete Projekte wie den schnellen Bau von Kläranlagen, von Einrichtungen zur Reinigung von Industrieabgasen u. ä. In Zusammenarbeit mit westeuropäischen Ländern wurde mit der Einführung neuer Technologien auf diesem Gebiet begonnen.

Naturschutzgebiete

Dem Natur- und Landschaftsschutz dienen heute 17 Nationalparks (Parki Narodowe) mit insgesamt 166000 ha Fläche, 68 Landschaftsparks mit 1215000 ha und 124 Landschaftsschutzgebiete mit 4575000 ha. Auf diese Weise sind über 20 % der Fläche Polens unter Schutz gestellt. Nicht genug damit: Hinzu kommen über 1000 im ganzen Land verstreute 'Reservate', über 18000 'Naturdenkmäler' usw. Zu den bedeutendsten Nationalparks gehören das Dünengebiet am pommerschen Leba-See (Słowiński Park Narodowy), der Urwald von Białowieża (Puszcza Białowieska), die Kampinos-Heide (Puszcza Kampinoska) westlich von Warschau, das Riesengebirge (Karkonoski P. N.), die Tatra (Tatrzański P. N.), der Roztoczański N. P. im Osten und die Bieszczady im Südosten (→ Praktische Informationen, Nationalparks).

Staat und Verwaltung

Staatsname

Republik Polen, amtlich Rzeszpospolita Polska.

Hoheitszeichen

Das polnische Staatswappen zeigt einen weißen Adler mit goldener Krone, goldenem Schnabel und ebensolchen Krallen auf rotem Grund. Mit einem silbernen Adler ist das Wappen seit 1241 bekannt; zur Zeit der Volksrepublik hatte man ihm die goldene Krone genommen.
Die Nationalflagge ist weiß-rot und nimmt die Farben des Wappens auf.

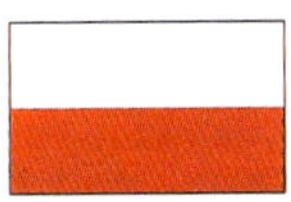

Staat und Verwaltung

Nationalfeiertag

Seit 1990 ist wieder der 3. Mai Nationalfeiertag, der an die Einführung der ersten demokratischen Verfassung in Polen (und in Europa!) am 3.5.1791 erinnert.

Verfassungsorgane

Die am 29.12.1993 geänderte Verfassung, die Polen von einer sozialistischen Volksrepublik zu einer parlamentarischen Republik machte, legt die Einzelheiten der Staatsordnung fest.
Am 9.12.1990 wurden bei den ersten freien Wahlen Lech Wałęsa zum Staatsoberhaupt gewählt, dem mit Exekutivvollmachten ausgestatteten Präsidenten, am 27.10.1991 und zuletzt am 20.9.1993 bei vorgezogenen Neuwahlen die Mitglieder der Nationalversammlung. Der Präsident schlägt dem Sejm den Ministerpräsidenten (Regierungschef) vor, der durch den Sejm bestätigt werden muß.
Die Nationalversammlung besteht aus zwei Kammern, dem Sejm mit 460 Mitgliedern und dem Senat mit 100 Mitgliedern. Der Sejm ist das höchste gesetzgebende Organ und kontrolliert die Regierung. Die Abgeordneten werden auf vier Jahre gewählt, wahlberechtigt sind alle Bürger über 18 Jahre. Der Senat als Vertretung der Regionen (2 Senatoren pro Wojewodschaft, 3 aus Warschau und Kattowitz) ist an der Gesetzgebung beteiligt.
Oberstes Organ der staatlichen Verwaltung und der Exekutive ist die Regierung. Ihr unterstellt sind die Ebenen der Wojewodschaften, der Städte und Gemeinden. Kommunale Selbstverwaltungsorgane sind die Stadt- und Gemeinderäte.

Verwaltungsgliederung (Wojewodschaften)

Staat und Verwaltung (Fortsetzung) Verwaltungsgliederung

Die seit 1975 bestehende Aufteilung Polens in 49 Wojewodschaften besteht nicht mehr. Sie wurde am 1. Januar 1999 durch eine Gliederung des Landes in 16 Wojewodschaften (Bezirke) abgelöst. Gleichzeitig wurden 308 Kreise und 65 den Kreisen entsprechende "kreisfreie Städte" sowie 2489 Gemeinden eingerichtet.

Polen gliedert sich in die folgenden Wojewodschaften:

Dolnośląskie (Niederschlesien)
Kujawsko-Pomorskie (Kuwasko-Pomorskie)
Łódzkie (Łódź)
Lubuskie (Lebus)
Lubelskie (Lublin)
Małopolskie (Kleinpolen)
Mazowieckie (Masowien)
Opolskie (Oppeln)
Podkarpackie (Vorkarpaten)
Podlaskie (Podlachien)
Pomorskie (Pommern)
Ślaskie (Schlesien)
Świętokrzyskie (Heiligkreuz)
Warmińsko-Mazurskie (Ermland-Masuren)
Wielkopolskie (Großpolen)
Zachodniopomorskie (Westpommern)

Parteien

Die Polnische Vereinigte Arbeiterpartei (Polska Zjednoczona Partia Robotnicza, PZPR) wurde im Januar 1990 aufgelöst; ihre Nachfolge traten die Sozialdemokratie der Republik Polen und die Sozialdemokratische Union Polens an. Die Vereinigte Bauernpartei wurde von der PZPR unabhängig, sie arbeitet auf sozialdemokratisch-katholischer Basis für die Sicherung der Landwirtschaft und der Bauern. Aus der Solidarność entstanden die Christlich-Demokratische Partei, die Demokratische Union und der Liberaldemokratische Kongreß. Insgesamt ist die Parteienlandschaft in über 100 Gruppen zersplittert; das ideologische Spektrum reicht von den Liberaldemokraten (Demokratische Union) über katholisch-konservative Parteien (Katholische Union) bis hin zu der nationalistisch geprägten 'Konföderation für ein unabhängiges Polen'. Auch haben die großen Parteien ihr Profil noch nicht konsolidiert; so orientieren sich die jeweiligen Flügel nach links (für eine starke Kontrolle der Marktwirtschaft) oder rechts (für einen Thatcher-Kapitalismus, gepaart mit japanischer Unternehmermentalität).

Gewerkschaften

Ein großer Erfolg der Opposition war im Jahr 1980 die Zulassung der im selben Jahr gegründeten Gewerkschaft Solidarność (Solidarität) unter Lech Wałęsa. Nachdem zur Zeit des Kriegsrechts (1981–1983) alle Gewerkschaften verboten waren, wurde der vom Staat abhängige Dachverband OPZZ (Ogólnopolskie Porozumienie Związków Zawodowych, Allpolnische Verständigung der Gewerkschaften) eingerichtet, mit über 130 Branchen- und 26000 Betriebsgewerkschaften. 1990 war der OPZZ mit ca. 4 Mio. Mitgliedern die stärkste gewerkschaftliche Gruppe. Neben diesen beiden Gewerkschaftgruppierungen existiert eine größere Zahl ungebundener Gewerkschaften.

Bevölkerung

Volksgruppen

Waren 1939 von den 35 Millionen Einwohnern des Landes nur 69 % Polen, so ist Polen heute ein Land mit weitgehend einheitlicher Nationalität. Unter den 38,6 Millionen Einwohnern des Landes macht die nichtpolnische Bevölkerung, darunter 300000 bis 500000 Deutsche, 300000 Ukrainer, 200000 Weißrussen, ferner Minderheiten von Roma, Litauern, Slowaken, Armeniern, Tataren und Tschechen, knapp 2 % aus.

Baedeker Special

Die katholische Kirche in Polen

Der Reisende, der um den 15. August den 'Jasna Góra', den 'Hellen Berg', in Tschenstochau besucht, wird den Formen der Frömmigkeit, die er dort erlebt, mit Erstaunen oder gar Unverständnis begegnen, auch wenn er selbst praktizierender Katholik ist. An Mariä Himmelfahrt, dem Patrozinium des Klosters, strömen Gläubige aller Alters- und Bevölkerungsgruppen aus allen Teilen Polens nach Tschenstochau, um zu beten und zu feiern. Jugendliche mit Gitarre und Schlafsack, ausgerüstet wie für eine Open-air-Veranstaltung, ziehen singend in die Stadt ein. Das Atrium vor der Kapelle der Schwarzen Madonna kann die Menge der Gläubigen kaum fassen, die knieend im Gebet verharren. Die Messen am Feiertag selbst müssen wegen des Andrangs außerhalb der Klostermauern stattfinden.

Maria ist die 'Königin Polens', ihr Kloster in Tschenstochau ist Polens Nationalheiligtum. 98 % der Polen sind katholisch, davon bezeichnen sich rund 80 % als praktizierend. Die polnische katholische Kirche ist Nationalkirche, nicht nur was den zahlenmäßigen Anteil der Katholiken in der Bevölkerung angeht. Ein Blick in die Geschichte soll die Rolle der katholischen Kirche in Polen, die Verquickung von Glaube und Nation verständlich machen.

Im 16. Jahrhundert war Polen trotz protestantischer Strömungen im Adel wie im Bürgertum katholisch geblieben. König Zygmunt August II. holte 1565 die Jesuiten ins Land, die den reformatorischen Bestrebungen gründlich entgegenwirkten. Während der Schwedenkriege, die in der 1. Hälfte des 17. Jh.s Polen verwüsteten, wurde das Kloster Jasna Góra trotz gegnerischer Übermacht von den Polen erfolgreich verteidigt, anschließend wendete sich das Kriegsglück zu ihren Gunsten. Seit diesem 'Wunder' der Schwarzen Madonna ist der Jasna Góra Symbol für die Freiheit Polens. Die zahllosen Barockkirchen, die nach dem Friedensschluß in Polen entstanden, geben dem Dank für die göttliche Hilfe sichtbaren Ausdruck.

Staatskirche und Volksfrömmigkeit waren in Polen eins, daher mußte auch August der Starke von Sachsen zum katholischen Glauben konvertieren, um 1697 vom Adel zum polnischen König gewählt werden zu können. Als Ende des 18. Jh.s nach der 3. Teilung der polnische Staat aufgehört hatte zu existieren, wurde die katholische Kirche für die Bevölkerung zum Ort der nationalen Identität. In den preußisch-protestantischen und den russischen Gebieten wurde im 19. Jh. der Katholizismus als polnisches Element unterdrückt, was zur Folge hatte, daß sich der Widerstand gerade um die katholische Kirche formierte. Diese Funktion der nationalen Sammlung gegen die verhaßten Besatzer erfüllte die Kirche auch während der Schreckensherrschaft der Nationalsozialisten.

Nach dem Zweiten Weltkrieg wollten die moskautreuen Kommunisten Polen in einen atheistischen Staat verwandeln. Die Kirche war starken Repressalien ausgesetzt. Zahlreiche Geistliche, darunter der polnische Kardinalprimas Stefan Wyszyński (Primas von 1948 bis zu seinem Tod 1981), wurden interniert. Nach dem Tod des stalinistischen 1. Parteisekretärs Bierut (1956) nutzte der wieder freigelassene Primas Wyszyński das 'Tauwetter' unter Bieruts Nachfolger Gomulka, um der Kirche gewisse Freiräume zu verschaffen. Der Rückhalt in der Bevölkerung und das politische Geschick Wyszyńskis sicherten der Kirche in Polen in den folgenden Jahrzehnten trotz aller Rückschläge Wirkungsmöglichkeiten und Privilegien, die sie in keinem anderen kommunistischen Land hatte. Vor allen Dingen durfte die Kirche erzieherisch tätig sein: In den Pfarrgemeinden wurde Religionsunterricht erteilt, kirchliche Jugend- und Studentengruppen begleiteten die Heranwachsenden. In Lublin konnte die einzige katholische Universität des Ostblocks bestehen bleiben. Neben diesen kirchlichen Einrichtungen gewannen die kommunistischen Jugendorganisationen in Polen nie den Einfluß, wie ihn z. B. die FDJ in der DDR hatte, obwohl auch in Polen zumindest in den fünfziger und sechziger Jahren die Mitgliedschaft obligatorisch war, um Chancen in Schule und Ausbildung zu haben.

Die polnischen Intellektuellen allerdings standen der katholischen Kirche bis zum Jahre 1968 meist kritisch und distanziert gegenüber. Erst als die Kirche ab 1968 für die auch in Polen immer lauter werdenden Demokratisierungsforderungen Partei ergriff, wandelte sich dieses Verhältnis in den siebziger und achtziger Jahren zu einer engen Zusammenarbeit von Oppositionellen und Kirche. Die Kirche wurde erneut zum Gegenpol des Regimes. Die politische Macht der Kirche zeigte sich vor allem Ende der siebziger Jahre im Konflikt zwischen dem kommunistischen System und der Gewerkschaftsbewegung Solidarność. Die Position von Kirche und Opposition wurde durch die Wahl des Krakauer Erzbischofs Karol Wojtyła zum Papst im Jahre 1978 erheblich gestärkt; die Bedeutung dieser Wahl für den Verlauf der Ereignisse in Polen ist nicht hoch genug einzuschätzen.
Viele führende Persönlichkeiten der Gewerkschaftsbewegung kamen aus dem katholischen Milieu, allen voran Lech Wałęsa, der Sprecher der Arbeiter auf der Danziger Werft und von 1990 bis 1995 Staatspräsident, sowie sein damaliger Berater Tadeusz Mazowiecki, ein Publizist, der 1989 der erste nichtkommunistische Premierminister Polens wurde. Der Kardinalprimas Wyszynski und sein Nachfolger Glemp stellten sich hinter die Oppositionsbewegung und betätigten sich als Vermittler. Nach der Verhängung des Kriegsrechts waren Kleriker aktiv im Untergrund tätig, wie etwa der junge Priester Popiełuszko, der im Auftrag des polnischen Geheimdienstes ermordet wurde. Sein Tod machte ihn zum Märtyrer der Bewegung, sein Bild hängt in vielen polnischen Kirchen.

Während der Zeit der Verfolgungen und der materiellen Schwierigkeiten Anfang der achtziger Jahre richteten viele Polen ihre Hoffnung auf die Kraft des Gebets. Die ergreifenden Bilder aus der Danziger Brigittenkirche, der 'Solidarność-Kirche', wo sich jeden Sonntag Tausende von Menschen zum Gebet versammelten, gingen um die Welt. Kirchliche Feste wie die Wallfahrt nach Tschenstochau gerieten zu politischen Manifestationen. Zur Papstmesse in Krakau 1987 kamen 1,5 Mio. Menschen, Häuser und Straßen waren bereits Tage vorher mit Papst-Porträts, Fahnen und Blumen geschmückt. Die Autorität des Papstes in moralischen Belangen wird kaum in Frage gestellt – obwohl die Zahl der unehelichen Kinder und der Abtreibungen in Polen durchaus dem westeuropäischen Durchschnitt entspricht.

Der Klerus in Polen ist aufgrund seiner bisherigen Stellung in der Gesellschaft erfolgsverwöhnt und besitzt viel Autorität. Nun ist Polen ein demokratischer Staat mit einer starken katholischen Parlamentsfraktion. Doch die Gesellschaft befindet sich im Wandel. Die Stimmen gegen den übergroßen kirchlichen Einfluß im Staat werden immer lauter, auch von Seiten ehemaliger Solidarność-Mitstreiter wie Jacek Kuron und Adam Michnik, vor allem wegen der großen wirtschaftlichen Macht, die die katholische Kirche in Polen darstellt (z. B. fordert sie ihren einstigen riesigen Grundbesitz wieder zurück). Der nun staatlich verordnete Religionsunterricht an den Schulen wird von vielen Leuten als Bevormundung abgelehnt. In der Bevölkerung, besonders bei den jungen Leuten, macht sich zudem eine Werteverschiebung zugunsten der 'westlichen' Ideale wie Besitz, Vergnügen und Selbstverwirklichung bemerkbar.

Nachdem die Befreiung vom Sozialismus und die Demokratisierung erreicht ist, hat die Kirche ihre politische Rolle als Ort der nationalen Sammlung und der Opposition verloren. Sie wird sich, wie in den meisten übrigen Ländern der Welt, mit seelsorgerischen und sozialen Aufgaben begnügen müssen. Wie wird der Klerus darauf reagieren? Die Diskussion hat gerade erst begonnen.

Bevölkerung, Fortsetzung Besiedlung

Die Bevölkerung Polens ist auf die 312685 km^2 Landesfläche sehr ungleichmäßig verteilt. Die mittlere Bevölkerungsdichte beläuft sich auf rund 124 Einwohner/km^2.
Die Bevölkerungsdichte im ländlichen Raum ist traditionell in den ehemals zu Rußland bzw. Österreich gehörenden Landesteilen am höchsten, da hier die Geburtenraten seit dem 19. Jh. am höchsten waren; die Sitte der Realteilung führte in Verbindung mit der Übervölkerung zu starken Abwanderungen. In den ehedem zu Preußen bzw. Deutschland gehörenden westlichen Landesteilen überwog seit je der mittlere und große Grundbesitz, der keine Verdichtung der Landbevölkerung zuließ. Hinzu kam die Vertreibung vieler Menschen 945/1946, die eine weitere Ausdünnung der Bevölkerung im früheren Hinterpommern und in Ostpreußen verursachte.
Annähernd 62 % der Bevölkerung leben in den 830 Städten Polens. Mißt man nach internationalen Kriterien, die einen Ort mit über 20000 Einwohnern als Stadt definieren, schrumpft die Zahl der Städte auf 218. Unter den 830 sind die meisten (216) kleine Städtchen mit bis zu 5000 Einwohnern, nur 43 sind große Städte mit mehr als 100000 Einwohnern. Davon hat nur Warschau über 1 Million Einwohner (1,6 Mio.), vier andere große Städte haben mehr als eine halbe Million Einwohner (Łódź 850000, Kraków 745000, Wrocław 643000, Poznań 590000).

Erwerbstätigkeit

Im Jahr 1990 waren von den fast 18 Mio. Beschäftigten im produzierenden Gewerbe (Industrie, Handwerk) ca. 37 % tätig, 28 % in der Landwirtschaft (was deren immer noch große Bedeutung zeigt), 9 % im Handel und Gastgewerbe, in der nichtmateriellen Produktion 20 %. Die Verteilung der agrarischen und nichtagrarischen Beschäftigten ist regional deutlich unterschiedlich; etwa östlich des 19. Längengrads – mit Ausnahme des Oberschlesischen Industriegebiets – hat die Landwirtschaft über 50 % Anteil an den Erwerbstätigen. Der Anteil der Frauen an den Erwerbstätigen macht in der Landwirtschaft etwa 50 % aus, im nichtagrarischen Bereich 45 %; besonders ausgeprägt ist er im Handel (70 %), im Bildungswesen (80 %) und im Gesundheits- und Sozialwesen (81 %). Der Anteil der Personen mit höherer Schulbildung beträgt 11 % der Beschäftigten.

Religionen

Insgesamt sind etwa 50 Kirchen und konfessionelle Gruppen registriert. Neben den christlichen Kirchen gibt es islamische, jüdische und buddhistische Gemeinden. Über 90 % der Bevölkerung gehören der Römisch-katholischen Kirche an. Sie umfaßt 27 Diözesen mit über 8900 Gemeinden. Von den anderen Religionen haben die meisten Mitglieder: die Polnische Autokephale Orthodoxe Kirche (570000), die Augsburgisch-Evangelische Kirche (100000), die Zeugen Jehovas (97000) und die Polnisch-Katholische Kirche (52000). Die Zahl der noch in Polen lebenden Juden wird mit etwa 12000 angegeben. Hauptsächlich in der Wojewodschaft Białystok, in Warschau, Danzig und Stettin leben ca. 4000 Muslime, Nachfahren der Tataren, die im 14. Jh. nach Polen kamen.

Sprache

Allgemeines und Geschichte

Die polnische Sprache gehört zur Familie der slawischen Sprachen, im engeren Bereich mit Tschechisch, Slowakisch und Sorbisch zum Westslawischen. Durch die Annahme des Christentums unter Mieszko I. im Jahr 966 geriet Polen in den Einflußbereich des lateinisch-westeuropäischen Kulturkreises. In der Sprache kommt dies in der Verwendung der lateinischen Schrift (erweitert durch diakritische Zeichen und Buchstabenkombinationen, die teilweise aus der von Hus reformierten tschechischen Orthographie übernommen wurden) und in einem umfangreichen westeuropäischen Wortschatz zum Ausdruck. Die ersten Texte, die das politische, wirtschaftliche und soziale Leben behandelten, wurden in Latein geschrieben; sie enthalten aber auch hin und wieder einzelne polnische Wörter und Sätze und sind dadurch wichtige Zeugen für die Sprachgeschichte.

Sprache, Allgemeines und Geschichte (Fortsetzung)

Die ältesten Denkmäler polnischen Schrifttums stammen aus dem 14. Jahrhundert. Alle wichtigen grammatischen Entwicklungen waren bis dahin bereits abgeschlossen; die Veränderungen, die danach eingetreten sind, betreffen die Ausbildung und Stabilisierung einer polnischen Einheitssprache. Die literarische Sprache entstand im 16. Jh., in der Renaissance, und zwar auf der Basis des kleinpolnischen Dialekts, da Krakau damals sowohl Hauptstadt wie kulturell-wissenschaftliches Zentrum war.

Sprachliche Strukturen

Das Polnische ist mit sieben Fällen, zwei Numeri und drei Genera (mit weiteren Differenzierungen) ein gutes Beispiel für eine flektierende Sprache. Die Tempusformen des Verbs sind seit dem Altslawischen stark vereinfacht (nur drei Zeitformen); dafür wird hier zwischen mehreren Handlungsaspekten unterschieden. Für das Klangbild charakteristisch sind die nasalierten Vokale ą und ę, die seit dem Altslawischen erhalten geblieben sind, die große Zahl von Konsonanten (darunter viele Zischlaute) und Konsonantenhäufungen, die Entwicklung stark erweichter Konsonanten und die Festlegung des Akzents auf die vorletzte Silbe.

Gegenwärtige Situation

Gesprochen wird Polnisch von etwa 36 Mio. Menschen in Polen, dazu kommen ca. 10 Mio. im Ausland. Neben der Schriftsprache, dem Hochpolnischen, das in den Medien, in der Schule und in Behörden benutzt wird, existieren viele regionale Mundarten, z. B. Kleinpolnisch (Südostpolen mit Krakau), Schlesisch (Südwestpolen mit Kattowitz), Großpolnisch (um Posen), Masowisch (Nordostpolen mit Warschau), Kaschubisch (westlich von Danzig); ihre Ausprägung nimmt allerdings rasch ab, die junge Generation spricht im allgemeinen Hochpolnisch.
Daneben sprechen die nationalen Minderheiten z. T. noch ihre angestammten Sprachen. Die größten Gruppen bilden die Litauer (bei Sejn in der Wojewodschaft Suwałki), die Ukrainer und Weißrussen (hauptsächlich in der Wojewodschaft Białystok, aber auch bei Biała Podlaska und Chełm) und die Deutschen (in Nieder- und Oberschlesien und eine kleine Gruppe in Masuren). In den Gebieten mit großem Anteil deutschstämmiger Bevölkerung soll Deutsch als zweite Amtssprache eingeführt werden.

Bildung und Wissenschaft

Geschichte

Polen hat eine lange und reiche Tradition auf diesem Gebiet. Im Jahre 1364 wurde in Krakau, der damaligen Hauptstadt Polens, die Jagiellonen-Universität (Uniwersytet Jagielloński) gegründet, eine der ersten Universitäten der Welt überhaupt. 1773 wurde die Kommission für Nationale Erziehung einberufen, das erste 'Bildungsministerium' der Welt nach heutigem Verständnis. Fast zu allen Zeiten und in allen Gebieten hat die polnische Wissenschaft bedeutende Leistungen erzielt und hervorragende Vertreter hervorgebracht. Nur einige Beispiele seien genannt: Nikolaus Kopernikus revolutionierte Mitte des 16. Jh.s mit seiner Theorie des Heliozentrismus die Naturwissenschaften ebenso wie das Bild des Menschen; Ende des 19. Jh.s verflüssigten erstmals die Krakauer Gelehrten Z. F. Wróblewski und K. Olszewski Sauerstoff und Stickstoff aus der Luft, und Anfang des zwanzigsten Jahrhunderts erhielt Marie Skłodowska-Curie den Nobelpreis für Physik und Chemie.

Bildungswesen heute

Gegenwärtig ist die gut ausgebaute erste Stufe des Schulsystems die Vorschule für Kinder zwischen drei und sechs Jahren; hier werden sogar schon Fremdsprachen gelehrt. Die achtklassige Grund- oder Primarschule vermittelt elementares Wissen, ihr Abschluß ist Pflicht. Die Absolventen können danach Mittelschulen verschiedenen Typs besuchen. Darunter gibt es Schulen, die berufsbezogene Grundqualifikationen vermitteln, berufliche Gymnasien und allgemeinbildende Gymnasien (Lyzeen); die beiden letzteren vermitteln die Hochschulreife. Unter den 98 Hochschulen gibt es 18 technische, 17 künstlerische, 11 medizinische Hochschulen und

Bildung und Wissenschaft (Fortsetzung)

ebensoviele Universitäten. An den Hochschulen studierten 1990 rund 378000 Studenten. In den letzten Jahren nahm das Interesse am Hochschulstudium ab, die Zahl der Absolventen ist zurückgegangen.

Akademie der Wissenschaften

Außer an den Hochschulen wird auch an den Instituten der Polska Akademia Nauk (PAN, Polnische Akademie der Wissenschaften) Forschung betrieben. Dort sind rund 4500 Wissenschaftler beschäftigt. Die PAN ist eine autonome Körperschaft von Gelehrten mit 464 Mitgliedern, die durch Wahlen bestimmt werden. Seit 1873 gab es daneben die Polska Akademia Umiejętności (PAU, Polnische Akademie der Künste). Sie wurde 1951 aufgelöst, ihr Besitz und Vermögen der Polnischen Akademie der Wissenschaften übertragen. Die PAU wurde 1990 reaktiviert.

Collegium Polonicum

In Słubice, der Partnerstadt von Frankfurt/Oder, entsteht mit dem "Collegium Polonicum" eine bisher einmalige Lehr- und Forschungsstätte. Der Neubau an der Oderbrücke, als gemeinsame polnisch-deutsche Wissenschaftseinrichtung konzipiert, soll bis zum Jahr 2000 fertiggestellt werden.

Wirtschaft

Allgemeines

Die Veränderungen in Polen betreffen neben der politischen Verfassung wesentlich die Wirtschaft: Aus der Planwirtschaft wird eine Marktwirtschaft. So wurde Ende 1989 von der polnischen Regierung ein radikales Stabilisierungs- und Anpassungsprogramm beschlossen, das 1991 durch einen Schuldenerlaß durch die westlichen Industriestaaten ('Pariser Club') und 1992 durch eine gegenseitige Schuldenannullierung von Rußland und Polen unterstützt wurde.

Das Programm enthält folgende Punkte: Reduzierung der staatlichen Subventionen, Straffung des Steuerwesens; Festsetzung des allgemeinen Zinsniveaus über der Inflationsrate; Abwertung des Złoty und Stabilisierung des Wechselkurses; Begrenzung der Lohnerhöhungen (Strafsteuer für Überschreitungen); weitgehende Freigabe der Preise, umfassende Privatisierungsmaßnahmen; Öffnung Polens gegenüber dem Weltmarkt; Schaffung einer Arbeitslosenversicherung; Sparpolitik.

Diese Reformpolitik führte dazu, daß Polens Bruttoinlandsprodukt (BIP) 1993 um etwa 4 % wuchs. Auch ging die Inflation, die 1990 immerhin noch 590 % betrug, 1993 auf 35,3 % zurück. Seit Beginn der Reformen verzeichnete die Industrieproduktion erstmals 1992 ein Wachstum von 1 bis 2 % und 1993 von immerhin 6,2 %; selbst die Landwirtschaft wuchs um zwei Prozent. Gegenüber 1992 nahm der Absatz von Konsumgütern um 11 % zu, und der private Verbrauch der Polen stieg um 8 % gegenüber dem Vorjahr (dies vermutlich aufgrund der Einkünfte aus dem sog. 'grauen Wirtschaftssektor', der vom Fiskus nicht erfaßt wird).

Bei dieser erfreulichen Entwicklung darf aber nicht übersehen werden, daß der Aufschwung nur in bestimmten Branchen stattfand und von ihm nur einzelne Gruppen profitierten. Tatsächlich sanken nämlich die Realeinkommen auf die arbeitende Bevölkerung bezogen im Durchschnitt um zwei Prozent. Die Zahl der Arbeitslosen beläuft sich gegenwärtig auf rund 3 Mio. Menschen. Da dem polnischen Steinkohlebergbau Verluste drohen, wird sich der Beschäftigungsabbau in dieser Branche beschleunigen.

Privatisierung

Vom Beginn der Privatisierung im Jahr 1990 wurden bis Ende 1993 etwa 20 % der Staatsbetriebe privatisiert; damit hatte Polen 1992 den größten privaten Produktionssektor aller Länder des ehemaligen Ostblocks. Zur Beschleunigung der Umstrukturierung der Wirtschaft schlossen Regierung, Arbeitgeber und Gewerkschaften Anfang 1993 ein Abkommen, das den Arbeitern 10 % der Aktien und ein Mitspracherecht bei der Wahl der Privatisierungsform garantiert. Anfang 1994 waren fast 60 % der polnischen Erwerbstätigen im Privatsektor einschließlich der Landwirtschaft beschäftigt (ohne die Bauern, aber unter Einschluß der Produktionsgenossenschaften rund 46 %). Seither werden bereits über 50 % des Bruttoin-

Privatisierung (Fortsetzung)

landsprodukts im Privatsektor erwirtschaftet, und das obwohl er nur über einen verhältnismäßig kleinen Teil des Anlagevermögens verfügt.

Außenhandel

Seit 1991 sind nicht mehr die Nachfolgestaaten der ehemaligen Sowjetunion der Außenhandelspartner Nr. 1, sondern die Länder der Europäischen Union (EU). Wichtigster Handelspartner ist Deutschland, das auch den größten Teil der bisherigen Finanzhilfe leistete. Diese Entwicklung wurde 1991 durch den Assoziierungsvertrag der EU mit Polen bestärkt.

Ausblick

Trotz der bereits erzielten Fortschritte steht Polen vor gewaltigen Aufgaben. Dazu gehören die Privatisierung und Modernisierung der noch bestehenden, großenteils als unrentabel geltenden Staatsbetriebe, insbesondere bei Kohle und Stahl, in der Chemieindustrie und auf dem Energiesektor; die Umgestaltung der überalterten privaten Landwirtschaft und eine Lösung für die früheren Staatsfarmen, die zur Zeit noch von einer Landwirtschaftsagentur treuhänderisch verwaltet werden.
Seit der Wende des Jahres 1989 haben alle polnischen Regierungen, trotz Rückschlägen und antireformerischen Drucks von politischen Gewerkschaften, rechten oder linken Gruppierungen, an der Reformpolitik festgehalten. Die Marschroute weist, vor allem seit dem Wegfall der Ostmärkte, nach Westen in die Europäische Union, und vermutlich stellt diese Entwicklung auch die einzige Möglichkeit dar, auf Dauer in Polen eine marktwirtschaftliche Ordnung und Demokratie einzurichten.

Bergbau und Energiewirtschaft

Bodenschätze

Polen verfügt über beträchtliche Mengen mineralischer Rohstoffe. Der wichtigste Rohstoff, die Steinkohle, wird hauptsächlich im Oberschlesischen Kohlebecken (Zagłębie Górnośląskie) abgebaut, dem mit einer Fläche von 4500 km^2 größten Förderungsgebiet in Polen und einem der größten in Europa. Seine Kohlevorräte, die in einer Tiefe von bis zu 1000 m liegen, werden auf 80 Mrd. t geschätzt. Die Jahresproduktion des Landes liegt bei rund 150 Mio. t, das sind knapp 5 % der Weltförderung; Polen steht damit auf dem fünften Platz nach China, den USA, Indien und der GUS.
Die Braunkohle (5. Platz in der europäischen Förderung) wird unmittelbar verstromt; etwa 33 % wird im Bezirk Turoszów an der Lausitzer Neiße gefördert, zwei weitere große Fördergebiete liegen in der Umgebung von Konin und Bełchatów. Der Bedarf an Erdgas kann zu 70 % aus polnischen Vorkommen gedeckt werden (Zentralpolen, Mündungsbereich der Oder, Danziger Bucht). Das im Karpatenvorland (Gebiet Krosno) und im Becken von Sandomierz geförderte Erdöl macht nur 2 % des Bedarfs aus.
In der Förderung und Verarbeitung von Kupfer, Schwefel, Silber und Zink nimmt Polen eine führende Stellung unter den europäischen Produzenten ein (Anteil an der europäischen Erzeugung: Silber und Schwefel je 20 %, Kupfer 11 %). Angesichts der hohen Kosten ist aber die Produktion wohl nicht mehr im bisherigen Umfang aufrechtzuerhalten; seit 1988 sinken die Fördermengen bei Kohle und Kupfererzen. Eisenerz wird in den Gebieten Częestochowa/Wieluń, Kielce/Stąporków und Łęczyca abgebaut.
Riesige Steinsalzlager werden in einigen Dutzend Bergwerken im Karpatenvorland und in Großpolen ausgebeutet. Abgebaut werden auch große Mengen von Gesteinen (Kalk, Granit, Sandstein, Gips). Aus über 120 Heilquellen, die die Existenzgrundlage vieler Kurorte darstellen, wird Mineralwasser abgefüllt.

Energieerzeugung

Die Energiewirtschaft Polens stützt sich fast ausschließlich auf die Stromerzeugung aus Braun- und Steinkohle. Im Jahr 1989 wurden von der Gesamterzeugung von 145500 Mio. kWh 97,5 % aus Kohle gewonnen, der Rest aus Wasserkraftwerken. Aufgrund ihrer Energieabhängigkeit wurde die Schwerindustrie vorzugsweise in den Kohleabbaugebieten Oberschlesiens angesiedelt. Der Bau eines Kernkraftwerks des Tschernobyl-Typs in Żarnowiec nördlich von Gdańsk wurde 1990 eingestellt.

Im Hafen von Danzig

Industrie

Allgemeines

Die Industrie, im Krieg zu 50 % zerstört, wurde bis 1950 im wesentlichen wieder aufgebaut. Im darauffolgenden Jahrzehnt folgte vorrangig die Entwicklung der Schwerindustrie (Stahl, Bergbau), und bis 1970 wurden Rohstoff- und Brennenergiebasen sowie großchemische Werke errichtet. Beträchtliche Kredite aus dem Ausland und Lizenzen beschleunigten die Entwicklung der Industrie in den siebziger Jahren, führten jedoch zu Überschuldung und inneren Unruhen. Das Kriegsrecht, das im Dezember 1981 verhängt wurde, warf die industrielle Produktion, die in hohem Maße vom Import von Rohstoffen und Zwischenprodukten abhängig war, empfindlich zurück. Gegenwärtig bedarf die Industrie großer Anstrengungen zur Modernisierung der Produktionstechnologie.

Maschinenbau

Bedeutendste Sektoren der verarbeitenden Industrie sind Maschinenbau und Elektrotechnik mit etwa einem Drittel aller Industriebeschäftigten (ca. 1,4 Mio.); Produktionswertanteile der einzelnen Sparten sind: Transportmittel 30 %, Maschinenbau 30 %, Elektrotechnik und Elektronik 20 %, Metallbearbeitung 15 %, Feinmechanik 5 %. Renommiert sind der Werkzeug- und der Bergbaumaschinenbau. Bei den Transportmitteln dominiert der Schiffsbau (v. a. Gdańsk, Gdynia, Szczecin), der sich nach dem Zweiten Weltkrieg auch zu einem starken Exportsektor entwickelte; der internationale Nachfragerückgang bei Hochseeschiffen macht sich allerdings empfindlich bemerkbar.
Der Landmaschinenbau entspricht nicht dem Stand, den Polen als Agrarland erfordert; die inländische Nachfrage blieb durch die Kollektivierungsversuche und die geringen Betriebsgrößen niedrig. Demgegenüber hat die Textilmaschinenbranche eine lange und erfolgreiche Tradition. Die Automobilindustrie produziert gegenwärtig ca. 200 000 Pkw jährlich; der größte Anteil (ca. 70 %) entfällt auf den kleinen Polski-Fiat 126p, der in Bielsko-Biała und Tychy hergestellt wird.

Textilfabrik in Łódź

Weitere Industriezweige

Die chemische Industrie liefert den im Agrarland Polen in großen Mengen benötigten Kunstdünger; die Petrochemie für die Versorgung mit Treib- und Schmierstoffen sowie Kunststoffen, die ihren Rohstoff aus der GUS bezieht, ist in Płock und in Gdańsk zentriert. Die Holz- und Möbelindustrie zählen zu den schrumpfenden Industriezweigen, trotzdem werden Schnittholz und Möbel aus den modernen Großbetrieben v. a. im östlichen Polen exportiert.
Die Glasindustrie ist bei den großen Sandvorkommen in Mittelpolen, Schlesien, im GOP und bei Sandomierz angesiedelt. Eine bedeutende Tradition hat in Polen die Textilindustrie (Baumwolle, Wolle, Leinen, Seide), v. a. im Raum Łódź, Bielsko-Biała, Częstochowa und Białystok. Die Lebensmittelindustrie ist, je nach verarbeiteten Rohstoffen, über das Land verteilt; bedeutendster Zweig ist die Fleischindustrie, die mit über 100000 Beschäftigten fast 4 % des gesamten industriellen Produktionswerts erzielt und stark exportorientiert ist. Stark ausgebaut ist auch die Milchproduktion und -verarbeitung; hier liegt Polen mit ca. 17 Mio. t jährlich an fünfter Stelle der Weltrangliste.

Land- und Forstwirtschaft, Fischerei

Landwirtschaft

War Polen nach dem Krieg noch ein Agrarland, hat die Landwirtschaft heute nur noch 13 % Anteil am Nationaleinkommen (Industrie: 48 %); dieser Anteil wird von 28 % der Erwerbstätigen erwirtschaftet. Die landwirtschaftliche Nutzfläche (LNF), die mit 18 Mio. ha ca. 60 % der Gesamtfläche Polens einnimmt, setzt sich aus 14,5 Mio. ha Ackerland, 4 Mio. ha Grünland und 200000 ha Obstkulturen zusammen. 77 % der LNF ist in privater Hand, 19 % sind Staatsgüter, der Rest Genossenschaften. Die durchschnittliche Betriebsgröße liegt bei nur 6 ha; die große Zahl kleiner und kleinster Höfe und und die schlechte maschinelle Ausstattung machen die Landwirtschaft wenig effizient und sehr krisenanfällig.

Landwirtschaft (Fortsetzung)

Die wichtigsten Anbauprodukte sind Getreide (Weizen, Roggen), Zuckerrüben und Kartoffeln; daneben sind Futterpflanzen für die Viehzucht und die Pferdehaltung wichtig (16 % der LNF). Die Ernteerträge sind meist deutlich niedriger als in den Ländern Westeuropas, was einerseits an der ungünstigen, überalterten Produktionsweise in den mittleren und östlichen Landesteilen liegt, aber auch an den nach Osten zunehmenden klimatischen Nachteilen. Gut entwickelt ist, v. a. in der Umgebung der Großstädte und im Südosten, der Obst- und Gemüseanbau.
Der wichtigste viehwirtschaftliche Zweig ist die Schweinezucht, ein namhafter Anteil wird in Konserven exportiert. Bedeutend sind auch die Rinder- (v. a. Milchkühe) und die Geflügelhaltung (ein großer Teil der deut schen Weihnachtsgänse kommt aus Polen). Aufgrund der geringen Mechanisierung in der Landwirtschaft gibt es in Polen auch heute noch sehr viele Pferde (etwa 1 Million).

Forstwirtschaft

Obwohl der Anteil der Waldflächen an der Gesamtfläche Polens mit ca. 27 % im mitteleuropäischen Rahmen liegt (Deutschland: ca. 28 %), spielt die Forstwirtschaft eine untergeordnete Rolle; der Anteil am Volkseinkommen beträgt knapp 2 %, derjenige an den Arbeitsplätzen knapp 1 %. Die Gegenden mit stärkster Bewaldung und waldwirtschaftlicher Bedeutung sind der Südwesten (Wojewodschaften Zielona Góra, Jelenia Góra, Wałbrzych), der Süden (Woj. Bielsko-Biała, Nowy Sącz, Krosno, Przemyśl) und der Nordwesten (Woj. Koszalin, Piła).

Fischerei

Die Fischereihäfen an der Ostsee sind auch Standort der fischverarbeitenden Industrie (v. a. Gdynia, Szczecin, Świnoujście, Gdańsk; daneben Ustka, Kołobrzeg, Hel, Łeba u. a.). Die Fangmenge ist seit 1975 rückläufig, dementsprechend auch die Zahl der Fischereifahrzeuge (ca. 300 mit über 100 BRT im Jahr 1990). Der Anteil der Binnenfischerei an der Gesamtfangmenge von 630000 t beträgt etwa 5 %.

Kein seltenes Bild: Feldarbeit mit Pferden (Schlesien)

Baedeker Special

Polen – Land im Umbruch

Die Abkehr von Sozialismus und Planwirtschaft bringt auch in Polen große wirtschaftliche und soziale Probleme mit sich, die sich im Alltag überall zeigen. Die sozialistische Wirtschaft war eine Subventionswirtschaft, in der unrentable Betriebe weitergeführt und Arbeitslosigkeit durch Überbesetzung vermieden wurde. Das Warenangebot war mäßig, dafür wurden die Preise für Grundnahrungsmittel auf niedrigem Niveau festgesetzt und waren somit für jeden erschwinglich.

Polen wagte Anfang 1990 mit dem nach dem damaligen Wirtschaftsminister Balcerowicz benannten Wirtschaftsplan den Sprung in die freie Marktwirtschaft. Man begann unrentable Staatsbetriebe zu schließen und nahm Entlassungen vor. Von Zitrusfrüchten bis zu Gummibärchen aus Westdeutschland war plötzlich alles zu kaufen – ein nie gekanntes Bild. Andererseits wurden viele Dinge, vor allem für die Arbeitslosen und Rentner, unbezahlbar. In der Hoffnung auf eine rasche Besserung der Lage akzeptierten die Polen den Sparkurs als notwendiges Übel, doch schon im Herbst 1991 zeigte die geringe Beteiligung (unter 50 %) bei den Parlamentswahlen den Pessimismus weiter Teile der Bevölkerung. Mittlerweile ist der vom Westen mit Wohlwollen aufgenommene Balcerowicz-Plan in Frage gestellt, man will einen Mittelweg finden, um soziale Härten zu reduzieren.

Nach dem Zusammenbruch des COMECON-Markts fehlt es dem Staat an Geld, um ein funktionierendes Sozialsystem aufzubauen und Investitionen fördern zu können. Im Gegensatz zu den noch staatlichen Betrieben floriert die Privatwirtschaft, vor allem der Handel – in den Großstädten oder in den schicken Hotels, die einst für Westtouristen gebaut wurden, trifft man die ‘neuen Reichen’, die ihre Designerkleidung und ihre Limousinen zur Schau stellen. Doch von diesen Gewinnen fließt nur wenig in die Staatskasse, da das Steuersystem nicht ausgereift ist. Zudem gilt Steuerhinterziehung den Polen, die die letzten 200 Jahre lang Obrigkeit als Fremdherrschaft erfuhren, als Kavaliersdelikt. Manches erinnert an den wilden Kapitalismus des 19. Jh.s: auf der einen Seite diejenigen, die rasch zu Geld gekommen sind, auf der anderen die kleinen Angestellten, die Arbeiter und Arbeitslosen, die jetzt klagen, daß es ihnen unter der sozialistischen Herrschaft besser gegangen sei. Das erklärt auch die Empfänglichkeit für Populisten wie den früheren Präsidentschaftsbewerber Tymiński, der den Wählern utopische Hoffnungen machte, ohne ein konkretes Programm vorlegen zu können. Das Warten auf die Versorgung durch den Staat, im Sozialismus anerzogen, lähmt bei vielen die Eigeninitiative.

Die alten Strukturen, gegen die die Polen lange gemeinsam angekämpft hatten, sind zerfallen. Damit ist jedoch auch die Einigkeit der Bevölkerung, deren Symbol die von allen Schichten unterstützte Solidarność-Bewegung war, zerbrochen. Ein neuer politischer und gesellschaftlicher Konsens ist noch nicht erkennbar. Das zeigt sich in einer gefährlichen Parteienzersplitterung, da die einst in der Opposition vereinten Politiker jetzt ihre ganz individuellen Richtungen vertreten. Weltanschauungsparteien stehen sich jetzt gegenüber, die nach der Parlamentsumbildung im Herbst 1995 beinahe unfähig waren, sich auf eine Regierungskoalition zu einigen. Eine Reform des Wahlsystems mit der Einführung einer Prozentklausel wäre notwendig, um zu größerer politischer Stabilität zu gelangen.

Im privaten Bereich verschieben sich die Werte hin zu einem stärkeren Individualismus. Der Wunsch nach Wohlstand hat sich in den Vordergrund gedrängt, nachdem der westliche Standard jetzt endlich erreichbar scheint. Die polnische Gesellschaft befindet sich in einem schwierigen Wandlungsprozeß. Es ist zu hoffen, daß es den Politikern und Führungspersönlichkeiten gelingt, die Bevölkerung für die mühsame Reformpolitik zu motivieren. Nicht zuletzt ist westliche Unterstützung durch Investitionen und die Öffnung des Markts für polnische Erzeugnisse vonnöten.

Verkehr

Straßennetz

Das Straßennetz ist gut ausgebaut; vor allem die Straßen der Fernverbindungen sind breit (wenn auch nur selten vierspurig) und in sehr gutem Zustand. Die West-Ost-Magistralen sind seit der 'Wende' durch den internationalen Lkw-Verkehr stark belastet. Die Dichte der befestigten Straßen schwankt regional beträchtlich, sie nimmt grob gesprochen von Südwesten nach Osten und Norden ab (von ca. 60 km/100 km^2 im Umkreis von Kraków bis ca. 20 km/100 km^2 bei Białystok; der Anteil am Gesamtnetz reicht dabei von ca. 99 % bis 53 %). Die Zahl der Pkw ist seit 1980 sprunghaft angestiegen, von etwa 66 pro 1000 Einwohner 1980 auf über 127 im Jahr 1990. In ländlichen Gegenden ist das Pferdefuhrwerk noch ein durchaus gebräuchliches Transportmittel.

Eisenbahn

Das Eisenbahnnetz der PKP (Polskie Koleje Państwowe, Polnische Staatsbahnen) umfaßt 26000 km Strecken, davon sind über 11000 km elektrifiziert. Mit 8,5 km/100 km^2 gehört es zu den dichteren Bahnnetzen in Europa. Alle größeren Städte sind mit Warschau und untereinander gut verknüpft. Warschau hat direkte Verbindungen zu vielen wichtigen Städten, u. a. Paris, Köln, Rom, Wien, Belgrad, Istanbul und Moskau. Die Preise sind niedrig, die Geschwindigkeit der Züge ist meist nicht hoch; für die Fahrt von Köln nach Warschau z. B. sind 18 Stunden zu veranschlagen.

Omnibusse

Von den 218000 km befestigten Straßen werden 122000 km fahrplanmäßig von den Bussen der PKS (Państwowa Komunikacja Samochodowa, Staatlicher Automobilverkehr) bedient. Ausdehnung und Dichte des Omnibusnetzes machen es möglich, alle interessanten Orte und Regionen zu erreichen. Hinsichtlich der Preise und der Geschwindigkeit gilt das für die Eisenbahn Gesagte. Seit 1990 bieten neben der PKS immer mehr private Gesellschaften ihre Dienste an.

Fähre an der Weichsel

Verkehr (Fortsetzung)
Fluglinien

Die Flugzeuge der Polnischen Fluglinie LOT verbinden die polnischen Verkehrsflughäfen in Warschau, Danzig, Kattowitz/Krakau, Rzeszów und Breslau miteinander, z. T. mehrmals täglich. Diese Destinationen werden auch vom Ausland angeflogen; von Berlin: Danzig, Warschau; von Köln/Bonn: Krakau, Warschau; von Düsseldorf: Warschau; von Frankfurt a. M.: Krakau, Warschau, Breslau; von Hamburg: Danzig, Warschau; von Wien: Danzig, Warschau; von Zürich: Danzig, Warschau. Hauptflughafen ist Warszawa-Okęcie.

Wasserstraßen

Die Binnenschiffahrt spielt mit ca. 4000 km Wasserstraßen und einem Anteil von unter 1 % des Transportwerts eine sehr geringe Rolle. Zwar verfügt Polen mit Oder und Weichsel über große Stromsysteme, doch deren Schiffbarkeit ist stark eingeschränkt. Bedeutend für den Gütertransport ist das Odersystem, ein Verkehrsweg, der das Oberschlesische Industriegebiet mit dem Exporthafen Stettin verbindet (mit den Teilen Gleiwitz-Kanal, Kanal-Oder bis Breslau, mittlere und untere Oder). Interessant sind die Schiffsfahrten auf den Seen, Flüssen und Kanälen Masurens.

Tourismus

Historisches

Als Anfang des organisierten Tourismus in Polen gilt die Gründung der ersten touristischen Vereinigung, der Tatra-Gesellschaft (Towarzystwo Tatrzańskie), im Jahr 1873 (im österreichisch-galizischen Teil Polens). In den 1880er Jahren wurde die Tatra als erstes Gebiet touristisch erschlossen (Hotels, Eisenbahn, Telegraph); im Anschluß daran wurde Krakau Ziel des Bildungstourismus. Natur und Heimat betonte (der Zeit entsprechend) die 1906 gegründete Polnische Landeskundegesellschaft, Vorläufer des heutigen PTTK (Polskie Towarzystwo Turystyczno-Krajoznawcze, Polnische Gesellschaft für Tourismus und Landeskunde). Ab 1949 wurde der Erholungsurlaub für Werktätige staatlich gefördert (FWP-Ferienheime des Fundusz Wczasów Pracowniczych). Ein bedeutsamer Faktor war der ab 1972 einsetzende Urlauberstrom aus der damaligen DDR.
Nach dem Zusammenbruch des sozialistischen Systems und der Liberalisierung des Reiseverkehrs mußte sich die polnische Tourismuswirtschaft neu orientieren. Ein Schritt in diese Richtung war die Beschränkung der bisherigen staatlichen Fremdenverkehrsorganisation "Polorbis" auf die Funktion eines reinen Reiseveranstalters. Polorbis unterhält Büros im Ausland, z.B. in Deutschland. In Polen liegt die Leitung bei dem Staatsamt für Sport und Tourismus, das für Organisation und Investitionen im Tourismussektor zuständig ist; ferner gibt es verschiedene andere Tourismus-Organisationen wie z. B. die Polnische Agentur für Tourismusförderung.

Unterkunft

330000 Übernachtungsmöglichkeiten verteilen sich auf Campingplätze (115000), Privatzimmer (43000) und 57000 Hotels. Internationale Hotelketten wie Marriott, Holiday Inn, Novotel, Vienna International oder Intercontinental (Hotel Victoria in Warschau) sind vertreten; die polnischen Ketten heißen Orbis (die älteste, größte und bis zuletzt staatliche Organisation), Gromada oder Syrena. Außerdem bieten Hotels unter der Regie der Wojewodschaften und Kommunen Unterkünfte an. Ferner wurden private Hotels und Pensionen eröffnet, deren Ruf recht gut ist. Die PTTK unterhält neben Wanderheimen preiswerte Touristenhäuser (Domy Turysty) im ganzen Land, auch in kleineren Orten. Im Juli und August sind die Internationalen Studentenhotels geöffnet, die von Almatur geführt werden, dem Reisebüro der Vereinigung Polnischer Studenten. An den wichtigsten Durchgangsstraßen gibt es Motels, Gasthäuser und Gasthöfe; Campingplätze stehen in Städten und an attraktiven Plätzen, an Flüssen und Seen, am Meer und im Gebirge zur Verfügung.

Hauptziele in Polen

Die landschaftlich wichtigsten touristischen Ziele sind die Ostseeküste, Pommern und Masuren im Norden, Schlesien und die Gebirge im Süden.

Hauptziele in Polen (Fortsetzung)

Schöne Sandstrände, eine typische Dünenlandschaft und das Meeresklima kennzeichnen den Küstenstreifen; allerdings ist die Ostsee hochgradig verschmutzt, große Teile der Danziger Bucht und der Küste bei Koszalin sind zum Baden nicht geeignet. Die Seengebiete des Baltischen Höhenrückens, die durch die untere Weichsel voneinander getrennten Pommersche Seenplatte und Masurische Seenplatte, können mit besonders reizvollen Landschaften aufwarten: so um den Jezioro Drawsko oder in Kaschubien mit seinen Rinnenseen (zwischen Chojnice und Kartuzy) und der südlich sich anschließenden Tucheler Heide (Bory Tucholskie); in Masuren sind v.a. der Jezioro Mamry (Mauersee) und der Jezioro Śniardwy (Spirding-See) Paradiese für Segler, Windsurfer und Kajakfahrer. Die Hohe Tatra, das kleinste Hochgebirge der Welt, zieht Skifahrer, Kletterer und Bergwanderer an; etwas gemächlichere Touren bieten das Riesengebirge und die Beskiden, die auch viele Kurorte aufzuweisen haben.

Was sollte man sich in Polen ansehen? Auf der Liste der Kulturgüter der UNESCO stehen Altstadt (Stare Miasto) und Neustadt (Nowe Miasto) in Warschau, das Stadtzentrum Krakaus mit Wawel, Kazimierz und Stradom, das Salzbergwerk in Wieliczka und das Gelände des ehemaligen Konzentrationslagers Auschwitz-Birkenau (Oświęcim-Brzezinka). Das älteste Baudenkmal ist die befestigte Siedlung in Biskupin (ca. 550 v. Chr. erbaut). Von der präromanischen und romanischen Architektur sind nur wenige Bauten erhalten (Stiftskirche in Tum). Reich vertreten ist die Gotik, insbesondere in Thorn, Danzig, Breslau und Krakau. Von den zahlreichen Burgen des Deutschen Ordens befinden sich die größten und am besten erhaltenen in Marienburg (Malbork), Heilsberg (Lidzbark Warmiński) und Marienwerder (Kwidzyn). Die interessantesten Renaissance-Anlagen besitzen Zamość, Sandomierz, Tarnów, Posen, Chełmno sowie Kazimierz Dolny und Danzig. Herrliche Renaissanceschlösser und -paläste kann man in Niepołomice, Pieskowa Skała, Baranów und Krasiczyn besichtigen. Das Barock ist in den Schlössern von Wilanów und Łańcut sowie in zahlreichen Kirchen vertreten, etwa Święta Lipka oder die Friedenskirche in Schweidnitz. Die klassizistische Architektur ist besonders in Warschau gut dokumentiert (Łazienki-Palais, Teatr Wielki, eine Reihe von Schlössern).

Geschichte

'Polen' bedeutet soviel wie 'Feldlandschaft'. Dieser Name verweist auf den Stamm der Polanen, die im frühen Mittelalter das Gebiet an der Warta (Warthe) bewohnten. Ab dem 11. Jh. wird der Staat zwischen Oder und Weichsel Polonia, Polen, genannt. Das nördlich gelegene Stammland hieß ab dem 14. Jh. Wielkopolska (Großpolen), der angrenzende Südteil ab dem 15. Jh. Małopolska (Kleinpolen). Staatsnamen

Vorgeschichte und frühes Mittelalter

Jüngeres Paläolithikum. Erste Spuren von menschlichen Siedlungen in der Gegend um Krakau. Um 18000 v. Chr.

Neolithikum. Die Träger der Bandkeramik-Kultur, von Süden her an Oder und Weichsel gelangt, bewirken einen Wandel der Lebensform: Seßhaftigkeit und Ackerbau. Im Kontakt mit den einheimischen Stämmen und unter den Einflüssen aus dem Westen entsteht die Trichterbecher-Kultur. In den Góry Świętokrzyskie (Heilig-Kreuz-Berge) ist eines der größten Feuersteinbergwerke Europas in Betrieb (400 ha Ausdehnung, 700 Schächte). 4000–3000 v. Chr.

Die Kultur der Schnurkeramik breitet sich von Westeuropa bis zu den Steppen am Schwarzen Meer aus. Möglicherweise waren die Schnurkeramiker die ersten vorindoeuropäischen Stämme in diesen Gebieten. Im Laufe des 2. Jahrtausends Übernahme der Bronzeverwendung/-herstellung, nach der die bis ins Jahr 700 v. Chr. dauernde Epoche benannt ist. 3000–2000 v. Chr.

Entwicklung der Lausitzer Kultur im Gebiet zwischen mittlerer Elbe und Bug, Ostsee und nördlichem Böhmen und Mähren. Die ersten befestigten Siedlungen entstehen, die am besten erhaltene befindet sich in Biskupin. Um 700 erste Spuren von Eisen. Einer der Gründe für den Zerfall der Lausitzer Kultur ist die Invasion der Skythen. 1250–400 v. Chr.

Berührung mit der keltischen Latène-Kultur; Einführung der Töpferscheibe, Eisenverarbeitung (wichtig für die Entwicklung des Ackerbaus). 2.–1. Jh. v. Chr.

Germanische Stämme drängen die Kelten zurück, die skandinavischen Goten und Gepiden nehmen Weichselpommern ein. Wachsende römische Einflüsse, die zur Entstehung des Bergbaus in den Heilig-Kreuz-Bergen, in Masowien und an der oberen Weichsel beitragen. Umfangreiche Importe aus Rom. Die Bernsteinstraße verläuft entlang der unteren Weichsel, der Prosna und der oberen Oder zum Mährischen Tor; nach römischen Quellen trennt sie Germanien von Sarmatien. An dessen Grenze lebt das Volk der Veneder, die von einigen Historikern als Vorläufer der Westslawen angesehen werden. Ptolemäus erwähnt Calisia, vermutlich Kalisz. 1. Jh. v. Chr. bis 2. Jh. n. Chr.

Einfall der Hunnen, der die Völkerwanderung auslöst. Mit dem Ende des Römischen Reichs entstehen neue Staatengebilde. 4.–5. Jh. n. Chr.

Zunehmende Besiedlung des polnischen Gebiets durch die Slawen. Aufgrund der Bedrohung durch die Awaren Bildung von Stammesverbänden. 6.–7. Jh. n. Chr.

Alte Handelsstraßen werden bedeutungslos. Entwicklung neuer lokaler Zentren. Bau von Häfen an der Ostsee, von denen Wollin (bei Swinemünde) im 11. Jh. zu einem der größten in Europa wird. 7.–8. Jh. n. Chr.

Der anonyme 'Bayerische Geograph' erwähnt slawische Stämme östlich der Elbe. ca. 844

Mittelalter · Herrschaft der Piasten

9. Jh. Erste Stadtsiedlungen. Ausgedehnte Kontakte mit dem Osten (Byzanz, islamische Welt) und dem Westen bis hin zu den Britischen Inseln. Das Land der Wislanen (Wiślanie) gerät in den Machtkreis des Großmährischen Reichs, von dem die Mission des hl. Methodius ausgeht. Entwicklung eines Staates der Polanen; in Gniezno (Gnesen) übernimmt um das Jahr 850, angeblich mit dem Sohn des legendären Piasten Siemowit, die Dynastie der Piasten ihren Anfang (ihr letzter Nachkomme, Georg Wilhelm, Fürst von Brieg und Liegnitz, stirbt 1675).

966 Taufe Mieszkos I., des Herrschers über die Polanen (um 963–992). Missionstätigkeit; der Aufbau der kirchlichen Organisation (erstes Bistum in Poznań/Posen 968) wird von Bemühungen um eine Erneuerung der Staatsordnung sowie um eine Erweiterung der Staatsgrenzen begleitet.

991 Ältestes Dokument (Dagome iudex), das von einer Unterwerfung unter die Oberhoheit des Papstes spricht, wahrscheinlich aus Angst vor den Ansprüchen des Kaisers und des Bistums Magdeburg.

992–1025 Herrschaft von Bolesław Chrobry (dem Tapferen), der kurz vor seinem Tod gekrönt wird. Seine wachsende Macht ermöglicht ihm eine räumliche Expansion; er besetzt zeitweise (ab 1003) Böhmen, Mähren und die Lausitz. Zwei Feldzüge nach Kiew enden erfolglos; Bolesław kann aber die sog. cervenischen Burgen im Südosten einnehmen. Er unterstützt die Mission des böhmischen Bischofs Wojciech (Adalbert) bei den Pruzzen; dieser wird 997 ermordet.
Seine Heiligsprechung im Jahr 999 fällt mit der Errichtung der Metropolie in Gniezno/Gnesen zusammen, die die Bistümer Kołobrzeg (Kolberg), Kraków (Krakau) und Wrocław (Breslau) umfaßte. Für weitere Missionen unter den Pruzzen und den Jatwingern gewinnt Bolesław Erzbischof Bruno von Querfurt.

1000 Otto III., deutscher König seit 983 und römischer Kaiser seit 996, kommt ans Grab des hl. Wojciech nach Gnesen. Daß er Bolesław das kaiserliche Diadem aufs Haupt setzt und eine Nachbildung der Lanze des hl. Mauritius übergibt, könnte als Zeichen seines Einverständnisses mit dessen Bemühungen um die Krone gewertet werden.

1034–1039 Eine Zeit der Wirren nach dem Tod Mieszkos II. Den Aufstand gegen die Mächtigen und gegen die Geistlichkeit nützt der böhmische Fürst Brestislaw, der mit seinem Heer bis nach Gnesen gelangt. Unter seiner reichen Beute befinden sich auch die Reliquien des hl. Wojciech.

1058–1079 Die Herrschaft Bolesławs III. Śmiały (des Kühnen) setzt den von seinem Vater Kazimierz Odnowiciel (dem Erneuerer) begonnenen Wiederaufbau des Staats fort. Dennoch folgt seiner Krönung 1076 (an die Münzen mit seinem Bild erinnern), eine tiefe Krise. Der König muß nach Ungarn fliehen, wo er kurz darauf stirbt. Unmittelbarer Grund für die Flucht ist das Todesurteil gegen Stanisław, Bischof von Krakau (1079). Dieser, 1257 heiliggesprochen, wird zum Schutzpatron des Königreichs und zugleich Symbol für die Unabhängigkeit der Kirche von der weltlichen Macht.

1138 Das Testament Boleławs III. Krzywousty (Schiefmund; 1102–1138) führt das Senioratsprinzip ein, das eine Aufteilung des Herrschaftsgebiets zur Folge hat (Teilfürstentümer bis 1320). In dieser Zeit entstehen z. B. in Schlesien 18 Fürstentümer; zugleich aber kommen von dort auch die ersten Anstöße zu einer Wiedervereinigung, die die Erlangung des Throns in Krakau voraussetzt. Mit Hilfe deutscher Siedler intensiver Landesausbau vor allem in den westlichen Randbereichen Polens (Ansiedlung nach deutschen Recht). In den Jahren 1289–1335 stehen alle schlesischen Fürstentümer unter die Oberhoheit Böhmens.

Baedeker Special

Der Deutsche Orden

Der Deutsche Orden (Ordo domus Sanctae Mariae Teutonicorum), während der Kreuzzüge 1190 im Heiligen Land gegründet und ursprünglich für Aufgaben der Krankenpflege vorgesehen, wurde bald in einen Ritterorden umgewandelt. Sein Wirkungsfeld, die Heidenmission, wurde schon zu Beginn des 13. Jh.s von Palästina nach Europa verlegt. 1226 bat der polnische Herzog Konrad von Masowien den Hochmeister des Deutschen Ordens, Hermann von Salza, um Hilfe gegen die Pruzzen (im Gebiet des späteren Ostpreußen), die sich der Missionierung erfolgreich widersetzten. Der Orden handelte günstige Bedingungen aus; Kaiser Friedrich II. übereignete ihm in der Goldbulle von Rimini 1226 das Land der zukünftigen Eroberungen, das, da heidnisch, als herrenlos galt. Vier Jahre später übertrug Konrad von Masowien dem Orden das Kulmer Land. Erst dann trafen die ersten Ritter an der Weichsel ein und gründeten die Burg Thorn (Toruń). Der Orden erledigte seine Aufgabe gründlich und baute seine Macht zielstrebig aus, indem er Burgen, Dörfer und Städte gründete und deutsche Siedler ins eroberte Land zog. 1309 verlegte der Hochmeister seinen Sitz von Venedig in die Marienburg, den prächtigsten Stützpunkt des Ordensstaates.

Polen hatte sich mit dem Deutschen Orden einen mächtigen Nachbarn herangezogen, und bald geriet es mit ihm in endlose Auseinandersetzungen um Gebietsansprüche. Der Streit kulminierte in der Schlacht bei Tannenberg (und Grünfeld – daher polnisch Grunwald) 1410, in der ein polnisch-litauisches Heer dem Orden eine vernichtende Niederlage beibrachte. Die unmittelbaren Folgen waren für den Deutschen Orden eher gering, doch sank von da an sein Stern. Zu Beginn des 16. Jh.s nahm der letzte preußische Hochmeister Albrecht von Brandenburg den lutherischen Glauben an; er wandelte sein Gebiet in ein weltliches Herzogtum um und leistete dem polnischen König Sigismund I. den Lehnseid (1525, auf dem Marktplatz von Krakau).

Die Bedeutung des Deutschen Ordens (poln. 'Krzyacy', Kreuzritter) für die polnische Geschichte liegt weniger im Bereich der historischen Fakten als in der Hartnäckigkeit, mit der sich Mythen und Stereotype über Jahrhunderte und über allen politischen und gesellschaftlichen Wandel hinweg halten. Die Kreuzritter gelten im Bewußtsein der Polen bis heute als Verkörperung des militanten deutschen "Drangs nach Osten". Dieses Bild der (deutschen) Ordensritter als brutaler Eroberer befestigte der polnischen Nobelpreisträger Henryk Sienkiewicz im 19. Jh. mit seiner Romantrilogie "Krzycy", die zum festen Bestand der Lektüre für alle Polen gehörte (und teilweise noch immer gehört).

Abgesehen davon, daß die Schlacht bei Tannenberg in der Tat eine der gewaltigsten Schlachten des Mittelalters war, erfüllte der Sieg über den Deutschen Orden, der mit dem Sieg über 'die Deutschen' schlechthin identifiziert wird, Generationen von Polen mit Stolz und Genugtuung. Auf diese Weise wurden Ideologien des 19. Jh.s mit seiner Betonung der nationalen Werte in eine Zeit übertragen, die in ganz anderen Kategorien dachte. Die Idee einer alle Völker überwölbenden christlichen Mission kannte noch keine nationalen Interessen. Aber im Ersten Weltkrieg hat General Ludendorff die große Umfassungsschlacht, in der 1914 die Russen in Ostpreußen besiegt wurden, nach dem Ort Tannenberg benannt – in Erinnerung an die Niederlage des Deutschen Ordens 500 Jahre zuvor.

ca. 1220	Die 'Kronika polska' (Polnische Chronik) von Wincenty, genannt Kadłubek (gest. 1123), Krakauer Bischof und später Zisterzienser, entsteht. Bis zum 15. Jahrhundert findet sie nicht ihresgleichen. Sie ist wegen ihrer ausgefeilten literarischen Form und ihrer geschichtsphilosophischen Betrachtungen beliebt.
1225	Fürst Konrad Mazowiecki (Konrad I. von Masowien) ruft den Deutschen Orden, polnisch 'Krzyżacy' ('Kreuzritter'), gegen die heidnischen Pruzzen zu Hilfe. Diese werden unterworfen und christianisiert. 1233 verleiht der Deutsche Orden Toruń (Thorn) und Chełmno (Kulm) das Stadtrecht und beginnt mit der Errichtung eines straff organisierten souveränen Staates, der schon bald in einen langdauernden Konflikt mit Polen gerät.
1241	Überfall der Mongolen auf Polen und Ungarn. In der Schlacht bei Legnica (Liegnitz) unterliegt die schlesische und großpolnische Ritterschaft; Fürst Henryk II Pobożny (Heinrich der Fromme), Sohn von Henryk Brodaty (dem Bärtigen) und Jadwiga (Hedwig, 1267 heiliggesprochen, Schutzpatronin Schlesiens), stirbt. Nach dem Rückzug der Mongolen 1241 Gründung von Breslau (Wrocław).
1264	Fürst Bolesław Pobożny (der Fromme) gewährt den Juden in Kalisz (Kalisch) Privilegien, die bis zum 18. Jh. polnischen Königen als Vorbild dienen.
1295	Przemysł II. wird in Gnesen gekrönt. Das Wappen des wiedererstandenen Königreichs wird der weiße Adler mit einer Krone auf rotem Grund.
13./14.Jh.	Die Chronik des Zisterzienserklosters Henryków (Heinrichau) in Schlesien, die Księga Henrykowska (Heinrichauer Chronik), enthält innerhalb des lateinischen Texts den ersten überlieferten vollständigen polnischen Satz. Dadurch wird sie zu einem wichtigen historischen und sprachwissenschaftlichen Dokument.
1306–1333	Die Herrschaft von Władysław Łokietek (Ellenlang), 1320 zum König gekrönt, beendet die Zeit der territorialen Zersplitterung. Sein Staat umfaßt etwa 100 000 km² und 700 000 Einwohner, das Regierungszentrum ist fortan Krakau.
1333–1370	Herrschaft des Königs Kazimierz Wielki (des Großen), des letzten Königs der Piastendynastie. Seine verstärkten Bemühungen um vorteilhafte Beziehungen zum Deutschen Orden und zu Böhmen bringen nicht nur die Rückgewinnung von Gebieten, sondern auch akzeptable Bedingungen für die Verbesserung des Herrschaftssystems und die wirtschaftliche Entwicklung. Daher heißt es von ihm: "Er fand ein hölzernes Polen vor und errichtete ein gemauertes." In den 1340er Jahren richtet sich das Interesse des Königs nach Osten, in Verbindung mit dem Tod Bolesławs II. Jerzy, Fürst von Wladimir-Halitsch. Ergebnis war die Angliederung Rotenreußens (1366), wo schon 1356 unter deutschem Recht Lemberg (Lwów/Lvov) gegründet worden war, später eine der wichtigsten polnischen Städte.
1364	Gründung der Krakauer Universität. Im Herbst findet dort auf Initiative Kaiser Karls IV. ein Fürstentag statt, an dem die Könige Ludwig von Ungarn, Waldemar IV. von Dänemark, Peter von Zypern sowie polnische und österreichische Fürsten teilnehmen.
1370–1382	Herrschaft von Ludwik Węgierski (Ludwig von Ungarn) auf der Grundlage einer früheren Übereinkunft mit Kazimierz Wielki (dem Großen) über die Nachfolge im Falle seines Todes ohne direkte Nachkommen.
1374	Um die Erbfolge auf dem polnischen Thron für eine der Töchter zu sichern, gewährt der König in Kaschau (slov. Košice) dem Adel, der zum ersten Mal

als einheitlicher Stand behandelt wird, Sonderrechte. Der Einfluß des Adels auf die Herrschaft im Staat wächst, vor allem mittels der lokalen Sejmiki (Landtage; der erste 1352 in Großpolen), die eine Art adliger Selbstverwaltungsorgane darstellen. 1374 (Fortsetzung)

Krönung Jadwigas (Hedwigs), der Tochter Ludwigs von Ungarn, einer äußerst gebildeten, hervorragenden Herrscherin, die sich um die Christianisierung Litauens verdient macht. Auf ihre Initiative wird die Bibel ins Polnische übersetzt. Einen Teil ihres Vermögens verwendet sie für die Erneuerung der Krakauer Universität. Sie stirbt 1399 mit 25 Jahren. 1384

Herrschaft der Jagiellonen (1385–1572)

Abkommen in Krewo. Bedroht vom Deutschen Orden und Moskau, beschließt Litauen, die katholische Taufe anzunehmen und sich mit Polen zu verbünden (der Charakter dieser Union war später Quelle vieler Mißverständnisse und Konflikte). Der litauische Fürst Jagiełło heiratet im folgenden Jahr Jadwiga und besteigt den polnischen Thron. Damit beginnt ein neuer Abschnitt in der Geschichte beider Länder; durch die Union entsteht ein Vielvölkerstaat. 1385

Jagiełło beschließt auf die Bitte einer Deputation aus Lemberg (Lvov/Lwów) ein Bündnis dieser Stadt und ihres Umlands mit Polen. 1388

Erneuerung der Universität in Krakau, die künftig den Beinamen Jagielloński trägt. 1400

Schlacht bei Grunwald (Tannenberg), eine der größten im Mittelalter (unter Beteiligung von 40000–60000 Soldaten). Ein polnisch-litauisches Heer unter Führung des Königs siegt über den Deutschen Orden. Ein Jahr später Friedensschluß in Toruń (Thorn), kraft dessen Litauen für eine bestimmte Zeit Żmudź (Schamaiten) erhält und das Umland von Dobrzyn (Dobriner Land) zu Polen zurückkehrt. Dennoch bricht bis zum Ende der Regierungszeit von Władysław Jagiełło noch zweimal ein Krieg mit dem Deutschen Orden aus, ohne dauerhafte Resultate. 1410

Konzil in Konstanz. Eine polnische Delegation arbeitet auf eine Union mit der Ostkirche hin. In Verbindung mit dem Prozeß, der dort gegen den Deutschen Orden geführt wird, veröffentlicht Paweł Włodkowic, Rektor der Krakauer Universität, ein Traktat, das die von dem Orden vertretene Idee der Bekehrung mit dem Schwert verurteilt und den Heiden ein natürliches Existenzrecht zugesteht. 1414–1418

Privileg von Jedlno (Habeas-Corpus-Akte) mit dem Grundsatz, daß der König keinen Adligen ohne richterliches Urteil gefangennehmen oder bestrafen darf, es sei denn, dieser wird auf frischer Tat bei Diebstahl, Mord, Gewalttätigkeiten, Brandstiftung oder Überfall auf einen Mitbürger ertappt. 1425

Władysław III., der Sohn Władysław Jagiełłos, polnischer König seit 1434 und ungarischer seit 1440, fällt an der Spitze der ungarischen Armee in der Schlacht gegen die Türken bei Varna. 1444

Regierungszeit von Kazimierz Jagiellończyk, die von der Bemühung um die Stärkung der königlichen Macht sowie um die Verteidigung der Souveränität des Staates gegenüber dem Deutschen Orden und dem Kaiserreich geprägt ist. 1447–1492

Auf Bitte des Preußischen Bundes (der Städte und des Adels) verkündet der König die Einverleibung ganz Preußens nach Polen, was einen neuen Krieg mit dem Deutschen Orden provoziert, der erst 1466 durch den 2. Frieden von Toruń (Thorn) beendet wird. Polen erhält Pommerellen (Po- 1454

1454 (Fortsetzung) morze Gdańskie), einen Teil Preußens mit der Marienburg (Malbork) und Elbing (Elbląg) sowie Ermland (Warmia) und das Kulmer Land. Westpreußen bekommt die Bezeichnung 'Prusy Królewskie' (Königliches Preußen). Schon 1457 hatte der Deutsche Orden seinen Hauptsitz nach Königsberg verlegt.

1480 Tod von Jan Długosz (geb. 1415), Erzieher der Königssöhne und Historiker. Bis zuletzt arbeitete er an seiner Geschichte Polens, einem der größten historiographischen Werke des mittelalterlichen Europa.

1492 Kazimierz Jagiellończyk stirbt und wird in der Kathedrale auf dem Krakauer Wawel beigesetzt. Die Grabplatte stammt von Veit Stoß, einem der bedeutendsten Bildhauer des späten Mittelalters.

15./16. Jh. Die Jahrhundertwende bringt eine ungewöhnliche Belebung von Kultur und Wissenschaft, hauptsächlich in Krakau; die letzten großen Werke der Gotik und die ersten der Renaissance entstehen. An der Krakauer Universität lehrt 1489–1491 der deutsche Humanist und Dichter Konrad Celtis; er gründet auch die erste literarische Gesellschaft in Polen.

1493 Der Senat, die zweite Kammer des Sejm, entsteht. Einführung des Prinzips der Repräsentation des gesamten Adels durch seine Vertreter.

1505 Die Verfassung 'Nihil Novi' stellt fest: "Weil allgemeine Rechte und öffentliche Gesetze nicht das Individuum, sondern das ganze Volk betreffen, soll für die Zukunft nichts neues von uns (dem König) und unserem Nachfolger beschlossen werden ohne gemeinsame Zustimmung der Senatoren und Gesandten der Länder." Die Gesetzgebung geht also auf den Reichtag (Sejm) über; die polnische Adelsrepublik ist endgültig etabliert.

1506–1572 Herrschaftszeit der letzten beiden Jagiellonen, Zygmunt I. Stary (des Alten) und seines Sohns Zygmunt II. August, die als 'Goldenes Zeitalter' bezeichnet wird. Dies meint v. a. die kulturelle Blüte, besonders der Literatur in polnischer Sprache (Rej, Górnicki, Modrzewski, Orzechowski, Kochanowski; von letzterem wird A. Mickiewicz sagen, daß "er die polnische Lyrik zu europäischem Rang erhoben" habe). Die territoriale Konsolidierung stärkt das Nationalbewußtsein; eine geschickte Politik gewährt Sicherheit vor Habsburg und Moskau, mit dem es 1507–1537 dreimal Krieg gibt.

1525 Albrecht von Brandenburg, Hochmeister des Deutschen Ordens, huldigt dem polnischen König Zygmunt I. und nimmt von ihm das ehemalige Ordensland Preußen als weltliches Herzogtum zu Lehen.

1526 Gegenüber Danzig werden die strengen Maßregeln des königlichen Edikts (1523) gegen die Lutheraner angewandt, aus Furcht, die religiösen Unruhen könnten in politische umschlagen. In Kleinpolen und Litauen gewinnen die Calvinisten an Einfluß, der aber durch das Auftreten der Arianer (1562 bis 1565) abgeschwächt wird. Im 16. Jh. bekennen sich ca. 20 % des Adels, darunter viele Magnaten, zum Protestantismus.

1529 Masowien wird in seiner Gesamtheit der Krone einverleibt.

1538 Ein Dekret verspricht nach dem Ableben Zygmunt Augusts die Wahl des Königs unter Beteiligung des ganzen Adels; damit ist der Weg zu freien Wahlen offen.

1543 Kurz nach dem Tod von Nikolaus Kopernikus (geb. 1473 in Thorn) erscheint in Nürnberg sein bedeutendes Werk "De revolutionibus orbium coelestium", das seine heliozentrische Theorie erläutert.

1561 Die Angliederung Livlands verwickelt Polen in einen Krieg mit Moskau und Schweden. Für die Unterstützung in dieser Auseinandersetzung erhält

Kurfürst Joachim II., ein Verwandter Herzog Albrechts von Preußen, für 1561
seine Söhne ein Mitbelehnungsrecht für das Herzogtum und sichert damit (Fortsetzung)
dem Haus Brandenburg die Erbfolge im künftigen Ostpreußen. Dies versperrt Polen den Weg zu einer Wiedergewinnung Preußens.

Stanisław Hozjusz (Hosius), Bischof von Warmia (Ermland), bringt die Je- 1564
suiten nach Braniewo (Braunsberg).

In Lublin wird eine Union mit Litauen beschlossen. Es entsteht eine Repu- 1569
blik (Rzeczpospolita) mit einem gemeinsam gewählten König und einem gemeinsamen Reichstag. Getrennt bleiben Verwaltung, Armee, Finanzen und Justiz. Das 'Königliche Preußen' (Westpreußen) wird Polen vollständig einverleibt.
Aus dieser Zeit stammt die Bezeichnung 'Korona i Litwa', 'Krone und Litauen', wobei 'Krone' einfach 'Polen' bedeutet.

Tod Zygmunt II. Augusts. Die Dynastie der Jagiellonen erlischt. 1572

Gewählte Könige (1573–1795)

Der Sejm, zur Wahl zusammengerufen, beschließt, daß der Primas der 1573
katholischen Kirche in Zeiten ohne König der Führer des Staats sein soll. Gleichzeitig verbürgt die sog. Warschauer Generalkonföderation durch ein Edikt religiöse Toleranz.
Wahl Heinrichs von Valois, in Polen 'Walezy' ('der von Valois') genannt, zum König. Einige Monate nach der Krönung kehrt er auf die Nachricht vom Tod seines Bruders Karl IX. heimlich nach Frankreich zurück, wo er als Heinrich III. den Thron besteigt.

Regierungszeit Stefan Batorys, des früheren Fürsten von Siedmiogród 1576–1586
(Siebenbürgen), verheiratet mit Anna, der Tochter Zygmunts I. Stary (des Alten). Batory kann die Macht von König und Staat stärken und Livland von Moskau zurückerobern. Zuvor muß er allerdings auf ein Statut, das die Freiheit Danzigs einschränkt, verzichten.

Batory gründet eine Jesuiten-Akademie in Wilna, die in der Aufklärung zu 1579
einer modernen Universität wird; bis 1832 erlebt sie eine große Blütezeit (1919–1939 trägt sie den Namen des Königs).

Jan Zamoyski (1532–1605), Kanzler und großer Reichshetman (Oberbe- 1580
fehlshaber), ein hervorragender Staatsmann, in Paris und Padua ausgebildet, errichtet Zamość nach dem Plan einer idealen Stadt und richtet dort eine Akademie ein, die bis 1784 besteht.

Zeit der Könige aus der katholischen Wasa-Dynastie. Sie beginnt mit der 1587–1668
Wahl von Zygmunt III. Waza, Sohn des Königs von Schweden und von Katarzyna Jagiellońska, der bis 1632 regiert. Ihm folgen seine Söhne Władysław IV. (gest. 1648) und Jan Kazimierz (bis 1668). Forderungen an die schwedische Krone führen zu vernichtenden Kriegen; der erste 1600–1629, der zweite, von den Polen 'potop', 'Sintflut' genannt, 1655–1660. In dieser Zeit führt Polen auch mit der Türkei (1620/1621) und mit Moskau Krieg (Friedensschluß 1667).
In den Jahren 1648–1657 wird die Ukraine vom Aufstand Bohdan Chmielnickis überrollt, nur mit Mühe gelingt es, ihn unter Kontrolle zu bringen. Tausende von polnische Adeligen und Juden fallen dem Aufstand zum Opfer.
Zu Beginn der Regierungszeit Władysławs IV. umfaßt das Territorium Polens etwa 990 000 km^2 (dritter Rang in Europa) und hat etwa 8–10 Millionen Einwohner (siebter Rang in Europa). Die ersten Wasa-Könige (Zygmunt III., Władysław IV.) treten auch als hervorragende Mäzene und Sammler hervor.

1596 Die Synode in Brest bestätigt die 1595 in Rom verkündete Union zwischen der römisch-katholischen und der griechisch-orthodoxen Kirche in Polen und Litauen. Nur die orthodoxen Bischöfe von Lwów (Lemberg) und Przemyśl verweigern die Zustimmung.

1620 Polnisch-türkischer Krieg. Die Türken siegen bei Cecora; Stanisław Zółkiewski, hervorragender Kanzler und Reichshetman, fällt. 1621 Abwehr der Türken bei Chocim (Chotin), vorteilhafter Waffenstillstand.

1654–1660 Schweden führt Krieg gegen Polen. Die Adelsrepublik droht in einer "blutigen Sintflut" unterzugehen. Nach der Verteidigung des Paulinerklosters auf dem Jasna Góra (Heller Berg) in Tschenstochau (1655) und der Rettung des wundertätigen Marienbilds erklärt König Jan Kazimierz die Muttergottes zur "Königin Polens". Dies ist eine der Wurzeln der großen Rolle des Katholizismus und der Marienverehrung in Polen.

1660 Friede von Oliva. König Jan Kazimierz verzichtet auf die schwedische Krone.

1661 Jan Kazimierz verleiht der Jesuiten-Akademie in Lwów die Gründungsurkunde, die in der zweiten Hälfte des 19. Jh.s als Universität eine Blütezeit erlebt (1919 erhält sie den Namen ihres Gründers).
'Merkuriusz Polski Ordynaryjny', die erste Zeitung, erscheint einmal wöchentlich, von Mai bis Juli, zuerst nur in Krakau, später dann auch in Warschau.

1667 Frieden mit Rußland in Andrussowo; Verlust eines bedeutenden Teils der östlichen Gebiete Litauens sowie der Ukraine jenseits des Dnjepr.

1668 Jan Kazimierz dankt ab und geht ein Jahr später nach Frankreich, wo er 1672 stirbt. Die lateinischen Initialen seines Namens werden von seinen Zeitgenossen boshaft als "initium calamitatis regni" (Beginn des Zusammenbruchs des Königreichs) gedeutet.

1673 Jan Sobieski erringt bei Chocim (Chotin) einen Sieg über die Türken, einen Tag nach dem Tod von König Michał Korybut Wiśniowiecki. 1674 wird Jan Sobieski zum König gewählt.

1683 Jan Sobieski besiegt vor dem belagerten Wien unter Beteiligung von Herzog Karl von Lothringen die Türken. Das ist der letzte große militärische Erfolg vor dem Zerfall des Staats.

1697–1763 Herrschaft der Könige aus der sächsischen Dynastie der Wettiner. August II., der Starke (1697–1733), der aus taktischen Gründen zum Katholizismus übergetreten war, läßt sich in die schwedisch-russischen Auseinandersetzungen hineinziehen (Nordischer Krieg), was für Polen schlimme Folgen hat. Warschau und Krakau werden vorübergehend von den Schweden besetzt. Ausbruch der Pest 1707.
In Warschau entstehen glanzvolle Bauten für den König (Sächsisches Palais, Sächsischer Garten) und die Aristokratie.
Unter seinem Sohn August III. (1734–1763) gibt es eine Zeit des Friedens und einer gewissen wirtschaftlichen Erholung, die v. a. dem Adel Wohlstand bringt. Daher die Redensart: "Unter dem Sachsenkönig iß, trink und mach den Gürtel locker!"

1709 Der Vertrag von Toruń (Thorn) zwischen Peter dem Großen und August dem Starken legt den Grundstein für die Abhängigkeit Polens von Rußland.

1710 Nachdem August der Starke vorübergehend die Krone niederlegen mußte (1706), erkennt ihm der Sejm unter russischem Druck die Rechte auf den polnischen Thron zu.

Warschau in einer Vedute von Canaletto

Mit dem Warschauer Pazifikationstraktat wird Rußlands Einfluß auf die inneren Angelegenheiten Polens gefestigt. Die "Goldene Freiheit" des Adels wird garantiert. Russische Truppen bleiben im Land. 1716

Bündnis Rußlands mit Preußen, das u. a. vorsieht, in Polen die Grundlagen des 'Liberum veto' und der freien Wahlen aufrechtzuerhalten. Das 'Liberum veto' ermöglicht jedem Abgeordneten des Sejm, die geforderte Einstimmigkeit durch Einspruch zu verhindern und so den Reichstag zu "zerreißen". 1720

'Blutgericht von Thorn'. Infolge von Unruhen mit religiösem Hintergrund spricht das Gericht des Sejm ein strenges Urteil über die Stadt aus, was den heftigen Protest der protestantischen Staaten und Rußlands hervorruft. 1724

Krieg um die Thronfolge nach dem Tod Augusts des Starken. Neben dem Sohn Augusts (Kurfürst August von Sachsen) bewirbt sich Stanisław Leszczyński um den Thron, verzichtet aber (nach einem Zwischenspiel als Fürst von Lothringen) 1736 endgültig. August III. wird zum König gekrönt. 1733–1736

Auf Initiative von Stanisław Konarski (1700–1773) wird in Warschau das Collegium Nobilium eröffnet, das die aufgeklärten Schulen des Westens zum Vorbild hat. 1740

Eröffnung der öffentlichen Bibliothek in Warschau auf Initiative gelehrter Bischöfe, der Brüder Stanisław und Józef Andrzej Załuski. Sie stehen mit dem deutschen Philosophen Christian Wolff in Kontakt, der zur Verbreitung der Aufklärung in Polen wesentlich beiträgt. Eine wichtige Rolle spielen in dieser Hinsicht auch die gelehrten Kreise Danzigs und Thorns. 1747

Regierungszeit des letzten polnischen Königs Stanisław August Poniatowski. Trotz innenpolitischer Abhängigkeiten ist er von der Notwendigkeit 1764–1795

1764–1795 (Fortsetzung) von Reformen überzeugt; im Rahmen seiner Möglichkeiten leitet er Neuerungen ein. Er ist ein großer Mäzen und Kunstsammler und veranlaßt die Einrichtung nationaler Sammlungen.

1765 Der König gründet in Warschau die 'szkoła rycerska' ('Ritterschule'), eine Kadettenanstalt, aus der Offiziere wie Tadeusz Kościuszko (1746–1817) hervorgehen, erzogen im Geist der Aufklärung und erfüllt von Hingabe für das Wohl des Landes. Sie ist die erste weltliche Schule in Polen.
In Warschau nimmt das Teatr Narodowy (Nationaltheater) seine Tätigkeit auf. Die ersten Nummern des 'Monitor' erscheinen; diese führende gesellschaftlich-moralische Zeitschrift wurde auf Initiative Stanisław Augusts gegründet (die letzte Nummer erscheint 1785). Aus dem Umfeld der Aufklärer kommt auch die erste literarische Zeitschrift, die 1770–1777 unter dem Titel "Zabawy przyjemne i pożyteczne" ("Angenehme und nützliche Unterhaltung") erscheint.

1767 Rußland übt Druck aus, um eine Gleichstellung der 'Dissidenten' (Bekenner des protestantischen und orthodoxen Glaubens) mit den Katholiken zu erreichen. Im 'Toleranztraktat' von 1768 muß dies der Reichstag bestätigen. Rußland garantiert außerdem die Rechte des Adels auf das 'Liberum veto' und die freie Königswahl. Diese Beschlüsse sollen eine Verfassungsreform verhindern.

1768 Gegen den Toleranzvertrag von Warschau richtet sich die Adelskonföderation von Bar (in Podolien), die sich als Verteidigerin des katholischen Glaubens und der Freiheit begreift. Es kommt zu jahrelangen kriegerischen Auseinandersetzungen, in die Rußland, Preußen, Österreich, Frankreich und die Türkei eingreifen und die letztlich erst mit der ersten Teilung Polens beendet werden.

1772 Erste Polnische Teilung. Etwa 30 % des polnischen Territoriums werden zwischen Rußland, Preußen und Österreich aufgeteilt.

1773 Der Sejm akzeptiert – unter Anwesenheit russischer Soldaten – die Teilungsverträge mit wenigen Gegenstimmen. Gleichzeitig gewinnen die Wortführer umfassender Reformen an Boden, gegen den Widerstand Rußlands, aber mit gewisser Billigung des Königs. Es wird eine 'Nationale Erziehungskommission' berufen, die erste staatliche Bildungsinstitution in Europa; sie modernisiert in kurzer Zeit das Schulwesen auf allen Ebenen.

1780 Rückzug russischer Truppen aus Polen.

1791 Eine Gruppe patriotisch eingestellter Abgeordneter, die unter der Führung des Königs wirkt, erreicht am 3. Mai im seit 1788 tagenden Sejm ("Vierjähriger Reichstag") den Beschluß einer Verfassung, die einen Kompromiß zwischen der konservativ-monarchistischen und der republikanischen Ordnung darstellt. Diese Verfassung ist die erste auf dem europäischen Kontinent (sie kam der französischen vier Monate zuvor); der preußische Außenminister Ewald F. von Hartzberg sagt, sie sei "mehr wert als die englische" und die durch sie angekündigte Revolution "das größte Ereignis in unserem Jahrhundert".

1792 Die demokratischen Tendenzen der Mai-Verfassung erscheinen den absolutistischen Mächten (v. a. Katharina der Großen) als Revolution. Rußland unterstützt eine Konföderation des polnischen Adels, die in Targowice zum Kampf gegen die Reformer aufruft (künftig ist Targowice ein Synonym für Vaterlandsverrat). Es kommt zu bewaffneten Auseinandersetzungen; da sich ein Sieg der Russen abzeichnet, geht der König zu den 'Targowicern' über.

1793 Zweite Polnische Teilung unter Beteiligung Rußlands und Preußens. Polen zählt noch 4 Millionen Einwohner auf einer Fläche von 212000 km^2.

In Krakau verkündet General Tadeusz Kościuszko am 24. März den Aufstand "für die Verteidigung der gesamten Grenzen und für die Festigung der allgemeinen Freiheit" und siegt kurze Zeit später bei Racławice über die Russen. Die Kämpfe greifen auf Warschau und Wilno über, breiten sich über das ganze Land aus und beziehen Bauern und Bürger ein. Der Einmarsch der preußischen Truppen und der Sieg der Russen bei Maciejowice (10. Oktober) besiegeln die Niederlage. Kósziuszko gerät in russische Gefangenschaft. 1794

Dritte und letzte Teilung Polens, diesmal auch unter Beteiligung Österreichs. Insgesamt bringt sie Rußland etwa 470000 km² und 6 Millionen Einwohner, Preußen 148000 km² und 2,7 Millionen Einwohner und Österreich 123000 km² und etwa 3,85 Millionen Einwohner. Stanisław August Poniatowski dankt ab und stirbt drei Jahre später in St. Petersburg. 1795

Die Zeit nach den Teilungen (1795–1918)

Józef Pawlikowski propagiert in einer Schrift mit dem Titel "Können die Polen die Unabhängigkeit erringen?" die Ansichten Kościuszkos, dessen Sekretär er ist. Seine Antwort: Sie können es, mit der Waffe in der Hand und auf die eigenen Kräfte vertrauend. Ein Teil der polnischen Aristokratie orientiert sich jedoch an fremden Vorbildern (z. B. Adam Czartoryski am Rußland Alexanders I. oder General Dąbrowski an Napoleon, dem er 1797 Legionen zur Verfügung stellt). 1800
Kulturell bleiben die Polen nach Westen ausgerichtet. In der Zeit der Teilung spielt die wissenschaftliche und künstlerische Entwicklung eine wichtige Rolle für die Bewahrung der nationalen Identität (1800 wird in Warschau die Gesellschaft der Freunde der Wissenschaften gegründet). Die Emigration in andere europäische Staaten nimmt zu.

Der Sibyllentempel in Puławy, eine Art polnisches Nationalmuseum en miniature, gegründet von der Fürstin Izabela Czartoryska, wird eröffnet. 1801

Napoleon in Warschau. Auf seine Direktive hin entsteht das Herzogtum Warschau, das auch einen Teil des von Preußen annektierten Landes umfaßt. Die Leibeigenschaft der Bauern wird abgeschafft; 1808 wird der Code Napoléon eingeführt, ein Zivilgesetzbuch, das allen Bürgern gleiches Recht vor dem Gesetz gewährt. 1806

Nach der Schlacht gegen die Österreicher bei Raszyn werden die Österreicher zum Verlassen des Fürstentums Galizien gezwungen. Polens Territorium vergrößert sich dadurch um einen Teil Galiziens mit Krakau. 1809

Teilnahme polnischer Truppen an Napoleons Rußlandfeldzug; ungeheure Verluste beim Rückzug. 1812

In der Völkerschlacht bei Leipzig stirbt der polnische Feldherr Józef Poniatowski, Neffe des letzten polnischen Königs. Die Legende feiert ihn als Nationalheld. 1813

Der Wiener Kongreß entscheidet über eine neue Aufteilung der polnischen Gebiete. Mit dem Zaren als König von Polen entsteht aus dem Herzogtum Warschau das 'Königreich Polen', unter preußischer Herrschaft das 'Großfürstentum Posen'. Österreich bekommt Galizien und Teile Wolhyniens. Krakau erhält den Status einer freien Stadt. 1815

Die Warschauer Universität wird gegründet. 1816

Fürst Józef M. Ossoliński gründet in Lwów (Lemberg) eine große Bibliothek, das Ossolineum (später Bibliothek und Verlag Zakład Narodowy im. Ossolińskich, nach 1945 nach Breslau verlegt). 1817

Die Teilungen Polens

Die Aufteilung der polnischen Adelsrepublik unter die "Drei Schwarzen Adler" – Preußen, Rußland und Österreich – im ausgehenden 18. Jh. ist ins Bewußtsein der Polen als Tiefpunkt ihrer Geschichte eingegangen, der nur noch durch die Bedrohungen des Zweiten Weltkriegs überboten werden konnte. Nicht das Phänomen, daß ein ehemaliges Großreich von der Landkarte verschwand, ist erstaunlich; das ist in der Geschichte der Völker und Reiche nichts Ungewöhnliches. Vielmehr ist die Beharrlichkeit des historischen Gedächtnisses und die Kraft der Regeneration hervorzuheben, mit denen es den Polen gelungen ist, an der Idee eines eigenen unabhängigen Staats festzuhalten und dieses Ziel zu erreichen.

Was es den drei absolutistischen Mächten ermöglicht hat, der polnischen ersten Republik, in der neben einem in seinen Befugnissen beschränkten Monarchen der Adel quasidemokratische Rechte für sich in Anspruch nahm, den Garaus zu machen, ist in der Geschichtsschreibung umstritten. Fest steht, daß Polen in die Abhängigkeit von fremden Staaten, vornehmlich von Rußland, geraten war und durch innere und äußere Schwäche zum Opfer einer Umverteilung der Macht wurde. Gerade die Reformpläne unter dem letzten polnischen König Stanisław August Poniatowski, in denen es um eine Revision der unbrauchbar gewordenen Staatsverfassung und um eine Stabilisierung der Staatsmacht ging, riefen die absolutistischen Nachbarn auf den Plan, die an einem schwachen Polen interessiert waren.

Die erste Teilung 1772 kostete Polen ca. ein Drittel seines Gebiets. Preußen bekam das Ermland, das 'königliche' Preußen (Westpreußen) ohne Danzig und Thorn und das nördliche Großpolen. Der polnische Reichstag mußte unter massivem Druck 1773 der Teilung

zustimmen. Aber der Ruf nach Reformen wurde im aufgeklärten Adel laut; die 'jakobinisch' gesinnten Geistlichen Hugo Kołłontaj und Stanisław Staszic machten sich zu Wortführern. So wurde 1788 ein Reichstag einberufen, der vier Jahre lang unerschrocken tagte und die Reformpläne verwirklichen sollte. Unter dem Eindruck der Französischen Revolution wurde ein Verfassungsentwurf am 3. Mai 1791 einer Minderheit des Reichstags vorgelegt, die ihn mit Zustimmung des Königs billigte. Teilung der Gewalten, Erbkönigtum, Mehrheitsentscheidung im Parlament – dies waren die wichtigsten Neuerungen. Kein Wunder, daß Katharina die Große von einer Revolution, von der 'französischen Pest' sprach und im Verbund mit konservativen Vertretern der polnischen Aristokratie mit Waffengewalt eingriff.

Im Januar 1793 wurden sich Rußland und Preußen über eine zweite Teilung einig. Nun besaß Preußen ganz Großpolen sowie Danzig und Thorn. Ein Jahr später brach ein Aufstand aus, in Krakau ausgerufen von General Kościuszko, einem polnischen Adligen, der sich im amerikanischen Unabhängigkeitskrieg ausgezeichnet hatte und Adjutant George Washingtons gewesen war. Es gelang ihm, auch die Bauern unter seine Fahne zu rufen. Aber gegen die russische Übermacht gab es keine Chance. Das Finale war ein Blutbad, das die Russen im Warschauer Vorort Praga anrichteten.

Die dritte, vollständige Teilung (1795) löschte Polen als Staat aus. 123 Jahre lang blieb das Land in drei Teile zerrissen; zwei blutig niedergeschlagene Aufstände schwächten vor allem die Führungsschicht, den Adel, dessen Vertreter nach Sibirien verbannt, enteignet oder in die Emigration getrieben wurden. Aber der Wunsch nach einem freien, unabhängigen Vaterland blieb erhalten. Der Ausgang des Ersten Weltkriegs ermöglichte die Verwirklichung dieses Traums. Zwanzig Jahre später fiel Polen erneut einer deutsch-russischen Teilung zum Opfer: dem Hitler-Stalin-Pakt.

1819–1820	Geheime Nationale Freimaurerbewegung in Warschau, die sich die Wiedergeburt Polens zum Ziel setzt (1821 abgelöst von der Patriotischen Gesellschaft). Ihr Anführer Walerian Łukasiński, 1822 verhaftet, stirbt nach 46 im Gefängnis verbrachten Jahren als erster Märtyrer für die nationale Sache.
1821	Finanzminister in Warschau wird Ksawery Drucki-Lubecki, der die wirtschaftliche Entwicklung des Königreichs wesentlich fördert.
1824	In Wilna findet der aufsehenerregende Prozeß gegen die geheime Jugendorganisation der Philomaten statt. Einer der Verurteilten ist der künftige große Nationaldichter Adam Mickiewicz, der für einige Zeit nach Rußland verbannt wird.
1830	Am 29. November bricht in Warschau der sog. Novemberaufstand aus, der das ganze Königreich erfaßt. Der Zar wird als König von Polen abgesetzt, eine polnische Nationalregierung gebildet. Nach wechselndem Kriegsglück wird der Aufstand niedergeschlagen (Einnahme Warschaus durch die Russen am 6. September). Strenge Repressionen treffen nicht nur die Teilnehmer am Aufstand und deren Familien, sondern auch eine Reihe öffentlicher Institutionen (u. a. werden die Universitäten in Warschau und Wilna geschlossen). Die "Große Emigration" setzt ein, viele führende Köpfe versammeln sich v. a. in Paris. Die Aufständischen werden in den fortschrittlichen Kreisen Europas als "Sturmvögel" der Revolution gefeiert und in den sog. "Polenliedern" besungen (Uhland, Grillparzer etc.). Die Emigranten spalten sich in zwei politische Lager, ein radikaldemokratisches um den Historiker Joachim Lelewel (Loelhoeffel) und ein konservatives um den Fürsten Adam J. Czartoryski. Beide verfolgen das Ziel einer nationalen Wiedergeburt; in diesem Umfeld entsteht die große romantische Literatur Polens.
1846	Adlige Verschwörer aus dem preußisch besetzten Gebiet und Galizien zetteln einen Aufstand an, der daran scheitert, daß die galizischen Bauern ihrerseits gegen die Gutsherren revoltieren. Die Verschwörer aus Posen werden 1847 in Berlin vor Gericht gestellt.
1848–1849	Der 'Völkerfrühling' 1848 läßt auch die Polen hoffen. Die polnischen Revolutionäre werden im März aus dem Berliner Gefängnis befreit. Im April wird ein versuchter Aufstand von preußischen Truppen niedergeschlagen. Polen nehmen auch an den Freiheitsbewegungen in Italien, Deutschland (Hambacher Fest) und Ungarn teil.
1852	Ignacy Łukasiewicz fraktioniert als erster Rohöl und konstruiert die Petroleumlampe.
1856–1861	Zar Alexander II. hebt den seit 1831 bestehenden Ausnahmezustand im Königreich Polen auf, warnt aber den polnischen Adel vor "Träumereien". Trotzdem kommt es immer wieder zu patriotischen Demonstrationen, die blutig unterdrückt weden.
1862	Der politisch gemäßigte Baron Aleksander Wielopolski, Chef der Zivilverwaltung in Warschau, betreibt eine Politik des Ausgleichs. Er verkündet Erlasse des Zaren, die die aufgebrachte Öffentlichkeit beruhigen sollen: Aufhebung der Fron, Gleichberechtigung der Juden, Schulreformen.
1863/1864	Januaraufstand; wie zuvor der Novemberaufstand endet er mit einer Niederlage. Romuald Traugutt, einer seiner hervorragendsten Anführer, sagt beim Verhör: "Das einzige und wirkliche Ziel unseres Aufstands ist die Erlangung der Unabhängigkeit und die Errichtung einer auf die christliche Liebe und Gerechtigkeit gestützten Ordnung in unserem Land." Er wird am 5. August 1864 mit vier Mitarbeitern im Vorhof der Warschauer Zitadelle gehängt.

Aus dem Königreich Polen werden die “Weichselgouvernements”. Die sog. ‘Hauptschule’ (Szkoła Główna) in Warschau wird geschlossen. An ihre Stelle tritt eine russische Universität. 1867

Der Artikel des Schriftstellers und Publizisten Aleksander Świętochowski “Wir und Ihr” begründet die Ideologie der “Organischen Arbeit”. Sie soll die romantischen Ideen der Unabhängigkeit und des bewaffneten Aufstands ersetzen und zielt auf eine wirtschaftliche und gesellschaftliche Stabilisierung im geteilten Polen. Das große Ziel der Unabhängigkeit wird allerdings nicht aufgegeben. 1871

In Warschau entsteht die Partei ‘Proletariat’, die sich klassenkämpferische Ziele setzt (zerschlagen 1886). 1883

In Berlin beruft die Regierung eine Ansiedlungskommission, die polnische Landgüter aufkaufen und unter den deutschen Bauern verteilen soll. Die Germanisierungsmaßnahmen wird in breiterem Rahmen bis 1894 der ‘Verein zur Förderung des Deutschtums in den Ostmarken’ (‘Hakata’) durchführen. 1886

Die nationalistische Polnische Liga entsteht. An ihrer Spitze steht bald Roman Dmowski, der spätere Begründer und Führer der Nationaldemokratie. 1887

In Paris wird die Polnische Sozialistische Partei (PPS) gegründet, die soziale Ziele mit dem Streben nach Unabhängigkeit verbindet. Es ist die Partei des späteren Staatschefs Józef Piłsudski. 1893 entsteht die international orientierte ‘Sozialdemokratie im Königreich Polen’, der Rosa Luxemburg angehört. 1894 Gründung der Bäuerlichen Volkspartei (SL). 1892

Im Anschluß an die erste russische Revolution 1905 kommt es auch im polnisch-russischen Teilungsgebiet zu Streiks, Demonstrationen und blutigen Kämpfen. 1905

Unter Führung Piłsudskis entsteht in Krakau der ‘Verband für den aktiven Kampf’, der Kader zum bewaffneten Kampf vorbereitet. 1908

Erster Weltkrieg. Der Traum vom ‘Krieg der Völker’, der die Teilungsmächte entzweien würde, erfüllt sich; für Polen eine Chance, den eigenen Staat wiederzubegründen. 1914–1918

Das wiedererstandene Polen (1918–1945)

Piłsudski wird am 1. November vom Regentschaftsrat zum Staatschef ernannt. Nach 123 Jahren gibt es wieder ein unabhängiges Polen, das vor der schwierigen Aufgabe der Konsolidierung des zerschlagenen Landes und seiner Grenzen steht. Die wichtigste Rolle in dieser Hinsicht spielen die Versailler Verhandlungen, aber nicht weniger wichtig sind die bewaffneten Aufstände im Land (der Großpolnische Aufstand und die drei Oberschlesischen Aufstände 1919–1921) und der Vorstoß Piłsudskis nach Osten, der zu einem polnisch-sowjetischen Krieg führt (1920). 1918
Eine andere sehr wichtige Aufgabe ist die Festigung der Verhältnisse im Innern.

Erste Sitzung des Sejm (9. Februar), Verabschiedung der ‘Kleinen Verfassung’. 1919
In Versailles unterschreiben Roman Dmowski und Ignacy Paderewski den Friedensvertrag (am 28. Juni), der die Grenzen Deutschlands anerkennt und ein Plebiszit in Oberschlesien und Teschen (Śląsk Cieszyński) sowie in Ermland (Warmia) und Masuren (Mazury) beschließt. Die beiden letzteren Gebiete votieren eindeutig für einen Verbleib bei Deutschland.

1920 Piłsudski bringt den Bolschewisten eine Niederlage bei, die als 'Wunder an der Weichsel' bezeichnet wird.

1921 Verabschiedung der Verfassung (17. März). Friedensvertrag mit der Sowjetunion in Riga (18. März), der die Grenzen im Osten festlegt und die Rückgabe von polnischen Kulturgütern fordert. Der Botschaftsrat setzt die Grenzen in Cieszyn (Teschen), Orawa und Spisz fest (28. Juli). Oberschlesien wird geteilt.

1922 Angliederung Mittellitauens (Wileńszczyzna) an Polen. Wahl des ersten Präsidenten Gabriel Narutowicz (9. Dezember), der einige Tage später von einem Rechtsextremisten erschossen wird. Seinen Platz nimmt der Sozialist Stanisław Wojciechowski ein.

1924 Von Władysław Grabski erarbeitete Maßnahmen zur Bekämpfung der katastrophalen Inflation; Einführung des Złoty anstelle der Polnischen Mark (28. April). Bau des Hafens in Gdynia (Gdingen), der wenige Jahre später der größte und modernste Ostseehafen sein wird.

1926 Piłsudski verübt einen Staatsstreich (12. Mai), der gegen die den Staat schwächenden, vorwiegend von der Rechten verursachten politischen Krisen gerichtet ist. Neuer Präsident wird Ignacy Mościcki, Professor der Chemie. Programm zur politischen, moralischen und wirtschaftlichen Gesundung ("Sanacja").

1928 Unterzeichnung des sog. Kellogg-Vertrags in Paris, der den Krieg zur Lösung von internationalen Konflikten ausschließt.

1929 Politische Radikalisierung. Die Opposition verbündet sich im 'Centrolew' (Zentrumslinke).

1930 Polens Fläche beträgt 388328 km², seine Einwohnerzahl 30732000; davon sind 69,2 % Polen, 14,3 % Ukrainer, 7,8 % Juden, 3,9 % Weißrussen, 3,8 % Deutsche, 0,3 % Litauer und 0,7 % Russen.

1932 Nichtangriffspakt mit der UdSSR.

1933 'Ermächtigungsgesetz': Der polnische Staatspräsident kann Verordnungen mit Gesetzeskraft erlassen.

1934 Nichtangriffspakt mit Deutschland. Ende des seit 1924 herrschenden Handelskrieges (Einfuhrverbot für polnische Kohle).

1935 Neue Verfassung (23. April), die die Macht des Präsidenten stärkt. Józef Piłsudski stirbt am 12. Mai.

1936 Letzter Premierminister vor Ausbruch des Zweiten Weltkriegs wird General Felicjan Sławoj-Składkowski, Marschall Edward Rydz-Śmigły wird Oberbefehlshaber der Streitkräfte. Der Versuch der Regierung, größeren Rückhalt in der Gesellschaft zu finden, endet mit einer Vergrößerung des Konflikts mit der Opposition, für deren Führer schon einige Jahre zuvor ein Lager in Bereza Kartuska geschaffen worden war.

1937 Der Bau des Zentralen Industriebezirks beginnt, der der Rüstungsindustrie dienen soll. Vierjahresplan zur Aufrüstung.

1938 Nach der Angliederung des Sudetenlandes an das Deutsche Reich zwingt Polen die Tschechoslowakei zur Abtretung des teilweise von Polen bewohnten Teschener Olsa-Gebiets (2. Oktober).

1939 Angesichts der aggressiven Politik Deutschlands (um den sog. Polnischen Korridor zwischen Pommern und Danzig) schließt Polen mit England und

Frankreich Verträge über gegenseitige Hilfe. Hitler-Stalin-Pakt mit geheimem Zusatzprotokoll über eine Aufteilung Polens (23. August). 1939 (Fortsetzung)

Der Angriff Deutschlands auf Polen eröffnet den Zweiten Weltkrieg (1. September). Die Verteidigungskämpfe dauern bis zum 5. Oktober (Warschau kapituliert am 28. September). Am 17. September überschreitet die Rote Armee die Ostgrenze und besetzt den östlichen Teil Polens. Die deutsch-sowjetische Besetzung (bis Juni 1941) und später die deutsche Okkupation bringen ungeheure Verluste in allen Lebensbereichen; etwa 6 Millionen Einwohner kommen um, die Hälfte davon macht die jüdische Bevölkerung Polens aus, die in ca. 5900 Konzentrations- und Vernichtungslagern fast völlig ausgelöscht wird.
Die Verlegung der höchsten Regierungsämter nach Rumänien sichert das Fortbestehen des Staates. Nach einem Zwischenaufenthalt in Frankreich begibt sich die polnische Exilregierung nach London. Präsident wird Władysław Raczkiewicz, Premierminister und Oberbefehlshaber General Władysław Sikorski.
In Polen formiert sich ein Staat im Untergrund, der gegen Ende des Kriegs über eine Armee von 400000 Soldaten verfügt (Armia Krajowa, AK). Dennoch wird schon 1943 klar, daß Polen sich nach dem Krieg im sowjetischen Machtbereich befinden wird – eine fatale Situation.

Die Deutschen entdecken in Katyn Massengräber polnischer Offiziere (13. April). Die polnische Forderung nach Aufklärung beantwortet die UdSSR mit dem Abbruch der diplomatischen Beziehungen (24. April). 1943
Die Juden beginnen den Aufstand im Warschauer Ghetto (19. April). In Warschau nehmen die Deutschen General Stefan Rowecki, den Führer der AK, gefangen (30. Juni); vier Tage später verunglückt General Sikorski in Gibraltar mit dem Flugzeug tödlich.
Einen Monat nach der Konferenz in Teheran bilden die Kommunisten in Warschau den Landes-Nationalrat und stellen eine eigene Armee auf (Armia Ludowa, AL).

In Warschau entsteht der Rat der Nationalen Einheit (RJN; 9. Januar), der alle nichtkommunistischen Kräfte zusammenfaßt und der Exilregierung unterstellt. Das unter den Engländern kämpfende II. Corps des Generals Władysław Anders erobert Monte Cassino (17. Mai). Das Polnische Nationale Befreiungskomitee (PKWN, Lubliner Komitee) bildet eine kommunistische 'Gegenregierung' zur Exilregierung (22. Juli), die von der UdSSR anerkannt wird. 1944
In Warschau bricht am 1. August der Aufstand der nichtkommunistischen Kräfte aus, der nach 63 Tagen heldenhaften Widerstands mit der Niederlage endet. Die Deutschen legen den größten Teil Warschaus – v. a. den links der Weichsel gelegenen Teil, das Herz der Stadt – in Schutt und Asche und vertreiben den Rest der Bevölkerung.

Befehl des Generals Leopold Okulicki, die Armia Krajowa aufzulösen. Konferenz in Jalta (4.–12. Februar), auf der die Oder-Neiße-Linie als neue Westgrenze bestimmt wird. Strittig ist, ob es die (westliche) Lausitzer Neiße (Nysa Luzicka) oder die (östliche) Glatzer Neiße (Nysa Kłodzka) sein sollte. Die westlichen Alliierten sehen die östliche Neiße vor, so daß Breslau und Stettin deutsch geblieben wären. Erst am 1. August wird auf der Potsdamer Konferenz die Lausitzer Neiße als polnische Westgrenze bestimmt, wobei aber die endgültige Festlegung Aufgabe eines künftigen Friedensvertrags sein soll. 1945
Der sowjetische Geheimdienst NKWD bringt 16 Anführer des 'Untergrundstaats' nach Moskau, darunter General Okulicki, den Kommandeur der AK; sie werden als Volksverräter verurteilt.
Die Westmächte erkennen die aus dem Lubliner Komitee hervorgegangene 'Regierung der Nationalen Einheit' an, der zwei Exilpolitiker angehören (5. Juli). Präsident und Regierung bleiben in der Emigration und verkörpern die legalen Nachfolger der II. Republik.

Der Zweite Weltkrieg und die Judenvernichtung in Polen

Die Geschichte des Zweiten Weltkriegs begann in Polen, und in Polen vollzog sich auch, inmitten des kriegerischen Infernos an allen Fronten Europas, die Vernichtung des europäischen Judentums. Die deutsche Besatzungspolitik in Polen war von beispielloser Brutalität und setzte die von den Begriffen der Minderwertigkeit 'nichtarischer' Rassen und des Herrenmenschentums geprägte Ideologie des Nationalsozialismus kompromißlos in die Tat um.
Der unmittelbar von Kriegsbeginn zwischen Hitler und Stalin ausgehandelte Nichtangriffspakt vom 23. August 1939 enthielt eine Geheimklausel, in der die Interessensphären beider Mächte festgelegt wurden. Dabei sollte der Osten Polens, jenseits von Weichsel und San, an die Sowjetunion fallen. Am 1. September 1939 eröffneten die Deutschen mit der Beschießung der Danziger Westerplatte den Feldzug und bemächtigten sich in einem Blitzkrieg des Landesteils von Polen, den sie für sich beanspruchten. Am 17. September, kurz bevor die Hauptstreitkräfte der Polen vor den Deutschen kapitulierten (Warschau gab erst am 27. September auf), marschierten die sowjetischen Truppen in Ostpolen ein. Lemberg wurde am 22. September von der deutschen Wehrmacht an den sowjetischen General Timoschenko übergeben. Am Schicksal dieser Stadt, die 1941 beim Vormarsch gegen die Sowjetunion erneut in die Hände der Deutschen fiel, läßt sich die ganze Grausamkeit und Sinnlosigkeit dieses Krieges ablesen. Immer wieder andere Bevölkerungsgruppen (und manchmal dieselben!) – Polen, Juden, Ukrainer, Russen, Deutsche – fielen den Massakern der jeweiligen "Sieger" zum Opfer. Noch während des Kriegs wurde das Massengrab von 4500 erschossenen Offizieren bei Katyn entdeckt, die zu den 300000 polnischen Soldaten gehörten, die in sowjetische Gefangenschaft geraten waren; etwa 1,5 Mio. Polen wurden in die UdSSR deportiert.
Nicht lange nach Beendigung der Kampfhandlungen in Polen wurde eine großangelegte Bevölkerungsverschiebung in die Wege geleitet. Aus den sog. 'Eingegliederten Ostgebieten' (Reichsgaue Danzig-Westpreußen und Wartheland) wurden bis zum Sommer 1941 ca. 360000 Polen ins 'Generalgouvernement', die besetzten polnischen Gebiete, deportiert. In Nacht-und-Nebel-Aktionen wurde so Platz geschaffen für die Deutschen, die man aus dem Baltikum, Wolhynien, Bessarabien etc. aussiedelte, um die eroberten Gebiete einzudeutschen.
Ehe noch die großen, gezielt angelegten Vernichtungsaktionen gegen die Juden begonnen wurden, stand die Dezimierung der polnischen Intelligenz auf dem Programm. Massenerschießungen und Deportationen in Konzentrationslager trafen Lehrer, Ärzte, Offiziere oder hohe Beamte ebenso wie katholische Geistliche. Die massive Einschüchterung konnte nicht verhindern, daß sich im Untergrund eine zivile und eine militärische Widerstandsorganisation bildeten, die der polnischen Exilregierung in London unterstanden und die später durch kommunistische Widerstandsgruppen erweitert und ergänzt wurden.
Waren die Polen weitgehend ihrer Rechte beraubt (Hunderttausende deportierte man als Zwangsarbeiter ins Reich), so wurden die Juden systematisch ausgerottet. Die Folgen des Kriegs, der für die Polen mit der Rückeroberung ihres Landes durch die Sowjetarmee endete, waren nicht nur verheerend durch die Verwüstung der Städte, die Dezimierung der Bevölkerung, die Zerstörung der Wirtschaft, sondern vor allem politisch durch die Eingliederung Polens in das sowjetische System des sog. 'Ostblocks'. Die in Jalta beschlossene 'Westverschiebung' bedeutete für Polen den Verlust seiner Ostgebiete (ca. 180000 km^2) und den 'Transfer' der dort lebenden polnischen Bevölkerung, über zwei Millionen Menschen, nach den neuen 'Westgebieten', die ca. 103000 km^2 ausmachen.
Auch den durch die neue Grenzziehung betroffenen Deutschen wurde eine bittere Rechnung des Krieges präsentiert: Flucht und Vertreibung aus ihrer angestammten Heimat unter großen Opfern an Menschenleben. Eine erschreckende Bilanz des Krieges, unter dessen Nachwirkungen alle Betroffenen noch heute leiden.

Vor dem Zweiten Weltkrieg lebten ca. 3,3 Millionen Juden in Polen, soviel wie in keinem anderen Land Europas. 90 % von ihnen wurden von den Nationalsozialisten ermordet. Der sog. 'Endlösung', die sehr rasch nach der Besetzung Polens in Angriff genommen wurde, fielen außer den polnischen Juden noch ca. 2,5 Mio. Juden anderer Nationalität zum Opfer. Im besetzten Polen wurden insgesamt ca. 4,5 Mio. Juden umgebracht (dazu etwa 500000 Sinti und Roma), die aus dem deutschen Herrschaftsbereich in Europa in die Vernichtungslager herantransportiert wurden. Historiker gehen heute von einer Gesamtzahl von mehr als fünf und weniger als sechs Millionen ermordeter Juden aus (genaue Angaben sind nicht möglich), die außer in Polen vor allem in den besetzten Gebieten der Sowjetunion und in den baltischen Staaten durch SS-Einsatzgruppen umgebracht wurden.

Als Vorstufe der Vernichtung wurden die Juden zunächst entrechtet, in über 400 Ghettos gepfercht und bei Hungerrationen als Zwangsarbeiter in kriegswichtigen Betrieben eingesetzt. Die Lebensbedingungen in den Ghettos waren unbeschreiblich, so daß es schon vor dem Abtransport in die Vernichtungslager Massen von Toten gab. Im November 1941 nahm das erste Vernichtungslager – Chełmno – den Betrieb auf; 1943 waren in Auschwitz-Birkenau (Auschwitz II) vier Gaskammern mit Krematorien fertiggestellt worden, in denen allein 2–4 Millionen Menschen, überwiegend Juden aus ganz Europa, aber auch Zigeuner und sowjetische Kriegsgefangene, ermordet wurden. Insgesamt gab es allein in Polen fast 5900 Lager. Im April 1943 erhoben sich die Juden im Warschauer Ghetto zu einem verzweifelten Aufstand, der erst nach vier Wochen niedergeschlagen werden konnte und die völlige Zerstörung des Ghettos zur Folge hatte. 300000 Menschen waren schon vorher in das Vernichtungslager Treblinka geschickt worden, von den den Aufstand überlebenden 60000 entgingen nur wenige dem Tod.

Neben den reinen Vernichtungslagern existierten Arbeitslager, in denen die Opfer durch unmenschliche Zwangsarbeit zu Tode geschunden wurden. Von den sechs Vernichtungslagern ist nur Majdanek, das vor der anrückenden Roten Armee geräumt werden mußte, völlig erhalten; die anderen wurden von der SS teilweise gesprengt und dem Erdboden gleichgemacht, um Spuren zu verwischen.

Der nationalsozialistische Rassenwahn hat eine reiche Kultur vernichtet, so daß von den einst mehreren hundert Synagogen und Friedhöfen nur noch eine geringe Zahl vorhanden ist (s. folgende Doppelseite). Heute leben noch ca. 10000 Juden in Polen, vor allem in Warschau, Krakau, Lublin und Łódź. In Warschau existiert das einzige professionelle jiddische Theater in Europa.

Warschau im Jahr 1945

Stätten jüdischen Gedenkens

Vernichtungslager

Auschwitz (Oświęcim)
Mai 1940 – Januar 1945
ca. 2 – 4 Mio. Opfer
im Vernichtungslager
Birkenau (Auschwitz II)
Konzentrationslager Auschwitz I
(Stammlager) und Arbeitslager
Buna-Monowitz (Auschwitz III)

Bełżec
Februar 1942 – Juni 1943
ca. 550 000 Opfer

Kulmhof (Chełmno)
November 1941 – April 1943
Sommer 1944 – Januar 1945
ca. 300 000 Opfer

Majdanek
Oktober 1941 – Juli 1944
ca. 360 000 Opfer
Arbeitslager

Sobibór
März 1942 – Oktober 1943
ca. 250 000 Opfer

Treblinka
Juli 1942 – November 1943
ca. 750 000 Opfer

Konzentrationslager

1 Stutthof (Sztutowo)
Oktober 1939 – Mai 1945

2 Groß Rosen (Rogoźnica)
August 1940 – Februar 1945

3 Kraków-Plaszów
1942 – 1944 Arbeitslager

Synagogen

4 Radzanów
19. Jh.; heute Bibliothek

5 Tykocin
vollendet 1642; heute Museum

6 Warszawa
ul. Twarda 6; gegründet 1902
noch heute Synagoge

7 Przysucha
Ende 18. Jh.; Museum geplant

8 Chęciny
17. Jh.; heute Kino und
Bibliothek

9 Pinczów
16. – 18. Jh.; Museum geplant;
Wandmalereien des 16. Jh.s

Stätten jüdischen Gedenkens

10 Szydłów
Mitte 16. Jh.; Stuckdekorationen erhalten; heute Kulturzentrum

11 Sandomierz
vollendet 1758, nach 1945 wiederaufgebaut; heute Wojewodschaftsarchiv

12 Lublin
erbaut im 19. Jh.; noch heute Synagoge

13 Tarnogród
vollendet 1686; Museum geplant

14 Zamość
vollendet 1620; heute Bibliothek

15 Włodawa
vollendet 1765; heute Regionalmuseum

16 Kraków

Große Synagoge (ul. Józefa 38) erbaut 1556–1563

Alte Synagoge (ul. Szeroka 24) urspr. spätes 14. Jh.; heute Zweigstelle des Museums zur Stadtgeschichte

Remuh-Synagoge (ul. Szeroka 40) vollendet 1553; noch heute Synagoge

17 Rzeszów

Neustädtische Synagoge 17. Jh., nach 1945 wiederaufgebaut; heute Galerie

Altstädtische Synagoge 16./17. Jh., nach 1945 wiederaufgebaut; heute Stadtarchiv

18 Łańcut
vollendet 1761; Wandmalereien erhalten; heute Jüdisches Museum

● **Ghettos**

19 Bialystok
Juli 1941 – Juli 1943
40 000 Eingeschlossene

20 Warszawa
November 1940 – Mai 1943
450 000 Eingeschlossene; nach Aufstand völlig zerstört

21 Łódź
Februar 1940 – August 1944
200 000 Eingeschlossene (einziges Ghetto, das befreit werden konnte; 870 Überlebende)

22 Tomaszów Mazowiecki
Dezember 1940 – September 1942
20 000 Eingeschlossene

23 Radom
März 1941 – August 1942
32 000 Eingeschlossene

24 Częstochowa
Juni 1941 – Oktober 1942
48 000 Eingeschlossene

25 Kielce
Juni 1941 – März 1942
27 000 Eingeschlossene

26 Ostrowiec Świętokrzyski
Februar 1941 – 1943
16 000 Eingeschlossene

27 Lublin
März 1940 – April 1942
30 000 Eingeschlossene

28 Hrubieszów
Mai 1942 – September 1943
10 000 Eingeschlossene

29 Kraków
März 1941 – März 1943
24 000 Eingeschlossene

30 Nowy Sącz
August 1941 – August 1942
20 000 Eingeschlossene

31 Tarnów
Februar 1942 – September 1943
40 000 Eingeschlossene

32 Rzeszów
Januar 1942 – August 1942
25 000 Eingeschlossene

33 Przemyśl
Juli 1942 – September 1943
22 000 Eingeschlossene

● **Friedhöfe**

34 Bialystok
angelegt 1890; einige tausend Grabsteine erhalten

35 Warszawa

Bródno (ul. Sw. Wincentego) angelegt 1780, 1941 zerstört; ca. 1000 Grabsteine erhalten

ul. Okopowa 49/51 angelegt 1806; über 200 000 Gräber (darunter Grab von Ludwik Zamenhof und symbolisches Grab für Janusz Korczak)

36 Łódź
angelegt 1892; ca. 68 000 Gräber

37 Szydłowiec
angelegt nach 1788; 2000 Grabsteine

38 Wrocław
angelegt 1856; ca. 1200 Grabsteine erhalten (darunter das Grab von Ferdinand Lasalle)

39 Krzepice
angelegt im 18. Jh. ca. 300 Grabsteine erhalten

40 Częstochowa
angelegt nach 1808 mehrere hundert Grabsteine erhalten

41 Chęciny
angelegt im 17. Jh. ca. 200 Grabsteine erhalten

42 Lublin
Alter Friedhof angelegt im 16. Jh. ca. 200 Grabsteine erhalten

43 Szczebrzeszyn
angelegt im 18. Jh. mehrere hundert Grabsteine erhalten

44 Lesko
angelegt im 17. Jh. ca. 1000 Grabsteine erhalten

45 Tarnów
angelegt im 17. Jh. mehrere tausend Grabsteine erhalten

46 Kraków

Alter Friedhof an der Remuh-Synagoge 1552–1800 Gräber bedeutender Rabbiner und Gelehrter

Neuer Friedhof (ul. Miodowa 55) angelegt 1800 mehrere tausend Grabsteine erhalten

47 Chrzanów
angelegt im 18. Jh. mehrere hundert Grabsteine erhalten

48 Cieszyn
angelegt im 18. Jh. mehrere hundert Grabsteine erhalten

Polen nach Jalta (1945–1989)

1945 Die Konferenz in Potsdam (17. Juli) legt die Grenzen Polens fest; Westgrenze wird die Oder-Neiße-Linie, Ostgrenze die Curzon-Linie entlang der Flüsse Bug und San. Dadurch verliert Polen gegenüber 1939 im Osten eine Fläche von 180000 km², im Westen gewinnt es ca. 103000 km² hinzu. Aus den Ostgebieten werden 2,1 Mio. Menschen nach Polen 'repatriiert'; in den 'wiedergewonnenen' westlichen Gebieten werden zudem 2,4 Mio. Menschen aus Zentralpolen sowie 200000 Rückkehrer aus Frankreich und Belgien angesiedelt. Andererseits werden 7,5 Mio. deutsche Staatsbürger sowie 0,9 Mio. Deutsche mit polnischer Staatsbürgerschaft vertrieben; Vertreibung, Flucht und Internierung kosten etwa 1,5 Mio. Menschen das Leben.
Der erste Parteitag der Polnischen Arbeiterpartei (PPR, gegründet 1942). Verkündet werden Richtlinien für die Stärkung des kommunistischen Systems, die zur Nationalisierung der Wirtschaft und zur Gleichschaltung des politischen Lebens führen. Politische Gegner werden rücksichtslos eliminiert.

1947 Wahlen für den verfassunggebenden Sejm (19. Januar) bringen in einer Atmosphäre der Einschüchterung den Kommunisten Erfolg. Aus Furcht vor Verhaftung flieht Stanisław Mikołajczyk, der Vizepremier und Chef der Polnischen Volkspartei und frühere Premierminister, ins Ausland. Präsident wird Bolesław Bierut, der Chef der PPR. Beginn des Dreijahresplans, wirtschaftlicher Wiederaufbau.

1948 Kongreß zur Vereinigung der PPR und der legalen PPS (15.–21. Dezember); es entsteht die Polnische Vereinigte Arbeiterpartei (PZPR) mit Bierut an der Spitze.

1952 Verabschiedung der Verfassung (22. Juli), in der Polen einen neuen Namen erhält: Polnische Volksrepublik, Polska Rzeczpospolita Ludowa (PRL). Die PZPR (Polnische Vereinigte Arbeiterpartei) wird darin als "Kern aller Organisationen der Werktätigen in Staat und Gesellschaft" festgeschrieben.

1955 Unterzeichnung des Warschauer Militärpakts.

1956 Krise des Systems aufgrund wirtschaftlicher Schwierigkeiten. Der Arbeiteraufstand in Posen während der Internationalen Messe wird gewaltsam unterdrückt. In der UdSSR wird der Personenkult des Stalinismus auf dem XX. Parteitag offen kritisiert. Polens neuer Parteichef Władysław Gomułka leitet eine Phase der Liberalisierung ein ('Polnischer Oktober'), die aber bald neuen Restriktionen weicht.

1965 Botschaft der polnischen an die deutsche Bischöfe (18. November) mit dem aufsehenerregenden Satz: "Wir vergeben und bitten um Vergebung." Sie ruft eine scharfe Reaktion der Machthaber hervor; die kirchlichen Feierlichkeiten 1966 zum Tausendjahr-Jubiläum der Christianisierung Polens werden gestört.
Erneuerung des sowjetisch-polnischen Beistandsabkommens.

1968 Studenten demonstrieren gegen die Unterdrückung politischer und kultureller Freiheit (März), sie werden von Schriftstellern und anderen Intellektuellen unterstützt. Die Partei entfacht eine antisemitische Kampagne.

1970 Willy Brandt und Władysław Gomułka unterzeichnen in Warschau den 'Grundlagenvertrag' zur Normalisierung der deutsch-polnischen Beziehungen.
Die blutige Niederschlagung der Streiks der Werftarbeiter von Danzig, Gdingen, Elbing und Stettin vom 15. bis 18. Dezember führt zur Ablösung Gomułkas. Der neue Parteichef Edward Gierek bewirkt mit Hilfe ausländischer Kredite eine kurze wirtschaftliche Belebung.

Jahre des Rückschritts, trotz der Versuche, Reformen durchzuführen. 1982–1989
Reaktion auf das Kriegsrecht ist eine breite Widerstandsbewegung. Schließlich zwingen die Streiks von 1988 die Regierung zu einer Einigung; als Ergebnis der Verhandlungen legalisiert sie die 'Solidarność', erklärt sich mit freien Wahlen zu einem neu geschaffenen Senat einverstanden und räumt der Opposition 35 % der Sitze im Sejm ein. Das ist der Anfang vom Ende der kommunistischen Regierung. Die neue Koalitionsregierung unter Führung von Tadeusz Mazowiecki nimmt die Einführung der freien Marktwirtschaft und einer demokratischen Ordnung in Angriff. Der Staat kehrt zur Bezeichnung 'Republik Polen' zurück.

Zweiter Polenbesuch des Papstes; Aufhebung des Kriegsrechts. Verlei- 1983
hung des Friedensnobelpreises an Wałęsa.

Wiederzulassung der Solidarność. 1989

Rückkehr zur Souveränität

Auflösung der Polnischen Vereinigten Arbeiterpartei PZPR am 28. Januar. 1990
Deutsch-polnischer Vertrag über die Anerkennung der gemeinsamen Grenze. In freien Wahlen wird Lech Wałęsa Staatspräsident (9. 12.).

Deutsch-polnischer Partnerschaftsvertrag. 17.6.1991

Auflösung des Rats für Gegenseitige Wirtschaftshilfe (RGW; Comecon) und des Warschauer Pakts.

Aus den Parlamentswahlen (19. 9.) gehen die postkommunistischen Kräfte 1993
vom Bündnis der demokratischen Linken (SLD) und die Bauernpartei (PSL) als Sieger hervor. Sie erhalten 303 der 460 Sitze. Neuer Ministerpräsident wird Waldemar Pawlak von der PSL (10. 11.). Das Kabinett einigt sich auf Richtlinien zur Privatisierung der Staatsunternehmen (7. 12.).

Die 1991 unterzeichneten Assoziierungsverträge zwischen Polen und 1994
Ungarn sowie Polen und der EU treten in Kraft (1. 2.). Ferner unterzeichnet Polen einen Partnerschaftsvertrag mit der NATO (2. 2.). Polen hinterlegt bei der EU seinen Antrag auf Aufnahme in die Europäische Union (8. 4.). Streik gegen die Wirtschaftspolitik der Regierung (28. 4.). Zum 50. Jahrestag des polnischen Aufstandes gegen die deutsche Besatzungsmacht kommt der deutsche Bundespräsident Roman Herzog nach Polen (1. 8.).

In Polen wird die Währung umgestellt. Rücktritt von Außenminister Ole- 1995
chowski. Aus Anlaß des 50. Jahrestags der Befreiung des KZ Auschwitz-Birkenau (27. 1. 1945) finden Gedenkveranstaltungen statt. Jósef Oleksy (SLD) wird neuer polnischer Ministerpräsident (1. 3.); Kabinettsumbildung, Wladysław Bartoszewski ist neuer Außenminister (bis Dez. 95).
Aus den Präsidentschaftswahlen geht Alexander Kwaśniewski (SLD) als Sieger hervor (November), er löst Lech Wałęsa ab (23. 12.).

Rücktritt von Ministerpräsident Oleksy, dem Spionagetätigkeit vorgewor- 1996
fen wird. Włodzimierz Cimoszewicz (SLD) wird neuer Ministerpräsident. Polen unterzeichnet einen Vertrag über den Beitritt des Landes zur Organisation für wirtschaftliche Zusammenarbeit und Entwicklung (OECD).

Die polnische Nationalversammlung verabschiedet ein Grundgesetz, das 1997
eine neue demokratische Verfassung zum Inhalt hat (April).
Aus den Parlamentswahlen vom 21. 9. geht die Wahlaktion Solidarität (AWS) als Sieger hervor. Am 31. 10. nimmt die von Ministerpräsident Jerzy Buzek (AWS) geführte Regierung ihre Amtsgeschäfte auf.

Am 12. März wird Polen als Mitglied in die NATO aufgenommen. 1999

Berühmte Persönlichkeiten

Vorbemerkung

Die namensalphabetisch geordnete Liste vereinigt eine kleine Auswahl von Persönlichkeiten, die durch Geburt, Aufenthalt, Wirken oder Tod mit Polen verbunden sind und überregionale Bedeutung erlangt haben.

Angelus Silesius (d. i. Johann Scheffler) Deutscher Dichter und Mystiker 1624 – 1677

Johann Scheffler, 1624 in Breslau als Sohn eines wegen seines protestantischen Glaubens aus Polen ausgewanderten Gutsbesitzers geboren, studierte in Straßburg, Leiden und Padua Medizin. Während seines Studiums wurde er mit den Schriften Jacob Böhmes und anderer Mystiker bekannt. Als Leibarzt des Herzogs Silvius Nimrod zu Oels (Oleśnica) verkehrte er in Mystikerkreisen; 1649 trat er zum katholischen Glauben über und wurde am 1661 zum Priester geweiht. Er war 1664–1666 Hofmarschall des Fürstbischofs von Breslau, des Führers der schlesischen Gegenreformation, und starb 1677 im Breslau an Tuberkulose. Hauptwerk des 'Schlesischen Boten' sind die 1657 erschienenen "Geistreichen Sinn- und Schlußreime", die erweitert 1675 als "Cherubinischer Wandersmann" neu herauskamen. Sein Hauptanliegen war der Versuch, den Kluft zwischen Mensch und Gott durch mystische Versenkung zu überwinden. Er schrieb auch viele Kirchenlieder, die z. T. noch in den beiden großen christlichen Kirchen lebendig sind. Zwischen 1663 und 1675 veröffentlichte er zahlreiche vom Fanatismus des Konvertiten getragene Streitschriften gegen den Protestantismus. Sein Wirken hatte großen Einfluß auf den Pietismus.

August II. Mocny ('der Starke') 1670–1733 König von Polen 1697–1706 Kurfürst von Sachsen 1709–1733

August II. 'der Starke' wurde am 12. 5. 1670 in Dresden als Sohn des Kurfürsten Johann Georg III. geboren und bestieg 1694 als Kurfürst Friedrich August I. den sächsischen Thron. 1697 trat er zum katholischen Glauben über, um seine Wahl zum König von Polen zu erreichen. Nach seiner Niederlage gegen Schweden im 2. Nordischen Krieg wurde er 1706 im Frieden von Altranstädt zum Verzicht auf die polnische Krone gezwungen, konnte aber 1709 mit russischer Unterstützung wieder die Macht übernehmen. Sein Versuch 1715/16, gegen den polnischen Adel absolutistische Herrschermethoden durchzusetzen, scheiterte. In Sachsen wurde August jedoch zum Prototyp eines absolutistischen Herrschers. Der prunkliebende Kunstmäzen ließ seine Residenzen Warschau und Dresden nach dem Vorbild von Versailles ausbauen und wurde auch durch seine zahlreichen Mätressen 'berühmt'. Sein aufwendiger Lebensstil führte zur völligen Zerrüttung der sächsischen Staatsfinanzen. August II. starb am 1. 2. 1733 in Warschau.

Daniel Chodowiecki Kupferstecher, Maler und Zeichner 1726–1801

Daniel Chodowiecki, am 16.10.1726 in Danzig geboren, war zunächst Kaufmann und später Emailmaler. 1743 übersiedelte er nach Berlin, wo er 1797 Direktor der Akademie der bildenden Künste wurde. Er malte vornehmlich häusliche Szenen aus dem Alltagsleben. Ab 1757 schuf er über 2000 Radierungen, größtenteils Illustrationen zu Werken von Goethe, Klopstock, Lessing und Schiller sowie zu Kalendern und Almanachen, außerdem etwa 170 Einzelblätter, die die bürgerliche Welt zur Zeit Friedrichs II. schildern. Daniel Chodowiecki starb am 7. 2. 1801 in Berlin.

Fryderyk (Frédéric) Chopin Komponist 1810–1849

Fryderyk Chopin wurde am 22.2. oder 1.3.1810 als Sohn eines französischen Sprachlehrers und einer Polin in Żelazowa-Wola bei Warschau geboren. Der hochbegabte Junge erhielt Unterricht bei Józef Elsner und gab bereits 1818 sein erstes Konzert als Pianist. 1830 begann er eine Konzertreise durch Europa, doch ließ er sich nach dem Scheitern der polnischen Revolution 1831 in Paris nieder, wo er als Pianist gefeiert wurde. In seinem illustren Freundeskreis (Liszt, Berlioz, Meyerbeer, Heine, Balzac) lernte er die Schriftstellerin George Sand (d. i. Aurore Dupin, Baronin Dudevant, 1804–1876) kennen, die er leidenschaftlich verehrte und die ihm Zugang zu den aristokratischen Salons verschaffte. Im Winter 1838 begleitete sie ihn nach Mallorca, wo er Heilung von seiner Tuberkulose suchte.

Fryderyk Chopin (Fortsetzung)

Nach einer Konzertreise nach England und Schottland 1848 starb er am 17.10.1849 in Paris und wurde dort auf dem Friedhof Père-Lachaise begraben. Seine Musik – ausschließlich Klavierwerke oder Werke, in denen das Klavier dominiert – wurzelt in der polnischen Folklore, was besonders in den Polonaisen und Mazurken zum Ausdruck kommt; sie verbindet gefühlvolle Ausdruckskraft mit geistreicher Intellektualität und ist heute den Musikliebhabern auf der ganzen Welt vertraut. Seit 1927 finden in Warschau die renommierten Chopin-Klavierwettbewerbe statt.

Joseph Conrad (Theodor Józef Konrad Korzeniowski) Schriftsteller 1857–1924

Joseph Conrad, am 3.12.1857 in Berditschew (heute Ukraine) als Theodor Józef Konrad Korzeniowski geboren, fuhr schon mit 17 Jahren zur See, meist auf Routen im Fernen Osten, wo auch seine Romane und Erzählungen spielen. 1884 wurde er britischer Staatsbürger, 1886 Kapitän. Conrad schrieb in englischer Sprache, obwohl er sie erst als Erwachsener erlernte. Grundtenor seiner stilistisch großartigen abenteuerlichen Seeromane und -erzählungen ist die Auseinandersetzung des Menschen mit den Gewalten des Meeres in der exotischen Welt des Fernen Ostens; sie zeigen eine scharfe Beobachtungsgabe und große Einfühlsamkeit. Conrads Werke (z. B. "Almeyers Wahn", 1895, "Der Verdammte der Inseln", 1896, "Lord Jim", 1900, "Taifun", 1908), sind fast alle auch in deutscher Sprache veröffentlicht worden. Joseph Conrad starb am 3.8.1924 in Bishopsbourne/ Kent (England).

Adam Jerzy Fürst Czartoryski Staatsmann 1770–1861

Die Czartoryski, ein seit dem 15. Jh. nachgewiesenes polnisch-litauisches Adelsgeschlecht, stand im 18. Jh. an der Spitze einer prorussisch orientierten Adelspartei. Die wohl bedeutendste Persönlichkeit aus dieser Familie war der am 14. 1. 1770 in Warschau geborene Adam Jerzy Fürst Czartoryski, der nach der 3. Teilung Polens (1795) in St. Petersburg lebte und ab 1801 zum engsten Freundeskreis Zar Alexanders I. gehörte. Er begleitete diesen auf den Wiener Kongreß und entwarf eine Verfassung Königreichs Polen ('Kongreßpolen'), wurde aber nicht dessen Statthalter. Beim Aufstand gegen die russische Herrschaft 1830/31 übernahm Czartoryski das Amt des Ministerpräsidenten in der Revolutionsregierung und wurde später Präsident der polnischen Nationalregierung. Nach der Niederschlagung des Aufstands wurde er von der russischen Regierung zum Tod verurteilt, konnte aber nach Paris fliehen, wo er für die Unabhängigkeit Polens arbeitete. Fürst Czartoryski starb am 15. 6. 1861 in Montfermeil bei Paris.

Jan Henryk Dąbrowski General 1755–1818

Dąbrowski, am 2. oder 29.8.1755 in Pierszowice bei Krakau geboren, zeichnete sich im Feldzug gegen Rußland 1792 unter Poniatowski aus und schloß sich 1794 dem Aufstand Kościuszkos an. Nach Niederschlagung des Aufstands ging er nach Italien, wo er in den Dienst des französischen Generals Bonaparte (später Napoleon I.) trat und für dessen oberitalienische Feldzüge (1797–1801) die erfolgreichen "polnischen Legionen" aufstellte. Als Napoleon I. nach der Schlacht von Jena (1806) das Königreich Polen wiederherstellen wollte, stiftete Dąbrowski einen Aufstand gegen die Österreicher an und zog mit zwei Divisionen im November 1806 in Warschau ein. Bei der Eroberung Posens 1806 soll das Marschlied "Mazurek Dąbrowskiego" zum ersten Mal gesungen worden sein (ab 1927 polnische Nationalhymne). In den Jahren 1807/08 kämpfte Dąbrowski mit großem Erfolg gegen Preußen und Österreich und befehligte 1812 in Napoleons Rußlandfeldzug eine Division, an deren Spitze er sich durch Tapferkeit auszeichnete. Nach Abdankung Napoleons wurde Dąbrowski von Zar Alexander I. zum Senator von Kongreßpolen ernannt. Auf seinem Gut Winnogóra bei Posen schrieb er seine Memoiren "Historie des légions polonaises en Italie"; er starb dort am 6.6.1818.

Daniel Gabriel Fahrenheit dt. Physiker 1686–1736

Daniel Gabriel Fahrenheit (*24.5.1686 Danzig) entwickelte 1814 eine Temperaturskala, bei der der Abstand zwischen dem Gefrierpunkt (= 32 °F) und dem Siedepunkt des Wassers (= 212 °F) in 180 Teile unterteilt wird. Diese Fahrenheit-Skala wird heute noch in Großbritannien und in den USA verwendet. Durch die Verwendung von Quecksilber gelang es Fahrenheit als

Daniel Gabriel Fahrenheit (Fortsetzung)

erstem, völlig übereinstimmende und zuverlässig arbeitende Thermometer zu bauen. Er konstruierte außerdem Barometer, Aräometer, Pyknometer (Dichtemesser für Flüssigkeiten) und Hypsobarometer (Siedebarometer zur Bestimmung des Luftdrucks). Er starb am 16.9.1736 in Den Haag.

Johannes Daniel Falk
dt. Schriftsteller und Pädagoge
1768–1826

Der evangelische Theologe, Schriftsteller und Pädagoge Johannes Daniel Falk (*28.10.1768 Danzig) gründete 1813 in Weimar eine "Gesellschaft der Freunde in der Not", die sich verwahrloster Jugendlicher annahm und ihnen im Sinne Pestalozzis eine Berufsausbildung zukommen ließ. Falk war häufig Gast bei Goethe, über den er 1832 Erinnerungen schrieb. Heute noch bekannt ist Falk, der am 14.2.1826 in Weimar starb, durch sein Weihnachtslied "O du fröhliche".

Witold Gombrowicz
Schriftsteller
1904–1969

Der bedeutendste Vertreter des Existentialismus und des "Antiromans" in Polen war Witold Gombrowicz (*4.8.1904 in Małoszyce bei Krakau). Nach der deutschen Invasion emigrierte er nach Argentinien, dann nach Frankreich, wo er am 25.7.1969 in Vence bei Nizza starb. Sein 1938 erschienener Roman "Ferdydurke" gilt als der Vorläufer des "Antiromans". Spätere Werke, wie das 1957–1966 veröffentlichte "Tagebuch des W. G.", zeigen seine Nähe zum Existentialismus. Mit satirisch-grotesken Stilmitteln wollte er – v. a. in seinen Dramen "Yvonne" (1938), "Trauung" (1953) und "Operette" (1966), die z. T. parodistische Züge tragen – die Abhängigkeit und Unreife des Menschen zum Ausdruck bringen.

Gerhart Hauptmann
dt. Schriftsteller
1862–1946

Gerhart Hauptmann (*15.11.1862 Bad Salzbrunn/Szczawno-Zdrój) schildert in seinem vielgestaltigen literarischen Werk kraftvolle, lebendige, oft proletarische Gestalten, die in ihrer Umwelt scheitern. Trotz naturalistischer Deutlichkeit weist sein Werk aber auch religiöse Visionen und märchenhafte Mystik auf. Die Uraufführung seines Sozialdramas "Vor Sonnenaufgang" (1889) war ein durchschlagender Erfolg, und mit der dramatischen Aufarbeitung des großen Weberaufstands in Schlesien von 1844, "Die Weber" (1892), verhalf er dem Naturalismus in Deutschland zum Durchbruch. 1912 erhielt er den Nobelpreis für Literatur. Hauptmann lebte zeitweilig in Berlin, hielt sich jedoch meist in Agnetendorf (Jagniątków) auf, wo er am 6. 6. 1946 verstarb. Seine Ferien verbrachte er zumeist auf der Insel Hiddensee, wo er später beigesetzt wurde. Weitere bekannte Werke sind "Der Biberpelz" (Komödie, 1893); "Florian Geyer" (Drama, 1896); "Fuhrmann Henschel" (Drama, 1899); "Die Ratten" (Drama, 1911); "Bahnwärter Thiel" (Novelle, 1892).

Marek Hłasko
Schriftsteller
1934–1969

Der am Stil Hemingways orientierte polnische Schriftsteller Marek Hłasko (*14.1.1934 Warschau) schilderte in seinen Büchern "Der achte Tag der Woche" (1956), "Die Friedhöfe" (1958), "Alle hatten sich abgewandt" (1964), "Folge ihm durchs Tal" (1970) am Beispiel der in den fünfziger und sechziger Jahren in Polen herrschenden Verhältnisse die systematische Zerstörung der persönlichen Freiheit durch eine feindliche Umwelt. Hłasko emigrierte 1957 in die Bundesrepublik und hielt sich zeitweilig auch in Israel, Frankreich und in den USA auf. Er starb am 14.6.1969 in Wiesbaden durch Selbstmord.

Święta Jadwiga (Hl. Hedwig)
Herzogin von Schlesien
um 1174–1243

Hedwig, geboren 1174 oder 1178 im bayerischen Andechs als Tochter des Markgrafen Berthold VI. von Istrien und Herzogs von Meran und Dalmatien, heiratete Herzog Heinrich I. den Bärtigen von Schlesien. Sie veranlaßte ihn, 1202 das erste Frauenkloster des Landes, das Zisterzienserinnenstift Trebnitz (Trzebnica) 25 km nördlich von Breslau, zu gründen. Hedwig, polnisch Jadwiga, war eine Tante der heiligen Elisabeth und besonders um die Kultivierung Schlesiens bemüht (zahlreiche Kirchen- und Klostergründungen). Nach dem Tod des Herzogs 1238 zog sie sich in das Kloster Trebnitz zurück, wo sie am 14.10.1243 starb. Wegen ihrer Förderung der christlichen Religion wurde sie 1267 heiliggesprochen; sie wird in Polen, besonders aber in Schlesien bis heute hoch verehrt. Das Fest der Patronin Schlesiens wird am 16. Oktober begangen.

Frédéric Chopin

Nikolaus Kopernikus

Tadeusz Kościuszko

Johannes Paul II.
Karol Wojtyła
*1920

Papst Johannes Paul II., am 18. 5. 1920 im galizischen Wadowice als Karol Wojtyła geboren, ist neben Präsident Lech Wałęsa der zur Zeit bekannteste Pole. Er studierte in Krakau Polonistik, brach nach dem deutschen Einmarsch 1939 das Studium ab und trat 1942 in ein im Untergrund tätiges geistliches Seminar ein, das er 1946 abschloß. Karol Wojtyła war zunächst Professor der Philosophie an der katholischen Universität Lublin und hielt u. a. Vorlesungen über Ethik. Er veröffentlichte mehrere Bücher, Lyrik, Dramen und Meditationen. 1958 wurde Karol Wojtyła Bischof, 1963 Erzbischof von Krakau und 1967 Kardinal. Am 16.10.1978 wurde er in Rom zum Papst gewählt und nahm den Namen Johannes Paul II. an. Nach dem Niederländer Hadrian VI. (1522/23) ist er der erste Nichtitaliener auf dem Heiligen Stuhl. Sein Heimatland Polen hat er schon mehrmals besucht, mit Präsident Wałęsa verbindet ihn auch eine persönliche Freundschaft – ein politisch bedeutsames Faktum in der Zeit des Kampfes der Solidarność.

Jan Kiepura
Sänger
1902–1966

Der lyrische Tenor Jan Kiepura (*16.5.1902 Sosnowiec) debütierte 1925 und sang später an vielen großen Opernhäusern der Welt, u. a. an der Wiener Staatsoper, der Mailänder Scala, der Berliner Staatsoper und der Metropolitan Opera in New York. Bekannt wurde er als Don José in Bizets "Carmen", als Cavaradossi in Puccinis "Tosca" und als Rodolfo in Puccinis "La Bohème". Besonders populär wurde er durch sein Auftreten in Operetten und (gemeinsam mit seiner Frau Martha Eggerth) in Musikfilmen. Jan Kiepura starb am 15. 8. 1966 in Harrison, NY (USA).

Klaus Kinski
(d. i. Nikolaus Nakszyński)
Schauspieler
1926–1991

Klaus Kinski, am 18.10.1926 in Sopot (Zoppot) als Nikolaus Nakszyński geboren, hatte 1951 seinen ersten großen Erfolg in der Frauenrolle in Jean Cocteaus Einakter "Die menschliche Stimme". Zwischen 1953 und 1960 wurde er als faszinierender Rezitator von Gedichten Villons und Rimbauds bekannt, dann folgten zahlreiche Rollen beim Film als Psychopath, Schurke und Killer (v. a. in Edgar-Wallace-Filmen und Italo-Western). In den 70er Jahren war er Hauptdarsteller in Filmen von Werner Herzog (u. a. "Aguirre, der Zorn Gottes", 1973; "Nosferatu – Phantom der Nacht", 1979). 1975 erschien seine Autobiographie "Ich bin so wild nach deinem Erdbeermund". Klaus Kinski lebte in den letzten Jahren in Kalifornien und starb am 23.11.1991 in San Francisco.

Nikolaus Kopernikus
Astronom
1473–1543

Nikolaus Kopernikus, eigentlich Koppernigk (poln. Mikołaj Kopernik), wurde am 19.2.1473 in Thorn geboren, studierte in Krakau und Bologna, später in Padua und Ferrara Mathematik, Astronomie, die Rechte und auch noch Medizin. 1504 begann er als Sekretär und Leibarzt seines Onkels Lukas Watzenrode, Bischof in Heilsberg (Lidzbark Warmiński), mit astronomischen Beobachtungen. Zwischen 1509 und 1514 legte Kopernikus im "Commentariolus" Erkenntnisse vor, denen schon ein heliozentri-

Nikolaus Kopernikus (Fortsetzung)

sches Weltbild zugrunde liegt. Von 1516 bis 1521 residierte Kopernikus als Statthalter des Domkapitels in Mehlsack (Pieniężno) und Allenstein (Olsztyn), das er bis 1529 auf den preußischen Landtagen vertrat; u. a. setzte er sich für eine Vereinheitlichung des Münzsystems ein (nachdem er entdeckt hatte, daß schlechtes Geld das gute verdrängt). Der Mathematikprofessor Georg Joachim Rheticus, Schüler von Kopernikus, gab 1542 in Wittenberg einen Auszug aus dessen Hauptwerk "De revolutionibus orbium coelestium" heraus, den Kopernikus Papst Paul III. widmete; der Auszug enthielt aber anstelle der Vorrede von Kopernikus ein sinnverkehrendes Vorwort. Das vollständige Werk erschien erst kurz vor Kopernikus' Tod am 24.5.1543; beigesetzt ist er im Dom von Frauenburg (Frombork). Seine Lehren kamen 1616 auf den Index der Kirche. Die in seiner Geburtsstadt 1945 gegründete Universität trägt heute seinen Namen.

Janusz Korczak (d. i. Henryk Goldszmit) Kinderarzt und Sozialpädagoge 1878–1942

Janusz Korczak, als Henryk Goldszmit am 22.7.1878 in Warschau geboren, leitete dort ab 1911 ein jüdisches Waisenhaus, ab 1919 ein Kinderheim für mittellose Arbeiterkinder und während der deutschen Besetzung ein Kinderheim im Ghetto, für dessen Schützlinge er aufopfernd sorgte. Korczak begleitete 1941 die Kinder freiwillig in das Vernichtungslager Treblinka und wurde mit ihnen vermutlich am 5.8.1942 ermordet. Er verfaßte theoretische Schriften und Bücher über und für Kinder, u. a. "Die Verantwortung des Pädagogen", "Tagebuch im Ghetto" (dt. 1974), "König Hänschen der Erste" und "König Hänschen auf der einsamen Insel" (1926), "Wie man ein Kind lieben soll" (1928). 1972 wurde Janusz Korczak postum der Friedenspreis des Deutschen Buchhandels verliehen.

Tadeusz Kościuszko General und Freiheitskämpfer 1746–1817

Kościuszko (*4.1.1746 Mereczowszczyzna, Ukraine) absolvierte die Warschauer Kadettenschule und studierte Militärtechnik in Paris. 1776 wanderte er nach Nordamerika aus, wo er am Unabhängigkeitskrieg teilnahm; aufgrund seiner Verdienste wurde er General und Adjutant George Washingtons. 1784 nach Polen zurückgekehrt, rief er nach der 2. Polnischen Teilung auf dem Krakauer Marktplatz zur nationalen Erhebung auf. Nach beträchtlichen Erfolgen (Sieg bei Racławice, 4.4.1794) erlagen die Polen der russisch-preußischen Übermacht. Kościuszko wurde von den Russen gefangengenommen und erst 1796 wieder freigelassen. Er lebte dann in Amerika und von 1798 bis 1815 in Frankreich, wo er bei der Aufstellung polnischer Legionen half; eine engere Zusammenarbeit mit Napoleon lehnte er aufgrund seiner demokratischen Ziele ab. Nach dem Zusammenbruch des französischen Kaiserreichs lebte er im schweizerischen Solothurn, wo er am 15.10.1817 verstarb. Beigesetzt ist er auf dem Krakauer Wawel. Sein militärisches Talent, sein Eintreten für wirtschaftlich und sozial Schwache, sein Einsatz für die Bauern sowie seine persönliche Lauterkeit machten ihn nicht nur in Polen zu einer legendären Heldengestalt.

Rosa Luxemburg Politikerin 1871–1919

Rosa Luxemburg (*5.3.1871 in Zamość) unterhielt schon während ihrer Schulzeit in Warschau Kontakte zu sozialrevolutionären Kreisen und mußte 1888 nach Deutschland fliehen. Ab 1891 studierte sie in Zürich Wirtschaftswissenschaften, Geschichte, Philosophie und Jura und wurde 1894 Mitbegründerin der 'Sozialdemokratie des Königreichs Polen und Litauen'. Ab 1901 Mitarbeit an der "Leipziger Volkszeitung", 1905 Redakteurin beim sozialdemokratischen Parteiorgan "Vorwärts", 1907 Dozentin an der Parteischule der SPD. 1913 schrieb sie ihr bedeutendstes Werk, "Die Akkumulation des Kapitals". Bei Kriegsausbruch 1914 wandte sie sich gegen die 'Burgfriedenspolitik' der SPD-Führung. Nach mehreren Gefängnisstrafen wurde Rosa Luxemburg in "Schutzhaft" genommen; während der Haft schrieb sie "Die russische Revolution". In dieser Schrift finden sich die später berühmt gewordenen Worte: "Freiheit nur für die Anhänger des Staates, nur für die Mitglieder einer Partei ist keine Freiheit, Freiheit ist immer nur die Freiheit des anders Denkenden." Am 15.1.1919 wurde Rosa Luxemburg von rechtsradikalen Freikorps-Offizieren mißhandelt und ermordet. Am 13.6.1919 wurde sie auf dem Friedhof in Friedrichsfelde neben Karl Liebknecht (1871–1919) beigesetzt. Rosa Luxemburg

Jan Matejko

Adam Mickiewicz

Marie Skłodowska-Curie

Rosa Luxemburg (Fortsetzung)

vertrat eine radikale Linie der sozialistischen Demokratie, die die Kompromißbereitschaft der SPD, aber ebenso die terroristischen Methoden Lenins ablehnte. Durch ihre Intelligenz, gepaart mit einer warmherzigen Menschlichkeit, ihr unbedingtes Eintreten für die Freiheit auch der Andersdenkenden, gewann sie Sympathie bei demokratisch gesinnten Menschen aller Bevölkerungsschichten. Die Jugend in der späteren DDR fühlte sich besonders zu ihr hingezogen, die Kundgebungen zu ihrem Todestag wurden von den DDR-Machthabern argwöhnisch beobachtet und wuchsen in den späten achtziger Jahren zu machtvollen Demonstrationen für die Freiheit an, die schließlich den Anstoß zur "Wende" in der DDR gaben.

Jan Matejko
Historienmaler
1838–1893

Jan Matejko (*28.7.1838) blieb sein ganzes Leben mit seiner Geburtsstadt Krakau verbunden. Er wurde 1873 Direktor der dortigen Kunstschule, wo er viele hervorragende polnische Künstler unterrichtete. Seine technisch sorgfältigen und großartig charakterisierenden monumentalen Gemälde haben meist Begebenheiten aus der polnischen Geschichte zum Thema, wobei er den Details besondere Aufmerksamkeit schenkte; so reiste er zur Vorbereitung des Gemäldes "Bitwa pod Grunwaldem" ("Die Schlacht bei Tannenberg", s. S. 90) nach Preußen. Andere Werke sind "Skazanie Skargi" ("Die Predigt Piotr Skargas"), "Konstytucja 3 Maja" ("Die Verfassung vom 3. Mai"), "Rok 1863" ("Das Jahr 1863"), "König Bátory nach der Schlacht von Pskow", "Huldigung Albrechts von Brandenburg". Seine Arbeiten brachten ihm internationale Anerkennung (Mitglied des "Institut Français" und der Kunstakademie Berlin). Matejko starb am 1.11.1893 in Krakau, wo er auf dem Rakowicki-Friedhof beigesetzt ist.

Adam Mickiewicz
Dichter und Patriot
1798–1855

Adam Mickiewicz (*24.12.1798 Zaosie, heute Weißrußland) gilt als bedeutendster polnischer Dichter. Der Hauptvertreter der Romantik in Polen war ab 1819 in Kaunas (Litauen) als Lehrer tätig und schrieb dort 1820 seine "Ode an die Jugend". 1823 wurde er von den russischen Behörden verbannt; er hielt sich in St. Petersburg, Odessa, auf der Krim sowie in Moskau auf und lernte u. a. Puschkin kennen. In Rußland entstand 1828 sein historisches Epos "Konrad Wallenrod", das den Kampf der Litauer gegen den Deutschen Orden schildert. Nach Aufhebung der Verbannung emigrierte Mickiewicz nach Westeuropa; in Weimar traf er mit Goethe zusammen. 1832 ließ er sich in Paris nieder, dem Zentrum der polnischen Emigration. 1834 erschien "Pan Tadeusz" (dt. "Herr Thaddäus oder der letzte Einfall in Litauen"), ein meisterhaftes humoristisches Genrebild des polnischen Kleinadels aus der Zeit vor den Napoleonischen Kriegen mit stark patriotischen Zügen und großartigen Naturschilderungen. 1840 wurde Mickiewicz Professor für slawische Literatur am Collège de France in Paris. Er starb während des Krimkriegs am 26.11.1855 in Konstantinopel (heute Istanbul), als er eine polnische Legion zum Kampf gegen Rußland

Adam Mickiewicz (Fortsetzung)

aufstellte. Durch sein schriftstellerisches Werk wurde er zu einer Symbolfigur des polnischen Nationalbewußtseins. Seine Gebeine wurden 1890 nach Krakau überführt und auf dem Wawel in der Königsgruft beigesetzt. Die Universität in Posen trägt seinen Namen.

Stanisław Moniuszko Komponist 1819–1872

Der als Begründer einer nationalen polnischen Musik geltende Komponist Stanisław Moniuszko wurde am 5.5.1819 in Ubiel bei Minsk (heute Weißrußland) geboren. Nach Studium und Ausbildung in Berlin wurde er Opernkapellmeister und Kompositionslehrer am Konservatorium in Warschau, ab 1858 Direktor des Warschauer Opernhauses. Moniuszko wurde bekannt durch über 300 Lieder, Messen und Chorwerke, die sich durch großen Melodienreichtum unter Einbeziehung der Volksmusik auszeichnen. Außerdem komponierte er Kammermusik, Ballette und Bühnenwerke. Unter seinen Opern wurde besonders die Nationaloper "Halka" bekannt (1848 uraufgeführt, 1858 erweiterte Fassung). In seinen Werken spielen nationale und soziale Probleme eine bedeutende Rolle. Stanisław Moniuszko starb am 4.6.1872 in Warschau.

Martin Opitz Deutscher Dichter 1597–1639

Der große deutsche Barockdichter Martin Opitz, am 23.12.1597 in Bunzlau (Bolesławiec) geboren, besuchte die Gymnasien in Breslau und Beuthen (Bytom) und studierte Jura in Frankfurt/Oder und die Schönen Künste und Altertumskunde in Heidelberg. 1620 floh er vor den Kriegsereignissen nach Leiden in Holland; nach Stationen in Jütland und Schlesien ging er als Professor an das Gymnasium von Alba Julia (Weißenburg) nach Rumänien. 1623 wurde er Herzoglicher Rat in Liegnitz. 1625 wurde Opitz in Wien durch Kaiser Ferdinand II. zum 'poeta laureatus' gekrönt. Von 1626 bis 1632 war er – obwohl Protestant – Leiter der Geheimkanzlei des gegenreformatorischen Kaiserlichen Kammerpräsidenten Burggraf zu Dohna in Breslau. 1629 wurde er Mitglied der "Fruchtbringenden Gesellschaft", die sich die Pflege der deutschen Sprache zur Aufgabe machte. In Danzig, wo er 1637 von König Wladisław IV. zum Königlichen Hofhistoriographen ernannt wurde, stellte er eine Materialsammlung für eine Geschichte Polens zusammen. Opitz' größte Leistung war die Etablierung des Deutschen als literaturfähige Sprache; er trug dazu bei, daß im deutschen Sprachraum literarische Kleinformen wie Oden, Sonette und Epigramme bekannt wurden. Außerdem verfaßte er geistliche und weltliche Lyrik und übersetzte niederländische, französische und italienische Werke ins Deutsche. Martin Opitz starb am 20.8.1639 in Danzig an der Pest.

Ignacy Jan Paderewski Pianist, Komponist und Politiker 1860–1941

Jan Paderewski (*18.11.1860 Kuryłówka, heute Ukraine) studierte an den Konservatorien in Warschau, Berlin und Wien und unternahm als gefeierter Klaviervirtuose Reisen durch Europa und die USA. Ab 1913 hielt er sich ständig in den USA auf, wo er während des Ersten Weltkriegs als Vertreter des polnischen Nationalkomitees, der Pariser Exilregierung, für die Wiedererrichtung des polnischen Staats eintrat und Präsident Wilson zur Aufnahme der polnischen Forderungen in dessen "Vierzehn Punkte" von Januar 1918 veranlaßte. Nach dem Waffenstillstand November 1918 kehrte Paderewski nach Polen zurück und löste in Poznań (Posen) den Aufstand vom 27.12.1918 aus. 1919 zum Ministerpräsidenten und Außenminister der wiedererstandenen Republik Polen gewählt, vertrat er sein Land bei den Pariser Friedenskonferenzen und ab 1920 beim Völkerbund in Genf. Ab 1922 wandte er sich von der Politik ab und nahm seine Konzerte wieder auf. Während des Zweiten Weltkriegs war Paderewski 1940/41 Präsident des polnischen Exilparlaments in London. Als Pianist führte er die von Franz Liszt begründete Klaviertechnik fort; seine Kompositionen waren von Tschaikowsky und Chopin geprägt. Außerdem bearbeitete er die Volksmusik der Goralen und war Mitherausgeber einer Chopin-Gesamtausgabe. Paderewski starb am 29.6.1941 in New York (USA).

Józef Klemens Piłsudski

Józef Klement Piłsudski, eine Schlüsselfigur im Kampf um die Wiedererrichtung des polnischen Staates, wurde am 5.11.1867 in Zulowo bei Vilnius (Litauen) in einer polnisch-litauischen Adelsfamilie geboren. Bereits

Józef Klemens Piłsudski (Fortsetzung) Marschall und Staatsmann 1867–1935

1887 wurde er wegen Teilnahme an einer Verschwörung gegen das Zarenregime nach Sibirien verbannt; später gehörte er zu den Begründern der Polnischen Sozialistischen Partei. Zu Beginn des Ersten Weltkriegs stellte er sich mit der 'Polnischen Legion' auf die Seite der Mittelmächte, von denen er nach der Proklamation des Königreichs Polen 1916 als Mitglied des Staatsrats eingesetzt wurde. Allerdings geriet er wegen seiner Forderung nach völliger Souveränität Polens mit diesen in Konflikt und wurde 1917/18 in Magdeburg inhaftiert. Nach dem Zusammenbruch der Mittelmächte wurde Piłsudski zum 'Staatschef'(naczelnik) der wiedererrichteten Republik Polen proklamiert und übernahm auch den Oberbefehl über die Streitkräfte. Durch den Angriff auf die noch nicht konsolidierte Sowjetmacht konnte er – bekannt ist die Abwehr der Roten Armee durch das 'Wunder an der Weichsel' – im Frieden von Riga 1921 die Grenzen Polens weit nach Osten verlegen. 1926 löste er nach einem Staatsstreich das demokratische Regierungssystem durch ein ganz auf seine Person fixiertes autoritäres Militärregime ab. Er versuchte vergeblich, Polen als Führungsmacht in Ostmitteleuropa aufzubauen; durch Nichtangriffsverträge mit der UdSSR (1932) und Deutschland (1934) suchte er sein Land abzusichern. Im April 1935, wenige Wochen vor seinem Tod, wurde die in seinem Geist erstellte "April-Verfassung" fertiggestellt. Piłsudski starb am 12.5.1935 in Warschau. Sein Tod wurde von vielen Polen als eine nationale Tragödie empfunden, seine Beisetzung auf dem Wawel in Krakau zur größten Manifestation des Polen der Zwischenkriegszeit.

Józef Fürst Poniatowski Polnischer Kriegsminister und Marschall von Frankreich 1763–1813

Józef Fürst Poniatowski, aus altem polnischen Adelsgeschlecht stammend, wurde am 7.5.1763 in Wien geboren. Ab 1789 baute er als General ein stehendes polnisches Heer auf; im Aufstand Kościuszkos führte er 1794 eine polnische Division und verteidigte Warschau gegen die russisch-preußische Übermacht. Nach der 3. Polnischen Teilung zog er sich ins Privatleben zurück. Als Kriegsminister des von Napoleon I. gebildeten Großherzogtums Warschau führte er gemeinsam mit den Franzosen einen erfolgreichen Feldzug gegen Österreich. Nach der Teilnahme am Rußlandfeldzug wurde er während der Völkerschlacht von Leipzig (16.–19. Okt. 1813) zum Marschall von Frankreich ernannt. Beim Rückzug der geschlagenen französischen Truppen ertrank er am 19.10.1813 in der Elster. Poniatowski war und ist noch heute in Polen außerordentlich beliebt.

Władisław Stanisław Reymont (W. S. Rejment) Schriftsteller 1867–1925

Reymont, am 7.5.1867 als W. S. Rejment in Kobiele Wielkie bei Tschenstochau geboren, war zunächst in verschiedenen Berufen tätig und begann seine schriftstellerische Laufbahn mit naturalistischen Erzählungen, die alle ins Deutsche übersetzt wurden (u. a. "Die Komödianten", 1896; "Die Herrin",1897). In dem an Zola erinnernden Roman "Ziemia Obiencana" (1899, dt. 1912 "Das gelbe Land") schildert er das Leben in der Industriestadt Łódź während des 19. Jh.s; Wajda hat den Roman 1974 zu einem packenden Film gestaltet. Reymonts größtes und bedeutendstes Werk ist das 1904–1909 entstandene vierteilige Romenepos "Die Bauern" (dt. 1912), in dem er ein kraftvolles Bild des polnischen Bauernlebens zeichnet (Nobelpreis 1924). Reymont starb am 5.12.1925 in Warschau.

Arthur Schopenhauer dt. Philosoph 1788–1860

Schopenhauer (*22.2.1788 Danzig) studierte nach einer kaufmännischen Ausbildung Naturwissenschaften in Göttingen, Berlin und Jena, wo er 1813 mit einer Arbeit "Über die vierfache Wurzel des Satzes vom zureichenden Grunde" promovierte. Prägend war der literarische Salon seiner Mutter in Weimar, wo er u. a. Goethe, Wieland und den Brüdern Schlegel begegnete. Ab 1820 lehrte er an der Universität Berlin, von 1831 bis zu seinem Tod am 21.9.1860 lebte er als Privatgelehrter in Frankfurt am Main. Schopenhauers Philosophie basiert auf Kant, Platon und der indischen Vedanta-Lehre; die äußere Welt sei nur Vorstellung des Subjekts. Schopenhauer verband eine Ethik des Mitleids mit der pessimistischen Lehre von der Erlösung durch Verneinung des Willens zum Leben. Seine Angriffe auf die 'Universitätsphilosophie' trugen dazu bei, ihn berühmt zu machen. Er beeinflußte u. a. Wagner, Nietzsche, Freud und Thomas Mann.

Henryk Sienkiewicz
Schriftsteller
1846–1916

Einer der bekanntesten und meistgelesenen polnischen Schriftsteller ist Henryk Sienkiewicz (*5.5.1846 Wola Okrzejska bei Siedlce). Er begann als Feuilletonist und Satiriker; in seinen frühen Erzählungen schildert er das Leben der unteren Volksschichten und das Schicksal polnischer Auswanderer in Nordamerika. Später beschäftigte ihn hauptsächlich die polnische Geschichte, so in der kurz nach der Jahrhundertwende entstandenen Trilogie "Mit Feuer und Schwert", "Sintflut" und "Pan Wolodyjowski der kleine Ritter", in der er ein anschauliches Bild Polens im 16. Jh. (Kosakenkriege, Schwedeneinfall, Türkenkriege) zeichnet. Im Roman "Die Kreuzritter" (1897–1900) setzte er dem polnischen Freiheitskampf gegen den Deutschen Orden ein Denkmal (1960 verfilmt). Seine Abenteuerromane hatten starken Einfluß auf die polnische Jugend, die sich mit den Helden seiner Bücher identifizierte. Sein bedeutendstes Werk ist der in Rom zur Zeit der Neronischen Christenverfolgung handelnde Roman "Quo vadis?", der Sienkiewicz internationalen Ruhm einbrachte und für den er 1905 als erster polnischer Schriftsteller den Nobelpreis erhielt (1951 verfilmt). Sienkiewicz lebte zuletzt in der Schweiz, er starb am 15.11.1916 in Vevey am Genfer See. Beigesetzt wurde er im Dom St. Johannes in Warschau.

Marie Skłodowska-Curie
Physikerin und Chemikerin
1867–1934

Marie Skłodowska, eine der hervorragendsten Frauengestalten der Naturwissenschaft, wurde am 7.11.1867 in Warschau geboren. Nach dem Besuch der Mittelschule war sie zunächst Hauslehrerin, aber auch schon in einem Laboratorium tätig. 1891 floh sie vor der russischen Polizei zu einer Schwester nach Paris, deren Medizinstudium sie als Lehrerin finanzieren half; 1892–1893 studierte sie selbst Mathematik und Physik. 1895 heiratete sie den Professor an der Schule für industrielle Physik und Chemie Pierre Curie (1859–1906); 1897, im Geburtsjahr ihrer Tochter Irène, begann sie mit der Untersuchung der 'Becquerel-Strahlen' und entdeckte dabei die Radioaktivität des Thoriums sowie 1898 zusammen mit ihrem Mann die Elemente Polonium und Radium. Die Curies erhielten 1903 den Nobelpreis für Physik. Nach dem Tod ihres Mannes bekam Marie seine Professur an der Sorbonne. 1910 stellte sie Radium rein her und stellte seine Verbindungen fest, wofür ihr 1911 der Nobelpreis für Chemie verliehen wurde. Im Ersten Weltkrieg organisierte sie mit ihrer Tochter die Versorgung von Lazaretten mit Röntgengeräten. 1918 wurde sie zur Leiterin des Radium-Instituts der Sorbonne ernannt. Als Folge ihrer Arbeit mit radioaktivem Material erkrankte Marie Skłodowska-Curie an Blutkrebs und starb am 4.7.1934 in Sancellemoz in Haute-Savoie. Die 1944 gegründete zweite staatliche Universität von Lublin wurde nach ihr benannt.

Hans Stuck
deutscher Rennfahrer
1900–1978

Hans Stuck (*27.12.1900 Warschau) fuhr ab 1922 Autorennen und galt besonders als Bergspezialist; er errang zahlreiche Siege in klassischen internationalen Rennen, erzielte 22 Weltrekorde und war 1934–1939 Deutscher Meister. Auch als Motorbootsportler hatte Stuck einen Namen. Er starb am 8.2.1978 in Garmisch-Partenkirchen.

Lech (Leszek) Wałęsa
Gewerkschaftsführer und Politiker
geb. 1943

Lech Wałęsa, am 29.9.1943 in Popowo bei Bydgoszcz (Bromberg) in einer Bauernfamilie geboren, wuchs in sehr bescheidenen Verhältnissen auf. Ab 1967 arbeitete er als Elektromonteur in einer Danziger Werft. Schon früh engagierte er sich für die Interessen der Arbeiter; als überzeugter Katholik kam er dabei in Konflikt mit der Kommunistischen Partei (PVAP) und den von ihr beherrschten staatlichen Organen. Die erste große Streikbewegung 1970 zeigte, daß die offiziellen Gewerkschaften weniger das Wohl der Arbeiterschaft als die Interessen der Partei und des Staates vertraten. Wałęsa betrieb daher die Gründung der unabhängigen Gewerkschaft 'Solidarność" ('Solidarität'). Nach der zweiten großen Streikbewegung von 1980, an deren Spitze Wałęsa stand, wurde er zum Vorsitzenden der Solidarność gewählt. Staat und Partei verboten die Solidarność, Wałęsa wurde von Dezember 1981 bis November 1982 interniert. Sein unermüdlicher Kampf für Recht und Freiheit fand internationale Anerkennung (Friedensnobelpreis 1983). Im Mai 1989 streikten die Danziger Werftarbeiter unter Führung Wałęsas für die Erhaltung ihrer angeblich unrentablen

Lech Wałęsa (Fortsetzung)

Betriebe und forderten die Wiederzulassung ihrer Gewerkschaft. Bei dem sich nun auch in Polen abzeichnenden Umbruch leitete Wałęsa 1989 die Opposition bei den Gesprächen am 'Runden Tisch'. Nach der 'Wende' wurde Lech Wałęsa im Dezember 1990 in direkter Wahl zum Präsidenten der Republik bestimmt (bis September 1993).

Stanisław Ignacy Witkiewicz Schriftsteller und Maler 1885–1939

Stanisław Ignacy Witkiewicz (*24.2.1885 Krakau) oder Witkacy, wie er sich selbst nannte, war Haupttheoretiker der avantgardistischen Maler- und Dichtergruppe 'Formiści' (Formisten). Beeinflußt vom deutschen Expressionismus schrieb er absurde Dramen und Theaterstücke, u. a. "Die Pragmatiker" (1920), "Der Narr und die Nonne" (1925), "Die Schuster" (1934), denen aber durchweg die Bühne verschlossen blieb, außerdem theoretische Arbeiten und utopische Romane ("Abschied vom Herbst", 1927; "Unersättlichkeit", 1930). Er verfocht die "Reine Form", die das Kunstwerk von vordergründigen thematischen Bezügen befreien wollte. Witkiewicz war bahnbrechend für die Entwicklung der modernen polnischen Literatur. Nach dem deutschen Einmarsch beging er am 18.9.1939 in Jeziory bei Dąbrowica (heute Ukraine) Selbstmord.

Stanisław Wyspiański Dramatiker, Maler und Regisseur 1869–1907

Stanisław Wyspiański (*15.1.1869 Krakau) war führend in der neuromantischen Bewegung 'Junges Polen' und wurde von seinen Freunden Richard Wagner und Friedrich Nietzsche beeinflußt. In seinen Dramen bevorzugte er Stoffe aus der Mythologie und der Antike ("Protesilas und Laodamia", 1898), er verarbeitete aber auch Ereignisse aus der polnischen Geschichte und Sagenwelt und aktuelle Themen wie in "Die Hochzeit" (1902), in dem er die Indolenz der polnischen Intelligenz und Oberschicht angreift. In Paris (1891–1894) lernte er die Nabis kennen, eine Gruppe französischer Maler, deren dekorative Bilder den Übergang zum Jugendstil (Art nouveau) anzeigten und Wyspiańskis Schaffen stark beeinflußten. Neben Gemälden schuf er Bühnendekorationen zu seinen Dramen sowie Buchillustrationen, Fresken und Glasmalereien. Als Regisseur strebte er eine Reform des polnischen Theaters nach der Idee des Gesamtkunstwerks an, das musikalische, malerische und poetische Elemente vereinigt. Wyspiański, dessen Werke auch ins Deutsche übersetzt wurden und heute noch zum Theaterrepertoire gehören, lebte und starb in Krakau (28.11.1907).

Ludwik Zamenhof Augenarzt und Schöpfer des Esperanto 1859–1917

Der Augenarzt Dr. Ludwik Zamenhof (*15.12.1859 Białystok) veröffentlichte 1887 unter dem Pseudonym Dr. Esperanto ('der Hoffende') den Plan einer leicht verständlichen und erlernbaren künstlichen Sprache 'lingvo internacia', die später den Namen Esperanto erhielt. Ihr Wortschatz ist überwiegend aus romanischen Sprachen, aber auch aus germanischen und slawischen Sprachen gebildet. Die Schreibweise ist phonetisch, die Grammatik beruht auf 16 ausnahmelosen Grundregeln und enthält 10 Vorsilben und 25 Nachsilben zum Bilden neuer Wörter. Wegen seines einfachen Aufbaus konnte sich das Esperanto gegenüber anderen Welthilfssprachen durchsetzen. Wegen des völkerverbindenden, antinationalistischen Grundgedankens wurde das Esperanto im Dritten Reich scharf verfolgt. Dr. Zamenhof starb am 14.4.1917 in Warschau.

Zygmunt I. Stary König von Polen 1467–1548

Zygmunt I. Stary (Sigismund 'der Alte' oder 'der Große') aus dem Haus der Jagiellonen, am 1.1.1467 in Krakau geboren, 1499–1508 Herzog von Glogau, wurde 1506 König von Polen und Großfürst von Litauen. Er führte längere Kriege gegen das Moskauer Reich, an das er 1514 Smolensk abtreten mußte. Im Kongreß von Preßburg und Wien konnte er 1515 den Streit mit den Habsburgern um die Vorherrschaft in Ostmitteleuropa beenden und durch den Vertrag von Krakau 1525 den Streit um Preußen, indem er den geistlichen Deutschen Ordensstaat in ein lehenspflichtiges weltliches Herzogtum Preußen umwandelte. Durch den Einfluß seiner zweiten Frau, der Mailänder Gräfin Bona Sforza (1494–1557), konnte sich in Polen eine bedeutende Renaissancekultur entwickeln. Mit der Regierungszeit Zygmunts I. begann das 'Goldene Zeitalter' der polnischen 'Adelsrepublik'. Zygmunt I. starb am 1.4.1548 in Krakau.

Kunst und Kultur

Kunstgeschichte

Allgemeines

Polen war aufgrund seiner geographischen Lage immer Einflüssen aus Ost und West, aus Nord und Süd ausgesetzt. Die Folgen waren oft positiv, vor allem für Handel, Kunst und Kultur; aber nicht selten auch unheilvoll, wenn man bedenkt, wie häufig und verheerend fremde Heere sich in Polen austobten. In seiner über tausendjährigen Geschichte wurden die Grenzen immer wieder hin und her geschoben, ab 1772 etwa war das heutige polnische Gebiet bis ins 20. Jh. hinein zwischen Preußen, Rußland und Österreich aufgeteilt. Nach dem 2. Weltkrieg mußte Polen im Osten Gebiete an die Sowjetunion abtreten, in denen sich so wichtige Zentren polnischer Kultur wie Lemberg und Wilna gebildet hatten; andererseits kamen Schlesien und Teile Ostpreußens und Pommerns an Polen, die lange Zeit deutsche Kulturgebiete waren.
Die Zerstörungen durch den Zweiten Weltkrieg sind bis heute nicht zu übersehen, trotz der Anstrengungen, nicht nur einzelne Baudenkmäler, sondern ganze Straßenzüge und Altstadtkomplexe nach alten Plänen, Bildern und Fotos wiederherzustellen (z. B. Warschau, Posen, Danzig, Breslau). Zu den Kriegszerstörungen kamen nach 1945 neue Schäden hinzu – insbesondere an Bürgerpalais und Landhäusern, Adelspalästen, Schlössern, Hotels –, und zwar durch Enteignung durch die kommunistischen Machthaber. Nach dem Umbruch von 1989 gelangen sie nun allmählich an die früheren Eigentümer bzw. deren Erben zurück, wodurch sich für die Erhaltung der wertvollen Bausubstanz neue Chancen ergeben. Die finanziellen Möglichkeiten werden dabei entscheiden, denn an erfahrenen, weltweit bewährten Restauratoren fehlt es in Polen nicht.
Bei all diesen ungünstigen Umständen ist die Zahl und Vielfalt der Kunst- und Baudenkmäler in Polen erstaunlich. Die ehemalige Königsstadt Krakau rechtfertigt allein schon einen längeren Besuch: der Schloß- und Domkomplex auf dem Wawel-Hügel entstand in der Zeit vom Frühmittelalter bis zur Hochrenaissance; ihr Marktplatz ist der größte in Europa, größer als der Markusplatz in Venedig; erhalten geblieben sind Patrizierhäuser aus Gotik und Renaissance und zahlreiche alte Kirchen; wichtige Museen ergänzen das Bild.

Vorgeschichte und frühes Mittelalter

Siedlungen und Befestigungen

In Biskupin (Wojewodschaft Bydgoszcz) ist die älteste erhaltene Siedlung auf polnischem Gebiet zu sehen. In der um 550–400 v. Chr. entstandenen befestigten Siedlung der Lausitzer Kultur (Hallstattzeit) stehen Blockhäuser an sich rechtwinklig schneidenden geraden Straßen. Die Holz-Erde-Konstruktion der Wallanlage und Reste von Blockhäusern und Straßen sind gut erhalten, die Siedlung ist zum Teil rekonstruiert.
Nach dem Zerfall des Römischen Reichs bilden sich in Mitteleuropa neue staatsähnliche Organismen. Nachgewiesen sind vom 9. Jh. an mehrere in Senioraten organisierte westslawische Volksstämme: u. a. den Staat der Polanen (Polanie) an Oder und Warthe (Großpolen) mit wichtigen Burgen in Gnesen, Posen und Kruschwitz (Kruszwica); der Wislanen (Wiślanie) an der oberen Weichsel (Kleinpolen) mit Burgen in Krakau und Wiślica; der Masowier an der mittleren Weichsel (Masowien) mit der Burg in Płock, der Slesanen in Schlesien mit der Burg in Breslau.
Vom 6. bis 10. Jh. findet in Europa ein großer Wandel statt: Handelswege aus der römischen Zeit (z. B. die Bernsteinstraße) verlieren an Bedeutung, der Bergbau in Schlesien und in den Heilig-Kreuz-Bergen (Góry Świętokrzyskie), wie das große Bergwerk Krzemionki Opatowskie aus der Jung-

Vorgeschichte und frühes Mittelalter (Fortsetzung)

steinzeit, verfällt, Fischerdörfer an der Ostsee entwickeln sich zu Häfen, lokale Produktion von Eisen, Bronze und Keramik nimmt zu. Vermutlich aus dem 8./9. Jh. (oder aus noch früherer Zeit) stammen riesige Wallanlagen aus Stein (Funde auf dem Zobten/Ślęża in Niederschlesien und in Święty Krzyż), wohl vorchristliche Kultbauten, sowie große Kultplastiken aus Stein (Zobten).
Gesellschaftlich-wirtschaftliche Wandlungen, Kämpfe um die Vorherrschaft unter den Volksstämmen fördern vom 6. bis 10. Jh. den Bau von Befestigungsanlagen mit der meist auf einem Hügel plazierten Hauptburg (gród), einer kreisförmig angelegten Siedlung (podgrodzie) und einem mächtigen Schutzwall ringsherum. Im 8.–13. Jh. entstehen unter der Vorherrschaft der Polanen (ab dem 9. Jh. ist das Geschlecht der Piasten an der Macht) allein auf dem Gebiet des heutigen Großpolen über 500 solche Befestigungen (u. a. Posen, Gnesen). Holzhäuser mit einem oder zwei Räumen, manche zweistöckig, aber auch Erdhütten aus Holz und Lehm, standen an gewundenen, mit Balken ausgelegten schmalen Straßen.
Die archäologischen Funde sind v. a. im Staatlichen Archäologischen Museum in Warschau und in anderen Museen, v. a. in Krakau, Posen, Danzig und Breslau, zu sehen.

Romanik

Architektur

Die Annahme des christlichen Glaubens durch Mieszko I. (Taufe 966) eröffnet ein neues Zeitalter in Architektur und Kunst. Posen und Gnesen sind nebeneinander Hauptstädte Polens und (mit Kruszwica) Hauptsitze des Polanenfürsten Mieszko I. und seiner Nachfolger Bolesław I. Chrobry und Mieszko II. In Posen entsteht die vorromanische Kathedrale für das erste Bistum (nach 968; vermutliches Grab Mieszkos I., Taufbecken u. a.). Die Kathedrale in Gnesen (Gründung des Erzbistums im Jahr 1000) wird zur imposanten Basilika ausgebaut. Gleichzeitig entstehen Klöster (haupt-

Stiftskirche in Tum bei Łęczyca

Romanik, Architektur (Fortsetzung)

sächlich der Benediktiner) und Kollegiatkirchen (Kolegiata), z. B. in Trzemeszno. Im 10./11. Jh. gibt es das 'palatium', eine einstöckige Residenz des Fürsten, durch Holzbrücken mit der Empore einer Rundkapelle verbunden (z. B. Giecz, Przemyśl). Die Grundmauer eines 'palatium' kann man auf der Insel Ostrów Lednicki (Wojewodschaft Posen; nach 966) sehen. Die Rundkapelle (Rotunda) ist vorwiegend in Südpolen verbreitet (Rotunde der hl. Jungfrau Maria in Krakau, zweite Hälfte des 10. Jh.s, rekonstruiert; Wiślica), aber auch weiter im Norden des Landes (Płock, Strzelno) bekannt.

Im Jahr 1038 wird Krakau nach der Invasion des Brestislaw von Böhmen (Entführung der Reliquien des hl. Wojciech/Adalbert aus Gnesen) zur Hauptstadt; der romanische Baustil breitet sich aus und ist im 12. Jh. vollständig ausgebildet. Dynastische Bindungen und politische Bündnisse fördern den rheinländischen Einfluß auf die Baukunst (Benediktinerabteien in Mogilno, 1065, und Tyniec, nach 1070). Andererseits kommen durch Kirchenreformen sächsische und thüringische Vorbilder zum Tragen (ottonische Kunst), z. B. im Dom in Krakau (der sog. 1. Kathedrale bzw. Kirche des hl. Gereon, nach 1038) mit der Krypta des hl. Leonhard. Nach 1089 entstehen die Kirche des hl. Andreas in Krakau sowie die zweite Kathedrale auf dem Wawel (beendet 1142). Bemerkenswert ist die Stiftskirche in Tum bei Łęczyca (1141–61), die größte und prachtvollste unter den erhaltenen romanischen Kirchen Polens. Einflüsse aus dem Rheinland und dem fränkisch-flämischen Grenzland zeigt der Dom von Płock (um 1126–44), gestiftet von dem dort tätigen Bischof Alexander von Malonne (Brabant), der neben seinem Bruder Walter (Bischof von Breslau) zu den größten Mäzenen unter den Geistlichen des 12. Jh.s zählte. Interessante Beispiele der Romanik sind Stiftskirchen in Großpolen und Niederschlesien: Kruszwica (1120–40), Opatów (Mitte 12. Jh.), Trzemeszno (1130–46), Strzelno (nach 1175); alle im Typus der Basilika erbaut, wobei Mittelschiff mit Seitenschiffen fast ein Quadrat ergeben.

Plastik

Auf den Kapitellen erscheinen geometrische, pflanzenförmige und zoomorphe Ornamente. Außergewöhnlich auch im europäischen Maßstab sind die Reliefs auf den Säulen der Norbertanerinnen-Kirche in Strzelno (nach 1175): zwölf halbplastische, in kleine Arkaden plazierte Figuren, die Tugenden und Laster personifizieren. Auf hohem Niveau steht die Steinplastik der Portale im 12. Jahrhundert. Einflüsse lombardischer und französischer Steinmetzarbeiten sind – wie in ganz Mitteleuropa – auch in Polen zu verzeichnen. In den Tympana dominieren theologische Themen; aber auch Figuren weltlicher Stifter tauchen immer öfter auf. Die besten Beispiele sind in Tum bei Łęczyca und Czerwińsk zu sehen (beide Portale um 1160). Das prachtvollste Portal (ganz mit Reliefs bedeckt, 2. Hälfte 12. Jh.), das der ehemaligen Breslauer Benediktiner-Kirche, befindet sich seit dem 16. Jh. an der Kirche der hl. Maria Magdalena in Breslau. In einer für romanische Kunst ungewöhnlichen Technik ist der Fußboden in der Stiftskirche und Krypta von Wiślica ausgeführt (nach 1175): Großformatige betende Figuren (männliche Nachkommen des Fürsten Bolesław Krzywousty/ Schiefmund) sind in den Mörtel eingeritzt und schwarz eingefärbt.

Kunsthandwerk

Vom Kunsthandwerk der Romanik des 12. und 13. Jh.s ist an erster Stelle die Bronzetür der Kathedrale von Gnesen (um 1170–80) zu erwähnen. Das Werk, eines der seltensten und kostbarsten dieser Art in Europa, knüpft an italienische Kunst an. Romanische Buchmalerei in Form von illuminierten Codices wird nach Polen hauptsächlich aus Süditalien, Deutschland und Mähren gebracht, u. a. des Sakramentarium von Tyniec (Köln 1060–80); Nationalbibliothek Warschau), das Psalterium Nocturnum von Lubiąż mit ganzseitigen Miniaturen (um 1240). Erzeugnisse der Goldschmiedekunst, insbesondere liturgische Gefäße und Diademe, sind u. a. in der Schatzkammer des Krakauer Doms und in den Staatlichen Kunstsammlungen auf dem Wawel in Krakau zu sehen. Romanische Symbole sind im 'Szczerbiec' eingraviert, dem Schwert aus der 1. Hälfte des 13. Jh.s, das seit 1320 als Krönungsschwert benutzt wurde (Kunstsammlungen auf dem Wawel).

Gotik

Architektur der Zisterzienser

Die Gotik wird zu Beginn des 13. Jh.s aus Frankreich durch Zisterzienser (in Polen Bernhardiner genannt) nach Polen gebracht, die sich wohl starker Protektion der Piasten erfreuten: 30 reich ausgestattete Klöster, ausschließlich mit ausländischen Mönchen besetzt, werden von den Zisterziensern auf polnischem Gebiet gegründet. In Kleinpolen entstehen in der 1. Hälfte des 13. Jh.s die ersten vollständig überwölbten Stiftskirchen, gegründet als Filialen des Burgunder Konvents in Morimond. Fenster, Portale und Kapitelle haben noch romanische Züge, doch die Joche sind nicht mehr nur quadratisch, sondern auch rechteckig und durch Gewölbebögen voneinander getrennt. Auch Lisenen und Strebepfeiler verdeutlichen den neuen Baustil. In Kleinpolen werden die Anlagen von norditalienischen Werkstätten nach französischem Vorbild erbaut; ihr Material ist behauener Stein. In Schlesien und Großpolen, wo Filialen mitteldeutscher Konvente entstehen, sind dagegen vorwiegend sächsische Werkstätten tätig; ihr Baumaterial ist hauptsächlich der Ziegelstein, in Polen seit 1200 bekannt. Wichtige Zisterzienserklöster in Kleinpolen entstehen in Koprzywnica (Kirche 1207), Wąchock (Kirche, Ost- und Teil des Südflügels 1. Hälfte des 13. Jh.s), Sulejów (Kirche vor 1232, Ostflügel um 1250), Jędrzejów (Kirche vor 1210, Ostflügel vor 1250), Mogiła (heute Stadtteil von Krakau, Kirche vor 1266). In Schlesien bauen Zisterzienser u. a. in Lubiąż (1. Hälfte des 13. Jh.s), Krzeszów/Grüssau (gegr. 1292, 1427 weitgehend zerstört), Kamieniec Zabkowicki (14. Jh.). Herausragend in dieser Gruppe sind zwei Stiftungen des Herzogs Heinrich des Bärtigen († 1238) und seiner Gattin, der hl. Hedwig von Schlesien († 1243): die Abteien in Trzebnica/Trebnitz (1202 bis 1240) und in Henryków/Heinrichau (1241 – 60). An der Kirche in Henryków fällt der stark ausgeprägte Chor auf, der auf die Entwicklung der Gotik in anderen Provinzen Einfluß nimmt. Als erster Bau im ausgereiften gotischen Stil gilt das Presbyterium (Chor) der Kathedrale in Breslau (1244–72), erbaut von einer obersächsischen Werkstatt an der Stelle des frühe-

Zisterzienserkirche in Pelplin

Breslau, Kirche Maria auf dem Sande

Gotik, Architektur der Zisterzienser (Fortsetzung)

ren, beim Überfall der Mongolen 1241 zerstörten Presbyteriums. Ein hervorragender Bau ist auch die Doppelkirche zum hl. Kreuz in Breslau (1288 bis 1350). Das Presbyterium der Kathedrale und die Kirche zum Hl. Kreuz werden zum Maßstab beim gotischen Kirchenbau nicht nur in Schlesien (Stiftskirche in Głogów/Glogau, Mitte 13. Jh.; Pfarrkirche in Złotoryja/Goldberg, Presbyterium und Querschiff nach 1225, Schiffe Ende 13. Jh.), sondern auch in Kleinpolen.

Architektur anderer Orden

Wenn auch nicht vom Einfluß der Zisterzienserarchitektur frei, geht die Baukunst der Franziskaner und Dominikaner eigene Wege. Dominikaner, 1221 aus Bologna nach Krakau geholt, bauen dort ab 1241 eine der ersten Hallenkirchen in Polen. Ihr erstes großes Kloster gründen sie in Sandomierz; die Kirche des hl. Jakob (Schiffe 1226–41, Chor Mitte 13. Jh.) ist die erste nur aus Backstein erbaute Kirche Polens. Im 13. Jh. wählen die Baumeister hauptsächlich zwischen zwei Formen: der Basilika und der Hallenkirche, später entstehen immer mehr Hallen- und Saalkirchen. Eine typische zweischiffige Halle ist die Pfarrkirche in Ziębice/Münsterberg (Schiffe 1265–75, Chor 14. Jh.). Die einzige erhaltene dreischiffige Halle aus dem 13. Jh. ist die Kirche der Benediktinerinnen in Staniatki bei Krakau.
Franziskaner kommen über Prag 1237 zuerst nach Krakau. Ihre Kirche bauen sie ebenfalls aus Backstein (beendet 1269; bemerkenswert auch für hervorragende Jugendstilwandmalerei, 1896, und Mosaikfenster, 1897–1902, von Stanisław Wyspiański). Die Franziskanerkirche in Kalisz (um 1266) fällt auf wegen der formenreichen Maßwerke der Spitzbogenfenster, die gemeinsame Kirche der Franziskaner und der Klarissinnen in Zawichost (Kreis Sandomierz, 1245/56) wegen des Lektoriums als Trennelement zwischen Chor und Schiff.

Profanbauten, bürgerliche Architektur

Die Festigung des Staats unter Władysław Łokietek (1306–1333) und insbesondere unter König Kazimierz Wielki (1333–1370) belebt die Bautätigkeit: Viele neue Städte werden gegründet, ältere, wie Krakau, reorganisiert (oft nach dem Magdeburger Stadtrecht). Der Krakauer Hügel Wawel mit dem Königsschloß und dem Dom bildet weiterhin das Zentrum. Im Jahre 1257 werden der Marktplatz (mit ca. 4 Hektar der größte mittelalterliche Marktplatz Europas) und das schachbrettartige Straßennetz angelegt. Auf dem Marktplatz werden die Tuchhallen (Sukiennice) errichtet (umgebaut um 1390, Attika 1556/57). Am Markt entsteht eine der schönsten gotischen Kirchen Polens, eine Stiftung der Krakauer Bürger, die Marienkirche (mehrere Bauphasen 1288–1478; mit dem hervorragenden spätgotischen Hochaltar von Veit Stoß aus dem Jahre 1477; S. 76). Die Wehranlage von Krakau (nach 1291) ist teilweise erhalten (Florianstor vor 1307 bis 1660, Barbakane 1498/99).
Ähnlichen Fortschritt erleben die Provinzhauptstädte Posen und Breslau. Dort entstehen die ersten Rathäuser (in Breslau 1. Hälfte 13. Jh., umgebaut um 1328, dann im spätgotischen Stil 1428 und 1471–1503; in Posen 13./14. Jh., umgebaut im Renaissance-Stil 1550–60 von G. B. Quadro). Eine Stadtmauer erhielten am frühesten ebenfalls Breslau (nach 1260) und Posen (um 1280).
Der größte Bau- und Kunstförderer der Gotik in Polen war König Kasimir der Große (Kazimierz Wielki). Von etwa 200 neu errichteten gemauerten Gebäuden entstehen 120 allein aus seiner Initiative (die meisten um und nach Mitte des 13. Jh.s), darunter über 80 Schlösser und Stadtmauern. In Kleinpolen werden sie aus Stein gebaut (Będzin, Olszyna bei Tschenstochau), im Tiefland, wo kein natürlicher Baustein vorkommt, aus Ziegeln (Sieradz vor 1357, Inowłódz, Koło, Kruszwica). In Kleinpolen stiftet er etwa 30 Kirchen (u. a. Stopnica 1362, Szydłów 1355, Niepołomice 1350–58).
Neue Bauphasen erleben im 14. Jh. die wichtigsten Kathedralen des Landes – in Krakau (zwei Phasen 1320–90), die Metropolitankirche in Gnesen (1342 und nach 1437), in Posen (1346–57, Chor 1410), wo der französische "Kathedralen-Stil" in Backstein nachgeahmt wird. Ausgebaut wird 13./14. Jh. das königliche Schloß auf dem Wawel in Krakau (sog. Hahnfuß nach 1368).

Deutscher Orden

Der 1226 vom Herzog Konrad von Masowien ins Kulmer Land geholte Deutsche Orden (Kreuzritter, Krzyżacy) entwickelt gegen Ende des 13. Jh.s eine Art Klosterburg (1. Phase der Anlage in Malbork/Marienburg, Gniew/Mewe, Golub/Gollub). Seine Baumeister verwenden Backstein, der, bunt glasiert, dekorativ eingesetzt wird; Kirchen erhalten vorwiegend Hallenkonstruktion. Von dort aus verbreitet sich das Sterngewölbe (Marienkirche in Thorn um 1370, Dom in Frombork/Frauenburg 1329–88, Zisterzienserkirche in Pelplin, gegr. 2. Hälfte 13. Jh.). Der Palast des Großmeisters in Marienburg (1383–99) gehört zu den prachtvollsten Residenzen dieser Zeit in Europa.
Nach 1350 entstehen im Ermland Hallenkirchen, deren Seitenwände durch Strebepfeiler von innen gestützt werden (Olsztyn/Allenstein, Dobre Miasto/Guttstadt, Braniewo/Braunsberg, Frauenburg). Interessante Hallenkirchen sind auch Bauwerke des Architekten aus Braniewo Heinrich Brunsberg, der im 13./14. Jh. tätig war (Pfarrkirche Chojna 1389–1409, Ausbau der Jakobskirche in Stettin um 1400). Sein Werk übernimmt die Merkmale des Internationalen (Schönen) Stils. Brunsberg reduziert die Gliederung des Kirchenraums in Presbyterium und Schiffe. In der Dekoration der Außenwände kontrastiert er Flächen aus Ziegeln mit buntglasierten keramischen Elementen. In Großpolen arbeitet im Schönen Stil Hanusz Prusz, Architekt u. a. der fast wie ein Zentralbau wirkenden Stiftskirche der hl. Jungfrau Maria in Posen, einer kurzschiffigen Halle mit kompliziertem Sterngewölbe (1442–48).

Danzig

Nach Mitte des 14. Jh.s gewinnt im Norden die Hafenstadt Danzig an Bedeutung. Ab 1343 bis 1502 entsteht in mehreren Bauphasen die Marienkirche (zur Hallenkirche umgewandelte Basilika, spätgotisches Zellengewölbe), die größte Kirche Polens (Länge etwa 100 m). Großen Aufschwung nimmt die Hansestadt im 15. Jh. Das Rechtstadtrathaus entsteht um 1380 und 1454–89 (mit dem berühmten, 1593 eingerichteten Roten Saal). Der spätgotischen Phase gehört das Haus der St.-Georg-Bruderschaft an (mit niederländischen Einflüssen in der Fassade, 1487–94), 1444 wird das Krantor als ein Teil der Stadtbefestigung errichtet.
Im Vergleich zu Kleinpolen und Schlesien ist die Bautätigkeit in Großpolen, Masowien oder Pommern deutlich geringer. Am längsten hält die gotische Bautradition in der schön mit der Landschaft harmonisierenden ländlichen Holzarchitektur an. Beispiele sind die Pfarrkirchen in Olbierzowice (Kr. Sandomierz, 1468), Dębno (Kr. Nowy Targ, um 1500, formenreiche bemalte Schnitzereien).

Plastik

Die Steinplastik im 13. und 14. Jahrhundert, reich an Details und überwiegend theologische Themen behandelnd, ist auf Kapitellen, Schlußsteinen, Stützkonsolen, vor allem jedoch in Portalen zu finden. Zu den ältesten in Kleinpolen gehören die Tympanonfiguren des Erzengels Michael und der hl. Margarete (nach 1320) sowie die Schlußsteine in der Krakauer Marienkirche. Ein reiches heraldisches Programm präsentieren die Schlußsteine der von Kasimir dem Großen gestifteten Kirchen von Wiślica, Mogiła und Niepołomice.
Hohes Niveau zeigen in Schlesien die Steinplastiken des ältesten gotischen Tympanons Polens an der St.-Hedwig-Kapelle in Trzebnica (Krönung Mariä und Kreuzigung Christi, nach 1270) sowie des Doms und der Kirche zum hl. Kreuz in Breslau. Um 1270 entsteht dort (Grabmal des Fürsten Henryk IV. Probus) ein neuer Grabmaltyp in Form des Sarkophags. Der Verstorbene als vollplastische Skulptur wird auf dem Sarkophag liegend mit Insignien seiner irdischen Herkunft dargestellt, als ob er vor dem Jüngsten Gericht erscheinen würde. Halb- und vollplastische Figuren auf den Außenwänden des Steinsargs symbolisieren das Trauergefolge. Das Grabmal dieses Typs wird vorwiegend in Schlesien und Kleinpolen zahlreich nachgeahmt (Grabmäler des Bolko I. in Krzeszów, des Henryk I. und seiner Gemahlin in Lwówek, des Bolko II. und seiner Frau Jutta in Henryków). In der 2. Hälfte des 14. Jh.s tragen die Sarkophage weiterer schlesischer Piasten (in den Kirchen von Breslau, Oppeln, Liegnitz, Lubiąż) Merk-

Gotik,
Danzig
(Fortsetzung)

male des Parlerschen Stils (nach dem hauptsächlich in Prag tätigen Bildhauer und Architekten Peter Parler). In der Darstellung des Verstorbenen weicht die Idealisierung dem Realismus.
Das andere Zentrum, wo Grabmäler dieser Art – mit höchstem künstlerischem Niveau – entstehen, ist Krakau (Dom, Königsgräber von Władysław Łokietek, Mitte 14. Jh.; Kasimir dem Großen, mit prunkvollem Baldachin, 1370–80; Władysław Jagiełło, 1440; Kazimierz Jagiellończyk, aus rot-weißem Marmor, mit Baldachin, 1492). Letzteres ist ein Meisterstück von Veit Stoß, dem größten Bildhauer und Schnitzer der Spätgotik in Polen. Von Stoß, der 20 Jahre lang in Krakau lebte und arbeitete, stammen auch die Grabplatten für die Bischöfe Piotr aus Gnin († 1493) in Włocławek und Zbigniew Oleśnicki († 1493) in Gnesen.
Ab Mitte des 14. Jh.s häufen sich freistehende Marien- und Heiligenfiguren. Pietà und Kruzifixe (Lubiąż, um 1360). Typisch für Schlesien ist die sog. "Madonna auf dem Löwen" (1360–70). Die sog. "Schönen Madonnen" (um 1390–50), die mit ihren zarten Gesichtszügen und anmutiger Haltung das spätgotische Schönheitsideal verkörpern, lassen die Merkmale des Internationalen (Schönen) Stils erkennen, u. a. die Madonnen aus der Elisabethenkirche in Breslau, aus der Johanneskirche in Thorn (1395, verschollen), Madonna aus Krużlowa (um 1410).

Malerei

In Altären werden oft bemalte Skulpturen mit Tafelmalerei kombiniert, z. B. im Triptychon der hl. Dreifaltigkeit (1467) in der Krakauer Kathedrale. Die beste Schnitzerei stellt der Hochaltar (1477–89) in der Marienkirche von Krakau von Veit Stoß dar (um 200 Lindenholzfiguren verschiedener Größen). Bedeutende Beispiele für Wandmalerei befinden sich etwa in der Johanneskirche in Gnesen (1350–60). Reiches ikonographisches Programm bieten die Fresken in der Zisterzienserkirche in Ląd (um 1370), in der Johannes- und in der Marienkirche in Thorn sowie in Małujowice (Schlesien, 1370–80). In der kubischen Modellierung der Gestalten ist der Einfluß mährischer Malerei erkennbar.

Der Veit-Stoß-Altar in der Krakauer Marienkirche

Gotik, Malerei (Fortsetzung)

Russisch-byzantinische Merkmale kommen seit Beginn der Jagiellonenherrschaft (ab 1386) zur Geltung, so in der Schloßkapelle in Lublin und in der Stiftskirche in Sandomierz. Diesen Stil präsentiert das ikonenartige Bild der Muttergottes mit Christkind (sog. "Schwarze Madonna"), seit 1392 in der Klosterkirche auf dem Jasna Góra (Heller Berg) in Tschenstochau.
Im 2. Viertel des 15. Jh.s etabliert sich in der kleinpolnischen Tafelmalerei die sogenannte Schule von Krakau und Nowy Sącz. Ein Trend zum Realismus in der Landschaftsdarstellung ist für den sogenannten Meister der Dominikaner-Passion (um 1465), Autor von zwölf Tafeln des Hauptaltars der Dominikanerkirche in Krakau, charakteristisch. Die Gestalten sind meist frontal gemalt, es dominieren die Farben Weiß, Dunkelblau, Rot, Grün und Gold. Ähnliche Merkmale tragen die Bilder von Mikołaj Haberschack, dem Krakauer Maler der 2. Hälfte des 15. Jh.s (Hauptaltar der Augustianerkirche in Krakau, 1468).
Gute Beispiele für den Internationalen Stil in der Malerei sind das Polyptychon mit Mariä Krönung in der Schloßkapelle von Grudziądz (um 1380–90), das Bild der hl. Anna Selbdritt in Strzegom (1400) sowie das Triptychon aus Ptaszkowa (1430–40). Im Gebrochenen Stil, mit individuell modellierten Gestalten, ist der Altar der hl. Barbara (1447) in der gleichnamigen Kirche in Breslau gemalt. In Pommern steht die Malerei in starker Verbindung mit norddeutschen und niederländischen Werkstätten (u. a. zwei Altäre der Marienkirche in Danzig, 1480–90).

Kunsthandwerk

Das Kunsthandwerk steht auf hohem Niveau und ist hauptsächlich in großen Städten konzentriert: in Krakau, Breslau, Danzig, Posen, Thorn, Elbing. Es entstehen vor allem liturgische Gefäße, Reliquiare (z. B. des hl. Sigismund in Płock, 1370), Monstranzen, Trinkbecher. Aus Bergkristall, Silber und Gold ist der Becher für Königin Jadwiga angefertigt (Ende 14. Jh.). Meisterwerke der Goldschmiedekunst entstehen in der Werkstatt des Krakauer Marcin Marciniec (Reliquiar für das Haupt des hl. Sigismund aus Gold und Edelsteinen, 1504). Ein Meisterstück der Stickerei ist die sogenannte Kmita-Kasel mit halbplastisch gestickten Szenen des Lebens und des Märtyrertodes des hl. Stanislaus.
Kunsthandwerkliche Gegenstände sind hauptsächlich in Museen in Krakau (Wawel-Sammlung, Schatzkammer am Dom, Nationalmuseum), Warschau, Posen, Breslau und Danzig zu sehen. Illuminierte Werke hohen Ranges werden im Museum der Jagiellonen-Universität aufbewahrt, z. B. der Behem-Codex (Krakauer Werkstatt, 1505), der formal zwar der Spätgotik, thematisch (Darstellungen der Handwerker verschiedener Zünfte) jedoch der Renaissance angehört.

Renaissance und Manierismus

Frühphase 1500–1545

Ideen des Humanismus gelangen Ende des 15. Jh.s durch zahlreiche Italiener nach Polen, die am Krakauer Hof der Jagiellonen leben; so ab 1472 Filippo Buonaccorsi (genannt Kallimach), Erzieher der Söhne des Königs Kazimierz Jagiellończyk. Einer von ihnen, Zygmunt (ab 1506 König Zygmunt I. Stary/Sigismund I. der Alte), der die aus der Toscana übernommene Renaissance bei seinem Bruder (König von Böhmen und Ungarn) in Buda kennenlernt, ist der erste große Förderer des neuen Stils in Polen. Kurz nach 1500 kommt aus Buda eine Gruppe toskanischer Architekten und Bildhauer nach Krakau. Die Werkstatt des Meisters Francesco Fiorentino besorgt den Um- und Ausbau des Schlosses auf dem Wawel; er bringt architektonische und dekorative Formen des späten Florentiner Quattrocento mit. Polen ist neben Ungarn das Land in Europa, das diesen Stil am frühesten und unmittelbarsten übernimmt. Eine große Rolle spielt dabei die Italienerin Bona Sforza d'Aragona, seit 1517 Ehefrau des Königs Zygmunt I. Sie bringt italienische Lebenskultur in Kunst, Musik, Mode und Tafelfreuden mit. Ein anderer Florentiner, Bartolomeo Berrecci, hervorragender Architekt und Bildhauer, übernimmt die Werkstatt Francesco Fiorentinos 1517 und führt 1530–36 den Umbau des Schlosses zu Ende.

Renaissance und Manierismus (Fortsetzung) Architektur und Plastik

Ganz im Geist der neuen Philosophie und Kunst entsteht das neben der Schloßerneuerung wichtigste Werk der Renaissance in Polen, die für den König Zygmunt I. Stary erbaute Sigismund-Kapelle am Südschiff des Krakauer Doms, später Grabkapelle der letzten Jagiellonen (1519–33, Berrecci und Werkstatt). Der Bau gilt als bestes Beispiel der vollendeten italienischen Renaissance außerhalb Italiens; die Ausstattung bestellt König Zygmund I. in Nürnberg: bronzenes Gitter für den Eingang (1530), Kerzenleuchter und prachtvoller Altar (Treibarbeit in Silber, 1535–38).
Die Aufträge bekommt Berrecci nicht mehr allein von der königlichen Familie; vermehrt gehören hohe Hofbeamte, weltliche und kirchliche Würdenträger, Magnaten und reiche Patrizier zur Kundschaft. So entstehen in der Werkstatt der Toskaner weitere wichtige Werke wie der Erker (1520) in einem Seitenschiff der Marienkirche in Krakau und der arkadenförmige Baldachin über dem gotischen Sarkophag des Königs Władysław Jagiełło (1519–24) im Krakauer Dom. Zwischen 1524 und 1533 baut Berrecci am Dom die Kapelle des hl. Thomas und das Wandgrabmal des Krakauer Bischofs und Vizekanzlers Piotr Tomicki. Dieses Grabmal, noch zu Lebzeiten des Bischofs und unter seiner Aufsicht angefertigt, wird zum neuen Maßstab in der Sepulkralkunst in Polen der Renaissance und des Manierismus. In der Werkstatt Berreccis entsteht auch das schöne Grabmal für Barbara Teczyńska im Dom von Tarnów (1527–30); die Darstellung Barbaras zählt zu den schönsten Frauenskulpturen der Renaissance schlechthin.
1525 entstand vermutlich von Berreccis Hand das Grabmal für den einjährig verstorbenen Sohn des Krakauer Wojewoden und Staatskanzlers Krzysztof Szydłowiecki. Der Säugling in Schlafpose ist in der Stiftskirche von Opatów (Wojewodschaft Kielce) zu sehen. Diese Grabplatte war Vorbild für eine Reihe ähnlicher Kleinkindgrabmäler. Darunter befinden sich zwei weitere wertvolle Grabmäler der Familie Szydłowiecki von Jan Cini und Bernardino de Gianotis, engen Mitarbeitern Berreccis und Gründern einer eigenen Architekten- und Bildhauerwerkstatt. Das Grabmal des

Szydłowiecki-Grabmäler in Opatów

Polnische Attika (Rathaus in Chełmno)

Renaissance und Manierismus, Architektur und Plastik (Fortsetzung)

Kanzlers K. Szydłowiecki, ein Meisterwerk in Bronze, stammt von einem in der Krakauer Werkstatt tätigen italienischen oder polnischen Bildhauer und ist als 'Lament Opatowski' ('Wehklage von Opatów') bekannt. Die Handschrift der Werkstatt Berreccis (J. Cini?) zeigt der ehemalige Hauptaltar des Krakauer Doms, heute in der Pfarrkirche von Bodzentyn zu sehen. Von König Zygmunt I. gestiftet, wurde er 1545–48 in der Form eines römischen Triumphbogens errichtet.
Während Krakau überwiegend der Renaissance der Toskaner treu bleibt, werden um 1520 in Schlesien, ab 1550 in Posen und Lemberg und in anderen größeren Städten Architekten und Bildhauer aus Norditalien und aus den italienischen Kantonen der Schweiz – vor allem aus der Gegend um Como – tätig (Comasken). Ihr Umgang mit den Formen ist undogmatisch, stärker dekorativ ausgerichtet und nimmt einheimische Elemente bereitwillig auf (Portal im Chor des Doms zu Breslau, 1517). Zu den bedeutendsten früheren Werken der Renaissance in Schlesien gehört das Tor des Schlosses in Legnica (1533, Georg von Amberg).

Malerei

In der Malerei kommen die Formen der Renaissance zunächst in der Ornamentik bzw. in der weltlichen Thematik zur Geltung, was in mehreren gut erhaltenen illuminierten Büchern zu sehen ist, etwa im Codex des Behem (Krakau) sowie in ebenfalls in Krakauer Schreibstuben, jedoch unter dem Einfluß niederländischer Renaissance entstandenen Bänden: im Graduale von Jan Olbracht (1501–06), im Pontifikale des Bischofs Erasmus Ciołek (um 1525). Von italienischen Malern im Polen dieser Zeit ist nichts überliefert. Führender Illuminator und Maler ist der Mönch Stanisław Samostrzelnik. Um 1532 entstehen seine "Libri geneseos", eine illuminierte Chronik der Familie Szydłowiecki (heute in Kórnik). In dem illuminierten Band "Leben der Erzbischöfe von Gnesen" (kurz nach 1530, Nationalbibliothek Warschau) und im Porträt des Bischofs Tomicki (1530–35, Porträtgalerie im Kreuzgang des Franziskanerklosters in Krakau) erweist sich Samostrzelnik als begabter Porträtist und gewandter Ornamentalist. Er ist einer der ersten polnischen Maler, die – treu den Ideen der Renaissance – den Menschen als Individuum zum Mittelpunkt ihres Schaffens machen.
Die besten Tafelbilder und Fresken im neuen Stil malen zu Beginn des 16. Jh.s hauptsächlich deutsche Künstler: Im italienischen Stil schafft Hans Suess von Kulmbach in Krakau (1514–18) das Triptychon mit Szenen aus der Legende des hl. Stanisław Szczepanowski (Nationalmuseum Warschau). Dort ist auch das Bild "Schlacht bei Orsza" von 1514 zu sehen, das stilistische Ähnlichkeiten u. a. mit Lucas Cranach d. Ä. aufweist. Mittelalterliche Traditionen werden von dem unbekannten Künstler des großformatigen Triptychons mit der Legende des hl. Stanisław (Pfarrkirche in Kobylino bei Krotoszyn, um 1518) deutlich durchbrochen: Die Gesichter sind auffallend individuell gestaltet, ebenso die Kleidung. Wie der neue Stil und die neue Weltanschauung von polnischen Malern in der Provinz umgesetzt werden, zeigen die Madonna mit dem Jesuskind in der Philippinerkirche in Gostyń (1540) und die bemalte Decke der Holzkirche in Grębień bei Wieluń (vor 1530) mit zwei Musikanten, einem Bauer mit Violine und einem Höfling mit der Laute: Sie und nicht mehr Engel musizieren für die Muttergottes.

Hochrenaissance 1545–1575

Die Renaissance breitet sich fast über ganz Polen aus; wenig beeinflußt ist Nordpolen mit Danzig, wo noch immer die Gotik regiert. Erstrangige Rolle fällt der Architektur und der Bildhauerei zu, weniger wichtig ist die Malerei. Magnaten verpflanzen den neuen Stil in die Provinz, lassen ihre Landsitze um- oder neu bauen, Adel und Patrizier fördern den Bau von Stadtpalästen und Grabkapellen, eine neue Stadtarchitektur entsteht: Rathäuser, Tuchhallen, Zunfthäuser etc. Zahlreiche neue Werkstätten entstehen außer in Krakau in größeren Städten anderer Provinzen; die wichtigsten sind in Lemberg, Lublin, Warschau, Posen, Breslau tätig. Führend in der Architektur und Bildhauerei sind nach wie vor die Italiener. Nicht zu unterschätzen ist die Wirkung von Publikationen zu Architektur und Ornamentik, z. B. der Traktate von Sebastiano Serlio. Einige Niederländer und Deutsche tragen

Hochrenaissance (Fortsetzung)

ab der Mitte des 16. Jh.s zur Popularisierung der Renaissance und des Manierismus aus dem Norden Europas bei. Doch am stärksten verbreiten den neuen Stil außer Italienern die einheimischen Künstler, vor allem die Schüler von Berrecci, Cini und Padovano.

Architektur

Erst jetzt kristallisiert sich die polnische Variante der Renaissance heraus, die die importierten Formen mit einheimischen Elementen verbindet. Ein gutes Beispiel ist die 'polnische Attika' (Foto S. 78). Dieses rein dekorative Fassadenelement erhält in Polen konstruktive Funktion, ist aber noch dekorativer als in Italien (Tuchhallen in Krakau, Umbau Santi Gucci 1556 bis 1560). Die Residenzarchitektur nimmt das Wawel-Schloß häufig zum Vorbild, wie die Residenz des letzten Jagiellonen-Königs Zygmunt August in Niepołomice (Kleinpolen), erbaut 1550–71. Zwei wichtige Objekte entstehen in Posen, wo um 1550 die Comasken tätig sind: der Palast des Generals Adrzej Górka (vor 1550; das Portal von 1548 ist das wertvollste Denkmal der Renaissance in Posen vor 1550) und das Prachtstück der Stadt, das ehemals gotische Rathaus auf dem Alten Markt (Foto S. 134), das von Giovanni Battista Quadro aus Lugano 1550–60 umgebaut wird. Auch Quadro knüpft an das Wawel-Schloß an, zudem an die Traktate von Serlio. Imponierend ist die Dekoration der Decke des Großen Saals, der – wie das ganze Gebäude – zu den schönsten Baudenkmälern der Renaissance, nicht nur in Polen, gehört. Auffallend schöne Formen erhalten u. a. die Rathäuser in Chełmno (Kulm; eines der ersten Zeugnisse der südlichen Renaissance in Nordpolen, 1567–70) und in Tarnów (3. Viertel des 16. Jh.s), beide mit polnischen Attiken versehen.
Giovanni Battista Veneziano baut die Stiftskirche in Pułtusk um (1560) und wahrscheinlich noch einige Kirchen Masowiens: in Brochów (Kr. Sochaczew, 1551–61), in Chruślin (Kr. Łowicz, um 1560). In Brok (Kr. Ostrów Mazowiecki) verbindet er in der neu erbauten Kirche die Renaissance mit spätgotischen Formen.
In Schlesien sind vor allem Schloß und Rathaus in Brieg zu beachten. Das Schloß, ab 1530 im Umbau, erhält 1550–53 ein prachtvolles Torgebäude mit halbplastischen Ornamenten und mit Büsten der Piastenfürsten (Foto S. 312). Die Baumeister und Bildhauer sind vermutlich u. a. Franziskus aus der Architektenfamilie Pario/Pahr und der Schlesier Andreas Walter. Jakob Pario/Pahr ist der Erbauer des Rathauses (1570–72), des einzigen Renaissancegebäudes dieser Art in Schlesien. In dieser Region ist noch das Schloß in Płakowice ein besonders schönes Beispiel der Renaissance der Comasken.

Plastik

Einer der begabtesten italienischen Baumeister und Bildhauer dieser Zeit in Polen ist Giovanni Maria Mosca, gen. Padovano (monumentale Wandgrabmäler mit Porträts in Bronze und Marmor). Einige seiner Werke: die Bronzegrabplatte des Kanzlers Tomasz Sobocki († 1548) in Sobota (Masowien); das Grabmal von Jan Tarnowski († 1561) und seinem Sohn Jan Krzysztof († 1567), errichtet 1561–70 (Dom von Tarnów); das Ciborium (Alabaster, 1552) und vermutlich auch der Tabernakel (Marmor) in der Marienkirche in Krakau. Im Dom von Tarnów ist das einzigartige Grabmal für drei Jans der Familie Tarnowski zu bewundern (um 1561), wo zwei Skulpturen der Toten nicht in Nischen übereinander (was für polnische Wandgrabmäler dieser Zeit typisch ist, z. B. im Grabmal der Kościelski in Kościelec, Krakauer Werkstatt 1559), sondern nebeneinander plaziert sind und die dritte – die eines Säuglings – in der Mitte darüber.
Unter polnischen Meistern nimmt Jan Michałowicz von Urzedów den ersten Platz ein († nach 1583), der "polnische Praxiteles". Die besten Werke Michałowiczs sind das Wandgrabmal des Bischofs Izdbieński (Dom in Posen, um 1557), das einzige bekannte Frauengrabmal für Urszula Lezajska in Brzeziny (1563–68), sowie die prachtvollen Grabmäler im Dom von Krakau für die Bischöfe A. Zebrzydowski (1562–63) und F. Padniewski († 1572). Beachtenswert sind ebenfalls die Grabskulpturen des in Krakau tätigen Italieners Hieronymus Canavesi (Górka-Grabmal im Posener Dom, 1574).

Hochrenaissance (Fortsetzung)
Kunsthandwerk

Eine der wertvollsten Kollektionen von Tapisserien ('Arazzi' nach der Stadt Arras) sammelt zwischen 1553 und 1557 König Zygmunt August. Von etwa 350 Teppichen sind 137 im Wawel-Schloß (die größte Sammlung in Europa) und vier im Rijksmuseum in Amsterdam zu bewundern, die übrigen sind verschollen. Die Bildteppiche zeigen u. a. Szenen aus dem Alten Testament, Tiere und Pflanzen, kunstvolle Initialen des Königs etc.

Spätphase 1575–1640

In Architektur und Bildhauerei zeigen sich nun starke manieristische Tendenzen. Die östlichen Zentren – Lemberg, Zamość, Pińczów (mit einem wichtigen Kalksteinbruch) – werden wichtig. Der Magnat und Kanzler Jan Zamoyski gründet die Stadt Zamość (erbaut im letzten Viertel des 16. Jh.s). Unter Mitarbeit des hochgebildeten Jan Zamoyski entwirft Bernardo Morando aus Venedig († 1600) eine von einer sternartigen Festung umgebene symmetrisch angelegte Stadt mit einem quadratischen Markt, einem prachtvollen Rathaus, mit Schloß, Akademiegebäude, mehreren Kirchen und zahlreichen Patrizierhäusern. Zamość ist eine der wenigen Städte Europas, die von vornherein als vollkommener Stadtorganismus, als Gesamtkunstwerk konzipiert wurden.
Zu den bedeutendsten Baumeistern und Bildhauern dieser Phase gehört Santi Gucci, der mit seinem Werk bereits dem Manierismus zuzuordnen ist. Er baut u. a. die Residenz des Bischofs Myszkowski in Książ Wielki (1585–95) und das Schloß in Baranów (Gucci 1591–1606, Tylman van Gameren 1695–1700). Als beste Beispiele manieristischer Wandgrabmäler Santi Guccis sind zu beachten die für Anna Jagiellonka in der Sigismund-Kapelle (1574–75) und für König Stefan Batory im Krakauer Dom (1594–95). Für seinen und seines Nachfolgers Tomasz Nikiel stark dekorativen Stil sind z. B. die 'tänzerische' Modellierung der Beine oder der ganzen Torsi der Toten charakteristisch (Grabskulpturen des St. Kobylnicki in Kobylniki, 1590; der Uchański in Uchanie, vor 1590; die Myszkowski-Grabkapelle in der Krakauer Dominikanerkirche; des Ehepaars Opaliński in der Pfarrkirche in Kościan bei Posen, um 1590). Eine der schönsten und für Gucci typischsten ist die Grabkapelle der Familie Firlej in der Pfarrkirche von Bejsce (1594–1600).
Die interessantesten und eigenartigsten Beispiele der einheimischen Spätrenaissance befinden sich in der Kleinstadt Kazimierz Dolny an der Weichsel: die Patrizierhäuser etwa der Familien Przybył (1615) und Celej (vor 1636) mit hohen, reich dekorierten Attiken und flach aufgesetzten figürlichen und pflanzlichen Ornamenten. An der Sigismund-Kapelle orientiert sich u. a. die Grabkapelle der Tęczyński in Staszów 1610–18.
Das Zentrum der niederländischen Renaissance ist Danzig. Ende 16./Anfang 17. Jh. konzentriert sich die Arbeit der nordischen Baumeister (Anton van Opbergen, Wilhelm van den Blocke u. a.) auf die weltliche Architektur; es entstehen unter anderem das Hohe Tor (Brama Wyzynna, 1586–88), die Fassade des Artushofs (1616–18) und des Goldenen Hauses (Johann Vogt), das Zeughaus (Opbergen, 1602–1605), das Goldene Tor (Architekt Abraham van den Blocke, Dekoration J. Vogt).
Unter den polnischen Malern im Kreis des Krakauer Hofs ist Marcin Kober hervorzuheben; von ihm stammen u. a. die Porträts des Königs Stefan Batory (1583) und seiner Frau Anna Jagiellonka (1586–96, Wawel-Schloß).

Barock

Allgemeines

Im polnischen Barock lassen sich drei voneinander unabhängige Strömungen ausmachen. Am stärksten war der italienische Einfluß; die avantgardistischen italienischen Meister hatten ihre Mäzene hauptsächlich in König Zygmunt III. Waza (Wasa), in den Jesuiten- und Karmeliterorden und den Magnatenfamilien. Der Barock heimischer Prägung – mit Vorliebe für das Irrationale und Überirdische als Thema – entstand eher in der Provinz, weit weg von den großen Zentren wie Krakau und Warschau. Die niederländische 'Linie' mit ihrem Interesse für eine realistische Darstellung des Menschen, seiner Psyche und seiner Umgebung wurde von Patriziern der rei-

Barock, Allgemeines (Fortsetzung)

chen Städte wie Danzig und Lemberg gefördert. Mehrmals unterbrochen wurde die Entwicklung des polnischen Barock durch Kriege, insbesondere den 30jährigen Krieg. Polen nahm ausländische Einflüsse bereitwillig auf, zugleich aber strahlte polnische Kultur und Kunst auf die benachbarten Länder kaum je intensiver aus als im unruhigen 17. Jahrhundert.
Die einzelnen Phasen des polnischen Barock lassen sich durch die Herrschaftszeiten der Könige abgrenzen.

1582–1630
Architektur

Unter König Stefan Batory wird mit dem Bau der Jesuitenkirche in Nieśwież (Litauen) 1582 begonnen. Mikołaj Fürst Radziwiłł, ein reicher und vielgereister Mäzen, läßt Giovanni Maria Bernardoni (einen Jesuiten) eine Kirche bauen, die die erst fünf Jahre zuvor konsekrierte Jesuiten-Kirche Il Gesù in Rom – die erste barocke Kirche schlechthin – zum Vorbild hat. Die Kirche in Nieśwież ist somit die erste barocke Kirche außerhalb Italiens. Ähnliche Jesuitengotteshäuser entstehen u. a. in Lublin (Christiani, 1586–1604), Kalisz (1588), Jarosław (J. Briccio, 1591–1594), Warschau (1608–1626), Lemberg (S. Lamchius/J. Briano, 1610–1631). Am deutlichsten knüpft an das Vorbild Il Gesù die Petrus-und-Paulus-Kirche in Krakau an (1605–1619, Entwurf Giovanni Trevano).
Nach dem Brand im Nordflügel des Krakauer Wawel-Schlosses 1595 läßt Zygmunt III. (König 1587–1632) den Wiederaufbau im neuen Stil durchführen (v. a. durch Trevano). Der wichtigste weltliche Bau dieser Zeit ist das Königliche Schloß für Zygmunt III. in Warschau (mehrere Bauphasen zwischen 1598 und 1765; nach dem Warschauer Aufstand 1944 von den Deutschen völlig zerstört, in den 70er Jahren rekonstruiert). In Ujazdów bei Warschau entsteht 1624–1636 die Sommerresidenz des Königs (Castelli oder Trevano); den neuen Stil zeigt hier v. a. die Arkadenloggia mit dem Blick auf die Weichsel. Unter den Magnatenresidenzen fällt das Schloß in Wiśnicz Nowy (Woj. Krakau) durch die geschickte 'Auffrischung' der alten Form durch frühbarocke Details sowie Arkadengänge und die Innenausstattung auf.
Trevano hinterließ vielfältige 'kleine' Architektur in klarem linearen Stil: Altäre, Tore, Grabmäler. Zu seinen besten Werken gehört der baldachinartige Säulenbau über dem Schrein des hl. Stanislaus im Krakauer Dom. Stark verbreitet ist in dieser Zeit das Grabdenkmal mit den knieend und betend dargestellten Verstorbenen, z. B. für die Branicki in Niepołomice (1595), für Primas Baranowski in Gnesen (nach 1615). Im neuen Trend entstehen Grabmäler mit halbfigürlichen betenden Skulpturen, z. B. das der Montelupi in der Marienkirche (Spätwerk von Santi Gucci, 1600–1610) und der Cellari im Dom (um 1616) in Krakau.
Giovanni Reitino aus Lugano, Hofbildhauer bei Zygmunt III., erneuert die Grabskulptur; die liegenden Figuren richten jetzt ihre geöffneten Augen auf einen Altar oder ein Heiligenbild. Dies entspricht der barocken Idee der 'ewigen Anbetung'. Eine technische Neuheit aus Italien ist der Stuck, zuerst im Nordflügel des Wawel-Schlosses verwendet (nach 1595); bald wird diese Technik in der sakralen Architektur übernommen.

Malerei

Der wichtigste italienische Maler ist Tommaso Dolabella, 1600 von Zygmunt III. auf den Wawel geholt; er arbeitet er für zwei weitere Könige Polens und für kirchliche Mäzene. Er bringt Koloristik, Formen und das 'sfumato' der großen Venezianer des 16. Jh.s. (Veronese, Bassano, Tintoretto) nach Polen (Bilderzyklus in der Kapelle des hl. Jacek in Krakau, 1619–25; "Die Schlacht bei Lepanto", 1632, Kunstsammlung Wawel).
Von einheimischen, im nördlichen Polen tätigen Malern ist Herman Han (bzw. Hermann Hahn) aus Pommern (1574–1628) der bedeutendste. Seine wichtigsten Werke malt er für die Zisterzienser in Pelplin (südlich von Danzig) und in Oliva bei Danzig. Nach theologisch komplizierten Entwürfen entstehen monumentale Altarbilder in byzantinischer Manier ("Krönung Mariä", Hauptaltar im Pelpliner Dom, 1623). In Großpolen malt der Priester Krzysztof Boguszewski († 1635) religiöse Bilder in ähnlicher Art ("Das himmlische Jerusalem" und "Unbefleckte Empfängnis" im Dom von Posen). Die Porträtkunst wird seit Zygmunt III. stark gefördert; das wohl beste

Dominikanerkirche St. Stanislaus in Lublin

Warschau: Königsschloß mit Sigismundsäule

Malerei (Fortsetzung)

Beispiel ist das Bildnis des jungen Edelmanns Stanisław Tęczyński (vor 1634, Wawel, unbekannter Krakauer Maler).

Niederländische Künstler

Die niederländisch geprägte Strömung des Barock ist vor allem in Danzig und Lemberg zu sehen, wo weltliche Architektur und Kunst stark gefördert wurden. Das Werk der im 16. und auch noch in 17. Jh. tätigen Anton van Opbergen (1543–1611, Zeughaus in Danzig) und Wilhelm van den Blocke (um 1550–1628; Grabmale für B. und A. Batory in Barczewo, 1598, für Tarnovski in Łowicz, 1603, für die Fam. Kos in Oliva, nach 1618) bewegt sich formal zwischen Manierismus und Barock. Ein reifes Werk des Barock ist das Grabmal der Eheleute Bahr (Danzig, Marienkirche, 1614–20) von Abraham van den Blocke, Sohn und Schüler Wilhelms. Eine der ersten für den reifen Barock typischen Skulpturen ist der Neptun vom Brunnen auf dem Langen Markt in Danzig (Peter Husen, 1606–1613), auffallend durch seine dynamische Pose mit entgegengesetzt bewegten Körperteilen.
Unter den Malern niederländischer Prägung zählen am meisten Anton Möller d. Ä., ab 1587 bis 1611 in Danzig tätig ("Der Zinsgroschen", "Der Tempelbau" im Steuersaal des Rathauses, 1601–02) und Isaak van den Blocke († 1628, Decke im Roten Saal des Danziger Rathauses mit der "Allegorie der Verbindung Danzigs mit Polen"). Beide Maler sind ausgezeichnete Beobachter ihrer Stadt und ihrer Zeitgenossen.

1630–1650
Architektur

In letzten Herrschaftsjahren Zygmunts III. und unter Władysław IV. (1632–48) gewinnt Warschau als Residenzstadt und Regierungszentrum den Vorrang vor Krakau; die alte Stadt der Könige bleibt aber ein starkes Kunst- und Kulturzentrum. In Warschau und Umgebung entstehen zahlreiche neue Magnatenresidenzen. Hauptarchitekt ist Constantino Tencalla mit klarem, linear-vornehmem Stil (Palais der Koniecpolski und der Kazanowski in Warschau, umgebaut; Zbaraski-Kapelle an der Dominikaner-Kirche Krakau, 1629/30). Neuartig ist in letzterer auch die Innenausstattung: in der oberen Partie ist der Raum mit weißem Stuck dekoriert, in der

Barock, 1630–1650 Architektur (Fortsetzung)

unteren mit schwarzem Marmor ausgelegt. Dieser schwarze Marmor aus Debniki bei Krakau bestimmt über 20 Jahre lang das Bild der 'kleinen' Architektur in Polen und Litauen (Altäre, Kamine, Türen- und Fensterrahmen, Fußböden etc.). 1644 wird auf dem Schloßplatz in Warschau die Sigismund-Säule, das Wahrzeichen der Stadt, aufgestellt (nach dem 2. Weltkrieg erneuert; Foto S. 83). Dieses Denkmal mit dem Herrscher auf einer hohen Säule, das an antike Denkmäler anknüpft, ist in Europa ein Novum. Den Stil Tencallas übernehmen andere, z. B. Andrea dell'Aqua in der Residenz in Podhorce (bei Hrubieszów, 1635–40). Es ist eines der besten Beispiele des schwindenden Wehrcharakters der Residenz zugunsten eines offenen Palastes im französischen Stil.
Bedeutend für die frühbarocke Phase ist die Residenz der Krakauer Bischöfe in Kielce (T. Poncino, 1637–41), deren bühnenbildartig gestaltete Front als Hintergrund für Gottesdienste und Empfangszeremonien beinahe theatralischen Charakters diente. Auch manche Magnatenresidenz war 'Bühne für einen Schauspieler', den Eigentümer. Am deutlichsten zeigt dies das Schloß Krzyżtopór in Ujazd (Woj. Kielce; Lorenzo Senes 1627 bis 1644). Noch die Ruine zeugt vom Reichtum, aber auch vom Größenwahn des ersten Besitzers, des Magnaten Krzysztof Ossoliński. Die gigantische Residenz war die größte in Europa vor dem Bau von Versailles.

Plastik

Die stärkste Persönlichkeit unter den Bildhauern war zur Zeit Wladyslaws IV. der ab 1618 in Krakau tätige Sebastiano Sala († 1652). Seine Werke sind ausgezeichnete psychologische Studien (Grabmäler der Oppersdorff in Głogówek bei Oppeln, 1643, und der Ligenza in der Bernhardinerkirche von Rzeszów; der Bischöfe Gembicki, Dom von Gnesen, 1638–41, und Lipski, Krakauer Dom).
Gut entwickelt ist in dieser Zeit die Schnitzerei, meist in den Altären einheimischer Künstler. Das Repertoire des Barock – durchbrochene Gesimse, phantasievolle Ornamentik und vielfältige Gestaltskulptur – hat sich durchgesetzt. Die Hauptaltäre der Fronleichnamskirche in Krakau (1643) und der Zisterzienserkirche in Pelplin (26 m hoch und 10 m breit, größter Altar Europas nördlich der Pyrenäen) können hier als eindrucksvolle Beispiele dienen.
Die Stucktechnik erlebt ihre Blüte. Wichtigster Name ist hier Giovanni Battista Falconi, seine formenreichen plastischen Werke aus der Zeit um 1630–58 sind u. a. in Zamość (Grabkapelle der Zamoyski), Krosno (Grabkapelle der Oświęcim) und in Krakau (Petrus-und-Pauluskirche) zu sehen.

Malerei

Die byzantinische Manier unter den einheimischen Malern durchbricht als erster der Autodidakt Franciszek Lekszacki, sich an van Dyck und Rubens (deren Werke er nur von Stichen kennt) orientierend, aber mit eigener Koloristik (kalte, metallische Farbpalette; "Lehre Mariä", Visitantinnen-Kirche Warschau, vor 1667). Zu den besten Malern in der Zeit Władysławs IV. gehört dessen Hofmaler Bartholomäus Strobel (1591–um 1650). Die Dynamik seiner symmetrischen Marienbilder ist beherrscht, die Gesichter und Körperhaltung vornehm, die Farbpalette eher kalt ("Mariä Himmelfahrt", Koronowo in Pommern, 1647), seine Porträts sind realistisch, ohne jegliche Beschönigung ("Władysław D. Fürst Zasławski-Ostragski", 1635, und "Porträt eines Offiziers", 1642, beide Nationalmuseum Warschau). Flämische Einflüsse (präzise Wiedergabe von Details, Stilleben) zeigen die Bilder des Chorgestühls mit Szenen aus dem Ordensleben in der Benediktinerkirche in Tyniec (um 1630). Realistische Details bringt auch der in Danzig wirkende Bartholomäus Miltwitz (um 1590–1656; "Brand am Langen Markt").

1650–1672

Um 1650 stirbt die Generation der Tencalla, Dolabella, Strobel, Sala aus. Ihr Stil – linear, kühl, majestätisch, beherrscht – wird verdrängt durch Expressives, Emotionales, Effektvolles. Die drei bedeutendsten Künstler dieser Phase holt Jan Kazimierz, König 1648–1668: den Architekten Giovanni Battista Gisleni (Ghisleni) und den Bildhauer Giovanni Francesco Rossi, einen Mitarbeiter Berninis, beide aus Rom, sowie den Maler Daniel

Barock, 1650–1672 (Fortsetzung)

Schulz aus Danzig. Von Gisleni (1600–1672) ist u. a. der Hauptaltar im Krakauer Dom (um 1650) im römischen Stil. Der effektvolle Hauptaltar im Dom von Chełmża (um 1650; Farben schwarz, weiß, gold) verbindet Gislenis Architektur mit nordischer Ornamentik des niederländisch beeinflußten Herstellers. Der Altar der Marienkapelle auf dem Jasna Góra in Tschenstochau überträgt die Farbkombination schwarz-weiß auf Ebenholz, Silber und Alabaster (Gestell nach Gisleni, 1648–50).

Plastik

Den Bildhauer Rossi beschäftigt vor allem die psychologische Wahrheit seiner Modelle. Die Büsten von König Jan Kasimierz und seiner Frau (1651), als Kriegsbeute nach Schweden geraten, sind heute im Schloß Gripsholm zu sehen. Die Büste des Bischofs Gembicki für das Grabmal im Krakauer Dom (1654) hält den Gemütszustand vor einer Predigt fest. Die im Barock so beliebten Themen Vanitas und Triumph des Todes sind wohl am interessantesten auf dem Bild "Totentanz" (1670, Bernhardinerkirche in Krakau) und in der Jesus-Kapelle in Tarłów (Kr. Ilza) dargestellt.

Malerei

Der Maler Daniel Schulz (1615–83), für Jan Kazimierz und zwei Nachfolger tätig, war ein Talent europäischen Ranges. Snyders, Fyt, de Champaigne waren seine Lehrer, Rembrandt das Vorbild. Von ihm stammen hervorragende psychologische Porträts der Könige und Hofdiplomaten: Jan Kazimierz (Ganzfigur 1651, heute in Gripsholm, Schweden; ein ovales Porträt vor 1669, Wilanów, Warschau), König Michał Korybut Wiśniowiecki (nach 1669, Wawel-Sammlung), "Porträt des Tataren-Abgesandten" (1664, ein ausgezeichnetes Gruppenporträt; Ermitage St. Petersburg). Sein "Porträt eines jungen Mannes" im Nationalmuseum Warschau erreicht die Technik und psychologische Tiefe der Werke Rembrandts.
In Danzig und Umgebung wird der Realismus in der Tradition Möllers d. Ä. fortgesetzt ("Die Begrüßung der hl. Ursula", 1650, Dom in Pelplin).

1672–1710

Der Barock zur Zeit Jans III. Sobieski (König 1673–1696) ist durch zwei Züge geprägt: einen 'spätbarocken', gefühlsorientierten, und einen 'klassizistischen', der durch Ausgeglichenheit der Formen den Intellekt anspricht (in letzterer Art wird vor allem in und um Warschau gebaut).

Architektur

Der Lubomirski-Palast in Puławy (1672) ist die erste polnische Residenz, die den Charakter eines Tempels erhält (Tylman van Gameren, 1669–77). Residenzen bekommen die Form kleiner Paläste, Villen und Pavillons, plaziert zwischen einem repräsentativen Hof und einem symmetrischen, auf derselben Achse angelegten Garten (z. B. das Palais für Jan III. in Wilanów, Warschau; mehrere Bauphasen 1677–1726).
Mit kolossalen Säulen werden immer häufiger auch Kirchenräume gestaltet, hauptsächlich in der 2. Hälfte des 17. Jh.s., z. B. in der Bernhardinerkirche (K. Mieroszewski, 1670–80) und der St.-Anna-Kirche (T. v. Gameren/S. Piskorski ab 1689, F. Solari 1689–1703), aber vor allem in der Jesuitenkirche in Posen, mit ihren freistehenden großen Säulen mit Kompositkapitellen nach römischer Art eine der schönsten Kirchen in Polen (T. Poncino, B. Wąsowski, G. Catinaci u. a., drei Bauphasen 1650–1711). An der Kirche Santa Maria della Salute in Venedig orientiert sich die oktogonale Philippinerkirche in Gostyń (G. Catinaci um 1679, Kuppel Pompeo Ferrari 1726–28). Der Bildhauer und Stukkateur Baldassare Fontana aus Como, in Rom ausgebildet, bringt den Stil Berninis nach Polen (Dekoration der St.-Anna-Kirche in Krakau, 1695–1704).
Alle Werke des 'ausschweifenden' Spätbarock in Polen übertrifft der riesige Orgelbau der Bernhardinerkirche in Leżajsk (Woj. Rzeszów, Baubeginn vor 1650), einer der größten und kompliziertesten Orgelprospekte überhaupt. Hier ist auch das prachtvolle Chorgestühl (1648–1668) aus lokaler Klosterwerkstatt zu bewundern.

Malerei

In den 1770er Jahren erreicht das Sargporträt seine Blüte. Diese auf einem sechs- oder achteckigen Stück Blech gemalten Bildnisse des Verstorbenen, ohne Helldunkelmodellierung, oft mit 'intensivem' Blick zum Betrach-

Barock, 1672–1710, Malerei (Fortsetzung)

ter, sind ein polnisches Spezifikum. An der Stirnseite der Särge standen diese Porträts während langer (oft mehrtägiger) Exequien. Um 1000 Exemplare (vor allem von Adligen) aus der Zeit um 1630–1710 sind erhalten geblieben.
In Kirchen und Residenzen hat die Freskenmalerei eine wichtige Stellung: Michelangelo Palloni (1637–nach 1713) malt die besten Fresken des polnischen 17. Jh.s., die er oft mit Stucktechnik verbindet (Łowicz, heute im dortigen Museum; Szenen aus der Legende des hl. Kasimir, Dom in Wilna, 1692; "Das Opfer des Königs Salomon", um 1690, Kamaldulenserkirche in Warschau-Bielany). Das Fresko "Die Geschichte von Amor und Psyche" (Palast in Wilanów) von Palloni gehört dem 'klassizistischen' Barock an, der an Mythologie und Formen der Antike anknüpft. In der Architektur hat dieser Trend in Polen einen Vertreter von europäischem Rang: Tylman van Gameren (1632–1706), der die Architekten Warschaus stark beeinflußte (Heiligkreuzkirche von G. Bellotto, 1682–1696).

1700–1770
Spätbarock, Rokoko
Architektur

Das Rokoko (ab ca. 1720) fällt in die Zeit der Sachsen-Könige auf dem polnischen Thron, August II. (1697–1733) und August III. (1733–1763). Daher werden die in ihrem Auftrag entstandenen Bauwerke als 'Sächsisches' oder 'Dresdner' Rokoko' bezeichnet, wie v. a. die Sächsische Achse (Oś Saska), eine 1,5 km lange Anlage in Warschau mit 'Sächsischem Palais', großem Garten, sternartig angelegten Plätzen und Straßen, Pavillons etc. (Matthias D. Pöppelmann, J. C. Naumann, J. D. Jauch, zuletzt bis 1765 J. F. Knöffel). Nach den Kriegszerstörungen 1939–1945 ließ sich bis auf den 'Sächsischen Garten' kaum etwas wiederherstellen.
Prachtvolle Paläste entstehen für Magnaten und Würdenträger, z. B. für die Lubomirski (Palais 'Pod Blachą', Unterm Blech), Branicki, Radziwiłł, für Krakauer Bischöfe (alle bis 1750). Im Jahr 1738 stehen in Warschau 50 Paläste, viele im französischen Stil 'zwischen Hof und Garten' (entre cour et jardin).
Direkt aus Paris gelangen Rokoko-Formen nach Polen durch Juste-Aurèle Meissonnier (Kabinett im Bieliński-Palais in Warschau, 1730; Czartoryski-Palais in Puławy, 1732–35). Außerhalb Warschaus entstehen stattliche Paläste, großen Grünanlagen mit Tiergärten, Theatergebäuden und Pavillons in Białystok (Branicki-Schloß, 1728–71, heute Medizin-Akademie) und in Radzyń Podlaski (Potocki-Schloß, 1758–60, Jakub Fontana).
Eher in der Tradition Berninis wurzeln die fließenden Formen des Italieners Pompeo Ferrari (u. a. Leszczyński-Palais in Rydzyna, 1696–1704; Kirche in Obrzycko, 1714–28, Potocki-Kapelle im Dom von Gnesen, 1727–33; 1728–33 Schiff und Kuppel der Zisterzienserkirche in Ląd, einer der schönsten Baukomplexe des Spätbarock). In Kleinpolen baut im besten Rokoko-Stil F. Placidi die Kirchen der Trinitarier (1752–58) und der Piaristen (1759–60) in Krakau. In Lemberg folgt Jan de Witte Wiener Vorbildern. Seine Dominikanerkirche (1749–64) läßt sich mit der Karl-Borromäus-Kirche des J. B. Fischer von Erlach in Wien vergleichen. Beispiele einer typischen Rokoko-Dekoration und -Freskierung liefert die Kirche in Kobyłka bei Warschau (um 1775).
Formenreichtum auf hohem Niveau präsentiert die sakrale Architektur in Schlesien nach 1725 (österreichisch-böhmische Einflüsse). Zu den wichtigsten Bauwerken zählen das Jesuitenkollegium (heute Universität) in Breslau, einige Gebäude des Zisterzienser-Klosters in Lubiąż sowie die Kirche St. Peter und Paul in Nysa (Neisse, 1719–27) und die Klosterkirche in Legnickie Pole (Wahlstatt, 1727–36) von Kilian I. Dientzenhofer. Die Zisterzienserkirche in Krzeszów (Grüssau, 1728–35) gilt als die bedeutendste spätbarocke Kirche Schlesiens.

Plastik

In der Bildhauerei wirken deutlich mehr polnische Künstler als in der Architektur oder Malerei. Im Lemberger Stil (Holzskulpturen voller Dynamik, scharf modelliertes Gewand) arbeiten P. und A. Osiński (Altäre bei den Bernhardinern in Leżajsk) sowie F. und S. Fesinger. Im Krakauer Umkreis wirkt A. Frączkiewicz (Kanzel der Krakauer Annakirche, 1720; Skulpturen des Domaltars in Kielce, 1728–30).

Kloster Ląd bei Konin

Spätbarocke Pracht: Kloster Grüssau

Malerei

Dynamik, Leichtigkeit der Formen und komplizierte Ornamentik ist typisch für die illusionistische Malerei in Kirchengewölben, z. B. in Schlesien, wo u. a. M. L. Willmann (1630–1706), C. Carlone und Cosmas Damian Asam (Fresken der Klosterkirche in Legnickie Pole) wirken. In Kleinpolen sind die Fresken von A. Radwański (Zisterzienserkirche Jędrzejów, 1734–39) und im östlichen Kleinpolen die von S. Stroiński (1719–1802) hervorzuheben. Ein Staffeleimaler hohen Ranges ist S. Czechowicz (1689–1775, sakrale Bilder, Porträts). Der Adel findet weiterhin Gefallen in 'sarmatischen' Porträts (Adelstrachten im Orientstil) von polnischen Malern. Eine Reihe sarmatischer Porträts des Malers A. Misiowski enthält das Świętokrzyskie-Museum in Kielce.

Klassizismus, Romantik, Historismus

Frühklassizismus

Der Klassizismus umfaßt wie in ganz Europa die Jahre um 1760 bis 1830. Die erste seiner drei Phasen fällt in die Herrschaftszeit des letzten Königs, Stanisław August Poniatowski (1764–1795), die durch ein Nebeneinander verschiedener Strömungen gekennzeichnet ist: Spätbarock und Rokoko, Klassizismus (vor allem in der Architektur), frühe Romantik und keimender Realismus. Der wichtigste Mäzen ist der König, der bedeutende Baumeister (Jakub Fontana, 1710–1773, Domenico Merlini, 1730–1797, Ephraim Schröger, 1727–1783, Viktor Louis, 1731–1800, Johann Baptist Kamsetzer, 1753–1795, August Moszyński, 1731–1786), Bildhauer (André Lebrun, 1737–1811, Giacopo Monaldi, 1730–1898) und Maler (Jean Pillement, Franciszek Smuglewicz, 1745–1807, Bernardo Bellotto gen. Canaletto, 1721–1780, Marcello Bacciarelli, 1731–1818) um sich versammelt. Wichtigste Umbauarbeiten im Auftrag des Königs umfassen die Innenräume des Königsschlosses in Warschau (1766–1785, Fontana, Kamsetzer, Louis), die private Residenz des Königs in Ujazdów sowie das 'Wasserpalais' (1775–1795, Merlini, Kamsetzer) im Łazienki-Park (umgestaltet

Frühklassizismus (Fortsetzung)

1774–1780). Park und Palastkomplex mit Amphitheater und Bühne auf einer Insel (1790/91) bilden eine der schönsten klassizistischen Residenzen in Europa (im letzten Krieg geplündert, 1944 der Sprengung knapp entgangen, in Brand gesetzt; restauriert). Im Łazienki-Palais und im Königsschloß (rekonstruiert) kommt der sog. Stanisław-August-Stil am deutlichsten zum Vorschein. In der Malerei fördert der König historisch-patriotische und mythologische Motive. Für den sog. Canaletto-Saal am Schloß ließ er Bellotto eine Reihe großer Ansichten Warschaus malen, die für ihr künstlerisches Niveau ebenso wie für ihren dokumentarischen Charakter hoch geschätzt werden.
Neue Züge erhalten Landhäuser (Lipski-Palais in Lewków, 1788–1791), Stadtpaläste (das umgebaute Działyń-Palais in Posen 1786/7), auch Kirchen und öffentliche Gebäude. Im Kreis der Magnaten wirken vor allem Kamsetzer (das prachtvolle Tyszkiewicz-Palais in Warschau, 1785–1792), Schröger (das Primas-Palais ebendort, 1777–1783), Simon Gottlieb Zug (1733–1807), Erbauer u. a. der evangelischen Kirche in Warschau (1777–1779) und des Palais in Natolin bei Warschau (um 1780), Stanisław Zawadzki (1743–1806), der auf die damals in Europa modischen Baumuster von Palladio zurückgreift (Skórzewski-Palast in Lubostroń,1800), ähnlich wie Merlini in Królikarnia (Warschau, 1786–1789). Sogar der weniger anspruchsvolle Herrenhof und das Gutshaus (poln. dwór) bekommen (bis ins 19. Jh. hinein) zumindest den Säuleneingang oder eine portikusartige Veranda (Brzeście, Kr. Piaseczno, 1784), die zu typischen Merkmalen ländlicher Architektur in Polen werden.
Die Baumuster der Folgezeit (zwei weitere Phasen 1795–1815 und 1815–1830) bestimmten die Architekten H. Szpilowski (1753–1827; Palast in Mała Wieś bei Radom, 1783–1786), J. Kubicki (1758–1833; Belvédère in Warschau, um 1820), Stanisław Zawadzki und Christian P. Aigner (1746–1827) und ihre anspruchsvollen Mäzene, die Landesfürsten Czartoryski, Radziwiłł, Potocki u. a. In Landgütern Großpolens verbindet Zawadzki den 'aufgeklärten' Funktionalismus mit klassizistischer Ästhetik,

Łazienki, Palast auf der Insel

Alexanderkirche in Warschau

Frühklassizismus (Fortsetzung)

z. B. in den Herrenpalästen und Wirtschaftsgebäuden von Śmielów (1797) und Dobrzyca (1799). Stilübergreifend arbeitet der herausragende Baumeister Aigner; davon zeugen z. B. die Annakirche (1786–1788 zusammen mit K. Potocki), die spätere Alexanderkirche (1815–1825), der bedeutendste klassizistische Sakralbau Polens, und das Radziwiłł-Palais – alle in Warschau, sowie die Räume des Schlosses in Łańcut (um 1800). Er war auch an der romantischen Umgestaltung der schönsten Landschaftsparks beteiligt, z. B. in Puławy (1782–1807): Die großzügige Parkanlage entwarf Izabella Fürstin Czartoryska in Zusammenarbeit mit Aigner, K. Potocki, J. Savage und dem von ihr in Paris angeworbenen Maler und hervorragenden Genrezeichner Jean Pierre Norblin (1745–1830). Aigners und Potockis Arbeiten sind auch in Natolin (1808–1828) und Morysinek bei Warschau zu sehen. Bereits im 19. Jh. berühmt war der wohl schönste romantische Park, Arkadia (Arkadien, unweit des Palastes in Nieborów, Kr. Łowicz, 1778–1821), von Helena Fürstin Radziwiłł konzipiert (Gebäude von S. G. Zug).

Romantik

Spätklassizismus

Im Spätklassizismus des Königreichs Polen nach 1815 gestaltet Antonio Corazzi (1792–1877) von 1822 bis 1833 große Plätze, monumentale Gebäude und Bürgerhäuser Warschaus. Polnische Bank, Börse und Finanzbehörde, das Große Theater (Teatr Wielki) am pl. Teatralny, das Staszic-Palais (1820–1823) und andere (großteils rekonstruiert) prägen auch heute das Bild der Hauptstadt. Somit läßt sich Warschau als Stadt des Barock und des Klassizismus bezeichnen, während die alte Hauptstadt Krakau in ihrem Kern die Stadt der Gotik und der Renaissance blieb. Im dreigeteilten Polen entstehen Bauwerke von Architekten der Besatzerstaaten. Zu den interessantesten zählen das von Karl Friedrich Schinkel entworfene originelle Jagdschloß für Antoni Fürst Radziwiłł in Antonin (Woj. Ostrów Wielkopolski, 1822–1824) und die Kirche in Krzeszowice (Kr. Chrzanów, Entwurf 1823, erbaut 1832). In Breslau zählt das Haus der ehem. Börse (1822–1824) von Karl F. Langhans zu den stattlichsten Gebäuden der Stadt. Posen und seine Umgebung profitieren vom Mäzenatentum des polnischen Adels: Edward Raczyński (1786–1845) verdankt Posen u. a. die öffentliche Bibliothek (1840), Graf Atanazy Raczyński (1788–1874) hinterließ eine hochwertige Sammlung spanischer, italienischer, deutscher und polnischer Maler (z. T. Nationalmuseum Posen und im Palais Rogalin bei Posen). Zu verdienten Mäzenen dieser Zeit zählt auch Tytus Działiński (1796–1861), dessen Bibliothek und Kunstsammlung im romantisch-neogotischen Schloß in Kórnik zu besichtigen sind.

Historismus

In Warschau baut im Historismus Enrico Marconi (1792–1863), der aus der Gotik und Renaissance schöpft (Hotel Europa, 1854–1856, Pac-Palast 1824–1828), die Neugotik propagieren Adam Idźkowski (1798–1879, Warschauer Dom 1836–1840) und B. Podczaszyński (Palast in Stara Wieś, Kr. Węgrów, 1843). Nach 1870 verbreitet sich in Polen eklektische Architektur, die das Straßenbild der großen Städte wie Warschau, der damals boomenden Industriestadt Łódź (ul. Piotrkowska), Krakau (Słowacki Theater, J. Zawiejski 1869–1893), Posen (Polski-Theater, 1875) u. a. prägt. Einheitliche Industriekomplexe entstehen z. B. in Łódź und Pabianice (z. T. gut erhaltene Fabrikanlagen, Arbeitersiedlungen, Fabrikantenvillen).

Bildende Kunst

Malerei und Bildhauerei brechen mit den Traditionen des Barock und Rokoko erst nach 1795. Bis um 1830 verfestigen sich die Ideen des Klassizismus und der Romantik. Franciszek Smuglewicz malt antike Motive und wendet sich auch der aktuellen politischen Realität Polens zu ("Eid Kościuszkos auf dem Krakauer Marktplatz", 1797; Schüler: M. Topolski, 1766–1812; J. Peszka, 1767–1831). Der Klassizismus wird stark von der Fakultät der Schönen Künste an der Warschauer Universität propagiert, wo Antoni Brodowski (1784–1832), der bedeutendste polnische Vertreter dieser Kunstrichtung, unterrichtet ("Saul zürnt David", 1812–19).
Nach dem dekorativen Klassizismus der Skulpturen von Lebrun ("Der Ruhm", 1770) und Monaldi ("Chronos", 1786) tritt der reife Stil in Werken

Jan Matejko: "Schlacht bei Tannenberg"

Klassizismus, Romantik, Historismus Bildende Kunst (Fortsetzung)

von Bildhauern europäischen Ranges auf, bei denen polnische Mäzene bestellen. In Łańcut sind Skulpturen von Canova zu sehen (Statue Henryk Lubomirski, 1787), in Warschau Denkmäler von Bertel Thorwaldsen (Kopernikus, 1830; Fürst Józef Poniatowski, 1832). Diesen Vorbildern eifert Jakub Tatarkiewicz nach (1798–1845, "Mutterliebe", um 1828). Unter den Malern ist ein Schüler des Franzosen Norblin hervorzuheben, Alexander Orłowski (1777–1832), der mit 'leichter Hand' bewegte Schlachten- und Genrebilder malt. Übertroffen wird er noch von dem bedeutendsten Maler der polnischen Romantik, Piotr Michałowski (1800–1855): "Porträt der Tochter auf dem Pferd", "Seńko" (Bauernporträt, um 1846), "Samosierra", eines der besten Schlachtengemälde der Zeit.
Das Erbe der Romantiker – der Historismus – kommt bei Józef Simmler (1800–1875, "Der Tod Barbara Radziwiłłowna") und bei dem Porträtisten Henryk Rodakowski zum Ausdruck (1823–1894, Bildnisse General Dembiński und der Mutter). Der mißlungene Januaraufstand von 1861 inspiriert die patriotische Thematik bei Artur Grottger (1837–1867, eindrucksvolle Bilderzyklen: Warszawa I und Warszawa II, Polonia, Lituania, Wojna/Der Krieg). Große Suggestivität vermitteln die riesigen, 'dichtbevölkerten' Ölbilder von Jan Matejko (1838–1893) mit Schlachten, Szenen und Gestalten aus der Geschichte Polens ("Schlacht bei Tannnenberg", 1879, "Batory bei Pskow", 1672).

Vom Realismus zur Moderne

1870–1910

Die kulturelle Tätigkeit ist nach dem Januar-Aufstand 1863 durch die rigorose Herrschaft der fremden Mächte stark beeinträchtigt (Liquidierung polnischer Hochschulen). Gewisse Freiheit gewähren die Österreicher; in Krakau etwa bleibt die Akademie der Schönen Künste bestehen (Direktor von 1872 bis 1893 ist Jan Matejko). Dennoch geht die Verbindung zur europäischen Kunst nicht verloren; viele Architekten und Maler studieren im Ausland (u. a. in Wien, Dresden, Paris, Berlin, München, Petersburg).

Malerei

Nach 1860 erlebt vor allem die Malerei eine stürmische Entwicklung. Der Realismus erscheint in zwei Varianten: Maler wie J. Matejko, A. Grottger, J. Kossak, J. Brandt suchen ihre Themen in der nationalen Geschichte, ohne auf neue Maltechniken aus zu sein. Neuen Umgang mit Licht und Farbe üben dagegen Maler der Warschauer Schule: Wojciech Gerson (1831–1901) und Jósef Szermentowski (1833–76), die das Malen in freier Natur

1870–1910, Malerei (Fortsetzung)

bevorzugen. Ihre Themen sind Landschaften und menschliche Schicksale (wie "Obdachloses Mädchen" oder "Beerdigung auf dem Land"). Realismus und romantisches Sentiment (polnische Dorflandschaften) verbindet Józef Chełmoński (1849–1914). Die Realisten versammeln sich um die Warschauer Zeitschrift "Wędrowiec" (Der Wanderer), in der Stanisław Witkiewicz – Maler, Kunstkritiker und Schriftsteller – ihr Programm propagiert. Die Wendung zum Impressionismus vollzieht sich durch Władysław Podkowiński (1866–1895, "Kinder im Garten") und Józef Pankiewicz (1866–1940, "Der Sommer" 1890, "Nasses Dorf" 1892), die nach Studien in Paris nach Warschau zurückkehren. Die wichtigsten Adepten sind Julian Fałat (1853–1929; nach Matejko Direktor der Krakauer Akademie, berühmt für seine Winterlandschaften), Olga Boznańska (1856–1940), Leon Wyczółkowski (1852–1936). Mit seiner leuchtenden Farbpalette steht Władysław Ślewiński (1854–1918), mit Paul Gauguin befreundet, der Schule Pont-Aven nahe ("Frau beim Kämmen", "Stilleben mit Apfel und Kerzenleuchter", beide um 1897). In Polen malt er 1905–1910 Zyklen mit Landschaften um Krakau, Kazimierz, Zakopane.

'Junges Polen'

Der Aufbruch in Kunst und Kunsttheorie um die Jahrhundertwende (der mit dem weiten Begriff Młoda Polska/Junges Polen bezeichnet wird) findet in mehreren Richtungen Ausdruck: Jugendstil, Symbolismus, Expressionismus. Das Thema der nationalen Wiedergeburt, aber auch Resignation und neuromantische Melancholie beherrschen die komplizierte Ikonographie in Bildern des originellsten Symbolisten und Expressionisten, Jacek Malczewski (1854–1929): "Tod der Hellenen" (1883), "Heiligabend in Sibirien" (1892). Die herausragendste Persönlichkeit des Jugendstils ist der in Krakau wirkende, vielseitig begabte Stanisław Wyspiański (1869–1907): Maler, Graphiker, Bühnenbildner, Dramatiker, Dichter, Regisseur, Theaterreformer. Berühmt sind seine Glasfenster und Polychromien in der Franziskanerkirche, die Wandmalerei in der Marienkirche.
Der nächstwichtigste Maler des Jugendstils, Józef Mehoffer (1869–1946, "Seltsamer Garten" 1903), arbeitet mit Wyspiański; außerhalb Polens fertigt er den Glasfensterzyklus (Entwurf 1895) für die Nikolauskirche in Fribourg (Schweiz). Vitalität ("Der Frühling") und expressive Dekadenz des Fin-de-siècle ("Der Tuberkulosekranke") findet sich bei Wojciech Weiss (1875 bis 1950). Der größte Individualist unter Expressionisten ist Witold Wojtkiewicz (1878–1909), der die Sinnlosigkeit menschlicher Existenz zum Thema nimmt; seine Bilder (in allen Maltechniken) sind von Puppen, Masken, wie Greise aussehenden Kindern bevölkert. In Warschau wirken Symbolisten Konrad Krzyżanowski (1872–1922) sowie Ferdynand Ruszczyc (1870–1936).

Plastik

Unter Bildhauern steht Konstanty Laszczka (1865–1956) zwischen akademischem Stil und Expressionismus, um die Jahrhundertwende entstehende Werke "Der Wassermann" und "Die Trauer" zeigen den Einfluß Rodins. Das Thema des Geschlechterkonfliktes ist in den symbolistischen Werken von Bolesław Biegas (1878–1954) zu finden. Die fließende Linie des Jugendstils prägt die Arbeiten des Malers und Bildhauers Wacław Szymanowski (1859–1937), dessen Chopin-Denkmal (1903) im Warschauer Łazienki-Park sein bekanntestes Werk ist. Der bedeutendste Bildhauer der 1. Hälfte des 20. Jh.s ist Xawery Dunikowski (1876–1964), dessen auf den Ausdruck reduzierte Formen das Schicksal des Individuums und die Metaphysik des Seins ins Zentrum stellen (wie "Prometheus", 1900); das Thema "Mutterschaft" wird von ihm mehrfach behandelt.

Architektur

Wie anderswo in Europa gehen die Architekten der Jahrhundertwende unterschiedliche Wege. Einige suchen historisierend nach einem nationalen Stil: Józef Dziekoński z. B. greift auf die Gotik zurück (Florianskirche und Stanislaus-Kirche in Warschau), Stefan Szyller auf die Renaissance (Polytechnische Schule, Gebäude der Gesellschaft zur Förderung der schönen Künste in Warschau). Die Suche nach einem nationalen Stil ist gegen die Tätigkeit fremder Architekten in den preußisch und russisch ver-

1870–1910, Architektur (Fortsetzung)

walteten Gebieten Polens gerichtet, deren Bauten als Symbole der Unterdrückung gelten (z. B. das Kaiserforum in Posen, 1904–1910).
Der polnische Jugendstil übernimmt nicht zuletzt auch aus national-patriotischen Gründen Formen und Motive der Volkskunst. Die besten Beispiele sind in der Hochburg dieser Kunstrichtung, in Krakau, zu sehen: das 1899/1900 erbaute Ausstellungsgebäude der Gesellschaft der Freunde schöner Künste (F. Mączyński 1874–1947), das Alte Theater (umgebaut 1903–1906 von F. Mączyński und T. Stryjeński), das Gebäude der Technischen Gesellschaft (S. Jałęcz Odrzywolski, 1906), zahlreiche Mietshäuser. Herausragende Jugendstilgebäude stehen noch in Łódź (ul. Piotrkowska, Gdańska, Kościuszki), in Posen (Bezirk Jeżyce), wenige – die den letzten Krieg überstanden – Häuser in Warschau. Die Suche nach dem nationalen Stil in der Architektur spiegelt am besten der sog. Zakopiański-Stil wieder, benannt nach dem Tatra-Ort Zakopane, der bereits um die Jahrhundertwende neben Krakau, Warschau und Lemberg zu den geistigen und künstlerischen Zentren zählt. Vater des Zakopiański-Stil, der aus der Architektur und Volkskunst der Goralen schöpft, ist der schon erwähnte Stanisław Witkiewicz; zwischen 1892 und 1913 entwirft er allein in Zakopane mehrere Holzvillen, "Pod Jedlami" (1897) ist die besterhaltene.
In Warschau entsteht 1912 das mit modernster Bühnentechnik ausgestattete Teatr Polski (C. Przybylski), dessen Stil als neoklassizistisch bezeichnet werden kann. Am stärksten erscheint ein monumentaler Modernismus als Vorbote des Konstruktivismus in Bankgebäude 'Unter den Adlern'/Pod Orłami in Warschau (Jan Haurich, 1911–17).

Kunstgewerbe

Das Kunstgewerbe, das bereits im 18. und 19. Jh. hohes Niveau erreicht (insbesondere Möbel aus Kolbuszowa, Porzellan aus Ćmielów, Stickerei, Spitzenklöppelei, Goldschmiedekunst) greift nach 1900 ebenfalls zu Motiven aus der Folklore (etwa der Goralen), insbesondere in Krakau, wo 1901 die Gesellschaft für Polnische Gebrauchskunst gegründet wird.

1910–1925
Bildende Kunst

Um 1910 wird die Form immer stärker der Funktion untergeordnet; ein gutes Beispiel ist das Museum für Technik und Industrie in Krakau (1908 bis 1913, T. Stryjeński/J. Czajkowski). Hier wird auch die Krakauer Werkstätte (gegründet 1913) untergebracht, in der wie in den Wiener Werkstätten und später im deutschen Bauhaus Künstler und Handwerker zusammenarbeiten. Vor allem die Volkskunst der Tatra wirkt inspirierend auf die Gruppe 'Rytm' (Rhythmus; 1922–1932), z. B. Wławdysław Skoczyla (Holzschnitt), Zofia Stryjeńska (Malerei) und Jan Szczepkowski (Raumgestaltung). Zu dieser Gruppe, die das polnische Art déco prägt, gehören auch die Bildhauer Henryk Kuna ("Rhythmus", 1929), Edwar Wittig (Denkmal für gefallene Flieger, 1923; beide Warschau). Ihren größten internationalen Erfolg feiert die polnische Gebrauchskunst auf der Ausstellung in Paris 1925, auf der der Rytm stark vertreten ist.

Malerei

Nachdem Polen ab 1918 wieder unabhängiger Staat ist, entwickelt sich polnische Architektur, Kunst und Kunstbildung uneingeschränkt und in allen internationalen Stilrichtungen. Die jüngere Generation wendet sich Kubismus und Futurismus zu, so Tytus Czyzewski (1880–1945, Maler und Dichter), Leon Chwistek (1884–1944, Mathematiker und Kunsttheoretiker), die Brüder Zbigniew (1885–1958; Altar in der Missionarskirche in Krakau 1912) und Andrzej Pronaszko (1888–1961, "Die Flucht nach Ägypten" 1918–21). Starken Einfluß auf das Kulturleben des Landes haben die 'Formiści' (Formisten), die sich auf die Form konzentrieren, wobei das Objekt und sein Inhalt zweitrangig sind; zu ihnen gehören T. Czyzewski, L. Chwistek und v. a. Stanisław Ignacy Witkiewicz (Witkacy; 1885–1939), eine der stärksten Persönlichkeiten unter polnischen Künstlern des 20. Jh.s.

Architektur

Das Landhaus (poln. dwór) mit dem typischen Säulenportikus findet nach dem Dwór in Opinogóra (1908) zahlreiche Nachahmer. In Breslau schaffen zwei bedeutende deutsche Architekten bahnbrechende Konstruktionen aus Stahlbeton: Max Berg (1870–1947) baut 1912–13 die monumentale

1910–1925, Architektur (Fortsetzung)

Jahrhunderthalle (heute Hala Ludowa), Hans Poelzig (1869–1948) 1911 ein Geschäftshaus (am Ofiar Oświęcimskich, heute Kaufhaus) und in Posen den Wasserturm. Oskar Sosnowski (1880–1939) greift auf die Romanik zurück, die er kubistisch stilisiert (Kirche der Unbefleckten Empfängnis in Warschau, 1909–23).

1923–1939 Bildende Kunst

In der Dekade 1923–33 tragen polnische Avantgardisten zur Weiterentwicklung der europäischen Kunst bei: Vertreter des Suprematismus und Konstruktivismus wie Mięczysław Szczuka (1898–1927), Henryk Stażewski (1894–1988), Teresa Żarnower (1895–1950), Katarzyna Kobro (1898–1951), Władysław Strzemiński (1893–1952), Karol Hiller (1891 bis 1939). Ein Markstein ist die Ausstellung Neuer Kunst in Wilna 1923, die Künstlergruppen wie 'Blok' (1924) und 'Praesens' (1926) in Warschau, 'a.r.' (1929) in Łódź, 'Artes' (1929) in Lemberg initiiert. Die stärkste Persönlichkeit unter den Konstruktivisten, Strzemiński, stützt seine ungegenständliche Malweise auf seine Theorie des 'Unizm' (Vereinheitlichung). Strzemińskis Frau, K. Kobro, gehört mit ihren suprematistischen Skulpturen und "Räumlichen Kompositionen" zu den Vorläufern architektonisch-geometrischer Bildhauerei. Auch Photomontagen (Szczuka), Druckgraphik (Strzemiński), Raumgestaltung (A. Szyszko-Bohusz, 1883–1948; A. Pronaszko), Plakat und Gebrauchsgraphik (M. Szczuka, H. Berlewi) erreichen europäisches Niveau. Eine 1930/31 von Strzemiński, Kobro, Stażewski (Gruppe a. r.) zusammengetragene große Sammlung avantgardistischer Werke namhafter polnischer und ausländischer Künstler ist Grundstein für das Museum für moderner Kunst in Łódź.
In Opposition zu den Konstruktivisten tritt eine Gruppe Krakauer Malerei, die 1924 zum Studium nach Paris geht, die 'Kapiści' (Kapisten, nach 'Komitet Paryski/Pariser Komitee', dem Verein, der Geld für ihre Reise sammelt). Der Kapismus stellt die Farbe als Kompositionsmittel ihrer gegenständlichen Bilder in den Vordergrund. Zu ihnen zählen Jan Cybis (1897 bis 1972), Hanna Rudzka-Cybisowa (1896–1988), Zygmunt Waliszewski (1897–1936), T. Czyżewski (1880–1945), Józef Czapski (geb. 1896), Tadeusz Potworowski (1898–1962), Zenon Kononowicz (1903–1971), Eugeniusz Eibisch (geb. 1898). Dem Kubismus steht Tadeusz Makowski nahe (1882–1932, ab 1909 ständig in Paris). Seine pastellfarbenen Bilder bevölkern an Marionetten erinnernde Gestalten ("Kindermusikkapelle" 1922, "Rückkehr von der Schule" 1927). Surrealistisch malt in den frühen 30er Jahren Ludwik Lille (1897–1957).

Architektur

Die Hauptaufgabe der 20er und 30er Jahre ist die Entwicklung funktioneller Wohnräume für alle Gesellschaftsschichten, insbesondere für Arbeiter. Die Warschauer Wohnungsbaugenossenschaft und das Institut für Sozialversicherung bauen interessante Wohnblocks und Reihenhäuser sowie Villen (z. B. im Warschauer Stadtteil Zoliborz). Ihre Architekten (mit den Ideen z. B. von Le Corbusier gut vertraut) sind Józef Szanajca (1902–1939), Bohdan Lachert (geb. 1900), die Ehepaare Barbara (1899–1980) und Stanislaw Brukalski (1894–1967) sowie Helena (1900–1980) und Szymon Syrkus (1893–1964). Gute Beispiele für die Architektur der späten 30er Jahre, die den strengen Funktionalismus zugunsten einer Formbereicherung mildern, sind Warschauer Bauten von Bohdan Pniewski (1897–1965; Wohnhaus, heute Museum der Erde, 1934–35) und Juliusz Żórawski (1898 bis 1967; Haus Wedel, ul. Puławska 24a; ul. Mickiewicza 34/36, 1937–38; al. Przyjaźni 3, 1938).

1939–1945

Während der Kriegsjahre ist jegliche polnische kulturelle Tätigkeit bei Todesstrafe verboten. Dennoch arbeiten zahlreiche Künstler für über 400 im Untergrund betriebene Zeitungs- und Plakatdruckereien, auch mit dem Ziel der Wehrkraftzersetzung (z. B. mit dem an deutsche Soldaten verteilten Blatt "Der Klabautermann" mit Zeichnungen von Stanislaw 'Miedza' Tomaszewski, geb. 1913). Karikaturen zeichnen J. Zaruba (1891–1971), K. Grus (1886–1955), J. Żebrowski (geb. 1915), E. Lipiński (geb. 1908). Dutzende Künstler(innen) in Konzentrationslagern und Gefängnissen setzen

Vom Realismus zur Moderne, 1939–1945 (Fortsetzung)

ihr Schaffen insgeheim fort, selbst mit primitivsten Mitteln (Zeichnungen, Kunstobjekte aus Holz, Brot, Draht, Zahnbürsten). Maria Hiszpańska-Neumann (1918–1980) dokumentiert mit Zeichnungen die Zwangsarbeit und Demütigung der Frauen in Ravensbrück (Zyklus "Arbeit" 1944); Porträts der Mitgefangenen zeichnen in deutscher Gefangenschaft in Krakau Tadeusz Korpal (1889–1977) und in Nowy Sącz Boleslaw Barbacki (1891 bis 1941). Das Thema Krieg beherrscht Bilder von Felicjan S. Kowarski (1890 bis 1948); "Flüchtlinge" 1942, "Israelitin" und "Hunger im Ghetto", beide 1943), Zeichnungen von W. Strzemiński ("Deportation" 1940, "Bürgerkrieg" 1941, "Billig wie Dreck" 1944) sowie das Werk vieler anderer Maler, Graphiker und Bildhauer. Hohes Niveau erreicht die Graphik des im Warschauer Aufstand ermordeten Tadeusz Cieslewski (1895–1944). Selbst im Ghetto setzen Künstler wie Otto Axer (1906–1983), Feliks Frydman (1929–1942) und Abraham Ostrzega (1889–1942) ihre Arbeit fort.

1945–1955
Bildende Kunst

Nach 1945 führen viele Künstler ihre Arbeit der Vorkriegszeit fort, wie z. B. Kapisten und Konstruktivisten. In Krakau tritt eine jüngere Generation hervor, die die polnische bildende Kunst der Nachkriegszeit stark prägt. Tadeusz Kantor (1915–1990) malt in dieser Zeit kubistisch und expressionistisch beeinflußte surrealistische Bilder ("Frau mit dem Regenschirm" 1945, "Gelähmte Gestalt" 1949), nach 1955 betreibt er nichtgeometrische Abstraktion, abgeleitet vom französischen Tachismus ("Ramamaganga", 1957), später – in seinem (inzwischen weltweit bekannten) Theater Cricot II und auch in seinen Collagen – verwendet er Gegenstände des täglichen Gebrauchs (z. B. Regenschirme, Bekleidung). Ab 1965 organisiert er als erster Pole Happenings ("Erstes polnisches Happening" Warschau 1965, "Erstes Schweizer Happening, Le grand emballage" Basel 1966).
Tadeusz Brzozowski (1918–1988) malt emotionsgeladene, farbkräftige surrealistisch-abstrakte Bilder, deren Titel auf gegenständliche Deutung hinweisen ("Die Rückkehr" 1945, "Die Seite" 1957). Kazimierz Mikulski (geb. 1918) bevölkert seine surrealistischen, traumartigen Bilder mit geheimnisvollen Figuren und ein Eigenleben führenden Gegenständen ("Der Fischhändler" 1946, "Das Profil der Nacht" 1955, "Magischer Laden" 1957, "Die Braut" 1958).
Für viele Künstler ist das Kriegstrauma ein wiederkehrendes Thema; etwa bei Alfred Lenica (1899–1977; "Rückkehr aus dem Krieg",1946), in der Skulptur "Auschwitz" von Franciszek Strynkiewicz (geb. 1893), im gleichnamigen Bilderzyklus von Xawery Dunikowski (1944/45), in Plakaten von T. Trepkowski (1914–1954), in dokumentarischen Tuschezeichnungen aus dem Zyklus "Ruinen Warschaus" von T. Kulisiewicz (geb. 1899), in expressionistisch-surrealistischen Bildern von Bronislaw Linke (1906–1962; "Die Steine schreien" 1946), in zahlreichen Denkmälern wie das für die 'Helden des Ghetto' (Warschau 1943) von Natan Rappaport (geb. 1911).

Architektur

Die staatlichen Büros für Städtebau beginnen noch 1945 mit der Wiederherstellung der z. T. fast vollständig zerstörten Städte. Die historischen Altstadtbereiche von Warschau, Danzig, Posen, Breslau werden anhand alter Bilder, Fotos und Pläne rekonstruiert.

Sozialistischer Realismus

Die freie Entwicklung der Kunst wird von 1949 bis um 1955 durch die Doktrin des Sozialistischen Realismus (Motto: "sozialistischer Inhalt, nationale Form") verdrängt. Abstrakte Kunst wird als Formalismus verfemt, gegenständliche Kunst inhaltlich reglementiert. Ergebnis ist die unsäglich naive Glorifizierung der sozialistischen Bewegung und des Fortschritts in z. T. stümperhaften Bildern ("Gib den Ziegel her" und "Die Steinarbeiter" von A. Kobzdej, 1920–1972; "Lenin in Poronin" von W. Fangor, geb. 1922; "Der Ackerboden den Bauern" von J. Krajewski, geb. 1905); z. T. erinnern die monströs-ungeschlachten Denkmäler für die "Helden der Arbeit" fatal an die Kunst des Dritten Reichs. Dazu kommt pompöse, erdrückende Architektur nach sowjetischem Vorbild wie das Ministerium für Landwirtschaft in Warschau (1951–55), der Zentral-Platz in Nowa Huta bei Krakau (1949 bis 1954); wohl das beste Beispiel ist der Kulturpalast im Zentrum

Kunstgeschichte, Sozialistischer Realismus (Fortsetzung)

Warschaus, ein "Geschenk" Moskaus, für das in Zeiten schlimmster Wohnungsnot Unmengen von Baustoff verschwendet und auch Ruinen historischer Bauten geplündert werden.

Nach 1955
Bildende Kunst

Nach dem politischen "Tauwetter" von 1956 befreit sich die Kunst vom Sozialistischen Realismus, knüpft an die Avantgarde Europas und der USA an. In Krakau entwickelt Maria Jarema (1908–1958) neue Techniken (nichtgeometrische Abstraktionen in Zyklen: "Formen", "Rhythmen", "Penetrationen", 1954–58); Andrzej Wróblewski (1927–1957) erschüttert mit eigenwilligen, ohne Pathos auskommenden Bildern (Zyklus "Erschießungen", 1948–49, "Der Chauffeur", 1955–57). Bronisław W. Linke verbindet in seiner Gesellschaftskritik brutalen Realismus mit alptraumartigem Surrealismus ("Das Gold von Auschwitz", 1956, "Der Autobus", 1959–61). Die Suche nach neuen Ausdrucksmitteln führt zur Überschreitung von Gattungsgrenzen z. B. in Objekten, Installationen, Denkmälern und Happenings von Władysław Hasior (geb. 1928), der (auch außerhalb Polens) zum Vorläufer der Pop-art zählt ("Die Schmerzleidende", 1961, "Niobe", 1962). Als herausragende Bildhauerin in herkömmlichem Sinne gilt seit Mitte der 50er Jahre Alina Szapocznikow (1926–1973), die den menschlichen Körper sensibel gestaltet ("Erste Liebe", 1954, "Der Exhumierte", 1955). Hohes Niveau präsentieren Graphiker wie Józef Gielniak (1932–1972) und Jacek Caj (geb. 1938, "Der Besuch" 1967), die ebenso Kritik an der Wirklichkeit der Volkrepublik üben wie Andrzej Pietsch (geb. 1932, "Die Reisenden 5 Uhr 45" 1969), Maciej Bieniasz (geb. 1938, "Der Brennende" 1966), Jerzy Duda-Gracz (geb. 1941, "Die Karriere steht zur Verfügung" 1973). Traum-, auch Alptraumbilder stellen die surrealistischen Film- und Theaterplakate von Franciszek Starowieyski (geb. 1930) dar. Polnische Künstler wie Jan Lenica (geb. 1928, herausragender Plakatist), der Maler Jan Lebenstein (geb. 1930), Roman Cieślewicz (geb. 1930, Maler und Graphiker) sind nur einige von denen, die im Ausland erfolgreich sind.

Architektur

Die Wohnarchitektur verfolgt nach 1960 die Prinzipien der Sparsamkeit und des, oft mißlungenen, Funktionalismus. Überall in Polen entstehen Neubauviertel, die Wohnblöcke heißen bei den Bewohnern ironisch "Arbeiterschließfächer". Die Monotonie brechen noch am ehesten die öffentlichen Gebäude (z. B. Sporthalle in Kattowitz, 1965–71) und die von den Gemeinden finanzierten formreicheren Kirchenbauten (Kirche Mariä Königin Polens in Krakau-Nowa Huta 1967–1977, W. Pietrzyk/J. Grabacki). Nach der Wende von 1989 entstehen immer mehr moderne Gebäude (Hotels, Bürohäuser), finanziert von ausländischen Investoren.

Literatur

Vorbemerkung

Unter 'polnischer Literatur' wird die in polnischer Sprache abgefaßte Literatur verstanden; sie wird in einem ersten Abschnitt vorgestellt. Der Literatur in deutscher Sprache, deren Verfasser auf dem Gebiet des heutigen Polen geboren wurden oder wirkten, ist der zweite Abschnitt gewidmet.

Polnische Literatur

Mittelalter

Die Anfänge der Literatur in polnischer Sprache reichen ins 12. Jh. zurück. Die ältesten Texte, aufgrund der Christianisierung im 10. Jh. in lateinischer Sprache geschrieben, sind Aufzeichnungen zeitgenössischer Ereignisse oder Heiligenviten (Adalbert von Prag, Hedwig). Die Geschichtsschreibung beginnt mit der Chronik des Gallus Anonymus, verfaßt Anfang des 12. Jh.s am Hof Königs Bolesław Krzywousty. Die moralisierende 'Chronica Polonorum' des Krakauer Bischofs Kadłubek entstand im 14. Jahrhundert. Die ersten Werke in polnischer Sprache sind die fragmentarisch erhaltenen "Kazania Świętokrzyskie" (Heilig-Kreuzer Predigten) aus dem 14. Jh., die

Polnische Literatur, Mittelalter (Fortsetzung)

"Kazania Gnieźnieńskie" (Gnesener Predigten) vom Beginn des 15. Jh.s sowie das älteste erhaltene polnische Sprachdenkmal, der schön illustrierte Psalter von St. Florian; Ende 14./Anfang 15. Jh.), der bis 1931 in der Abtei St. Florian bei Linz in Österreich aufbewahrt wurde. Der älteste poetische Text (13. Jh., Aufzeichnung im 15. Jh.) ist das berühmte Ritterlied "Bogurodzica" (Muttergottes). Im 15. Jh. entwickelt sich auch die weltliche Literatur mit Legenden und Übersetzungen des klassisch-mittelalterlichen Erzählguts. Aus dieser Zeit (1455–1480) stammen die "Historiae polonicae libri XII", eine Geschichte Polens von Jan Długosz in lateinischer Sprache.

Renaissance

Das 'Goldene Zeitalter' der Literatur mit einem neuen Lebens- und Schönheitsideal, das sein Vorbild in der Antike findet, bringt die Renaissance (1500–1620) im aufstrebenden polnischen Adelsstaat unter den letzten Jagiellonen; vermittelt wird es durch die starken internationalen Beziehungen in Wissenschaft (Humanismus; z. B. Konrad Celtis in Krakau) und Adel. Der erste wirkliche Renaissancedichter war Mikołaj Rej (1505–1569), Lyriker, Prosadichter, Übersetzer und Wortführer der Reformation. In verschiedenen literarischen Gattungen schuf er ein farbiges Sittengemälde in reicher polnischer Sprache. Hervorragender Repräsentant der Epoche und zugleich die größte dichterische Persönlichkeit der polnischen Literatur vom Mittelalter bis zur Romantik war Jan Kochanowski (1530–1584). Er schrieb zunächst in lateinischer, dann in polnischer Sprache. Zu seinen bedeutendsten Werken gehören die philosophisch-reflektierenden "Pieśni" (Lieder, 1584), die erste Renaissance-Tragödie in antikem Stil "Odprawa posłów greckich" (Abfertigung der griechischen Gesandten, 1578) und vor allem "Treny" (Klagelieder) von 1586, in denen der Schmerz über den Verlust der Tochter sich mit Reflexionen über den Sinn des Lebens und der Welt verbindet. Er schuf eine moderne poetische Sprache und neue Formen in Versbau und Stilistik.
In der didaktischen und publizistischen Prosa spiegeln sich die politischen und gesellschaftlichen Probleme der Zeit wider, v. a. der Konflikt von Reformation und Gegenreformation (Modrzejewski, Orzechowski, Skarga). Europaweites Echo hatte das Werk A. F. Modrzejewskis über die Verbesserung der Republik von 1551; im Geist der Gegenreformation schrieb der Jesuit Piotr Skarga 1527 sein politisches Traktat "Kazania sejmowe" (Sejm-Predigten). Am Ende der Renaissance steht die metaphysisch gefärbte Lyrik von Mikołaj Sęp Szarzyński.

Barock

Die Epoche des Barock (1620–1764) brachte eine Vielzahl von Strömungen hervor, besonders in der Lyrik; viele Menschen befaßten sich mit Literatur, insbesondere der Adel (Sarmatismus). Andererseits steht die Literatur unter dem Eindruck des schwierigen Zeit (Türkenkriege, Dreißigjähriger Krieg, Kosakenaufstände usw.). Ein Meisterwerk der Prosa sind die "Pamiętniki" (Erinnerungen, 1695) von J. C. Pasek, die in ausdrucksstarker Sprache Kriegserlebnisse schildern. Die Lyrik ließ sich von italienischen und französischen Vorbildern inspirieren; Versvirtuosen waren J. A. Morsztyn ("Lutnia", Laute, 1638–1660), S. Zimorowicz und der "christliche Horaz", Mikołaj Sarbiewski ("Lyricorum libri tres", 1625).

Aufklärung, Klassizismus

Unter den Sachsenkönigen machten sich erste Vorboten der Aufklärung bemerkbar, die ihre Blüte – trotz dem Untergang des polnischen Staats (Teilungen 1772, 1793, 1795) – unter Stanisław II. August (1764–1795) hatte. Sie eröffnete eine neuzeitliche Kultur in Polen; moderne Institutionen und Formen des kulturellen Lebens entstanden, der König förderte Theater und Publizistik. Rationalismus und Kritizismus sowie die Frage nach der Nation und nach politischen Reformen bilden die Merkmale der Zeit. Führender Repräsentant ist Ignacy Krasicki (1735–1801), ein scharfer Beobachter des Lebens von hoher Intelligenz und Kultur, der mit seinem Roman "Mikołaja Doświadczyńskiego przypadki" (Die Fälle des M. Doświadczyński, 1776) den modernen polnischen Roman begründete. Skeptischer Humor durchzieht seine heroisch-komischen Poeme und die berühmten Satiren und Märchen (1779).

Aufklärung, Klassizismus (Fortsetzung)

Im Zusammenhang des 'Warschauer Klassizismus', der nach der 3. Teilung Polens die historischen und regionalen Traditionen stärkte und Sprachpflege betrieb, steht das Werk von Julian Ursyn Niemcewicz mit der politischen Komödie "Powrót posła" (Die Rückkehr des Abgeordneten, 1790) und den "Śpiewy historyczne" (Historische Lieder, 1816). Unter den Vorläufern der Romantik, die das Interesse für Geschichte und Folklore aufnahm, nimmt der originelle Roman von Jan Potocki "Handschrift von Saragossa" (1815, zunächst in französischer Sprache) einen besonderen Platz ein.

Romantik

Die Epoche der Romantik in der polnischen Literatur ist durch den ersten Band der Dichtungen von Adam Mickiewicz (1822) und den Aufstand von 1863 markiert. Charakteristische Ideen sind das starke Naturgefühl, die Betonung von Subjektivismus und Individualismus, die Faszination durch die Vergangenheit, das Volkstümliche und alles Geheimnisvolle und Exotische; daneben spielt die nationale Einheit eine wesentliche Rolle. Die ersten Werke von Mickiewicz (1798–1855), die "Ballady i romanse" (Balladen und Romanzen, 1822) sowie die Teile II und IV des poetischen Dramas "Dziady" (Totenfeier, 1823) stellen das Volk als Träger der "lebendigen Wahrheit" dar.
Nach der Niederschlagung des Aufstands 1831 spielte sich ein wichtiger Teil des literarischen Lebens im Exil ab. Außerhalb des Landes waren neben Mickiewicz auch Juliusz Słowacki (1809–1849) und Zygmunt Krasiński (1812–1859) tätig. Reflexion über den Sinn der Leiden des Volks und die Verantwortung des einzelnen sind Inhalt des Teils III der "Dziady" von Mickiewicz und seiner "Księgi narodu polskiego i pielgrzymstwa polskiego" (Bücher des polnischen Volkes und der polnischen Pilgerschaft, 1832), die Polen als den Messias, den Retter der Völker darstellen. Als sein Meisterwerk gilt das Versepos "Pan Tadeusz" (Herr Tadeusz, 1834). Die wichtigsten Werke Słowackis sind das poetische Drama "Kordian" (1834) und das symbolhafte Poem "Anhelli" (1838), die auch auf die Literatur der Neoromantik (Młoda Polska, Junges Polen) wirkten. Krasiński veröffentlichte sein bestes Werk, "Nie-boska komedia" (Die ungöttliche Komödie, 1835), mit 23 Jahren. Gleichrangig ist die umfangreiche Korrespondenz des Dichters.
In der späteren Literatur der 'Großen Emigration' ragt das in Inhalten und Form völlig eigenständige, teils schwer zugängliche Werk von Cyprian Kamil Norwid (1821–1883) heraus (z. B. verwendet er die Umgangssprache): das poetische Traktat "Promethidion" (1852), der Gedichtzyklus "Vade mecum" (1866) und Dramen. Sein Werk, das die Dichtung des 20. Jh.s vorwegnimmt, wurde erst nach seinem Tod gewürdigt. Die Stücke des größten polnischen Komödienschreibers Aleksander Fredro (1793 bis 1876), die sich v. a. ironisch mit den Schwächen der Gesellschaft beschäftigen, gehören noch heute zur klassischen Theaterliteratur. Ein interessantes schriftstellerisches Werk sind die "Pamiątniki Pana Seweryna Soplicy" (Denkwürdigkeiten des Herrn S. Soplica, 1839) von Henryk Rzewuski, der hier im Stil der 'Plauderei' das Leben der Adligen darstellt. Er wurde bei anderen Schriftstellern des 19. Jh.s ungewöhnlich beliebt.

Positivismus

'Positivismus' (dieser Begriff hat mit der westeuropäischen philosophischen und wissenschaftstheoretischen Strömung nichts zu tun) und Kritischer Realismus (1864–1890) kennzeichnen die Literatur nach der Niederschlagung des Aufstands von 1863. In Abkehr von der romantischen Ideologie kommt politischer und wirtschaftlicher Realismus zum Tragen. Der Positivismus brachte – bei Vorbildern im englischen und russischen Realismus und im französischen Naturalismus – eine Blüte des Romans und der Novelle. Der bedeutendste Schriftsteller dieser Zeit war Bolesław Prus (1847–1912), sein Roman "Lalka" (Die Puppe, 1890) das Hauptwerk des Kritischen Realismus; er zeichnet ein Bild der Mittelschicht, ebenso wie "Faraon" (1896), ein politischer Roman, dessen Handlung im alten Ägypten spielt. Gesellschaftliche Probleme beschrieb Elisa Orzeszkowa ("Nad Niemnen", Am Niemen, 1889). Berühmt wurde Henryk Sienkiewicz

Polnische Literatur, Positivismus (Fortsetzung)

(1846–1916) mit seinen historischen Romanen "Trylogia" (1884–1888), "Krzyżacy" (Die Kreuzritter, 1900) und "Quo vadis?", für den er 1905 den Nobelpreis erhielt.

Modernismus Junges Polen

Um die Jahrhundertwende verbanden sich die Traditionen der Romantik und des Positivismus unter dem Einfluß des westeuropäischen Symbolismus zum Modernismus, zur Bewegung des 'Jungen Polen' (Młoda Polska, 1890–1918), dessen bedeutendster Vertreter Stanisław Wyspiański (1869–1907) war, ein vielseitig begabter Schüler Jan Matejkos, Maler, Dramenschreiber, Dichter und vor allem Reformer des Theaters. Sein Theater schlug eine Brücke von der Romantik zur Moderne. Sein Meisterwerk ist "Wesele" (Die Hochzeit, 1901), ein Drama, das in der Gegenwart angesiedelt, aber in gefühlvoll-symbolischer Poesie gehalten ist; herrlich sind auch "Wyzwolenie" (Die Befreiung, 1903) und "Noc listopadowa" (Novembernacht, 1904). Das ideelle und ästhetische Programm des Jungen Polen wurde eingehend in den von Stanisław Przybyszewski und Zenon Przemycki-Miriam herausgegebenen Zeitschriften diskutiert.
Führende Vertreter der modernistischen Lyrik sind Jan Kasprowicz (1860 bis 1926), Leopold Staff (1878–1957) und Kazimierz Tetmajer Przerwa (1865–1940). Hervorragender Prosaschriftsteller war Stefan Żeromski (1864–1925), Schriftsteller, Dramatiker und Publizist; seine Romane "Ludzie bezdomni" (Die Heimatlosen, 1899) und "Popioły" (In Schutt und Asche, 1904) schufen ein Fresko der Napoleonischen Ära. Moralische und gesellschaftliche Problematik ist in seinem Werk mit dem Thema des Kampfes um die Unabhängigkeit verflochten, so auch in "Przedwiośnie" (Vorfrühling, 1924). Gesellschaftlich-historische Themen griff Władysław Reymont (1867–1925) auf, der für sein Epos "Chłopi" (Die Bauern, 1904–1909) 1924 den Nobelpreis erhielt.

Zwischen den Kriegen

Die Unabhängigkeit Polens 1918 kennzeichnet einen neuen Abschnitt der Literatur; nach dem Wegfall eines wichtigen Themas zerfiel das literarische Leben in sehr unterschiedliche, z. T. gegensätzliche Kreise; ästhetische Fragen standen bei den Futuristen (Bruno Jasieński, Anatol Stern, Aleksander Wat) und der Krakauer Avantgarde (Tadeusz Peiper, Jalu Kurek, Julian Przyboś) im Vordergrund. An so bedeutsamen Phänomenen wie Sowjetunion, Wirtschaftskrise und Nationalismus polarisierten sich die Anschauungen. Die Lyrik wurde von den 'Skamandriten' beherrscht (nach der Zeitschrift "Skamander", gegründet 1920), wie Julian Tuwim (1894 bis 1953), Antoni Słonimski (1895–1976), Jan Lechoń (1899–1956), Kazimierz Wierzyński (1912–1969), Jarosław Iwaszkiewicz (1894–1980). Diese Gruppe brachte die Begeisterung über die wiedererlangte Freiheit zum Ausdruck, verwarf das Gestelzte der Dichtung des Jungen Polen und wandte sich Dingen und Gefühlen zu, die jedem Leser verständlich waren.
In der Prosa gab die im Klima des Modernismus geformte Generation den Ton an: Żeromski, Wacław Berent (1873–1940), Andrzej Strug (1871 bis 1937). Literarische Ereignisse waren die Romane Maria Dąbrowskas (1889–1965) "Ludzie z tamtąd" (Die Landlosen, 1925) und die Familiensaga "Noce i dnie" (Nächte und Tage, 1934). Der beste Roman von Zofia Nałkowska (1884–1954) ist "Granica" (Die Grenze, 1935), eine psychologische Gesellschaftsanalyse; psychologische Romane schrieben weiterhin Michał Chromański und Maria Kuncewiczowa.
Von größtem Gewicht ist das Werk von Stanisław Ignacy Witkiewicz (1885–1939). Der vielseitig begabte Philosoph, Kunsttheoretiker, Dramatiker und Maler schuf mit seinem 'Theater der reinen Form' apokalyptische und groteske Visionen vom Verfall der Zivilisation: "Tumor Mózgowicz" (hier Eigenname, von tumor mózgowy, Gehirntumor; 1921), "W małym dworku" (Im kleinen Hof, 1923), "Szewcy" (Die Schuster, 1934). Sehr interessant ist die Prosa von Bruno Schulz (1892–1942), die erst heute wirklich entdeckt wird. Seine Erzählungen "Sklepy cynamonowe" (Die Zimtläden, 1933) und "Sanatorium pod klepsydrą" (Sanatorium unter dem Stundenglas, 1936) verwandeln die Realität eines galizischen Provinzstädtchens in einen phantastischen Traum.

Polnische Literatur zwischen den Kriegen (Fortsetzung)

Schließlich fällt in die dreißiger Jahre das Debüt von Witold Gombrowicz (1904–1969). Der satirische Roman "Ferdydurke" (1937) verhöhnt mitleidlos ebenso Traditionalismus wie liberal-fortschrittliche Ideen. Kompromißlosigkeit und psychologischer Scharfsinn kennzeichnen auch seine Romane "Trans-Atlantyk" (1953) und "Pornografia" (1960) und seine Dramen. Von 1939 an lebte er in der Emigration; dennoch hatte er, besonders auf die Nachkriegsliteratur, großen Einfluß. Er hinterließ ein wundervolles Selbstporträt im "Dziennik" (Tagebuch, 1953–1966).

Nachkriegszeit

Der Krieg und die deutsche Besetzung unterbrachen die literarische Produktion; viele Literaten kamen ums Leben oder emigrierten. In den ersten Nachkriegsjahren befaßte sich die Prosa naturgemäß mit den Kriegserfahrungen (Zofia Nałkowska, "Medaliony"), dem Schicksal der Juden (Adolf Rudnicki, 1912–1990), den Konzentrationslagern (Tadeusz Borowski, 1922–1951). Im Ausland schrieb Gustaw Grudziński seine Erlebnisse in sowjetischen Lagern nieder ("Inny świat", Eine andere Welt, 1946; in Polen erst 1990 'offiziell' verlegt); die Prosa von Józef Mackiewicz (1902–1985) beschreibt die sowjetische Okkupation im Osten Polens.
Der erste Versuch, das komplizierte Bild der Nachkriegsrealität darzustellen, ist der Roman von Jerzy Andrzejewski (1909–1983) "Popiół i diament" (Asche und Diamant, 1948). Ab 1949 (Stettiner Schriftstellerkongreß) sorgte die Doktrin des Sozialistischen Realismus für eindimensionales Denken und Schreiben; ab 1955/56 ermöglichte das politische 'Tauwetter' eine Abrechnung mit der Stalinzeit: u. a. Kazimierz Brandys mit seinem Roman "Matka Królów" (Mutter der Könige, 1956) und Jerzy Andrzejewski mit "Ciemności kryją ziemię" (Finsternis bedeckt die Erde, 1956). Allgemein ist die Literatur nach 1956 durch große Offenheit und stilistische Vielfalt gekennzeichnet.
Die schwierige Standortbestimmung in den neuen Wirklichkeiten ließ die historische Thematik wieder attraktiv erscheinen (Władysław Terlecki, Jan Józef Szczepański, Piotr Wojciechowski). Nach dem historisch-allegorischen Roman "Msza za miasto Arras" (Messe für die Stadt Arras, 1971) wurde Andrzej Szczypiorski mit seinem Roman "Początek" (Die schöne Frau Seidenman, wörtlich: Der Anfang; 1986) berühmt. Die erloschene jüdische Kultur beschwört Julian Stryjkowski.
Die Überzeugung, daß eine epische Erfassung der gegenwärtigen Welt nicht möglich ist, führt zur essayistischen Prosa etwa eines Kazimierz Brandys, "Listy do Pani Z." (Briefe an Frau Z., 1958) oder eines Tadeusz Breza, "Spiżowa Brama" (Das eherne Tor, 1960). Essayistisch arbeiten auch emigrierte Polen wie Leszek Kołakowski.

Die Wirklichkeit der Volksrepublik Polen beschreibt Marek Hłasko (1934 bis 1969) in seiner brutalen Prosa. Der Typ des aufrührerischen oder am Rand der Gesellschaft lebenden Helden erscheint auch bei Marek Nowakowski und Janusz Głowacki. Eine in hohem Maße individuelle Erscheinung ist Sławomir Mrożek (seit 1963 im Ausland lebend), dessen groteske Farcen ("Tango", 1964; "Emigranci", 1975) die Absurditäten der Realität karikieren. Originell ist das Werk Miron Białoszewskis (1922–1983), das in Lyrik und Drama die verkrüppelte Umgangssprache verwendet und ihr eine neue Qualität verschafft. Einen besonderen Platz nimmt die in die Form des Science-fiction-Romans gekleidete philosophische Prosa von Stanisław Lem ein, der in der ganzen Welt einer große Lesergemeinde besitzt.

Das Werk eines der bedeutendsten Dichter Polens, Zbigniew Herbert, reagiert besonders empfindlich auf die moralischen Konflikte unserer Zeit: "Pan Cogito" (Herr Cogito, 1974), "Raport z oblężonego miasta" (Bericht aus einer belagerten Stadt, 1982), "Elegia na odejście" (Elegie zum Abgang, 1990). Ebenfalls wichtig ist Czesław Miłosz, der 1933 debütierte und, obwohl er seit 1951 im Ausland lebt, großen Einfluß auf die philosophisch-existenzielle Ausrichtung der polnischen Literatur hat ("Traktat poetycki", Poetisches Traktat, 1957; "Gdzie wschodzi słońce i kędy za-

Polnische Literatur, Nachkriegszeit (Fortsetzung)

pada", Wo die Sonne aufgeht und wo sie versinkt, 1974). 1980 erhielt er den Nobelpreis. Die Wendung zur gesellschaftlich-politischen Realität kennzeichnet das Werk der Dichter der sogenannten Neuen Welle um 1970: Stanisław Barańczak ("Korekta twarzy", Gesichtskorrektur, 1968), Ryszard Krynicki, Adam Zagajewski. Der jüngsten Generation (Bronisław Maj, Jan Polkowski) fiel die Rolle des Chronisten im Jahrzehnt der Solidarność zu.

Der Zusammenbruch des kommunistischen Systems 1989 und die politisch-ökonomische Neuorientierung konfrontiert die polnische Gesellschaft auf allen Ebenen mit großen Problemen – so auch ganz prosaisch Autoren und Verlage mit der Frage des wirtschaftlichen Überlebens.

Deutsche Literatur

Niederschlesien

Unter den aufgrund des Potsdamer Abkommens an Polen angegliederten östlichen Territorien des früheren Deutschen Reiches nimmt Schlesien, insbesondere Niederschlesien, als historisch gewachsene Kulturlandschaft zweifellos eine Vorrangstellung ein. Zeugnisse hoher Kultur, verfaßt

Mittelalter

in lateinischer, später auch in den Nationalsprachen, reichen bis ins 13. Jahrhundert zurück. Im Zuge der deutschen Kolonialisierung begann die literarische Tätigkeit zunächst in den Klöstern von Leubus (Lubiąż), Trebnitz (Trzebnica), Heinrichau (Henryków) sowie Rauden (Rudy) in Oberschlesien.
Als Ahnherr des schlesischen Schrifttums ist Witelo (1230–1280), der Verfasser der über Jahrhunderte hindurch wirkenden, auf einer arabischen sowie griechischen Quellen fußenden Abhandlung über die Optik ("Perspectiva", um 1270) anzusehen. Am Beginn der schlesischen Dichtung in lateinischer Sprache steht die Hedwigslegende (1300), eine Glorifizierung der zur Landespatronin erwählten Herzogin Hedwig (gest. 1243 in Trebnitz), der Mutter Heinrichs II., der 1241 in der Mongolenschlacht gefallen war. Eine reich verzierte Abschrift der Legende, die sog. Schlackenwerther Handschrift, entstand 1353. Eine deutschsprachige Fassung kam 1451 zustande, 1504 erschien die Legende als erster Breslauer Druck. Die große Heidelberger Liedersammlung, die sog. Manessische Liederhandschrift (1310–1330),enthält u. a. zwei Minnelieder eines Herzogs Heinrich von Pressela (Breslau), vermutlich der Piastenherzog Heinrich IV. Probus.

Renaissance

Schlesien besaß zwar bis ins 19. Jh. hinein keine eigene Universität, dennoch entstand in Renaissance und Humanismus eine gebildete Schicht. Nach dem Besuch örtlicher Gelehrtenschulen zog die wißbegierige Jugend an die Universitäten in Prag, Leipzig, Krakau, Wien und anderen Städten. Bildungsreisen führten sie in ferne Länder, besonders nach Italien. Nach der Reformation bevorzugten die schlesischen Protestanten die Bildungszentren in protestantischen Ländern, vor allem in den Niederlanden.

Barock

Das Zeitalter des Barock war eine Blütezeit der Literatur in Schlesien. Nach dem Vorbild der Niederländer hatte sich der in Bunzlau geborene Dichter Martin Opitz (1597–1639) für eine eigenständige nationale Dichtung eingesetzt. Sein Jugendwerk "Aristarchus oder Über die Verachtung der deutschen Sprache" (1617) war ein Loblied auf die Schönheit der deutschen Sprache, zugleich aber auch eine Klage über den Verfall der deutschen Dichtkunst. Mit dem "Buch von der Deutschen Poeterey" (1624), das die Ergebnisse bedeutender europäischer Poetiken auf die deutsche Dichtkunst übertrug, leitete Opitz den schon lange fälligen Erneuerungsprozeß der Dichtkunst ein. Seine eigenen Dichtungen und Übersetzungen verstand er als Musterbeispiele für seine Poetik.
Den größten Ruhm erlangte der am 2. Oktober 1616 in Glogau geborene Dichter Andreas Gryphius. Nach Studien in Leiden und einer Bildungsreise durch Frankreich und Italien wurde er in seiner Heimatstadt mit dem Amt

Deutsche Literatur, Barock (Fortsetzung)

des Syndikus der glogauischen Landstände betraut. In seiner gedankentiefen und gefühlsstarken Lyrik, wie etwa dem eindrucksvollen Sonett "Tränen des Vaterlandes" (1636), trauerte er über die Schrecken des Dreißigjährigen Krieges und gab der tiefen Friedenssehnsucht dichterischen Ausdruck. Formgewandt und themenreich ist Gryphius' Gelegenheitsdichtung. Politische und weltanschauliche Fragen der Zeit behandelte er auch in seinen kunstvollen heroischen und Märtyrerdramen, z. B. "Großmütiger Rechtsgelehrter oder Sterbender Aemilius Paulus Papinianus" (1659). Als bekannteste und beliebeste Komödie der deutschen Barockliteratur wird sein "Schimpff-Spiel" "Absurda Comica oder Herr Peter Squentz" (1658) apostrophiert.
In die Reihe der großen Barocklyriker sind ferner zu zählen: der Meister des Epigramms Friedrich von Logau (1604–1655): "Salomons von Golaw Deutscher Sinn-Getichte Drey Tausend" (1654); Daniel Czepko von Reigersfeld (1605–1660), dessen geistliche Lyrik u. a. von dem weltberühmten schlesischen Mystiker Jakob Böhme (1575–1624) beeinflußt war; der Hauptvertreter des Marinismus, der Breslauer Ratspräses Christian Hoffmann von Hoffmannswaldau (1616–1679): weltliche und geistliche Lieder, Epigramme, erotische Oden, daneben auch die in der deutschsprachigen Literatur neuartigen "Heldenbriefe" (Heroiden); der Mystiker Johannes Scheffler (1624–1677), der unter dem Namen Angelus Silesius international bekannt wurde: "Cherubinischer Wandersmann oder Geist-Reiche Sinn- und Schluß-Reime" (1. Fassung 1657); der ungewöhnlichste Geist der Barockdichtung, der Mystiker Quirinus Kuhlmann (16551–1689): Sonettsammlung "Himmlische Liebesküsse" (1671), lyrisch-biographische Gedichtsammlung "Kühlspalter" (1684/86).
Auf dem Gebiet des Dramas haben sich neben Gryphius der Breslauer Ratssyndikus Daniel Casper von Lohenstein (1635–1683) und der Jurist Johann Christian Hallmann (1640–1704 bzw. 1716) einen Namen gemacht. Dem Lohensteiner verdankt Schlesien auch den opulenten Staatsroman "Großmüthiger Feldherr Arminius" (1689/90).
Eine herausragende Dichterpersönlichkeit der deutschen Frühaufklärung war der in Striegau (Strzegom) geborene Lyriker Johann Christian Günther (1695–1723): Leonorenlieder, Trink- und Studentenlieder.

19./20. Jh.

Es fehlte in Schlesien auch in den späteren Zeiten an klugen und hochbegabten Schriftstellern nicht, erwähnt sei hier wenigstens noch der Dichter und Theatermann Karl von Holtei (1798–1880), doch Weltgeltung erlangte nur ein literarischer Name: Gerhart Hauptmann (1862–1946), der Autor des epochemachenden revolutionären Dramas "Die Weber" (Uraufführung 1893) und zahlreicher weiterer hervorragender Bühnenwerke wie "Vor Sonnenaufgang" (U. 1889), "Der Biberpelz" (1893) und "Fuhrmann Henschel" (U. 1898).

Oberschlesien

Mehrere deutschsprachige Dichter und Schriftsteller von Rang brachte auch Oberschlesien hervor. Auf Schloß Lubowitz bei Ratibor (Racibórz) wurde am 10.3.1788 Joseph Freiherr von Eichendorff geboren, der bedeutendste volkstümliche Lyriker der deutschen Romantik; seine stimmungsvollen Naturgedichte "In einem kühlen Grunde", "O Täler weit, o Höhen", "Wem Gott will rechte Gunst erweisen" sind in den Volksliedschatz eingegangen. Von seinen Prosawerken erfreut sich die reizvolle Novelle "Aus dem Leben eines Taugenichts" (1826) unverminderter Popularität.
Kreuzburg (Kluczbork) ist die Geburtsstadt von Gustav Freytag (1816 bis 1895), des Autors erfolgreicher Prosawerke, so vor allem des aus der Sicht eines bürgerlichen Liberalen verfaßten kulturhistorischen Romans "Soll und Haben" (1855) sowie des historischen Romanzyklus "Die Ahnen" (1872/81), in dem das Deutsche Reich verherrlicht wurde. Von den Dramen ist insbesondere das zeitkritische Lustspiel "Die Journalisten" (U. 1852) zu nennen.
Im 20. Jh. war es v. a. der viel zu früh verstorbene Horst Bienek (1930 bis 1990), der mit dem Roman "Die erste Polka" (1975) und weiteren Teilen der "Gleiwitzer Tetralogie" das Schicksal seiner oberschlesischen Heimat im

Deutsche Literatur, Oberschlesien (Fortsetzung)

20. Jh. mit großer Meisterschaft beschrieben hat. Der aus Beuthen stammende, bekannte Erzähler, Essayist, Herausgeber sowie verdienstvolle Entdecker und Förderer schlesischer Autoren (u. a. Bruno Arndt, Josef Wiesalla, Friedrich Bischoff, Horst Lange und August Scholtis) Max Tau (1897–1976) sagte über Bieneks Erstlingswerk: "Das ist die Chronik Oberschlesiens, und zugleich das Requiem für eine verlorene Provinz."

Ost- und Westpreußen, Pommern

Im Norden übernahm Polen Danzig, ost- und westpreußische Gebiete sowie Hinterpommern mit Stettin. Diese Regionen waren zwar nicht so reich an Künstlernaturen wie Schlesien, doch es mangelte auch dort nicht an literarischen Größen.

Danzig

Danzig ist die Geburtsstadt einer Anzahl bekannter Dichterpersönlichkeiten wie etwa der begabten Dramatikerin der frühen Aufklärung, L. A. V. Gottschedin (1713–1762), des spätromantischen Jugendbuchautors Robert Reinik (1805–1852), des extravaganten Paul Scheerbart (1863 bis 1915; "Münchhausen und Clarisse", 1906, "Katerpoesie", 1909) u. a., doch keine gewann größere Beachtung als Günter Grass (geb. 1927), der Autor der "Danziger Trilogie" mit "Die Blechtrommel" (1959), "Katz und Maus" (1961), "Hundejahre" (1963) und weiterer Prosawerke wie "Örtlich betäubt" (1969), "Der Butt" (1977), "Die Rättin" (1986). Aus Güttland bei Danzig stammt der naturalistische Dramatiker Max Halbe (1865–1944; "Jugend. Ein Liebesdrama", 1893), dessen autobiographisch geprägtes Schaffen der "Blut-und-Boden"-Ideologie bedenklich nahe kam.

Ostpreußen

Aus Mohrungen (Morąg) in Ostpreußen stammt einer der bedeutendsten deutschen Philosophen und Dichter, Johann Gottfried Herder (1744 bis 1803), der Theoretiker des Sturms und Drangs, Wegbereiter der deutschen Klassik, Sammler und Herausgeber von Volksliedern vieler Völker; aus Rastenburg (Kętrzyn) der Dramatiker und Literaturtheoretiker und Schriftleiter der berühmten naturalistischen Zeitschrift "Freie Bühne", Arno Holz (1863–1929). In Osterode (Ostróda) kam 1914 der Erfolgsautor Hans Hellmut Kirst zur Welt, sein bekanntestes Werk ist die "08/15"-Trilogie. Die herrliche Masurenlandschaft ist auch die Heimat des zeitgenössischen Romanciers, Hörspielautors und Dramatikers Siegfried Lenz, geboren 1926 in Lyck (Ełk): "Es waren Habichte in der Luft" (1951), "So zärtlich war Suleyken" (1955), "Deutschstunde" (1968) u. a.

Westpreußen

Nicht Westpreußen, wo er 1866 in Kulm (Chełmno) geboren wurde, sondern seine niedersächsische Wahlheimat beschrieb Hermann Löns (gefallen 1914) in seinem historischen Bauernroman "Wehrwolf" (1910), in Tier- und Jagdgeschichten, in Heideliedern, Balladen und Romanzen.

Hinterpommern

Zu den wenigen namhaften Schriftstellern, deren Heimat Hinterpommern war, ist neben dem Lyriker Ewald Christian von Kleist (1715–1759, geboren auf Gut Zeblin bei Köslin), sowie Johann Timotheus Hermes (1738–1821, geboren bei Stargard), dem Autor des beliebten Briefromans "Sophiens Reise von Memel nach Sachsen" (1769–1773) in unserem Jahrhundert vor allem Uwe Johnson (1934–1984) zu nennen, Autor der "Mutmaßungen über Jacob" (1959) und weiterer bedeutsamer Prosawerke; er ist in Cammin geboren.
Das kleine Crossen an der Mündung des Bobers in die Oder im früheren preußischen Regierungsbezirk Frankfurt ist der Geburtsort von Klabund (eigentlich Alfred Henschke, 1890–1928), Lyriker, Romancier und einfühlsamer Nachdichter chinesischer, japanischer und persischer Lyrik und Dramatik. Zum selben Regierungsbezirk gehörte Landsberg an der Warthe (Gorzów Wielkopolski), wo die Romanschriftstellerin Christa Wolf geboren (1929) und aufgewachsen ist. In dem Roman "Kindheitsmuster" (1976) hat sie ihre Kindheit in Nazideutschland geschildert und ihr Leben in jener Zeit mit ihrem späteren, in der damaligen DDR verglichen. Mehrere Autoren aus den 'neuen Bundesländern' stammen aus Gebieten, die heute zu Polen gehören.

Theater

Mittelalter

Das Theater in Polen hat seinen Ursprung, wie in anderen europäischen Ländern, in der christlichen Liturgie. Am Ostermontag wurde die Auferstehung Christi mit den Worten des Evangeliums und einigen theatralischen Mitteln veranschaulicht ('Visitatio sepulcri', Besuch des Grabs). Mit der Zeit erstreckte sich die Theatralisierung des Evangeliums auf Karfreitag; eine hölzerne Christusgestalt mit beweglichen Armen wurde zu Grab getragen. Einige der mehrere Jahrhunderte alten hölzernen Christusfiguren mit beweglichen Gliedern sind bis heute erhalten geblieben.
Später (wohl im 15. Jh.) entstanden Mysterienspiele, die sich von der Liturgie emanzipierten; statt die Worte des Evangeliums zu theatralisieren, wurden Texte zeitgenössischer Dichter verwendet, die sich immer häufiger der polnischen statt der lateinischen Sprache bedienten. Auch der Spielort änderte sich: auch auf Friedhöfen, später auf Marktplätzen fanden Aufführungen statt; oft dauerten sie mehrere Tage. Als Akteure traten Laien auf, so daß Sprache und Charaktere an Lebensnähe gewannen.
Der am vollständigsten überlieferte Text eines Mysteriums in polnischer Sprache stammt aus dem Jahre 1580 (Mikołaj von Wilkowiecko, Die Geschichte der glorreichen Auferstehung des Herrn).
Theaterähnliche Darbietungen mit profanem Charakter (Puppenspiele, dressierte Tiere, Seiltänzer und Musiker, Gaukler und Sänger) belegen Dokumente ab dem 14. Jahrhundert.

Renaissance

Die Erstausgabe des ältesten bekannten dramatischen Textes auf polnisch ist auf das Jahr 1542 datiert. Anfang des 16. Jh.s werden in Krakau sowohl die Jagiellonen-Universität als auch der Königshof zu Spielstätten (Theater der Humanisten). Die erste auf polnisch geschriebene Tragödie wurde im Januar 1578 in Anwesenheit des Königs Stefan Batory in der Nähe von Warschau aufgeführt. Ihr Autor Jan Kochanowski studierte in Italien und kannte auch die dortige Theaterpraxis. Kochanowski, ein ausgezeichneter Lyriker (auf lateinisch und polnisch), hob die polnische Sprache auf ein bis dahin unbekanntes und für seine Nachfolger noch lange unerreichtes Niveau. Der Inhalt seiner auf polnisch geschriebenen und auf antike Motive (dritter Gesang der Ilias) gestützten Tragödie "Odprawa posłó greckich" ("Abfertigung der griechischen Gesandten", deutsch 1937) bildet eine Parabel über die damalige Bedrohung Polens durch die Truppen Iwans des Schrecklichen.
Etwa 20 Jahre später entsteht die erste polnische Komödie "Potrójny" (Der Dreifache) von Piotr Ciekliński. Damit ist die Trennung zwischen Tragödie und Komödie im polnischen Theater vollzogen.

Barock

Anfang des 17. Jh.s sind ausländische, vor allem italienische und englische Schauspieler und Ensembles am polnischen Königshof in Warschau zu sehen. Die einen zeigen die Dramen von Shakespeare, die anderen das 'dramma per musica', also den Vorläufer der italienischen Oper. Die Vorstellungen am Königshof werden in der ersten Hälfte des 17. Jh.s zum Bestandteil des höfischen und kulturellen Lebens in der polnischen Hauptstadt. Eine andere Erscheinung sind die Theater der Piaristen- und Jesuitenkollegien. Das Theater des Jesuitenkollegiums in Warschau erhält 1687 sein eigenes Gebäude. Bis zur Auflösung des Jesuitenordens in Polen (1773) gibt es im Lande 59 Jesuitentheater, die Piaristenkollegien verfügen über 23 Theater. Am Königshof wird allerdings öfter auf italienisch und französisch gespielt als auf polnisch. Mitte des 18. Jh.s ist nicht mehr die commedia dell'arte, sondern Carlo Goldoni gefragt.
Außer den drei Spielstätten in den königlichen Palästen wird in Warschau 1748 ein Theater für 500 Zuschauer eröffnet, das zu den königlichen Bühnen zählt und große Opern bringen soll. Auch große Magnaten schmücken ihre Familiensitze oder die zu ihnen gehörenden Städte mit Theatergebäuden. Dort wird viel öfter auf polnisch gespielt (Übersetzungen und polnische Stücke).

Aufklärung

Der Regierungsantritt des letzten polnischen Königs Stanisław August Poniatowski 1764 war auch Anfang einer neuen Theaterpraxis: Neben einem französischen und einem italienischen Ensemble berief er auch ein festes polnisches Ensemble; ein Abonnement wurde eingeführt, regelmäßig wurden Plakate gedruckt, zum ersten Mal kamen Polinnen als Schauspielerinnen auf die Bühne. Der König ließ Stücke schreiben, die der von ihm angestrebten Aufklärung und politischen Erneuerung den Weg ebnen sollten. In diesem Umbruch, markiert durch das Stück "Natreci" von Józef Bielwaski (1765), nimmt das polnische Nationaltheater seinen Anfang.
1779 wird in Warschau ein neues Theatergebäude mit Platz für 1200 Zuschauer eröffnet. Das Gebäude, das bis 1833 bestand, wurde zum Sitz des Nationaltheaters. Die frühere Konkurrenz gab es nicht mehr; nach Liquidierung des Jesuitenordens 1773 gingen seine Schulen an den Staat über, der die Aufführungen in den Schulprogrammen strich. In einer "Das polnische Theater" genannten Edition erschienen 1779–1795 über 190 neue Stücke. Mit dem Beruf des Stückeschreibers konnte man seinen Lebensunterhalt bestreiten. Seine Glanzzeit erlebte das Nationaltheater unter der Leitung von Wojciech Bogusławski (1757–1829), der Erfahrungen in den Theatern von Posen und Wilna sammelte und Anfang 1790 das Theater in Warschau übernahm. Das politische Leben befand sich im Umbruch; der Höhepunkt der Reformen war die am 3. Mai 1791 vom Sejm verabschiedete erste polnische Verfassung. Angesichts der einschneidenden Änderungen im politischen Leben, die nach Absicht des Königs das Land aus seinen halbfeudalen Strukturen befreien und in eine Gesellschaft aufgeklärter Bürger verwandeln sollten, mußte das vom König subventionierte und von Bogusławski geleitete Theater Partei ergreifen.
1791 schrieb Julian Ursyn Niemcewicz (1758–1841) die erste explizit politische Komödie "Powrót posła" (Die Rückkehr des Abgeordneten vom letzten Warschauer Landtag). Niemcewicz, ein Abgeordneter des reformierenden Großen Sejm, erlaubte sich Anspielungen und Enthüllungen, die einen Skandal hervorriefen. Die zweite Teilung des Landes bereitete 1793 den Reformen ein Ende; nach der dritten, 1795, hörte der polnische Staat – bis zum Ende des Ersten Weltkriegs – auf zu existieren. In die Zeit zwischen der 2. und der 3. Teilung fällt die Uraufführung von "Cud mniemany czyli Krakowiacy i górale" (Das vermeintliche Wunder oder Krakauer und Goralen, 1794), einer Oper von Bogusławski mit Musik von Jan Stefani. Sie rief unmittelbar vor dem Kościuszko-Aufstand, der gegen die 2. Teilung gerichtet war, große patriotische Begeisterung hervor.

Zweite und dritte Teilung

Daß die Theaterkunst sich weiterentwickeln konnte, ist Wojciech Bogusławski zu verdanken, der als Schauspieler, Regisseur, Theaterdirektor, Übersetzer und Schriftsteller tätig war.

Klassik

Anfang des 19. Jh.s bildet sich die klassizistische Theaterpraxis heraus. Dramatiker wie Kropiński, Wężyk, Feliński (Barbara Radziwiłłówna, 1817) schreiben als 'national' bezeichnete Tragödien. In neuen, die Schönheit und Disziplin der Sprache hervorhebenden Übersetzungen kommen erneut Stücke von Corneille, Racine, Voltaire auf die Bühne. Die Sprachkunst des hervorragenden Komödienschreibers Aleksander Graf Fredro, der 1817 in Lemberg debütierte, ist Beispiel für die klassizistische Besinnung im Umgang mit der Sprache.

Romantik

Die großen Dramen der polnischen Romantik (1822–1863) wurden in der 'Großen Emigration' geschrieben, die der vergebliche Novemberaufstand von 1830 auslöste. Die Werke der wichtigsten Romantiker Zygmunt Krasiński, Adam Mickiewicz und Juliusz Słowacki variieren das Thema der nationalen Befreiung und Themen aus der Vergangenheit Polens. Daß die meisten von ihnen bis zum Ende des 19. Jh.s Lesedramen blieben, hat wenigstens zwei Gründe: Einerseits sah in ihnen die Zensur der Teilungsmächte den politischen Zündstoff schlechthin, andererseits galten sie als nicht spielbar. Am schwierigsten war die Situation im preußischen Teilungsgebiet. Eine ständige polnischsprachige Bühne zu unterhalten wurde von der preußischen Verwaltung unterbunden. Erst 1870 durfte in Posen

Romantik (Fortsetzung)

ein ständiges polnisches Theater entstehen, das fünf Jahre später in ein eigenes, bis heute bestehendes Gebäude zog.
Nach dem Novemberaufstand wurde der Name "Nationaltheater" in Warschau durch "Warschauer Theater" ersetzt, das 1833 eröffnete neue Theater bekam den Namen "Großes Theater". Erbaut von Antonio Corazzi, zu den größten Theatergebäuden Europas gehörend und nach der Zerstörung im Zweiten Weltkrieg wiederaufgebaut, steht es bis heute auf dem Plac Teatralny in Warschau.
Die liberalsten Umstände herrschten im österreichischen Teilungsgebiet, in Galizien, wodurch im 19. Jh. Krakau und Lemberg zu wichtigen Theaterzentren wurden. 1843 wurde in Krakau nach einem Umbau das Theater eröffnet, das heute als Stary Teatr im. Heleny Modrzejewskiej (Altes Theater) in Polen und im Ausland hohes Ansehen genießt.

20. Jahrhundert

Ins 20. Jh. trat die Theaterkunst in Krakau und Lemberg mit neuen großen und mit elektrischem Licht ausgestatteten Gebäuden. Die Theater Galiziens, insbesondere in Krakau, förderten neue Strömungen, Naturalismus und Symbolismus. Stücke von Hauptmann, Maeterlinck, Gorki, Tschechow, Shaw, Strindberg wurden inszeniert; ebenso polnische Autoren verschiedener Stilrichtungen wie Kisielewski, Zapolska, Perzyński, Rittner, Rostworowski, Przybyszewski, Wyspiański.
Das Jahr 1901 ist aus zwei Gründen für das polnische Theater wichtig: In Krakau wird das Drama "Wesele" (Die Hochzeit) von Stanisław Wyspiański uraufgeführt, im selben Jahr inszeniert Wyspiański das Drama "Dziady" (Die Totenfeier) des Romantikers Adam Mickiewicz. Wyspiański – Maler, Dichter, Dekorateur, Bühnenbildner, der auch Kostüme entwirft und auf bis dahin unbekannte Weise das Bühnenlicht gestaltet – will die künstlerische Einheit aller Elemente, die eine Theatervorstellung ausmachen, verwirklichen (die Inspiration durch das Wagnersche Musikdrama ist unübersehbar). Mit Wyspiański beginnt in Polen die Praxis des sogenannten 'monumentalen Theaters', das in der Zeit zwischen den beiden Kriegen von Leon Schiller (1887–1954) vervollkommnet wird und hauptsächlich in Warschau zur Geltung kommt. Ähnlich wie die Dramen der wichtigsten polnischen Romantiker Krasiński, Mickiewicz, Słowacki, zählen auch die Dramen Wyspiańskis, wie "Warszawianka" (Die Warschauerin, 1898), "Wesele" (Die Hochzeit, 1901; von Andrzej Wajda verfilmt), "Wyzwolenie" (Die Befreiung, 1903) zum ständigen Repertoire polnischer Theater und beeinflussen bis heute die Bühnenpraxis.

'Monumentales Theater'

Von dem regen Krakauer Theaterleben der Jahrhundertwende profitierte auch das Theaterleben in Warschau, insbesondere von Leon Schiller (ein Schüler E. G. Craigs) und Arnold Szyfman (1882–1967). Auf Initiative Szyfmans wurde das Teatr Polski (Polnisches Theater) in Warschau errichtet. 1913 eröffnet, besaß es die modernste Bühnenausstattung und wurde zur Arbeitsstätte führender polnischer Schauspieler, Regisseure und Bühnenbildner (Karol Frycz, 1877–1963; Wincenty Drabik, 1881–1933; Schiller).

Zwischenkriegszeit

Zwischen den Weltkriegen führten nicht wenige etablierte Theater eine "eklektische" Repertoirepolitik; unter gut konsumierbaren Stücken gab es künstlerische Ereignisse ersten Ranges.
Die Erneuerung der Schauspielkunst ist der experimentellen Bühne des Teatr Reduta unter der Leitung von Juliusz Osterwa (1885–1947) zu verdanken. Als Regisseur und Pädagoge (Instytut Reduta) legte er großen Wert auf die Erneuerung der Schauspielkunst durch das Erleben der Rolle durch den Schauspieler. Die Bühne des Reduta-Theaters war mit dem Zuschauerraum auf gleicher Ebene, gespielt wurde in unmittelbarer Nähe der ersten Reihe. Die Arbeit des Reduta-Ensembles war die Wurzel der 40 Jahre später von Jerzy Grotowski entwickelten Bühnenpraxis des 'armen Theaters'. Die radikale Avantgarde (Theater Cricot, Dramen von S. I. Witkiewicz) wurde nicht verstanden.
Die Zeit zwischen den beiden Weltkriegen war keine schlechte Zeit für die polnischen Bühnen: Trotz der Weltwirtschaftskrise, von der Polen nicht verschont blieb, wächst das Netz der polnischen Theater; 1939 gab es

Zwischenkriegszeit (Fortsetzung)

ständige Ensembles in Bromberg, Tschenstochau, Grodno, Kalisz, Kattowitz, Krakau, Lemberg, Łodż, Lyck, Posen, Sosnowiec, Stanislawów, Thorn, Warschau, Wilna. Während des Zweiten Weltkriegs verloren ca. 300 polnische Schauspieler ihr Leben; 1945 lagen alle Theatergebäude in Warschau in Schutt und Asche.

Nach dem Zweiten Weltkrieg

Das Theaterleben in der Volksrepublik Polen entwickelte sich, mit Ausnahmen, unter staatlicher 'Obhut'. Das politische Tauwetter von 1956 (nach der Stalin-Ära) bedeutete das Ende der Doktrin des Sozialistischen Realismus. Die Vorkriegsavantgarde wird neu entdeckt. In den 60er und 70er Jahren erleben die Dramen von Stanisław Ignacy Witkiewicz (1885–1939), genannt Witkacy, eine Renaissance. Einige seiner zwischen 1921 und 1928 inszenierten Stücke und seine Theorie der "Reinen Form" wurden vor dem Krieg als künstlerische Narrenfreiheit mißinterpretiert. Inszenierungen im Ausland, vor allem in Frankreich und den USA, folgten; sie zeigten, daß Witkacy Jahrzehnte vor den Erfahrungen des Absurden Theaters ähnliche Ideen in seinen Stücken verwirklichte; in seinem Stück "Gyubal Wahazar" (1921) nahm er z. B. die Problematik des Stücks "Warten auf Godot" von Beckett vorweg.

Einige wichtige Dramen polnischer Nachkriegsdramatik sind in der Emigration (nach 1945) geschrieben worden; z. B. "Slub" (Die Trauung) und "Operetka" (Operette) von Witold Gombrowicz. Der Regisseur Jerzy Jarocki (*1929) brachte sie auf polnische und ausländische Bühnen (u. a. Schauspielhaus Zürich, 1972). Das Teatr Narodowy (Nationaltheater) in Warschau pflegt polnische Werke ebenso wie Klassiker der Weltliteratur. Adam Hanuszkiewicz leitete es von 1968 bis 1982; seine Inszenierungen interpretierten die polnischen Klassiker neu. Neue Wege geht z. B. das 1971 von dem Maler und Bühnenbildner Jószef Szajna (*1922) gegründete 'Teatr Studio', das das visuelle Element betont ("Replika", 1973; "Dante", 1974). Seit 1990 ist Jerzy Grzegorzewski (*1939) Intendant des Teatr Studio; seine Inszenierungen, die oft auf collagierten Texten (z. B. von Kafka, Joyce, Lowry, Shakespeare, Eliot) beruhen, verschmelzen Musik, Schauspiel, Kostüme und Dekoration zu einer szenischen Einheit.

In Krakau war Konrad Swinarski (1929–1975) tätig, einer der bedeutendsten polnischen Regisseure der Nachkriegszeit, der mit den hervorragenden Theaterkomponisten Zygmund Konieczny und Stanisław Radwan zusammenarbeitete. Im Teatr Stary inszenierte Andrzej Wajda die auch im Ausland berühmten Adaptionen von "Die Dämonen" und "Schuld und Sühne" von Dostojewski.

T. Kantor

Ab den 60er Jahren wurde die Theaterwelt von der Arbeit zweier polnischer Theaterschöpfer wesentlich geprägt: Tadeusz Kantor (1915–1990) und Jerzy Grotowski (*1933).

Der Maler und Bühnenbildner Kantor, ein Schüler von Karol Frycz, war Mitbegründer (1955) und Leiter des Theaters Cricot 2, das bis in die zweite Hälfte der 70er Jahre in Krakau arbeitete, später im Ausland. Das Cricot 2 besaß keinen festen Sitz, die Arbeitsweise glich einem Wandertheater auf ständiger Reise. Die Theaterpraxis des Cricot 2 lebte mit seinen unerhörten Bildern vor allem von der künstlerischen Persönlichkeit des Avantgardemalers (erste Happenings in Polen, Warschau 1965) und Bühnenbildners Kantor. Zwischen 1956 und 1973 inszenierte er Stücke von Witkiewicz, später schuf er aus eigener Phantasie und – wie ein Kritiker sagte – aus seiner 'autobiographischen Fiktion' heraus (u. a. "Die tote Klasse", 1975; "Wielopole, Wielopole", 1980; "Hier kehre ich nie mehr wieder", 1988). Die existenzielle Aussagekraft des Cricot 2 überzeugte auf mehreren Kontinenten. Die Sprachbarierre erwies sich als unbedeutend; gespielt wurde auf polnisch mit fremdsprachigen Einschiebseln der nichtpolnischen Schauspieler. Die Liste der Veröffentlichungen über Kantor ist lang, es gibt auch einige Filmdokumente.

J. Grotowski

Ein lebhaftes Echo in der Theaterwelt der 60er und 70er Jahre fand Jerzy Grotowski mit seinem 'Instytut badania metody aktorskiej – Teatr Labora-

Theater Cricot 2: Kantor bei der Probe von "Die tote Klasse"

J. Grotowski (Fortsetzung)

torium' (Institut für Erforschung der Schauspielmethode – Theater Laboratorium; in Oppeln, ab 1965 in Breslau). Grotowski verzichtete allmählich auf alle seiner Meinung nach überflüssigen Elemente, wie Vorhang, Bühne, Ausstattung, und stellte die Schauspieler ins Zentrum seiner Theaterarbeit. Er knüpfte damit an das Reduta-Ensemble an. Grotowski strebte ein 'autonomes' Theater an, das sein eigenes philosophisches und ästhetisches Programm auf die expressiven Künste Musik, Tanz, Dichtung stützt, ohne einem Text zu dienen (es betrachtet letzteren als eines der gleichberechtigten Elemente). Ein 'armes Theater' sollte mit einer neuen schauspielerischen Expressivität die emotionale Kommunikation mit dem Theaterbesucher fördern. Grotowski Buch "Ku teatrowi ubogiemu" (Für ein armes Theater) stieß weltweit auf großes Interesse; seine Methode beeinflußte die Schauspielkunst und die Schauspielerausbildung. Zur Zeit des Kriegsrechts verließ er Polen, seit den 80er Jahren arbeitet er in Pontedera in Italien.
In Breslau arbeitet auch das weltweit bekannte, von Henryk Tomaszewski (* 1924) gegründete und geleitete Wroclawski Teatr Pantomimy (Breslauer Pantomime-Theater), wo aus einer Synthese von Pantomime, Tanz und Schauspiel Inszenierungen ohne Worte (z. B. "Hamlet" nach Shakespeare) entstehen.

Gegenwärtige Situation

Was weder Kochanowski noch das polnische romantische Drama, weder Wyspiański noch – zu seinen Lebzeiten – Witkiewicz erreichte, das erreichte das polnische Nachkriegsdrama: den Zugang zu ausländischen Bühnen und hohes internationales Ansehen. Dramatiker wie Witold Gombrowicz (1904–1969; "Yvonne, die Burgunderprinzessin"; "Die Trauung"; "Operette"), Sławomir Mrożek (* 1930; u. a. "Die Polizei"; "Tango"; "Emigranten"; "Zu Fuß"), Tadeusz Rózewicz (* 1921; u. a. "Die Zeugen oder unsere kleine Stabilisierung"; "Die alte Frau brütet"; "Weiße Ehe") wurden in mehrere Sprachen übersetzt. "Die Trauung" von Gombrowicz und "Tango" von Mrożek gehören zu den Klassikern des modernen Dramas.

Theater, gegenwärtige Situation (Fortsetzung)

Das Jahr 1989 (Übernahme der Regierung durch nichtkommunistische Politiker) ist eine Zäsur in der Nachkriegsgeschichte Polens. Die wirtschaftliche Krise, die Umstellung von der Plan- auf die Marktwirtschaft verringerte die Zahl der staatlich subventionierten Theater. Den Fortbestand der künstlerisch wichtigsten Bühnen stellt das Kultusministerium sicher. Außerhalb der Repertoire-Theater kommen gelegentlich Aufführungen durch Unterstützung eines Sponsors zustande.
Zwar scheint die Glanzzeit der Studenten- und Amateurtheater in Polen zunächst vorbei zu sein, doch gibt es erfrischende Initiativen wie ein Theaterprojekt in der Krakauer Vorstadt Nowa Huta: Der Regisseur und Projektleiter, Jerzy Fedorowicz, gewann 1991 verfeindete Gruppierungen jugendlicher Subkultur für die Theaterarbeit: Punks und Skinheads. Inszeniert wurde "Romeo und Julia" von Shakespeare. Romeo und Julia als Punks und Skinheads von heute – so bekam der Konflikt zwischen den Montagues und Capulets neue Aktualität. Das Theater in Polen zeigt trotz der wirtschaftlichen und existentiellen Probleme nach wie vor viele interessante Gesichter.

Musik

Mittelalter

Durch die Christianisierung kam der einstimmige liturgische Gesang, der Gregorianische Choral, nach Polen. Über die profane Musik dieser Zeit gibt die älteste polnische Chronik (11.–12. Jh.) des Gallus Anonymus Auskunft. Der erste mit vollem Namen bekannte polnische Komponist ist Wincenty aus Kielce, geboren vor 1200, von dem der 1254–55 geschriebene Gesangs "Dies adest celebris" stammt. Das älteste musikalische Werk mit polnischem Text ist das Ritterlied "Bogurodzica" (Muttergottes, 13. Jh.). Aus demselben Jahrhundert stammen die ersten bekannten polyphonen Kompositionen.
Krakau, die Hauptstadt, war im 15. Jh. das wichtigste Musikzentrum Polens. An der 1364 gegründeten Jagiellonen-Universität wurde ab 1406 Musik unterrichtet. Am königlichen Hof gab es im 15. Jh. ein Vokal- und ein Instrumentalensemble. Aus dieser Zeit stammen die heute noch bekannten Stücke "Cracovia civitas" und "Breve regnum", letzteres ein lateinisches Lied Krakauer Studenten. Aus dem 15. Jh. sind zwei- und dreistimmige Lieder mit polnischem Text bekannt. Mikołaj aus Radom (erste Hälfte 15. Jh.) schrieb mehrstimmige sakrale und weltliche Musik.

Renaissance

Zwei Orgeltabulaturen aus den 40er Jahren des 16. Jh.s, die des Jan von Lublin und die des Klosters vom Heiligen Geist in Krakau, geben Auskunft über die Werke der damals gespielten westeuropäischen und polnischen Komponisten. Beide Orgeltabulaturen gehören zu den größten und wichtigsten Sammlungen in Europa. Sie enthalten u. a. Kompositionen von Mikołaj aus Krakau, der als der bedeutendste polnische Komponist der ersten Hälfte des 16. Jh.s gilt.
Die Blüte der Renaissance in Polen fällt in die Herrschaftszeit der Könige Zygmunt I. Stary und Zygmunt II. August. Hofkomponist von Zygmunt August war Wacław aus Szamotuły (ca. 1526–ca. 1560). Einen kunstvollen Liederzyklus zu den Übersetzungen der David-Psalmen von Jan Kochanowski schrieb Mikołaj Gomółka (ca. 1535–nach 1591). Die fünfstimmige Messe "Missa paschalis" des Hofkomponisten Marcin Leopolita (ca. 1540 bis 1589) belegt ebenfalls den hohen Stand der Krakauer Musik.
Zwischen Renaissance und Barock in Polen fällt das Schaffen von Mikołaj Zieleński. Bekannt sind zwei große, 1611 in Venedig herausgegebene Werksammlungen. Von polnischer Lautenmusik sind in fremden Tabulaturen Kompositionen des aus Polen stammenden Jakub Reys (ca. 1545 bis 1605) zu finden. Der führende Komponist der ersten Hälfte des 17. Jh.s ist Adam Jarzębski (ca. 1590–1649). Zu seinem Werk zählen 27 Canzoni e Concerti. 1628 findet auf Anregung des späteren Königs Władysław IV. die erste Aufführung eines Dramma per musica statt. Ab 1633 spielte in War-

schau ein festes italienisches Opernensemble. Unter Władysław IV. entwickelte sich die Oper in Polen.

Renaissance (Fortsetzung)

Barock

In der religiösen Musik des Barock entwickelte sich neben den traditionellen A-cappella-Kompositionen die konzertante Musik (Marcin Mielczewski, † 1651). In den instrumentalen Canzonen Mielczewskis, dessen Musik auch im Ausland gespielt wurde, sind Mazurka-und Polonaise-Rhythmen zu finden. Bartłomiej Pękiel († 1670) schrieb für Chor a cappella die als die schönste aller polnischen Messen geltende "Missa pulcherrima". Seine wichtigste Komposition ist jedoch "Audite mortales", in dem er sich dem Oratorium nähert. Wie Adam Jarzębski für die Anfänge der Barockmusik, so steht Stanisław Sylwester Szarzyński (Zisterziensermönch, Wende 17./18. Jh.) für die spätbarocke Musik in Polen. Kunstvolle Melodik, instrumentale und vokale Virtuosität zeichnen viele seiner Werke aus.
Die prachtvollste Barockorgel in Polen, gebaut von Jan Głowiński aus Krakau, ist in Leżajsk zu sehen. Für ihren hervorragenden Klang ist die 1763 bis 1788 gebaute Orgel in Oliva bekannt. Zwei Zisterziensermönchen ist die Pelpliner Orgeltabulatur zu verdanken, die einen Querschnitt der Musik des 18. Jh.s bietet.
1778 wurde die Oper "Nędza uszczęśliwiona" (Die beglückte Armut) in Warschau uraufgeführt (Musik von Maciej Kamieński, 1734–1821, Libretto von Wojciech Bogusławski, 1757–1829), die als erste 'polnische' Oper gilt. Jan Stefani (1746–1829), geboren in Prag, in Italien ausgebildet, schrieb in Warschau Musik zu dem Libretto von Boguslawski "Cud mniemany czyli Krakowiacy i Górale" (Das vermeintliche Wunder oder Krakauer und Goralen). Die 1794 uraufgeführte Oper, die in Wort und Musik (Anlehnung an Volkstänze) sich betont auf polnisches Material stützt, wurde sehr populär. Karol Kurpiński (1785–1857) steht in der ersten Hälfte des 19. Jh.s für die nationale Musik, als Direktor der Warschauer Oper sorgte er aber für ein europäisches Repertoire. Er war der wichtigste Komponist vor Chopin, kann aber mit dessen Genie nicht verglichen werden.

Romantik

Fryderyk (Frédéric) Chopin (1810–1849) nimmt in der Klaviermusik des 19. Jh.s eine einzigartige Stellung ein. Seine Kompositionen besitzen eine sozusagen klassische Disziplin, quellen aber zugleich von romantischer Poesie über. Er schöpfte aus der polnischen Volksmusik, überführte diese Elemente aber in seine eigene musikalische Sprache. Grieg soll gesagt haben, er habe von Chopin gelernt, norwegische Musik zu schreiben. Ohne Zweifel hat Chopin erreicht, was nur großen Geistern vorbehalten bleibt: eine höchst individuelle Kunst zu schaffen, zugleich aber auch eine ebenso nationale wie universale Kunst.
Auf völlig andere Weise hat sich Stanisław Moniuszko (1819–1872) um die polnsche Musik verdient gemacht. Er schrieb eine Reihe von Opern, u. a. "Halka" (Halka, 1858), "Hrabine" (Die Gräfin, 1860), "Straszny dwór" (Das Gespensterschloß, 1865), die als nationale Opern gelten. In ihrer kompositorischen Machart souverän, blieben sie – anders als die Musik Chopins – ohne Einfluß auf die allgemeine Musikentwicklung. Im Schatten seiner Opern stehen seine Lieder, in denen sich großes lyrisches Talent entfaltete. Der legendäre Geigenvirtuose Henryk Wieniawski (1835–1880) ist auch als Komponist hervorgetreten. Ein anderer polnischer Virtuose mit Weltruhm, Ignacy Paderewski (1860–1941), der auch Politiker und Staatsmann war (⟶ Berühmte Persönlichkeiten), hat als Komponist jedoch nicht nachgewirkt. Ein bedeutender Sinfoniker und Pädagoge in der zweiten Hälfte des 19. Jh.s und um die Jahrhundertwende war Zygmunt Noskowski (1846–1909). Władysław Żeleński (1837–1921) knüpfte in seinen Opern und Liedern an die Tradition Moniuszkos an. Feliks Nowowiejski (1877–1946), Organist und Dirigent, war einer der vielseitigsten Komponisten seiner Zeit (Opern, Sinfonien, Oratorien, Messen, etc.).

Zwanzigstes Jahrhundert

Der unter dem Einfluß von R. Wagner und R. Strauss stehende Mieczysław Karłowicz (1876–1909) war der erste Erneuerer der polnischen sinfonischen Musik um die Jahrhundertwende (u. a. sinfonische Dichtungen "Li-

Zwanzigstes Jahrhundert (Fortsetzung)

tauische Rhapsodie"; "Stanisław und Anna Oświecim"). 1905 trat die Komponistengruppe 'Junges Polen' (G. Fitelberg, L. Różycki, A. Szeluto, K. Szymanowski) an, um polnische Musik wieder auf europäisches Niveau zu heben. Das ist aber nur Karol Szymanowski (1882–1937) gelungen, und das erst in der Zeit zwischen den Weltkriegen. Mit ihm tritt die polnische Musik in das 20. Jh. ein (Violinkonzerte, Streichquartette, Sinfonien, Opern "Hagith" und "Król Roger", Ballett "Harnasie", "Stabat Mater").
Die Musik vor dem Zweiten Weltkrieg weist neoromantische Elemente wie auch solche des französischen Neoklassizismus auf (J. Maklakiewicz, P. Perkowski, K. Sikorski, B. Szabelski, T. Szeligowski, S. Wiechowicz, B. Woytowicz). Als erster Komponist in Polen verwendete Józef Koffler (1896–1943 oder 1944), ein Schüler Schönbergs, die Zwölftontechnik. Für eine Reihe jüngerer polnischer Komponisten waren die Pädagogen Nadja Boulanger in Paris (wo viele Polen studierten) und Kazimierz Sikorski in Warschau bedeutsam.
Der Zweite Weltkrieg war auch für das polnische Musikwesen katastrophal; Gebäude und Notensammlungen brannten aus oder wurden ausgeraubt, Orchester wurden aufgelöst, Unterricht auf Hochschulniveau war nur im Untergrund möglich. Nach dem Kriegsende, 1945, arbeiteten in Polen 19 staatliche und 67 nichtstaatliche Musikschulen. Zehn Jahre später waren von insgesamt 116 Musikschulen 113 staatlich. Diese Entwicklung gab der Musikerziehung eine gewisse Stabilität, zeigt aber auch die Rolle des Staats als alleiniger Mäzen. Das Musikleben im Land, die schöpferische Freiheit der Komponisten wurden durch die Doktrin des Sozialistischen Realismus erheblich eingeschränkt (von 1949 bis 1956). 1954 floh der neben Witold Lutosławski (*1913) begabteste Komponist seiner Generation, Andrzej Panufnik (1914–1991), nach England. Panufniks Kompositionen aus den Kriegs- und Nachkriegsjahren (u. a. die "Tragische Ouvertüre", 1942/45; "Sinfonia Rustica", 1948; "Nocturne", 1947) waren in Kompositionstechnik und Klang die kühnsten Werke dieser Zeit.
1957, als Reaktion auf die Abschottung während der "Stalin-Ära", wurde in Warschau das Internationale Festival für Moderne Musik "Warschauer Herbst" ins Leben gerufen. Dieses Festival entwickelte sich schnell zum bedeutendsten Forum neuester Musik aus den Ländern zu beiden Seiten des Eisernen Vorhangs. 1958 wurde beim Polnischen Rundfunk in Warschau das Experimentelle Studio eingerichtet, für die elektronische Musik die wichtigste Arbeitsstätte in Polen.
Ende der 50er Jahre spricht die ausländische Musikkritik von "polnischer Komponistenschule"; Auslöser dafür war eine Reihe von Werken, die mit ihrer ästhetisch überragenden Qualität hohe musikalische Individualität ihrer Schöpfer bewiesen und international gewürdigt wurden: u. a. "Trauermusik" von Witold Lutosławski, "Vier Essays" von Tadeusz Baird (1928–1981), "Sinfonietta" von Kazimierz Serocki, "Musique en relief" von Włodzimierz Kotoński (*1925), "Musik für Streicher, Trompeten und Schlagzeug" von Grażyna Bacewicz, "Bela Bartok in memoriam" von Wojciech Kilar (*1932).
Die bedeutendsten polnische Komponisten der Gegenwart sind Witold Lutosławski und Krzysztof Penderecki (*1933). Pendereckis Aufstieg war kometenhaft (1959, im Alter von 26 Jahren, drei erste Preise auf einem Wettbewerb in Polen; internationale Preise folgten). Andrzej Panufnik, der in England lebte und arbeitete, wird in der angelsächsischen Musikwelt hoch geschätzt. Aus politischen Gründen durften seine Werke in Polen erst ab 1977 wieder gespielt werden. Andere bedeutende Namen sind Augustyn Block (*1929), Andrzej Dobrowolski (*1921, Professor für Komposition in Graz), Henryk Mikołaj Górecki (*1933), Eugeniusz Knapik (*1951), Zygmunt Krauze (*1938), Krzysztof Meyer (*1943, Professor in Köln), Witold Szalonek (*1927, Professor für Komposition in Berlin), Bogusław Schäffer (*1929).

Jazz und Rockmusik

Hohes Niveau haben in Polen auch die Jazz- und Rockmusik erreicht. Der Jazzpianist und -komponist Krzysztof Komeda (1931–1969), der mit Roman Polanski nach Hollywood ging, schrieb erfolgreiche Filmmusik,

u. a. zu dessen Filmen "Messer im Wasser", "Tanz der Vampire", "Rosemary's baby". Die Geiger Michal Urbaniak und Zbigniew Seifert (1947–1979), der Trompeter Tomasz Stanko und der Pianist Adam Makowicz waren auch in den USA, der Heimat des Jazz, renommierte Musiker.

Jazz und Rockmusik (Fortsetzung)

Film

Bis zum Zweiten Weltkrieg

Experimente mit dem Ziel, Bilder das Laufen zu lehren, gab es in Polen – unabhängig von den Brüdern Lumiére in Frankreich – im letzten Jahrzehnt des 19. Jahrhunderts. 1902–1903 entstanden erste Filme für den von Kazimierz Prószyńaki gebauten Projektionsapparat (Pleograph). Doch viele für die Projektoren der Brüder Lumiére im Ausland produzierten Filme wurden nach Polen importiert, so daß sich in Polen das französische Projektionssystem durchsetzte. In der Zeit bis zum Ersten Weltkrieg wurden vor allem Adaptionen literarischer Stoffe produziert. In der Zeit zwischen den Kriegen gab es in Polen um 150 Produktionsfirmen, die allerdings nicht über größere finanzielle Mittel verfügten, also nicht geneigt waren, künstlerisch ambitionierte Filme herzustellen. Es entstand auch eine ganze Reihe von Filmen mit jüdischer Thematik für die zahlreiche jüdische Bevölkerung.

1945–1960

Nach dem Zweiten Weltkrieg wurde die Filmproduktion in Polen verstaatlicht. Das nach 1945 in Literatur und Film vorherrschende Thema ist selbstverständlich der Krieg. Die berühmtesten Filme der späten 40er Jahre sind "Zakazane piosenki" (Verbotene Lieder, 1947) von Leonard Buczkowski, "Ostatni etap" (Die letzte Etappe, 1948) von Wanda Jakubowska, "Ulica graniczna" (Die Grenzstraße", 1949) von Aleksander Ford. Ein anderer Film von Ford, "Piątka z ulicy Barskiej" (Die Fünf von der Barska-Straße), erhielt 1954 den Regiepreis auf dem Festival in Cannes.
Mitte der 50er Jahre entstehen Filmproduktionsgruppen, von Regisseuren, Drehbuchautoren, Kameramännern etc., gebildete Einheiten, die – immer noch unter staatlicher Obhut – nicht wirtschaftlich, doch künstlerisch konkurrieren. Das politische Tauwetter nach der Stalin-Ära (die Doktrin des Sozialistischen Realismus in der Kunst verlor ihre Daseinsberechtigung), die neue Organisation der Filmproduktion und eine Reihe junger talentierter Regisseure – diese und einige andere Faktoren führten zur Entstehung der sogenannten Polnischen Filmschule. Dieser Sammelbegriff umfaßte einige in den Jahren 1955–1962 gedrehte Filme, wie Andrzej Wajdas "Pokolenie" (Generation, 1955, Debütfilm), "Kanał" (Der Kanal, 1957) und "Popiół i diament (Asche und Diamant, 1958); dazu "Eroica" (Eroica, 1958) und "Zezowate szczęście" (Das schielende Glück, 1961) von Andrzej Munk (1921–1961), "Pociąg" (Der Zug, 1959) und "Matka Joanna od Aniołów" (Mutter Johanna von den Engeln, 1961) von Jerzy Kawalerowicz; "Nikt nie wola" (Keiner ruft, 1959) und "Ludzie z pociągu" (Die Menschen aus dem Zug, 1961) von Kazimierz Kutz; "Pętla" (Die Schlinge, 1958), "Wspólny pokój" (Das gemeinsame Zimmer, 1960), "Jak być kochaną" (Die Frau, die geliebt werden wollte, 1963) von Wojciech Has.

Polnische Filmschule

Ein großer Teil der Filme der "Polnischen Schule des Films" benutzte Literatur als Ausgangsstoff, ohne bloß Literatur zu verfilmen. Vielmehr hat die Literatur dem Film dieser Jahre geholfen, die eigene Sprache zu finden, sich künstlerisch zu emanzipieren (das beste Beispiel ist "Die Mutter Johanna von den Engeln" nach einer Erzählung von J. Iwaszkiewicz). Die Bilder vermitteln die Psychologie der Personen und Situationen oft eindringlicher, als es verbal möglich wäre. Die Bezeichnung "Kino der denkenden Bilder" ist mit diesen Filmen verbunden. Der Zweite Weltkrieg ist relativ häufig Thema in den Filmen der Polnischen Schule, doch dank dem politischen Tauwetter von 1956 wird der Krieg entheroisiert. Damals sind auch "Zezowate szczęście" (Das schielende Glück) von A. Munk und "Ewa chce spać" (Eva will schlafen, 1958) von Tadeusz Chmielewski gedreht worden, die bis heute besten polnischen Filmkomödien.

1960–1970

Zwar werden über die Jahre 1962/63 hinaus Filme gedreht, die man als Fortsetzung der Polnischen Filmschule betrachten kann, doch sie sind nicht mehr tonangebend. Die materiellen Produktionsmöglichkeiten werden größer, auch die Zahl der produzierten Filme. Großangelegte, aufwendige Filme werden gedreht, wie "Krzyżacy" (Die Kreuzritter, 1960, nach Sienkiewicz) von Aleksander Ford, jahrelang ein Publikumsmagnet. Auch teuer, doch künstlerisch unvergleichlich ambitionierter zeigten sich "Faraon" (Der Pharao, 1966) von Jerzy Kawalerowicz und "Popioły" (In Schutt und Asche, 1965) von Andrzej Wajda. Wajda verstörte die patriotisch gesinnten Zuschauer und Kritiker, weil er die Verherrlichung der an den Napoleonischen Kriegen beteiligten polnischen Soldaten angriff. Und noch eine filmische Adoption der Literatur machte damals von sich reden: "Rękopis znaleziony w Saragossie" (Die Handschrift von Saragossa, nach Potocki, 1965) von Wojciech Has, eine Art Anti-Abenteuerfilm, dessen Charme und Ironie bis heute ihre Wirkung bewahrt haben.
Das berühmteste Beispiel ist der Debütspielfilm von Roman Polanski, "Nóż w wodzie" (Das Messer im Wasser, 1962). Polanski zeigt drei Personen und die wachsende Spannung zwischen ihnen, zugleich einen Grundkonflikt von damals: den Generationenkonflikt zwischen den Zwanzigjährigen (während des Krieges Kinder) und der älteren Generation, die den Krieg durchgemacht hatte, sich vom Kriegstrauma erholen konnte und nun – materiell einigermaßen abgesichert –, zu abgestumpften Konsumenten geworden ist. Polanski erwies sich in seinem ersten Spielfilm nicht nur als reifer Regisseur, er hielt auch das geistige Klima der sogenannten "kleinen Stabilisierung" fest ("Unsere kleine Stabilisierung" war ein Theaterstücks von Tadeusz Różewicz über die Menschen der 60er Jahre in Polen.)
"Messer im Wasser" blieb der einzige in Polen gedrehte Spielfilm Polanskis. Der Erste Sekretär der KP 'mochte' den Film nicht, womit der Regisseur erledigt war; ein großer Teil der Kritiker folgte dem KP-Sekretär. So ging Polanski ins Ausland. Der Drehbuchkoautor von "Messer im Wasser", Jerzy Skolimowski, durfte zwar vier eigene Spielfilme drehen: "Rysopis" (Personenbeschreibung, 1965"), "Walkower" (Verzicht, 1965), "Bariera" (Barriere, 1966), "Ręce do góry" (Hände hoch, 1968); nach seinem vierten Film, der seiner politischen Brisanz wegen nicht in die Kinos kam, 'wurde' auch Skolimowski aus Polen 'gegangen'. Wichtige Filme zu Themen der Gegenwart drehten damals auch Anna Sokołowska: "Beata" (Beate, 1965) und Henryk Kluba: "Chudy i inne" (Der Dünne und die anderen, 1966) und "Słońce wschodzi raz na dzień" (Ein Mal täglich geht die Sonne auf, 1967).
Der von den "Kreuzrittern" angeschlagene Trend, historische Stoffe aufwendig zu visualisieren, hält bis in die späten 70er Jahre hinein an, z. B. "Pan Wołodyjowski" (Herr Wołodyjowski, 1969) und "Potop" (Die Sintflut, 1974) nach H. Sienkiewicz, beide von Jerzy Hoffman, und die für das Fernsehen produzierten Serien "Czterej pancerni i pies" (Vier Panzersoldaten und Hund) und "Stawka większa niż życie" (Wichtiger als Leben); beide Serien alberne Kopfgeburten zum Thema Zweiter Weltkrieg. Solche Kino- und Fernsehfilme sprachen ein großes Publikum an, indem sie die kollektiven Mythen Polens bestätigten, wirkten also genau umgekehrt wie z. B. "Popioły" von Wajda. In der Filmproduktion der 70er Jahre haben die Adaptionen der Literatur einen relativ hohen Anteil, darunter künstlerisch sehr gelungene Filme wie das für den Oscar nominierte "Żywot Mateusza" (Das Leben Matthäus, 1968) von Witold Leszczyński nach einem Buch des Norwegers Tarjei Vesaas, "Wesele" (Die Hochzeit, 1973) nach S. Wyspiański, "Ziemia obiecana" (Das gelobte Land, 1974; für den Oscar nominiert) nach W. Rejmont und "Panny z Wilka" (Die Mädchen aus Wilko, 1979, nach J. Iwaszkiewicz); alle von Andrzej Wajda; dann "Dzieje grzechu" (Geschichte einer Sünde, 1974, nach S. Żeromski) von Walerian Borowczyk und "Gorączka" (Fieber, 1980, Silberner Bär auf der Berlinale 1981; nach A. Strug) von Agnieszka Holland.

Von 1970 bis heute

Die 70er Jahre, insbesondere die zweite Hälfte, brachten eine Reihe von Spielfilmen, die die Kluft zwischen dem offiziellen Bild vom Leben in Polen und der bitteren Realität des Sozialismus eindringlich darstellten. Die Filme

Film, von 1970 bis heute (Fortsetzung)

"Człowiek z marmuru" (Der Mann aus Marmor, 1976, Preis in Cannes 1978) von A. Wajda und "Barwy ochronne" (Tarnfarben, 1976, Preise Teheran 1977 und Rotterdam 1978) von Krzysztof Zanussi waren die künstlerischen Wegmarken dieser Strömung, die die Bezeichnung "Kino moralischer Unruhe" bekam und weiter hauptsächlich von jüngeren Regisseuren getragen wurde. Einige weitere Filme und Regisseure des "Kino der moralischen Unruhe": "Aktorzy prowincjonalni" (Provinzschauspieler, 1978, Preis in Cannes 1980) von Agnieszka Holland, "Wodzirej" (Der Tanzmeister, 1978) von Feliks Falk, "Jak żyć" (Wie soll man leben, 1977) von Marcel Łoziński, "Amator" (Der Amateur, 1978, Preise in Moskau 1979, Berlin und Chicago 1980) von Krzysztof Kieślowski, "Bez znieczulenia" (Ohne Betäubung, 1978) und "Dyrygent" (Der Dirigent, 1980, Preise Berlin und San Sebastian 1980) von Andrzej Wajda.
1980/81, während der Solidarność-Bewegung, schrumpfte die Macht der Zensurbehörde erheblich, was weitere Filme zum Thema "Stalin-Ära" in Polen ermöglichte (den Durchbruch schaffte 1976 Wajda mit seinem "Mann aus Marmor"), u. a. "Wahadełko" (Das Pendelchen, 1981) von Filip Bajon, "Przesłuchanie" (Das Verhör, 1981) von Ryszard Bugajski, "Wielki bieg" (Der große Lauf, 1981) von Jerzy Domaradzki, "Był jazz" (Es gab Jazz, 1981) von Feliks Falk, "Dreszcze" (Die Schauder, 1981) von Wojciech Marczewski, "Matka Królów" ("Die Mutter der Söhne Król, 1982) von Janusz Zaorski.

Nach der Verhängung des Kriegsrechts im Dezember 1981 wurde es für die Regisseure schwierig, die sich nicht in die staatliche Propaganda einspannen lassen wollten. Einige polnische Regisseure arbeiteten im Ausland (Wajda, Zanussi) oder wanderten ganz aus (Bugajski, Holland). Ab etwa Mitte der 80er Jahre, als die Macht der Kommunisten zu wackeln begann, konnten die Filme wieder die Handschrift ihrer Regisseure tragen. Die größten Ereignisse der zweiten Hälfte der 80er Jahre waren "Krótki film o zabijaniu" (Kurzer Film über das Töten) und "Krótki film o miłości" (Kurzer Film über die Liebe) von Krzysztof Kieślowski (Regisseur) und Krzysztof Piesiewicz (Coautor). Die beiden Filme, die zu einer Fernsehserie über die Zehn Gebote gehören, waren als Kinofilme überaus erfolgreich (z. B. Europäischer Filmpreis "Felix" für "Kurzer Film über das Töten").
Ein hohes Niveau besitzt auch der polnische Dokumentar- und der Trickfilm. Begründer des polnischen Dokumentarfilms waren Jerzy Bossak und Ludwik Perski, herausragende Leistungen auf dem Gebiet des Trickfilms brachten die seit 1962 im Ausland arbeitenden Jan Lenica und Walerian Borowczyk. Nach dem Machtwechsel 1989 und der allmählichen Einführung der freien Marktwirtschaft werden zunehmend private Filmproduktionsfirmen gegründet.

Volkskunst, Kunsthandwerk und Folklore

Situation heute

Der Prozeß der Industrialisierung und Verstädterung, der in der 2. Hälfte des 19. Jh.s. einsetzte, hat in Polen wie im übrigen Mitteleuropa die dörflichen Lebensgemeinschaften verändert. Städtische Kleidung ersetzte die Tracht, industriell gefertigter Hausrat verdrängte die phantasievoll verzierten Holz- und Keramikwaren, die traditionelle Holzbauweise wurde durch gesichtslose Neubauten verdrängt.
Nur in wenigen Regionen Polens, vor allem in den Beskiden und der Tatra, wird noch Volkskunst im eigentlichen Sinne von Laien geschaffen, die ohne spezielle handwerkliche oder künstlerische Ausbildung nach überlieferten Formen Gebrauchsgegenstände, Zierat und Kleidung herstellen. Dennoch ist in Polen nicht zuletzt durch staatliche Förderung die 'Volkskunst' in allen Teilen des Landes lebendig geblieben. Sie wird allerdings zumeist von professionellen Künstlern und Handwerkern gestaltet, die selbst nicht unbedingt aus dem Landstrich stammen, dessen Formen und Ornamente sie für ihre Arbeiten adaptieren.

Volkskunst, Kunsthandwerk und Folklore

Geschichte

Das Interesse für bäuerliche Kultur und Lebensformen erwachte in Polen im 19. Jh. Neben der romantischen Verklärung des Landlebens spielte dabei im geteilten Polen die Besinnung auf die nationalen Eigenheiten des Volkes eine wichtige Rolle. Die Tradition der wissenschaftlichen Volkskunde begründete der Komponist Oskar Kolberg (1814–1890), der auf zahlreichen Reisen durch das ganze Land Material über alte Volksbräuche, Kunsthandwerk, mündliche Überlieferungen, Lieder, Tänze und Trachten sammelte. Seine Aufzeichnungen wurden in mehreren Bänden veröffentlicht und sind bis heute eine wichtige Quelle der Forschung. Die 1901 gegründete 'Gesellschaft für Polnisches Kunsthandwerk' und die 'Polnische Landeskundliche Gesellschaft' (gegründet 1906) führten die Arbeit Kolbergs fort. Bereits 1906 entstand bei Wdzydze in Kaschubien (das damals zum preußischen Teil Polens gehörte) auf polnische Initiative hin das älteste Freilichtmuseum des Landes in einem kaschubischen Bauernhof. Das Gelände wurde 1970 zum Kaschubischen Freilichtmuseum (Kaszubski Park Etnograficzny) erweitert. Mittlerweile gibt es in Polen über 30 solcher Freilichtmuseen ('skansen'), in denen regionale Bauformen und Gebrauchsgegenstände gezeigt werden, z. B. in Oppeln für Oberschlesien und in Nowogrod bei Łomża für Kurpie. Reichhaltige Sammlungen zu Volkskunst und Brauchtum findet man auch in den Regionalmuseen.
Die Formen und Muster bäuerlichen Kunsthandwerks regten bereits um die Jahrhundertwende das Schaffen der polnischen Künstler an, die sich in Krakau in der Bewegung 'Młoda Polska' ('Junges Polen'; 1890–1914) zusammengefunden hatten. Seitdem blieb die Volkskunst Inspirationsquelle der Künstler. Nach 1945 wurde diese folkloristische Gebrauchskunst ebenso wie die Einrichtung der volkskundlichen Museen staatlich gefördert, um das Nationalbewußtsein der kommunistischen Machthaber zu demonstrieren. 1950 wurde die staatliche 'Zentrale für Kunst- und Volksgewerbe', abgekürzt 'Cepelia', gegründet. Für Cepelia arbeiten Genossenschaften und selbständige Künstler sowie die Fachhochschulen für Kunstgewerbe in Breslau (Glas, Keramik) und Łódź (Textilien) und die Kunstakademie in Warschau. Die qualitätvollen Erzeugnisse der Cepelia erfreuen sich bei Polen und ausländischen Touristen großer Beliebtheit. Cepelia unterhält in allen Städten Filialen, deren Auswahl je nach Landstrich variiert und von den Besonderheiten der regionalen Volkskunst geprägt ist. Neben den für Cepelia tätigen gibt es seit einigen Jahren eine wachsende Zahl selbständiger Werkstätten und Künstler.

'Echte' Volkskunst und Brauchtum haben sich in jenen Regionen abseits der großen Städte erhalten, in denen bis heute die ländliche Siedlungsform vorherrscht: im gebirgigen Süden Polens (Beskiden, Podhale/Tatra), in Kaschubien und in Kurpie (um Łomża). Dabei haben die Einheimischen in den beliebten Urlaubsgebieten Nutzen aus ihrem handwerklichen Geschick gezogen und bieten selbstgestrickte Pullover, bestickte Tischdekken, geschnitzte Holzfiguren und ähnliches als Souvenirs an.

Architektur

In vielen Dörfern kann man noch Bauernhäuser in der traditionellen Holzbauweise entdecken. Holz war das vorherrschende Baumaterial auf dem Land, regional unterschiedliche Haustypen bildeten sich heraus. In der Gegend von Krakau beispielsweise wurden die Häuser bunt bemalt, im polnischen Teil Masurens kontrastieren farbige Tür- und Fensterrahmen mit dem dunkel gebeizten Holz. Die schönste und am besten erhaltene Holzarchitektur findet man in der Region Podhale am Fuße der Tatra (besonders in Chochołów nordwestlich von Zakopane). Die Häuser haben steile, mit Schindeln gedeckte Walmdächer mit überhängenden Dachtraufen. Die Holzbalken sind mit ornamentalen Schnitzereien kunstvoll verziert. Im Süden Polens haben sich auch zahlreiche kleine Holzkirchen in diesem Stil erhalten. Bereits um die Jahrhundertwende haben die Künstler der 'Młoda Polska' um Stanisław Witkiewicz, die Zakopane als Refugium wählten, ihre Häuser nach den traditionellen Vorbildern gestaltet. Glücklicherweise wurden zumindest die alten Bauformen auch bei Neubauten von Berghäusern und Erholungsheimen weitgehend übernommen.

Oberschlesisches Freilichtmuseum in Oppeln

Holz

Wie das Haus selbst, so wurden in Südpolen auch Möbel und hölzerne Gebrauchsgegenstände wie Teller, Milchscheffel, Käse- und Butterformen mit Ritzornamenten verziert. Diese Dinge kann man heute als Zierat bei Cepelia kaufen, ebenso wie das bunte Holzspielzeug, das in dieser Region hergestellt wird. Zentren der Bildschnitzerei liegen außerdem im Gebiet um Lublin und Kielce und in Kaschubien.

Leder

In der Tatra hat die Lederverarbeitung eine lange Tradition. Taschen, Gürtel und die 'kierpce', die Schuhe der Goralen aus Podhale, werden mit eingestanzten Ornamenten geschmückt und mit Messingschnallen verziert.

Textilien

In Podhale haben Tischwäsche und Blusen mit wunderschöner handgearbeiteter Lochstickerei Tradition. Eine Besonderheit Nordostpolens (Augustów, Suwałki) sind gewebte Wandteppiche mit figuralen oder floralen Mustern. In der Gegend von Łowicz sowie in Kurpie und Podlasie (nordöstlich von Warschau) werden aus Baumwolle und Leinen Tischdecken mit bunten Streifen gewebt.

Scherenschnitte

Aus Kurpie und der Region Łowicz kommen seit dem 19. Jh. Scherenschnitte mit volkstümlichen Motiven. Besonders schön sind die bunten Scherenschnitte aus Glanzpapier in Form von Hähnen oder Pfauen.

Keramik

Die Töpferei hat in ganz Polen eine lange Tradition. Die sogenannte Rohkeramik wird vor allem in Zentralpolen hergestellt. Sie bleibt unglasiert und erhält nur eine ockerfarbige oder weiße Tonbemalung; häufig werden die Gefäße mit Ritzornamenten verziert. Bemalte und glasierte Keramik kommt aus der Gegend von Lublin und aus Südpolen (Stary Sącz, Rzeszów). Charakteristisch für die kaschubische Keramik ist die hellblaue Glasur mit Tulpen und Rankenmustern.

Trachten

Wie die Volkskunst, so ist auch die Tracht aus dem Alltagsleben der Bevölkerung fast verschwunden. In den meisten Regionen wird jedoch die Erin-

Trachten (Fortsetzung)

nerung an Tracht und Volkstanz von Folkloregruppen bewahrt. Diese Gruppen wurden im sozialistischen Polen ebenso wie die Volkskunst staatlich gefördert. Das bekannteste Folkloreensemble 'Mazowsze' trägt – jeweils in der Tracht der jeweiligen Region – Lieder und Tänze aus allen Landstrichen Polens vor. Mit seinem Repertoire begeistert 'Mazowsze' das Publikum in Westeuropa und Nordamerika; in Polen ist es allerdings nur selten zu sehen. Lediglich in Podhale und Kurpie tragen die Dorfbewohner an Feiertagen noch ihre Tracht. In Zakopane findet alljährlich im September das Folklorefest 'Herbst in der Tatra' statt, bei dem Trachtengruppen der Gebirgsregionen Europas zusammenkommen.
Besonders auffällig ist die Männertracht der Goralen in Podhale aus engen weißen Hosen, die mit herzförmigen Ornamenten bestickt sind (sog. 'parzenica'). Dazu tragen die Männer einen breiten, messingverzierten Ledergürtel und mit Riemen festgeschnallte Lederschuhe (die bereits genannten 'kierpce'). Ein kurzer, schwarzer Umhang und ein runder Filzhut vervollständigen die Tracht. Die Goralen-Tracht unterscheidet sich deutlich von den Männertrachten der übrigen Regionen, zu denen lange Mäntel und hohe Stiefel gehören.
Die Trachten aus Łowicz, Kurpie und Krakau sind bunt, während in Großpolen, in Masuren und in Ermland dunkle Töne vorherrschen. Charakteristisch für die Frauentrachten einiger mittelpolnischer Regionen (Łowicz, Lublin, Kielce) ist der sogenannte 'pasiak' (= Gestreifter), ein Stoff aus Leinen und Wolle mit verschiedenfarbigen Streifen. Kunstvolle Stickereien zieren die Korsagen der Krakauer Frauentracht, auch die Frauenhauben in Kaschubien und im Ermland sind mit Gold- und Silberfäden bestickt.

Volksmusik

In Polen begann man Anfang des 19. Jh. mit der systematischen Aufzeichnung und Herausgabe von Volksliedern und -tänzen; auch hier hat sich Oskar Kolberg besonders verdient gemacht. Die ersten überlieferten schriftlichen Fixierungen von sogenannten 'Polnischen Tänzen' im Rhythmus der Mazurka stammen aus dem 17. Jahrhundert.

Goralenmusiker

Trachten aus Cieszyn

Volksmusik (Fortsetzung)

In ganz Polen sind Geige und Fiedel die Hauptinstrumente der Musikkapellen, dazu kommen je nach Region verschiedene andere Instrumente: in Großpolen der zweisaitige Baß, in den Beskiden und in Śląsk Cieszynski (Teschener Land) der Dudelsack, in den Vorkarpaten das Alphorn.
Die bekanntesten polnischen Melodie- und Tanztypen sind die Mazurka aus dem Gebiet um den Oberek und der Kujawiak aus Mittelpolen sowie der Krakowiak aus der Region Krakau. Die meisten dieser Tänze sind sehr lebhaft und im 3/4- oder 2/4-Takt gehalten. Bei den Goralentänzen aus Podhale spielt die Solodarbietung des Mannes mit spektakulären Sprüngen eine wichtige Rolle. Ruhiger und getragener sind die Rhythmen der Volksmusik in Nordpolen (Ermland, Mazuren, Kurpie).
Frédéric Chopin hat sich von der polnischen Volksmusik inspirieren lassen und die Rhythmen der Mazurka und der aus dem Kujawiak entstandenen Polonaise in der ganzen Welt bekannt gemacht. Auch Karol Szymanowski (1882–1937) brachte Elemente der polnischen Volksmusik in sein an der Schwelle zur modernen Musik stehendes Werk ein.

Brauchtum

Im katholischen Polen konzentriert sich das Brauchtum um die kirchlichen Festtage, die in Stadt und Land gleichermaßen feierlich begangen werden. Viele dieser Bräuche sind auch bei uns bekannt.

Advent und Weihnachten

Die Adventszeit ist auch in Polen die Zeit der Vorbereitung auf Weihnachten: Plätzchen werden gebacken, Geschenke gebastelt oder eingekauft. Allerdings ist der Brauch des Adventskranzes unbekannt. Der 4. Dezember, der Tag der hl. Barbara, wird im Oberschlesischen Kohlerevier mit Umzügen der Bergleute gefeiert, als deren Schutzpatronin die Heilige gilt. Am 6. Dezember kommt der Nikolaus zu den Kindern.

Krakauer Krippe

Advent und Weihnachten (Fortsetzung)

In Krakau werden in den beiden letzten Wochen vor Weihnachten rund um den Marktplatz die berühmten Krakauer 'szopki', Krippen aus Pappmaché und Glanzpapier, ausgestellt. Die farbenprächtigen Krippenaufbauten sind bis zu zwei Meter hoch. Ihre Gestaltung ist durch die Krakauer Architekturdenkmäler inspiriert, besonders beliebte Motive sind die Marienkirche und der Wawel. Die schönste Krippe wird prämiert.
Weihnachten ist in Polen ein Familienfest, an dem möglichst alle Familienangehörigen, wohnen sie auch noch so weit entfernt, zusammenkommen. Christbaum und Krippe gehören wie in Deutschland zum Fest. In einigen Regionen wird der Weihnachtsbaum mit der Spitze nach unten an der Decke aufgehängt und mit Äpfeln und Nüssen dekoriert. In Südpolen stellen die Bauern eine Getreidegarbe in eine Stubenecke, um reiche Ernte für das kommende Jahr zu erbitten. Der Heilige Abend ist in Polen Fastentag, daher kommt zum festlichen Abendessen kein Fleisch auf den Tisch. Dafür besteht das Mahl traditionell aus zwölf Gerichten, unter anderem aus einer Pilz- oder Rote-Rüben-Suppe (Barszcz), einem Fischgericht (meist Karpfen), Mohnklößen und Trockenobstkompott. Ein Gedeck steht für einen unerwarteten, einsamen Gast bereit. Vor dem Essen teilt die Familie geweihte Oblaten untereinander und wünscht sich den Frieden. Nach dem Abendessen werden Weihnachtslieder gesungen, bevor die Geschenke ausgepackt werden dürfen. Feierlicher Abschluß des Abends ist der Besuch der Christmette um Mitternacht.
Zwischen Weihnachten und Neujahr wandern in einigen Regionen (Podhale, Krakau, Podlasie/Nordostpolen) Sternsinger von Haus zu Haus. Sie werden von finsteren Gestalten mit Tiermasken begleitet, die die bösen Geister symbolisieren, die die Sänger mit ihren Liedern aus den Häusern vertreiben.

Ostern und Karwoche

Am Palmsonntag werden 'Palmzweige' aus Weiden- oder Buchsbaumzweigen in den Kirchen geweiht; in Kurpie schmückt man meterhohe Tannen, die in einer Prozession vor die Kirche getragen werden.
Am Karfreitag wird in den Kirchen wie in Süddeutschland und Österreich das Grab Christi aufgebaut. Am Nachmittag des Ostersamstags lassen die Gläubigen die Osterspeisen Eier, Brot, Wurst und Salz weihen, die nach dem Auferstehungsgottesdienst am Ostermorgen beim festlichen Frühstück verzehrt werden. Am Ostermontag muß man als Frau achtgeben, daß man nicht naß wird: Beim sogenannten 'smigus-dyngus' werden vor allem die jungen Damen von ihren Freunden oder Verehrern mit Wasser bespritzt, wenn nicht sogar mit einem Kübel Wasser unsanft aus dem Bett geholt. Die vornehmere Variante dieses Brauchs ist, seine Angebetete (auch die Ehefrau!) mit Parfüm zu bespritzen.

Mariä Himmelfahrt

An Mariä Himmelfahrt wird das Patrozinium des Klosters auf dem Jasna Góra, dem Hellen Berg von Tschenstochau, gefeiert. Tausende Pilger aus dem ganzen Land strömen zur Verehrung Mariens, der 'Königin Polens', zusammen. Die Gottesdienste finden am Fuße des Klosters unter freiem Himmel statt, weil Kirche und Kloster die Menschenmassen nicht fassen können (vgl. S. 24, 'Die katholische Kirche in Polen').

Historische Feste

In einigen polnischen Städten feiert man auch Feste zum Gedenken an historische Ereignisse. Das farbenprächtigste Schauspiel bietet sich alljährlich vier Tage nach Fronleichnam in Krakau, wenn der 'Lajkonik' (das 'tanzende Pferd') in die Stadt einzieht. Das Spektakel geht zurück auf das Jahr 1287, als die Tataren Krakau belagerten. Der Legende nach gelang es den tapferen Flößern aus Zwierzyniec vor Krakau, den Khan zu töten und dadurch die Belagerer in die Flucht zu schlagen. Um diesen Erfolg zu feiern, verkleidete sich der Vorsteher der Flößer als Tatar und zog mit einem hölzernen Pferd in die Stadt Krakau ein, euphorisch begrüßt von Bürgern und Stadtvätern. Dieser Einzug und die anschließenden Freudenfeiern werden nachgespielt. Das malerische Kostüm des Lajkonik mit dem Pferderumpf wurde nach dem Entwurf des Jugendstilkünstlers Stanisław Wyspiański gearbeitet.

Polen in Zitaten

Polnische Nationalhymne

Noch ist Polen nicht verloren,
Solange wir noch leben.
Was uns fremde Gewalt genommen,
Holet unser Schwert zurück.
Marsch, Marsch, Dąbrowski,
Nach Polen aus Italienland
Führ uns an, zu reichen
unserm Volk die Hand.
Warth und Weichsel wir dann nehmen,
denn auf Polen geht der Blick.
Bonaparte hat gezeiget
wir wir schreiten können zum Sieg.

Der Text stammt von General Józef Wybicki, der an den Feldzügen Napoleons in Italien teilnahm. Dąbrowski kommandierte die polnischen Truppen bei der Einnahme von Posen 1806; damals soll das Lied zum ersten Mal gesungen worden sein.

Gallus Anonymus
11./12. Jh.

Dieses Land ist zwar sehr bewaldet, aber es ist sehr reich an Gold und Silber, Brot und Fleisch, Fisch und Honig, und und es verdient besonders deshalb, über andere gestellt zu werden, weil es, obwohl von so viel der oben erwähnten christlichen und heidnischen Völkern umgeben und oft von allen auf einmal überfallen, sich dennoch durch niemanden völlig unterjochen ließ; ein Land, wo die Luft gesund, der Boden fruchtbar, der Wald von Honig triefend, die Gewässer fischreich, die Ritter kampflustig, die Bauern fleißig, die Pferde ausdauernd, die Kühe reich an Milch, die Schafe reich an Wolle sind und die Ochsen gerne den Pflug ziehen.

Aus: Polnische Chronik

Jan Długosz
1415–1480
Historiker

Außerdem hat das Königreich Polen einige bedeutende Städte, obwohl sie nicht durch Bistümer oder Stiftskirchen glänzen. Da ist aber vor allem: die Stadt Danzig, nicht nur bei den Polen bekannt, eine zwar nicht sehr große Stadt, aber berühmt durch ihren blühenden Handel, denn es werden Waren verschiedener Art dorthin gebracht: über die Weichsel, die sich mit einer von drei Mündungen mit dem Meer verbindet, und zwar mit dem Sarmatischen Ozean, wobei sie gewissermaßen die Grenzen so großer Staaten berührt und deren Waren zu Land, zu Wasser und über den Ozean gebracht werden und schließlich, wodurch sie berühmt ist, mit lebhaftem gegenseitigen Austausch nach den verschiedensten Seiten.

Aus: Jahrbücher oder Chroniken des berühmten Königreichs Polen, 1455–1480

Marcin Kromer
um 1512–1589
Bischof von Ermland, Historiker

Die Polen haben eine offene und aufrichtige Gemütsart, sie lassen sich eher selbst täuschen, als daß sie jemanden in die Irre führen; sie sind nicht so schnell beim Streit wie bei der Eintracht; Frechheit und Arroganz sind bei ihnen nicht festzustellen, im Gegenteil, sie sind sogar nachgiebig, wenn man sich ihnen gegenüber freundlich und sanft verhält. Auf sie wirkt vor allem das persönliche Beispiel, und im allgemeinen hören sie auf ihre Gebieter und Beamten. Sie sind geneigt, Freundlichkeit, Anständigkeit, Wohlwollen und Gastfreundschaft in solchem Maße zu erweisen, daß Unbekannte und Reisende aus fremden Ländern sich nicht nur gerne bei ihnen aufhalten, sondern sie auch einladen und ihnen mit jeder Hilfe dienen.

Aus: Polen oder über Lage, Bevölkerung, Sitten, Ämter und öffentliche Angelegenheiten des Königreichs Polen in zwei Büchern, 1570

Johann Erich Biester
1749–1816
deutscher Literat und Bibliothekar

Warschau ist eine sehr große, belebte, reiche und angenehme Stadt, in der es viele Paläste und Gärten im Überfluß gibt, die Behaglichkeit und ein luxuriöses Leben sichern. Das kommt daher, daß es Hauptstadt eines weiten und sehr reichen Landes ist, Königsresidenz, Ort der Sejm-Sitzungen, Sitz vieler Kollegien und zumindest in einem Teil des Jahres Wohnort der einflußreichsten und wohlhabendsten Familien. In Deutschland wird das Niveau der Kultur, die Wirtschaft und sogar der Lebensstandard Polens so gering geschätzt, daß vielleicht auch meine Leser ähnliche Ansichten angenommen haben; dennoch muß ich feststellen, daß, was Pracht und Lebensstil angeht, nur Wien sich mit Warschau vergleichen kann.

Aus: Einige Briefe über Polen, geschrieben im Sommer 1791. Berlinische Monatsschrift 1791–1793

Franciszek Salezy Jezierski
1740–1791
Schriftsteller

Das Vaterland ist ein Land, aus dessen Nahrung mein Körper geschaffen ist; er ist bespritzt von dem Blut meiner Vorfahren, seine Oberfläche benetzt von Mühe und Schweiß meiner Landsmänner, seine Knochen mit dem Staub meiner Väter vermischt, und wenn sich die Natur aus ihren Grenzen zurückziehen würde, wenn ich eine Handvoll Heimaterde zusammenpressen würde, würde dasselbe Blut aus ihr herausrinnen, das in meinen Adern fließt; also ist ein Teil des Wesens, das ich bin, meine Heimat. Nicht das also, was durch die heitere Lage des Ortes, durch die herrliche Baukunst der Städte, die Fruchtbarkeit der Ernten, die Güte der Luft ins Auge fällt, ist meine Heimat, weil es fremd ist; denn ein schönes Gesicht kann nicht mein sein, nur weil es schön ist, wenn es mir auch gefällt, denn es ist mir doch fremd.

Aus: Einige Ausdrücke in alphabetischer Ordnung gesammelt und erklärt mit Anmerkungen zur Sache, 1791

Nathaniel William Wraxall
1751–1831
englischer Beamter und Reisender

Die polnische Kleidung hält sich hier bei allen Ständen, doch unmerklich, von Jahr zu Jahr, wird sie immer weniger verbreitet. In Warschau ist sie schon, wie man mir versichert, durch die deutsche Aufmachung und Art sich zu kleiden ersetzt worden. In dieser polnischen Kleidung ist etwas Marsisches, Strenges und Charakteristisches, das aber trotzdem keinen Widerspruch herausfordert. Denn sie bildet einen Bruch in der nackten und armseligen Einheitlichkeit, charakteristisch für das äußere Bild der Bürger Europas, die im Laufe dieses Jahrhunderts fast völlig ihre nationalen Eigenheiten in der Kleidung verloren haben ... Nur die Polen, die die eigene Unabhängigkeit durchlebt haben, halten hartnäckig an alten Bräuchen fest, so daß wie bisher selbst die Russen nicht versuchen, sie davon abzubringen. Der "Piast" oder Adlige, traditionsgemäß gekleidet, bildet einen auffallenden Kontrast zu den Leuten seines Standes in jedem Land Europas. Auf dem kahlgeschorenen Kopf trägt er eine gewaltige Pelzkappe. Seine Tracht erinnert an die Husarentracht mit großen, herabhängenden Ärmeln, einem Säbel, der bis auf die Erde reicht, und hohen Stiefeln. Der ganzen Gestalt des Adligen verleiht ein langer dichter Schnurrbart ein wildes Aussehen, das die Erinnerung an seine sarmatische Abstammung weckt.

Aus: Memoires of the Courts of Berlin, Dresden, Warsaw and Vienna in the Years 1777–1779, London, 1800

William Coxe
1747–1828
englischer Historiker

Nach der Ankunft in Wieliczka begaben wir uns zum Ausgang des Bergwerks. Nachdem wir drei einzelne Hängematten um ein großes Seil festgemacht hatte, das zum Heraufziehen des Salzes benutzt wurde, setzen wir uns bequem hinein, und langsam ließ man uns ohne die geringste Furcht vor Gefahr in die Tiefe, etwa 160 Yards unter das erste Salzflöz. Nachdem wir die Hängematten verlassen hatten, gingen wir einen langen, immer niedriger werdenden Weg entlang, der durch Passagen oder eine so breite Galerie führte, daß einige Wagen nebeneinander auf ihnen hätten fahren können. Dann gingen wir wieder nach unten über aus Salz geschlagene Treppen, so bequem und prächtig, als wäre es ein Treppenaufgang irgendeines Palastes. Jeder von uns hatte ein Licht bei sich, vor uns gingen

William Coxe
(Fortsetzung)

aber einige Führer mit Lampen in den Händen. Die Reflexe dieser Lichter auf den glitzernden Wänden des Bergwerks boten einen unaussprechlich schönen Anblick. Unser Führer ließ natürlich die Gelegenheit nicht aus, uns das zu zeigen, was er für die interessanteste Besonderheit dieses Ortes hielt – nämlich eine kleine, in das Salz gehauene Kapelle, in denen an bestimmten Tage die Messe abgehalten wird ... Die gewaltigen Ausmaße dieser Säle, ihre weiten Passagen oder Galerien zusammen mit den erwähnten Kapellen und einigen Ställen für Pferde, denen man dort unten Futter gibt, wurden wahrscheinlich Grundlage für die übertriebenen Erzählungen einiger Reisenden, die behaupten, in diesen Bergwerken gebe es einige Dörfer, bewohnt von Bergarbeiterkolonien, die niemals das Tageslicht sehen.

Aus: Travels into Poland, Russia, Sweden and Denmark. Interspersed with Historical Relations and Political Inquiries, London 1784

Piotr Wiaziemski
1792–1878
russischer Fürst
und Dichter

Ich fuhr gestern allein von dem lauten Bagatela durch den abgeschiedenen, dunklen Hain von Łazienki: jenes einsame, dunkle Schloß, jene Ödnis eröffneten vor meinen Augen ein scharfes Bild diese degradierten Landes, dieses degradierten Volkes. Oft habe ich über das Schicksal Polens nachgedacht, aber sein Unglück hat zu mir in der Sprache politischer Notwendigkeit gesprochen. Hier hat sich Polen zum ersten Mal in mir mit der Stimme der Poesie gemeldet. Ich erschrak und wollte schreien: Kaiser, rufe Polen ins Leben zurück! Du handelst im Einklang mit der Natur, wenn dein Herz, ähnlich wie mir, die Gefühle in Aufruhr bringt.

Aus einem Brief aus Warschau, 4. August 1819

Ambroży
Grabowski
1782–1868
Historiker

Endlich standen wir am Morskie Oko. Es fehlen mir die Worte, um diesen Eindruck zu beschreiben, den dieser herrliche Ausblick auf mich gemacht hat, diesen gewaltigen See in einem steinernen Bett umgeben unermeßlich große und spitze Gipfel von Granitfelsen, die so verwegen in die Höhe ragen, daß es scheint, als drohten sie, mit ihrer Spitze des Himmelsblau zu zerreißen. Die Gipfel dieser felsigen Pyramiden sahen wir verdeckt im Schoß einer Wolke, die über unseren Köpfen dahinzog. Keine Bäche, sondern Flüsse von beträchtlicher Größe stürzen sich vom See über zerklüftete Blöcke und kämpfen sich schäumend eine Zeitlang zwischen Granitfelsen hindurch, die seine Ufer bedecken.

Aus: Einige Stunden Aufenthalt in der Tatra, 1824

Georg Herwegh
1817–1875
deutscher Dichter

Der heil'ge Krieg ist neu entglommen,
Die Söhne Polens werden wach,
Wir haben unser Schwert genommen
nach fünfzehn Jahren tiefer Schmach.
An dich, du stumme Zeugin unsrer Klage
Und unsrer namenlosen Qual,
An dich, Europa, richten wir die Frage:
Verläßt du uns zum zweiten Mal?

Ist's nicht ein Kampf für deine Sache?
Ein Kampf, von jedem Flecken rein?
Auf! Polens Adler will der Rache
Gebenedeiter Engel sein.
Die Saat ist reif, es rauschen unsre Sensen,
wir schwingen auch für dich den Stahl:
Verlaß uns nicht zum zweiten Mal!
(...)
Deutschland! sei zwischen uns ein Bundeszeichen,
Der Freiheit lodferndes Signal!
Auch Polens Aar trägt einen Kranz von Eichen:
Verlaß mich nicht zum zweiten Mal! (...)

Aus dem Gedicht "Polen an Europa" (März 1846)

Geographisches Lexikon des Königreichs Polen und anderer slawischer Länder
Warschau
1880–1902

Im Namen "Polen" selbst, d. h. "das Land der Felder", Ebenen, campania par excellence, steckt leider der Begriff von etwas Unbegrenztem; und diese Unbegrenztheit, bedingt durch die Gestalt des Geländes, die uns zu landschaftlicher Monotonie verdammt hat, verstärkt sich noch durch die geographische Lage dieser "campania". Polen hat nämlich eine zentrale Lage in Europa; die Linien vom Ural nach Portugal und von Kreta zum Nordkap überschneiden sich auf dem Gebiet Polens; Polen ist also nicht nur "Land der Felder", sondern auch "Durchgangsland", und das in zwei Richtungen: von Osten nach Westen und von Süden nach Norden. In der ersten Richtung ist es ein völlig freier Übergang von der sarmatischen zur germanischen Ebene (Brama Nadwiślańska, 70 Meilen breit); dies erinnert an die Lage Belgiens am Übergang von der germanischen zur französischen Ebene und rief in beiden Gebiete ähnliche geschichtliche Erscheinungen hervor: beide Länder waren Schlachtfeld der Rassen (Grunwald/Tannenberg, Waterloo). In der anderen Richtung ist der Übergangscharakter Polens weniger bedeutend, hier finden wir auch einen bestimmten Stützpunkt, eine bestimmte Grundlage für die von uns gesuchte Definition des physikalisch-geographischen Begriffs Polen. Geht man nämlich nach Norden, trifft man auf das streng begrenzte natürliche Ufer der Ostsee, im Süden auf den "Granitpfosten der Karpaten".

Pierre Francastel
1900–1970
französischer Kunstkritiker und Soziologe

Polen ist ein Land, das uns im ersten Augenblick überrascht und aus der Bahn wirft; Polen gehört nicht zu den Ländern, die sofort ihr Geheimnis preisgeben oder zumindest im Vorübergehen einen künstlichen oder lebendigen Eindruck hinterlassen. Der Reiz Polens liegt in seiner Verschiedenartigkeit, seinen ewigen Kontrasten, wie auch seine Vergangenheit aus ruhmreichen und tragischen Karten besteht ... Die europäischste unter den polnischen Städten und die polnischste unter den historischen Städten Europas, Krakau, ein unumgängliches Ziel jeder Polenreise. Der Tourist, der an Besichtigungen gewöhnt ist, findet hier ein weites Feld für seine Fähigkeiten und Vorlieben: hier gibt es Museen, Denkmäler, Kirchen, deren Aussehen auf den ersten Blick an andere Städte erinnern von Prag bis Brügge, von Danzig bis Bremen, mehr oder weniger durch das hanseatische Siegel geprägt. Dieser Tourist wird sich dennoch binnen kurzem überzeugen, daß sein erster Eindruck oberflächlich war: Diese Stadt ist in Wirklichkeit Zeuge der polnischen Kultur.

Aus: La Pologne Pittoresque, Grenoble 1934

Jarosław Iwaszkiewicz
1894–1980
Schriftsteller

Nun bin ich hier in Sandomierz. Das Städtchen liegt – wie San Gimignano – auf einem hohen Berg. Es hat den Vorteil gegenüber der italienischen Stadt, daß zu seinen Füßen die majestätische und herrliche Weichsel fließt. Ich könnte noch viele andere Vorteile aufzählen, vor allem das frische und durch nichts berührte Grün, den Zauber der Wiesen zwischen Stadt und Fluß. Wie schön hat man früher die polnischen Städte angelegt! Wie klug und verständig sind die Gebäude angeordnet, wie bequem und ästhetisch! Unverständlich ist für mich der Verfall der Architektur. Warum? Warum gelingt es heute nicht, einfach etwas Hübsches, Bequemes zu bauen; statt dessen baut man ausgeklügelte und unangenehme Mißgeburten oder unbequeme und gemeine Scheußlichkeiten.

Aus einem Brief aus Sandomierz, Juli 1936

Timothy Garton Ash
englischer Historiker und Publizist

Und dann, ebenso unerwartet, schweigt die Menge ehrfürchtig. Eine halbe Million Menschen lauschen mit einer solchen Aufmerksamkeit, daß man einen herunterfallenden Rosenkranz hören könnte. Dies ist eine große und einfache homilia, keine politische Ansprache. Der Papst verkündet eine Liebe, die so groß ist, daß "das Bewußtsein ihrer Existenz Sicherheit gibt, die größer ist als alle Erfahrungen und Berufe, die das Leben für uns bereithalten kann". Er muß nicht den Kriegszustand beim Namen nennen, um ihnen zu zeigen, daß er ihre Enttäuschung kennt und teilt. Er sagt ihnen, was sie tun können: bei der Vervollkommnung ihrer selbst anfangen, bevor sie irgendwelchen gesellschaftlichen oder politischen Reformen fol-

Timothy Garton Ash (Fortsetzung)

gen; auf die eigenen Zweifel hören; das Gute und das Schlechte beim Namen nennen. "An euch ist es, eine entschiedene Schranke vor der Demoralisierung zu errichten." Da und nur da spricht er zum ersten Mal das Wort 'Solidarität' aus und läßt es sehr ruhig in die schweigende Menge fallen, dies ist nicht die 'Solidarność', die verbotene Gewerkschaft, sondern "die grundlegende zwischenmenschliche Solidarität".

Aus: Der Papst in Polen, 1983

Czesław Miłosz
geb. 1911
Dichter, Nobelpreisträger

Die Geschichte Polens und der polnischen Literatur mag ungereimt und voller Widersprüche erscheinen: ein slawisches Volk, dessen Schriftsteller bis zur Renaissance ausschließlich das Lateinische verwenden; ein gewaltiger Staat, der sich Jahrhunderte lang den Teutonen, der Türkei und Moskau widersetzt hat, aber der auch durch einen ständigen Mißbrauch des parlamentarischen Systems buchstäblich zerfallen ist, seine Nachbarn aber, einst schwach, teilten es auf und löschten es für hundertzwanzig Jahre von der Landkarte; ein ungeheuer lebendiges Volk, das leicht in eine verdummende Apathie verfällt und das seine Leistungen erst unter Bedingungen enthüllt, die jede andere Gesellschaft zermalmen und vernichten würde; ein ausgefeilter Geschmack, verbunden mit Ironie und geistreichem Witz, die eine Lyrik hervorgebracht haben, vergleichbar mit den Leistungen im elisabethanischen England, denen aber unaufhörlich das Ertrinken im Alkohol und der Lärm von Einzelinteressen droht; Traditionen religiöser und politischer Toleranz, ausgearbeitet in einer Republik mit vielen Völkern und Bekenntnissen, die von einem gewählten König regiert wurde, die infolge einer Serie von gemeinsamen Mißerfolgen in einen ungesunden, seiner fünf Sinne nicht mächtigen Nationalismus hervorgebracht haben; ein Volk, um dessen Loyalität sich in der zweiten Hälfte dieses Jahrhunderts zwei gleichrangige Kräfte bewerben – die Kommunistische Partei und die katholische Kirche. Aus diesem Chaos scheinbar widersprüchlicher, aber durch eine eigene Logik verbundener Elemente lassen sich Schlußfolgerungen auf einen universalen Charakter ziehen.

Aus: History of Polish Literature, Berkeley 1983

Max Frisch
1911–1991
Schweizer Schriftsteller

Gespräch mit einer jungen Polin (...) Der Beweis, daß Schlesien ein polnisches Land sei: mit dem gleichen Beweis könnte Österreich verlangen, daß wir [d. h. die Schweiz] nach siebenhundert Jahren unter seine Herrschaft zurückkehren. Die liebenswerte Polin, die seit einem Vierteljahrhundert in Breslau wohnt, empfindet meine Einwände als feindselig. Zu Unrecht. Ernsthafter als diese völkischen Argumente, die nicht stimmen und immer mindestens zweischneidig sind, ist die genaue Darstellung, was die Deutschen in Polen getan haben; Zerstörung und Ausplünderung erreichen einen Grad, der ein Weiterleben dieses unglückliche Volkes, wenn nicht eine Entschädigung stattfindet, in Frage stellt. Das scheint mir der einzig mögliche Gesichtswinkel, wenn man über Schlesien zu sprechen hat (...) Polen ohne die östlichen Gebiete, die Rußland genommen hat; dafür Schlesien, das ungeheure Geschenk. Was sollen sie tun? Die Tragödie der Polen ist ihre Geographie ...

Aus: Tagebuch 1946–1949.
Suhrkamp Verlag, Frankfurt a. M., 1950.

Karl Dedecius
geb. 1921
Übersetzer

Eine wichtige Rolle im Verständnis der Völker spielen nicht nur die Politiker, sondern auch die gewöhnlichen Bürger. Seit dreißig Jahren arbeite ich 'von unten' an der Verständigung zwischen Polen und Deutschen. Ich bin überzeugt, daß wir nicht mehr von alten Voreingenommenheiten zehren und Nationalismen aufwärmen werden. Millionen von Polen und Deutschen ist es gelungen, sich persönlich gut kennenzulernen. Ein demokratisches, liberales Deutschland wird ein besserer Nachbar für Polen sein als ein deutscher Staat mit totalitärem System. Die heutigen Deutschen sind anders als jene vor einem halben Jahrhundert, anders sind auch die Polen.

Interview in der Wochenzeitung "Wprost", Poznań 1990

MUZEUM

Routenvorschläge

Allgemeines

Die folgenden Routenvorschläge sollen als Anregung für die Reise mit dem Auto dienen, ohne die Freiheit zur eigenen Wahl zu nehmen. Die Streckenführung berücksichtigt soweit wie möglich die Hauptsehenswürdigkeiten des Landes, Hinweise auf Wegvarianten und Abstecher komplettieren die Beschreibung. Die Routen sind problemlos zu kombinieren. Zum Reiseführer gehört eine Karte, die die ins Detail gehende Planung erleichtert. Orte und Landschaften, die im Abschnitt 'Reiseziele von A bis Z' unter einem Hauptstichwort beschrieben sind, erscheinen in den Routenbeschreibungen **in halbfetter Schrift.**
Die in den Routenüberschriften genannten Entfernungen sind gerundet und beziehen sich auf den direkten Streckenverlauf. Für Abstecher und Varianten sind die zusätzlichen einfachen Entfernungen angegeben.

1: Ostsee und Masuren

Szczecin – Suwałki 750 km

Ausflug nach Świnoujście (90 km)

Ausgangspunkt für die Nordpolen-Route ist die alte pommersche Hauptstadt **Szczecin** (Stettin) an der Odermündung, die 17 km vom deutsch-polnischen Grenzübergang Pomellen–Kolbaskowo entfernt ist. Von hier bietet sich zunächst ein Ausflug auf der E 65 nach Norden zum Oderhaff nach **Świnoujście** (Swinemünde) an. Auf der Halbinsel **Wolin**, 20 km östlich von Świnoujście, liegt das ehemals mondäne Seebad Międzyzdroje (Misdroy); landschaftlich reizvoll sind die Höhenzüge, die hier steil zum Meer abfallen.

Szczecin – Gdańsk (340 km)

Von Szczecin aus gibt es zwei Möglichkeiten, durch Hinterpommern nach Gdańsk (Danzig) zu fahren. Die kürzere und schnellere Verbindung führt auf der E 28 Richtung Gdańsk nach Nordosten über Szczecin-Ploty (Plathe) und die alten Handelsstädte **Koszalin** (Köslin) und Sławno (Schlawe) nach **Słupsk** (Stolp). Von Lębork (Lauenburg), das im Mittelalter bereits zum Gebiet des Deutschen Ordens in Westpreußen gehörte, sind es noch 80 km bis nach **Gdańsk**.

Abstecher nach Łeba (30 km)

Von Lębork sollte man einen Ausflug an die Küste nach **Łeba**, dem Fischer- und Ferienort, machen; der Slowinski Park Narodowe (Slowinzischer Nationalpark) beeindruckt mit bis zu 60 m hohen Wanderdünen.

Variante entlang der Küste (470 km)

Die beschaulichere Variante auf Landstraßen nahe der Ostseeküste erschließt die landschaftliche Schönheit Hinterpommerns und die Sehenswürdigkeiten in den ehemaligen Hansestädten. Von Stettin aus fährt man nach Norden über die Straßen 3 und E 65 nach **Kamień Pomorski** (Cammin; Szczecin – Kamień 76 km). In der alten Hanse- und Bischofsstadt lohnt die Besichtigung des gotischen Doms St. Johannes. Von Kamień fährt man über Trzebiatow (Treptow) weiter nach **Kołobrzeg** (Kolberg) und gelangt auf der Straße 11 nach **Koszalin** (Köslin); dort folgt man der E 28. 4 km hinter Koszalin biegt man Richtung Küste nach Darłowo (Rügenwalde) ab. In der ehemaligen Hansestadt Rügenwalde sind das Schloß der pommerschen Herzöge und die gotische Marienkirche erhalten. Zwischen Darłówko (Rügenwaldermünde) und Ustka (Stolpmünde) ziehen sich schöne Strände hin. Von Ustka aus fährt man entweder nach **Słupsk** (Stolp) und dann auf der Hauptroute weiter, oder in Küstennähe über kleine Straßen am Binnensee Jezioro Gardno (Gardersee) vorbei bis nach Kluki (Kluken). Hier ist in einem alten Gehöft der Slowinzen, dem in dieser

◂ *Zamość: das stattliche Haus "Zum Engel" am Marktplatz (mit Museum)*

Sonnenuntergang an der Ostsee

Route 1:
Ostsee und Masuren (Fortsetzung)

Gegend ehemals ansässigen Volksstamm, ein Freilichtmuseum eingerichtet. Von Kluki aus umfährt man auf kleinen Straßen den Jezioro Łebsko nach **Łeba**; von dort nach Lębork auf die Hauptroute.

Gdańsk – Mrągowo (250 km)
Abstecher zur Marienburg (22 km)

Um von **Gdańsk** nach Masuren zu gelangen, verläßt man die Stadt auf der E 77 in Richtung Elbląg/Warszawa.
Nach 40 km zweigt rechts die Straße nach **Malbork** (Marienburg) ab. Die ausgedehnte Burganlage des Deutschen Ordens, die nach dem Krieg mustergültig wiederaufgebaut wurde, ist unbedingt einen Besuch wert. Von Malbork fährt man auf der Straße 50 direkt nach **Elbląg**, dessen historischer Kern im 2. Weltkrieg fast völlig zerstört wurde.

Abstecher nach Frombork (32 km)

Von Elbląg führt ein Abstecher ans Frische Haff nach Tolkmicko und **Frombork** (Frauenburg) mit der gotischen Burg und der Kathedrale der Bischöfe von Ermland.
Die Hauptroute führt von Elbląg auf der E 77 bis **Ostróda** (Osterode) zum Westteil der Masurischen Seenplatte (links der Route Morąg, Geburtsort von J. G. Herder). In Ostróda zweigt man ab auf die Straße 16 nach **Olsztyn** (Allenstein). In Allenstein, einer Gründung des Deutschen Ordens, sind die Burg der Bischöfe von Ermland und die gotische Jakobikirche sehenswert. Von Olsztyn bis Mrągowo fährt man 65 km durch die masurische Wald- und Seenlandschaft. Das kunstgeschichtlich uninteressante, weil mehrfach zerstörte Mrągowo ist idealer Ausgangspunkt, um das Gebiet mit den größten masurischen Seen Jezioro Sniardwy (Spirdingsee) und Jezioro Mamry (Mauersee) kennenzulernen.

Variante Olsztyn – Lidzbark – Mrągowo (120 km)

Eine der schönsten Ordensburgen ist die unzerstört gebliebene Burg von **Lidzbark Warmiński** (Heilsberg), das von Olsztyn über die nach Norden führende Straße 51 zu erreichen ist (46 km). Von Lidzbark führt die Route über Kierwiny und Bisztynek nach Reszel (mit Ordensburg) und zur Wallfahrtskirche Święta Lipka (Heiligelinde), einem Barockjuwel. 9 km östlich

Lidzbark – Mrągowo (Fortsetzung)

der ehemaligen Deutschordensstadt **Kętrzyn** liegt Gierłoż mit den Resten der 'Wolfschanze', des Führerhauptquartiers, Schauplatz des Attentats auf Hitler am 20. Juli 1944.

Mrągowo – Suwałki (155 km)

In den östlichen Teil der Masurischen Seenplatte führt die Straße 16 von Mrągowo über Mikolajki (Nikolaiken) und Orzysz (Arys) nach Ełk (Lyck). Dort zweigt die Straße nach Olecko (Treuburg) nach Norden ab; 3 km nördlich von Olecko wieder östlich nach **Suwałki**. Die Seenlandschaft und die Wälder und Sümpfe der Puszcza Augustowska sind ein Naturerlebnis.

Rückfahrt nach Warschau

Um von Suwałki nach Warschau zu gelangen, fährt man über **Augustów** nach **Łomza**, der Hauptstadt der Region Kurpie, und weiter über Ostrów Mazowiecki und Wyszkow (275 km). Beendet man seine Masurentour schon in Mrągowo, erreicht man Warschau so (255 km): Zunächst durch die masurische Hügellandschaft nach Szczytno (Ortelsburg) und weiter nach Nidzica (Neidenburg; 96 km). Die weithin sichtbare Burg (14. Jh.) war Grenzfestung des Deutschen Ordens gegen das Königreich Polen. Von Nidzica führt die E 77 durch die Masowische Ebene nach Warschau. Bei Nowy Dwor Mazowiecki, am Zusammenfluß von Bug und Weichsel, sieht man ausgedehnte Festungsanlagen Napoleons und der russischen Armee aus dem 19. Jahrhundert. Von hier sind es noch 30 km bis Warschau.

2: Von Danzig nach Warschau oder Krakau

375 bzw. 600 km

Gdańsk – Włocławek (220 km)

Der erste Abschnitt beider Routen ist identisch. Bis nach Toruń (Thorn) führt er durch Pommerellen, das vom 13. bis zum 15. Jh. Kernland des Deutschordensstaates war; unterwegs sind einige der schönsten Baudenkmäler dieser Epoche zu sehen.

Variante links der Weichsel

Von Danzig hat man zwei Möglichkeiten, um an der Weichsel entlang nach Thorn zu fahren. Besser ausgebaut und kürzer (167 km) ist die Route über die E 75, die links der Weichsel zunächst nach Tczew (Dirschau) führt. In Rudno, 15 km südlich von Tczew, zweigt rechts die Straße nach Pelplin ab. Die Zisterzienserkirche mit den wunderbaren Sterngewölben ist eines der schönsten Beispiele der Backsteingotik im Ostseeraum.

Abstecher nach Pelplin (10 km)

Die Straße 1 (E 75) führt an **Grudziąz** vorbei und biegt wenige Kilometer hinter Świecie (Schwetz) links ab und überquert die Weichsel. Etwa 3 km hinter der Brücke liegt das Städtchen **Chełmno** (Kulm) mit der vom Deutschen Orden errichteten Marienkirche (14. Jh.). Von hier sind es noch 45 km bis nach **Toruń**.

Variante rechts der Weichsel

Die zweite Variante (Gdańsk–Toruń 212 km) führt zunächst auf der E 77 Richtung Elbląg/Warschau nach Osten. Nach 40 km zweigt rechts die Straße nach **Malbork** ab (Marienburg; eindrucksvolle Burganlage an der Nogat, Zentrum des Deutschordensstaats). Die Straße 173 verläuft rechts der Weichsel weiter nach **Kwidzyn** (Marienwerder), wo die Ordensburg und die Kathedrale der Bischöfe von Pomesanien einen Halt lohnen. Reste der mittelalterlichen Stadtbefestigung zeugen von der einstigen Bedeutung des am Hochufer der Weichsel gelegenen **Grudziąz** (Graudenz). Von hier sind es 50 km bis nach Torún (Thorn), der Deutschordens- und Kopernikusstadt.

Von Thorn aus führt die E 75 entlang der Weichsel vorbei an dem Solekurort Ciechocinek nach **Włocławek** (Kathedrale der Bischöfe von Kujawien, 14. Jh.). Hier teilen sich die Wege nach Warschau und Krakau.

Włocławek – Warschau (155 km)

Nach Warschau fährt man zunächst links der Weichsel weiter, die in **Płock** (Kathedrale 12.–14. Jh., romanische Bronzetüren) überquert wird. (Bei Wyszogród kann man nach Süden zur Route 6 wechseln, der nächste Anziehungspunkt ist hier Zelazowa Wola, der Geburtsort Chopins.) 46 km

Route 2: Von Danzig nach Warschau oder Krakau (Fortsetzung)

hinter Płock lohnt sich ein Halt bei der romanischen Klosterkirche von Czerwińsk am Hochufer der Weichsel. Von hier hat man einen schönen Blick über den Fluß auf die Wälder der Puszcza Kampinoska, des Naturreservats in den Weichselauen vor den Toren Warschaus. Nach 60 km erreicht man **Warschau**.

Włocławek – Kraków (380 km)

Von Włocławek fährt man weiter auf der Straße 1 (E 75) in Richtung Łodz. Nach 70 km zweigt bei Łęczyca nach links die Straße nach Tum mit seiner romanischen Stiftskirche ab (2 km). Die Hauptroute führt weiter nach **Łódź**, seit dem 19. Jh. Zentrum der Textilindustrie. In Łódź folgt man der Beschilderung Piotrków/Częstochowa nach Süden (E 75).

Abstecher nach Sulejów (15 km)

Von **Piotrków Trybunalski** aus sollte man das malerisch an einem See gelegene romanische Zisterzienserkloster von Sulejów besuchen (von der Umgehungsstraße Richtung Piotrków Centrum, dann der Beschilderung nach Kielce folgen).

Die Hauptroute umgeht Piotrków in Richtung **Częstochowa**. Dort steht die Besichtigung des Klosters der Schwarzen Madonna auf dem Jasna Gora (Heller Berg) auf dem Programm. Von Częstochowa aus führt die E 75 zum Ostrand des Oberschlesischen Industriegebiets. Hier folgt man der Beschilderung nach Kraków und gelangt über Olkusz und an Ojców (Nationalpark in Karstlandschaft) vorbei in die alte polnische Königsstadt **Kraków** (Częstochowa – Kraków 125 km).

3: Von Großpolen nach Masuren

Poznań – Mrągowo 420 km

Poznań – Toruń (176 km)

Von **Poznań** (Posen), der 'Wiege des polnischen Staats', fährt man auf der E 261 Richtung Gniezno/Bydgoszcz. Nach 50 km erreicht man **Gniezno** (Gnesen). Dessen an Kunstschätzen reiche Kathedrale ist von alters her Sitz des polnischen Primas, des Oberhaupts der polnischen katholischen Kirche. Von Gniezno aus geht es weiter auf der E 261 nach **Bydgoszcz** (Bromberg) und von dort auf der ausgebauten Straße 10 rechts der Weichsel nach **Toruń**.

Variante über Strzelno (147 km)

Alternativ zu dieser Route über die Hauptverkehrsstraßen kann man von Gniezno aus auf der Landstraße Richtung Trzemeszno nach **Strzelno** fahren (u. a. romanische Klosterkirche mit reichem Skulpturenschmuck) zu besichtigen. In Strzelno folgt man der Beschilderung nach **Inowrocław** (Hohensalza), von dort gelangt man auf der Landstraße nach Toruń.

Toruń – Mrągowo (243 km)

Von Toruń aus fährt man auf der Straße 10 in östlicher Richtung (Lipno) weiter und trifft nach 9 km auf die Abzweigung nach **Brodnica** (Straßburg). Die Ordensburg, der die Stadt ihre Gründung verdankt, ist seit langem Ruine. Von Brodnica geht es über Land durch den Südwesten der Masurischen Seenplatte (über Nowe Miasto Lubawskie) nach **Ostróda** (Osterode). Die weitere Strecke zu den Großen Masurischen Seen folgt der Route 1 von Ostróda nach Mrągowo.

4: Von Pommern nach Schlesien

Szczecin – Wrocław 405 km

Szczecin – Poznań (230 km)

Die Route führt von **Szczecin** (Stettin) auf der Straße 3 (E 65) über Pyrzyce (Pyritz) nach Süden. **Gorzów Wielkopolski** (Landsberg an der Warthe) mit der weithin sichtbaren Marienkirche liegt bereits in Großpolen. In Skwierzyna 28 km südlich von Gorzów folgt man der Beschilderung nach **Poznań**.

Variante über Stargard Szczeciński (260 km)

Eine andere Möglichkeit, von Szczecin nach Poznań zu gelangen, bietet die Staße 10 über Stargard Szczeciński (Stargard). Die mächtige Marienkirche (13./14. Jh.) kündet vom Reichtum der Stadt im Mittelalter. Die Route führt weiter quer durch die Pommersche Seenplatte über Wałcz (Deutsch Krone) nach **Piła** (Schneidemühl). In Piła zweigt die Straße nach Poznań nach Süden ab.

Poznań – Wrocław (175 km)

Ab Poznań folgt man der Beschilderung nach Wrocław (Straße 5, E 261). Am Weg liegt **Leszno** (Lissa), das vom 16. bis 18. Jh. im Besitz der Magnatenfamilie Leszczyński war, die mit Stanislaw Leszczyński einen Gegenkönig zu August dem Starken stellte. In seiner Heimatstadt haben sich nur wenige historische Bauten erhalten.
Rydzyna, 9 km südlich von Leszno, besitzt eine bemerkenswerte Stadtanlage aus dem Barock. In **Trzebnica** (Trebnitz) gründete die kurz nach ihrem Tod heiliggesprochene Herzogin Hedwig 1202 das nach ihr benannte Kloster, das im Barock zu einem riesigen Komplex ausgebaut wurde. Von hier sind es noch 24 km nach **Wrocław** (Breslau), dem Zentrum Niederschlesiens.

5: Schlesien und Beskiden — 660 – 850 km

Vorbemerkung

Die Route, die parallel zum Gebirgskamm der Sudeten und der Beskiden von West nach Ost verläuft (Zgorzelec – Legnica – Wrocław – Opole – Kraków – Rzeszów – Przemyśl), ist nur das 'Skelett' für viele attraktive und zeitintensive Varianten. Je nach zur Verfügung stehender Zeit kann man auf diese Direktverbindung zwischen den größeren Orten, die im folgenden in der Marginalie **halbfett** aufgeführt wird, zurückgreifen, um größere Distanzen schneller zu überwinden.

Zgorzelec – Wrocław (160 km)

Vom deutsch-polnischen Grenzübergang Görlitz-Zgorzelec folgt man der Beschilderung nach Wrocław. 16 km hinter der traditionsreichen Töpferstadt Boleslawiec (Bunzlau) stößt man auf die Autobahn. Die Piastenstadt **Legnica** (Liegnitz), 6 km von der Autobahn entfernt, lohnt einen Abstecher. In Legnickie Pole (Wahlstatt), auf der Höhe von Legnica südlich der Autobahn, fiel 1241 der Piastenherzog Heinrich II. in der Schlacht gegen die Mongolen, die anschließend Schlesien verwüsteten. Zum Benediktinerkloster von Wahlstatt gehört eine der schönsten Barockkirchen Schlesiens. Von der Abzweigung Legnica sind es noch 65 km bis nach **Wrocław**.

Route durch das Riesengebirge (ca. 200 km)

Von Zgorzelec aus bietet sich die sehr reizvolle Fahrt durch das **Karkonosze** (Riesengebirge) nach Wrocław an. Man sollte sich mindestens 1 – 2 Tage Zeit für Ausflüge im Riesengebirge nehmen. Von Zgorzelec fährt man zunächst über Luban (Lauban) und Gryfów (Greifenberg) nach **Jelenia Góra** (Hirschberg, 65 km). Jelenia Góra ist ein guter Ausgangspunkt für Ausflüge z. B. nach **Szklarska Poręba** oder **Karpácz** (Krummhübel) am Fuße der Schneekoppe (15 km) oder nach Jagniątków (Agnetendorf), dem Wohnort Gerhart Hauptmanns (12 km).
Einen Abstecher wert ist das Barockkloster von Krzeszów (Grüssau), das man von Jelenia Góra aus über Kowary und Kamienna Góra (Landeshut) erreicht (23 km).

Von Jelenia Góra führt die Straße 5 nach Bolków (Bolkenhain), über dem sich die mächtige Ruine der Piastenburg Bolkos I. (13. Jh.) erhebt. Etwas südlich von Świebodzice (an der Straße nach **Wałbrzych**) liegt das mächtige Schloß Książ (Fürstenstein). Nach weiteren 33 km erreicht man die alte Piasten- und Handelsstadt **Świdnica** (Schweidnitz), die mit der gotisch-barocken Stanislaus-und-Wenzel-Kirche das gewaltigste Gotteshaus in Schlesien besitzt (Turm 104 m hoch); nicht weniger beeindruckend ist die Friedenskirche von 1656. Von hier bis Wrocław sind es 45 km.

Riesengebirge: Quarksteine mit Reifträger

Route 5 (Fortsetzung) **Wrocław – Kraków** (280 km)

Man verläßt Wrocław auf der E 40 Richtung Opole (Oppeln) und erreicht nach 51 km die Umgehungsstraße von Brzeg (Brieg). Das Piastenschloß aus der Renaissance-Zeit und die Altstadt von Brieg sind einen Halt wert. Das 40 km von Brieg entfernte **Opole** (Oppeln) ist gleichfalls eine Piastengründung. Auch in Opole folgt man der E 40 Richtung Kraków, nach der Stadt Strzelce Opolskie wählt man die Route Richtung **Gliwice** (Gleiwitz) bis Bytom (Beuthen).
Die kürzeste Strecke durch das Oberschlesische Industriegebiet (das neben den Kohle- und Stahlhütten kaum Bedeutendes bietet) führt von Bytom über Czeladź, Będzin und Olkusz nach **Kraków** (Bytom – Kraków 90 km).

Kraków – Tatry (110 km)

Für eine Fahrt in die **Tatry** (Tatra) sollte man sich mindestens 2–3 Tage Zeit nehmen, um auch zu Fuß die Schönheit der Landschaft entdecken zu können. Man verläßt Kraków nach Süden Richtung **Nowy Targ** und fährt durch das Vorgebirge der Beskiden nach **Zakopane** am Fuße der Tatra. Von dem beliebten Sport- und Erholungsort aus kann man die Bergregion Podhale kennenlernen. So bietet sich ein Ausflug in das nordwestlich gelegene Dorf Chochołów an, in dem die typische Holzarchitektur der Goralen zu sehen ist.
Auf der Rückfahrt von Zakopane nach Krakau lohnt sich ein Abstecher zu einer der ältesten Holzkirchen Polens in Dębno (15./16. Jh.). Man folgt in Nowy Targ der Beschilderung nach Łopuszna und Dębno (13 km).
Etwa 60 km westlich von Krakau liegt **Oświęcim** mit dem Vernichtungslager Auschwitz-Birkenau, dessen Besuch selbstverständlich sein sollte.

Variante Tatra – Bieszczady

Für Naturliebhaber mit genügend Zeit empfiehlt es sich, entlang des Hauptkamms der Karpaten nach Osten in die **Bieszczady** (Ostbeskiden) zu fahren. Die Route führt von Zakopane über Nowy Targ und Kroscienko entlang dem **Dunajec** nach **Nowy Sącz**. Von hier geht es weiter auf der Straße 98 nach Jasło, **Krosno** und **Sanok** (Zakopane – Sanok 240 km). Die

Route 5: Schlesien und Beskiden (Fortsetzung)

schön gelegene Stadt Sanok ist das Tor zu den Ostbeskiden; von hier aus kann man schöne Bergtouren unternehmen (Bieszczady-Nationalpark im äußersten Südosten Polens).

Kraków – Przemýsl (250 km)

Die Hauptroute auf der Straße 4 (E 40) folgt der alten Handelsstraße von Krakau zum Schwarzen Meer. Von Krakau fährt man nach Tarnów, vorbei an den interessanten Salzstädten Wieliczka und Bochnia. Der historische Stadtkern von **Tarnów** ist unzerstört erhalten geblieben. Hier folgt man der Beschilderung nach **Rzeszów** (Tarnów – Rzeszów 80 km). Die Besichtigung der Magnatenresidenz der Lubomirski und Potocki (17./18. Jh.) in **Łańcut** (17 km östlich von Rzeszów) sollte nicht versäumt werden. Malerisch am Ufer des San liegt die Stadt **Jarosław**. Von hier sind es 34 km bis in die alte, vom Barock geprägte Handelsstadt **Przemyśl**, die nur 14 km von der Grenze zur Ukraine entfernt ist.

6: Mittelpolen

Frankfurt/Oder – Warschau 480 km

Grenze – Łowicz (395 km)

Diese West-Ost-Verbindung führt vom Grenzübergang Frankfurt/Oder-Slubice auf der E 30 über Swiebodzin (Schwiebus) nach **Poznań** (177 km). Dann geht es weiter durch Großpolen, vorbei an der Industriestadt **Konin** und an Kutno bis nach **Łowicz** (Poznań – Łowicz 224 km), der Barockstadt, die sich im Besitz der polnischen Primasse befand.

Łowicz – Warszawa (82 km) Abstecher zum Geburtshaus Chopins

27 km hinter Łowicz zweigt in Sochaczew eine Landstraße ab nach Zelazowa Wola, dem Geburtsort Chopins (5 km). Sein Geburtshaus, in einem schönen Park gelegen, ist als Museum eingerichtet. Von Zelazowa Wola aus kehrt man auf die Hauptstraße zurück und hat von Sochaczew noch 55 km bis nach **Warszawa** zu fahren. Eine andere Möglichkeit ist, von

Landschaft bei Zelazowa Wola

Route 6:
Mittelpolen
(Fortsetzung)

Zelazowa Wola am Südrand des Naturreservats Puszcza Kampinoska entlang über Kampinos nach Warschau zu gelangen (55 km).

7: Von Warschau in den Urwald von Białowieska 235 km

Diese Route für Naturliebhaber führt in eines der ursprünglichsten Naturreservate Europas. Von Warschau aus fährt man auf der E 30 nach Mińsk Mazowiecki und folgt 21 km hinter Mińsk der Abzweigung nach Węgrów. Unterwegs sieht man in Liw die eindrucksvolle Ruine der masowischen Herzogsburg, in Węgrów stehen zwei Kirchen des für den polnischen Adel tätigen Barockarchitekten Tylman van Gameren. Von Węgrów aus geht es weiter nach Osten über Sokołów Podlaski und das landschaftlich reizvoll am Hochufer des Bug gelegene Drohiczyn bis zur Straße 19, in die man links Richtung Siemiatycze – Białystok einbiegt. Auf dieser Straße fährt man 50 km durch die Waldlandschaft von Podlasien nach Bielsk Podlaski. In Bielsk stehen zwei russisch-orthodoxe Kirchen (17. und 18. Jh.); in den östlichen Gebieten Polens leben orthodoxe Christen. Um von Bielsk in die Puszcza Białowieska zu gelangen, hält man sich Richtung Hajnówka – Bialowieża (42 km). Bialowieża liegt inmitten des Naturreservats der Puszcza Białowieska, ehemals Jagdgebiet der polnischen Könige. Mit etwas Glück kann man hier Wisente und Wildpferde zu sehen bekommen.

8: Renaissance- und Barockstädte Warschau – Zamość 295 km

Die Route Warschau – Puławy – Kazimierz Dolny – Lublin – Zamość ist besonders für kunstgeschichtlich Interessierte reizvoll: mit Kazimierz, Lublin und Zamość besucht man drei der schönsten Städte Polens, die ihren historischen Kern bewahrt haben.

Warszawa – Puławy (135 km)

Erste Station nach Warschau ist **Puławy**, das man am schnellsten über die Straße 17 erreicht, die im Osten Warschaus bei Stara Miłosna nach Lublin abzweigt. In Puławy sind das Schloß und der Landschaftsgarten der Adelsfamilie Czartoryski (18./19. Jh.) in den Weichselauen sehenswert.

Variante über Wilanów

Unterwegs sollte man sich die Sommerresidenz der polnischen Könige in Wilanów im Süden Warschaus ansehen. Dann fährt man links der Weichsel über Góra Kalwaria und Kozienice zum Flußübergang bei Puławy (122 km).

Puławy – Zamość (150 km)

15 km südlich von Puławy liegt **Kazimierz Dolny** malerisch am Weichseldurchbruch. Die Stadt, die stets viele Künstler anzog, hatte ihre Blütezeit im 16. und 17. Jahrhundert. Von Kazimierz fährt man ein Stück Richtung Norden zurück und biegt nach 5 km ab in die Landstraße, die über Nałęczów nach **Lublin** führt (Kazimierz – Lublin 46 km). Das Stadtbild von Lublin ist geprägt von Renaissance und Barock. Wenn man Lublin auf der Straße 17 in Richtung Zamość verläßt, sollte man an der KZ-Gedenkstätte Majdanek am Stadtrand innehalten. **Zamość**, 1579 von dem Magnaten Jan Zamoyski gegründet, wurde von dem Italiener Bernardo Morandi als Idealstadt der Spätrenaissance konzipiert.

Variante Lublin – Sandomierz – Krakow (245 km)

Zur Ergänzung der 'Renaissance-und-Barock-Straße' ist die Weiterfahrt von Lublin über Sandomierz nach Kraków zu empfehlen. Man verläßt Lublin auf der Straße Richtung Krasnik und überquert 30 km westlich von Krasnik die Weichsel. Kurz darauf folgt man der Beschilderung nach Sandomierz (Lublin – Sandomierz 113 km). Die alte Handelsstadt Sandomierz an der Weichsel gilt als eine der schönsten Städte Polens. Von hier aus fährt man immer links der Weichsel nach Krakau.

9: Von der neuen zur alten Hauptstadt

Warszawa – Kraków
(295 km)

Diese Route ist sowohl landschaftlich als auch kunsthistorisch reizvoll. Man verläßt Warschau auf der E 77 nach Süden. Die Industriestadt **Radom** wird in Richtung Kielce umfahren. Auf dieser Strecke liegt 26 km südlich von Radom, am Übergang von der Masowischen Ebene zum Kleinpolnischen Hügelland, der Ort Szydłowiec mit einem sehenswerten Stadtkern und dem Renaissance-Schloß des Magnaten Szydłowiecki. Die Stadt **Kielce**, in einem Tal der **Góry Świętokrzyskie** (Heilig-Kreuz-Berge) angelegt, war die Sommerresidenz der Krakauer Bischöfe. Von Kielce aus führt die E 77 weiter Richtung Kraków (Kielce – Kraków 117 km). In Jędrzejów, 38 km südlich von Kielce, steht Polens ältestes Zisterzienserkloster (gegründet 1149); die spätromanische Klosterkirche wurde barockisiert. Im Ort Kśiąż Wielki ließ sich der Krakauer Bischof Myszkowski Ende des 16. Jh.s von dem italienischen Architekten Santi Gucci ein eindrucksvolles Schloß errichten. Książ Wielki gehört bereits zum Krakauer Land, die Route führt nun entlang des Krakau-Tschenstochauer Jura zur traditionsreichen alten Hauptstadt Krakau.

Variante über Częstochowa (363 km)

Alternativ zu dieser an Sehenswürdigkeiten reichen Strecke kann man die längere, aber großenteils vierspurig ausgebaute Route über Częstochowa wählen. Sie führt auf der E 67 durch den waldreichen Südteil der Masowischen Ebene vorbei an Rawa Mazowiecka und Tomaszów Mazowiecki nach Piotrków Trybunalski. Ab Piotrków folgt die Streckenführung dem entsprechenden Abschnitt der Route 2.

Reiseziele von A bis Z

Anmerkung zur Verwendung deutscher Ortsnamen

Die Beschreibungen der einzelnen Orte sind nach deren polnischem Namen geordnet (die alphabetische Reihenfolge ist auf S. 4 erläutert). Eine deutsche Entsprechung wird in der Überschrift nach dem polnischen Namen genannt. Im beschreibenden Text werden deutsche Namen verwendet, wenn sie üblich bzw. noch allgemein bekannt sind (z. B. Warschau, Breslau, Thorn).

Augustów K/L 3

Wojewodschaft: Podlaskie
Höhe: 130 m ü. d. M.
Einwohnerzahl: 22 500

Lage und Bedeutung

Der Ferienort Augustów liegt im äußersten Nordosten Polens nahe der weißrussischen Grenze. Die Stadt wurde 1546 von der italienischen Gemahlin des Königs Zygmunt I. Stary, Bona Sforza, gegründet und nach ihrem Sohn Zygmunt August benannt. Augustów besitzt große Holzverarbeitungsbetriebe und Tabakfabriken. Das älteste Gebäude der Stadt ist die klassizistische Alte Post von 1829. Da das Gebiet um Augustów im Zweiten Weltkrieg heftig umkämpft war, ist kaum historische Bausubstanz erhalten. In der unmittelbaren Umgebung liegen die drei Seen Necko, Białe und Sajno, die im Sommer Kajakfahrer und Naturliebhaber anziehen.

Augustower Kanal

Wesentlichen Aufschwung nahm Augustów im 19. Jh., als General Ignacy Prądzyński in den Jahren 1824–1839 den nach dem Ort benannten Kanal baute (Kanał Augustowski). Auf dem 100 km langen Wasserweg (davon 80 km innerhalb Polens), der die Biebrza mit dem Niemen verbindet, wird heute noch der wichtigste Rohstoff der Region, das Holz der umliegenden Wälder, transportiert. Den Wasserstand regeln 18 historische, bis heute funktionierende Schleusen. Eine der Schleusen befindet sich in Augustów, neben ihr das Museum des Augustower Kanals (Muzeum Kanału Augustowskiego) sowie das Denkmal des Generals (1792–1850).

Ausflugsheim des PTTK

Das Ausflugsheim der PTTK am Necko-See entstand 1939 nach Plänen von Maciej Nowicki, einem der großen polnischen Architekten des 20. Jh.s. Nowicki wirkte neben Le Corbusier am Bau des UNO-Gebäudes in New York und der Stadt Chandygar in Indien mit.

Umgebung von Augustów

Puszcza Augustowska

Östlich von Augustów erstreckt sich mit einer Fläche von 114 000 ha eines der größten und noch ursprünglichsten Waldgebiete Polens, die Puszcza Augustowska. Sie reicht von Augustów bis zum See Wigry und wird von mehreren Wasserläufen, u. a. dem Fluß Czarna Hańcza und vom Augustowski-Kanal, durchschnitten. In der urwüchsigen Waldlandschaft, die man am besten mit dem Kajak erkundet, leben noch Elche, Biber und Luchse sowie Auerhähne, Birkhähne und Schwarzstörche. Zu diesem Waldgebiet zählen einige Naturreservate, darunter das große Wald-und-Moor-Reservat Kuriańskie Bagno (1713 ha).

Suwałki Kloster Wigry

Ein weiteres Ziel für Freunde herrlicher Landschaft ist die Seenplatte um das Kloster Wigry, ca. 25 km nördlich von Augustów (⟶ Suwałki).

◀ *Das Rathaus in Poznán, ein Juwel der Renaissance*

Biała Podlaska L 4

Wojewodschaft: Lubelskie
Höhe: 137–158 m ü. d. M.
Einwohnerzahl: 52 000

Lage und Bedeutung

Biała Podlaska liegt ca. 155 km östlich von Warschau im weiten Flußtal der Krzna; die Entfernung zwischen Biała Podlaska und der weißrussischen Stadt Brest beträgt ca. 40 km (Grenzübergang Terespol). Die wichtigsten Wirtschaftszweige sind Tuch-, Holz- und Lebensmittelindustrie.

Geschichte

Biała Podlaska erhielt im 15. Jh. das Stadtrecht und war ab 1569 Eigentum der Familie Radziwiłł. 1628 wurde die Akademia Bielska, eine Abteilung der Krakauer Akademie (Akademia Krakowska), gegründet, wodurch sich die Stadt zu einem Bildungszentrum entwickelte. Im 18. Jh. war sie durch die Produktion von Porzellan und Tuch bekannt.

Schloß der Radziwiłł

Das Schloß (ul. F. Dzierżyńskiego) wurde ab 1622 im Stil der Spätrenaissance erbaut (P. Negroni) und während des 30jährigen Kriegs z. T. zerstört. Erhalten blieben die Befestigungsbastionen (Mitte 17. Jh.), der Eingangsturm, die barocken Seitengebäude (Ende 17. Jh.), ein Turmpavillon (in der Kuppel Sgraffito-Dekorationen) und eine Kapelle. Diese Gebäude (1976 bis 1978 restauriert) sind Sitz des Kulturzentrums der Wojewodschaft.

St.-Anna-Kirche

Die Kościół św. Anny stammt ebenfalls aus der Renaissance (1572) und wurde 1596–1603 umgebaut. Die reiche Ausschmückung der Radziwiłł-Kapelle mit Stuck und Fresken (zur Familiengeschichte) entstand in der 1. Hälfte des 17. Jahrhunderts.

Bezirksmuseum

Im Muzeum Okręgowe (ul. Pocztowa 4) sind Ausstellungsstücke zur Stadtgeschichte und eine Sammlung regionalen Kunsthandwerks zu sehen.

St.-Antonius-Kirche

Die barocke Kościół św. Antoniego mit dem Kloster der reformierten Franziskaner (Klasztor poreformacki; heute Schule) entstand um 1670 und diente im Zweiten Weltkrieg deutschen Truppen als Gerätelager. Im Deckenfresko Wappen der Radziwiłł, Stifter der Kirche.

Umgebung von Biała Podlaska

Janów Podlaski

Im malerisch an der Czyżówka gelegenen Urlaubsort Janów Podlaski 20 km nördlich von Biała Podlaska ist die barocke Stiftskirche (1718 bis 1728) sehenswert (mit Grabmal des Dichters und Historikers Adam Naruszewicz, 1733–1796). Die Dominikanerkirche war ursprünglich barock und wurde im klassizistischen Stil umgebaut. Vom Bischofsschloß, das Mitte des 17. Jh.s von den Schweden zerstört wurde, ist ein Seitengebäude aus dem 18. Jh. erhalten geblieben. Etwa 2 km südlich von Janów befindet sich im früheren Gut Wygoda das älteste staatliche Gestüt Polens (1817 gegründet). Die hier gezüchteten Pferde, Vollblut-Araber, Halbblut-Araber und Angloaraber, werden in alle Welt verkauft.

Białystok L 3

Wojewodschaft: Podlaskie
Höhe: 123–173 m ü. d. M.
Einwohnerzahl: 268 000

Lage und Bedeutung

Białystok liegt in der schwach besiedelten, agrarisch geprägten Nizina Podlaska (Podlasische Ebene) nahe der weißrussischen Grenze. Aus der

Bedeutung (Fortsetzung)

größten Stadt im Nordosten Polens stammt Ludwik Zamenhof (1859 bis 1917), der Erfinder des Esperanto.
Das heutige Bild der Stadt ist weitgehend durch die Industrie geprägt (Textilien, Holz, Glas, Elektrotechnik).

Geschichte

Erstmals erwähnt wird 'Bielszczany Stok' im Jahr 1426. Im 18. Jh. kam der Ort in den Besitz des Aristokratengeschlechts der Branicki; unter dem Hetman (Oberbefehlshaber der Armee) Jan Klemens Branicki wurde Białystok zur Stadt ausgebaut und erhielt im Jahre 1749 von August III. das Stadtrecht. Durch die Dritte Polnische Teilung kam es zu Preußen, ab 1807 gehörte es zu Rußland. Ab Mitte des 19. Jh.s entwickelte sich Białystok zu dem neben Łódź wichtigsten Zentrum der Textilindustrie in Polen. In den Jahren 1939–1941 gehörte die Stadt zur Weißrussischen Sowjetrepublik. Während der Besatzung durch deutsche Truppen 1941–1944 verlor Białystok rund die Hälfte seiner Bevölkerung. Im August 1943 war die Stadt Schauplatz eines großen Pogroms gegen die Juden.

Veranstaltungen

Kulturelle Höhepunkte in Białstok sind das Polnische Festival für Lyrik und Musik (April), die Białystoker Folkloretage und der Polnische Wettbewerb der Puppenspieler (Juni).

Sehenswertes

Marktplatz
Rathaus mit Regionalmuseum

Anders als viele andere polnische Städte wurde Białystok nicht im Mittelalter, sondern im 18. Jh. angelegt. Das Zentrum des barocken Białystok bildet der dreieckige Marktplatz (Rynek Kościuszki) mit dem 1745–1761 erbauten und 1954–1958 rekonstruierten Rathaus.
Das Regionalmuseum (Muzeum Okręgowe), das hier untergebracht ist, veranschaulicht mit seinen volkskundlich-kunsthandwerklichen Expona-

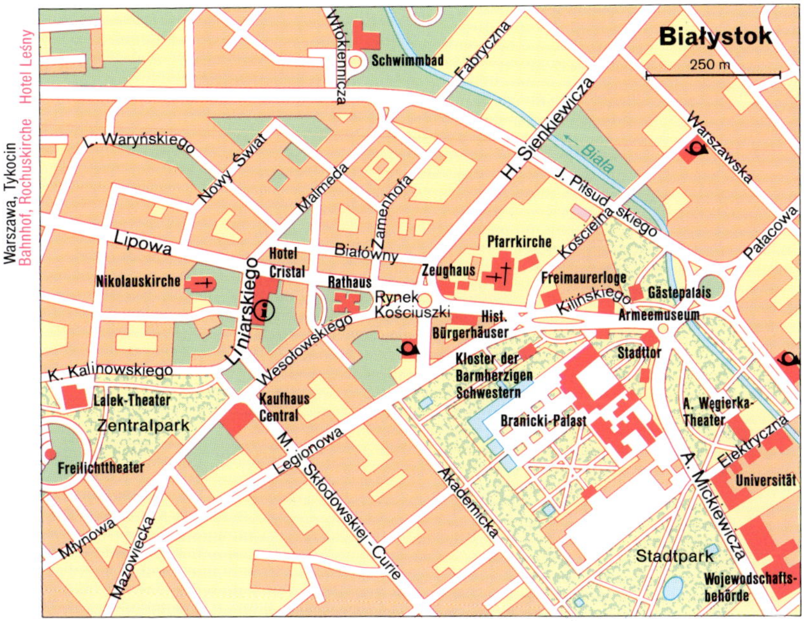

Branicki-Palast

Marktplatz (Fortsetzung)

ten die ethnische Vielfalt des Gebietes um Białystok. Besonders bedeutend sind die Fresken aus der zerstörten Kirche von Supraśl (ca. 16 km nordöstlich von Białystok).

Zeughaus

An der Nordostseite des Marktplatzes (Rynek 4) steht das barocke 'Cekhaus' (2. Hälfte 18. Jh., 1944 abgebrannt, 1955 rekonstruiert).

Pfarrkirche

Etwas weiter westlich erhebt sich die Kościół farny. Die 1617–1624 erbaute Kirche enthält barocke Ausstattungsstücke (Altar und Kanzel) sowie das Grabmal von Jan Klemens Branicki (1775).

*Branicki-Palast

Der barocke Pałac Branicki ist eine der größten Palastanlagen in Polen, das 'Versailles von Podlasien'. Die vorherige Schutzburg aus dem 16. Jh. wurde 1691–1697 durch Tylman van Gameren in einen Palast umgewandelt; 1728–1758 folgte der letzte und das heutige Bild bestimmende Umbau des Palasts durch Johann Heinrich Klemm und Johannes Sigmund Deybel. Im Giebeldreieck des Hauptgebäudes prangt das Familienwappen des Auftraggebers, des Magnaten Jan Klemens Branicki. Im Süden und Südwesten des Stadtschlosses, das 1946–1949 nach Kriegszerstörung wiederaufgebaut wurde (heute Medizinische Akademie), weitläufige Gartenanlagen im französischen und englischen Stil.

Weitere Baudenkmäler

Die 1846 in klassizistischem Stil erbaute orthodoxe Nikolauskirche (Cerkiew św. Mikołaja; ul. Lipowa) verfügt über eine Ikonostase mit Ikonen von 1844 sowie reiche Wandgemälde von 1910 (nach den Gemälden der Kathedrale in Kiew). Ein schönes Beispiel für den modernen polnischen Sakralbau ist die Rochuskirche (Kościół św. Rocha; ul. Dąbrowskiego). Die wehrhaft anmutende Kirche entstand 1927–1940 nach einem Entwurf von Oskar Sosnowski.
Weitere sehenswerte Gebäude im Zentrum von Białystok sind die ehemalige Freimaurerloge von 1804–1808 (Dawna Loża Masońska; ul. Koś-

Baudenkmäler (Fortsetzung)

cielna) sowie das 1771 nach einem Entwurf von J. Sękowski erbaute barocke Gästepalais (Pałacyk gościnny; ul. Kilińskiego).

Umgebung von Białystok

Bohoniki Kruszyniany

In der näheren Umgebung von Białystok siedelten im 17. Jh. unter dem Schutz des polnischen Königs Jan III. Sobieski Tartaren an, die heute noch eine ethnische Minderheit im Grenzgebiet zu Weißrußland darstellen. Insbesondere zwei Dörfer, das 49 km nordöstlich von Białystok (6 km östlich von Sokólka) gelegene Bohoniki und das 56 km östlich gelegene Kruszyniany, vermitteln noch ein eindrucksvolles Bild von der Siedlungsform und Kultur dieses Volksstammes. Beide Dörfer besitzen noch viele charakteristischen Holzhäuser, eine gut erhaltene Moschee aus der Zeit um 1800 und einen muslimischen Friedhof. In Kruszyniany gibt es auch eine Kirche für die orthodoxe Gemeinde.

Tykocin

Das etwa 30 km westlich von Białystok am Narew gelegene Tykocin ist ein beschaulicher kleiner Ort mit einer großen Vergangenheit als Handelsplatz und Armeestützpunkt. Eine wichtige Rolle spielte die im 16. Jh. hier angesiedelte jüdische Gemeinde, deren barocke Synagoge von 1642 zu den Hauptsehenswürdigkeiten des Ortes gehört. Heute ist hier das Jüdische Museum untergebracht (geöffnet Di.–So. 10.00–17.00 Uhr).
Die Dreifaltigkeitskirche (Kościół św. Trojcy) mit barocker Zweiturmfassade entstand 1741–1749 nach einem Entwurf von C. P. Coustou. Chor und Hauptschiff schmücken Rokoko-Fresken (1794) sowie ein Bild von Simon Czechowicz (1749/1750). Neben der Kirche das barocke Pfarrhaus von 1755 und ein weiteres barockes Gebäude, das 1634–1636 als eines der ersten Hospitäler für Kriegsverwundete eingerichtet wurde.
Im Norden der Stadt, am Weg nach Knyszyna, stehen noch die Ruinen des im 16. Jh. erbauten Schlosses von Zygmunt August.

Muslimisches Grab in Kruszyniany

Die Synagoge in Tykocin

Biebrza Fluß K/L 3

Flußlauf und Landschaftsbild

Die Biebrza, ein 158 km langer Strom, entspringt beim Dorf Nowy Dwór und fließt nordöstlich von Łomża in den Narew. Sie ist ein typischer Fluß des Flachlands mit geringem Gefälle (durchschnittlich 17 cm/km). Die Biebrza bildet mit ihren Nebenarmen und Altwassern ausgedehnte unzugängliche Sümpfe; sie ist der einzige Fluß in Polen und einer der wenigen in Europa, der bis auf geringfügige Meliorationsarbeiten nicht vom Menschen verändert worden ist. Wegen der naturkundlichen Bedeutung und der Ursprünglichkeit der Landschaft wurde das Gebiet an der Biebrza zum Nationalpark erklärt.

Tiere und Pflanzen

Die Flora ist durch die verschiedenen Biotope – Torfmoor, Sümpfe, trokkene und feuchte Waldgebiete, Schwemmland – sehr vielfältig. Unzugängliches Walddickicht birgt einen reichen Tierbestand (Elche, Biber, Wölfe). Zudem bietet die Landschaft Lebensraum für Vogelarten, die man in Europa sonst kaum mehr antrifft: Schnepfen, Brachvögel, Reiher, Kraniche sowie Falken und Adler.

Tourismus

Für Kajaktouren eignet sich die Biebrza auf der 148 km langen Strecke von Lipsk bis zur Mündung in den Narew. Über die Netta und den Augustowski-Kanal ist sie mit den Seen bei Augustów und der Czarna Hańcza verbunden. Wegen der Unzugänglichkeit weiter Uferstrecken und der Unwegsamkeit der Umgebung erfordert der Fluß ausdauernde Kajakfahrer, die Unbequemlichkeiten nicht scheuen. Er ist aber ein wahres Paradies für Naturfreunde und -fotografen.

Größere Ortschaften entlang des Flusses sind Lipsk und Osowiec, bekannt durch seine Festung. Die Dörfer am Fluß haben im allgemeinen nur eine bescheidene touristische Infrastruktur; daher kommen nur wenige Menschen hierher, was andererseits zum Schutz der Landschaft beiträgt.

Bielsko-Biała · Bielitz-Biala G 7

Wojewodschaft: Śląskie
Höhe: 340 m ü. d. M.
Einwohnerzahl: 163000

Lage und Bedeutung

Bielsko-Biała liegt etwa 50 km südlich von Kattowitz am Fuß der Westbeskiden (Beskid Śląski) und der Kleinen Beskiden (Beskid Mały). Die Stadt an der Biała ist seit dem 16. Jh. ein Zentrum der Textilproduktion und wurde im 19. Jh. zum bedeutendsten Ort der Wollverarbeitung in Schlesien. Im Anschluß daran entwickelte sich der (Textil-)Maschinenbau.

Seit dem 2. Weltkrieg ist Bielsko-Biała die zweitgrößte Textilstadt Polens (nach Łódź), ihre Wollstoffe haben für ihre Qualität einen guten Ruf. Für die Produktion des 'Polski Fiat 126p', der in Polen sehr beliebt ist, wurde hier ein eigenes Werk gebaut. Die Beskiden, ein Gebirgszug im Süden der Stadt, sind sowohl im Sommer als auch im Winter ein beliebtes Ausflugsziel (→ Szczyrk, Wisła, Żywiec).

Geschichte

Bielitz wird erstmals 1263 urkundlich erwähnt und war im Mittelalter östlichste deutsche Siedlung in Schlesien; in der Polonisierung im 15./16. Jh. blieb Bielitz Zentrum einer deutschen Sprachinsel. Bielitz und Biala waren zwei einzelne Städte, durch die Biała getrennt, nach der die beiden Städte benannt sind. Bielitz gehörte zu Schlesien, zum Fürstentum Teschen (Cieszyn) und später – als einzige protestantische Stadt im österreichischen Machtbereich – zur Habsburger Monarchie (bis 1920), Biała lag in Kleinpolen. Später gehörten die beiden Städte viele Jahre hindurch zu ver-

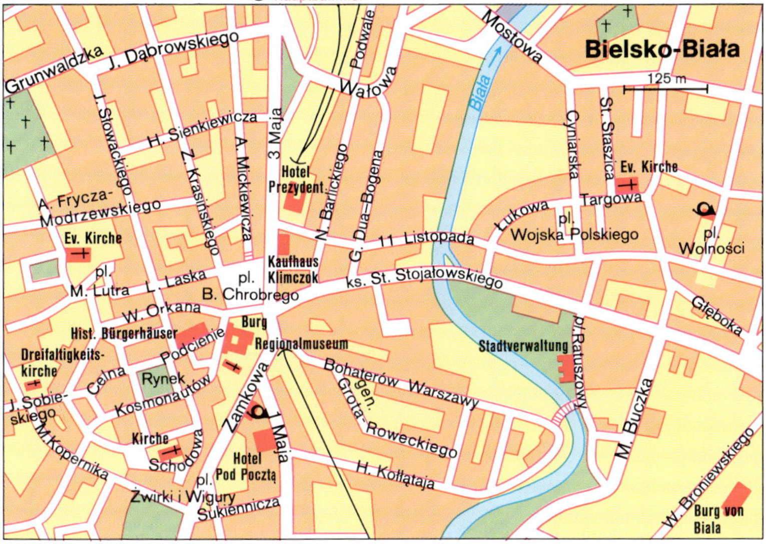

Geschichte (Fortsetzung)

schiedenen Wojewodschaften, erst 1950 wurden sie zu einer Stadt vereinigt. In der Zeit zwischen dem 1. und 2. Weltkrieg hatte Bielitz den größten Prozentsatz an deutscher Bevölkerung in Polen.

Sehenwertes

Das Schloß der Fürsten Sułkowski (ul. Zamkowa) wurde in der 1. Hälfte des 14. Jh.s durch die Fürsten von Teschen (Cieszyn) erbaut. Im 17. Jh. erhielt es die heutige Gestalt einer trapezförmigen Anlage mit quadratischem Innenhof. Von Mitte des 18. Jh.s bis 1945 gehörte es den Fürsten Sułkowski; heute ist es Bezirksmuseum (Muzeum Okręgowe; Kunst, Volkskunde, Geschichte der örtlichen Weberei; polnische Maler des 19. und 20. Jh.s, einige Niederländer).
Die gotische Nikolauskirche (Kościół św. Mikołaja) im Südteil von Alt-Bielitz (Stare Bielsko) wurde 1443–1447 erbaut. Im Innern ein schönes gotisches Triptychon von etwa 1500, im Chor ein Renaissancefresko (16. Jh.).
Die Dreifaltigkeitskirche (Kościól sw. Trójcy, ul. Sobieskiego) von 1608 ist seit der Gegenreformation katholisch. Im Ostteil der Stadt (pl. Kościelny) die barocke Stadtpfarrkirche der Göttlichen Vorsehung (Kościół Opatrzności Bożej; 1760–1769, von G. Berger und J. Fieber); im Südosten ein Schloß, im 19. Jh. von den Habsburgern an der Stelle eines Schlosses aus dem 16. Jh. erbaut wurde.

Umgebung von Bielsko-Biała

Beskiden

Bielsko-Biała ist ein guter Ausgangspunkt für Touren in die Beskiden. Vom südwestlichen Stadtteil Olszówka Górna führt eine Seilbahn auf den Gipfel der Szyndzielnia (1026 m ü. d. M.).

Bystra Śląnska

In diesem Dorf zwischen Bielsko-Biała und Szczyrk lebte der bedeutende polnische Maler Julian Fałat (1853–1929), im Haus Nr. 38 sein Museum. Fałat war ein ausgezeichneter Landschaftsmaler; er lebte u. a. in München, Rom und Berlin und war nach Jan Matejko Direktor der Künstlerschule in Krakau.

Bielsko-Biała, Umgebung (Fortsetzung)

Unter eigenen Stichworten sind folgende Orte in der Umgebung von Bielsko-Biała beschrieben: Cieszyn, Wisła, Szczyrk, Żywiec, Wadowice (mit Kalwaria Zebrzydowska), Oświęcim (Auschwitz) und Pszczyna.

Bieszczady · Ostbeskiden K 7

Wojewodschaft: Podkarpackie

Lage und Gebiet

Die Ostbeskiden (Bieszczady) sind der am weitesten nach Südosten vorgeschobene Teil der polnischen Beskiden. Sie bilden ein Dreieck zwischen den Staatsgrenzen zur Ukraine und zur Slowakischen Republik; in der Nähe des Gipfels Wielka Rawka (1307 m ü. d. .M.) treffen die Grenzen zusammen. Durch die Bieszczady fließt der San (rechter Nebenfluß der Weichsel), der hier seinen Ursprung hat. Der höchste Gipfel im polnischen Teil der Bieszczady ist die Tarnica (1346 m ü. d. M.). Der Durchbruch des Bachs Wołosaty trennt sie von der Alpe Połonina Caryńska (1297 m ü. d. M.). Durchbrüche von Flüssen, die quer zu den Bergketten verlaufen, sind typisch für die Bieszczady. Die steilen Berghänge sind mit einem urwüchsigen Buchen- und Nadelwald bedeckt.

Geschichte

Die Geschichte dieses Gebiets ist eng mit der Geschichte dreier Länder verbunden, die sich in früherer Zeit hier berührt haben: Polen, Ungarn und die Halitsch-Wladimirer Rus, auch Rotruthenien genannt. Die Grenzen dieser drei Staaten sollten der Legende nach auf dem der Tarnica benachbarten Halicz (1333 m ü. d. M.) zusammenlaufen, der den Namen der damaligen Hauptstadt Rotrutheniens trägt. Im nördlichen Teil der Bieszczady befinden sich salzhaltige Quellen; daher der Namen 'Góry Słone' (Salzige Berge). Hier wird seit dem frühen Mittelalter Salz gewonnen; wegen dieses wertvollen Rohstoffs war dieser Teil der Bieszczady früh besiedelt und von den drei Ländern beansprucht.

Die landwirtschaftlich ausgerichtete Besiedlung drang von zwei Seiten in das Gebirge vor, von Kleinpolen (Małopolska) und Ruthenien auf der einen und von der ungarischen Ebene auf der anderen Seite. Die höher gelegenen, für die Landwirtschaft ungeeigneten Gebiete waren kaum bewohnt. In diese Gegenden wanderte im 14. Jh. über die Kämme der Karpaten ein Hirten- und Nomadenvolk, die Walachen, ein; sie bildeten drei Volksgruppen der ruthenischen Goralen: die Hucuły, die Łemkowie (Lemken) und die Bojkowie (Bojken). Letztere lebten in den Bieszczady, die Łemkowie weiter im Westen (etwa bis Krynica).

In den Jahren 1945–1947 kam es zu kriegerischen Auseinandersetzungen zwischen ukrainischen Nationalisten, die für eine freie Ukraine kämpften, und der polnischen Armee. Um den ukrainischen Partisanen die Stützpunkte zu entziehen, wurden 1947 die Lemken und die Bojken ausgesiedelt. Die Bieszczady waren jetzt entvölkert und verödeten, erst in den sechziger Jahren begann man wieder mit der Bewirtschaftung; eine neue Ringstraße wurde gebaut. Die Ostbeskiden sind jedoch weiterhin dünner besiedelt als die anderen Teile der Beskiden; hier gibt es noch Wölfe, Bären, Büffel, Luchse und Wildkatzen sowie großer Rudel Hirsche.

*Nationalpark

Über der Baumgrenze (1100–1150 m ü. d. M.) liegen herrliche Almwiesen. Als 1973 der Nationalpark Bieszczadzki Park Narodowy (5726 ha) angelegt wurde, stellte man als erstes diese Almen unter Schutz. Ein Strauchgürtel, wie er in den Alpen oder in der Tatra zu finden ist, fehlt; die Buchen, die bis zu den Almen hinaufreichen, sind jedoch eher Sträucher als Bäume. Am schönsten sind die Bieszczady im Oktober, wenn die Buchen schon gelbe Blätter haben.

Sehenswertes

Ausgangspunkt für eine Bieszczady-Tour ist gewöhnlich → Sanok, dessen Historisches Museum die größte Ikonensammlung Polens besitzt; ein Freilichtmuseum zeigt typische Gebäude Südostpolens. Nächstes Ziel ist

Landschaft am San

Bieszczady, Sehenswertes (Fortsetzung)

Lesko mit einer Wehrsynagoge (17. Jh.), einem interessanten jüdischen Friedhof und einem Schloß (16. Jh.). Am Fuß der Bieszczady liegt Ustrzyki Dolne mit einem Naturkundemuseum (v. a. Fauna der Bieszczady). Bei Solina wurde 1968 eine 82 m hohe Staumauer (Wasserkraftwerk) gebaut, die einen künstlichen See mit zwei Armen bildet (San und Solinka).

*Bieszczady-Ringstraße

Die Ringstraße durch die Bieszczady (fertiggestellt 1962) beginnt und endet in Lesko. Im Uhrzeigersinn führt sie nach Ustzryki Dolne (im benachbarten Dorf Równia eine schöne griechisch-katholische Holzkirche aus dem 18. Jh.), über den Ostre (804 m ü. d. M.), von dem man links den Gipfel Magura Lomniańska (1024 m, auf ukrainischem Gebiet) sieht, nach Smolnik (Holzkirche von 1791) und Ustrzyki Górne als südlichstem Punkt. Im Süden erheben sich die Gipfel Tarnica, Krzemień (1335 m) und Halicz. Über zwei Pässe mit herrlichem Ausblick erreicht man Wetlina am Durchbruchstal des gleichnamigen Flusses, Cisna (Denkmal der im Kampf gegen die Ukrainer Gefallenen) und Jabłonki (hinter dem Ort Denkmal für General Świeczewski, Kommandeur der Internationalen Brigaden im spanischen Bürgerkrieg, hier 1947 gegen die Ukrainer gefallen), bevor man nach Lesko zurückkehrt.

Brodnica · Straßburg G 3

Wojewodschaft: Kujawsko-Pomorskie
Höhe: 70 m ü. d. M.
Einwohnerzahl: 26 000

Lage und Bedeutung

Die Stadt Brodnica liegt an der Drwęca (Drewentz) am Südrand der malerischen Brodnickie-Seenplatte (Pojezierze Brodnickie) und ist ein beliebter Urlaubsort.

Brodnica (Fortsetzung) Geschichte

Am linken Ufer der Drwęca, im heutigen Stadtteil Michałowo, stand 1138 eine Burgfeste, um die sich eine Siedlung gebildet hatte. Am rechten Ufer entstand im 13. Jh. die Handwerker- und Handelsniederlassung Brodnica, die noch vor 1298 das Stadtrecht erhielt. 1303–1466 war der Ort im Besitz des Deutschen Ordens und von 1479 an Sitz der polnischen Starosten. Durch die Erste Polnische Teilung kam die Stadt 1772 zu Preußen. Während des Zweiten Weltkriegs wurde über ein Drittel von Brodnica zerstört.

Sehenswertes

In der ersten Hälfte des 14. Jh.s errichtete der Deutsche Orden in Brodnica eine Burg, von der noch der Turm erhalten ist. Die Burg wurde während der Schwedenkriege im 17. Jh. teilweise, 1787 durch preußische Truppen fast vollständig geschleift. Auf dem Gelände vor der Burg steht der in der ersten Hälfte des 16. Jh.s errichtete, zu Beginn des 17. Jh.s umgebaute Palast der Anna Wazówna. Er brannte 1945 ab und wurde 1960–1970 rekonstruiert. Überreste der ehemaligen Stadtmauer aus dem 14. Jh. sind der Masurische Turm (Wieża Mazurska) und das Kulmer Tor (Brama Chełmnicka), in der das Regionalmuseum (Muzeum Regionalne) untergebracht ist. Des weiteren besitzt Brodnica eine gotische Kirche (1. Hälfte 14. Jh.), deren heutiges Erscheinungsbild von den Umbauten und Veränderungen im 17. und 18. Jh. geprägt ist (Reste von Fresken aus Gotik, Renaissance und Barock).

Umgebung von Brodnica

Pojezierze Brodnickie (Brodnickie-Seenplatte)

Im Norden von Brodnica liegen inmitten schöner Wälder die Pojezierze Brodnickie, ein südwestlicher Ausläufer der Masurischen Seenplatte. Besonders reizvoll und bei Kajakfahrern beliebt sind die Seen Strażyn, Wielkie Partęczyny, Bachotek und Zbiczno. An den Seen Okonek und Stręczek gibt es Naturreservate zum Schutz seltener Pflanzen und Tiere.

Busko-Zdrój H 6

Wojewodschaft: Świętokrzyskie
Höhe: 280 m ü. d. M.
Einwohnerzahl: 17 500

Lage und Bedeutung

Der Kurort Busko-Zdrój liegt im Kleinpolnischen Hochland (Wyżyna Małopolska) am Rand des Nida-Tals, 45 km südlich von Kielce. Mit dem Heilwasser (Sole- und Schwefelquellen) werden vorwiegend Erkrankungen des Bewegungsapparats, Rheuma und Hautkrankheiten behandelt.

Geschichte

Busko, 1190 erstmals erwähnt, erhielt 1281 das Stadtrecht. Aus den salzhaltigen Quellen der Region wurde Salz gewonnen; Pferdezucht betrieb man auf den Wiesen im Nida-Tal. Das Kurzentrum entstand 1828.

Sehenswertes

Mittelpunkt des Kurparks ist das Sanatorium Marconi, erbaut um 1836 nach einem Entwurf von Enrico Marconi, ein klassizistisches Gebäude mit Säulenfront. Heute befindet sich hier eine Trinkhalle für Trinkkuren sowie ein Konzertsaal. Der Park mit vielen einheimischen und exotischen Bäume wurde 1836 angelegt.

Umgebung von Busko-Zdrój

Skorocice

Das Naturreservat Skorocice liegt nahe der Straße von Busko-Zdrój nach Wiślica bei Łatanice; auf dem gipshaltigen Gelände gibt es interessante Steppenpflanzen und Gipskarstlandschaft ('stepy gipsowe nad Nidą', 'Gipssteppen an der Nida'). Im Mai blüht hier das geschützte, gelbblütige Adonisröschen (Adonis vernalis), Heilpflanze bei Herzkrankheiten.

Busko-Zdrój, Umgebung (Fortsetzung) *Wiślica

Das kleine Städtchen an der Nida (14 km südlich von Busko-Zdrój) war früher eine der mächtigsten Städte Polens. Die ungewöhnliche, pseudo-zweischiffige gotische Kirche Mariä Geburt (Kósciół Narodzenia Najświętszej Marii Panny) ließ der polnische König Kazimierz Wielki (der Große) im 14. Jh. erbauen; im Chor russisch-byzantinische Fresken (Ende 14. Jh.), im Hauptaltar eine romanische Skulptur der Mutter Gottes (13. Jh.) aus Sandstein. Ein Relief (1464) über dem Südportal zeigt König Kazimierz vor der Muttergottes kniend. In der Krypta Fundamente zweier romanischer Vorgängerbauten; von einer blieb der Fußboden z. T. erhalten, eine schöne romanische Arbeit (12. Jh.) mit Figuren und Rankenwerk. Neben der Kirche das spätgotische Vikariat, das sog. Długosz-Haus (um 1460), die der Chorherr Jan Długosz errichten ließ.
In der Nähe – auf einer Anhöhe im Nida-Tal – die Ruine einer mächtigen Burg (10.–13. Jh.).

Skalbmierz

Die kleine Stadt 26 km westlich von Wiślica im Tal des Flüßchens Nidzica besitzt eine romanisch-gotische Kirche (Johannes der Täufer; 1. Hälfte 15. Jh., viereckige Türme vom Vorgängerbau) mit reicher barocker Innenausstattung und dem großen Gemälde "Die Anbetung der Heiligen Drei Könige", ein Werk des flämischen Malers Jacob Jordaens (1593–1678), des neben Rubens und van Dyck bedeutendsten Meisters der Amsterdamer Malerschule.

*Pińczów

In Pińczów (16 km westlich von Busko-Zdrój), einem wichtigen Ort der Reformation (calvinistisches Gymnasium gegründet 1551; Entstehungsort der ersten polnischen Grammatik, 1568), ist die ehemalige Paulinerkirche (St. Johannes der Täufer) von 1642 zu beachten (reiche barocke Innenausstattung). An die Kirche schließt das ehemalige Paulinerkloster an (von 1436; heute Regionalmuseum).
Über der Stadt die St.-Anna-Kapelle (Kaplica św. Anny), um 1600 möglicherweise von Santi Gucci erbaut (→ Sandomierz, Umgebung, Baranów). Von dort bietet sich ein herrlicher Blick über das Nida-Tal. Nordwestlich der Stadt die Steinbrüche, in denen Santi Gucci den Kalkstein für seine Bauten gewann.

*Szydłów

Diese frühere Stadt (37 km nordöstlich von Busko-Zdrój, über Chmielnik) ist der einzige Ort in Mittelpolen, in dem die mittelalterlichen Stadtmauern (14.–16. Jh., begonnen von Kazimierz Wielki) noch erhalten sind (mit Krakauer Tor/Brama Krakowska). Beachtenswert die zweischiffige Ladislauskirche (Kościół św. Władysława, 14. Jh.), das Schloß von Kazimierz Wielki (in der Schatzkammer ein Regionalmuseum) und die ehemalige Synagoge von Anfang des 16. Jahrhunderts.
Etwa 4 km östlich von Szydłów liegt ein Wald, der als 'mokre' (feucht) bezeichnet wird. Von hier ging am 12. Januar 1945 die sowjetische Offensive in Richtung Tschenstochau–Breslau–Dresden aus.

Bydgoszcz · Bromberg — E/F 3

Wojewodschaft: Kujawsko-Pomorskie
Höhe: 30–50 m ü. d. M.
Einwohnerzahl: 380000

Lage und Bedeutung

Die alte Handelsstadt Bydgoszcz liegt an der Mündung der Brda (Brahe) in die Weichsel im Urstromtal des Notec (Netze). Sie erstreckt sich entlang der Moränenhügel und ist von den Wäldern der Puszcza Bydgoska (Bromberger Heide) umgeben. Ihrer günstigen Lage im Schnittpunkt wichtiger Verkehrslinien verdankt sie die Entwicklung zur Industrie- (insbesondere Elektrotechnik) und Handelsmetropole. Bydgoszcz besitzt einen Binnenhafen und einen Flugplatz, kulturelle Einrichtungen (Theater, Oper, Philharmonie u. a.), drei Hochschulen und mehrere wissenschaftliche Institute.

Geschichte

Die im 12. Jh. gegründete Stadt befand sich im 14. und 15. Jh. im Besitz des Deutschen Ordens (Stadtrecht 1346 von Kazimierz Wielki). In den folgenden Jahrhunderten wurde sie zu einer blühenden Handelsstadt mit großen Getreidespeichern und Salzlagerhallen. Durch die Schwedenkriege wurde diese Entwicklung unterbrochen und ein großer Teil der Stadt zerstört. Erst im 18. Jh., v. a. durch den Bau des Bromberger Kanals (Bydgoski Kanał, 1773–1774) wuchs Bydgoszcz wieder zu wirtschaftlicher Bedeutung heran. Die seit 1772 preußische Stadt war 1807–1815 Departementshauptstadt des Großherzogtums Warschau und 1815–1919 Bezirkshauptstadt der preußischen Provinz Posen. Ein gesellschaftlich-kultureller Treffpunkt polnisch-nationaler Bestrebungen war das 1844/1845 eingerichtete Polnische Casino. Am 20.1.1920 marschierte die polnische Armee in Bydgoszcz ein, der damals größten Stadt in Nordpolen. Während des Zweiten Weltkriegs erlebte die Stadt Massenhinrichtungen (u. a. auf dem Alten Markt und im 'Tal des Todes' in der Nähe von Fordon), denen rund 50000 Menschen zum Opfer fielen.

Sehenswertes

Altstadt

Im 14. Jh. wurde die Altstadt von Bydgoszcz planmäßig angelegt. Das Zentrum bildet der Stary Rynek (Alter Markt), um den schachbrettartig die Straßen sowie sechs weitere Plätze angeordnet sind. Am Marktplatz sind kaum historische Gebäude erhalten (Nr. 24, Wojedwodschaftsbibliothek, 1774–1778; Nr. 27, gotisches Haus, klassizistisch umgebaut). An verschiedenen Stellen stößt man noch auf Reste der Stadtmauer.

* Pfarrkirche

Das älteste erhaltene Gotteshaus der Stadt ist die Kościół farny in der Nordwestecke der Altstadt (ul. Farna). Für eine 1409 zerstörte Vorgänger-

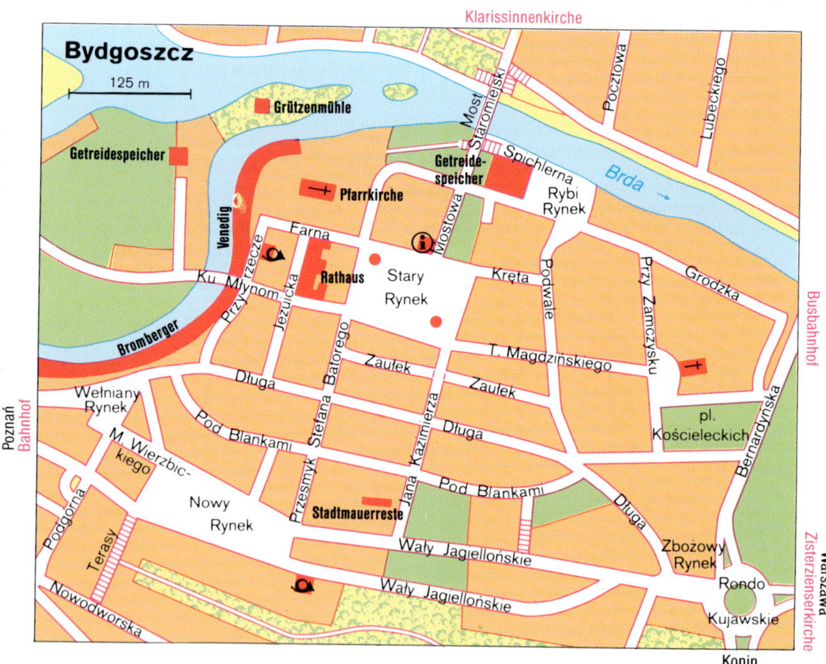

Speicher an der Brda

kirche wurde zwischen 1460 und 1500 eine Hallenkirche mit spätgotischem Stufenportal an der Westfassade errichtet. Die Vorhalle und vier Kapellen kamen später hinzu; die Heiligkreuz-Kapelle (Kaplica św. Krzyża) stammt aus dem 17. Jahrhundert. Das spätgotische Madonnenbild im Hochaltar ('Madonna mit der Rose') setzt einen schönen Akzent in der überwiegend barocken Kirchenausstattung.

Pfarrkirche (Fortsetzung)

Von dem 1480 gegründeten Zisterzienserkloster ist die um die Mitte des 16. Jh.s erbaute Kościół Bernardinów św. Jerzego erhalten geblieben (heute Garnisonskirche). Westturm, Vorhalle und Fassadengestaltung sind das Ergebnis einer puristischen Restaurierung in den Jahren 1864 bis 1866. Die Reste der Klausurgebäude stammen aus dem 17. Jahrhundert.

Kirche des Zisterzienserklosters

Am Pl. Zjednoczenia, auf dem der Altstadt gegenüberliegenden Brda-Ufer, steht die Kościół Klarysek, ein bemerkenswerter Kirchenbau aus dem Übergang von der Spätgotik zur Renaissance. Auf seinem schlanken Uhrturm spielen täglich um 12.00 und 18.00 Uhr Blechbläser. Da die Kirche nach der Säkularisierung profan genutzt wurde, sind von der Ausstattung nur noch die Deckengemälde und der Hochaltar (17. Jh.) bemerkenswert. Im benachbarten, um 1620 erbauten Kloster sind im Bezirksmuseum (Muzeum Okręgowe) Werke des einheimischen Künstlers Leon Wyczółkowski ausgestellt.

* Kirche des Klarissinnenklosters

Besonders malerisch ist das 'Wenecja Bydgoska' (ul. Młyńska), ein Viertel am Ufer der Brda mit schönen Bürgerhäusern aus dem 19. Jahrhundert.

* Bromberger Venedig

Am Flußufer der Brda lagen auch die großen, überwiegend im 18. und 19. Jh. entstandenen Speicher der Handelsstadt (ul. Grodzka 9). Die hohen, mehrgeschossigen Fachwerkhäuser werden heute als Bildhauer-Galerie und als Ausstellungsräume des Bezirksmuseums (Geschichte der Stadt und ihrer Umgebung, Volkskunde, Wechselausstellungen; geöffnet Di.–Sa. 10.00–16.00 Uhr) genutzt.

Getreidespeicher

Bydgoszcz (Fortsetzung)
*Jugendstilhäuser

An der ulica Gdańska, der Hauptgeschäftsstraße von Bydgoszcz, befinden sich die größten und elegantesten Geschäfte und das historische Hotel Pod Orłem (Zum Adler). Die Jugendstilhäuser in Bydgoszcz gehören neben denen in Łódź zu den sehenswertesten in Polen.

Ausflüge

Während der Sommermonate kann man von Bydgoszcz aus eine Dampferfahrt auf der Brda unternehmen (Fahrkarten in einem der Speicherhäuser am Fluß).

Chełm L 5

Wojewodschaft: Lubelskie
Höhe: 190 m ü. d. M.
Einwohnerzahl: 50000

Lage und Bedeutung

Die Stadt Chełm liegt im östlichen Teil des Lubliner Hochlands (Wyżyna Lubelska) im Chełmer Hügelland (Pagóry Chełmskie), das aus Kreide aufgebaut ist; zur ukrainischen Grenze sind es noch knapp 30 km. Wirtschaftliche Bedeutung hat für die Stadt die chemische Industrie, ferner gibt es Zementwerke, Schuhfabriken und Lebensmittelindustrie.

Geschichte

Das Gebiet wurde von dem Kiewer Fürsten Wladimir I. erobert und von Bolesław Chrobry (dem Tapferen) 1018 wiedergewonnen. Ab 1240 war Chełm Hauptstadt des Fürstentums Wladimir-Halitsch und Sitz eines Bistums der Ostkirche; ab 1387 gehörte es zu Polen, 1392 erhielt es Magdeburger Stadtrecht. Die bedeutende jüdische Bevölkerung wurde im nahen Konzentrationslager Sobibór umgebracht. 1945 trat hier das 'Polnische Komitee für Nationale Befreiung' zusammen, die erste kommunistische Regierung nach dem Krieg.

Sehenswertes

Unitarische Kirche

Die Kościół na górce ('Kirche auf dem Berg'), heute katholisches Gotteshaus, wurde 1735–1756 vermutlich von Paolo Fontana erbaut und besitzt eine reiche barocke Ausstattung.

*Ehemalige Piaristenkirche

Die heutige Pfarrkirche, 1753–1763 nach einem Entwurf von Paolo Fontana erbaut, besitzt ein annähernd elliptisches Langhaus mit Kapellen, die einen Umgang bilden. Reiche illusionistische Malerei (um 1758, Joseph Mayer), weitere Ausstattung im Rokoko (1774–1781). Neben der Kirche das frühere Kloster (von Domenico Belotti, Anfang 18. Jh.).

Orthodoxe Kirchen

Die orthodoxe Nikolajkirche (św. Mikołaja) stammt aus dem 18. Jh.; die klassizistische orthodoxe Pfarrkirche wurde Mitte des 19. Jh.s erbaut, beachtenswert sind die Ikonostase (Bilderwand) und wertvolle Ikonen.

Unterirdische Gänge

Die Anlagen der früheren Kreidebergwerke kann man im Schein von Fackeln besichtigen. Der Weg führt durch die dreistöckigen mittelalterlichen Verliese unter dem alten Teil der Stadt (Eingang ul. Lubelska 27).

Umgebung von Chełm

Stołpie

In Stołpie (10 km westlich von Chełm) ist der aus Feldsteinen erbaute Wehrturm (10. Jh.; als Wohnhaus genutzt) interessant, das älteste Baudenkmal in Polen östlich der Weichsel.

Włodawa

Das altertümlich wirkende Włodawa, 47 km nördlich von Chełm am Bug gelegen, besitzt viele Holzhäuser. Zu beachten ist auch die Pfarrkirche St.

Ludwig (Kósciół św. Ludwika), die der Piaristenkirche in Chełm verwandt ist (gleicher elliptischer Grundriß, noch prächtiger gestaltete Fassade); sie wurde 1739–1752 nach einem Entwurf von Paolo Fontana errichtet. Gegenüber steht die klassizistische orthodoxe Kirche.
In der alten Synagoge (18. Jh.) das Museum des Seengebiets zwischen Włodawa und Łęczna (ul. Gagarina 7).

Chełm, Umgebung, Włodawa (Fortsetzung)

Etwa 10 km südöstlich von Włodawa liegt das Dorf Sobibór. In den Jahren 1942/1943 wurden hier in einem Vernichtungslager 250 000 Menschen ermordet, insbesondere jüdische Bürger von Chełm. Auf dem Gelände des Konzentrationslagers, das von der SS zerstört wurde, ein Denkmal.

Sobibór

Chełmno · Kulm

F 3

Wojewodschaft: Kujawsko-Pomorskie
Höhe: ca. 75 m ü. d. M.
Einwohnerzahl: 21 400

Das auf dem Kulmer Höhenzug (Wysoczyzna Chełmińska) am rechten Ufer der Wisła (Weichsel) gelegene Chełmno gilt neben dem nur ca. 40 km entfernten → Toruń als eine der schönsten mittelalterlichen Städte Polens. Da Chełmno als Industriestandort unattraktiv war und die Stadt den Zweiten Weltkrieg unbeschadet überstand, hat sie sich ein reizvolles und weitgehend intaktes Stadtbild bewahren können.

Lage und Bedeutung

Die Geschichte von Chełmno ist eng mit dem Deutschen Orden verbunden, dem die Siedlung mit seinem Umland 1226 von Konrad von Masowien (Mazowiecki) übereignet wurde. Chełmno entwickelte sich zum politi-

Geschichte

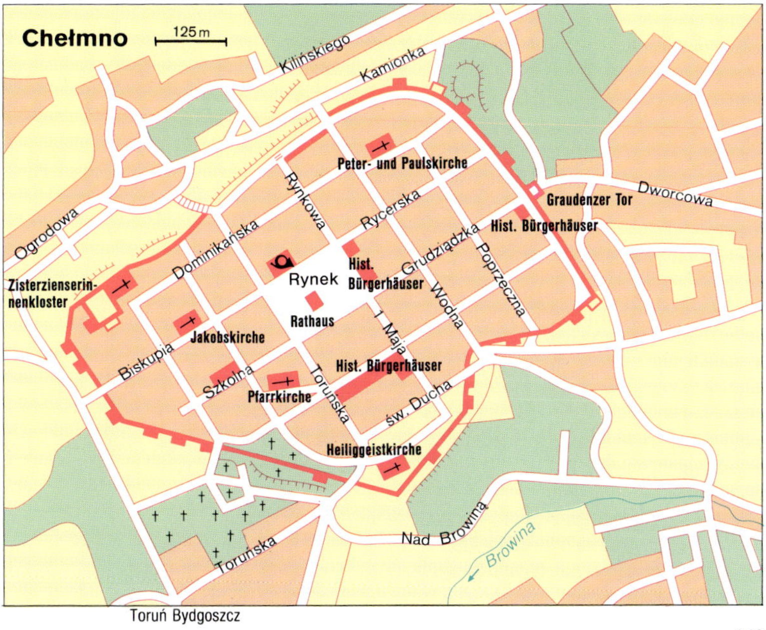

Bahnhof

Geschichte (Fortsetzung)

schen Zentrum des Ordenslandes und erhielt 1233 vom Hochmeister des Deutschen Ordens, Hermann von Salza, mit der sog. Kulmer Handfeste das Stadtrecht. Dieses ursprünglich nur für Kulm und Thorn geltende Recht wurde bald in vielen polnischen Städten und in einem Großteil des Ordensstaates eingeführt. Im 14. Jh. erlebte die Stadt, die zwischen 1300 und 1437 auch Mitglied der Hanse war, eine Blütezeit. Nach einer kurzen Zugehörigkeit zu Polen (1475–1505) unterstand sie bis zur Ersten Polnischen Teilung 1772 der Herrschaft des Bischofs, danach gehörte sie bis 1920 zu Preußen. Die 1386 gegründete Kulmer Akademie besaß in der zweiten Hälfte des 18. Jh.s den Status einer Abteilung der Krakauer Jagiellonen-Universität.

Sehenswertes

*Altstadt Marktplatz

Die weithin sichtbar auf einer Anhöhe gelegene Altstadt von Chełmno wird von einer fast vollständig erhaltenen Stadtmauer mit 17 Türmen umfaßt (13.–15. Jh.). In die Stadt gelangt man durch das Graudenzer Tor (Brama Grudziądzka), das einzige im ursprünglichen Zustand erhaltene von ehemals sieben Stadttoren. Mittelpunkt des rechtwinklig angelegten Straßennetzes ist der rechteckige Marktplatz, auf den die ulica Grudziądzka zuführt. Hier und in den benachbarten Straßen stehen schöne Bürgerhäuser mit klassizistischen Fassaden aus dem 19. und 20. Jahrhundert.

** Rathaus

Foto S. 78

Mitten auf dem Marktplatz steht das prächtige Rathaus, ein ursprünglich gotisches Gebäude, das 1567–1572 im Stil der Spätrenaissance umgebaut wurde. Architektonische Elemente des Vorgängerbaus wie Nischen und Türöffnungen sind elegant in die reich geschmückte Fassade des ungewöhnlichen Bauwerks integriert. An der Westseite ist ein eisernes Modell des Kulmer Stabes (4,35 m) eingemauert. Den oberen Abschluß des Gebäudes bildet eine aufwendig gestaltete Attika, die von dem hohen

In der Kirche St. Marien

Chełmno, Rathaus (Fortsetzung)

Turm (1596) überragt wird. Im Rathaus ein kleines Museum (geöffnet Di.–So. 10.00–16.00 Uhr) und eine Galerie mit zeitgenössischer Kunst. Im Gerichtssaal im ersten Stock Malereien von Jan Roszkowski (1743).

Pfarrkirche St. Marien

Die meisten der Kirchen innerhalb der Stadtmauer sind gotisch, so auch die 1280–1320 erbaute Kościół farny südlich des Marktplatzes (Ecke ul. Toruńska/ul. Szkolna). Die dreischiffige, monumentale Halle besitzt eine reiche Ausstattung von Romanik bis Barock; besonders zu beachten der romanische Taufstein und die auf ca. 1400 datierten Wandmalereien.

Weitere Bauten

Zwei ehemalige Klosterkirchen liegen in der westlichen Altstadt, die um 1300 für den Franziskanerkonvent erbaute Kościół św. Jakuba, eine schlichte, fast schmucklose Hallenkirche, sowie die an der Stadtmauer (ul. Dominikańska) gelegene Kościół św. Jana Chrzciciela i Jana Ewangelisty (Hll. Johannes der Täufer und Johannes der Evangelist), das Gotteshaus des früheren Zisterzienserinnenklosters. Der einschiffige Kirchenbau aus der ersten Hälfte des 14. Jh.s lohnt vor allem wegen der reichen, überwiegend barocken Ausstattung einen Besuch. Die Grabplatte des Bürgers Arnold Lieshorn (gest. 1275) an der Chornordseite ist ein bemerkenswertes Relikt der mittelalterlichen Ausstattung.
An der südlichen Stadtmauer (ul. Wałowa) liegt die 1280–1290 erbaute Kościół św. Ducha (Heiliggeistkirche; Turm von 1311). Im der ul. Dominikańska steht die Kościół św. św. Pietra i Pawła (St. Peter und Paul), die Kirche des ehemaligen Dominikanerklosters. Um die Mitte des 13. Jh.s errichtet, wurde sie im 14. Jh. in eine Hallenkirche und im 17. Jh. zu einer Basilika umgebaut (Rokoko-Ausstattung, 18. Jh.).

Chojnice · Konitz

E 3

Wojewodschaft: Kujawsko-Pomorskie
Höhe: 130 m ü. d. M.
Einwohnerzahl: 35 000

Lage und Bedeutung

Die etwa 90 km nordöstlich von Bydgoszcz gelegene Stadt ist Verkehrsknotenpunkt sowie Industrie- und Dienstleistungzentrum (Nahrungsmittel- und Holzindustrie, Herstellung von Sportgeräten). Zu einem regionalen Urlaubsgebiet entwickelte sich Chojnice durch den 5 km nördlich gelegenen Jezioro Charzykowskie (Kleinkonitzer See), durch den die Brda (Brahe) fließt.

Geschichte

Die Stadt entstand aus einer Festung an der Kreuzung wichtiger Handelswege; ab 1360 Stadtrecht. Von 1466 bis 1772 in polnischem, dann in preußischem und ab 1920 wieder in polnischem Besitz. Während des Zweiten Weltkriegs wurden im nahen 'Tal des Todes' (Dolina Śmierci) 2000 Menschen ermordet.

Sehenswertes

Die Straßenzüge der heutigen Stadt lassen noch die mittelalterliche Stadtstruktur erkennen; Teile der gotischen Wehrmauern und der Basteien sind erhalten. Sehenswert ist das Schlochauer Tor (Brama Człuchowska), in dem das Regionalmuseum (ul. 31 Stycznia 10) mit Exponaten zur Geschichte, Archäologie und Volkskunde untergebracht ist. Dominiert wird die Altstadt vom Backsteinbau der gotischen Pfarrkirche aus dem 14. Jh. (barocke Ausstattung). Das spätbarocke Jesuitenkolleg stammt aus dem 18. Jahrhundert.

Umgebung von Chojnice

Jezioro Charzykowskie

Wenige Kilometer nördlich von Chojnice bietet der 10 km lange und 1367 ha große Jezioro Charzykowskie (Kleinkonitzer See) gute Möglich-

Chojnice, Umgebung (Fortsetzung)

keiten zum Baden und Segeln. Ein Freibad gibt es im malerisch am See gelegenen Ferienort Charzykowsky (Klein Konitz).

Człuchów (Schlochau)

Etwa 14 km westlich von Chojnice, auf einer waldreichen, hügeligen Landenge zwischen Seen, liegt Człuchów (Schlochau; 14000 Einw.). Im 10. Jh. stand hier eine Festung unter polnischer Herrschaft, ab 1309 gehörte das Gebiet dem Deutschen Orden. Von 1466 bis zur Ersten Polnischen Teilung 1772, bei der Człuchów zu Preußen kam, war die Stadt erneut polnisch. Die ruhigen, durch Kanäle verbundenen Seen in der Umgebung eignen sich gut für Kajaktouren. Die Deutschordensburg (heute Sitz kultureller Einrichtungen) wurde 1325 erbaut und in der Folgezeit mehrfach verändert; erhalten blieb ein Teil der Vorburg und ein Turm, von dem man eine schöne Aussicht auf die umliegenden Seen genießt.

Tuchola (Tuchel)

Am Südwestrand des Waldgebiets Bory Tucholskie (s. u.), 24 km südöstlich von Chojnice, liegt die Handels- und Fremdenverkehrsstadt Tuchola (12000 Einw.; Wojewodschaft Bydgoszcz). Der erstmals 1287 erwähnte Ort gehörte der vermögenden Familie Święcy, die im 13./14. Jh. hier eine Burg errichtete. Den polnischen Herrschern feindlich gesonnen, verkaufte sie das Land 1309 an den Deutschen Orden.
Lohnend ist ein Rundgang durch die mittelalterliche Stadtanlage mit Resten der Stadtmauer und schönen Bauten aus dem 19. Jahrhundert. In der Vorstadt Rudzki Most an Brda gibt es ein Wassersportzentrum. Kultureller Höhepunkt sind die alljährlich stattfindenden Tage des Tucheler Walds (Dni Borów Tucholskich).

Bory Tucholskie (Tucheler Wald)

Östlich von Tuchola breitet sich mit einer Fläche von 1170 km^2 eines der größten Waldgebiete Polens aus. Auf postglazialem Sandboden, teils in der Ebene, teils auf Moränen, wachsen Fichtenwälder und Mischwälder aus Eichen, Hainbuchen und Espen. Das Waldgebiet ist von etwa 900 Seen durchsetzt, die durch größere und kleinere Flüsse, u. a. die Brda (Brahe) und die Wda (Küddow), untereinander und mit der Weichsel verbunden sind. Kajakbegeisterte finden eine gute Infrastruktur vor.

Ciechanowiec K 4

Wojewodschaft: Podlaskie
Höhe: 170 m ü. d. M.
Einwohnerzahl: 3600

Lage und Bedeutung

Ciechanowiec liegt am Nurzec an der Grenze zwischen den Landschaften Masowien und Podlasien; die nächsten größeren Orte sind im Westen Ostrów Mazowiecki (52 km) und Bielsk Podlaski im Osten (48 km). Der Ort wurde im Jahr 1241 zum erstenmal erwähnt (Zerstörung durch die Tataren) und ist durch sein Landwirtschaftsmuseum bekannt.

Sehenswertes

Das Landwirtschaftsmuseum (Muzeum Rolnictwa) befindet sich in einer Palastanlage aus dem 14. Jh., die 1941 zerstört und nach dem Krieg zu Ausstellungszwecken wiederaufgebaut wurde. Es veranschaulicht Arbeits- und Lebensformen in einem podlasischen Dorf (Ackerbau, Bienenzucht, dörfliches Handwerk); es gibt eine tiermedizinische Abteilung und einen Heilpflanzengarten. Zu der Anlage gehören ferner eine Wassermühle, eine alte Remise mit landwirtschaftlichen Fahrzeugen sowie ein großes Freilichtmuseum mit Gebäuden von Bauern und Adel. Wirtschaftsgebäude und Gutshöfe wurden aus verschiedenen Dörfern Podlasiens hierhergebracht, u. a. eine Windmühle, eine weißrussische Hütte und ein Jagdhaus. Im Ort stehen eine Barockkirche (18. Jh.), Reste einer alten Burg sowie eine noch genutzte orthodoxe Kirche von 1864.

Treblinka

→ dort

Ciechanów

H 4

Wojewodschaft: Mazowieckie
Höhe: 125 m ü. d. M.
Einwohnerzahl: 39 000

Lage und Bedeutung

Die Stadt Ciechanów liegt ca. 70 km nordwestlich von Warschau im nördlichen Masowien nahe der ehemaligen Grenze zwischen Polen und Ostpreußen. Das Zentrum einer landwirtschaftlich geprägten Gegend verfügt über etwas Lebensmittelindustrie (Zuckerfabrik und Brauerei) und Maschinenbau.

Geschichte

Im Jahr 1065 wurde die Stadt erstmals erwähnt; im 14. Jh. erhielt sie das Stadtrecht. Durch die Eröffnung der Bahnlinie Warschau – Danzig 1877 nahm sie einen gewissen wirtschaftlichen Aufschwung. In den letzten Jahren des Zweiten Weltkriegs war Ciechańow Hauptstadt des Distrikts Zichenau der in das Deutsche Reich eingegliederten Gebiete.

Sehenswertes

Burg

Die gotische Burg der masowischen Herzöge, die in sumpfigem Gelände an der Łydynia liegt, wurde um 1430 errichtet. Bona Sforza, Gemahlin des polnischen Königs Zygmunt I. Stary, ließ sie zur Residenz umbauen; 1657 wurde sie von den Schweden zerstört. Geblieben ist eine imposante Ruine, die das Regionalmuseum (Muzeum Regionalne) beherbergt. Neben dem Museum sind auch die Basteien und Keller zu besichtigen. Die Burg war 1942 Schauplatz öffentlicher Hinrichtungen (Denkmal auf dem Hof). In der Nähe befindet sich die 1864 erbaute Brauerei.

Rathaus

Das Rathaus wurde im Jahr 1844 in gotischem Stil von Enrico Marconi erbaut. Beim Rückzug ermordeten hier deutsche Soldaten am 16./17. Januar 1945 etwa 50 Gefangene.

Pfarrkirche

Die erste Kirche stand schon im 12. Jh. an dieser Stelle (neben der ältesten Burg). Der jetztige gotische Bau entstand Anfang des 16. Jh.s als ein mit Giebeln geschmückter Ziegelbau. Die heutige Ausstattung – die ursprüngliche wurde während der Napoleonischen Kriege zerstört – stammt aus dem 19. und 20. Jahrhundert. In der Nähe die gotische Augustinerkirche, ebenfalls aus dem 16. Jahrhundert.

Umgebung von Ciechanów

*Opinogóra

In Opinogóra, 4 km nordöstlich von Ciechanów, lebte Zygmunt Krasiński (1812–1859), einer der bedeutendsten polnischen Dichter der Romantik. Er ist in der Krypta der klassizistischen Pfarrkirche (Kościól farny), die von seinem Vater Wincenty Krasiński (General in der Armee Napoleons, Senator und Wojewode) gestiftet wurde, begraben. Im neugotischen Schlößchen, das Wincenty Krasiński um 1825 für den Sohn errichtete, ist ein Romantik-Museum (Muzeum Romantyzmu) mit Gegenständen zur Erinnerung an Zygmunt Krasiński und Exponaten aus der Napoleonischen Ära untergebracht.
Im Park, Anfang des 19. Jahrhunderts im englischen Stil angelegt, befindet sich ein Denkmal des Dichters.

Mława

Die Stadt 35 km nordwestlich von Ciechanów besitzt ein Regionalmuseum und interessante Jugendstilhäuser. An die Kämpfe vom 1.–3. September 1939 in diesem Gebiet erinnert ein polnischer Betonbunker sowie ein Mausoleum und Denkmal im Dorf Uniszki Zawadzkie (6 km nördlich von Mława).

Cieszyn · Teschen F 7

Wojewodschaft: Śląskie
Höhe: 280–300 m ü. d. M.
Einwohnerzahl: 33 000

Lage und Bedeutung

Die polnisch-tschechische Doppelstadt Cieszyn/Český Těšín liegt 30 km westlich von Bielsko-Biała an der Olza (rechter Nebenfluß der Oder) am Fuß der Westbeskiden (Beskid Śląski). Der polnische Teil, der älter ist als der tschechische, erstreckt sich am rechten Flußufer. In Cieszyn gibt es elektrotechnische Industrie und und Lebensmittelindustrie, ferner hat dort eine Abteilung der Schlesischen Universität Kattowitz ihren Sitz. Die Stadt ist ein wichtiger Grenzübergang zur Tschechischen Republik.

Geschichte

Teschen ist bereits 1155 als südlichster Teil des Bistums Breslau dokumentiert und erhielt 1374 das Magdeburger Stadtrecht. Die Teschener Piasten starben 1653 aus, das Fürstentum Cieszyn war schon seit 1625 in den Händen der Habsburger und blieb es bis 1918. Teschen war v. a. im 18./19. Jh. ein starkes Zentrum des Protestantismus im österreichischen Schlesien. Im Jahr 1920 wurde Teschen zwischen Polen und der Tschechoslowakei aufgeteilt. Der bedeutendste Schriftsteller des Teschener Schlesien (Śląsk Cieszyński) war Gustaw Morcinek (1891–1963). Die meisten seiner

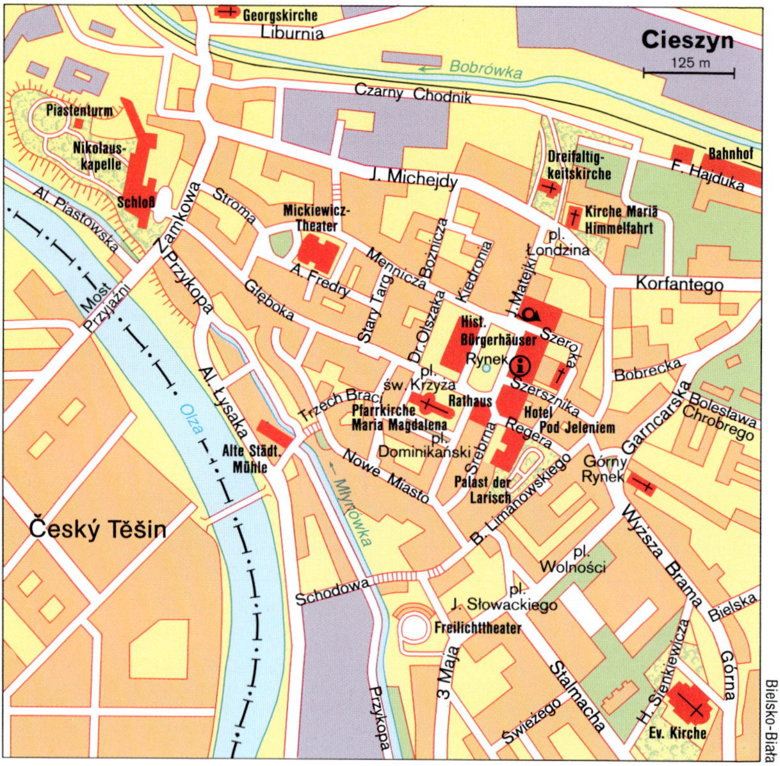

Werke beschäftigen sich mit dem Leben der Bergleute. Er ist auf dem Friedhof von Cieszyn begraben. Aus Teschen stammt übrigens auch der Vertriebenenfunktionär Herbert Czaja.

Cieszyn, Geschichte (Fortsetzung)

Sehenswertes

Schloßberg *St. Nikolaus

Die Rundkapelle (Rotunde) St. Nikolaus (św. Mikołaja) auf dem Schloßberg ist das einzige romanische Bauwerk in Schlesien, das fast vollständig erhalten geblieben ist (Ende 11. Jh.). Bei einem Durchmesser von 6,4 m Durchmesser sind ihre Wände 1,5 m dick. Der 24 m hohe gotische Wehrturm daneben, der Rest der Burg der Teschener Piasten, wurde im 14. Jh. aus Stein erbaut und im 15. Jh. durch eine Ziegelmauer erhöht.
Das klassizistische Schloß (Zamek) am Fuß des Schloßbergs wurde 1837 von dem Wiener Architekten Josef Kornhäusel als Jagdschloß für den habsburgischen Erzherzog Karl von Sachsen-Teschen entworfen. Vom Schloßberg schöner Blick auf die Stadt.

Theater

Das Theater wurde 1910 von den Wiener Architekten Ferdinand Fellner und Hermann Helmer, Spezialisten für Theaterbauten und Konzertsäle, im Jugendstil erbaut. Dem Theater gegenüber die Alte Münze (1719, 1790 Umbau zu einem Stadtpalais).

Marktplatz (Rynek)

Der repräsentative Platz (115 x 60 m) entstand 1496, als der Fürst von Teschen, Kasimir II., den Bürgern das Gelände zur Einrichtung eines neuen Marktplatzes anbot. Die Bürgerhäuser, die ihn heute umgeben, stellen einen Querschnitt bürgerlicher Architektur des 18. und 19. Jh.s dar. Das Rathaus ist nach mehreren Bränden (der letzte 1836) und Umbauten klassizistisch. Der Floriansbrunnen auf dem Platz stammt von 1770.

Pfarrkirche St. Maria Magdalena

Die Kościół św. Marii Magdaleny vom Ende des 13. Jh.s wurde nach einem Stadtbrand 1789 im Barockstil wiederaufgebaut; von der barocken Ausstattung ist der mächtige Altar von Andreas Schweigel hervorzuheben (1794). Klassizistischer Turm (19. Jh.). In der Krypta ruhen die Piasten von Teschen (Grabmal für Przemek I. aus der Prager Parler-Werkstatt).

Palais Larisch Museum (ul. Regera 6)

Das schöne barock-klassizistische Palais (1796) der Familie Larisch, der nach den Habsburgern reichsten Familie im Teschener Land, ist seit 1931 Museum für Regionalgeschichte (Archiv der Schlesischen Bibliothek Kattowitz). Im reich ausgestatteten Inneren verdient der Ägyptische Salon besondere Aufmerksamkeit.

Weiteres Sehenswerte

Nördlich des Marktplatzes die Kirche zur hl. Dreifaltigkeit (św. Trójcy; 1595, Umbau 1846) und die Kirche Mariä Himmelfahrt (der Barmherzigen Brüder, 1697; spätbarocke Austattung). Die einzige heute benutzte evangelische Kirche ist die spätbarocke Gnadenkirche von 1709-1759 im Südosten der Stadt, eine der sechs Kirchen, die der Kaiser in der Altranstädter Konvention 1707 den schlesischen Protestanten gestattete.

Częstochowa · Tschenstochau G 6

Wojewodschaft: Śląskie
Höhe: 235–305 m ü. d. M.
Einwohnerzahl: 246000

Lage und Bedeutung

Die bekannte Stadt liegt im Krakau-Tschenstochauer Jura (Wyżyna Krakowsko-Częstochowskie) an der Warthe (Warte). Tschenstochau gilt wegen des Paulinerklosters auf dem Jasna Góra, dem Hellen Berg, als religiöses Zentrum Polens; es ist aber auch ein bedeutender Industriestandort mit einer der größten Eisenhütten Polens und Textilindustrie und Maschi-

Bedeutung (Fortsetzung)

nenbau. Die Eisenerzbergwerke in der Umgebung, einmal die wichtigsten des Landes, wurden wegen zu geringer Rentabilität stillgelegt.

Geschichte

Tschenstochau wird 1220 erstmals urkundlich erwähnt. Im Jahre 1356 verlieh ihm König Kazimierz Wielki (der Große) das Stadtrecht. Schon damals gab es Eisenhütten. 1382 gründete der Piastenfürst Władysław von Oppeln das Paulinerkloster, und 1384 stiftete er das Bild der Schwarzen Madonna von Tschenstochau. Dieses als wundertätig verehrte Bild ist seit dem Ende des 14. Jh.s, wie bei dem Historiker Długosz dokumentiert, bis heute das berühmteste Pilgerziel in Polen.
Im Mittelalter bildeten sich zwei Städte, Alt-Tschenstochau an der Warthe und Neu-Tschenstochau um den Klosterhügel. Formal vereinigten sie sich erst 1826. Am 3. August 1914 wurde die Stadt von deutschen Truppen eingenommen, ebenso am 3. September 1939. Bei den Hinrichtungen am 3. und 4. September 1939 kamen etwa 300 Menschen ums Leben. Nach dem Zweiten Weltkrieg wurde die Stadt wieder aufgebaut.

** Klosteranlage auf dem Jasna Góra

Geschichte

Im 15. Jh. entstanden auf dem Hügel die ersten Gebäude (u. a. Basilika und Kapelle der Muttergottes); die meisten Bauten stammen jedoch aus dem 17. Jahrhundert. In den Jahren 1620–1624 wurden die Bastionen errichtet, dank derer das Kloster 1655 der sechs Wochen dauernden Belagerung durch schwedische Truppen standhielt (der historische Kern der Verehrung der Muttergottes von Tschenstochau). Im 17. Jh. wurden das Kloster, die Wirtschaftsgebäude und die militärischen Anlagen völlig umgestaltet. Nach einem Brand 1690 erhielt die Kirche eine einheitlich barocke Ausstattung. Im 18. Jh. wurden die Befestigungen erneuert, die Arbeiten in der Kirche und den Kapellen beendet und eine Bibliothek ein-

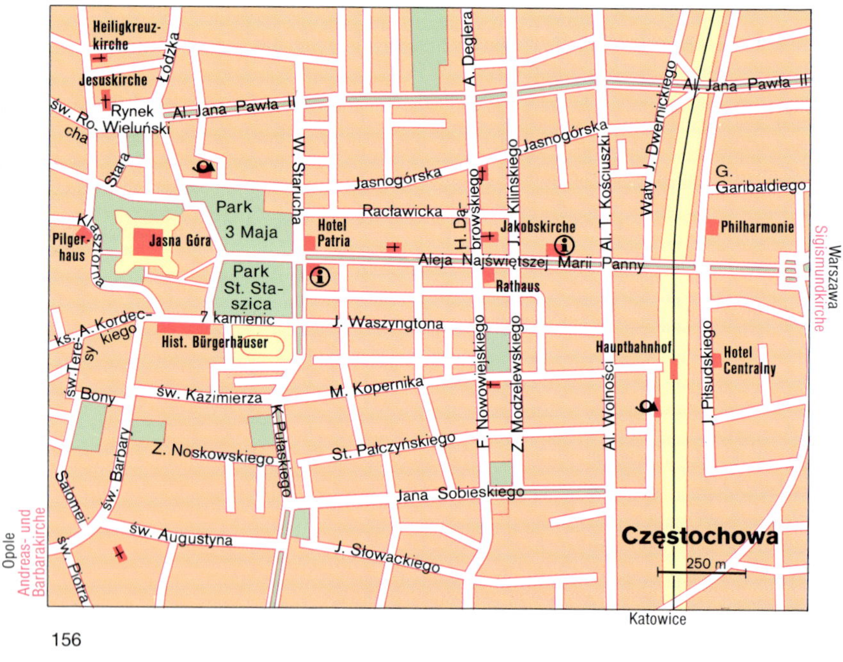

Die Basilika auf dem Hellen Berg in Tschenstochau

Klosteranlage, Geschichte (Fortsetzung)

gerichtet. Das Kloster, das reichste in Polen, besaß eine Druckerei, eine Malerwerkstatt sowie eigenes Militär. Zur feierlichen Krönung des wundertätigen Bildes 1717 versammelten sich 200000 Gläubige.

Tore

In das Kloster gelangt man durch vier Tore aus dem 17./18. Jh. Vor dem ersten befindet sich ein steinernes Mosaik mit dem Wappen des Paulinerordens, das an den Schutzpatron, den hl. Paul (gen. der Einsiedler), anknüpft. Das erste Tor ist das prächtigste und heißt Lubomir-Tor (Brama Lubomirska), dann folgen das Tor der siegreichen Mutter Gottes (Brama Matki Boskiej Zwycięskiej) und das Tor der schmerzensreichen Mutter Gottes (Brama Matki Boskiej Bolesnej). Das älteste ist das Wall- oder Jagiellonentor (Brama Wałowa bzw. Jagiellonów; 17. Jh.). Neben ihm der 1921–1929 erbaute Mariensaal (Sala Maryjna; Ausstellungen).

Äußeres

Vom Hof hinter dem Wall-Tor aus sind die Seitenfassade der Kirche und der Turm zu sehen, ferner die Sonnenuhr und eine eingemauerte schwedische Kanonenkugel (17. Jh.). Der Turm entstand im 17. Jh., seine oberen Partien wurden nach einem Brand im Jahre 1900 wieder aufgebaut. Er ist 106 m hoch und damit der höchste Kirchturm in Polen. Nach 519 Stufen Aufstieg bietet sich ein weiter Blick auf Tschenstochau und die Berge des Krakau-Tschenstochauer Jura.

*Aussicht

*Basilika

Der Zugang zur Himmelfahrtskirche führt durch eine Vorhalle unter dem Turm, daneben die Kapelle des hl. Antoni Padarewski (18. Jh.). Stuck und Fresken von Hauptschiff (29 m hoch) und Chor stammen von dem schwedischen Maler Karl Dankwart (1693–1695). Der herrliche Hauptaltar (1728) zeigt die Himmelfahrt Mariä. Die Orgel, eine der größten Polens, stammt aus den Jahren 1953–1956. An das rechte Seitenschiff ist die Kapelle der Familie Dönhoff (17. Jh.) angefügt, nahe dem Chor befinden sich zwei Kapellen übereinander: unten die Reliquienkapelle (Kaplica św. Relikwii, (1641–1648), oben die Kapelle der Jabłonowski (Mitte 18. Jh.).

**Kapelle der Muttergottes von Tschenstochau

Die Kaplica Matki Boskiej Częstochowskiej ist ein besonderer Ort für Polen, denn im Hauptaltar befindet sich die sogenannte Schwarze Madonna, das in Polen am meisten verehrte Bild der Muttergottes mit dem Jesuskind. Seine Entstehung ist nicht geklärt; es könnte im 6. oder 7. Jh. in Byzanz, im 9. Jh. in Kleinrußland oder im 13./14. Jh. in Italien angefertigt worden sein. Das Bild ist meist mit einem Tuch und Silberschmuck bedeckt. Seit dem 17. Jh. wurden für das Marienbild 'Kleider' angefertigt, sozusagen Masken, die nur die Gesichter freilassen und aus mit Edelsteinen u. ä. besetztem Gewebe bestehen (z. B. Diamanten, Rubine, Korallen). Im Hauptaltar von 1650 dominieren Schwarz (Einlegearbeit aus Ebenholz) und Silber. Links des Bilds die königlichen Insignien, eine Gabe polnischer Frauen von 1926, rechts eine goldene Rose, die Johannes Paul II. bei seiner ersten Pilgerfahrt nach Polen 1979 stiftete. Der älteste Teil der Kapelle ist der gotische Chor (15. Jh.); das Chorgitter wurde im 18. Jh. in Danzig hergestellt. Die Wände der Kapelle sind mit zahlreichen Votivtafeln bedeckt. Der andere, dreischiffige Teil der Kapelle stammt von 1641–1644; die Innenausstattung ist barock. Am rechten Altar befindet sich eine wertvolle gotische, in Krakau angefertigte Skulptur 'Christus am Kreuz' (Ende 15. Jh.), am linken eine Pietà aus dem 15. Jahrhundert. Der dritte Teil

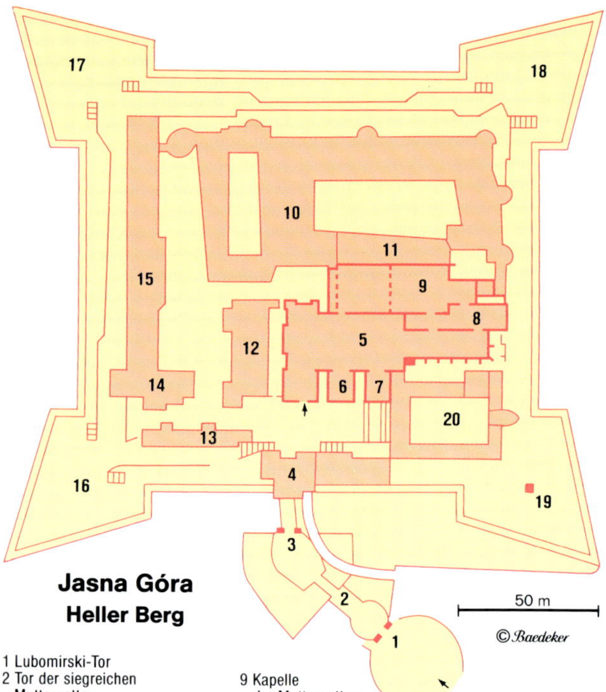

1 Lubomirski-Tor
2 Tor der siegreichen Muttergottes, Königin von Polen
3 Tor der schmerzensreichen Muttergottes
4 Wall-(Jagiellonen-)tor
5 Basilika
6 Dönhoff-Kapelle
7 Jabłonowski-Kapelle
8 Sakristei und Schatzkammer
9 Kapelle der Muttergottes
10 Refektorium und Bibliothek
11 Rittersaal
12 Königliche Gemächer
13 Spielmannshäuser
14 Waffenkammer
15 Alte Druckerei und Sechshundertjahr-Museum
16 Lubomirski-Bastion
17 Morsztyn -Bastion
18 Szaniawski-Bastion
19 Potocki-Bastion
20 Speisezimmer / Abendmahlssaal

Die Schwarze Madonna

Bibliothek

Kapelle der Muttergottes (Fortsetzung)

der Kapelle ist ein Renaissance-Kreuzgang (16. Jh.), verbunden mit einer Kapelle von 1928. In seinem oberen Teil eine Kopie des Gemäldes "Die Hochzeit von Jan Kazimierz" von Jan Matejko, das die Hochzeit des polnischen Königs auf dem Jasna Góra darstellt.

Rittersaal

Der Rittersaal (Sala Rycerska) entstand 1647 im Stil des Frühbarock. Früher diente er als Repräsentationssaal, heute finden hier Ausstellungen statt. Im Saal ein Zyklus historischer Gemälde aus dem 17. Jh. zur Geschichte des Klosters. Eine der drei Tafeln ist dem Andenken des Schriftstellers und Nobelpreisträgers Henryk Sienkiewicz (1846–1916) gewidmet, der in einem seiner Bücher die Verteidigung des Jasna Góra 1655 beschrieb.

Refektorium
Bibliothek

Zu den Klostersälen, die nicht besichtigt werden können, gehört das Refektorium (Speisesaal) aus dem 17. Jh.; die Gewölbe wurden von Karl Dankwart ausgemalt (nach 1695). Herrliche Innenausstattung und Möbel besitzt die Klosterbibliothek (18. Jh.), in der 40000 alte Drucke und Handschriften aufbewahrt werden.

Denkmal und Kreuzweg

An der südöstlichen Bastion erinnert ein Denkmal (1859) an den Prior Augustyn Kordecki, der 1655 die Verteidigung des Klosters gegen die Schweden leitete. Von den Wällen aus sind die monumentalen Stationen des Kreuzwegs zu sehen, die 1903–1914 jenseits des Festungsgrabens errichtet wurden.

Schatzkammer (Skarbiec)

Von Osten gelangt man in die Schatzkammer und die Sakristei. In der Schatzkammer werden besonders wertvolle Gegenstände aufbewahrt, die dem Kloster u. a. von den polnischen Königen gestiftet wurden: Schmuckstücke, liturgischen Geräte, Rosenkränze (z. B. der Rosenkranz des polnischen Königs Stefan Batory, 16. Jh.), ferner Meßgewänder (das älteste aus dem 15. Jh.), byzantinische Ikonen und Meißner Porzellan. Meist werden hier auch 'Kleider' der Schwarzen Madonna aufbewahrt.

Zeughaus (Arsenał)

Das Zeughaus (1660–1680) ist außen mit einem polnischen Adler geschmückt; innen sind Waffen ausgestellt, mit denen König Jan III. Sobieski

Zeughaus (Fortsetzung)

1683 die Türken vor Wien geschlagen hat. Gezeigt werden polnische Orden und Kriegsabzeichen, u. a. der Weiße Adler aus dem Jahre 1736, Kriegsstandarten sowie zwei Gemälde mit Schlachtszenen von Jan Matejko, der als bedeutendster polnischer Maler des 19. Jh.s gilt.

600-Jahr-Museum (Muzeum 600-lecia)

In der ehemaligen Druckerei (Dawna Drukarnia; 18. Jh.) neben dem Arsenal ist das 600-Jahr-Museum untergebracht. Es wurde 1982 zum 600jährigen Bestehen von Kirche und Kloster auf dem Jasna Góra gegründet und zeigt in erster Linie Bilder zur Geschichte des Klosters und zum Marienkult auf dem Jasna Góra. Beachtenswert sind auch die Musikalien und Musikinstrumente. In den Schaukästen sind zahlreiche Andenken ausgestellt, darunter auch die Urkunde des Friedens-Nobelpreises für Lech Wałęsa.

Sehenswertes in der Stadt

Andreas-und-Barbara-Kirche

Vom Jasna Góra führt die ul. św. Barbary, eine von vier Baumreihen gesäumte Straße, zur Kościół św. Andrzeja i Barbary, deren barocker Bau 1637–1642 errichtet wurde. Im Inneren zeigen Gemälde die Vita der hl. Barbara. Hinter der Kirche steht die Barbarakapelle, erbaut über einer Quelle, deren Wasser heilende Wirkung zugeschrieben wird.

Aleja Najświętszej Marii Panny (Allee der Allerheiligsten Jungfrau Maria)

Die Allee entstand 1818, um Alt-Tschenstochau an der Warthe mit dem neuen Ortsteil um den Jasna Góra zu verbinden. Ihre Verlängerung zum Platz vor dem Kloster ist die Aleja H. Sienkiewicza. An ihr befindet sich das Grab des Unbekannten Soldaten. In den Parks zu ihren Seiten ein Observatorium (1909) und eine Sonnenuhr aus der Zeit des Ersten Weltkriegs, ferner Denkmäler für den Komponisten Stanisław Moniuszko (1819–1872) und den Geistlichen und Sejm-Abgeordneten Stanisław Staszic (1755 bis 1826).

Plac Władysława Biegańskiego

Hier steht das klassizistische Rathaus von 1828, heute Sitz des Regionalmuseums mit interessanten Objekten zur Geschichte und Naturkunde der Region Tschenstochau. In der Nähe (Al. Najświętszej Marii Panny 47) befindet sich die Galerie für moderne Kunst (Galeria Sztuki Współczesnej), eine Abteilung des Regionalmuseums.

Auf der anderen Seite der Allee steht die Jakobskirche (Kościół św. Jakuba). Im Jahre 1870 rissen die Russen die Kirche, die hier stand, ab und errichteten eine orthodoxe; diese wurde 1918 in eine katholische Kirche umgewandelt. Noch heute besitzt sie die architektonischen Merkmale einer orthodoxen Kirche. Am Haus der Diözesankurie (Al. Najświętszej Marii Panny 54) ist ein Majolikarelief aus Florenz (15. Jh.) zu sehen; eine Gedenktafel erinnert an den Aufenthalt von Papst Johannes Paul II. 1979 in diesem Haus.

Sigismundkirche

Die Kościół św. Zygmunta im Osten der Stadt (nordöstlich des Bahnhofs) steht schon im ehemaligen Alt-Tschenstochau. Ihre barocke Form und Ausstattung erhielt sie im 18. Jh.; eine erste Kirche existierte jedoch schon im 14. Jh. an dieser Stelle.

Umgebung von Częstochowa

* Landschaft

Tschenstochau liegt in sehr reizvoller Landschaft; die Berge des Krakau-Tschenstochauer Jura haben interessante Felsformationen und zahlreiche Höhlen. Darüber hinaus gibt es in dieser Gegend Bauten mit ansprechender Architektur.

Olsztyn

Über dem Dorf (11 km südöstlich von Tschenstochau) erheben sich die mächtigen Ruinen einer gotischen Burg aus dem 14. Jh., eine der vielen, die im Mittelalter Kleinpolen gegen Schlesien hin schützten. In der Nähe

Die Ruinen der Burg von Olsztyn

Olsztyn (Fortsetzung)

steht ein Denkmal an der Stelle, wo zwischen 1940 und 1945 die Nationalsozialisten etwa 2000 Menschen ermordet haben. Südlich von Olsztyn das Naturreservat Sokole Góry (Falkenberge, 399 m ü. d. M.).

Burg Ogrodzieniec

Die Stadt Ogrodzieniec liegt rund 40 km südöstlich von Tschenstochau im Krakau-Tschenstochauer Jura. Etwa 2 km östlich von ihr steht auf dem Schloßberg (Góra Zamkowa), mit 504 m die höchste Erhebung des Krakau-Tschenstochauer Jura, die Burg Ogrodzieniec. Sie gehört zur Kette der sogenannten Adlerhorste (Burgen, Wehrklöster) zwischen Krakau und Tschenstochau, die im 14. Jh. zur Verteidigung Kleinpolens angelegt wurden. Heute sind sie durch einen Wanderweg miteinander verbunden (rote Markierung).

Die Burg Ogrodzieniec stammt aus dem Mittelalter. Nachdem sie Eigentum des wohlhabenden Krakauer Bürgers Jan Boner geworden war, wurde sie 1530–1545 von dessen Neffen Seweryn zu einem Renaissanceschloß umgestaltet. Von der imposanten Ruine bietet sich ein herrlicher Blick auf die umgebende Landschaft.

Dunajec Fluß G/H 6/7

Flußlauf

Der Dunajec, ein 247 km langer rechter Nebenfluß der Weichsel, entspringt in der Tatra in 1500 m Höhe. Zwei Flüsse, der Biały (Weiße) Dunajec und der Czarny (Schwarze) Dunajec, vereinigen sich bei → Nowy Targ in der Landschaft Podhale. Anschließend verläuft der Dunajec südlich der Gorce nach Osten und durch die Pieniny, erreicht die Sandezer Beskiden (Beskid Sądecki) und fließt durch den Sandezer Kessel (Kotlina Sądecka) und das Karpatenvorland (Pogórze Karpackie), um in der Ebene von Sandomierz (Nizina Sandomierska) in die Weichsel zu münden. Von der Quelle bis

Dunajec (Fortsetzung)

**Durchbruch durch die Pieniny

Nowy Sącz ist der Dunajec ein typischer Gebirgsfluß mit beachtlichem Gefälle (bis zu 334 m/km). Der interessanteste Abschnitt ist der Durchbruch durch die ⟶ Pieniny, eine malerische felsige Bergkette mit Burgruinen bei Czorsztyn und Niedzica. Auf diesem Abschnitt entsteht eine umstrittene Staumauer.

Orte am Dunajec

Am Dunajec liegen ⟶ Nowy Targ, die Hauptstadt der Region Podhale, bekannt wegen ihrer Schafspelze, die alte malerische Stadt Stary Sącz, die Wojewodschaftsstadt ⟶ Nowy Sącz und Erholungsorte wie Łącko, Tęgoborze und Znamirowice.

Nationalpark Stauseen

Die sehr reizvolle Gegend um Szczawnica und Krościenko mit den Pieniny bilden einen Nationalpark (Pieniński Park Narodowy). Am Mittellauf des Flusses gibt es bei Rożnów und Czchów Stauseen (Erholungsgebiete).

*Floßfahrten

Eine große Attraktion sind Fahrten auf dem Dunajec mit Flößen, die aus vier bis fünf miteinander verbundenen Booten bestehen und von Goralen in typischer Volkstracht gelenkt werden. Die Fahrt beginnt an der Anlegestelle im Dorf Sromowce Wyżynie (Ortsteil Kąty) und endet in ⟶ Szczawnica nahe der slowakischen Grenze; die Boote werden auf dem Landweg zurück nach Kąty gebracht. Die Fahrt dauert zwei bis drei Stunden, je nach Wasserführung des Dunajec. Auch an heißen Tagen sollte man einen Pullover mitnehmen, denn im Dunajec-Durchbruch ist es oft sehr windig.

Kajakfahren

Der Fluß ist auf einem Abschnitt von etwa 200 km mit dem Kajak befahrbar, man kann die Fahrt auf dem Czarny Dunajec und auf dem Biały Dunajec beginnen. Die Fahrt auf dem Gebirgsabschnitt erfordert aber einige Erfahrung im Kajakfahren.

Elbląg · Elbing G 2

Wojewodschaft: Warmińsko-Mazurskie
Höhe: 20–30 m ü. d. M.
Einwohnerzahl: 120000

Lage und Bedeutung

Elbing liegt westlich der Weichsel an einem kleinen Fluß, der in das Frische Haff mündet. Der Elbinger Fluß verbindet den Draunsee mit dem Frischen Haff, das durch eine Nehrung gegen die Danziger Bucht abgeschlossen wird. Die ehemalige Hanse- und Hafenstadt Elbląg ist heute hauptsächlich als Verkehrsknotenpunkt und als Industriestandort von Bedeutung. Von Elbing fahren Schiffe zum Badeort Krynica Morska auf der Nehrung am Frischen Haff (Anlegestelle in der Nähe der Nikolaikirche).

Geschichte

An dem alten Handelsplatz, der hier bestand, errichtete 1237 der Deutsche Orden eine Burg. Die Siedlung nördlich der Burg erhielt 1246 das Stadtrecht. Von 1466 bis 1772 gehörte Elbing zu Polen, dann zu Preußen. Durch die Verschlammung des Weichseldeltas im 17. Jh. verlor die Stadt ihre Bedeutung als Seehafen. Erst in der zweiten Hälfte des 19. Jh.s entwikkelte sich Elbing u. a. durch den Bau des Oberländischen Kanals (Kanał Elbląski) zu einem der wichtigsten Industriezentren Ostpreußens.

Sehenswertes

Bereich der ehemaligen Altstadt

Die mittelalterliche Altstadt wurde während des Zweiten Weltkriegs fast vollständig zerstört. Einzelne Bürgerhäuser, insbesondere um den Marktplatz, wurden wiederhergestellt. Von der Stadtbefestigung blieb im Norden der Stadt das Markttor (Brama Targowa) aus dem 14./15. Jh. erhalten.

Der Durchbruch des Dunajec ▶

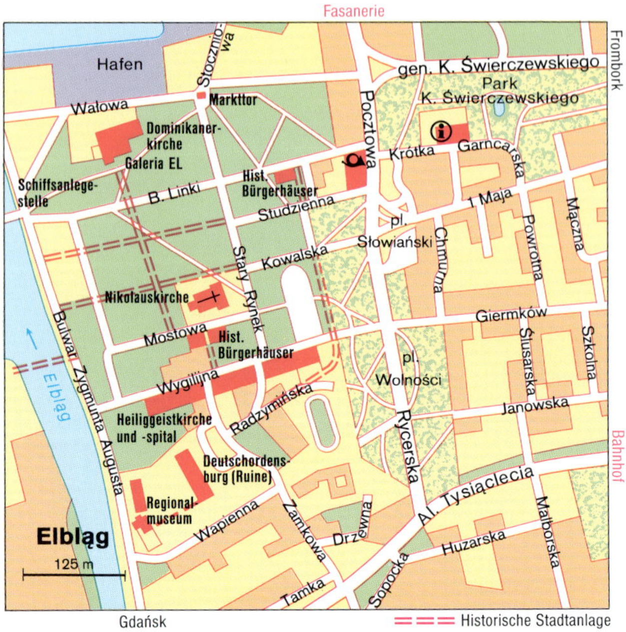

Regionalmuseum

Das Muzeum Regionalne befindet sich im ehemaligen Gymnasium, an dem der berühmte Humanist Johann Amos Comenius gelehrt hatte (Bulwar Zygmunta Augusta 11).

Dominikanerkirche (Kunstgalerie)

Die 1246 erbaute Kościół Podominikański, die Marienkirche des Dominikanerordens, wurde 1504–1507 zu einer Hallenkirche umgestaltet. 1945 brannte sie aus und wurde später z.T. wieder aufgebaut. In der Nachkriegszeit wurde dort die Kunstgalerie "Galerie EL" eingerichtet.

***Nikolaikirche**

Die bedeutendste Kirche der Stadt und eine der größten im ehemaligen Herrschaftsgebiet des Deutschen Ordens ist die im 13. Jh. gegründete Kościół św. Mikołaja. Umbauten und Erweiterungen im 14. und 15. Jh. ließen eine monumentale gotische Hallenkirche mit Westtürmen entstehen. Teile der ehemals reichen Ausstattung verbrannten 1945, sie wurden durch Stücke aus anderen Kirchen Pommerns ersetzt. Besonders hervorzuheben sind das kelchförmige bronzene Taufbecken (1387) von Meister Bernhauser sowie verschiedene Altäre aus Renaissance und Barock.

Fasanerie

Auf dem Elbinger Höhenzug im Norden der Stadt erstreckt sich der Bażantarnia genannte Waldpark mit Hohlwegen, Schluchten und Bächen.

***Oberländischer Kanal**
Foto S. 458

Zu einer reizvollen Schiffsfahrt lockt der 1860 geschaffene Wasserweg Kanał Elbląski zwischen Elbląg und Ostróda (Osterode). Auf einer Strecke von 67 km passieren die Schiffe zwei Schleusen und fünf Rampen (mit Wasserkraft werden die Schiffe über Land gezogen, um den beträchtlichen Höhenunterschied von 100 m zu überwinden).

Umgebung von Elbląg

Sztutowo

→ Danzig, Umgebung

Frombork · Frauenburg G 2

Wojewodschaft: Warmińsko-Mazurskie
Höhe: 0–20 m ü. d. M.
Einwohnerzahl: 2500

Lage und Bedeutung

Im beschaulichen Frauenburg, etwa 30 km nordöstlich von Elbing, lebte und arbeitete in den Jahren 1512–1516 und 1522–1543 Nikolaus Kopernikus; in der mächtigen Bischofskirche auf dem befestigten Hügel ist er beigesetzt. Auch der Dichter-Bischof und Reformator Ignacy Krasicki (1735–1801) hielt sich in der Stadt auf.

Geschichte

Auf dem Gebiet der Stadt siedelte der altpreußische Stamm der Ermen, der in der ersten Hälfte des 13. Jh.s vom Deutschen Orden unterworfen wurde. Im Jahre 1278 wurde der Sitz des ermländischen Bistums von Braniewo (Braunsberg) nach Frauenburg verlegt, das 1310 zur Stadt erhoben wurde. Die schwedischen Kriegszüge im 17. Jh. und die Verschiebung der Handelsstraßen führten zum wirtschaftlichen Niedergang Frauenburgs. Von den schweren Zerstörungen im Zweiten Weltkrieg blieb nur der Kathedralhügel verschont.

Sehenswertes

*Kathedrale

Überragt wird die Stadt vom befestigten Kathedralhügel mit der monumentalen Bischofskirche, einem der bedeutendsten Kirchenbauten im Herrschaftsgebiet des Deutschen Ordens. Der 1329 begonnene gotische Backsteinbau steht an der Stelle einer 1288 erwähnten Vorgängerkirche. Von der qualitätvollen Ausstattung aus verschiedenen Epochen sind der gotische Flügelaltar im nördlichen Seitenschiff (1504) mit einer ‘Mond-

Frauenburg mit seiner Kathedrale

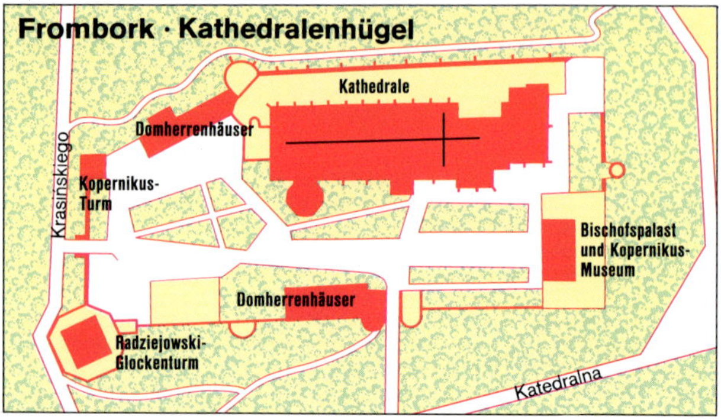

Kathedrale (Fortsetzung)

sichelmadonna' sowie die vielen schönen Epitaphe hervorzuheben (u. a. für Kopernikus, 1737).

Türme

Ein Mauerring mit mehreren Türmen wurde im 14. Jh. zum Schutz des Gotteshauses angelegt und in späteren Jahrhunderten ausgebaut. Von den Türmen steht noch der Kopernikus-Turm (Wieża Kopernika), vermutlicher Arbeitsplatz des berühmten Astronomen.
Einen schönen Blick auf die Stadt genießt man von dem achteckigen Radziejowski-Glockenturm (Wieża Dzwonna Radziejowskiego).

Bischofspalast Kopernikus-Museum

Der Pałac Biskupi aus dem 16. Jh. wurde nach der Zerstörung 1945 wieder aufgebaut und beherbergt seit 1970 das Kopernikus-Museum mit Exponaten zur Geschichte der Stadt und der Kathedrale, zu Kopernikus und zur Geschichte der polnischen Astronomie bis in die Gegenwart. Weiterhin sind ein Planetarium und Lesesäle vorhanden.

Domherrenhäuser

Innerhalb der Befestigungsanlage standen auch die Wohnhäuser der Domherren aus dem 16. und 18. Jahrhundert (heute Ausflugsheime der Polnischen Post).

Umgebung von Frombork

Braniewo (Braunsberg)

Die am Ufer des Flusses Pasłeka (Passarge) 10 km östlich von Frauenburg gelegene Stadt wurde im 13. Jh. gegründet und war im Mittelalter als Handelszentrum und Bischofssitz (bevor dieser nach Frauenburg verlegt wurde) von Bedeutung.
Gut erhalten ist die barock ausgestattete Pfarrkirche zur Hl. Dreifaltigkeit (Ende 15. Jh., im 17. Jh. erweitert). Die Katharinenkirche (Kościół św. Katarzyny) aus dem 14. Jh., eine der größten Hallenkirchen in Ermland, ist nach der Zerstörung im Zweiten Weltkrieg restauriert worden.
Außerhalb von Braunsberg liegt die ehemalige Jesuitenkirche, die in den Jahren 1723–1742 erbaut wurde.

Tolkmicko Kadyny

Sehr schön ist die Fahrt am Haff entlang von Elbing nach Frauenburg. Etwa 20 km nördlich liegt Kadyny (Cadinen), das für sein Gestüt mit Reiterhof bekannt ist.
Weitere 3 km entfernt ist das Fischerdorf Tolkmicko (Tolkemit) mit einer Kirche aus dem 14. Jahrhundert.

Krynica Morska (Kahlberg)

Von Frauenburg (wie von Elbing) gelangt man mit dem Schiff (45 Min. Fahrtdauer) zum Seebad Krynica Morska auf dem Frischen Haff (Mierzeja Wiślana), das schöne Strände besitzt.

Gdańsk · Danzig F 2

Wojewodschaft: Pomorskie
Höhe: 0–142 m ü. d. M.
Einwohnerzahl: 450000

Lage und ** Bedeutung

Danzig liegt an der Mündung der Toten Weichsel (Martwa Wisła) und bildet zusammen mit Sopot (Zoppot) und Gdynia (Gdingen) einen Stadtkomplex, Trójmiast (Dreistadt) genannt, der sich 45 km lang und 6–10 km breit an der Westseite der Danziger Bucht erstreckt. Auf der einen Seite reicht die Stadt bis ans Meer, auf der anderen steigt sie zur Höhe der Pojezierze Kaszubskie (Kaschubische Seenplatte) an. Danzig ist neben Szczecin (Stettin) und Gdingen der wichtigste Ostseehafen Polens, bedeutende Industrie- und Handelsstadt und die 'Wiege' der Solidarność, der 1980 gegründeten, ersten unabhängigen Gewerkschaft Polens. Einzigartig ist die an Baudenkmälern reiche historische Innenstadt, die nach der Zerstörung im Zweiten Weltkrieg mit großer Sorgfalt rekonstruiert wurde.

Wirtschaft

Danzig ist eine bedeutende Hafenstadt mit einem Binnenhafen, dem Handelshafen und dem Nordhafen, der für den Umschlag von Eisenerz, Kohle und flüssigen Brennstoffen erbaut wurde. In seiner Nähe liegt die Raffinerie, die durch eine Rohrleitung mit dem Hafen verbunden ist. Eine bescheidene Rolle spielen daneben Radiotechnik und Lebensmittelindustrie. Die Danziger Werft, der Gründungsort der freien Gewerkschfat "Solidarność", ist am 6. März 1997 aus wirtschaftlichen Gründen geschlossen worden.

Kultur

Mehrere Hochschulen, darunter ein Polytechnikum, eine Universität, eine Medizinische Akademie sowie Hochschulen für Kunst und Musik, ein Ostsee-Institut und ein Meeresinstitut sowie Forschungsstellen und Bibliothek der Polnischen Akademie der Wissenschaften haben hier ihren Sitz. Für

Die mächtige Marienkirche in Danzig

Kultur (Fortsetzung)

ein reichhaltiges kulturelles Programm sorgen die zahlreichen Museen, das Theater 'Wybrzeże', eine Oper und die Baltische Philharmonie. Im Juli/August wird alljährlich der Dominikanermarkt abgehalten, der auf eine 700jährige Tradition zurückblickt. Das zweiwöchige Spektakel umfaßt neben Konzerten und anderen Veranstaltungen auch verschiedene Märkte in der Rechtstadt (Główne Miasto) mit Trödel, Kunst und Kunsthandwerk. In der Kathedrale von Oliva treffen sich im Juli jedes Jahres Musikfreunde zum Internationalen Festival für Orgelmusik.

Berühmte Danziger

Aus Danzig stammen der Physiker Daniel Fahrenheit (1686–1736), der Astronom Johannes Hevelius (1611–1687), der Philosoph Arthur Schopenhauer (1788–1860) sowie der Schriftsteller Günter Grass (geb. 1927), dessen Werk eng mit Danzig und Kaschubien verbunden ist.

Geschichte

Eine slawische Fischersiedlung an der Stelle des heutigen Długi Targ (Langer Markt) wird im Jahr 997 in der Vita des hl. Wojciech (Adalbert), der auf seiner Mission hierher gekommen war, als Stadt (urbs Gyddanzc) erwähnt. Die befestigte Siedlung entwickelte sich dank ihrer Lage an der Bernsteinstraße schnell zu einem Handelszentrum und wurde von slawischen Fürsten regiert, die sich im 13. Jh. als Herzöge von Pommerellen bezeichneten. Eine im 12. Jh. gegründete Siedlung deutscher Kaufleute, die Handelsverbindungen nach ganz Europa aufbauten, erhielt 1260 das Stadtrecht. Nach dem Aussterben der Herzogsdynastie zu Ende des 13. Jh.s konnte der Deutsche Orden 1308 Herrschaftsansprüche auf die Stadt gegenüber dem polnischen König und den brandenburgischen Markgrafen durchsetzen. Er verlieh dem als Główne Miasto (Rechtstadt) bezeichneten Teil 1343 das Stadtrecht. Der neue Stadtteil vergrößerte sich rasch und besaß bereits 1378 einen städtischen Rat. Um einer weiteren Ausdehnung der Rechtstadt entgegenzuwirken, wurden 1377 auch die Stare Miasto (Altstadt) und 1380 die vom Deutschen Orden gegründete Młode Miasto (Neustadt) zur Stadt erhoben. Letztere wurde 1455 von den Danzigern aus der Rechtstadt zerstört.

Ab dem 15. Jh. versuchte die blühende Handelsstadt, die sich 1440 dem Preußischen Bund angeschlossen hatte, sich der Herrschaft des Deutschen Ordens zu entziehen. Zusammen mit ganz Westpreußen unterstellte sich Danzig 1454 dem polnischen König, nicht ohne sich eigenes Territorium und weitgehende Autonomie zu sichern. Im 16.–18. Jh. erlebte die aus den einzelnen Teilen zusammengewachsene Stadt eine wirtschaftliche und kulturelle Blütezeit, sie war Mitglied der Hanse und besaß eine eigene Handels- und Kriegsflotte. Das wohlhabende Bürgertum zog bedeutende Künstler und Kunsthandwerker in die Stadt. Die zum Protestantismus übergetretene Bürgerschaft mußte im 16. Jh. wiederholt ihre Eigenständigkeit gegenüber dem polnischen König verteidigen. In den Polnischen Teilungen blieb die Stadt zunächst bei Polen, 1793 ging sie an Preußen. Im Jahre 1807 erhielt Danzig von Napoleon den Status einer Freien Stadt, den es 1814, nach langen Kämpfen, wieder gegen die Zugehörigkeit zu Preußen eintauschen mußte. In der Hauptstadt der Provinz Westpreußen blühte Wirtschaft und Verkehr (Ausbau des Hafens und der Industrie) erneut auf.

Der Versailler Vertrag erklärte Danzig nach dem Ersten Weltkrieg zur Freien Stadt unter dem Protektorat des Völkerbunds. Die Ausgliederung Danzigs aus dem Deutschen Reich sowie der ebenfalls durch den Versailler Vertrag geschaffene Polnische (Danziger) Korridor dienten als Vorwand für den deutschen Angriff auf Danzig (Beschuß des Munitionsdepots Westerplatte und der Polnischen Post) am Morgen des 1. September 1939, der den Zweiten Weltkrieg einleitete. Zu Ende des Kriegs, im März 1945, war die Altstadt zu 90 % zerstört. In weniger als zwei Jahrzehnten gelang den Danzigern der Wiederaufbau von Hafen und Industrieanlagen und die Rekonstruktion des historischen Stadtzentrums, die als Pioniertat in die Geschichte der Denkmalpflege einging.

Im Dezember 1970 wurde der durch die Erhöhung der Lebensmittelpreise ausgelöste Streik der Werftarbeiter blutig niedergeschlagen. Zehn Jahre

Langer Markt mit Rechtstädter Rathaus

Der Rote Saal im Rathaus

Geschichte (Fortsetzung)

später, im Juli 1980, führte die sich verschlechternde Versorgung erneut zu Arbeitsniederlegungen in Danzig und anderen polnischen Städten und zur Forderung nach einer unabhängigen Gewerkschaft. An der Spitze des überbetrieblichen Streikkomitees stand der Danziger Elektromonteur Lech Wałęsa, der die Führung der ab Oktober 1980 zugelassenen Solidarność übernahm. Nach jahrelanger Repression während der Regierung des ehemaligen Generals Wojciech Jaruzelski, der im Dezember 1981 das Kriegsrecht verhängte und die Solidarność verbot, zwangen erneute Streiks im Jahre 1988 die Regierung zu Verhandlungen an den 'Runden Tisch'. Sie bildeten den Auftakt für die grundlegenden Umwälzungen, die zur Umwandlung des kommunistischen Staates in die Republik Polen führten; ihr erster frei gewählter Präsident wurde im Dezember 1990 Lech Wałęsa.

Museen

** Nationalmuseum

In einem ehemaligen Franziskanerkloster, das zeitweise auch als Gymnasium diente (ul. Toruńska 1), hat das Muzeum Narodowe seinen Sitz. Zu sehen sind mittelalterliche Skulpturen aus Pommern (14.–16. Jh.), Kunsthandwerk (16.–19. Jh.), Keramik (18./19. Jh.), flämische und holländische Malerei des 15.–17. Jh.s, Tapisserien (14.–16. Jh.), Danziger Goldschmiedekunst und Malerei des 16.–19. Jh.s und polnische Malerei des 19./20. Jahrhunderts. Das beeindruckendste Stück ist der berühmte, ursprünglich in der Marienkirche aufgestellte Flügelaltar von Hans Memling mit der Darstellung des Jüngsten Gerichts (1471/1473). Eine Außenstelle des Nationalmuseums im Abtspalast (Pałac Opatów) des Zisterzienserklosters im Stadtteil Oliva (s. u.) zeigt Volkskunst aus Pommerellen und zeitgenössische polnische Malerei.

Archäologisches Museum

Das Muzeum Archeologiczne beim Frauentor (ul. Mariacka 25/26) informiert über die frühste Geschichte Danzigs, Pommerellens und der

Archäologisches Museum (Fortsetzung)

Gebiete, die ursprünglich von baltischen Stämmen, den Pruzzen und Galinden, bewohnt wurden.

Historisches Museum der Stadt Danzig

Das Muzeum Historii Miasta Gdańska ist im Rechtstädter Rathaus (Ratusz Głównego Miasta; ul. Długa 47) untergebracht. Die wiederhergestellte Innenausstattung des Rathauses aus der Zeit um 1600 bildet den Schwerpunkt der Ausstellung.

Zentrales Meeresmuseum

Die Geschichte der polnischen Schiffahrt im 10.–18. Jh. und von 1918 bis 1982 ist das Thema des Centralne Muzeum Morskie (ul. Szeroka 67/68). Die Sammlungen sind verteilt auf das Krantor (Żuraw) an der Motława (Mottlau) sowie auf drei ehemalige Speicher auf der gegenüberliegenden Insel Ołowianka (ołowianka = Senkblei). Zu den Exponaten gehören auch Fundstücke, die aus dem 1627 gesunkenen schwedischen Dampfer "Solen" geborgen wurden. Vor den drei Speichern (am Pobrzeże Rybackie) liegt das Museumsschiff "Sołdek" vor Anker, das erste Hochseeschiff, das nach dem Krieg in polnischen Werften gebaut wurde (Stapellauf 1948).

Museum für Post- und Fernmeldewesen

Das kleine Muzeum Poczt i Telekommunikacji (ul. Obrońców) dokumentiert den Angriff auf die Polnische Post in Danzig am 1. September 1939, der zusammen mit der Beschießung der Westerplatte den Zweiten Weltkrieg einleitete.

Diözesanmuseum

Im Großen und Kleinen Speisesaal des früheren Zisterzienserklosters in Oliva (ul. Opacka 15) zeigt das Muzeum Diecesjalne sakrale Kunst aus der Danziger Diözese.

Technikmuseum

Ebenfalls in Oliva, in der ehemaligen Schmiede des Zisterzienserklosters, die von 1597 bis 1947 in Betrieb war, befindet sich das Muzeum Techniki (ul. Bytowska 1).

Volkskundemuseum

Das Muzeum Etnograficzne ist im Abtsspeicher des ehemaligen Zisterzienserklosters von Oliva (ul. Cystersów 15 a) untergebracht (Volkskunst aus Kaschubien, der Kociewie und dem Weichseldelta).

Stadtrundgang

Allgemeines

Ein zwei- bis dreistündiger Spaziergang entlang des Königswegs (Droga Królewska) berührt die wichtigsten Sehenswürdigkeiten in der Rechtstadt (Główne Miasto). Für eine nähere Besichtigung der einzelnen Stadtteile sind zwei bis drei Tage nötig. Dieser erweiterte Stadtrundgang umfaßt neben der Rechtstadt die Altstadt (Stare Miasto), die Alte Vorstadt (Stare Przedmieście), die Speicherinsel (Wyspa Spichrzów), Westerplatte und Oliva sowie ausgewählte Museen. Um die Hafenstadt wirklich kennenzulernen, sollte man sie sich auch vom Wasser aus ansehen. Die Ausflugsdampfer (Anlegestelle bei der Grünen Brücke über die Mottlau) fahren auch durch den Hafen, die Weichselmündung und zur Westerplatte.

Główne Miasto · Rechtstadt

** Königsweg

Die prächtigsten Gebäude der Stadt stehen entlang dem sogenannten Droga Królewska, dem Königsweg, der vom repräsentativen Hohen Tor (Brama Wyżynna) über die Langgasse (ul. Długa) und den Langen Markt (Długi Targ) zum Grünen Tor (Brama Zielona) an der Motława verläuft.

* Hohes Tor

Die Brama Wyżynna war einer der Haupteingänge in die Stadt und Teil der Befestigungsanlage Danzigs. Das 1574–1576 von Johann Kramer erbaute Tor erhielt 1588 durch den flämischen Bildhauer Wilhelm van den Blocke eine repräsentative Sandsteinfassade. Die obere Hälfte der Fassade über

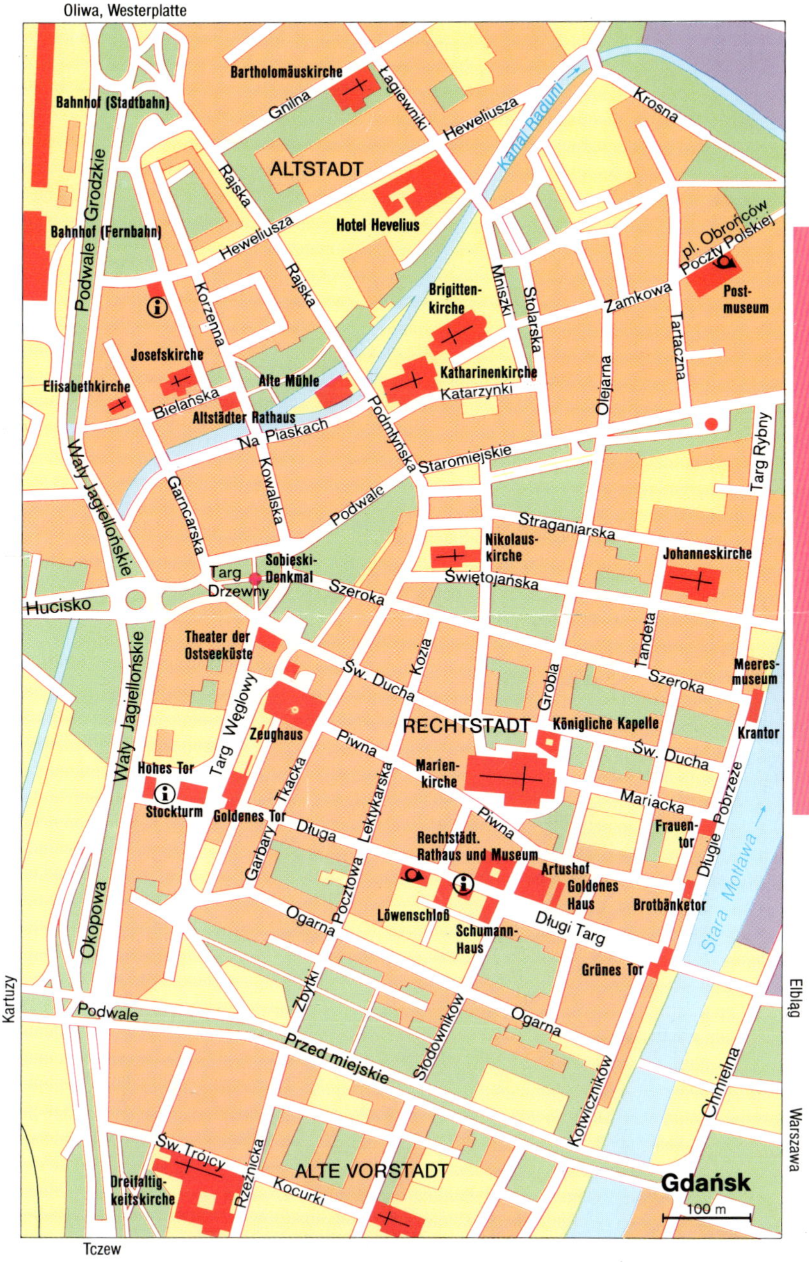
Oliwa, Westerplatte
Bartholomäuskirche
Bahnhof (Stadtbahn)
Gnilna
Łagiewniki
Heweliusza
Kanał Raduni
Krosna
ALTSTADT
Rajska
Hotel Hevelius
Podwale Grodzkie
Bahnhof (Fernbahn)
Heweliusza
pl. Obrońców Poczty Polskiej
Post-museum
Rajska
Brigitten-kirche
Miniszki
Stolarska
Zamkowa
Tartaczna
Korzenna
Josefskirche
Alte Mühle
Katharinenkirche
Katarzynki
Olejarna
Elisabethkirche
Bielańska
Altstädter Rathaus
Na Piaskach
Podmłyńska
Targ Rybny
Staromiejskie
Wały Jagiellońskie
Garncarska
Kowalska
Podwale
Straganiarska
Nikolaus-kirche
Johanneskirche
Targ Drzewny
Sobieski-Denkmal
Świętojańska
Szeroka
Hucisko
Theater der Ostseeküste
Kozia
Tandeta
Meeres-museum
Św. Ducha
Szeroka
Grobla
Targ Węglowy
Zeughaus
RECHTSTADT
Königliche Kapelle
Krantor
Wały Jagiellońskie
Piwna
Św. Ducha
Hohes Tor
Tkacka
Marien-kirche
Stockturm
Goldenes Tor
Lektykarska
Mariacka
Długa
Piwna
Frauen-tor
Długie Pobrzeże
Garbary
Rechtstädt. Rathaus und Museum
Artushof
Stara Motława
Okopowa
Pocztowa
Goldenes Haus
Brotbänketor
Ogarna
Löwenschloß
Schumann-Haus
Długi Targ
Grünes Tor
Kartuzy
Zbytki
Elbląg
Podwale
Stodowników
Ogarna
Przed miejskie
Kotwiczników
Chmielna
Warszawa
Św. Trójcy
Rzeźnicka
ALTE VORSTADT
Dreifaltig-keitskirche
Kocurki
Gdańsk
100 m
Tczew

Główne Miasto, Hohes Tor (Fortsetzung)

dem rustizierten Torgeschoß und einer Gebälkzone schmücken drei Wappen: in der Mitte das von zwei Figuren gehaltene polnische Wappen, rechts davon das Stadtwappen von Danzig (mit einer Krone, die 1457 von Kazimierz Jagiellończyk hinzugefügt wurde) und links davon das preußische Wappen. Die Gruppe dieser drei Wappen ist häufig in Danzig anzutreffen. An der Rückseite des Tors wurde 1883 das Wappen der Hohenzollern angebracht. Vor dem Tor, wo heute die ul. Wały Jagiellońskie verläuft, befand sich ein Graben und eine Zugbrücke.

Stockturm Peinkammer

Die Brama Więzienna mit der Katownia gehörte zur mittelalterlichen Stadtbefestigung und diente der Sicherung des dahinterliegenden Langgasser Tores, an dessen Stelle heute das Goldene Tor (Złota Brama) steht. Die Grundmauern des Stockturms stammen aus dem 14. Jh., die beiden oberen Geschosse wurden zu Beginn des 16. Jh.s aufgesetzt und am Ausgang des Jahrhunderts mit Renaissanceformen dekoriert.

Goldenes Tor

Die Złota Brama bildet den imposanten Auftakt und Eingang zur Langgasse. Der zweigeschossige Spätrenaissancebau (1612–1614) in Form eines Triumphbogens ist das Werk von Abraham van den Blocke und Jan Strakowski. An das Goldene Tor grenzt der spätgotische St.-Georgs-Hof (Dwór Bractwa św. Jerzego; heute Galerie des Architektenvereins) an, ein zweigeschossiges Backsteingebäude, in dem sich die St.-Georgs-Bruderschaft zu Versammlungen, Festen und Schießübungen traf.

*Ulica Długa (Langgasse)

Vom Wohlstand des Patrizier zeugen die prächtigen, nach Kriegszerstörung originalgetreu rekonstruierten Häuser in der Langgasse. Die meisten Gebäude waren als Wohnhäuser mit Kontoren im Erdgeschoß konzipiert und weisen eine schmale, aber sehr hohe Giebelfassade auf. Besonders schöne Beispiele sind das spätbarocke Uphagen-Haus (1775/1776), das manieristische Löwenschloß (Lwi Zamek) von 1569 (Nr. 35) und das Schumann-Haus von 1560 (Nr. 45).

*Rechtstädter Rathaus

Das Ratusz Głównego Miasta an der Nordostecke des Długi Targ (s. u.), ein ursprünglich gotisches Gebäude von 1370, wurde nach einem Brand 1556 im Stil der Renaissance umgebaut und erhielt 1766/1768 ein spätbarockes Hauptportal. Den 82 m hohen Turm (Ende 14./Anfang 15. Jh.) krönt seit dem Umbau eine Statue des polnischen Königs Zygmunt August. Die Innenräume erhielten um 1600 eine kostbare Ausstattung, die heute, nach der Rekonstruktion, als Bestandteil des im Rathaus untergebrachten Historischen Museums der Stadt Danzig besichtigt werden kann. Ein bedeutendes Beispiel für einen einheitlich manieristisch gestalteten Repräsentativraum ist der prächtige Große Ratssaal (nach der Farbe seiner Wandbespannung auch Sala Czerwona, Roter Saal, genannt), an dem namhafte niederländische Künstler mitwirkten: Den bis zur Decke reichenden Kamin mit dem Stadtwappen fertigte 1593 Willem van der Meer aus Gent, an den Wänden hängen Bilder von Jan Vredeman de Vries, und die Decke schmücken Gemälde von Isaak van den Blocke aus den Jahren 1608–1609. Im zentralen Deckenbild ist die Verbindung Danzigs mit Polen dargestellt. Reich ausgestattet war auch die Kämmerei im zweiten Geschoß, wo heute das Gemälde "Der Zinsgroschen" (1601) von Anton Möller mit dem Stadtpanorama Danzigs im Hintergrund zu sehen ist.

*Langer Markt Artushof Goldenes Haus

Das Herzstück der Rechtstadt ist der zwischen Rathaus und Grünem Tor (Zielona Brama) gelegene, von schönen Patrizierhäusern gefaßte Długi Targ. Neben dem Rathaus steht der 1478–1481 erbaute Artushof (Dwór Artusa), dessen Fassade 1617 im Stil des Manierismus erneuert wurde. Das Portal schmücken die in Medaillons eingelassenen Porträts der polnischen Könige Zygmunt III. Wasa und dessen Sohn Władysław IV. Die dreischiffige, gewölbte Halle diente den Danziger Patriziern vom 15. bis zum 17. Jh. als repräsentativer Rahmen für Feste und Versammlungen.
Der Meeresgott Neptun auf dem 1613 vor dem Artushof errichteten Brunnen (Fontanna Neptuna, von Peter Husen) symbolisiert Danzigs enge Ver-

Der Artushof mit dem barocken Neptunbrunnen

Główne Miasto, Langer Markt (Fortsetzung)

bindung zum Meer, ihr Selbstverständnis als mächtige Seehandelsstadt. An den Artushof schließen sich vier besonders prächtige Giebelhäuser an, die sogenannten Sächsischen Häuser (Saskie Kaminiczki, Nr. 1–4), in denen die polnischen Könige bei ihren Aufenthalten in Danzig Quartier nahmen. An seiner goldverzierten, an plastischem Dekor überreichen Fassade erkennt man das Goldene Haus (Złota Kamienica, Nr. 41), das sich der Danziger Bürgermeister Johann Speymann 1609–1618 bauen ließ.

Grünes Tor

An der Zielona Brama (Ostseite des Langen Markts), dem 1568 von Johann Kramer aus Dresden im Stil der flämischen Renaissance erbauten Grünen Tor, endet der Königsweg. Über die Grüne Brücke gelangt man über die Motława zur Speicherinsel des alten Hafens, der im 19. Jh. durch den neuen Seehafen im Flußbett der Martwa Wisła abgelöst wurde. Heute befindet sich hier die Anlegestelle für Ausflugsschiffe: Hafenrundfahrt (ca. 3 Std.), zur Halbinsel Hel (Hela), zur Westerplatte und nach Sopot (Zoppot).

Lange Brücke

Als Długie Pobrzeże bezeichnet man das linke Ufer der Motława mit den ehemaligen Befestigungsanlagen der Rechtstadt. Wendet man sich hinter dem Grünen Tor nach rechts, kommt man am Kuhtor (Brama Krowia, 14. Jh.) vorbei und erreicht die Baszta Kotwiczników (Ankerbastei) in der südöstlichsten Ecke der Rechtstadt. Sie stammt ebenfalls aus dem 14. Jh. und wurde im 16. Jh. zu einem Gefängnis umgebaut.
Nördlich des Grünen Tors, an der Einmündung der ul. Chlebnicka (Brotbänkengasse), steht das Brotbänketor (Brama Chlebnicka, 15. Jh.). Folgt man dieser Straße noch etwas weiter stadteinwärts, kommt man zum Haus zu den Engeln (Dom pod Aniołami), auch Englisches Haus (Dom Angielski) genannt. Das 1570 von Johann Kramer errichtete Renaissancepalais (Haus Nr. 16) war damals das höchste Haus in der Stadt. Das nächste Tor an der Langen Brücke ist das Frauentor (Brama Mariacka, 15. Jh.), daneben das Haus der Naturkundlichen Gesellschaft (1597–1599) sowie die drei Patrizierhäuser mit dem Archäologischen Museum (s. o.).

Główne Miasto Fortsetzung)
* Krantor

Dieser gewaltige Hafenkran (Żuraw) am Długie Pobrzeże, das wohl bekannteste Wahrzeichen Danzigs, ist eines der größten erhaltenen Hebewerke aus dem Mittelalter. Der Kran entstand in den Jahren 1442–1444 (nach Kriegszerstörung 1959 wiederaufgebaut) und diente zum Entladen der Schiffe, zum Aufrichten von Masten und auch zur Verteidigung (heute Zentrales Meeresmuseum, s. o.). Nördlich des Krantors an der Motława stehen drei weitere Tore, das Johannistor (Brama Świętojańska) und das Häkertor (Brama Straganiarska, 15. Jh.) sowie das Schwantor (Baszta Łabędź, 15./16. Jh.).

* Frauengasse

Die Ulica Mariacka verläuft vom Frauentor (Brama Mariacka) parallel zum Długi Targ. Ebenso wie am Langen Markt fühlt man sich hier in die Vergangenheit Danzigs als wohlhabende Handelsstadt zurückversetzt. Auch die für den Ostseeraum charakteristischen Beischläge, terassenartige Häuservorbauten mit Freitreppen, die sich weit in die Straße hineinschieben, wurden wiederhergestellt. Werkstätten, Künstlerateliers und Cafés beleben das Straßenbild.

** Marienkirche

Foto S. 167

Die monumentale Kościół Mariacki im Zentrum der Rechtstadt ist eine der größten gotischen Sakralbauten Europas. Von 1343 bis 1502 entstand in mehreren Bauphasen eine dreischiffige Hallenkirche mit Kapellen zwischen nach innen verlagerten Strebepfeilern. Mit 105 m Länge und 66 m Querschiffbreite faßt die Kirche 25000 Menschen; der Turm ist 78 m hoch. Von der reichen Innenausstattung wurde ein Teil während des Zweiten Weltkriegs zerstört. Die meisten Kunstwerke konnten durch Auslagerung gerettet werden und befinden sich heute u. a. in Museen in Warschau, Thorn und Danzig, einige kostbare Ausstattungsstücke sind noch oder wieder am alten Ort. In der Reinholdskapelle in der Nordwestecke des Kirchenraums steht eine Kopie des berühmten Altarbilds 'Jüngstes Gericht' (1472) von Hans Memling (Original im Danziger Nationalmuseum). Der St.-Martins-Altar in der Dreifaltigkeitskapelle stammt aus dem 15. Jh.; die

Das Krantor an der Mottlau

Gdańsk
Marienkirche

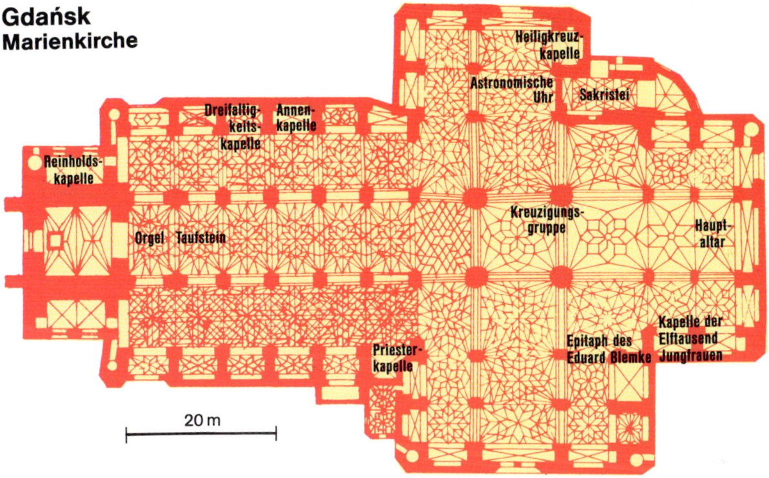

Główne Miasto, Marienkirche (Fortsetzung)

Schöne Madonna (um 1410) in der Annakapelle ist ein hervorragendes Werk gotischer Bildhauerkunst in Danzig.
Von den zahlreichen Epitaphen verdient vor allem das 1620 von Abraham van den Blocke geschaffene Grabmal von Simon und Judith Bahr im nördlichen Querhaus Beachtung. Ein Meisterwerk der Uhrmacherkunst ist die 14 m hohe astronomische Uhr von Hans Düringer aus Thorn (1464/1470). In der Heiligkreuzkapelle daneben steht der um 1510/1520 in Antwerpen entstandene Adrians-Altar. Aus dem 16. Jh. stammen die monumentale Kreuzigungsgruppe (1517) im Triumphbogen aus der Werkstatt des Meisters Paul sowie der fünfteilige spätgotische Hochaltar (1511–1517), den ein Meister Michael aus Augsburg geschaffen hat. Das kunstvolle Kruzifix in der Kapelle der Elftausend Jungfrauen (um 1430) kehrt sich mit seiner realistischen Darstellung der Kreuzigungsszene bereits vom sog. Weichen oder Internationalen Stil ab. Die im Krieg zerstörte Orgel wurde 1985 durch die 1629 entstandene Barockorgel aus der Johanneskirche ersetzt.

Königliche Kapelle

Nordöstlich der Marienkirche, an der Heiliggeistgasse (ul. św. Ducha), steht die die einzige Barockkirche der Stadt. Das 1678–1681 vom königlichen Baumeister Tylman van Gameren erbaute Gotteshaus wurde von König Jan III. Sobieski und dem polnischen Primas Andrzej Olszowski der katholischen Bevölkerung Danzigs gestiftet. Über dem Mittelfenster der Eingangsseite eine Kartusche mit den Wappen Polens, Litauens und der Sobieskis. Die Kartusche sowie den gesamten Fassadenschmuck schuf der bedeutende Danziger Bildhauer Andreas Schlüter der Jüngere.

Johanniskirche

Die Kościół św. Jana steht im nördlichen Teil der Rechtstadt in der Dzielnica Świętojańska (Johannisviertel), auf dem Gebiet der vom Deutschen Orden gegründeten ehemaligen Nowe Miasto (Neustadt). Die in der zweiten Hälfte des 14. Jh.s als Backsteinhalle errichtete Kirche brannte im Zweiten Weltkrieg aus und beherbergt heute, nach ihrem Wiederaufbau, ein Lapidarium (mit dem größten Steinaltar Polens – Höhe 12 m –, einem Werk Abrahams van den Blocke aus den Jahren 1599–1612).

*Nikolaikirche

Folgt man der Johannisgasse nach Westen, kommt man zur Kościół św. Mikołaja. Die aus dem 14. Jh. stammende, äußerlich schlichte Backsteinkirche blieb im Zweiten Weltkrieg unzerstört und behielt im Gegensatz zu anderen Kirchen Danzigs ihre reiche, über die Jahrhunderte zu einem ein-

Frauengasse

Altstadtpanorama

Nikolaikirche

Główne Miasto, Nikolaikirche (Fortsetzung)

drucksvollen Ensemble gewachsene Ausstattung mit zahlreichen Epitaphen, Barock- und Rokokoaltären sowie plastischen und gemalten Bildwerken (Chorgestühl, 16. Jh.; monumentales Triumphkreuz, um 1520; Hochaltar mit einer Darstellung des Schutzheiligen von 1647).
An der Stelle der 1840 abgerissenen Klosterruinen wurde 1894–1896 eine große Markthalle errichtet.

Denkmal für Jan III. Sobieski

Auf dem Targ Drzewny (Holzmarkt) steht das Denkmal für den polnischen König Jan III. Sobieski. Ursprünglich (1897) war es in Lwów (Lemberg) aufgestellt, nach dem Zweiten Weltkrieg kam es nach Warschau und von dort 1965 nach Danzig, wo sich der Regent mehrmals aufgehalten hat.

*Zeughaus

Die Wielka Zbrojownia zwischen Targ Węglowy und ul. Piwna mit einer reich geschmückten Fassade wurde 1602–1609 nach Plänen von Anton van Opbergen und Jan Strakowski im manieristischen Stil erbaut. Im überwölbten Erdgeschoß des Gebäudes befindet sich heute eine Markthalle, die Obergeschosse werden von der Kunsthochschule genutzt.

Stare Przedmieście · Alte Vorstadt

Dreifaltigkeitskirche

Die als Klosterkirche des Franziskanerkonvents erbaute Kościół św. Trójcy (ul. św. Trójcy) wurde 1422 begonnen und 1514 vollendet. Sie besitzt außergewöhnlich schöne, kunstvolle Giebel und viele wertvolle Kunstwerke, u. a. ein gotisches Gestühl (Anfang 16. Jh.) und eine gotische Kanzel (1541). Die Ausstattung der 1484 an die Kirche angebaute Annakapelle ist barock.
Im Gebäude des früheren Franziskanerklosters zeigt heute das Nationalmuseum (s. o.) seine Kunstschätze.

Befestigungen der Alten Vorstadt

Im Mittelalter bildete die Alte Vorstadt eine eigenständige Siedlung mit Befestigunganlagen, von denen sich die Weiße Bastei (Baszta Biała) von 1461, die verfallene Bastei unter der Mauer (Baszta pod Zrębem), die St.-Gertrud-Bastion (Bastion św. Gertrudy) aus dem 16. Jh. sowie das Kleine Zeughaus (Mała Zbrojownia), ein Werk von Georg Strakowski von 1645, erhalten haben.

Stare Miasto · Altstadt

Hauptbahnhof

Einen Rundgang durch die Altstadt beginnt man am besten am Hauptbahnhof, der 1895–1900 im Renaissance-Stil erbaut wurde. Von hier aus sieht man das Hotel Orbis, das neue Hochhaus des Zentrums der Schiffstechnik sowie die kleine gotische Elisabethenkirche (Kościół św. Elżbiety).

Altstädter Rathaus

Das Ratusz Staromiejski entstand 1587–1595 an der Stelle eines 1327 gegründeten Fachwerkbaus nach Plänen des flämischen Architekten Anton van Opbergen. Das schlichte Gebäude decken zwei Krüppelwalmdächer über einer Attika und zwei Ecktürmchen. Heute ist hier ein Kulturhaus untergebracht. Die Ausstattung der Innenräume stammt überwiegend aus vornehmen Danziger Wohnhäusern, so z. B. die steinerne Wand mit Reliefs des Merkur, der Juno und des Neptun, die früher die Diele des Hauses in der ul. Długa 45 schmückte.

Alte Mühle

Auf einer Insel im Raduni-Kanal ließ der Deutsche Orden um 1350 eine Getreidemühle mit 18 Mühlrädern erbauen. Die Wielki Młyn zählte im Mittelalter zu den größten Industriebetrieben in Nordeuropa und war beinahe 600 Jahre lang, bis zum Brand im Jahr 1945, in Betrieb (die Mühlräder wurden 1880 durch Turbinen ersetzt). Auf der anderen Seite der ul. Rajska steht die Kleine Mühle (Mały Młyn) aus dem 14. Jh., ursprünglich ein Getreidelager.

Stare Miasto (Fortsetzung) Katharinenkirche

Die Kościół św. Katarzyny östlich der Alten Mühle ist eine der ältesten Pfarrkirchen Danzigs. Um 1380 begonnen, 1432 geweiht, war sie erst zu Beginn des 16. Jh.s mit der Vollendung des Glockenturms fertiggestellt. Der barocke Turmhelm stammt aus dem Jahr 1634. Von der großenteils zerstörten Ausstattung der Kirche blieben u. a. ein Flügelaltar (Anfang 16. Jh.) im Mittelschiff erhalten sowie der Hochaltar mit einer Kreuzigung vor dem Hintergrund des Danziger Panoramas (Anton Möller, 1609). Im nördlichen Seitenschiff hängt das 3 x 11m große Gemälde "Einzug Christi in Jerusalem" (1654) von Bartholomäus Miltwitz. Dank dem Engagement einer Stiftung und der Spendenfreudigkeit zahlreicher Personen aus dem In- und Ausland besitzt die Katharinenenkirche auch wieder ihr berühmtes Glockenspiel, dessen 37 Glocken im Zweiten Weltkrieg teilweise für Rüstungszwecke eingeschmolzen, z. T. nach Lübeck gebracht wurden.

Brigittenkirche

Direkt hinter der Katharinenkirche liegt die Kościół św. Brygidy aus dem 14. Jahrhundert. Seit den Arbeiterunruhen ist sie als Solidarność-Kirche bekannt, da sich hier in den Zeiten des Kriegsrechts und der Repression jeden Sonntag Tausende von Menschen zum Gottesdienst einfanden.

Polnische Post

An der Gabelung der Motława und des Raduni-Kanals errichtete der Deutsche Orden im Jahre 1340 an der Stelle einer polnischen Festung aus Holz und Lehm eine Burg, die von den Danzigern 1454 zerstört wurde. In Übereinstimmung mit dem Vertrag, der 1920 in Paris zwischen Polen und der Freien Stadt Danzig geschlossen worden war, entstand hier 1925 die Polnische Post. Als am 1. September 1939 die deutsche Armee mit der Beschießung der Westerplatte den Zweiten Weltkrieg einleitete, wurde auch das Gebäude der Polnischen Post von Danziger Deutschen angegriffen. Der Kampf, den Günter Grass in seiner "Blechtrommel" beschreibt, dauerte 14 Stunden. 39 gefangengenommene Polen wurde am 5. Oktober im Vorort Zaspa erschossen. Heute sind in dem wiederaufgebauten Gebäude u. a. die Post und ein kleines Museum untergebracht.

Denkmal der gefallenen Werftarbeiter

Das Denkmal der gefallenen Werftarbeiter steht am pl. Solidarności in der Nähe des Hauptbahnhofs, nicht weit vom Tor 2 der Danziger Werft entfernt, wo in den 70er und 80er Jahren wiederholt Streiks ausgebrochen waren. Die drei monumentalen Kreuze, gebildet aus Stahlplatten aus der Werft, gedenken der 28 Todesopfer, die die blutige Niederschlagung des Streiks im Dezember 1970 forderte.

Hafen

Geschichte

Der Hafen von Danzig lag jahrhundertelang an der Mottlau und wurde erst im 19. Jh. an die Tote Weichsel (Martwa Wisła) verlegt. Um die Hafenanlagen entstand ein neuer, Nowy Port (Neuer Hafen) genannter Stadtteil.

Festung Weichselmünde

Bevor sich durch angeschwemmten Sand die Halbinsel Westerplatte bildete, lag die Twierdza Wisłoujście an der Mündung der Martwa Wisła und schützte Danzig vor einem Angriff von der See her. Obgleich in schlechtem Zustand, ist sie ein bedeutendes Zeugnis polnischer Festungsarchitektur. Der 1482 erbaute gotische Rundturm in der Mitte der Anlage diente früher auch als Leuchtturm. Ein Ringwall aus dem Jahre 1562 mit Kasematten im Kellergeschoß umgibt den Turm. In einem weiteren Ausbau 1624–1626 kam ein Fort mit vier Bastionen dazu. Der Graben dieses Forts wird heute als Yachthafen genutzt.

Westerplatte

Auf der Westerplatte befand sich in der Zwischenkriegszeit das polnische Armeedepot. Hier begann am 1. September 1939 um 4.45 Uhr der Zweite Weltkrieg, als der deutsche Panzerkreuzer "Schleswig-Holstein" das Feuer auf die Westerplatte eröffnete. Die 182 Soldaten der polnischen Garnison hielten sieben Tage lang der Übermacht stand. Ihnen zum Gedenken wurde 1966 hier ein 25 m hohes Mahnmal errichtet. Eine Gedenkstube im

Hafen, Westerplatte (Fortsetzung)

polnischen Wachgebäude Nr. 1 und eine Tafel an der Stelle des Wachgebäudes Nr. 5 erinnern ebenfalls an das Geschehen. Zu erreichen ist die Westerplatte auf der nach dem damaligen Kommandanten Henryk Sucharski benannten Straße. Vom Denkmal aus bietet sich ein weiter Blick auf den Hafen und die Danziger Bucht.

Oliwa · Oliva

Geschichte

Der nordwestlich des Zentrums gelegene Stadtteil Oliva verfügt über eine berühmte Klosteranlage. Auf Veranlassung der ostpommerschen Fürsten ließen sich 1186 Zisterzienser aus Kolbatz hier nieder. Im Jahre 1925 wurde das Gotteshaus zur Bischofskirche der neu gegründeten Danziger Diözese erhoben.

** Kathedrale

Die Zisterzienser errichteten zu Beginn des 13. Jh.s ein kleines Oratorium, dem sie bald ein Querhaus und ein vierjochiges Langhaus anfügten. Nach einem Brand um 1350 wurden Kirche und Kloster erneuert. Es entstand eine dreischiffige Basilika mit neun Jochen im Langhaus und sechs Jochen im Chor. Die Westfassade, die von zwei gotischen Türmen flankiert wird, ist das Ergebnis einer barocken Umgestaltung im Jahre 1688.
Das schöne Sterngewölbe im Inneren wurde nach dem Brand im Jahre 1577 eingezogen. Das wertvollste Stück der Ausstattung ist die von Abt Rybiński gestiftete, 1763–1788 von Johann Wulf (später Bruder Michał) aus Orneta (Wormditt) geschaffene Orgel mit 7876 Pfeifen (in den Sommermonaten täglich Orgelkonzerte; Orgelfestival). Den herrlichen Orgelprospekt fertigte eine Gruppe von etwa 20 Holzschnitzern in der klösterlichen Werkstatt. Von den barocken Altären der Kirche verdienen besonders der ehemalige Hochaltar von 1606 (heute im nördlichen Querschiff), ein Werk des Danziger Künstlers Wolfgang Sporer, und der monumentale Hauptaltar im Chor von 1688 Beachtung. Außerdem besitzt die Kirche ein

Kathedrale in Oliva: Barocke Fassade …

… und Ausstattung

Gdańsk, Oliwa Kathedrale (Fortsetzung)

schön gearbeitetes Chorgestühl (1604), über dem die 1613 geschaffenen Porträts von Stiftern und Förderern der Abtei hängen. Den pommerschen Herzögen als den Gründern des Klosters stiftete Abt Konarski 1615 einen Sarkophag aus schwarzem Marmor (im südlichen Querhaus aufgestellt).

Zisterzienserkloster

Im Süden grenzen an die Kathedrale die um einen Kreuzgang angeordneten Gebäude des 1831 aufgehobenen Klosters. Sie beherbergen heute die Sammlungen des Diözesanmuseums (s. S. 170). Im sogenannten Friedenssaal fanden 1660 die Verhandlungen zwischen den Delegationen Polens und Schwedens statt. Der Renaissancetisch, an dem angeblich der Friedensvertrag von Oliva unterschrieben wurde, ist zu besichtigen. An den Friedensschluß erinnert auch eine marmorne Tafel im nördlichen Kreuzgang. Der im Osten der Kirche gelegene Abtspalast besteht aus einem älteren gotischen Teil aus dem 14. Jh. und einem Rokoko-Flügel von 1754–1756. In dem Abtsspeicher (1723) nördlich der Klosteranlage befindet sich seit 1988 das Volkskundemuseum (Muzeum Etnograficzne).

Adam-Mickiewicz-Park

Der nach dem bedeutenden polnischen Dichter Adam Mickiewicz benannte Park erstreckt sich nördlich und südlich des Abtspalastes. Der ältere, südliche Teil aus der zweiten Hälfte des 18. Jh.s ist ein französischer Garten mit geometrischer Aufteilung, Alleen, gestutzten Hecken, Rundbeeten und Teichen. Der nördliche Teil, in dem sich auch der Palmengarten befindet, entstand um 1800 im Stil des englischen Landschaftsgartens nach Plänen des Berliner Gartenarchitekten Saltzmann.

Zoologischer Garten

Der in einem Tal zwischen bewaldeten Hügeln gelegene Zoologische Garten von Oliva gilt als der schönste Polens. In der Nähe der Berg Pachołek (101 m ü. d. M.) mit einem Aussichtsturm, der einen weiten Blick auf Danzig, Zoppot und die Danziger Bucht (Zatoka Gdańska) bietet. Bei guter Sicht ist sogar die Halbinsel Hel (Mierzeja Helska) zu erkennen.

Umgebung von Danzig

Sztutowo (Stutthof)

Eine Fahrt zum 35 km östlich von Danzig gelegenen Sztutowo führt durch die Küstenorte Mikoszewo (Nickelswalde), Jantar (Junkeracker) und Stegna (Steegen). Sztutowo wird hauptsächlich wegen des früheren Konzentrationslagers Stutthof besucht, heute Museum (Muzeum Martyrologii). Im September 1939 wurde es als Gefangenenlager eingerichtet, von Oktober 1941 bis Januar 1942 diente es als ‘Arbeitserziehungslager’ und anschließend bis April 1945 als Konzentrationslager. Über 65 000 Polen fanden hier den Tod.

Stegna (Steegen)

Stegna lohnt wegen seiner Fachwerkkirche (17. Jh.) einen Abstecher. Zwischen den drei Orten Mikoszewo, Stegna und Nowy Dwór Gdanski (Tiegenhof) verkehrt eine Schmalspurbahn.

Zoppot → Sopot
Halbinsel Hela → Mierzeja Helska
Karthaus → Kartuzy

Gdynia · Gdingen F 2

Wojewodschaft: Pomorskie
Höhe: 0–52 m ü. d. M.
Einwohnerzahl: 235 400

Lage und Bedeutung

Die in der Danziger Bucht (Zatoka Gdańska) gelegene Stadt bildet zusammen mit Danzig und Sopot (Zoppot) die sogenannte Dreistadt (Trójmiast). Neben dem Haupthafen für Stückgut besitzt Gdynia den zweitgrößten

Gdingen mit dem Hafen

Lage und Bedeutung (Fortsetzung)

Massengüterhafen Polens. Der größte Industriebetrieb ist die Werft; an zweiter Stelle rangieren Seefahrt (Sitz der Polnischen Überseelinien) und Hochseefischfang; dazu kommen Fisch- und Fleischverarbeitungsindustrie, Betriebe für den Bau von Kühleinrichtungen u. a. Darüber hinaus ist die Stadt Sitz einer Meereshochschule, des Meeresbiologischen Instituts sowie des Marinemedizin- und Tropeninstituts.

Geschichte

Von der Mitte des 13. Jh.s bis zum Beginn des 20. Jh.s war Gdynia ein unbedeutendes Fischerdorf, das ab 1316 den Zisterziensermönchen von Oliva (→ Gdańsk) gehörte. Dies änderte sich erst nach dem Ersten Weltkrieg, als Polen durch den Versailler Vertrag den schmalen Korridor nördlich von Danzig zugesprochen bekam und Gdynia den Zugang zur Ostsee bildete. Der 1922 beschlossene, mit Nachdruck betriebene Ausbau zum Hafen ließ die kleine Ortschaft innerhalb weniger Jahre zu einer modernen Industriestadt wachsen. Während des 2. Weltkriegs fanden bei Piaśnica Wielka, wo sich zwei Außenlager des Konzentrationslagers Stutthof (→ Gdańsk, Umgebung) befanden, Massenhinrichtungen statt.
Die 1945 zerstörten Hafenanlagen wurden in den 50er und 60er Jahren wieder aufgebaut und erweitert, so daß Gydnia heute eine der modernsten Werften und Hafenanlagen Polens besitzt.

Sehenswertes

Südmole Museumsschiffe

An der Südmole, wo sich die Meereshochschule (Wyższa Szkoła Morska) und das Institut für Seefischerei (Morski Instytut Rybackie) befinden, liegen die Hauptsehenswürdigkeiten von Gdynia. An der Nordseite der Mole, am Pommerschen Kai, sind die beiden Museumsschiffe vertäut: das ehemalige Segelschulschiff "Dar pomorza" , 1909 gebaut und 1929 von Polen gekauft, sowie die "Błyskawica", ein polnischer Zerstörer aus dem Zweiten Weltkrieg (Museum, geöffnet Mai – Sept. Di. – So. 10.00 – 16.00 Uhr).

Gdynia, Südmole (Fortsetzung)

Das Ozeanographische Museum an der Südseite der Mole (Al. Zjednoczenia) besitzt das größte Aquarium in Polen (Meerwasseraquarium) und eine beachtliche Muschelsammlung. Am Ende der Mole steht das 1976 enthüllte Denkmal des englischen Seemanns und Schriftstellers polnischer Herkunft Joseph Conrad (Józef Konrad Korzeniowski).

Museum der Kriegsmarine

Am Fuß des Kamienna Góra (ul. Sędzickiego 3) liegt das Muzeum Marynarki Wojennej, das die Geschichte der Schiffahrt bis zum Zweiten Weltkrieg illustriert.

Kamienna Góra

Der Steinberg ragt 52 m über Stadt und Hafen auf (Aussichtsplattform). In den Jahren 1920–1939 entstanden in dieser Gegend viele Villen, Pensionen und Hotels. Heute befinden sich hier das Seemannsheim und das Meteorologische Institut. Ein Denkmal erinnert an einen der bedeutendsten Schriftsteller Polens und Nobelpreisträger für Literatur (1905), Henryk Sienkiewicz. Am Fuß des Kamienna Góra steht das 1979 fertiggestellte Musiktheater.

Denkmal für die Opfer des Dezember 1970

Wie in Danzig gibt es auch im Hafen von Gdynia (ul. Czechosłowacka) ein Denkmal, das an die blutige Niederschlagung des Arbeiterstreiks vom Dezember 1970 erinnert. In Gdynia forderten die Unruhen 18 Todesopfer. Genau zehn Jahre nach den Ereignissen, am 17. Dezember 1980, wurde das Mahnmal enthüllt.

Orłowo

Der Stadtteil Orłowo im Süden von Gdynia ist bekannnt als Badeort. Es gibt dort noch eine 135 m lange hölzerne Mole aus dem Jahr 1935.

Umgebung von Gdynia

Wejherowo (Neustadt an der Rheda)

Nach seinem Gründer Jacob Weiher benannt ist das knapp 20 km nordwestlich von Gdynia gelegene Wejherowo. Einer Stiftung Jacob Weihers verdankt der Ort den in den Hügeln gelegenen barocken Kreuzweg (Kalwaria Wejherowska; 17. Jh.), der 26 Kapellen und die Annakirche (św. Anny, heute Pfarrkirche) umfaßt. In Wejherowo wird (wie in → Kartuzy) die kaschubische Volkskunst gepflegt (Museum für Kaschubisch-Pommersches Schrifttum und Musik).

Piaśnica Wielka

Nördlich von Wejherowo (8 km, Straße 217) liegen im Wald bei Piaśnica Wielka 35 Massengräber von Opfern des Hitlerregimes (Denkmal). In den Jahren 1939/1940 ermordeten hier die Nationalsozialisten etwa 12000 Polen aus Pommerellen.

Karthaus → Kartuzy
Kaschubien → Kaszuby

Giżycko · Lötzen J 2

Wojewodschaft: Podlaskie
Höhe: 120 m ü. d. M.
Einwohnerzahl: 23000

Lage und Bedeutung

Giżycko liegt in der Masurischen Seenplatte (Pojezierze Mazurskie) auf der Landenge zwischen dem Jezioro Niegocin (Löwentin-See) und dem Jezioro Kisajno, dem südlichsten Teil des Jezioro Mamry (Mauer-See). In Giżycko gibt es kleinere Industrie, fisch- und milchverarbeitende Betriebe und eine Reparaturwerft.

Die 'Sommerhauptstadt' von Ermland und Masuren ist das touristische Zentrum der Masurischen Seen mit einer guten Infrastruktur (Bootsanlegestellen, Gastronomie, Unterkunft). Die Stadt selbst ist wenig attraktiv, da sie nach 1945 fast vollständig neu aufgebaut wurde. Von Giżycko aus fahren Ausflugsschiffe nach Mikołajki (Nikolaiken), zum Jezioro Śniardwy (Spirding-See) und nach Ruciany (Rudczanny).

Giżycko, Bedeutung (Fortsetzung)

Geschichte

Durch die Lage auf der Landenge hatte Giżycko immer große strategische Bedeutung. Die Burg der Pruzzen (Altpreußen) wurde im 14. Jh. vom Deutschen Orden eingenommen und zerstört. In den Urkunden erscheint die Stadt 1340 als Lezcen, 1572 erhielt sie das Stadtrecht. In den Jahren 1844–1855 entstand hier die Festung Boyen, benannt nach dem preußischen Kriegsminister General Hermann von Boyen. Im Ersten Weltkrieg kam dieser Befestigung eine wichtige Rolle bei der Verteidigung Giżyckos gegen die russische Armee zu. Nach 1925 wurden die Befestigungsanlagen Giżyckos Teil der sogenannten Befestigungsregion Lötzen (→ Wielkie Jeziora Mazurskie).
Aus Giżycko stammte der Historiker und Erforscher der Geschichte Masurens, Wojciech Kętrzyński (1838–1918).

Burg des Deutschen Ordens

Von der ehemaligen Deutschordensburg, die im 14. Jh. erbaut und im 16. und 17. Jh. umgestaltet wurde, steht nur noch ein Flügel. Direkt daneben befindet sich die historische Schwenkbrücke über den Kanal zwischen den Seen Kisajno und Niegocin.

Festung Boyen

Die 1844–1855 entstandene Festung bildet ein sternförmiges Polygon von Wällen, Bastionen, Gräben und Kasematten. In der Nähe der Anlage liegt der Hügel Wzgórze św. Brunona, nach der Legende der Ort des qualvollen Todes des Bischofs Bruno von Querfurt, Missionar und Freund von Bolesław I. Chrobry (dem Tapferen).

Masurische Seen

→ Wielkie Jeziora Mazurskie

Gliwice · Gleiwitz F 6

Wojewodschaft: Śląskie
Höhe: 220 m ü. d. M.
Einwohnerzahl: 204 000

Lage und Bedeutung

Gleiwitz, bedeutendes Industriezentrum in Oberschlesien, liegt am Rand des Oberschlesischen Muschelkalkrückens (Wyżyna Śląska) im westlichen Teil des Oberschlesischen Industriegebiets, 28 km westlich von Kattowitz (Chemie- und Schwerindustrie, Steinkohlebergwerke, Eisenhütten). Nach Warschau ist Gleiwitz wichtigstes Zentrum der technischen Wissenschaften (u. a. Schlesisches Polytechnikum); der Hafen am Kanał Gliwicki (Gleiwitzer Kanal), der die Stadt mit der Oder und der Ostsee verbindet, ist der größte Binnenhafen in Polen.

Geschichte

Gleiwitz erhielt 1276 durch Fürst Władysław von Oppeln deutsches Stadtrecht und gehörte später zu verschiedenen Herzogtümern (Oppeln, Beuthen, Teschen); 1596 wurde die Stadt reichsunmittelbar. Ab 1742 unter preußischer Herrschaft, nahm sie durch den Bau einer Eisenhütte großen wirtschaftlichen Aufschwung; 1796 wurde hier der erste Kokshochofen auf dem Kontinent in Betrieb genommen. Später entstand hier auch das erste Dampfmaschinenwerk in Deutschland. Die Betriebe für technische Einrichtungen, bekannt als Eisenkunstgießerei (z. B. Nike-Denkmal in Warschau), führen ihre Tradition von Anfang des 19. Jh.s fort.
In der Zwischenkriegszeit war Gleiwitz, dessen Bewohner 1921 zu 78 % für den Verbleib bei Deutschland gestimmt hatten, Mittelpunkt des deutschen Oberschlesien. Am 31. August 1939 inszenierte Hitler den Anschlag auf den Sender Gleiwitz; eine Gruppe der SS in polnischen Uniformen drang in die deutsche Rundfunkstation ein, was als Vorwand für den Einmarsch in Polen diente.

Gliwice · Gleiwitz (Fortsetzung) Altstadt

Die mittelalterliche Stadtanlage – mit ovalem Grundriß, sich rechtwinklig schneidenden Straßen und dem Ring mit Rathaus in der Mitte – ist weitgehend erhalten geblieben, da Gleiwitz im 2. Weltkrieg unzerstört in die Hand der Sowjets fiel. Das Rathaus stammt von 1534, umgebaut 1784; davor steht ein Neptunbrunnen von 1794. Um den Ring spätbarocke und klassizistische Häuser, z. T. mit Laubengängen.

*Allerheiligenkirche

Die gotische Kościół Wszystkich Świętych mit ihrem hohen Turm (1504) ist eines der interessantesten Baudenkmäler in Oberschlesien. Ältester Teil ist der Chor (Mitte 15. Jh.), die dreischiffige Halle ist von Ende des 15. Jh.s. Bedeutend auch der Hochaltar aus der Spätrenaissance.

Schlößchen

Das Piastenschlößchen (ul. Pod Murami 2), 1558 zum Herrenhaus umgebaut, war Teil der Stadtbefestigung (ein Stück Stadtmauer ist erhalten). Heute Museum zu Archäologie und Volkskunde der Stadt und ihrer Umgebung.

Städtisches Museum

Das Muzeum Miejskie (ul. Dolnych Wałów 8 a) stellt polnisches und westeuropäisches Kunsthandwerk aus, interessant sind v. a. die Erzeugnisse der alten Gleiwitzer Kunstgießerei.

Hl.-Kreuz-Kirche

Die barocke Klosterkirche Św. Krzyża (ul. Ziemowita, südlich der Altstadt) wurde 1658–1677 von den Franziskanern errichtet. Im Kloster machte 1683 Jan Sobieski auf dem Weg nach und von Wien (Schlacht gegen die Türken) Station.

Stadtpark

Geht man die von Jugendstilhäusern gesäumte ul. Zwycięstwa, die ehemals repräsentative Wilhelmstraße, in Richtung Bahnhof, liegt links der nach Chopin benannte Stadtpark. Auf seinem Gelände ein Denkmal des bedeutendsten polnischen Komponisten sowie das mit 1400 m^2 Fläche größte Palmenhaus Schlesiens (mit Alpengarten und Aquarien).

Umgebung von Gliwice

Toszek (Tost)

Das Städtchen 23 km nordwestlich von Gleiwitz war 1797–1808 im Besitz von Adolph Freiherr von Eichendorff, Vater von Joseph von Eichendorff, der die Burg in seinen Werken mehrfach erwähnt. Die Burg wurde 1430 von den Hussiten zerstört und 1648–1666 zu einem Renaissance-Schloß umgebaut. Nach der Zerstörung 1945 (erhalten blieben eine Mauer und der Nordwestturm) wiederaufgebaut; im Torhaus ein Museum, ein Café und eine Bibliothek. Die Pfarrkirche St. Katharina vor der Schloßanlage (15. Jh.) ist in ihrer jetzigen Gestalt hauptsächlich spätbarock (1713–1715). Das Rathaus wurde 1767 erbaut und 1836 fertiggestellt; die Nepomuksäule auf dem Ring ist eine Nachbildung der originalen von 1725.

Głogów · Glogau

D 5

Wojewodschaft: Dolnośląskie
Höhe: 77–82 m ü. d. M.
Einwohnerzahl: 49200

Lage und Bedeutung

Glogau, ehemals Handelsstadt an der Kreuzung wichtiger Straßen am Übergang über die Oder, liegt im nördlichen Niederschlesien, ca. 100 km nordwestlich von Breslau. Die Entdeckung von Kupferlagern 1957/1958 im Gebiet Lubin-Glogau veränderte den Charakter der Stadt grundlegend (große Kupferhütte im nahegelegenen Żukowice/Herrendorf). Wirtschaftlich bedeutend sind auch eine Fabrik für Baumaschinen, eine Reparaturwerft für Binnenschiffe und Textil- und Elektroindustrie. In Glogau geboren sind Andreas Gryphius (1616–1664) und Arnold Zweig (1887–1968).

Głogów · Glogau (Fortsetzung) Geschichte

Erstmals erwähnt wird Glogau 1010 vom deutschen Geschichtsschreiber Thietmar von Merseburg. 1109 verteidigte sich Glogau erfolgreich gegen den deutschen Kaiser Heinrich V., 1157 gegen Barbarossa. Als deutsche Stadt 1253 neu gegründet, war sie Sitz des Fürstentums Glogau bis 1490 (zu Böhmen, später zu Österreich). 1742 Anschluß an Preußen, Ausbau zur Garnisons- und Verwaltungsstadt. Bei der Belagerung durch sowjetische Truppen gegen Ende des 2. Weltkriegs (12. Februar bis 1. April 1945) wurden 95 % der Stadt zerstört. Ein Wiederaufbau nach 1945 wurde aus wirtschaftlichen Gründen nicht angegangen, so daß bis heute viele Ruinen in der Stadt an die Schrecken der jüngeren Geschichte erinnern.

Sehenswertes

Schloß

Die mittelalterlichen Anfänge des nach 1945 rekonstruierten Bauwerks (südlich der Oderbrücke) dokumentiert der erhalten gebliebene runde Turm von 1344. Die später angebauten Seitenflügel wurden 1652–1669 barockisiert. Heute enthält das Schloß ein Museum zum Kupferbergbau und -hüttenwesen (Muzeum Hutnictwa i Odlewnictwa Metali Kolorowych; ul. Brama Brzostowska).

St. Peter und Paul Stadtmauer

Südöstlich des Schlosses wurden die Reste der ältesten Kirche Glogaus (1258) konserviert und Stücke der Stadtmauer rekonstruiert.

Rathaus

Auch das Rathaus auf dem Rynek (Ring) ist Ruine; im Erdgeschoß sind drei Säle mit gotischen Netzgewölben erhalten geblieben.

Jesuitenkirche

Die schöne spätbarocke Kościół Bożego Ciała (Corpus Christi) an der Südostecke des Marktplatzes entstand 1695–1702 nach einem Entwurf des italienischen Architekten Giulio Simonetti (1958–1961 wiederaufgebaut). Die Stuckierung ist in großen Teilen original erhalten. An die Kirche anschließend das ebenfalls rekonstruierte Jesuitenkolleg von 1730.

Dom

Nördlich der Oder findet man die Ruine des Doms Unserer lieben Frau, des wichtigsten mittelalterlichen Baus in Glogau (begonnen 1262). Der erhalten gebliebene Turm und die Vorhalle entstanden erst 1840. Das Hauptschiff wurde nicht wieder überdacht.

Gniezno · Gnesen E 4

Wojewodschaft: Wielkopolskie
Höhe: ca. 100 m ü. d. M.
Einwohnerzahl: 70 000

Lage und **Bedeutung

Im südöstlichen Teil des Großpolnischen Tieflands (Nizina Wielkopolska), ca. 50 km östlich von Poznań, liegt die Stadt Gniezno zwischen den drei Seen Jelonek, Świętokrzyskie und Winary. Gnesen gilt als erste Hauptstadt Polens und ist von altersher Sitz der polnischen Erzbischöfe. Wichtigster Wirtschaftszweig ist die Lederindustrie (Großpolnische Schuhfabriken 'Polanie'); außerdem gibt es Textilbetriebe ('Polanex'), Automobil- und Maschinenbau.

Geschichte

Die Legende erzählt von der Gründung Polens auf dem Gebiet der heutigen Stadt. Lech, der Führer des Stammes der Polanen, soll hier das Nest eines weißen Adlers gefunden und beschlossen haben, die Hauptstadt Polens hier zu gründen. Belegt ist eine Festung auf dem Góra Lecha (Lech-Berg) im 8. Jahrhundert. Mitte des 10. Jh.s war Gnesen Hauptstadt des Kleinstaats Gnesen. Der tschechische Bischof Adalbert (Woyciech), den man aus Prag vertrieben hatte, wollte von Gnesen aus die heidnischen Pruzzen an der Ostsee missionieren, wurde aber 997 ermordet. Bolesław I.

Geschichte (Fortsetzung)

Chrobry ließ den Leichnam nach Gnesen überführen. Bei seiner Pilgerreise zum Grab des inzwischen heiliggesprochenen Adalbert im Jahre 1000 setzte der deutsche Kaiser Otto III. seinem Gastgeber Bolesław I. symbolisch sein kaiserliches Diadem auf. Damit signalisierte er die Bereitschaft des Deutschen Reichs, dem Land eine gewisse Autonomie zuzugestehen. Auf Betreiben von Papst Silvester II. errichtete man in Gnesen zunächst das erste polnische Erzbistum unter Adalberts Bruder Radim. Erst durch die Krönung von Bolesław Chrobry zum König von Polen 1025 wurde die Unabhängigkeit vom Deutschen Reich besiegelt. Zweimal wurde Gnesen (das 1238 das Stadtrecht erhielt) zerstört, 1038 durch böhmische Truppen unter Fürst Brestislav und 1331 durch den Deutschen Orden. Wie andere polnische Städte erlitt Gnesen im Zweiten Weltkrieg große Verluste.

Sehenswertes

*Kathedrale

Ende des 9. Jh.s/Anfang des 10. Jh. entstand in der mittelalterlichen Vorstadt auf dem Lech-Hügel das erste christliche Heiligtum; Reste davon fand man in den Kellergewölben der heutigen Kathedrale. Die zweite Kirche entstand 970; im folgenden wurde sie mehrmals zerstört und wiederaufgebaut. Nach der Zerstörung 1331 entstand auf Initiative des Erzbischofs J. B. Skotnicki von Mitte des 14. Jh.s bis weit ins 15. Jh. eine dreischiffige gotische Kirche mit Chorumgang und Kapellenkranz. Hinzu kamen 1415 der Südturm, 1528 der Nordturm. Hervorzuheben ist ein späterer Wiederaufbau nach Plänen von Ephraim Schroeger, der 1790 den inzwischen barockisierten Komplex in ein klassizistisches Bauwerk umwandelte. In den Jahren 1806/1807 wurde die Kirche zu einem französischen Armeelager umfunktioniert, während des Zweiten Weltkriegs diente sie als Konzertsaal.

Nach der teilweisen Zerstörung 1945 wurde die gotische Innenausstattung des 14. Jh.s rekonstruiert. Dabei entdeckte man bedeutende Freskenfragmente aus Gotik und Renaissance. Heute erscheint die Kathedrale mit ihrem Kranz von 14 Kapellen vornehmlich in gotischem Gewand. Nur die von Helmen gekrönten Türme erinnern an den klassizistischen Kirchenbau des ausgehenden 18. Jahrhunderts. In der südlichen Vorhalle findet man

**Bronzetür

die Bronzetür von 1170. Dieses in Polen einmalige Beispiel romanischer Schmiedekunst stellt in 18 Reliefs Szenen aus dem Leben des hl. Adalbert dar. Die Kirche enthält viele kunsthistorisch wertvolle Gegenstände, die

Gniezno **Kathedrale**

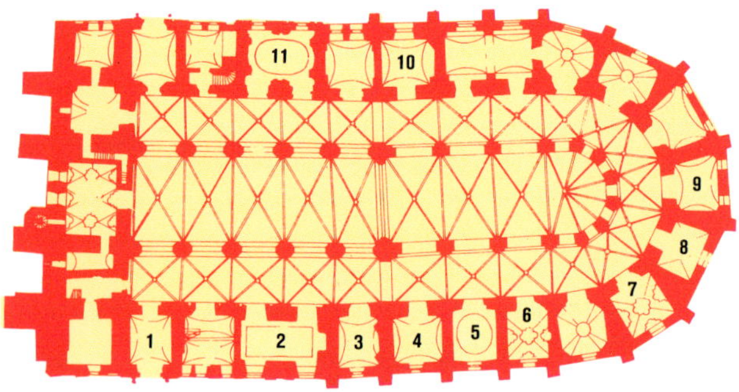

1 Südliche Vorhalle
2 Kapelle der Łubieński
3 Nikolauskapelle
4 Josefskapelle
5 Baranowski-Kapelle
6 Stanislaus-Kapelle
7 Olszowski-Kapelle
8 Kapelle der Kołudzki
9 Gębicki-Kapelle
10 Doktorenkapelle
11 Kapelle der Potocki

Die Gnesener Kathedrale

Romanisches Bronzerelief

Gniezno · Gnesen

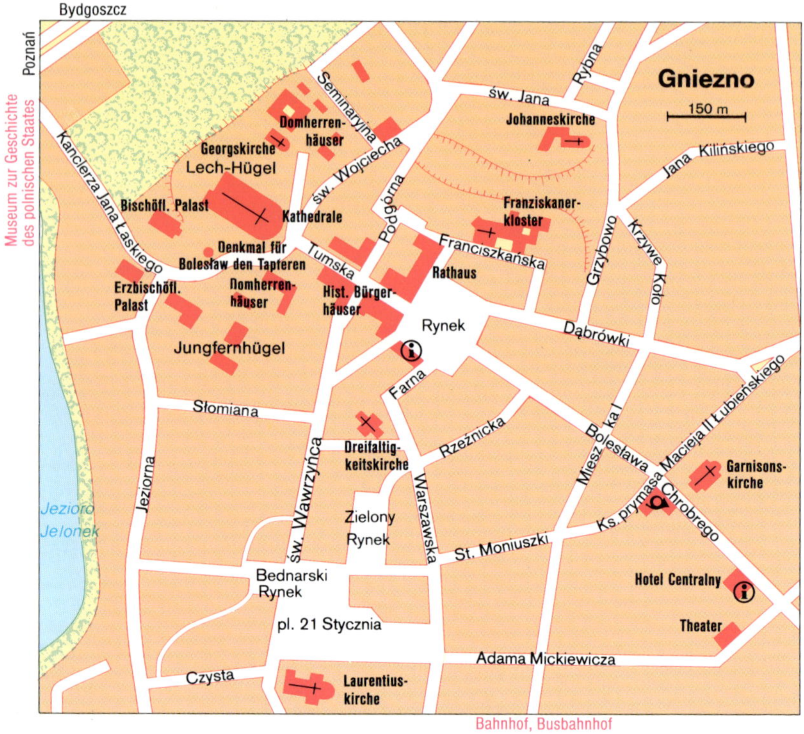

Kathedrale (Fortsetzung)

zum Großteil an den Bischof erinnern, zu dessen Ehren das Bauwerk errichtet wurde: auf dem Hochaltar der silberne Reliquienschrein des hl. Adalbert (św. Wojciech), geschaffen 1662 von P. van den Rennen; spätgotische Grabplatten des Primas Z. Oleśnicki (Veit Stoß, 1493) und des Primas Giacomo von Siena (Peter Fischer aus Nürnberg, 1480) sowie der gotische Grabstein des hl. Adalbert (H. Brandt, 1480) an der Nordseite des Hauptschiffs.
Im alten Kapitelsaal eine reichhaltige Schatzkammer, deren älteste Stücke aus dem 10. Jh. stammen. In den Kapellen sind herrliche Renaissancegrabplatten von Primassen beachtenswert.

Georgskirche

In unmittelbarer Nähe der Kathedrale stehen noch drei weitere Kirchen; östlich von der Kathedrale die ursprünglich romanische Kościół św. Jerzego, deren Inneres im 18. Jh. barock umgestaltet wurde. Reste der alten Bausubstanz (romanische Steinquader) sind an der Südwand des Kirchenschiffes sichtbar.

Franziskanerkirche

Die Franziskanerkirche (ul. Franciszkańska) geht auf das 13. Jh. zurück, wurde nach dem Brand von 1613 umgebaut und 1930/1932 im neugotischen Stil umgestaltet. Die Innenausstattung stammt aus dem 18. Jh., Gestühl und Bänke aus dem Rokoko.

Dreifaltigkeitskirche

Die spätgotische Kościół farny św. Trójcy (ul. Farna) wurde 1420–1430 errichtet und nach dem Brand 1613 umgebaut. Die Inneneinrichtung geht hauptsächlich auf das 18. Jh. zurück.

Die Kościół św. św. Piotra i Pawła aus dem 12. Jh. wurde in den Jahren 1680–1690 in eine Barockkirche umgewandelt (ul. św. Piotra). Peter-und-Paulskirche

Südwestlich der Kathedrale erstreckt sich um den See Jelonek der schöne Stadtpark Piastowski mit den Denkmälern Mieszkos I. und Bolesław Chrobrys. Am Ufer das Museum zur Geschichte des polnischen Staats. Park Piastowski

Die einschiffige gotische Kościół św. Jana (ul. św. Jana) aus dem 14. Jh. ist neben der Kathedrale das bedeutendste Sakralbauwerk der Stadt. Bemerkenswert sind die hübschen Fresken vom ausgehenden 14. Jh. im gotischen Chor. Johanneskirche

Im 1875 gegründeten staatlichen Pferdegestüt (ul. Kłeckoska) werden gegenwärtig über 150 Hengste der Großpolnischen Rasse gehalten. Alljährlich im August finden hier Pferdevorführungen und Reitturniere statt. Staatliches Pferdegestüt

Umgebung von Gniezno

Grundriß der Hallstatt-Siedlung

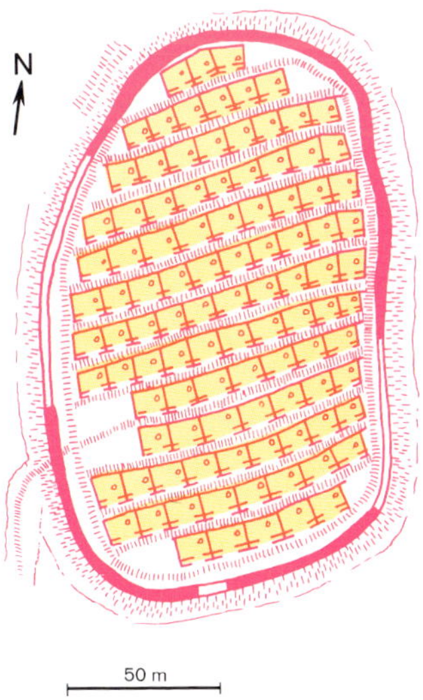

**Biskupin

Foto S. 190

Auf halber Strecke zwischen Gniezno und Bydgoszcz im östlichen Teil Großpolens liegt Biskupin in einer hügeligen Moränenlandschaft mit zahlreichen Seen. Berühmt wurde der kleine Ort durch eine vorgeschichtliche Fundstätte. Eine Schmalspurbahn verkehrt im Sommer auf der Strecke Żnin–Biskupin–Gąsawa.

In einem Sumpfgebiet entdeckte man 1933 guterhaltene Wehrsiedlungen der Lausitzer Kultur (Hallstattkultur) aus der Eisenzeit (550–400 v. Chr.). Umfangreiche Forschungsarbeiten der Universität Poznań ermöglichten die Rekonstruktion dieser 2500 Jahre alten Siedlung, die von einem Wellenbrecher aus Eichenpfählen (originalgetreu rekonstruiert) und einer Ringstraße umgeben ist. Die 108 Häuser mit ovalem Grundriß bestehen aus zwei Räumen, einer Wohnstube und einem Vorraum, in dem Geräte und Geschirr aufbewahrt und Vieh gehalten wurde. Die Straßen sind mit Kiefern- und Eichenbalken ausgelegt.

Die im archäologischen Museum ausgestellten Gebrauchsgegenstände (u. a. Webereiwerkstätten) lassen auf die Lebensweise der Einwohner schließen. Zu sehen sind auch die Rekonstruktion einer neolithischen Grabstätte und eine für das Gebiet der Pałuki typische Hütte aus dem 18. Jh. (in einiger Entfernung vom Freilichtmuseum).

In dem 5 km nordöstlich von Biskupin gelegenen Ort Wenecja steht eine Schloßruine aus dem 14. Jh., die Heimstatt des 'blutigen Teufels von Wenecja', zu Lebzeiten der Schloßvogt Mikołaj Nałęcz. Der Legende nach soll dieses Gespenst um Mitternacht durch die umliegenden Sümpfe wan- Wenecja

Rekonstruierte Hallstattsiedlung Biskupin

Gniezno, Umgebung, Wenecja (Fortsetzung)

dern. In der Nähe das Museum der Schmalspurbahn und ein Erholungsgebiet mit Seen, Wäldern und Campingplätzen (Haltestelle der Schmalspurbahn Żnin–Gąsawa).

Żnin

Die kleine Stadt an der Gąsawka (10 km nördlich von Biskupin) ist Kultur- und Wirtschaftzentrum der Pałuki und hat seit 1263 Stadtrecht. Sehenswert der Rathausturm aus dem 15. Jh. mit einem Regionalmuseum (Rynek Nr. 11) und die gotische Pfarrkirche (14. Jh.). Żnin besitzt einen See, Erholungsgebiete mit einem Campingplatz und ist Ausgangspunkt der Schmalspurbahn.

Wągrowiec (Wangrowitz)

Gut 40 km nordwestlich von Gnesen liegt das Städtchen Wągrowiec (20 000 Einwohner) mit einer gotischen Pfarrkirche und einem Zisterzienserkloster aus dem 18. Jahrhundert.

Gorzów Wielkopolski · Landsberg an der Warthe C 4

Wojewodschaft: Wielkopolskie
Höhe: 19–82 m ü. d. M.
Einwohnerzahl: 123 000

Lage und Allgemeines

Im nordwestlichen Teil Großpolens liegt Gorzów Wielkopolski unweit der Grenze zu Deutschland (46 km). Durch die günstige Lage an der unteren Warta (Warthe) wurde die Stadt schon früh ein Wirtschaftszentrum (Chemie-, Maschinen-, Textil-, Bau- und Lebensmittelindustrie sowie landwirtschaftliche Betriebe). Im 11./12. Jh. kontrollierte eine Wehrburg den Übergang über die Warta. Um 1254 nahm Brandenburg die Festung ein und gründete unter Albrecht de Luge 1257 die Stadt 'Landisberch Nova', später Landsberg genannt. Im 2. Weltkrieg wurde die Stadt zur Hälfte zerstört.

Kathedrale

Am Stary Rynek (Alter Markt) steht die frühgotische Kathedrale von 1290, die im 14. Jh. den Turm, im 15. Jh. die Sakristei und den Chor erhielt. Um die Wende vom 16. zum 17. Jh. wurde der Innenraum umgebaut. Zu sehen sind Fragmente spätgotischer Fresken und Skulpturen (Mitte 15. Jh.).

Stadtmauer
Museum

In der ul. Zabytkowa steht noch ein 130 m langes Stück der Wehrmauer (unterer Teil aus Stein, oberer aus Ziegeln gemauert) aus dem 15. Jh. mit vier Wachttürmen.

Speicher

An der Kreuzung ul. Fabryczna/Przemysłowa liegt am Ufer der Warthe ein ehemaliger Speicher, gebaut 1798 aufgrund der Eröffnung des Bromberger Kanals (Kanał Bydgoski) und der Aufnahme des Schiffsverkehrs auf der Warta. Heute sind hier historische Sammlungen und zeitgenössische Kunstwerke zu sehen.

Bezirksmuseum

Das Bezirksmuseum (ul. Warszawska) ist in einem 1903 im Stil der Berliner Sezession errichteten Palais untergebracht, das Reimarus von Hetzel für G. Schröder, den Besitzer einer Kabel- und Seilfabrik in Gorzów, entwarf.

Umgebung von Gorzów Wielkopolski

Myślibórz
(Soldin)

Knapp 50 km nordwestlich von Gorzów liegt die altslawische Siedlung Myślibórz, deren Anfänge in die Lausitzer Kultur des 7.–5. Jh.s v. Chr. zurückreichen. In der zweiten Hälfte des 13. Jh.s gründeten die brandenburgischen Markgrafen die Stadt Soldin. Von der Stadtmauer aus dem 14. Jh. sind zwei quadratische Tortürme erhalten. Neben dem spätbarocken Rathaus von 1771 ist die gotische Pfarrkirche aus dem 15. Jh. sehenswert, deren ältester Teil aus Granit (Chor) auf das ausgehende 13. Jh. zurückgeht. Beachtenswert sind Hauptaltar (1697), Kanzel (17. Jh., Gertrudenkapelle (Kaplica św. Gertrudy, Beginn 15. Jh.) und Jerusalemkapelle (Kaplica Jerozolimska, 1514).
Etwa 1,5 km nördlich der Stadt liegt der größte See der Seenplatte Pojezierze Myśliborskie, der Jezioro Myśliborskie (Soldiner See). An seinem Ostufer eine Burgruine aus der frühen Eisenzeit, die zuletzt im 9./10. Jh. benutzt wurde (von Norden zugänglich). Im südlichen Teil des Seengebiets reicht der Wald Puszcza Gorzowska (Landsberger Heide) bis Gorzów Wielkopolski.

Cedynia
(Zehden)

Cedynia, ein kleines Städtchen gut 50 km westlich von Myślibórz an der Oder, geht auf eine eisenzeitliche Burg des 7.–6. Jh. v. Chr. zurück. Hier schlug 972 Mieszko I. die brandenburgischen Markgrafen unter Führung von Hodon. In der Nähe des Schlachtfelds steht eine Burgruine aus dem 10.–12. Jh., umgeben von einer bis zu 12 m hohen Befestigungsmauer.

Oderbruch

Von Kostrzyn (Küstrin), 46 km westlich von Gorzów, bis zum Dorf Osinów 7 km südwestlich von Cedynia reicht das Gebiet des Oderbruchs, eine sumpfige Niederung, die vor allem durch die politischen Verhältnisse weitgehen unberührt geblieben ist und ein ökologisches Reservat erster Ordnung darstellt. Den Hauptteil macht des deutsche Westufer aus, wo man um die Erhaltung der Landschaft bemüht ist. Nach Norden schließt sich der Bereich der unteren Oder an, der als Nationalpark geschützt werden soll (⟶ Szczecin).

Góry Świętokrzyskie · Heilig-Kreuz-Berge H/J 6

Wojewodschaft: Świętokrzyskie

Lage und Gebiet

Die Heilig-Kreuz-Berge, ein niedriger, geologisch sehr alter Höhenzug (Paläozoikum) liegt im mittleren Teil Polens in einem Gürtel von Bergen, die

Lage und Gebiet (Fortsetzung)

vom Fluß Pilica zur Weichsel reichen, wo der östliche Teil unter jüngeren Lößsedimenten verschwindet, um als steile Kante der sogenannten Pfefferberge (Góry Pieprzowe) in der Umgebung von Sandomierz hervorzutreten. Der interessanteste Teil der Heilig-Kreuz-Berge ist ihre höchste Bergkette, die Łysogóry, die aber auch nicht über 611 m ansteigen (Gipfel Łysica). Durch die Heilig-Kreuz-Berge fließen die Nebenflüsse der Kamienna und Nida, so die Lubrzynka und die Bobrza mit einem Durchbruch bei Zgórsk. Seit altersher sind die Heilig-Kreuz-Berge von einem Tannenurwald bedeckt (Nationalpark, s. u.). Heute sind die Wälder durch die Umweltverschmutzung und das Absinken des Grundwasserspiegels stark gefährdet.

Geschichte

Die Heilig-Kreuz-Berge waren schon in der älteren Steinzeit besiedelt, in der Jungsteinzeit existierte in der Nähe der Stadt Ostrowiec Świętokrzyski ein Feuersteinbergwerk (Krzemionki Opatowskie, s. u.). Im 4. und 5. Jh. entwickelte sich am Fuß der Łysogóry eine Eisenschmelze mit zahlreichen kleinen, primitiven Öfen, die im Dorf Nowa Słupia entdeckt wurden. Eine große Rolle spielte während der Christianisierung dieser abgelegenen Waldgebiete das Benediktinerkloster Święty Krzyż (Heilig-Kreuz-Kloster), das heute noch existiert.

Zur Zeit Kongreßpolens entstand hier das Altpolnische Industriegebiet (Staropolski Okręg Przemysłowy), das die heimischen Rohstoffe (Eisen, Holz) und die Wasserkraft ausnützte. Seine Hauptorte waren Białogon, Miedzianka und Nietulisko. Große Hochöfen gab es u. a. in Starachowice, Rejów, Samsonów und Parzów.

Während des Zweiten Weltkriegs war das Kielcer Gebiet eines der wichtigsten Zentren der Partisanenbewegung in Polen. Stellvertretend für die Greueltaten der deutschen Besatzung sei das Dorf Michniów genannt, das dem Erdboden gleichgemacht und dessen Bewohner ermordet wurden.

Landwirtschaft und Bauernhäuser

In der schönen Landschaft der Region wird eine noch recht altertümliche Landwirtschaft betrieben. Man sieht viele winzige Bauernhöfe, Beispiele des ländlichen Baustils des 19. Jahrhunderts. Neue Bauweisen dringen aber auch hier schnell vor.

*Heilig-Kreuz-Nationalpark

Die wichtigste Attraktion in der Region ist der Heilig-Kreuz-Nationalpark (Świętokrzyski Park Narodowy), der den Bergzug der Łysogóry mit den Klöstern Święty Krzyż (Missionsmuseum, Naturkundliches Museum) und in Święta Katarzyna umfaßt. Einen Besuch lohnt auch Nowa Słupia, ein Dorf am Fuß des Święty Krzyż mit einem Bergbaumuseum (Museum Starożytnego Górnictwa Świętokrzyskiego).

Touristisches Zentrum der Region ist → Kielce, eine Stadt mit interessanten Baudenkmälern und Museen sowie vielfältigen kulturellen Aktivitäten. Von dort führen markierte Wanderwege zu den schönsten Stellen auf den Höhen.

Touristische Anziehungspunkte

Anziehungspunkte in diesem Gebiet sind auch die alte Burg in Chęciny (südlich von Kielce) und das nahe Freilichtmuseum, die Tropfsteinhöhle 'Raj' ('Paradies'), eine der schönsten in Polen (bei Chęciny), ferner die technischen Anlagen des Altpolnischen Industriegebiets im Tal der Kamienna. Zahlreiche Dörfer bieten Urlaubsmöglichkeiten, so Cedzyna (Stausee) oder Borków (Reitzentrum). Hier leben auch viele Künstler, die Keramik und Spielzeug herstellen; häufig zu sehen sind Frauen in bunter landesüblicher Tracht.

Ponidzie

Südlicher Nachbar des Heilig-Kreuz-Gebirges ist das Ponidzie, ein malerischer Landstrich mit zahlreichen Gipshöhlen, interessanten Architekturdenkmälern (Wiślica, Krypta der Stiftskirche; Pińczów; Nowy Korczyn) und den Kurorten → Busko-Zdrój und Solec-Zdrój.

Krzemionki Opatowskie

Das Archäologische Reservat (9 km nordöstlich von Ostrowiec Świętokrzyski) ist eines der wichtigsten archäologischen Plätze in Europa. Die

Landschaft in den Heilig-Kreuz-Bergen

Góry Świętokrzyskie, Krzemionki Opatowskie (Fortsetzung)

Lager von gestreiftem Feuerstein (Flint), einem ausgezeichneten Rohstoff für die Produktion von Gerätschaften, wurden in der Zeit von ca. 3500 bis 1200 v. Chr. von verschiedenen Kulturen ausgebeutet, zuerst von den Stämmen der Trichterbecher-Kultur (3500–2500 v. Chr.). Die Flintbrocken wurden im Kalkgestein in 4 bis 12 m Tiefe gewonnen. Von senkrechten Schächten aus wurden waagerechte Gänge gegraben.
Die Zahl der Schächte beträgt etwa 2000–3000, die Abbaufelder erstrecken sich in einem gebogenen Streifen über 5 km Länge. Besichtigt werden kann ein 110 m langer Abschnitt (geöffnet Mai – Oktober, Führungen). Im Pavillon werden die Abbautechnik erläutert und Produkte aus Feuerstein gezeigt.

Grudziądz · Graudenz F 3

Wojewodschaft: Kujawsko-Pomorskie
Höhe: 76–86 m ü. d. M.
Einwohnerzahl: 100000

Lage und Bedeutung

Am rechten Ufer der Weichsel, etwa 100 km südlich ihrer Mündung in die Ostsee, liegt die alte Stadt Grudziądz, die vor allem wegen ihrer schönen Lage und der attraktiven Altstadt gern besucht wird.

Geschichte

Eine seit dem 10. Jh. bestehende Siedlung ging 1231 in die Herrschaft des Deutschen Ordens über. Seit 1291 Stadt, entwickelte sich Grudziądz im 14. Jh. zu einem Zentrum des Getreidehandels. Das 15. Jh. war bestimmt von den Auseinandersetzungen mit dem Deutschen Orden, von dem sich die Stadt befreien wollte. Im Jahre 1440 trat sie der Preußischen Allianz bei und kam 1466 durch den Zweiten Frieden von Thorn zu Polen; von der Ersten Polnischen Teilung 1772 bis 1920 war sie preußisch.

Grudziądz am Ufer der Weichsel

Marktplatz

Den Mittelpunkt der am Ufer der Weichsel gelegenen Altstadt bildet der Marktplatz (Rynek). Die ihn umgebenden Häuser wurden nach dem Krieg unter Wahrung der mittelalterlichen Struktur wiederaufgebaut.

Pfarrkirche St. Nikolaus

Nordöstlich des Marktplatzes (ul. Kościelna) steht die Kościół sw. Mikołaja, eine im ausgehenden 14. Jh. erbaute Hallenkirche vom Typ einer Pseudobasilika (erhöhtes, aber fensterloses Mittelschiff). Die im 18. Jh. barockisierte und im 19. Jh. erneut umgestaltete Kirche wurde durch einen Brand im Zweiten Weltkrieg schwer beschädigt. Fragmente gotischer Wandmalereien (Ende 14. Jh.) und ein schönes spätromanisches Taufbecken sind die Reste des mittelalterlichen Kirchenraums.

Jesuitenkloster und Kirche

Das Klasztor Jezuitów, ein 1647–1684 erbautes und 1722–1725 um einen Flügel erweitertes Gebäude mit Türmchen, liegt in der ulica Ratuszowa. Außen wie innen einheitlich barock zeigt sich die Klosterkirche (Kościół św. Franciszka Ksawerego), die zwischen 1650 und 1720 entstand.

Speicher Wassertor

Am Hochufer der Weichsel (ul. Spichrzowa) stehen die Speicher, die auch zur Verteidigung dienten, da sie an das Befestigungssystem der Stadt angeschlossen waren. Die meisten der Speicher stammen aus dem 17./18. Jh. und wurden nach Kriegsschäden zu Beginn der 50er Jahre wieder aufgebaut. Von der mittelalterlichen Stadtbefestigung steht noch das Wassertor (Brama Wodna) aus der ersten Hälfte des 14. Jh.s, das im 18. Jh. umgestaltet wurde.

Ehemaliges Benediktinerinnenkloster

Das hinter dem Wassertor liegende barocke Gebäudeensemble des ehemaligen Benediktinerinnenklosters (nach dem Zweiten Weltkrieg wieder aufgebaut) besteht aus der Heilig-Geist-Kirche (Kościół św. Ducha), dem Konventsgebäude und dem Äbtissinnenpalast. Die Konventsgebäude (um 1730) beherbergen ein Regionalmuseum und eine Galerie mit zeitgenössischer Malerei aus Pommern. Die kleine Heilig-Geist-Kirche geht auf eine

Hospitalkapelle aus dem 14. Jh. zurück, die 1750–1752 barockisiert und 1810–1836 erneut umgestaltet wurde. Der von 1750 bis 1752 erbaute Äbtissinnenpalast besitzt eine schöne Barockfassade.

Grudziądz, ehem. Benediktinerinnenkloster (Fortsetzung)

Halbinsel Hel

→ Mierzeja Helska

Inowrocław · Hohensalza

F 4

Wojewodschaft: Kujawsko-Pomorskie
Höhe: 90–107 m ü. d. M.
Einwohnerzahl: 74 000

Lage und Bedeutung

Die etwa 40 km südöstlich von Bydgoszcz im südlichen Kujawien gelegene Stadt ist aufgrund ihrer großen Steinsalzvorkommen und Solequellen Kurort (Soleheilbad) und bedeutender Industriestandort (Bergwerke, Sodaindustrie, Glashütten, chemische Industrie). Überregional bekannt ist das Geriatrische Zentrum, in dem u. a. Rheuma, Nervenentzündungen, Atemwegskrankheiten und Unfallfolgen behandelt werden.

Geschichte

Die 1185 erstmals erwähnte Siedlung erhielt im 13. Jh. das Stadtrecht; im Jahre 1236 wurde sie Juveni Wladislavia (Junges Włocławek) genannt. Im 12. Jh. Schauplatz einer Schlacht gegen den Deutschen Orden; 1321 wurde hier das Urteil des päpstlichen Gerichts verkündet, das die Rückgabe des vom Deutschen Orden beherrschten Pommerellen an Polen forderte. Die Nutzung der im 15. Jh. entdeckten Salzvorkommen setzte in der zweiten Hälfte des 19. Jh.s ein; 1873 entstand eine Salzsiederei, 1875 wurden die ersten Thermalbäder eingerichtet, 1882 eine Sodafabrik gebaut.

Kirche der hl. Jungfrau Maria

Sehenswert ist die der hl. Jungfrau Maria geweihte romanische Kirche Najświętszej Marii Panny aus dem 12./13. Jh. wegen ihrer originellen Bauplastik aus der Entstehungszeit. Die Wände im Innern schmücken phantastische Tierdarstellungen, Masken und griechische Kreuze.

Pfarrkirche

Eine reiche barocke Ausstattung besitzt die im 15. Jh. erbaute spätgotische Pfarrkirche.

Jan-Kasprowicz-Museum

Das Muzeum Jana Kasprowicza (Pl. Obrońców Pokoju 2) ist dem Andenken des polnischen Dichters Jan Kasprowicz (1860–1926) gewidmet, der im Vorort Szymborze (3 km südlich) geboren wurde; es enthält auch Sammlungen zur Regional- und Stadtgeschichte.

Kruszwica → Strzelno
Strzelno → dort

Jarosław

K 6

Wojewodschaft: Podkarpackie
Höhe: 180–200 m ü. d. M.
Einwohnerzahl: 39 000

Lage und Geschichte

Jarosław am linken Ufer des Flusses San im Karpatenvorland (Pogórze Karpackie) ist ein altes Handels- und Industriezentrum; wirtschaftlich bedeutsam sind heute Keramik-, Textil-, Glas- und Lebensmittelindustrie. Das Gebiet um Jarosław wurde schon in der Steinzeit besiedelt; gegründet wurde die Stadt Anfang des 11. Jh.s vom Kiewer Herzog Jaroslaw. Im Jahr

Orsetti-Haus am Marktplatz

Geschichte (Fortsetzung)

1340 nahm Kazimierz Wielki (der Große) ganz Ruthenien für Polen ein. Im 15. und 16. Jh. erlebte die Stadt eine Blütezeit, die von den Invasionen der Schweden unterbrochen wurde. Ab 1772 gehörte die Stadt mit Galizien zu Österreich. In beiden Weltkriegen erlitt Jarosław starke Zerstörungen; die historische Innenstadt wurde rekonstruiert.

Sehenswertes

*Altstadt

Einen Besuch lohnt der mittelalterliche Stadtbereich mit dem Marktplatz und stattlichen Patrizierhäusern. Hervorzuheben ist das Haus der wohlhabenden Familie Orsetti (1570) im Renaissancestil mit kunstvoller Attika; heute Museum (Rynek 4).

Benediktinerkloster

Das Gebäude, 1615 gestiftet und als Wehrkloster an der Stelle einer früheren Siedlung entstanden, wurde im Stil der Renaissance errichtet. Die Anlage ist von hohen Mauern mit Wehrtürmen und Bastionen umgeben.

Marienkirche

Die Kościół Najświętszej Marii Panny 'Na Polu' (Kirche der Schmerzensmutter 'auf dem Felde'), zu der ein Dominikanerkloster gehört, hat eine prächtige spätbarocke Blendfassade und Türme mit durchbrochenen Helmen. Im Hochaltar eine gotische Pietà.

Umgebung von Jarosław

*Pruchnik

24 km südlich von Jarosław liegt die alte Stadt Pruchnik, eine einzigartige Stadtanlage aus Holzhäusern mit Vorlauben (19. Jh.).

Przeworsk

Rund 15 km westlich von Jarosław befindet sich Przeworsk, Industrieort und Eisenbahnknotenpunkt. Eine Siedlung ist hier bereits für die Zeit von

Jarosław, Umgebung (Fortsetzung)

100 v. Chr. bis 400 n. Chr. nachgewiesen (Brandgräberfeld, Fürstengräber mit römischen Luxusgegenständen). Das hohe Niveau dieser Kultur veranlaßte die Archäologen, den Begriff der Przeworsk-Kultur einzuführen.
Im Lubomirski-Palais ist ein Kutschenmuseum untergebracht, das zu dem Museum in Łańcut gehört. Weiter sehenswert sind das Rathaus (mit Museum), die gotische Pfarrkirche (15. Jh.) und das Bernhardinerkloster mit Kirche (15. Jh.).
Dem Freilichtmuseum 'Pastewnik' ist ein originelles Gasthaus angeschlossen. Eine Schmalspurbahn führt nach Dynów.

Jelenia Góra · Hirschberg C 6

Wojewodschaft: Dolnośląskie
Höhe: 320 m ü. d. M.
Einwohnerzahl: 91 000

Lage und Bedeutung

Jelenia Góra, zu deutsch Hirschberg, liegt in den Sudeten am Bober (Bóbr) in einer Talweitung, die im Süden vom Riesengebirge, im Osten durch den Landeshuter Kamm (Rudawy Janowickie), im Norden durch das Bober-Katzbach-Gebirge (Góry Kaczawskie) und im Westen durch das Isergebirge (Góry Izerskie) begrenzt wird. Diese eigentlich schöne Lage wirkt sich ungünstig aus; die verpestete Luft, die die Industrie verursacht, sammelt sich im Talkessel. Hirschberg ist ein bedeutendes Industriezentrum (Kunstfasern, Maschinenbau, Papier, Optik, Holz und Möbel, Bekleidung u. a.); es verfügt aber auch über eine hübsche Stadtanlage und sehenswerte Baudenkmäler, da es im Zweiten Weltkrieg nicht zerstört wurde.

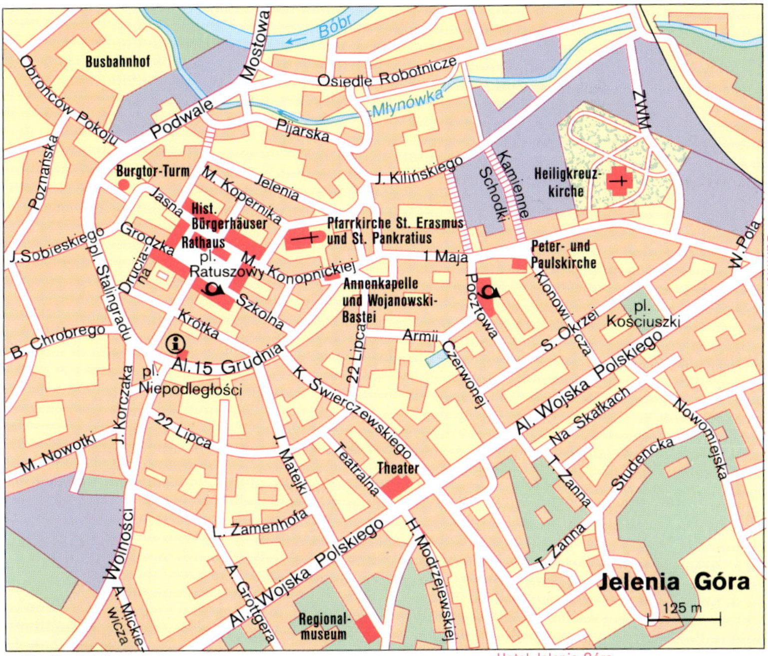

Geschichte

Im 13. Jh. nach deutschem Recht gegründet, wird die Stadt im 14. Jh. als 'Hyrzberc' erwähnt. Polnische Darstellungen verweisen auf eine slawische Burg und die Gründung der Stadt im Jahr 1108 durch Bolesław Krzywousty (so auch über dem Tor des Rathauses angeschrieben). Die wirtschaftliche Entwicklung, die auf Bergbau und Weberei beruhte und durch Privilegien wie Braurecht, Münzrecht und Zollfreiheit im Handel mit Böhmen gekennzeichnet war, wurde durch den Dreißigjährigen Krieg unterbrochen. Später wieder bedeutende Textilindustrie (Leinenweberei). Gegen Ende des 19. Jh.s bewirkte der Beginn des Tourismus (Riesengebirgsverein, gegründet 1880) und der Aufbau neuer Industriezweige eine bis heute andauernde wirtschaftliche und kulturelle Weiterentwicklung; die Bevölkerung nahm von 1950 bis heute um fast 200 % zu.

Sehenswertes

Burgtor

Den Stadtrundgang beginnt man am besten am Burgtor im Westen der Altstadt (Parkplatz an der Äußeren Burgstraße/Podwale), erhalten gebliebener Teil der mittelalterlichen Stadtbefestigung.

*Marktplatz

Der Rynek bildet den Mittelpunkt der planmäßig angelegten Altstadt. Das neue Rathaus auf dem Platz wurde 1747–1749 errichtet; der Vorgängerbau an der Nordwestseite des Rynek (16. Jh.) ist Sitz der Wojewodschaft. Der Komplex neben dem Rathaus ersetzte nach 1945 die 'Siebenhäuser' genannten Markthallen. Das Bild, das die barocken und klassizistischen Fassaden mit Laubengängen um den Marktplatz bieten, ist Ergebnis der Restaurierung nach 1960, nachdem die im Zweiten Weltkrieg unversehrt gebliebene Bausubstanz nach 1945 z. T. zerstört wurde und verfiel.

St. Erasmus und Pankratius

Nordöstlich des Rynek (pl. Kościelny) steht die aus Bruchsteinen errichtete katholische Pfarrkirche Kościół św. Erazma i Pankracego, das wertvollste sakrale Bauwerk in Hirschberg. Die spätgotische Halle entstand Anfang des 14. Jh.s; der lange Chor und die Netzgewölbe gehören dem 16. Jh. an. Der rechteckig-oktogonale Turm besitzt eine barocke Haube von 1736. Wichtigstes Stück der Ausstattung ist der prunkvolle Hochaltar (1713 bis 1718), ein Werk des aus Norwegen stammenden T. Weisfeld; das Altarbild schuf der Glogauer Maler Johann Kretschmer, vermutlich Schüler M. Willmanns. In der Außenmauer sind Epitaphe angesehener Bürger aus dem 18. Jahrhundert eingelassen. Das Pfarrhaus neben der Kirche stammt aus der Spätrenaissance (1566), der einzige Renaissancebau in Hirschberg.

St.-Annen-Kapelle

Die Kaplica św. Anny (ul. M. Konopnickiej) entstand zunächst in einer Bastei aus dem 16. Jh. und wurde 1634 nach dem Stadtbrand barock erneuert. An sie schließt sich der 38 m hohe Schildauer Torturm (Brama Wojanowska) an, der seine Barockhaube zur selben Zeit erhielt. Außer dem Burgtor ist er der einzige Rest der gotischen Stadtbefestigung.

Orthodoxe Kirche

Die ul. 1 Maja führt zur (seit 1948) orthodoxen Peter-und-Pauls-Kirche, als barocke Marienkirche um 1740 entstanden. Die Ikonostase wurde um 1952 installiert; an der Außenwand sind zwei Bußkreuze eingemauert.

*Garnisonskirche

Die heute katholische Heilig-Kreuz-Kirche (Kościół Św. Krzyża) war ursprünglich eine evangelische Kirche, eine der sechs sogenannten Gnadenkirchen, die 1709 in Schlesien nach der Altranstädter Konvention gebaut wurden (die 'Gnade', eine Kirche bauen zu dürfen, ließ sich der habsburgische Kaiser von den Protestanten durch ein stattliches, nie zurückgezahltes Darlehen versilbern). Sie entstand nach dem Vorbild der St.-Katharinen-Kirche in Stockholm auf dem Grundriß eines griechischen Kreuzes, erweitert um ein Joch mit Altar und dem üppigen barocken Orgelprospekt. Den Mittelteil überdeckt eine flache Kuppel mit vier Türmchen. Die Deckengemälde sind ein Werk des Glogauer Malers Franz Hoffmann. Mit den zweistöckigen Emporen verfügt die Kirche über 4020 Sitzplätze.

Rathaus in Hirschberg

Regionalmuseum

Das Muzeum Okręgowe (ul. J. Matejki 28) ist auf Glas aus dem Riesengebirge spezialisiert; außerdem zu sehen Mineralien aus den Sudeten sowie volkskundliche Sammlungen. Untergebracht ist das Museum im Gebäude (Jugendstil, 1912–1914) des ehemaligen Riesengebirgsmuseums, dessen Sammlungen nur noch z. T. erhalten sind.

Außenbezirke von Jelenia Góra

Aussichtspunkte

Vom Stadtpark auf dem Kavalierberg (Wzgórze Kościuszki) hat man einen guten Blick auf das Riesengebirge, ebenso vom Hausberg nördlich der Stadt (Wzgórze Krzywoustego). Lohnend ist auch ein Ausflug nach Jeżów Sudecki (3 km nördlich) mit einer ehemals weitbekannten Segelflugschule (Hanna Reitsch, 1912 in Hirschberg geboren, lernte hier das Fliegen).

****Cieplice Śląskie Zdrój** (Bad Warmbrunn)

In Bad Warmbrunn, heute Stadtteil von Hirschberg, existierte schon 1281 ein vom Johanniterorden gegründetes Bad 'Calidus fons' (Warme Quelle), und bis zum Krieg war es eines der bedeutendsten Heilbäder Deutschlands. Von 1381 bis in dieses Jahrhundert ist die Geschichte des Orts mit den Grafen Schaffgotsch verbunden, die ihren Sitz 1675 von Kynast (s. u.) hierher verlegten. Im 18. und 19. Jh. traf sich auch in Warmbrunn die Hautevolee, Adel, Geldadel und Geistesgrößen wie Goethe, der von hier aus auf die Schneekoppe ging. Mit den acht Schwefel-Thermalquellen werden Haut- und Frauenkrankheiten und Unfallverletzungen behandelt.

Langes Haus

Der an der Stelle eines Holzgebäudes von 1537 errichtete Renaissancebau wurde 1691–1693 barockisiert (Portale). Dieses älteste Kurhaus von Warmbrunn wird auch "Steinernes Haus" genannt.

Schaffgotsch-Palast

Dieses prachtvolle barock-klassizistische, hufeisenförmige Bauwerk (pl. Piastowski) entstand 1784–1789 (Entwurf J. G. Rudolf aus Oppeln). An der

Cieplice (Bad Warmbrunn), ein hübscher Kurort

Schaffgotsch-palast (Fortsetzung)

durch flache Risalite gegliederten Frontfassade sind Schilder mit den Adlern der Piasten und dem Wappen der Familie Schaffgotsch zu sehen. Im Palast ist heute eine Abteilung der Technischen Hochschule Breslau untergebracht. Die bedeutende gräfliche Bibliothek ist heute in der Nationalbibliothek Warschau verwahrt.

Kurpark

Im 1748 angelegten Kurpark, der sich an den Schaffgotsch-Palast anschließt, befindet sich ein Kurhaus von 1868, die klassizistische sog. Galerie von 1797–1800 und das 1833 gebaute Kurtheater. Hinter dem Kurpark wurde 1906 der Park Norweski ('Füllner-Park' nach dem Inhaber der Füllner-Werke, heute 'Fampa'-Papiermaschinen) angelegt; in dem nach norwegischem Vorbild erbauten Blockhaus ist ein ornithologisches Museum untergebracht (geöffnet Di.–So. 9.00–16.00 Uhr).

Kirche Johannes der Täufer

Die barocke Kościół św. Jana Chrzciciela entstand 1712–1714 nach einem Entwurf des Hirschbergers Kaspar Jentsch. Im Hauptaltar (Rokoko, 1794) ein älteres Bild ("Mariä Himmelfahrt", 1687) des bedeutenden schlesischen Malers Michael Willmann. Weiterhin erwähnenswert der Heiligenzyklus des Oppelner Malers C. Hermann und die 1716/17 in Grüssau entstandenen Schnitzarbeiten an Hauptaltar, Kanzel und 14-Nothelfer-Altar. Das an die Kirche anschließende ehemalige Kloster wurde 1671–1694 barock umgestaltet (Renaissanceportale aus dem 16. Jh.). Das Kloster gehörte früher den Zisterziensern in Krzeszów (Grüssau).

Sobieszów (Hermsdorf)

Sobieszów am Fuß der Burg Chojnik (Kynast) ist heute Stadtteil von Jelenia Góra. Auf einer Erhebung steht die Pfarrkirche St. Martin (Kościół św. Marcina), ursprünglich Renaissance, nach Umbau 1778 barock (reiche Ausstattung; Altar und Kanzel vom Hirschberger A. Wagner). Daneben ein freistehender gotischer Glockenturm (15. Jh.), ebenfalls barockisiert. Die Herz-Jesu-Kirche (Kościół Najświętszego Serca Jezusowego), ehemals protestantisch, wurde 1744/45 in Riegelkonstruktion erbaut; ihre barocke

Burg Chojnik

Sobieszów (Fortsetzung)

Ausstattung stammt aus derselben Zeit. Im oberen Teil des Orts, an der Straße nach Jagniątków (Agnetendorf), liegt ein Schloß der Familie Schaffgotsch, 1705–1712 errichtet, heute Landwirtschaftliches Technikum. Am Fuß der Burg Chojnik (ul. Chałubińskiego 23) ein kleines Naturkundemuseum des Karkonoski Park Narodowy (Nationalpark Riesengebirge).

Zamek Chojnik Burg Kynast

Die Burg steht auf einem bewaldeten Granitfelsen, der 150 m über das Tal aufragt. Zwischen Burg und dem Berg Piekielna Kamień (Höllenstein) verläuft die Schlucht Piekielna Dolina (Höllental). Die Burg wurde 1353–1364 erbaut. Nach einem Brand 1675 wurde sie verlassen. Die Ruine kann besichtigt werden; vom Burgturm hat man einen weiten Blick über die Bergketten der Sudeten. Weg vom Ortsausgang Hermsdorf 1 Std. (schwarze Markierung) oder 1.15 Std. (rote Markierung). Will man durch das Höllental, zunächst 0.30 Std. der roten, dann der grünen Markierung folgen; die letzen 10 Min. schwarze und gelbe Markierung (gesamt 1 Std.).

Umgebung von Jelenia Góra

Jagniątków (Agnetendorf)

In Agnetendorf, einem Ort im Riesengebirge, hat der Schriftsteller Gerhart Hauptmann von 1901 bis zu seinem Tod 1946 gelebt. In seinem Wohnhaus, "Haus Wiesenstein", sollen nach der Sanierung eine Gedenkstätte und Räumlichkeiten für deutsch-polnische Begegnungen entstehen.

Mysłakowice (Zillertal-Erdmannsdorf)

Das Dorf Mysłakowice, 8 km südöstlich von Jelenia Góra, bestand früher aus zwei Orten, Erdmannsdorf und Zillertal. Der klassizistische Palast des Grafen Neidhardt von Gneisenau in Erdmannsdorf wurde 1832 vom preußischen König Friedrich Wilhelm III. als Sommerresidenz erworben, der es von Karl Friedrich Schinkel 1842–1844 im neugotischen Stil umbauen ließ. Hier waren u. a. 1830 der russische Zar Nikolaus I. und 1860 der bayerische König Ludwig I. zu Gast. An den Palast schließt sich ein englischer

Jelenia Góra, Umgebung, Mysłakowice (Fortsetzung)

Park an, der 1838 angelegt wurde. Die Kirche entstand 1836–1840 ebenfalls nach einem Entwurf Schinkels und wurde auf Wunsch Friedrich Wilhelms IV. 1858 umgebaut. Den Portikus am Eingang stützen zwei Marmorsäulen aus Pompeji.
Im Jahr 1837 ließ König Friedrich Wilhelm III. 400 wegen ihres Glaubens vertriebene Tiroler Protestanten hier siedeln, die ihr Dorf Zillertal nannten. Ihre Häuser stehen bis heute an den Straßen nahe der Bahnstation.

Trzcińsko (Rohrlach)

In diesem kleinen Dorf am Bóbr östlich von Jelenia Góra, das im 19. Jh. den Namen Rohrlach trug, stand ein neugotisches Palais, das Karl Baedeker (1801–1859) gehörte, dem Gründer des ersten deutschen Reiseführer-Verlags. Dieses Palais existiert leider nicht mehr, nur der umliegende Park ist erhalten geblieben.

Bolesławiec (Bunzlau)

Nördlich von Jelenia Góra liegt Bolesławiec, deutsch 'Bunzlau', eine Stadt, die wegen ihrer Keramikprodukte bekannt ist. In mehreren keramischen Betrieben wird noch heute braunes und buntgemustertes Geschirr hergestellt. Töpferware aller Art kann man im Keramischen Museum bewundern.

Kalisz F 5

Wojewodschaft: Wielkopolskie
Höhe: 102–143 m ü. d. M.
Einwohnerzahl: 106 000

Lage und Allgemeines

Kalisz liegt im Südosten von Großpolen (ca. 100 km nordöstlich von Breslau) am Fluß Prosna in einer landwirtschaftlich intensiv genutzten Ebene. Neben der Weberei (Tüll, Spitzen, Samt) hat hier die 1878 gegründete Klavierfabrik 'Calisia' ihren Sitz. Kalisz ist Geburtsort des Dichters Adam Asnyk (1838–1897). Im Mai finden alljährlich das Kaliszer Theatertreffen (Kaliskie Spotkanie Teatralne) und ein Kammermusikfestival statt.

Geschichte

Der griechische Geschichtsschreiber Claudius Ptolemäus erwähnt zwischen 142 und 147 v. Chr. ein 'Calisia', das mit Kalisz identifiziert wird; es wäre damit die Stadt mit dem ältesten Existenznachweis in Polen. Kalisz war eine wichtigste Station auf der Bernsteinstraße, die das Römische Reich mit dem Baltikum verband. 1106 wird in der Chronik des Gallus Anonymus eine Burg erwähnt. Kalisz erhielt 1257 von Bolesław Pobożny (dem Frommen) das Stadtrecht und war ab dem 14. Jh. Wojewodschaftshauptstadt. Bis zum 16. Jh. brachte die Tuch- und Leinenweberei einen gewissen Wohlstand, der durch Kriege Mitte des 17. Jh.s und Anfang des 18. Jh.s sowie durch Epidemien zunichte gemacht wurde. In den beiden Weltkriegen erlitt die Stadt schwere Schäden; im letzten Krieg verlor die Stadt 40 % ihrer Bevölkerung, das jüdische Ghetto wurde dem Erdboden gleichgemacht.

Sehenswertes

Franziskanerkloster

Die frühgotische Franziskanerkirche (ul. Sukiennicza) aus dem 13. Jh. wurde im 14. Jh. und in den Jahren 1599–1640 von Albin Fontana umgebaut. Die Ausstattung stammt aus Spätrenaissance, Spätbarock und Rokoko. Sehenswert ist im Hauptaltar der gotischen Passionskapelle (Kaplica Męki Pańskiej) das Gemälde der Muttergottes von Kalisz, das 1608 aus der römischen Basilika Santa Maria Maggiore hierher gebracht worden war. Das ursprünglich barocke Klostergebäude entstand 1640–1680 und wurde im 18. und im 19./20. Jh. umgestaltet.

Nikolauskirche

Die gotische Kościół św. Mikołaja (ul. Kanonicka) wurde 1253 vom großpolnischen Fürsten Bolesław Pobożny (dem Frommen) gestiftet. Der Chor

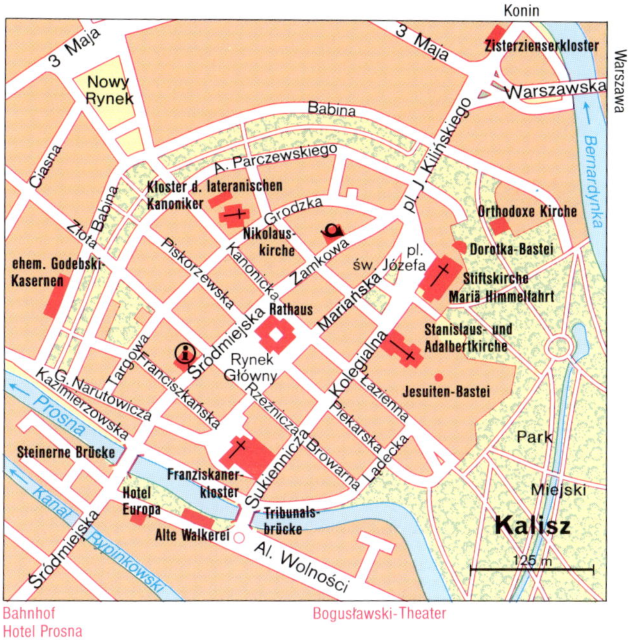

Nikolauskirche (Fortsetzung)

aus der zweiten Hälfte des 13. Jh.s besitzt ein Gewölbe aus dem 16. Jahrhundert. Das Langhaus stammt aus der Mitte des 14. Jh.s, der neugotische Turm von 1874. Die Kirche wurde 1612 von Albin Fontana umgestaltet, wobei sie ihre Stuckierung erhielt. Hervorzuheben sind der barocke Hauptaltar und eine Rokoko-Kanzel.

Kloster der lateranischen Kanoniker

Neben der Nikolauskirche steht das ehemalige Klasztor Kanoników laterańskich, ein gotisches Gebäude von 1448, das 1539 und im 19. Jahrhundert umgebaut wurde.

Museum des Kaliszer Landes

Das Muzeum Ziemi Kaliskiej (Ecke ul. Kosziuski/Kopernika) wurde 1914 gegründet und stellt Funde aus der Kaliszer Frühgeschichte aus. Es besitzt auch eine Sammlung von Gemälden, Plastiken und Grafiken sowie volks- und völkerkundliche Exponate.

Jesuitenkloster

In der frühbarocken Kirche (1595, G. M. Bernardoni, A. Fontana) des Klasztor Jezuitów (pl. św. Józefa) erinnert eine prächtige Grabplatte (1611) an ihren Gründer, den Primas S. Karnkowski. In der früheren Klosterschule und -druckerei ist jetzt das Stadtarchiv untergebracht, im alten Kolleg (erbaut 1584) die Wojewodschaftsverwaltung. Die klassizistischen Fassaden wurden 1824/1825 von S. Szpilowski und F. Reinstein errichtet.

Stiftskirche Mariä Himmelfahrt

Am pl. św. Józefa steht die Kolegiata Wniebowzięcia mit einem gotischen Chor (1353) und einem spätbarocken Turm (1790). Das wertvollste Stück der Kirche ist ein gotischer Schrankaltar von etwa 1496 im nördlichen Schiff. Weiter zu erwähnen sind ein gotisches Gemälde im Hauptaltar und eine Pietà (1. Hälfte 16. Jh.) im linken Seitenaltar.

Dorotka-Bastei

An der Rückseite der Stiftskirche erkennt man Reste der einstigen Stadtmauer aus dem 14. Jh., die Baszta Dorotka.

Steinerne Brücke

Die klassizistische Steinbrücke an der Kreuzung ul. Śródmiejska/Al. Wolności wurde in den Jahren 1824/1825 von S. Szpilowski erbaut.

Bernhardinerkloster

Das Kloster der Bernhardiner (Ecke ul. 23 Stzycznia/3 Maja) befindet sich außerhalb der Stadtmauern. Der gotische Kirchenbau besitzt eine Fassade aus der Spätrenaissance und barocken Schmuck.

Stadtpark

Der weitläufige Stadtpark an der Prosna (24 ha) mit 150 verschiedenen Pflanzenarten wurde 1798 auf dem Gelände der Gemüsegärten der Jesuiten angelegt.

Umgebung von Kalisz

Kucharki

In Kucharki (ca. 12 km nordwestlich von Kalisz) ist eine mit Schindeln gedeckte Kirche aus Lärchenholz (1686) sehenswert, die von alten Linden umstanden ist.

*Gołuchów

Das Städtchen Gołuchów (9300 Einwohner), 22 km nordwestlich von Kalisz, wurde 1309 erstmals schriftlich erwähnt und war Stammsitz der Familie Wieniawa Gołuchowski. In den Jahren 1507–1695 gehörte es den Leszczyński; 1853 ging es in den Besitz von Tytus Działyński und seiner Frau, der Fürstin Isabela Czartoryska, über.
Das zweistöckige, von vier achteckigen Basteien flankierte Schloß wurde 1560 für den Starosten Rafał Leszczyński erbaut und 1600–1619 durch die Stiftung des Kaliszer Wojewoden Wacław Leszczyński um drei Flügel mit Wandelgängen und einer Bastei an der Südostseite erweitert. Im Auftrag von Isabela Czartoryska wurde das Schloß 1872–1885 im Stil der französischen Renaissance umgestaltet (Fassaden, Turm an der Westseite, steile Dächer). Die Schloßherrin eröffnete hier das wohl erste Museum Polens mit wertvollen Sammlungen aus Antike und Renaissance

Das Schloß in Goluchów

Kalisz, Umgebung, Gołuchów (Fortsetzung)

aus Frankreich, Deutschland und Italien. Die Stücke stammen z. T. aus dem Pariser Hôtel Lambert, dem Sitz von Adam Fürst Czartoryski während seines Exils nach 1831. Die Gemälde, Skulpturen, Goldschmiedearbeiten, Webwaren, Möbel und griechischen Vasen bilden seit 1962 eine Abteilung des Nationalmuseums Poznań.
Umgeben wird das Schloß von einem 162 ha großen Landschaftspark mit etwa 1 000 Baum- und Straucharten und einem 1986 eingerichteten Forstmuseum. Dieser wohl größte Park seiner Art in Großpolen wurde 1876 bis 1899 angelegt. Im Park ein eklektizistisches altes Gartenhaus, zwischen Schloß und Gartenhaus die kleine Grabkapelle der Czartoryski.

Chocz

Gut 30 km nordwestlich liegt das Dorf Chocz, das im frühen Mittelalter Sitz einer Ritter- und Königsburg war. Die frühklassizistische Stiftskirche (2. Hälfte 18. Jh.) besitzt einen älteren Chor (Frühbarock, 1. Hälfte 17. Jh.).

Lewków

Wenn man Kalisz in südwestlicher Richtung verläßt, gelangt man nach 18 km zu dem klassizistischen Palast Lewków (1788–1791) unweit des 7 ha großen Landschaftsparks.

Antonin

In den Wäldern des Großpolnischen Tieflands liegt Antonin (40 km südwestlich von Kalisz). In dem 1822–1824 erbauten Jagdschloß lebte der Komponist, Cellist und Kunstmäzen Antoni Radzwiłł, ein Freund Goethes und Beethovens. Der vierstöckige Holzbau mit kreuzförmigem Grundriß ist ein Werk des deutschen Baumeisters Karl Friedrich Schinkel. In Erinnerung an den Aufenthalt Frédéric Chopins 1828 richtete man ein kleines Museum im Schloß ein.

Kamień Pomorski · Cammin B 3

Wojewodschaft: Zachodniopomorskie
Höhe: 10 m ü. d. M.
Einwohnerzahl: 9000

Lage und Bedeutung

Die kleine Stadt Kamień Pomorski liegt etwa 60 km nördlich von Stettin am Camminer Haff (Zalew Kamieński). Sie ist ein regionales Handels- und Dienstleistungszentrum in Westpommern, vor allem aber Urlaubs- und Kurort (Solebad). Orgelfestivals und andere kulturelle Veranstaltungen machen die Stadt darüberhinaus zu einem attraktiven Ferienziel.

Soleheilbad

Im Soleheilbad, dessen Sanatorium im 19. Jh. gegründet wurde, werden Erkrankungen des Bewegungsapparats, Rheuma und Kreislauferkrankungen behandelt.

Geschichte

Der heutige Ort läßt kaum mehr erahnen, daß Kamień Pomorski im Mittelalter eine einflußreiche Stadt war, in der von 1182 an der Bischof und zeitweise auch die Herzöge von Westpommern residierten. Die seit dem Jahre 1274 mit dem Stadtrecht ausgestattete Siedlung entwickelte sich zu einem regen Handelszentrum an der Camminer Bucht. Im 17. Jh. eroberten zuerst die Schweden, dann die Brandenburger (1679) die Stadt; 1945 ging Kamień Pomorski an Polen. Von der im Zweiten Weltkrieg weitgehend zerstörten Altstadt wurden die wichtigsten Gebäude, so das Rathaus und die Umgebung des Marktplatzes, historisch genau rekonstruiert.

Sehenswertes

*Kathedrale St. Johannes

Als eines der wenigen Baudenkmäler in Kamień Pomorski blieb die Katedra św. Jana von den Zerstörungen des Zweiten Weltkriegs verschont. Die etwas erhöht nordöstlich des Marktplatzes liegende Kirche, eine der herausragenden Sakralbauten Polens, wurde 1176 als romani-

Kirche St. Johannes in Cammin: Gotik und ... ... Barock

Kamień Pomorski, Kathedrale St. Johannes (Fortsetzung)

sche Basilika begonnen und ist in ihrem heutigen Erscheinungsbild im wesentlichen von den Bauphasen der Gotik bestimmt. Das Hauptschiff weist zwölf Pfeiler auf, die die zwölf Apostel symbolisieren. Von der mittelalterlichen Kirchenausstattung sind noch ein Taufbecken und das spätgotische Triptychon des Hochaltars (Ende 15./Anfang 16. Jh.) erhalten; die barocke Ausstattung stammt aus dem 17. Jh. (Orgel von 1669).
Nördlich der Kathedrale liegen um einen sehenswerten gotischen Kreuzgang (der einzige erhaltene in Pommern) die Kapitelgebäude; im Ostflügel zeigt die bischöfliche Schatzkammer ihre Kostbarkeiten. In der Kathedrale finden alljährlich Festivals für Orgelmusik statt.

Stadtbild

In der Mitte des Marktplatzes (Rynek) steht das spätgotische Rathaus (15./16. Jh.), das nach Kriegszerstörung mit den umliegenden Bürgerhäusern wieder aufgebaut wurde. Im Westen der Altstadt sind noch Fragmente der Stadtmauer aus dem 13./14. Jh. sowie als einziges Stadttor das Wolliner Tor (Brama Wolińska) erhalten (schöner Blick von oben).

Umgebung von Kamień Pomorski

Zwischen 9 und 19 km entfernt von Kamień Pomorski liegen die Ostsee-Badeorte Dziwnówek (Klein-Dievenow), Dziwnów (Dievenow) und Pobierowo (Poberow). Wolin und Świnoujście sind unter eigenen Stichwörtern beschrieben.

Karkonosze · Riesengebirge C 6

Wojewodschaft: Dolnośląskie

Lage und ** Landschaft

Das Riesengebirge, polnisch Karkonosze, ist die höchste und ausgedehnteste Bergkette der Sudeten (Sudety) mit der Schneekoppe (Śnieżka) als höchstem Gipfel und Wahrzeichen (1602 m ü. d. M.). 28 % der Fläche des

Lage und Landschaft (Fortsetzung)

Riesengebirges (185 km²) liegt innerhalb der Grenzen Polens, der übrige Teil auf dem Gebiet der Tschechischen Republik. Der 34 km lange Hauptkamm (Główny Grzbiet), auch Schlesischer Kamm (Grzbiet Śląski) genannt, ist die Wasserscheide zwischen Oder und Elbe; auf ihm verläuft die Staatsgrenze. Der Hauptkamm zieht sich vom Jakobsthaler Paß (Przełęcz Szklarska, 886 m ü. d. M., Grenzübergang zur Tschechischen Republik) im Westen bis zum Grenzbauden-Paß (Przełęcz Okraj) im Osten. Der Spindler-Paß (Przełęcz Karkonoska, 1178 m ü. d. M.) teilt das Riesengebirge in zwei Teile: den höheren im Osten mit der Schneekoppe und der Kleinen Sturmhaube (Mały Szyszak, 1439 m), und den niedrigeren im Westen mit dem Hohen Rad (Wielki Szyszak, 1509 m), der Veilchenspitze (Łabski Szczyt, 1471 m) und dem Reifträger (Szrenica, 1362 m).
Während die Nordseite recht steil abfällt – das Riesengebirge erscheint von Norden wie ein geschlossener Wall –, ist die Südseite reich gegliedert. Parallel zum Schlesischen Kamm verläuft auf tschechischem Gebiet der 18 km lange Böhmische Kamm (Český hřbet); dazwischen liegen die 'Sedmidolí' (tschechisch, 'Siebengründe'), der malerischste Teil des Riesengebirges (u. a. mit dem Quellgebiet der Elbe und dem Elbgrund).

Geologie

Die Karkonosze bestehen aus Granit und aus metamorphen Gesteinen wie Gneis und kristallinem Schiefer. Durch den komplizierten geologischen Aufbau des Riesengebirges treten viele seltene Mineralien auf, weshalb es auch bei Gesteins- und Mineraliensammlern ein beliebtes Ziel ist.
Die eiszeitliche Vergletscherung schürfte mehrere Talkessel und Seen aus; durch die Verwitterung nach dem Zurückweichen des Eises bildeten sich gewaltige Geröllhalden (z. B. auf der Schneekoppe) und die charakteristischen 'Steinkessel', große, sehr flache Höhlungen, die bis ca. 2 m tief sein können. Besonders widerstandsfähige Partien blieben auf den Flächen des Riesengebirges stehen und bilden malerische Felsgruppen, die häufig nach ihrer Form benannt sind, wie Pferdekopfsteine (Końskie Łby) oder Dreisteine (Pielgrzymy, 'Pilger').

Dreisteine mit der Schneekoppe

Klima

Die mittlere Jahrestemperatur auf der Schneekoppe beträgt 0,4 °C (das entspricht dem Durchschnitt in Nordisland), auf der Szrenica (Reifträger) 2,5 °C, in Karpacz 5,6 °C. Auf der Schneekoppe liegt im Durchschnitt 194 Tage lang Schnee, auf dem Reifträger 193 Tage, in Karpacz 102 Tage. In den nach Norden gelegenen Karen hält er sich noch länger (z. B. in den deswegen so genannten Schneegruben). Typisch für das Klima des Riesengebirges sind Föhnstürme mit Geschwindigkeiten von 30–50 m/sec, die große Schäden in den Wäldern anrichten. Wind weht praktisch das ganze Jahr über (durchschnittlich 3 windstille Tage im Jahr).

Nationalpark

Die wertvollsten Teile des Riesengebirges sind seit 1959 durch den 5562 ha großen Nationalpark Karkonoski Park Narodowy geschützt, der sich vom Mummelberg (Mumlawski Wierch) zu den Grenzbauden als Streifen von 25 km Länge und 1,5 km Breite erstreckt. Er umfaßt die höheren Teile der Karkonosze sowie zwei vom übrigen Park getrennte Reservate, Chojnik (Kynast) mit Burg und den Kochelfall (Wodospad Szklarki) bei Schreiberhau. Die interessantesten Gebiete unterliegen besonders strengen Bestimmungen, die Schneekoppe (Śnieżka) selbst, die Talkessel des Großen und Kleinen Teichs (Wielki Staw, Mały Staw), die Große und die Kleine Schneegrube (Śnieżne Kotły) und die Agnetendorfer (oder Schwarze) Schneegrube (Czarny Kocioł). Im Nationalpark darf man sich nur auf den markierten Wegen bewegen.

Vegetation

Die unterste Zone (bis 1000 m) war früher mit Buchenwäldern bestanden, die gerodet und in Wiesen und Felder oder Fichtenwälder umgewandelt wurden. Buchenwälder sind nur noch an wenigen Stellen erhalten, so am erwähnten Kochelfall. Zwischen 1000 m und 1250 m Höhe erstrecken sich Fichtenwälder, in denen man auf Sümpfe oder sogar Torfmoore treffen kann. Darüber (bis 1500 m) wächst Krummholz (Latschen); das ehemals fast undurchdringliche Dickicht weist viele freie Stellen auf, wo für die Schaffung von Weiden gerodet wurde. Auf dem Rücken des Riesengebirges sind Hochmoore mit kleinen Seen häufig, besonders auf dem Koppenplan (Równa pod Śnieżką), der 7,5 km langen und 3 km breiten Hochfläche unter dem Schneekoppengipfel; hier fallen v. a. die hohen Stauden des Weißen Germers auf. Im alpinen Bereich, der sich im Riesengebirge auf die Schneekoppe beschränkt, sind außer wenigen Gräsern und anderen Pflanzen (z. B. Zwergprimel) nur noch Moose und Flechten (Landkartenflechte) anzutreffen. Botanisch am interessantesten sind die Kare wie die Schneegruben oder der Melzergrund, in denen Pflanzen überdauert haben, die sonst nur noch in der Tundra oder im Hochgebirge anzutreffen sind (z. B. Sonnentau, Gegenblättriger Steinbrech, Prachtnelke).

Umweltschäden

Die Wälder im Bereich des Riesengebirges sind bedroht, da die Luft hier am Dreiländereck Deutschland – Polen – Tschechei stark verschmutzt ist. Im benachbarten Isergebirge (Góry Izerskie) sind schon ganze Hänge mit totem Wald bedeckt, der noch um 1980 geschlossen dastand – ein deutliches Zeichen, was zu erwarten ist, wenn die Emissionen aus den Industriegebieten beiderseits der Grenzen nicht drastisch reduziert werden.

Tiere

Die Fauna des Riesengebirges ist ärmer als in anderen polnischen Nationalparks. Mufflons wurden im 19. Jh. aus Korsika als Jagdwild hier eingeführt; an Vögeln sind besonders Auerhahn und Birkhahn zu erwähnen sowie einige für das Hochgebirge typische Arten.

Geschichte

Der Name der Karkonosze erschien im 2. Jh. n. Chr. bei dem griechischen Geographen Ptolemäus als Karkonotoi. Auf tschechisch heißt das Gebirge Krkonoše, auf deutsch Riesengebirge oder Schneegebirge; in der polnischen Literatur erscheint es als Karkonosze oder als Góry Olbrzymie ('Gewaltige Berge' oder 'Riesengebirge'). Bis zum Mittelalter war das Riesengebirge ein unbesiedeltes Urwaldgebiet, das nur von den Handelsstraßen zwischen Schlesien und Böhmen durchschnitten wurde. Erst zu Beginn des 13. Jh.s ließ Heinrich I. deutsche Siedler hier roden, und im 14. Jh.

Schneegrube mit der Schneegrubenbaude

Kleiner Teich (oben die Schneekoppe)

Schneekoppe mit Schlesierhaus im Winter

Karkonosze, Geschichte (Fortsetzung)

schickte Kaiser Karl IV. die 'Wallonen' (aus Belgien) hierher zur Suche nach Erz und Edelsteinen. Sie hinterließen in den Fels geritzte Zeichen und Inschriften (erhalten u. a. an den Eisenbergen/Rudzianki bei der Burg Chojnik, im Eulengrund und am Adlerfels in Nieder-Schreiberhau). Ihnen folgten Bergleute aus dem Harz und Tirol, Eisen- und Glashütten entstanden, die mit Holzkohle betrieben wurden. Auf den so entstandenen Waldlichtungen hielt man Rinder und Schafe. Von 1526 bis 1763 war das Riesengebirge unter österreichischer Herrschaft, danach gehörte die schlesische Seite zu Preußen. Im 18./19. Jh. war die Flachsverarbeitung (Leinenweberei), v. a. in Heimarbeit, wichtiger Erwerbszweig. Aus den verstreut liegenden Gehöften, den Bauden, entstanden ab Anfang des 19. Jh.s die ersten Wanderhütten.

Tourismus

In den Jahren 1665–1681 wurde die runde Laurentius-Kapelle auf der Schneekoppe errichtet, die bis heute Wallfahrtsort ist (Messe alljährlich am 10. August um 12 Uhr). Die erste Exkursion zur Schneekoppe organisierte 1564 der Direktor der Lateinschule in Hirschberg, Schilling. 1677 bestieg Fürst Michał Radziwiłł den Berg. Als Herberge für die frühen Touristen dienten die Hütten der Schäfer; die erste nur für die Beherbergung von Wanderern gedachte Hütte entstand 1837 unterhalb der Schneegrube (Śnieżne Kotły). Heute stehen den Wanderern eine ganze Reihe von Unterkunfts- und Einkehrmöglichkeiten zur Verfügung, die meist noch den alten Namen Baude tragen (wie Reifträgerbaude, Teichbaude, Alte und Neue Schlesische Baude usw.).

**Schneekoppe

Das beliebteste Ausflugsziel (Tageswanderung von Karpacz, s. dort) ist seit je die Schneekoppe, von der schlesischen wie von der böhmischen Seite aus. Am Fuß des weithin sichtbaren, 1602 m hohen kahlen Kegels breitet sich westlich die 9 km^2 große Hochebene des Koppenplans (Równia pod Śnieżką) aus, die mit Torfmoor und Knieholz bedeckt ist; hier steht das Schlesierhaus (Pod Śnieżką). Auf dem Gipfel stehen außer der Laurentiuskapelle (św. Wawrzyńca) ein futuristischer Gebäudekomplex (fertiggestellt 1976) mit Restaurant und Wetterwarte sowie auf der tschechischen Seite eine Wanderhütte und die Bergstation einer Seilbahn. Bei klarer Luft (was allerdings selten der Fall ist) sind von der Schneekoppe in einem Radius von 100 km weite Teile Schlesiens und der Tschechei sowie die Lausitz auf deutschem Boden zu sehen. Berühmt sind die malerischen Sonnenauf- und -untergänge. – Weiteres → Karpacz (Krummhübel), Szklarska Poręba (Schreiberhau).

Karpacz · Krummhübel C 6

Wojewodschaft: Dolnośląskie
Höhe: 480–885 m ü. d. M.
Einwohnerzahl: 7300

Lage und Bedeutung

Karpacz, zu deutsch Krummhübel, ist neben → Szklarska Poręba der zweite wichtige Urlaubsort am Nordhang des Riesengebirges (→ Karkonosze). Über dem Ort ragt die markante kahle Pyramide der Schneekoppe (Śnieżka, 1602 m) empor, der höchste Gipfel der Sudeten. Zunächst etwas unübersichtlich ist die weit auseinandergezogene Bebauung; die Ortsteile von Krummhübel, das 1959 Stadt wurde, reichen über einen Höhenunterschied von 400 m. Von Nordosten kommend passiert man Querseiffen (Płóczki) im Tal der Łomnica, bevor man Krummhübel erreicht; der höchstgelegene Teil ist Karpacz Górny ('Ober-Krummhübel', früher Bierutowice/Brückenberg).
Die Industrie (Papierfabrik) spielt keine größere Rolle, dafür ist Krummhübel als Sommer- und Wintererholungsort (jährlich um 180 000 Gäste) mit Hotels und Pensionen gut ausgestattet; es hat ein Kurzentrum, zwei Schwimmbäder, Tennisplätze, Skilifte und Schlittenbahnen.

Geschichte

Erstmals erwähnt wird Krummhübel, die Siedlung auf dem 'Krummen Berg', im Jahr 1599. Im Mittelalter baute man Silber- und Bleierz und Edelsteine ab; für die Eisenindustrie in Kowary (Schmiedeberg) lieferten die Wälder Holzkohle. Dazu kam Vieh- und Weidewirtschaft. Im 17./18. Jh. war Krummhübel für die 'Laboranten' bekannt, die die Kräuter der Gegend sammelten und als Arzneien bis weit nach Polen und Rußland hinein verkauften.
Die rasche Entwicklung des Tourismus gegen Ende des 19. Jh.s wurde durch die Bahnlinie von Jelenia Góra (Hirschberg) nach Krummhübel, eröffnet 1895, wesentlich gefördert.

**Wang-Kirche

Die Stabholzkirche in Brückenberg wurde in der 1. Hälfte des 13. Jh.s am Wang-See in Südnorwegen erbaut, schriftlich erwähnt wird sie um 1325. Im 19. Jh. sollte die altersschwache Kirche abgebrochen werden. Der norwegische Maler Jan Christian Dahl wollte sie erhalten, fand aber nur im preußischen König Friedrich Wilhelm IV. einen begeisterten Mäzen, für den er sie 1840 erwarb. Die Kirche wurde zerlegt und per Schiff und Pferdewagen nach Schlesien gebracht; der Grund wurde vom Grafen Schaffgotsch in Warmbrunn zur Verfügung gestellt.
Der Standort ist der Gräfin von Reden auf Schloß Buchwald (beim Erdmannsdorf) zu verdanken, die die entlegen wohnenden Protestanten mit einer Kirche versorgt wissen wollte. Auf diese Weise ist in Schlesien eines der bedeutendsten Baudenkmäler der romanischen Holzarchitektur in Skandinavien erhalten geblieben; besonders schön sind die reichen Schnitzereien an Kapitellen und Portalen. Das barocke Taufbecken aus Holz (ca. 1740) stammt aus der abgerissenen Kirche von Dietmannsdorf bei Waldenburg.
Neben der Kirche, die auch heute noch Heimat einer kleinen evangelischen Gemeinde ist, steht ein steinerner Glockenturm, der zur selben Zeit errichtet wurde. Geöffnet ist die Kirche tägl. 9.00–13.00, 14.00–17.00 Uhr, im Sommer bis 18.00 Uhr.

Die Wang-Kirche in Brückenberg (Karpacz Górny)

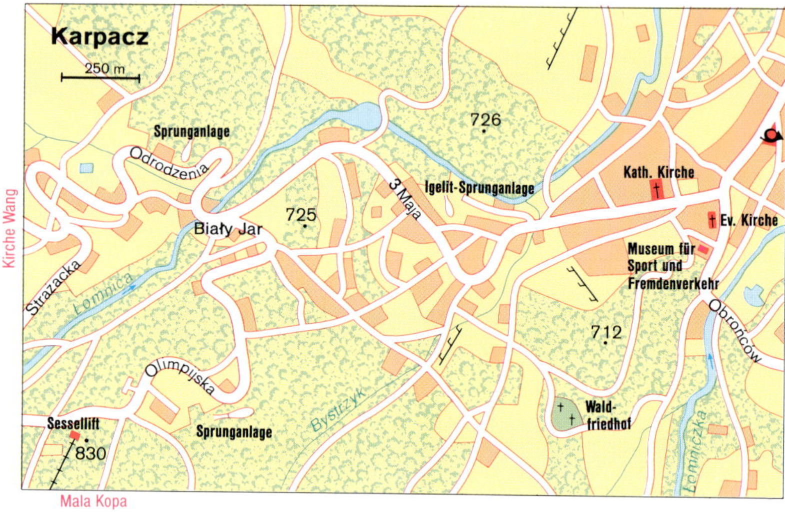

Museum für Sport und Fremdenverkehr

In einer rekonstruierten sudetischen Kate (ul. Kopernika) entstand 1974 ein Museum, das der Geschichte des Fremdenverkehrs im Riesengebirge und auch dem Naturschutz gewidmet ist.

Gerichtslinde

Gegenüber der alten Gerichtsschenke (Gerichtskretscham) von 1836 (heute Hotel Bachus, ul. Kopernika) steht eine Linde mit über 5 m Umfang, die als Naturdenkmal geschützt ist; unter ihr tagte früher das Gericht.

Sporteinrichtungen

Wichtigste Aufstiegshilfe ist sommers wie winters der Sessellift auf die Kleine Koppe (Mała Kopa), Bergstation 1350 m (Betriebszeiten: Sommer 8.00–17.00, Winter 9.00–16.00 Uhr). Daneben existiert eine Reihe von Schleppliften.
Die Möglichkeiten zum alpinen Skifahren sind bescheiden, die Abfahrten (alle Schwierigkeitsgrade) relativ kurz: von der Kleinen Koppe zur Talstation 2600 m; eine weitere Piste beginnt bei der Hampelbaude (Strzecha Akademicka), ebenso 2600 m lang. Rodelbahnen gibt es ebenfalls, eine von der Hampelbaude und eine im Ort.
Freibäder gibt es in Brückenberg und in Wolfshau (Wilcza Poręba); das Hallenbad im Hotel Skalny steht auch Nicht-Hotelgästen offen.

** Wanderung auf die Schneekoppe

Von den vielen schönen Wandermöglichkeiten sei hier wenigstens die wichtigste Tageswanderung (Gehzeit ca. 7 Std.) – zur Schneekoppe und zurück – beschrieben.
Vom Hotel Biały Jar (Ausgangspunkt für die meisten Wanderwege) zunächst nach Brückenberg; an der Wang-Kirche vorbei auf gepflastertem Weg (blaue Markierung), nach 2 km Rastplatz in der Nähe der abgebrannten Schlingelbaude (in Sichtweite die Dreisteine). Nach 1 km geht rechts ein Pfad ab, der an der Bergrettungshütte Domek Myśliwski vorbei zum Kleinen Teich (Mały Staw) führt; an ihm nordöstlich entlang zur gemütlich-altertümlichen Teichbaude (Samotnia; 65 Bettplätze).
Der blau markierte Weg führt steil zur Hampelbaude (Strzecha Akademicka; 170 Plätze), von hier geht es auf der Straße zur Kleinen Koppe (Bergstation des Sessellifts von Karpacz) und zum Schlesierhaus (Pod Śnieżka; nur Notunterkunft) am östlichen Ende des Koppenplans. Für die letzten 190 Höhenmeter entweder dem steilen Zickzack-Weg (30 Min.) folgen oder dem bequemen 'Jubiläumsweg' (45 Min.).

Der Rückweg (rote Markierung) führt vom Schlesierhaus durch den Melzergrund (Kocioł Łomniczki) zur Melzergrundbaude (Nad Łomniczka; 12 Plätze) und weiter nach Karpacz-Biały Jar.

Karpacz, Schneekoppe (Fortsetzung)

Kartuzy · Karthaus

F 2

Wojewodschaft: Pomorskie
Höhe: 215–220 m ü. d. M.
Einwohnerzahl: 13000

Lage und Bedeutung

Kartuzy liegt etwa 30 km westlich von Danzig, eingebettet in die hügelige Moränenlandschaft Kaschubiens (→ Kaszuby) und umgeben von Wäldern und malerischen Seen. Als Hauptort der Region lebt die Stadt wesentlich vom Fremdenverkehr, daneben ist die Wirtschaft durch Handwerksbetriebe und Kleinindustrie geprägt.

Geschichte

Das schon früh von Pommern besiedelte Gebiet stand vom Beginn des 14. Jh.s an unter der Herrschaft der Deutschen Ordens. Im Jahre 1380 gründete der Karthäuserorden hier ein Kloster, das während der Reformation ausgeraubt und gebrandschatzt wurde. Die Siedlung, die nach 1391 im Schutze des Klosters entstanden war, nahm erst im 19. Jh. ihren Aufschwung zur Stadt. Das Stadtrecht erhielt Kartuzy 1923, nachdem Polen 1920 diese Gebiete wieder übernommen hatte.

Sehenswertes

*Karthäuserkloster Marienparadies

Im Norden des Ortes liegt das 1380 gegründete Karthäuserkloster, das v. a. wegen seiner gotischen Kirche (1381–1403) einen Besuch lohnt. Ungewöhnlich ist ihr barockes, an die Form eines Sargs erinnerndes Walmdach (1731–1733). Die einschiffige Kirche mit Sterngewölbe ist außerordentlich qualitätvoll ausgestattet: spätgotischer geschnitzter Altaraufsatz (1444), Altarraum mit Ledertapeten (1685), frühbarocke Altäre und mit aufwendiger Schnitzerei gestaltetes Chorgestühl (um 1675). Neben der Kirche gibt es eine Schatzkammer. Von den Konventsgebäuden ist nur das 21 m lange Refektorium mit einem gotischen Sterngewölbe erhalten.

*Kaschubisches Museum

Kaschubische Volkskunst, v. a. kunstvolle Stickereien und Keramik, zeigt das Muzeum Kaszubskie (ul. Wojska Polskiego 1; geöffnet Di.–Sa. 9.00–16.00, So. 9.00–15.00, Nov.–Apr. So. geschlossen), weitere Themen sind Weberei, Fischfang und Jagd sowie Landwirtschaft. Interessant auch die reichhaltige Kollektion von Pfeifen und Schnupftabaksdosen (es wird auch kaschubischer Tabak angeboten) und von Volksmusikinstrumenten, die im Rahmen von Konzerten vorgeführt werden. Im Andenkenladen kann man u. a. das berühmte kaschubische Alphabet erwerben.

Umgebung von Kartuzy

Chmielno (Ludwigsdorf)

Der 12 km westlich gelegene Ferienort Chmielno ist bekannt für die traditionelle kaschubische Keramik, die hier hergestellt und verkauft wird. Attraktiv macht ihn aber auch seine Lage am Jezioro Kłodno, der durch den Fluß Radunia mit dem Jezioro Raduńskie (Radaunersee) verbunden ist (gutes Segel- und Kajakrevier). Im Winter kann man am ca. 12 km südlich gelegenen Turmberg (Wieżyca, 329 m), einer der höchsten Erhebungen in Nordpolen, Ski fahren (!).

Kościerzyna Wdzydze

Südöstlich von Kartuzy (32 km) liegt die 20000 Einwohner zählende Stadt Kościerzyna (Berent). Weitere 17 km südlich dehnt sich der Jezioro Wdzydze aus, ein abwechslungsreicher Komplex von fünf Seen. Das

Kartuzy, Umgebung, Wdzydze (Fortsetzung)

Feriendorf Wdzydze Kiszewskie besitzt neben Pensionen und Campingplätzen den Kaschubischen Volkskundlichen Park (Kaszubski Park Etnograficzny). In dem 1906 gegründeten Freilichtmuseum sind vollständig eingerichtete Gehöfte, alte Windmühlen und Scheunen sowie eine interessante Sammlung mit kaschubischem Kunsthandwerk zu sehen (geöffnet Di.–So. 10.00–16.00 Uhr).

Żukowo (Zuckau)

Etwa auf halbem Weg nach Danzig, an den Ufern der Radunia, liegt Żukowo, das für traditionelle Stickerei berühmt ist. Ab 1209 existierte in Żukowo eine Prämonstratenserinnenabtei. Die Klosterkirche aus dem 13./14. Jh. birgt eine ungewöhnlich reiche spätgotische Ausstattung (Skulpturen, Altäre und kostbare Meßgewänder), darunter auch das 'Antwerpener Triptychon' von Anfang des 16. Jahrhunderts.

Kaszuby · Kaschubien E/F 2

Wojewodschaften: Pomorskie, Kujawsko-Pomorskie

Lage und Bedeutung

Kaschubien ist eine ethnographische Region in Ostpommern, die sich nördlich der Tucheler Heide (Bory Tucholskie) bis zur Ostseeküste erstreckt. Seinen Namen erhielt das Gebiet nach dem westslawischen Volksstamm der Kaschuben, die hier ansässig sind. Verwaltungsmäßig gehört das Gebiet anteilig zur Danziger Wojewodschaft, zum nördlichen Teil der Wojewodschaft Bydgoszcz und zum östlichen Teil der Wojewodschaft Słupsk. Die Bezeichnung des Territoriums und seiner Bewohner erscheint urkundlich erstmals in der ersten Hälfte des 13. Jahrhunderts. Bis zum Jahr 1920 gehörte der größte Teil Kaschubiens zu Polen, außer der Umgebung von Słupsk, Bytów, Człuchów und Złotów, die Deutschland zugeteilt waren. Nach dem Zweiten Weltkrieg verschwand die kleine kaschubische Volksgruppe der Slowinzen, die sich durch die Jahrhunderte hindurch ihre slawische Kultur und Sprache bewahrt hatte.

Kaschubische Kultur

Die Kaschuben sprechen eine eigene Sprache, die sich von den anderen slawischen Sprachen in Grammatik, Wortschatz und Aussprache unterscheidet. Der Kaschubisch-Pommersche Verband (Zrzeszenie Kaszubsko-Pomorskie) hat es sich zur Aufgabe gemacht, das kulturelle Erbe der Vorfahren zu bewahren und das Interesse an der kaschubischen Volkskunst durch Publikationen (darunter kaschubische Wörterbücher und Zeitschriften), Konzerte und Volkstanzvorführungen in Polen wie auch im Ausland wach zu halten. Die Besonderheiten dieser Kultur zeigen sich u. a. in den Bräuchen, den Trachten, den Volksliedern, dem ungewöhnlich hoch entwickelten Kunstgewerbe (Plastik, Holzbauten, Malerei, Stickerei, Töpferei, Korbflechterei). Mit der kaschubischen Kultur kann man sich in Freilichtmuseen vertraut machen, so in Kluki (⟶ Łeba) oder in Wdzydze Kiszewskie (⟶ Kartuzy) sowie im Kaschubischen Museum in Kartuzy, im Westkaschubischen Museum in Bytów, im Museum für Kaschubisch-Pommersches Schrifttum und Musik in Wejherowo (⟶ Gdynia) sowie in Złotów. Die wichtigsten Zentren der kaschubischen Volkskunst sind Kartuzy, Chmielno, Żukowo und Żarnowiec.

Fremdenverkehr

Kaschubien ist ein sehr attraktives Urlaubsgebiet mit zahlreichen, durch Kanäle miteinander verbundenen Seen inmitten bewaldeter Moränenhügel. Hochburgen des Fremdenverkehrs sind die traditionsreichen kaschubischen Städte ⟶ Kartuzy (Karthaus) und Kościerzyna (Berent). Für Wassersport- und Wanderferien eignen sich die Urlaubsorte an den den Radunski-Seen (Chmielno, Ostrzyce, Gołubie, Szymbark) sowie Charzykowy (Klein Konitz) am See Charzykowskie und Wdzydze am See Wdzydzkie. Auf der Halbinsel Hela (⟶ Mierzeja Helska), die in die Danziger Bucht hineinragt, liegen die Seebäder Władysławowo (Großendorf), Jastarnia (Heisternest), Jurata (Forst) und Hel (Hela).

Katowice · Kattowitz

F/G 6

Wojewodschaft: Śląskie
Höhe: 260–350 m ü. d. M.
Einwohnerzahl: 351 000

Lage und Bedeutung

Das geographische, wirtschaftliche und administrative Zentrum des Oberschlesischen Industriegebiets (Górnośląski Okręg Przemysłowy) ist Kattowitz, im Beskidenvorland auf dem Schlesischen Muschelkalkrücken (Wyżyna Śląska) gelegen. Die Wojewodschaftshauptstadt verfügt über die größte Konzentration von Schwerindustrie in Polen und wurde schon 1986 zum ökologischen Katastrophengebiet erklärt. Als wirtschaftlicher Hauptort Oberschlesiens, zu dem es im 19. Jh. wurde, ist Kattowitz aber auch wissenschaftliches und kulturelles Zentrum mit der Schlesischen Philharmonie (Filharmonia Śląska), dem Polnischen Radiosinfonieorchester, der Schlesischen Bibliothek (Biblioteka Śląska), fünf Hochschulen (darunter die Schlesische Universität/Uniwersitet Śląski) und dem Institut für Bergbau (Główny Instytut Górnictwa).

Wirtschaft

Obwohl in der Region schon seit dem Mittelalter Silber- und Bleierz gefördert wurde, blieb Kattowitz bis 1900 ein winziges Dorf; ab Mitte des 19. Jh.s setzte die Entwicklung zum 'schlesischen Ruhrgebiet' ein. Die größte Bedeutung haben im Oberschlesischen Industriegebiet der Abbau von Steinkohle (über 50 Gruben), die Verhüttung von Eisen und Buntmetallen (u. a. die gigantische Kütte 'Katowice', größtes Hüttenwerk in Polen) sowie die Maschinen- und Fahrzeugindustrie; dazu kommen thermische Kraftwerke und chemische Betriebe.

Geschichte

Im 14. Jh. kam der Ort unter die Herrschaft der böhmischen Dynastie der Luxemburger, später unter habsburgische Herrschaft, und ab dem Ende

Kattowitz, Metropole des Oberschlesischen Industriegebiets

Geschichte (Fortsetzung)

des Ersten Schlesischen Kriegs, von 1742, gehörte er bis 1921 zu Preußen, das mit dem Gewinn der an Industrie und Bodenschätzen reichen Provinz seinen Aufstieg zum vorherrschenden deutschen Staats antrat. Erstmals erwähnt wird die Siedlung Kattowitz Ende des 15. Jh.s.; 1757 wurde das erste Tagebau-Kohlebergwerk in Betrieb genommen. Wesentlich gefördert wurde die wirtschaftliche Entwicklung durch die 1846 eröffnete Eisenbahnlinie nach Breslau.

Im Streit um Oberschlesien nach dem Ersten Weltkrieg votierte eine knappe Mehrheit der Bevölkerung für den Verbleib bei Deutschland; der Völkerbund sprach im Oktober 1921 Polen zwar ‘nur’ ein Viertel des strittigen Gebiets zu, das aber den Kernbereich des Industriegebiets mit sämtlichen Eisenerzgruben und einem großen Teil der anderen Produktionsanlagen ausmachte.

Stadtbild

Kattowitz ist eine typische Stadt des 19. und 20. Jh.s, die ihre Entwicklung der Industrie verdankt. Außer einigen älteren Häusern an der Peripherie sind kaum Baudenkmäler vorhanden; Jugendstilhäuser findet man v. a. in

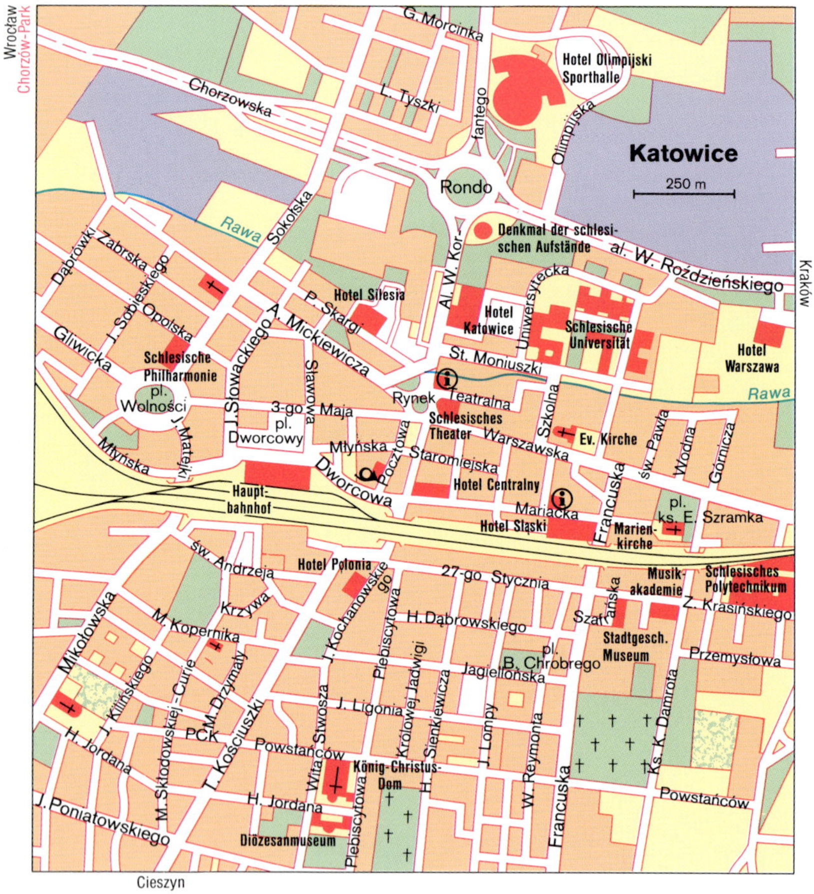

Stadtbild (Fortsetzung)

der ul. 3 Maja, der Hauptgeschäftsstraße (Nr. 6, 8, 17, 40), und der ul. Mickiewicza (Nr. 26, ehemals Deutsches Gymnasium).

Sehenswertes

Museen

Das Museum der Geschichte der Stadt Kattowitz (Muzeum Historii Katowice, ul. Szafranka 9) dokumentiert die Geschichte der Stadt und der Umgebung vom 13. Jh. an bis 1945.

Das * Schlesische Museum (Muzeum Śląskie, ul. Korfantego 3) besitzt bemerkenswerte polnische Kunst des 19. und 20. Jh.s, u. a. Gemälde von Matejko, Wyspiański und Witkiewicz (geöffnet Di.–Fr. 10.00–17.00, Sa., So. 11.00–16.00 Uhr).

Das Diözesanmuseum (Muzeum Diecezjalne, ul. Jordana 39) ist der sakralen Kunst Schlesiens gewidmet.

König-Christus-Dom

Die Katedra pod wezwaniem Chrystusa Króla ist eines der größten sakralen Gebäude, die im 20. Jh. in Polen errichtet wurden (Länge 101 m, Breite 50 m, Höhe 64 m; Bauzeit 1927–1955). Das Äußere knüpft an den Klassizismus an; im Innern sind die Glasfenster und die Metallplastiken, u. a. die Christusstatue am Hauptaltar, bemerkenswert.

Denkmal der Schlesischen Aufständischen

Das neben dem 'Rondo' (Kreisverkehr) im Norden der Innenstadt aufgestellte Denkmal (Pomnik Powstańców Śląskich), ein Werk Gustaw Zemłas von 1967, erinnert mit seinen drei geflügelten Gestalten an die drei Schlesischen Aufstände in den Jahren 1919, 1920 und 1921. Auf dem steinernen Pfeiler die Namen der Orte, an denen die Kämpfe stattfanden.

Wojewodschaftshalle

Die Wojewódzka Hala Widowisko-Sportowa nördlich des Rondo ist das größte Bauwerk dieser Art in Polen. Die Stahlbetonkonstruktion, im Volksmund 'spodek' (Untertasse) genannt, wurde 1962–1971 erbaut und kann mit 10076 m^2 Fläche 11000 Zuschauer fassen. In der Mehrzweckhalle finden Sportveranstaltungen, Konzerte, Zirkusvorstellungen, Ausstellungen und Messen statt.

Nikolaikirche

Die Kościół św. Mikołaja (südwestlich der Innenstadt, an der E 16/ul. T. Kościuszki) im Park Kościuszki, eine Holzkirche von 1510 mit freistehendem hölzernem Glockenturm (17. Jh.), wurde aus der Umgebung von Wodzisław Śląski (Coslau) hierhergebracht; ebenso stehen hier ein Speicher (1683) und andere Holzbauten aus Schlesien.

Umgebung von Katowice

Chorzów (Königshütte)

In Chorzów (4 km nordwestlich) sind die Gebäude aus dem 19. Jh. im Stil des Historismus und im Jugendstil interessant sowie die Kirche von 1920 (pl. Matejki), die Elemente des Expressionismus und Funktionalismus aufweist. Ein beliebtes Naherholungsgebiet ist der über 600 ha große Wojewodschaftspark für Kultur und Erholung (Wojewódzki Park Kultury i Wypoczynku). Hier gibt es ein großes Fußballstadion, ein Planetarium, ein Freilichtmuseum (Górnośląski Park Etnograficzny), einen mit dem Wiener Prater vergleichbaren Vergnügungspark (mit Riesenrad), einen Zoo mit Nachbildungen von Sauriern, ein Schwimmbad u. a. m. Von Mai bis September verkehren eine Eisenbahn und eine Seilbahn.

* Bytom (Beuthen)

In Bytom (12 km nordwestlich) befindet sich das wichtigste Museum der Region, das Oberschlesische Museum (Muzeum Górnośląskie, pl. Jana III Sobieskiego 1), das polnische Malerei (18.–20. Jh.) und europäische Malerei (Italien, Niederlande, Großbritannien; 16.–20. Jh.) besitzt; zudem zeigt es archäologische Exponate von der Steinzeit bis zum Mittelalter und schlesische Folklore.

Burg Będzin

Katowice, Umgebung (Fortsetzung) Będzin (Bendzin)

In dem 14 km nordöstlich gelegenen Będzin, einer wenig attraktiven, heruntergekommenen Industriestadt, erhebt sich auf der Góra Zamkowa die trutzige, im 14. Jh. durch Kazimierz Wielki errichtete Burg (restauriert). Die Bastion an der alten polnisch-deutschen Grenze besitzt meterdicke Mauern und beherbergt ein Museum zur Geschichte Będzins und des Dąbrowa-Kohlebeckens.

Kazimierz Dolny J 5

Wojewodschaft: Lubelskie
Höhe: 120–150 m ü. d. M.
Einwohnerzahl: 5000

Lage und Bedeutung

Das alte Städtchen Kazimierz Dolny liegt zwischen Radom und Lublin, und zwar 10 Kilometer südlich von Puławy am nördlichen Ende des Durchbruchs der Weichsel zwischen dem Lubliner und dem Kleinpolnischen Hochland. Die sich bis zu 100 Meter über die Weichsel erhebende Terrasse, auf der Kazimierz angelegt ist, wird von malerischen Lößschluchten durchzogen.

Der beliebte Fremdenverkehrsort verfügt über ein vielfältiges kulturelles Angebot (z. B. alljährliches Volksmusik-Festival).

Geschichte

Das Gebiet wurde bereits vor dem 12. Jh. besiedelt, da der fruchtbare Lößboden der Region Landwirtschaft begünstigte. Um 1175 erhielten Norbertaner aus Krakau das Land von Kazimierz II. Sprawiedliwy (dem Gerechten); ihm zu Ehren wurde die Stadt später benannt. Seit Kazimierz Wielki (dem Großen) war sie Königsstadt, in der sich zahlreiche jüdische Familien niederließen. Im 15. und 16. Jh. entwickelten sich der Getreidehandel und die Frachtschiffahrt auf der Weichsel.

Geschichte (Fortsetzung)

Die Patrizierfamilien der Przybył und der Celej ließen sich in der Renaissance prächtige Paläste bauen, die mit Zamość konkurrierten. Die Feldzüge der Schweden (1656), Epidemien und Überschwemmungen ließen die Stadt verarmen. In den Jahren 1867–1927 war Kazimierz wieder ein Dorf; infolge des wirtschaftlichen und kulturellen Aufschwungs erhielt es dann 1927 das Stadtrecht. Nach starken Zerstörungen im Zweiten Weltkrieg wurde die Stadt wieder aufgebaut.

Sehenswertes

** Altstadt

Die Altstadt mit Rynek und schmalen Gassen liegt auf einer Terrasse über der Weichsel und stellt ein seltenes Beispiel für die Harmonie von Natur und Architektur dar. Den interessantesten Ausblick hat man von der Burgruine auf dem Drei-Kreuz-Berg (Góra Trzech Krzyży) und vom gegenüberliegenden Weichselufer. Bemerkenswert sind in der Stadt auch einige historisierende Villen.

** Marktplatz

Foto S. 220

Den Markt dominiert das prächtige doppelte Patrizierpalais der Familie Przybył, nach den Bauherren Mikołaj und Krzysztof Przybył 'Pod Św. Mikołajem' (Zum hl. Nikolaus) und 'Pod Św. Krzysztofem' (Zum hl. Christophorus) genannt. Die Renaissancebauten von 1615 besitzen Laubengänge, dekorative Attiken und reichen Reliefschmuck (v. a. die beiden Namenspatrone). Daneben steht das rekonstruierte Danziger Haus mit spätbarocker Fassade (Ende 18. Jh.). Auf der anderen Seite des Platzes das 'Haus des Architekten' und das Goldschmiedemuseum (Muzeum Złotnictwa).

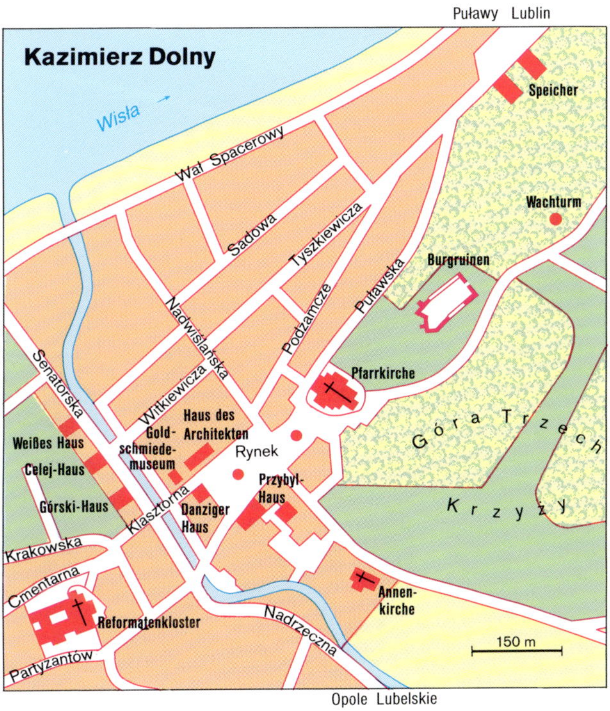

Panorama der Stadt am Weichseldurchbruch

Das Palais der Familie Przybyl am Markt (Rynek)

Die am Hang unterhalb der Burgruine stehende Pfarrkirche zu den hll. Johannes dem Täufer und Bartholomäus entstand 1586–1589 und 1610–1613 (Architekt Jakub Balin aus Lublin) aus einem gotischen Vorgängerbau. Charakteristisch für die 'Lubliner Spätrenaissance' sind v. a. die manieristischen Stuckarbeiten an den Gewölben. Die prächtige Orgel (1607–1620) gilt als die älteste vollständig erhaltene Orgel in Polen (Orgelkonzerte internationaler Künstler). Zu beiden Seiten des Schiffs überwölbte Grabkapellen (Königliche Kapelle, frühbarock, um 1650; Górski-Kapelle, manieristisch, 1625–1629). * Pfarrkirche

Vom Drei-Kreuz-Berg (Góra Trzykrzyska) bietet sich ein schöner Blick auf die Stadt. Die Burg, im 14. Jh. errichtet, wahrscheinlich von Kazimierz Wielki, wurde 1772 von den Schweden zerstört. Ein Teil der Mauern und der gotische 20 m hohe Turm blieben erhalten. * Burgruine

Die Spitalkirche (Kościół św. Anny) entstand 1670 als Renaissancebau mit reich verziertem Giebel und barocker Ausstattung. Neben der Kirche das ehemalige Krankenhaus aus dem 17. Jahrhundert. Annenkirche

Die Kościół Reformatorów, jenseits des Flüßchens auf einem Hügel gelegen, wurde 1627 im Renaissancestil errichtet und später umgebaut; mehrere Barockkapellen. Reformatenkirche

Das Haus der Familie Celej (Kamienica Celejowska, ul. Senatorska 11), 1635 erbaut, hat eine schön gestaltete Fassade mit einer hohen, reich verzierten Attika (restauriert; heute Stadtmuseum). Weitere beachtenswerte Häuser in der ul. Senatorska sind Nr. 2 (Górski-Haus, 1607) und Nr. 17 (Weißes Haus, 1635). * Celej-Haus

In der Danziger Vorstadt (Przedmieście Gdańskie), in Richtung Puławy gelegen, befinden sich die größten Speicheranlagen der Renaissance auf polnischem Boden. In einem Speicher das Naturkundemuseum (Muzeum Przyrodnicze). * Speicher

Umgebung von Kazimierz Dolny

Janowiec am gegenüberliegenden Weichselufer (Überfahrt mit der Fähre) ist ein altes Städtchen mit einer vor 1537 entstandenen Burg der Familie Firlej (Ruinen); von hier schöner Blick auf Kazimierz. Die Pfarrkirche besitzt mit dem Grabmal für Barbara und Andrzej Firlej von Santi Gucci (1586/87) ein hervorragendes Kunstwerk der Spätrenaissance. * Janowiec

Ein hübscher Spaziergang führt zum 4 km nordöstlich liegenden Bochotnica mit den Ruinen eines Schlosses aus dem 15./16. Jh., das einst den Firlej gehörte. Der Legende nach ließ sie Kazimierz Wielki für seine Favoritin Esterka errichten. Bochotnica

Der Kurort Nałęczów (5000 Einwohner, 20 km östlich von Kazimierz) bildet mit Kazimierz Dolny und → Puławy ein 'touristisches Dreieck'. Hier werden Kreislauferkrankungen und Herzkrankheiten behandelt; die von tiefen Lößschluchten durchzogene Landschaft ist ein beliebtes Wandergebiet. Der Ort entwickelte sich um einen Palast der Familie Małachowski (heute Bolesław-Prus-Museum, in einem Park an der ul. Armatnia Góra), der in den Jahren 1770–1780 entstand und 1880 umgebaut wurde. Er verfügt über einen Ballsaal mit schöner Stuckdekoration. Nałęczów

Die Heilkraft des Mineralwassers wurde um 1820 entdeckt. Der Kurort entwickelte sich Ende des 19. Jh.s und wurde von Malern und Schriftstellern geschätzt. Dem Schriftsteller Stefan Żeromski (1864–1925), der patriotische und zugleich sozialkritische Romane verfaßte (u. a. "Die Heimatlosen", "Vorfrühling"), ist das Muzeum Stefana Żeromskiego (ul. Żeromskiego 8) gewidmet.

Kętrzyn · Rastenburg J 2

Wojewodschaft: Warmińsko-Mazurskie
Höhe: 140 m ü. d. M.
Einwohnerzahl: 27 000

Lage und Bedeutung

Kętrzyn liegt in der anmutigen Landschaft der Masurischen Seenplatte (Pojezierze Mazurskie) am Guber, einem Nebenfluß der Łyna (Alle). Die Stadt ist ein wichtiger Handelsplatz für die Agrarprodukte der Region mit vielfältiger Lebensmittelindustrie (Zuckerfabrik, Brauerei, Brennerei u. a.).

Geschichte

Auf dem Gebiet einer Handelsniederlassung der Pruzzen errichtete der Deutsche Orden ab 1329 eine Burg. Die um die Burg entstehende Siedlung erhielt 1345 das Stadtrecht; später entwickelte sie sich neben Olsztyn (Allenstein) und Braniewo (Braunsberg) zum wichtigsten Industrieort Ermlands und Masurens.

Von 1940 bis 1944 existierte wenige Kilometer östlich von Kętrzyn das Führerhauptquartier, die sogenannte Wolfschanze.

Sehenswertes

Burg

Die 1329 begonnene Burg des Deutschen Ordens wurde mehrfach zerstört und wiederaufgebaut. Das heutige Bauwerk, eine Rekonstruktion aus der Nachkriegszeit, beherbergt ein Museum (pl. Zamkowy 1) und eine Bibliothek. Dokumentiert wird die Geschichte der Stadt von der preußischen Herrschaft bis in die Gegenwart; ferner sind kunsthandwerkliche Gegenstände, insbesondere Porzellan, zu sehen.

St.-Georgs-Kirche

In der gotischen Kościół św. Jerzego, einer von Mauern umgebenen Wehrkirche, sind schöne Kristallgewölbe im Chor (Anfang 16. Jh.), Grabplatten aus dem 17. Jh. und Fragmente von Deckenmalereien (Anfang 19. Jh.) erhalten. Daneben steht eine Kapelle vom Anfang des 16. Jh.s, die wegen der Gottesdienste, die hier in polnischer Sprache abgehalten wurden, Polnische Kapelle genannt wurde.

Umgebung von Kętrzyn

*Wolfschanze (Wilzcy Szaniec)

In einem Wald- und Seengebiet 8 km östlich von Kętrzyn liegen bei der Ortschaft Gierłoż die Überreste des sog. 'Führerhauptquartiers' Wolfschanze, einer der bevorzugten Aufenthaltsorte Hitlers während des Zweiten Weltkriegs. Im Rahmen der Vorbereitungen für den Überfall auf die Sowjetunion wurde schon im November 1940 dieses Terrain ausgewählt. Insgesamt 80 Gebäude und Bunker, einschließlich Bahnhof, Kraftwerk und eigener Wasserversorgung, verteilten sich auf dem durch einen 50 Meter breiten Minengürtel und Drahthindernisse abgesicherten Gelände.
In den innersten Kreis, den sogenannten 'Führersperrkreis', gelangten auch hohe Offiziere, Parteileute und ausländische Besucher (z. B. Mussolini) nur nach strengster Kontrolle. Um die Anlage herum waren mehrere Flakbatterien stationiert. Die größten Bunker besaßen 6–8 Meter dicke Decken und 4–6 Meter hohe Wände. Hitler, der sich am 24. Juni 1941 erstmals in der Wolfschanze aufhielt, lebte im Gästebunker, da sein eigener Bunker erst im Oktober 1944 fertiggestellt war.
In die Lagebaracke beim Gästebunker schmuggelte Oberst Graf Schenk von Stauffenberg am 20. Juli 1944 die Bombe, die Hitler töten sollte, ihn jedoch nur leicht verletzte. Aufgrund des raschen Vordringens der Roten Armee wurde das Hauptquartier nach Berlin verlegt; Hitler verließ die Wolfschanze am 20. November 1944 endgültig. Im Januar 1945 wurden die meisten Bunker gesprengt.

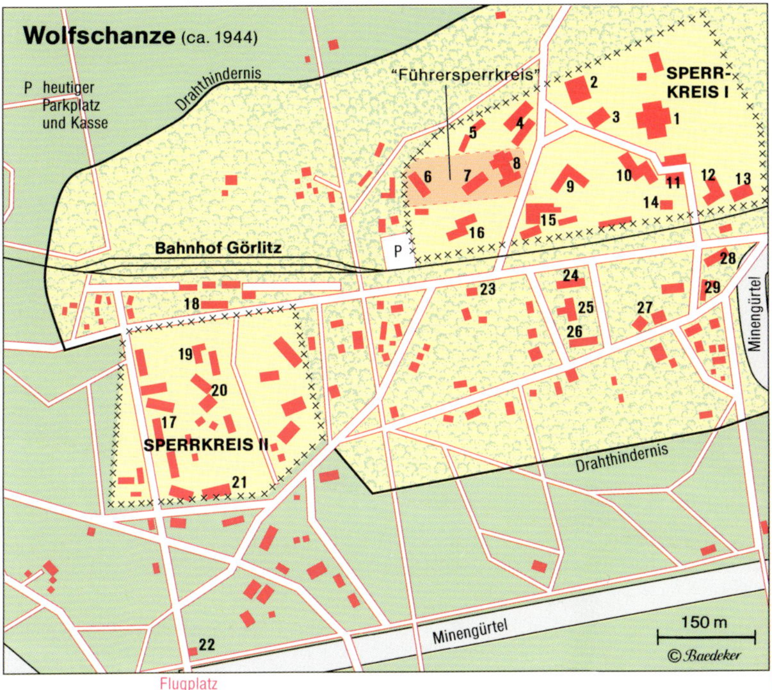

1 Hitlers Bunker
2 Bormanns Bunker
3 Bormanns Haus
4 Reichssicherheitsdienst, Stenographen und Poststelle
5 Reichssicherheitsdienst und SS-Begleitkommando
6 SS-Begleitkommando (heute Hotel und Restaurant)
7 Lagebaracke (Ort des Attentats vom 20. Juli 1944)
8 Gästebunker
9 Persönliche Adjutanten
10 Adjutantur der Wehrmacht
11 Chef des OKW (Keitel)
12 Görings Haus
13 Görings Bunker
14 Chef Wehrmacht Führungsstab (Jodl)
15 Kino, Garagen, Fahrerunterkünfte
16 Reichspressechef
17 Gebäude des Wehrmachtführungsstabes
18 Wache I
19 Kasino Wehrmacht Führungsstab (früheres Kurhaus)
20 Kommandant FHQ
21 Nachrichtenbunker
22 Wache Süd
23 Wache II
24 Verbindungsstab Außenministerium
25 Organisation Todt
26 Führerbegleitbataillon
27 Allgemeiner Luftschutzbunker
28 Verbindungsstab Luftwaffe
29 Verbindungsstab Marine

Kętrzyn, Umgebung, Wolfschanze (Fortsetzung)

Die Überreste waren wegen der zahlreichen Minen lange Zeit nicht zugänglich. Heute ist ein Besichtigungsweg markiert, den man jedoch nicht verlassen darf, da die Gefahr durch Minen immer noch nicht gänzlich beseitigt ist. Auch dürfen die Bunker wegen Einsturzgefahr nicht betreten werden.

*Święta Lipka (Heiligelinde)

Ein ungewohntes Bild in der masurischen Landschaft bietet die üppige italienisierende Barockarchitektur der Wallfahrtskirche Święta Lipka. Vom ermländischen Domkapitel den Jesuiten in Reszel gestiftet, wurde sie an der Stelle einer Kapelle von Georg Ertly – einem aus Tirol stammenden und in Wilna arbeitenden Baumeister – in den Jahren 1687–1693 errichtet; wegen des sumpfigen Untergrunds mußte sie langwierig auf Eichenpfähle gegründet werden. Die durch Säulen, Pilaster und Skulpturen reich gegliederte Fassade wird beherrscht durch die Darstellung der Muttergottes mit der heiligen Linde in der Mitte (Mathäus Poertzel, 1730). Das Innere der

Barock in Masuren: Heiligelinde

Kętrzyn, Umgebung, Święta Lipka (Fortsetzung)

dreischiffigen Basilika mit überhöhtem Mittelschiff und eingezogenem Chor steht großenteils unter dem Thema der Marienverehrung; so der große, dreistöckige Hauptaltar im römischen Barock von 1712 (Mariä Himmelfahrt; Mariä Heimsuchung; Gnadenbild, von dem Belgier Bartholomäus Pens, 1640) und die Fresken von Matthias Meyer (1722–1727; an der Decke die Verherrlichung Mariens, an den Seiten die Passion). Die gewaltige, schöne Orgel mit über 4000 Pfeifen ist ein Werk des Königsbergers Johann Mosengel (1721). In dem kleinen benachbarten Museum ist kostbares Kirchengerät (Meßgewänder, Kelche u. a.) zu besichtigen.

Reszel (Rößel)

Das 6 km nordwestlich von Heiligelinde gelegene Reszel, 1337 gegründet, hat das Erscheinungsbild einer mittelalterlichen Kleinstadt bewahrt. Sehenswert ist die gotische Pfarrkirche (14. Jh.) mit schönem Gewölbe, einer Ausstattung aus dem 18. und 19. Jh. sowie einer Schatzkammer. Von der 1240 erbauten Burg der Bischöfe von Ermland ist ein Teil des Hauptflügels, der Turm und das Torhaus erhalten.

Kielce H 6

Wojewodschaft: Świętokrzyskie
Höhe: 260–406 m ü. d. M.
Einwohnerzahl: 205000

Lage und Bedeutung

Kielce, ein bedeutender Industriestandort (Metallverarbeitung, Chemie), liegt in den Heilig-Kreuz-Bergen (⟶ Góry Świętokrzyskie) ca. 190 km nördlich von Krakau. Kielce ist auch ein wichtiges kulturelles Zentrum mit Technischer und Pädagogischer Hochschule, zwei Theatern und einer Philharmonie; von hier aus lassen sich die Heilig-Kreuz-Berge per Auto erkunden oder erwandern.

Geschichte

Die erste Niederlassung entstand im 11. Jh., um 1360 erhielt Kielce das Stadtrecht. Von Ende des 11. Jh.s bis 1789 war die Stadt im Besitz der Krakauer Bischöfe, die hier eine Residenz hatten. Seit dem Mittelalter wurde in der Umgebung Kupfer-, Blei- und Eisenerz abgebaut (Zentrum des Altpolnischen Industriegebiets).

Sehenswertes

*** Ehemaliger Bischofspalast**

Der ehemalige Palast der Krakauer Bischöfe, auf einer Anhöhe im südlichen Teil der Stadt gelegen, wurde 1637–1641 von T. Poncino nach einem Entwurf von G. B. Trevano erbaut und zeigt den typischen Wasa-Stil am Übergang von der Renaissance zum Barock. Der ehemalige Speisesaal ist mit bemalten Deckenbalken, einem 'Fries' von Porträts Krakauer Bischöfe und originalem Mobiliar prächtig ausgestattet.
In weiteren Räumen Gemälde von T. Dolabella mit Themen aus der Kirchengeschichte. Im Palast hatte die 1816 gegründete erste polnische Bergbauschule ihren Sitz; heute beherbergt er ein Nationalmuseum mit polnischer Malerei (Muzeum Narodowe, pl. Zamkowy 1; geöffnet Di.–Sa. 10.00–16.00 Uhr).

Kathedrale

Neben dem Bischofpalast steht die frühbarocke Basilika Mariä Himmelfahrt, errichtet 1632–1635, umgestaltet 1869–1872. Bedeutend ist die spätbarocke Ausstattung mit Schnitzarbeiten von A. Frąckiewicz aus Krakau und dem Gemälde "Mariä Himmelfahrt" von S. Czechowicz (1730), ferner das Grabmal für Elżbieta Zebrzydowska (um 1555, vermutlich von Giovanni Padovano).

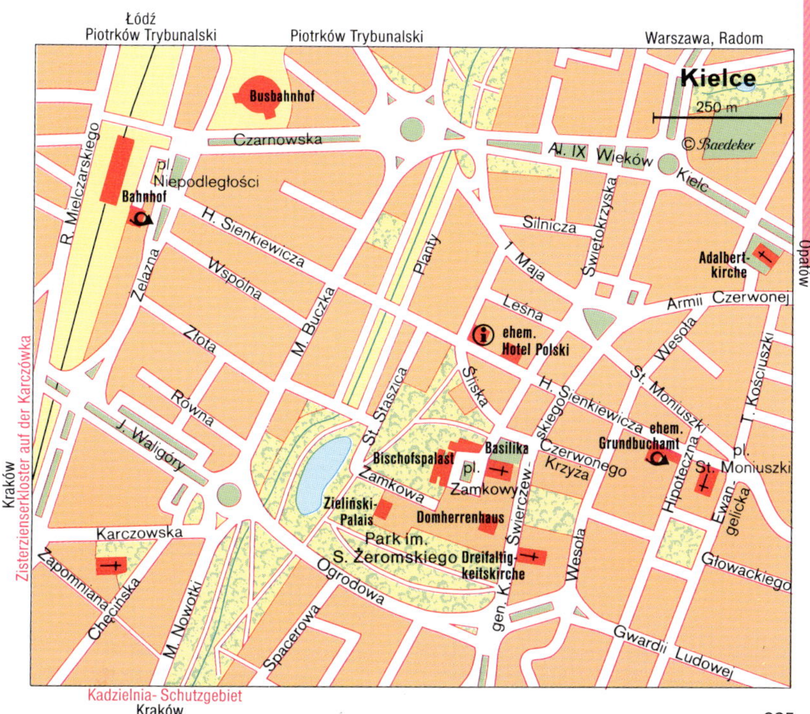

Der Bischofspalast

Kathedrale (Fortsetzung)

Die Basilika hat einen bemerkenswerten Kirchenschatz mit einem Kelch (ca. 1360) und einem Büstenreliquiar der hl. Maria Magdalena (um 1370).

Weiteres Sehenswerte

Der Busbahnhof im Norden der Stadt ist das modernste Gebäude in Kielce: Er wurde 1984 in der Form einer Untertasse erbaut. Zu den neueren Bauten gehört auch die neugotische Heiligkreuzkirche (Kościół św. Krzyża; 1904–1931). Das neugotische Zieliński-Schlößchen (Mitte 19. Jh.) steht im Stadtpark; im ehemaligen Seminar (ul. Świeczewskiego 25) ist ein Museum für den Schriftsteller Żeromski untergebracht. Das Regionalmuseum (pl. Partyzantów 3/5) informiert über die Lokalgeschichte, allerdings nicht darüber, daß 1946 in Kielce aufgrund eines Gerüchts vom Mord an einem christlichen Kind Juden gelyncht wurden.

Kadzielnia ('Räucherfaß')

Südlich der Innenstadt erhebt sich ein Kalkberg mit zahlreichen Höhlen, der als Naturreservat geschützt ist. Von hier guter Blick auf die Stadt.

*Karczówka

Auf dem Karstberg 2 km westlich der Stadt (Landschaftsschutzgebiet) erhebt sich die stattliche frühbarocke Zisterzienserkloster aus den Jahren 1624–1631. Hier wird eine Skulptur der hl. Barbara aus heimischem Bleierz gezeigt. Herrlicher Ausblick auf Kielce und die Heilig-Kreuz-Berge.

Umgebung von Kielce

Oblęgorek

In Oblęgorek (ca. 15 km nordwestlich von Kilece) steht ein Palais, das 1900 dem Schriftsteller Henryk Sienkiewicz (1846–1916) als 'Dank der Öffentlichkeit' geschenkt wurde (→ Berühmte Persönlichkeiten). Heute ist hier ein Sienkiewicz-Museum eingerichtet.

Samsonów

Im Gebiet von Samsonów (19 km nördlich) gibt es seit dem 16. Jh. Eisenhütten (→ Góry Świętokrzyskie); die Ruinen der in den Jahren 1818–1823

Interieur im Kielcer Bischofspalast

Die Kirche in Mnichów

Samsonów (Fortsetzung)

errichteten Eisenhütte sind eines der vielen Technik-Denkmäler in dieser Region. In der Nähe steht die Eiche 'Bartek' (Umfang 9,20 m), einer der größten und ältesten Bäume in Polen.

Jaskinia Raj

Die 'Paradies'-Höhle (an der Straße von Kielce nach Chęciny), eine der schönsten Tropfsteinhöhlen Polens, kann von Mai bis Oktober besichtigt werden (Führung).

Chęciny

In Chęciny (14 km südwestlich von Kielce) wurde vom 14. Jh. bis zum 18. Jh. Kupfer-, Blei- und Silbererz gewonnen sowie Marmor gebrochen; daher ihr Beiname 'Marmorstadt' (marmurowe miasto). Über Chęciny erheben sich die Ruinen einer Piastenburg (erbaut 1296–1311). In der Stadt selbst (4000 Einwohner), die über den typischen mittelalterlichen Grundriß verfügt, einige historische Bauten: In der spätgotischen Kirche St. Joseph (um 1600) ist eine der wertvollsten Orgeln Polens original erhalten (1675). Das Franziskanerkloster, von Kazimierz III. 1368 gestiftet, ist profaniert (Kirche zum Restaurant umgestaltet). Weiterhin ein Klarissinnenkloster (frühbarock, um 1650) und eine Synagoge von 1638.

* Mnichów

Der kleine Ort 12 km südwestlich Chęciny verfügt über eine der schönsten spätbarocken Holzkirchen (erbaut 1765–1770); die Innenausstattung aus dem Rokoko ist großenteils im Originalzustand erhalten.

Jędrzejów

Jędrzejów (18000 Einwohner), 10 km südwestlich Mnichów, ist ein Handels-, Dienstleistungs- und Industriezentrum für die landwirtschafliche Umgebung. Ab 1140 entstand hier das erste Zisterzienserkloster Polens, das Stadtrecht erhielt Jędrzejów 1271. Bis 1817 war die Stadt Eigentum des Klosters.

* Zisterzienserkloster

Das 1140 gestiftete Kloster wurde ab 1149 von Zisterziensern aus dem burgundischen Morimont besiedelt, ihre Kirche 1201 geweiht. Die spätromanische Pfeilerbasilika mit Kreuzrippengewölben – eine Neuerung der Zisterzienser – hat trotz mehrerer Umbauten (gotische

Kielce, Umgebung, Jędrzejów (Fortsetzung)

Langhausarkaden, 15. Jh.; Barockisierung 1728–1754: Ostfassade, Verlängerung des Chors, Gewölbe) viele für die spätromanische Zisterzienser-Architektur typische Details bewahrt. Beachtenswert das Grabmal des Ritters Pakosław von 1319. Das Innere ist barock ausgestattet (Fresken von Andrzej Radwański, Hochaltar und Gestühl). Barock ist auch die Kapelle des seliggesprochenen Wincenty Kadłubek (1150–1223), Bischof von Krakau und einer der ersten polnischen Historiker.

Sonnenuhrenmuseum

Das Muzeum Zegarów Słonecznych (Marktplatz, Häuser Nr. 7 und 8) zeigt die von der Familie Przypkowski begründete Sammlung von Sonnenuhren, wohl die größte in Europa. Ergänzt wird die Sammlung durch Autographen und Erstdrucke von Schriften berühmter Astronomen.

Pińczów → Busko-Zdroj
Wąchock → dort
Góry Świętokrzyskie → dort

Kłodzko · Glatz **D 6**

Wojewodschaft: Dolnośląskie
Höhe: 300–370 m ü. d. M.
Einwohnerzahl: 31 000

Lage und Bedeutung

In der Mitte des Glatzer Kessels (Kotlina Kłodzka), der die Sudeten in Mittlere und Ostsudeten (Środkowe/Wschodnie Sudety) teilt, liegt Glatz, ein regionales Industriezentrum (Glas, Holz, Textilien, Lebensmittel). Wegen der schönen Lage und der wertvollen Baudenkmäler ist die Stadt Ziel von Touristen aus dem In- und Ausland; zudem findet man in der Umgebung gleich vier Kurorte und u. a. mit dem Heuscheuer-Gebirge (Góry Stołowe) im Westen und dem Reichensteiner Gebirge (Góry Złote) im Osten sehr schöne Wanderreviere.

Geschichte

Der böhmische Fürst Slavnik († 981), Vater des hl. Adalbert, gilt als Gründer der Stadt, die durch ihre Lage immer eine strategische Funktion hatte und über Jahrhunderte hinweg eine bedeutende Festung besaß. Das Stadtrecht erhielt Glatz 1337; 1534 kam das Glatzer Land durch Kauf an Habsburg, 1742 wurde es nach dem Ersten Schlesischen Krieg preußisch. Noch bis 1877 hatte die Stadt den Status einer Festung, und seit 1945 gehört sie zu Polen. Nach dem Krieg wurden Polen aus Galizien im Glatzer Land angesiedelt.

Sehenswertes

Franziskanerkloster

Vom Bahnhof gelangt man, am Hotel Astoria vorbei, über die Neißebrücke zum Franziskaner- oder Minoritenkloster, dessen Anfänge im 13. Jh. liegen. Die heutigen barocken Klostergebäude entstanden 1678–1735, die Kirche wurde 1699–1722 barockisiert. Ausstattung aus dem 19. Jahrhundert. Im Speisesaal des Klosters Fresken des schlesischen Meisters Felix Scheffler von 1744.

** Altstadt

In die auf einer Insel gelegene Altstadt führt die steinerne gotische 'Brücktorbrücke' über den Mühlgraben, 1281–1390 nach dem Vorbild der berühmten Prager Karlsbrücke erbaut; daher auch 'Kleine Karlsbrücke' genannt. Geschmückt wird sie von sechs barocken Heiligenfiguren. Den Mittelpunkt der Altstadt bildet der Rynek mit dem Rathaus (Jugendstil, 1887–1890; Turm mit typischem Helm aus der Spätrenaissance, 1654). Der Löwenbrunnen datiert von 1700, die Mariensäule (Pestsäule) auf der anderen Seite des Rings von 1682. Am Markt und in den engen Gassen schöne Bürgerhäuser aus dem 17. und 18. Jh. mit barocken und klassizi-

Altstadt (Fortsetzung)

stischen Fassaden, die man zu erhalten versucht (viele Häuser um den Ring mußten in den 50er Jahren abgerissen werden, weil die unterirdischen Gänge, Teil des Festungssystems, einbrachen).

**Pfarrkirche Mariä Himmelfahrt

Die gotische Basilika wurde 1344 begonnen und um 1430 vom Prager Baumeister Peter Parler verändert; das Hauptschiff besitzt Netzgewölbe, die Seitenschiffe Sterngewölbe. Ab 1624 ließen Jesuiten die Kirche von italienischen Künstlern aufwendig barockisieren (Stuck, Emporen, Altäre, Plastiken). Im prächtigen Hochaltar (1727–1729) von dem Innsbrucker Jesuitenkünstler Christoph Tausch (Schüler Andrea del Pozzos) die gotische 'Glatzer Gnadenmadonna' aus Zedernholz von 1350. Ferner erwähnenswert sind: Lindenholz-Kanzel, Beichtstühle und Orgelprospekt von Michael Klahr aus Lądek-Zdrój (Bad Landeck) von 1715 bis 1724, das Fragment eines Sarkophags des Prager Erzbischofs Arnestus von Pardubitz (2. Hälfte 14. Jh.) und eine Figur der Madonna mit Zeisig (Mitte 14. Jh.).

Unterirdische Gänge

Eine kurze Strecke der Gänge unter der Altstadt ist als 'Route des Tausendjährigen Jubiläums des Polnischen Staats' der Besichtigung zugänglich (Eintrittsgebühr); sie führt von der Pfarrkirche bis zur Festung.

Nowa Ruda

Hauptbahnhof

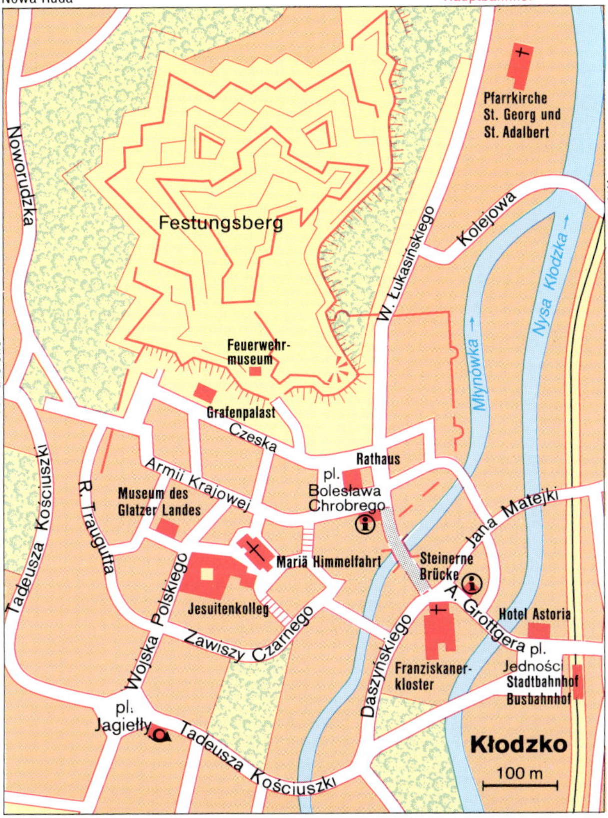

Kudowa-Słone

Wrocław

Die 'Kleine Karlsbrücke'

Blick vom Rathausturm

Museum des Glatzer Landes

Das Muzeum Ziemi Kłodzkiej (ul. Łukasiewicza 4) ist im ehemaligen Jesuitenkonvikt untergebracht und zeigt neben heimischer Kunst und Exponaten zur Glatzer Geschichte eine umfangreiche Uhrensammlung.

*Festung

Die das Stadtbild beherrschende Festung wurde ab 1742 unter Friedrich II. erbaut; ein Vorgängerbau ist um das Jahr 1000 und aus dem 13. Jh. bezeugt, der nach dem 30jährigen Krieg erweitert wurde. Zur Zeit der preußischen Herrschaft hatte die Festung 3000 Mann Besatzung. Man gelangt vom Ring zur Festung hinauf (geöffnet Di.–So. 9.00–17.00 Uhr; schöner Blick), in der ein Besichtigungsweg durch Bastionen und unterirdische Anlagen führt. In der Festung gibt es auch ein Feuerwehrmuseum.

Umgebung von Kłodzko

Lądek-Zdrój (Bad Landeck)

Der Kurort 24 km südöstlich von Glatz, nach Cieplice ältestes Bad Schlesiens, besitzt noch einen historischen Stadtkern mit einem schönen Ring (Laubenhäuser aus Renaissance und Barock); neben dem Rathaus aus dem 18. Jh. eine Dreifaltigkeitssäule (um 1740) von Michael Klahr d. Ä., der lange in der Gegend wirkte. Über den Biała Lądecka führt die Johannisbrücke von 1565; die Barockkirche Mariä Geburt, erbaut 1692–1742, besitzt eine Ausstattung von Michael Klahr d. Jüngeren.
Außerhalb des Stadtkerns die stattlichen klassizistischen Kuranlagen (Schwefelthermalquellen), die schon Friedrich II., Goethe und Zar Alexander I. als Gäste gesehen haben; im Kurpark der Kuppelbau des Marienbads von 1880.

Kletno (Klessengrund)

Kletno (15 km südlich Bad Landeck) ist für die Jaskinia Niedźwiedzia ('Bären'-Tropfsteinhöhle) bekannt, wohl eine der schönsten in Polen ('Palastsaal' 45 m hoch). Besichtigung mit Führung. Der Höhleneingang liegt südlich von Kletno am Wanderweg zum Śnieżnik Kłodzki.

* Bystrzyca Kłodzka (Habelschwerdt)

Außerordentlich malerisch an der Mündung der Weistritz (Bystrzyca) in die Glatzer Neiße gelegen ist Habelschwerdt (12000 Einwohner, 16 km südlich von Glatz); die Handelsniederlassung bekam 1319 das Stadtrecht. Leider in sehr schlechtem Zustand ist die Bausubstanz der in ihrer Anlage gut erhaltenen Altstadt, die mit der großenteils noch existierenden Stadtmauer und engen Gassen einen mittelalterlichen Eindruck macht.
Die ungewöhnliche zweischiffige Hallenkirche St. Michael aus der Gotik wurde in den Jahren 1475 und 1753 erweitert und 1914 umgebaut. Die Kirche verfügt über ein Renaissance-Taufbecken (1577) und einen neugotischen Altar.
Die barocke Florianskapelle auf dem Floriansberg wurde 1727 zur Erinnerung an den Stadtbrand von 1703 gestiftet. Am Mały Rynek die einzigartige Staupsäule (Pranger) von 1556 und eine ehemals evangelische Kirche (Anfang 19. Jh.) mit einem interessanten Streichholzmuseum.

Międzygórze (Wölfelsgrund)

Der 15 km südöstlich Bystrzyca gelegene Erholungsort empfängt den Besucher mit dem berühmten Wölfelsfall (Wodospad Wilczki), dessen 27 m hohe Kaskade in eine enge, mehrere hundert Meter lange Felsschlucht fällt (Ausblick von der Brücke und mehreren Plattformen). Das Dorf ist Ausgangspunkt für eine Wanderung auf den Glatzer Schneeberg (Śnieżnik, 1425 m): Mit roter Markierung in 2 Std. zur Hütte Na Śnieżniku (bewirtschaftet) auf 1200 m; weitere 30 Min. zum Gipfelplateau über der Baumgrenze. Rückweg wie Anstieg oder mit gelber Markierung nach Kletno, wobei man an der Bärenhöhle vorbeikommt.
Ein anderer Weg führt vom Wölfelsfall in 1.30 Std. zur Wallfahrtskapelle Maria Schnee – deren Neubau 1742 geweiht wurde – auf dem Spitzigen Berg (Igliczna, 847 m; bewirtschaftete Berghütte).

Polanica-Zdrój (Bad Altheide)

Der modernste und jüngste Kurort des Glatzer Kessels (14 km westlich von Glatz; 350–420 m ü. d. M., 8000 Einwohner) des Glatzer Kessels verfügt über eine ergiebige Mineralquelle mit hohem Kohlensäuregehalt, mit der

Auf dem Ring in Bad Landeck

'Schlesisches Jerusalem' in Albendorf

Polanica-Zdrój (Fortsetzung)

Herz- und Nervenkrankheiten und Erkrankungen des Verdauungskanals behandelt werden. Schöner Park mit Palmenhaus und Theater.

*Wambierzyce (Albendorf)

Foto S. 231

Wambierzyce, 10 km nördlich von Polanica-Zdrój, ist einer der frequentiertesten Wallfahrtsorte in Schlesien und besitzt eine monumentale barocke Kirche, zu deren über 50 m breiter, prächtiger Front 33 Stufen führen (nach dem Lebensalter Jesu). Die Anlage wird als 'schlesisches Jerusalem' apostrophiert, da der Stifter die erste Kirche nach dem Vorbild des Jerusalemer Tempelbergs errichtet haben soll. Der 1716–1721 errichtete Zentralbau ist mit Altarbildern von Michael Willmann, den fünfzehn Rosenkranz-Mysterien und einem Silbertabernakel aus Venedig (mit dem Gnadenbild, einer kleinen geschnitzten Madonna aus dem 14. Jh.) reich ausgestattet. Im Ort sind 92 Kapellen eines Kalvarienbergs aus dem 18. Jh. verstreut. Unterhalb der Kirche eine große mechanische 'Krippe' mit biblischen Szenen (geöffnet Apr.–Sept. Di.–So. 10.00–17.00 Uhr).

*Duszniki-Zdrój (Bad Reinerz)

Der Kurort Dusniki-Zdrój, 22 km westlich Glatz gelegen (530–570 m, Stadtteil Zieleniec 960 m ü. d. M.), verfügt neben den Kuranlagen über einen alten Stadtkern, in dem v. a. die barocke Kirche St. Peter und Paul (ul. Kłodzko; 1708–1720) mit der berühmten Kanzel in Walfischform (von dem Glatzer Künstler Michael Kössler, 1720–1722) und das Rathaus (1844 in barocken Formen erbaut) sehenswert sind. Um den Ring mit der Mariensäule von 1725 einige Bürgerhäuser aus Renaissance und Barock. Am Ende der ul. Kłodzko (Ortseingang von Glatz her) steht die Papiermühle von 1605, einer der wertvollsten alten Industriebauten Polens; hier ist ein Papiermuseum eingerichtet, in dem auch die Papierherstellung nach alten Verfahren demonstriert wird (geöffnet Di.–So. 10.00–15.00 Uhr). Im Kurtheater gab 1826 der sechzehnjährige Chopin sein erstes öffentliches Konzert; alljährlich findet hier Anfang August ein Chopin-Festival statt.
Auf den die Stadt überragenden Berg Nawojowa (675 m, schöner Ausblick) gelangt man in 45 Min.; hier steht die historische Herberge 'Pod Muflonem' (Stille-Liebe-Baude). Ein längerer Spaziergang (3 Std.) führt zum südlich gelegenen Stadtteil Zieleniec am Fuß der Adlerberge (Góry Orlickie), einem schneesicheren Wintersportzentrum.

Kudowa-Zdrój (Bad Kudowa)

In dem Kurort 37 km westlich von Glatz (400–480 m ü. d. M., 10000 Einwohner; Alkali-Sauerbrunnen) werden seit dem 17. Jh. Herz-Kreislauf-Krankheiten behandelt. Bad Kudowa ist ein reiner Kurort mit schönen Villen aus dem 19. Jh. und einem großen Park als Zentrum, in dem dank der geschützten Lage in Lee des Heuscheuergebirges viele seltene Bäume wachsen. Im Kurhaus mit seiner großen Wandelhalle findet alljährlich im Juli das Moniuszko-Festival statt. Sehenswert ist die Katharinenkirche (barock, erbaut 1679; Turm von 1725). Vom Park- oder Kapellenberg, den man vom Kurpark ersteigen kann, prächtige Aussicht auf den Ort und die Adlerberge.
Östlich von Kudowa (11 km) liegt Karłów (Karlsberg), Ausgangspunkt für eine Wanderung zur Großen Heuscheuer (Szczeliniec Wielki, 991 m) mit dem bekannten Felslabyrinth, einem geologischen Naturschutzgebiet; die Verwitterung hat in den Sandsteinbänken pittoreske Formen geschaffen. 665 Stufen sind bis zum Gipfel zu bezwingen! Ein anderes Felslabyrinth, das man von Kudowa und von Karłów aus erreicht, sind die Błędne Skały (Wilde Löcher).
Nördlich von Kudowa, in Czermna, ist die makabre Schädelkapelle zu sehen, die ganz mit den Überresten von Gefallenen des Siebenjährigen Kriegs ausgekleidet ist; sie wurde 1776 vom Ortspfarrer eingerichtet.

*Bardo (Wartha)

Das kleine, schön gelegene Städtchen am Durchbruch der Glatzer Neiße (9 km nordöstlich von Glatz) ist seit Jahrhunderten ein Marienwallfahrtsort; eine Burg ist für 1155 belegt. Die doppeltürmige Marienkirche, die den Ort überragt, wurde 1668–1704 an der Stelle einer mittelalterlichen Kirche erbaut; westliche Vorhalle von 1864. Von der barocken Ausstattung besonders bemerkenswert der üppig vergoldete Hauptaltar mit dem Bild "Mariä

Heimsuchung" von Michael Willmann, der Rokoko-Orgelprospekt (1759) und die Kanzel (1696). In der Mitte des Altars die Gnadenfigur, eine romanische Madonna vom beginnenden 13. Jh.; die Strenge der Haltung – Merkmal der Romanik – wird kontrastiert durch das weicher gezeichnete Antlitz. Im Kloster ein sehenswertes Museum für sakrale Kunst. Auf dem Berg über der Stadt ein Ursulinenkloster vom Beginn des 20. Jh.s, in der Nähe ein Kalvarienberg und Rosenkranzweg mit 15 Kapellen.

Kłodzko, Umgebung, Bardo (Fortsetzung)

Die ehemalige 'Freie Bergstadt' 14 km nördlich von Bardo, in der bis Mitte des 17. Jh.s Silberbergbau betrieben wurde, liegt malerisch in einem engen Tal (Eulengebirgspaß), dessen beide Flanken von preußischen Festungsbauten (1765–1777) eingenommen werden. Von 1834 bis 1837 war Fritz Reuter hier inhaftiert ("Ut mine Festungstid"), im Zweiten Weltkrieg waren es polnische Offiziere. Von Silberberg führt ein Weg über den Kamm des Eulengebirges in 7 Std. zur Hohen Eule (Wielka Sowa, 1015 m; Wanderheim; herrliche Aussicht über Riesengebirge, Heuscheuergebirge und Glatzer Schneeberg).

*Srebrna Góra (Silberberg)

→ Nysa (Neisse)

Paczków, Otmuchów

Kołobrzeg · Kolberg — C 2

Wojewodschaft: Zachodniopomorskie
Höhe: 0–10 m ü. d. M.
Einwohnerzahl: 48000

Das an der Mündung der Persante (Parsęta) gelegene Kołobrzeg ist die größte Stadt an der mittleren Ostseeküste (Pobrzeże Słowińskie) und traditionsreicher Bade- und Kurort (Soleheilbad). Neben dem Fremdenver-

Lage und Bedeutung

Die Marienkirche in Kolberg, eine mächtige Staffelhalle

Lage und Bedeutung (Fortsetzung)

kehr ist der Hafen wirtschaftlich bedeutend (Werften, Lebensmittelindustrie); hier hat auch die Reederei Polska Żegluga Bałtycka (Polnische Ostseeschiffahrt) ihren Sitz.
Alljährlich im Juli/August findet der Salzmarkt (Jarmak Solny) mit Unterhaltung und kulturellen Veranstaltungen statt.

Geschichte

Bereits im 8. Jh. existierte etwa 3 km südlich der heutigen Stadt eine slawische Siedlung, die sich durch ihre günstige Lage und die Salzvorkommen rasch zu einem Zentrum des Salzhandels entwickelte. Erstmals erwähnt wird der Ort um das Jahr 1000 in Verbindung mit dem unter Bolesław Chrobry (dem Tapferen) eingerichteten Bistum. Die im 12. Jh. an der Stelle des heutigen Kołobrzeg gegründete deutsche Siedlung bekam 1255 das Lübecker Stadtrecht und trat im 14. Jh. der Hanse bei. Während des Siebenjährigen Kriegs wurde Kolberg dreimal von den Russen belagert und

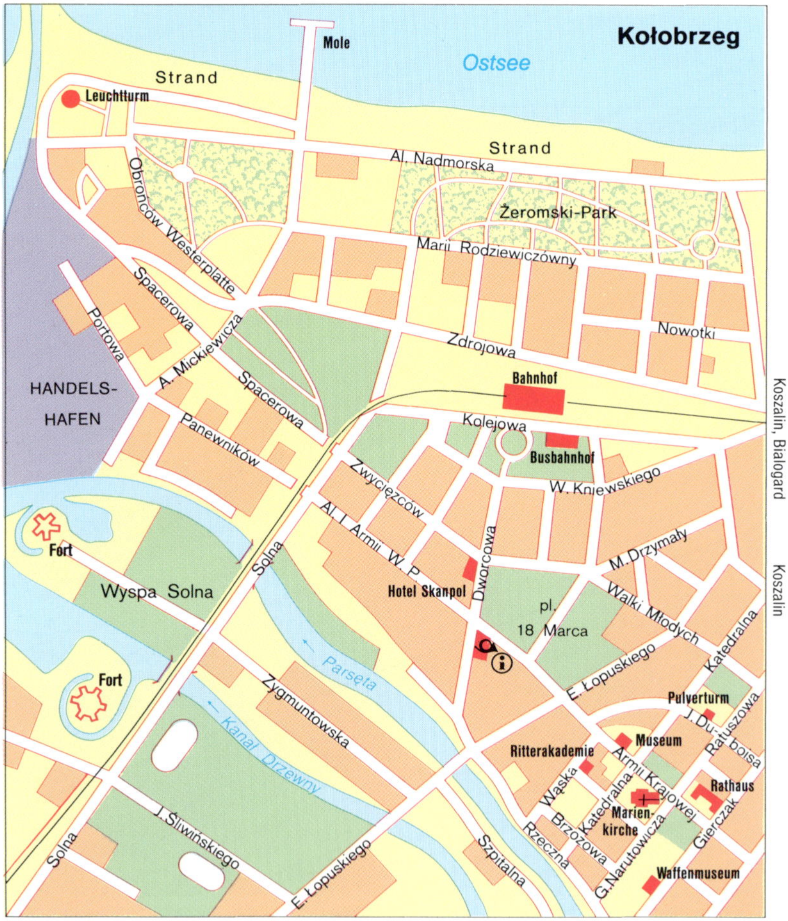

1761 eingenommen. Nach der Schlacht bei Jena und Auerstedt, die mit der Niederlage Preußens endete, belagerten Napoleons Truppen die Stadt; Nettelbeck und Gneisenau hielten ihnen sechs Monate lang stand. Diese Geschichte diente als Vorlage für den nationalsozialistischen Propagandafilm "Kolberg" (1944/45). 1945 wurde Kolberg weitgehend zerstört.

Kołobrzeg, Geschichte (Fortsetzung)

Sehenswertes

Stadtbild

Kołobrzeg ist eine weitgehend moderne Stadt, die durch das rege Leben an der Uferpromenade, am Strand und in den Kureinrichtungen an Reiz gewinnt. Von der fast völlig zerstörten alten Stadt sind einige Gebäude rekonstruiert worden.

Marienkirche

Herausragendes Baudenkmal im Stadtzentrum ist die Kolegiata N. P. Marii, eine monumentale Backsteinkirche mit wehrhafter Westfassade. Die 1321–1331 erbaute dreischiffige Kollegiatskirche wurde in der zweiten Hälfte des 14. Jh.s um zwei niedrigere Seitenschiffe erweitert; ein mächtiges Satteldach faßt die fünf Schiffe zusammen ('Staffelhalle'). Der nach dem letzten Krieg wiederhergestellte Sakralbau besitzt noch wertvolle Stücke seiner ursprünglichen Ausstattung, so das bronzene Taufbecken (1355) von Johann Alart, gotische Altäre und Reste von Wandmalerei.

Rathaus

Das Rathaus, ein neugotischer Dreiflügelbau nordöstlich der Marienkirche, entstand 1829–1832 nach Plänen von Karl Friedrich Schinkel an der Stelle eines gotischen Vorgängerbaus.

Wieża Prochowa

In der schmalen ul. Duboisa stehen noch der Pulverturm, einziger Rest der ehemals mächtigen Stadtbefestigung, und einige gut restaurierte mittelalterliche Wohnhäuser.

Waffenmuseum

Das gotische Schlieffen-Haus (Dom Schlieffenów; ul. Gierczak 15) aus dem 15. Jh. beherbergt das Waffenmuseum (Muzeum Oręża Polskiego), das die Entwicklung der polnischen Waffentechnik und Uniformen bis in die Gegenwart dokumentiert; einen thematischen Schwerpunkt bilden die Schlachten um Kolberg.

Umgebung von Kołobrzeg

Seebäder

In der näheren Umgebung von Kolberg liegen die Badeorte Dżwirzyno (Gribow, 12 km westlich) und Ustronie Morskie (Henkenhagen, 15 km östlich) mit schönen Stränden.

Trzebiatów (Treptow)

Knapp 30 km südwestlich von Kolberg liegt die alte Stadt Trzebiatów, die trotz Kriegszerstörungen noch eine sehenswerte Altstadt besitzt. Bedeutendstes Baudenkmal der Stadt ist die gotische Marienkirche (Kościół N. P. Marii) aus der 1. Hälfte des 14. Jh.s mit Umgangschor, Sterngewölben und einem 90 m hohen Turm. Berühmt sind die beiden Glocken 'Gabriel' (14. Jh.) und 'Maria', letztere von 1515 und mit 7,2 t Gewicht die drittgrößte Glocke Polens.

Konin F 4

Wojewodschaft: Wielkopolskie
Höhe: 85–100 m ü. d. M.
Einwohnerzahl: 82 000

Lage und Bedeutung

Die Stadt Konin, im Großpolnischen Tiefland (Nizina Wielkopolska) rund 100 km östlich von Poznań an der Warta (Warthe) gelegen, ist Zentrum des

Bedeutung (Fortsetzung)

Koniner Braunkohlenreviers mit Tagebaugruben, zwei thermischen Kraftwerken, einer Aluminiumhütte und Maschinenbau.

Geschichte

Im frühen Mittelalter existierte eine Festung am Zusammenfluß von Warta und Powa an der bedeutenden Straße Kalisz – Kruszwica (⟶ Strzelno). Stadtrecht erhielt der Ort vor 1293, 1331 wurde er vom Deutschen Orden zerstört. Im 14. Jh.s wurde eine Burg neu errichtet und die Stadt mit Mauern umgeben, 1655 wurde sie von schwedischen Truppen zerstört. Ab 1793 unter preußischer Besatzung; von 1807 an gehörte Konin zum Fürstentum Warschau und ab 1815 zum Königreich Polen.

Bartholomäuskirche

Die spätgotische Kościół św. Bartłomieja (ul. Armii Czerwonej) wurde in der zweiten Hälfte des 14. und im 15. Jh. erbaut; die Renaissancekapelle von 1607 wurde gestiftet von Jan Zemełka. Die Innenausstattung stammt hauptsächlich aus Barock und Rokoko.

Burg

In der gotischen Burg (erbaut 1418–1426, rekonstruiert) ist ein Bezirksmuseum (Muzeum Okręgowe) untergebracht (polnische Malerei des 19./20. Jh.s, archäologische und geologisch-paläontologische Sammlung, u. a. Skelett eines Mammuts, 1984 im Braunkohlentagebau gefunden). In der Nachbarschaft der Burg ein kleines Freilichtmuseum.

Weitere Sehenswürdigkeiten

Der Wegweiser auf dem Platz vor der Bartholomäuskirche wurde 1151 auf halbem Weg zwischen Kruszwica (Kruschwitz) und Kalisz aufgestellt. Das klassizistische Rathaus (pl. Wolności) stammt aus dem 18./19. Jh.; das spätbarocke Reformatenkloster und die Kirche der hl. Maria Magdalena (ul. Reformacka) wurden 1727–1733 erbaut.
In Stadtteil Gosławice (8 km nördlich) am Jezioro Gosławskie steht die gotische Andreaskirche aus der 1. Hälfte des 15. Jh.s, z. T. im 17. Jh. zerstört, wiederaufgebaut 1755–1775. Im Innern u. a. steinernes Taufbecken vom Beginn des 16. Jh.s.

Kloster Ląd

Umgebung von Konin

** Kloster Ląd

Ca. 3 km westlich des Dorfs Lądek (25 km westlich von Konin) liegt nahe der Warthe einer der bedeutendsten Klosterbauten Großpolens. Das Kloster wurde um 1175 von Zisterziensern aus Altenburg gegründet; erhalten sind vom gotischen Konvent (um 1350) noch Kapitelsaal und Kreuzgang, die unter Einbezug älterer Mauern erbaut wurden. Im Oratorium Fresken von ca. 1372; im Abtssaal spätbarocke Wandmalerei von Adam Swach (1722). Die der Jungfrau Maria und dem hl. Michael geweihte Kirche ist ein Werk bedeutender italienischer und polnischer Architekten: Tomaso Poncino (1651/1652), Giorgio Catenaci, Jan Koński (1679) und Giovanni Belotti (1681–1689). Das Mittelschiff entstand 1728–1735 nach einem Entwurf von Pompeo Ferrari. Die ausgezeichneten Fresken in der Kuppel schuf der schlesische Maler Georg Wilhelm Neunhertz 1731/1732; das Chorgestühl datiert von etwa 1680.

Innenansicht Foto S. 87

Koszalin · Köslin D 2

Wojewodschaft: Zachodniopomorskie
Höhe: 40 m ü. d. M.
Einwohnerzahl: 110 000

Lage und Bedeutung

Die mittelpommersche Stadt Koszalin liegt etwa 150 km nordöstlich von Stettin und 12 km von der Ostseeküste entfernt am Dzierżęcinka (Mühlenbach). Die Hochschulstadt ist das industrielle und kulturelle Zentrum der mittleren Ostseeküste.

Geschichte

Grabungsfunde belegen, daß das Gebiet von Koszalin bereits in vorchristlicher Zeit besiedelt war. 1214 wird der Ort erstmals urkundlich erwähnt, 1266 erhielt er lübisches Stadtrecht. Als Hafen- und Handelsstadt konnte sich Koszalin im 15. und 16. Jh. gegenüber Kołobrzeg und Darłowo behaupten, danach ging seine Bedeutung für den Seehandel zurück. Im 16. und 17. Jh. residierten hier die Herzöge von Westpommern; 1648 kam die Stadt zu Brandenburg. Seit 1945 ist Koszalin polnisch.

Sehenswertes

Kathedrale

Die gotische Marienkirche (Kościół N. P. Marii), seit 1972 Kathedrale des Bistums Kołobrzeg, wurde um 1300 als dreischiffige Basilika mit Westturm errichtet; die Seitenschiffe liegen unter quergestellten Satteldächern. Bei der Restaurierung im 19. Jh. wurden die späteren Anbauten und Ausstattungsstücke entfernt. Von der mittelalterlichen Ausstattung haben sich ein gotisches Kruzifix aus einer alten Kapelle auf dem Góra Chełmska (14. h.), ein Taufbecken (13. Jh.) sowie Heiligenfiguren des Hochaltars (Anfang 16. Jh.) erhalten. Im Juli und August finden hier Orgelkonzerte statt.

Schloßkapelle

Die barocke Kaplica Zamkowa im Nordosten der Altstadt, heute orthodoxe Kirche, besitzt an der Ostfassade noch ein schönes gotisches Portal.

St.-Gertrud-Kapelle

Außerhalb der mittelalterlichen Stadt liegt die Kaplica św. Gertrudy, ein kleiner Bau mit Sterngewölbe über achteckigem Grundriß (14. Jh.).

Regionalmuseum

In einer ehemaligen Mühle aus der Mitte des 19. Jh.s mit vollständiger Ausstattung (ul. Młyńska) ist das Regionalmuseum mit Exponaten zur Geschichte Pommerns untergebracht. Im Hof des Gebäudes wird ein Freilichtmuseum aufgebaut (Fischergehöft, 2. Hälfte 18. Jh.).

Weitere Sehenswürdigkeiten

Von der mittelalterlichen Stadt sind nur einige wenige Häuser erhalten; was nicht dem großen Stadtbrand im Jahre 1718 zum Opfer fiel, wurde wäh-

Weitere Sehenswürdigkeiten (Fortsetzung)

rend des Zweiten Weltkriegs zerstört. Beachtenswert ist das gotische Haus aus dem 14. Jh. (ul. Grodzka), das angeblich der städtische Scharfrichter bewohnte. Reste der Stadtmauern sind noch in der ul. Młyńska und in der ul. Kazimierza zu erkennen.

Umgebung von Koszalin

Mielno (Groß Möllen)

An der Ostseeküste und am Strandsee Jezioro Jamno (Jamunder See) liegt der Badeort Mielno (8 km von Koszalin).

Darłowo (Rügenwalde)

Darłowo (15 000 Einwohner, 34 km nordöstlich von Koszalin) besitzt einen Fischerhafen an der Mündung der Wieprza (Wipper) in die Ostsee. Die alte Handelsstadt (Stadtrecht seit 1270) hat ihr historisches Erscheinungsbild bewahren können. Am Marktplatz mit dem Rathaus von 1725 stehen charakteristische Laubenhäuser und die gotische Pfarrkirche St. Marien; die dreischiffige Basilika besitzt schöne Sterngewölbe und in der Sakristei ein Fächergewölbe. Neben einigen barocken Sarkophagen befindet sich hier auch das Grab des pommerschen Herzogs Erich VII., der 1459, 20 Jahre nach seiner Absetzung als König von Dänemark, Norwegen und Schweden, hier verstarb.

Die ehemalige Residenz der Herzöge von Pommern im Süden der Stadt (2. Hälfte 14. Jh., mehrfach umgebaut) beherbergt das Regionalmuseum (Muzeum Regionalne). Im Norden der Altstadt erhebt sich das Steintor (Brama Kamienna), das einzige Relikt der mittelalterlichen Stadtbefestigung. Außerhalb der Stadtmauern liegt die gotische St.-Gertrud-Kapelle (Kaplica św. Gertrudy), ein sechseckiger Zentralbau mit zwölfseitigem Umgang im Stil der skandinavischen Gotik.

Kórnik · Kurnik E 4

Wojewodschaft: Wielkopolskie
Höhe: 75 m ü. d. M.
Einwohnerzahl: 7800

Lage und Allgemeines

Kórnik, ca. 20 km südöstlich von Poznań am Kórnickie-See gelegen, wird erstmals im 14. Jh. erwähnt. Es erhielt das Stadtrecht wahrscheinlich 1426 und war Sitz des Adelsgeschlechts der Górka, die von hier aus ihre weitläufigen Ländereien verwalteten. Der Gutsbesitz ging 1592 in die Hände der Czarnkowski über, danach an die in Polen berühmten Grudziński, 1676 an die Działyński und die Zamoyski. Im Jahre 1935 vermachte Władysław Zamoyski Schloß und Ländereien dem polnischen Staat.

Sehenswertes

*Palais Kórnik

Der Pałac Kórnik, der 1845–1860 nach einem Entwurf von Karl Friedrich Schinkel aus einem Renaissancebau für Tytus Działyński entstand, zeigt den Stil der englischen Neogotik. Schon zu Lebzeiten des Bauherrn beherbergte das Palais eine wertvolle Sammlung von Büchern, Gemälden, Waffen und Rüstungen. Gegenwärtig sind hier historische Möbel, Gemälde, Waffen, Dokumente, Kunsthandwerk, Jagdtrophäen sowie natur- und völkerkundliche Sammlungen aus Australien, Polynesien und Madagaskar zu sehen. Der Maurische Saal im ersten Stock ist der Alhambra in Granada nachempfunden. Die Bibliothek der Polnischen Akademie der Wissenschaften enthält Drucke aus der Zeit vor 1500, Bücher aus dem 16. und 17. Jh., Porträtminiaturen von S. Samostrzelnik (um 1530) sowie Manuskripte von Mickiewicz, Słowacki, Norwid und Napoleon Bonaparte. Öffnungszei-

Schloß Kórnik

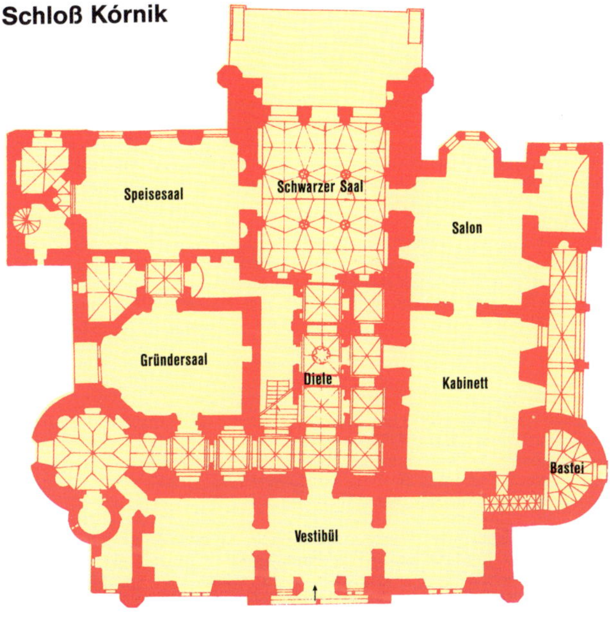

Palais Kórnik

Palais Kórnik (Fortsetzung)

ten: 15. Apr.–15. Okt. Di.–Fr., So. 9.00–15.00, Sa. 9.00–14.00 Uhr; sonst 1 Std. früher geschlossen.
Im Nachbargebäude ist eine kleine, aber bedeutende Kutschensammlung aus der Mitte des 19. Jh.s zu sehen, die von Jan Działyński stammt.

Arboretum Kórnickie

Der ausgedehnte Schloßpark (ca. 40 ha) mit einheimischen und exotischen Gehölzen, die größte derartige Anlage in Polen, geht auf die Górka zurück. Im 18. Jh. entstand ein französischer Park, der Mitte des 19. Jh.s in einen englischen Park umgewandelt wurde. Heute gehört er zum Institut für Dendrologie der Polnischen Akademie der Wissenschaften. Besonders schön ist ein Spaziergang am See.

Kirche

Eine gotische Backsteinkirche von 1437 wurde in der zweiten Hälfte des 18. Jh.s sowie 1838 nach einem Entwurf von F. M. Lanci im neugotischen Stil umgestaltet. Die Altäre stammen aus dem 17./18. Jahrhundert. An die einstigen Schloßherren, die Górka, Działyński und Zamoyski, erinnern einfache Grabsteine.

Umgebung von Kórnik

Zaniemyśl

Der Urlaubsort liegt ca. 13 km südlich von Kórnik am Raczyńskie-See; auf der Eduard-Insel (Wyspa Edwarda) alter, z. T. geschützter Laubwald und ein 1819 erbautes Holzhaus im Schweizer Stil. In der neugotischen Kirche (1840) befindet sich das Grabmal von Edward Raczyński, dem bedeutenden Kunstmäzen (s. u.).

Rogalin

Ca. 13 km westlich von Kórnik liegt Rogalin am rechten Ufer der Warta (Warthe). Von 1294 bis ins 16. Jahrhundert war das Dorf Eigentum des Rittergeschlechts Lodź, und in den Jahren 1768–1939 gehörte es der Familie Raczyński.

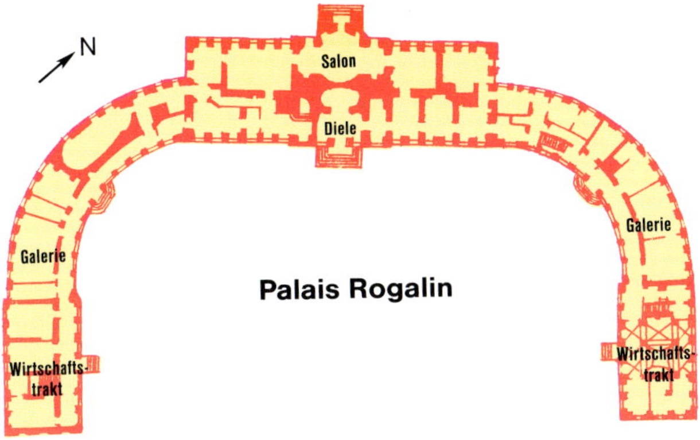

Kórnik, Umgebung
**Palais Rogalin

Der barock-klassizistische Pałac Rogalin wurde zwischen 1768 und 1784 für die adelige Familie der Raczyński erbaut. Zunächst entstand der Hauptbau (J. M. Graff), später die halbkreisförmigen Galerien; Domenico Merlini und Johann Baptist Kamsetzer nahmen Umgestaltungen vor. Heute ist das Schloß eine Abteilung des Nationalmuseums (Muzeum Narodowe) von Posen mit französischen, italienischen, deutschen und polnischen Interieurs des 17. bis 19. Jh.s, mit Porzellan, Gemälden und Gobelins. Edward Raczyński legte den Grundstein zu der hervorragenden Sammlung mit deutschen Romantikern (Böcklin), französischen und deutschen Impressionisten (Monet) sowie polnischen Malern (u. a. Jan Matejko, Julian Fałat, Jacek Malczewski). Einlaßzeiten: Mi.–So. 10.00–15.00 Uhr. Der Palast grenzt an einen prächtigen Schloßpark mit mächtigen Eichen. Das Mausoleum der Familie Raczyński von 1817–1820 ist eine verkleinerte Kopie des römischen Tempels Maison Carrée in Nîmes.

Kraków · Krakau

G 6

Wojewodschaft: Małopolskie
Höhe: ca. 220 m ü. d. M.
Einwohnerzahl: 750 000

Lage und **Bedeutung

Krakau, die alte Hauptstadt Polens, übt nach wie vor große Anziehungskraft auf Reisende aus. Unweit nördlich der Karpaten an der Weichsel gelegen, war Krakau lange Zeit Residenz der polnischen Könige und ist heute nach Warschau die für Kultur und Wissenschaft bedeutendste Stadt des Landes. Hier hat die Jagiellonen-Universität (Uniwersytet Jagielloński), die älteste Universität Polens, ihren Sitz, ferner gibt es Theater und viele interessante Museen. 1978 wurde die Altstadt von Krakau in die Liste des Weltkulturerbes der UNESCO aufgenommen.

Im Jahre 2000 wird Krakau eine der Kulturstädte Europas sein. Doch auch in anderen Jahren ist der 'Kulturkalender' der polnischen Stadt prall gefüllt. Für Unterhaltung sorgen z.B. auf dem Hauptmarkt sowie den angrenzenden Straßen Pantomimen, Straßenmusiker und Theatergruppen.

Wirtschaft

Krakau, nach Einwohnern die drittgrößte Stadt Polens, ist ein modernes Industriezentrum (Metallverarbeitung, Elektrotechnik, Maschinenbau, Tabak-, Lebensmittel- und pharmazeutische Industrie). Seit 1954 ist auf dem Gelände von Nowa Huta (Neue Hütte) bei Krakau ein Stahlkombinat in Betrieb. Wenn Polen der EU beitreten will, muß in Nowa Huta die Kapazität

Wirtschaft (Fortsetzung)

verringert werden; die Kombinate in Polen dürfen keine Subventionen mehr bekommen. Die Verantwortlichen hoffen daher auf einen finanzkräftign Investor aus dem Ausland.

Geschichte

Erstmals erwähnt wird Krakau etwa 965/966 von Ibrahim Ibn Jakub, einem Kaufmann aus dem spanischen Cordoba. Um das Jahr 1000 wurde hier ein Bistum gegründet, das der Metropole in Gniezno (Gnesen) unterstellt war; damals entstand auf dem Wawel-Berg die erste Kathedrale. Ab Mitte des 11. Jh.s, unter Fürst Kazimierz Odniwiciel (der Erneuerer), war Krakau politisches Zentrum des Landes. Im Jahre 1257 erhielt der Ort das Magdeburger Stadtrecht, der nun nach westeuropäischem Vorbild verändert wurde: mit zentralem Marktplatz, rechtwinklig sich schneidenden Straßen und einer Stadtbefestigung.
Nach etwa 200 Jahren territorialer Zersplitterung vereinte Władysław Łokietek (Ellenlang) die Teilfürstentümer zum polnischen Staat; seine Krönung in der Kathedrale auf dem Wawel 1320 machte Krakau zur offiziellen Hauptstadt des Landes. Łokietek war der erste polnische König, der auf dem Wawel beigesetzt wurde (1333).
Besonders großartig entwickelte sich Krakau 1333–1370 unter König Kazimierz Wielki (dem Großen). Mit fast ganz Europa bestanden Handelsbeziehungen. 1364 rief Kazimierz Wielki die erste Hochschule Polens, die Akademia Krakowska, ins Leben, nach der Prager Universität die zweite in Mitteleuropa; damals rief Kazimierz mehrere europäische Monarchen in Krakau zu einem Fürstentag zusammen (die in dem noch bestehenden Haus zum 'Wierzynek' am Ring untergebracht wurden): den deutschen Kaiser Karl IV., den dänischen König Waldemar IV., den König von Zypern Peter und den ungarischen König Ludwig.
Zu Beginn der Jagiellonen-Dynastie standen Architektur und bildende Kunst in hoher Blüte. Władysław Jagiełło machte Krakau zur Hauptstadt eines großen Staates, der außer den alten polnischen Gebieten auch große Teile Litauens und Rutheniens umfaßte, und reorganisierte die 1364 gegründete Universität von Krakau, die Studenten und Gelehrte aus ganz Europa anzog. In den Jahren 1491–1494 studierte Nikolaus Kopernikus in Krakau. 1477–1496 arbeitete hier (mit Unterbrechungen) Veit Stoß aus Nürnberg, einer der bedeutendsten Bildhauer des Spätmittelalters. Ende des 15. Jh.s entstand in Kazimierz eine jüdische Stadt, die jahrhundertelang für ihre Kultur berühmt war.
Das 'Goldene Zeitalter' der Stadt waren die Jahre 1506–1572, die Zeit der letzten Jagiellonen Zygmunt I. Stary (der Alte) und dessen Sohn Zygmunt August. 1558 wurde eine regelmäßige Postlinie Krakau–Venedig eingerichtet. Zygmunt I. baute das Königsschloß auf dem Wawel zu einer modernen Residenz um; neben der Kathedrale errichtete er für seine Familie eine Grabkapelle, eine Perle der Renaissance nördlich der Alpen. In den Jahren 1596–1611 residierte Zygmunt III. in Warschau, das den litauischen Reichsteilen näher lag; Krakau blieb aber Krönungsstadt und Grablege der polnischen Könige. Im Dreißigjährigen Krieg Zerstörung der Stadt, wirtschaftlicher und kultureller Niedergang. 1791 wurden Krakau mehrere Orte angegliedert, u. a. Kazimierz und Kleparz.
Im Jahr 1794, nach der zweiten Teilung Polens, rief Tadeusz Kościuszko auf dem Krakauer Marktplatz zum Aufstand auf, der jedoch keinen Erfolg hatte. 1795, in der Dritten Polnischen Teilung, fiel Krakau an Österreich. Der Wawel wurde zu einer Kaserne umgebaut, die meisten der alten Wehrbasteien abgerissen. Bis 1918 blieb die Stadt mit Unterbrechung (1809–1846) unter der Herrschaft der Habsburger. Besonders in den letzten 50 Jahren der Zugehörigkeit zu Österreich entwickelte sich Krakau zum Zentrum von Wissenschaft und Kultur. Im Jahre 1872 entstand die Akademia Umiejętności (Akademie der Wissenschaften), 1900 die Akademia Sztuk Pięknych (Akademie der Schönen Künste).
Krakau war die erste polnische Stadt, in der nach dem Ersten Weltkrieg die Fremdherrschaft aufgehoben wurde. Wissenschaft und Industrie nahmen einen stürmischen Aufschwung. Anfang September 1939 wurde Krakau Verwaltungssitz des nationalsozialistischen 'Generalgouvernements'; auf

Der Wawel-Hügel an der Weichsel

Geschichte (Fortsetzung)

dem Wawel residierte der Generalgouverneur Hans Frank. Die Eliminierung der polnischen Intelligenz traf Krakau besonders; im November 1939 wurden 183 Wissenschaftler deportiert. Kurz vor Kriegsende wollten die Nationalsozialisten die Stadt sprengen, doch es kam nicht mehr dazu: Krakau ging aus dem Zweiten Weltkrieg fast unbeschädigt hervor.

Veranstaltungen

Internationales Kurzfilm-Festival (Ende Mai/Anfang Juni)
Krakauer Tage (Dni Krakowa, Juni): Theater, Konzerte, Ausstellungen, Unterhaltung; dazu die 'Juvenalia', ein einwöchiges Fest der Krakauer Studenten mit alter Tradition (Tanz, Markt, Straßentheater)
Internationale Grafik-Biennale
Gesamtpolnische Volkskunstmesse (September)
Krippenwettbewerb (1. Donnerstag im Dezember): Präsentation der berühmten Krakauer Krippen auf dem Marktplatz; anschließend (bis Ende Januar) Ausstellung im Historischen Museum.

Museen

Wawel-Museen

Die Museen auf dem Wawel sind auf den Seiten 254 und 256 beschrieben.

** Nationalmuseum

Das Muzeum Narodowe verfügt über mehrere Abteilungen in verschiedenen Gebäuden:
Galerie polnischer Malerei und Plastik des 19. Jh.s (Tuchhallen am Marktplatz/Sukiennice, Rynek Główny): Historische Bilder, Landschaftsmalerei, Genreszenen polnischer Maler des 19. Jh.s wie Jan Matejko ("Kościuszko bei Racławice"), Jacek Malczewski, Józef Chełmoński, Władysław Podkowiński, Henryk Siemiradzki.
Jan-Matejko-Haus (Dom Jana Matejki; ul. Floriańska 41): Erinnerungsstücke des berühmten polnischen Historienmalers, Skizzen und Zeichnungen, ferner alte Trachten, Militaria und Kunsthandwerk aus den Sammlun-

Nationalmuseum (Fortsetzung)

gen des Künstlers. Das Museum ist im Geburtshaus Matejkos untergebracht, in dem er auch viele Jahre wohnte.
Szołajski-Museum (Kamienica Szołajskich/Szołajski-Haus, pl. Szczepański 9): Polnische Kunst das 14.–19. Jh.s; wertvolle mittelalterliche Sakralkunst (bedeutendstes Stück: Madonna aus Krużlowa von etwa 1400).
Galerie polnischer Kunst des 20. Jh.s (Nowy Gmach/Neues Gebäude, al. 3 Maja 1): Werke polnischer Malerei und Bildhauerei von 1890 bis zur Gegenwart.
Czartoryski-Sammlungen (ul. św. Jana 19): Militaria und Kunsthandwerk, Erinnerungsstücke an berühmte Persönlichkeiten; Antiken aus Ägypten, Griechenland und Rom; Galerie europäischer Malerei (wertvollste Stücke: "Dame mit Wiesel" von Leonardo da Vinci und "Landschaft mit Barmherzigem Samariter" von Rembrandt).

*Historisches Museum der Stadt Krakau

Das Muzeum Historyczne Miasta Krakowa hat folgende Abteilungen:
Palais Krzysztofory (Rynek Główny 35): Geschichte und Kultur Krakaus (u. a. erstes bekannte Panorama der Stadt, aus Hartmann Schedels 'Weltchronik', erschienen 1493 in Nürnberg).
Alte Synagoge/Judaistisches Museum (Kazimierz, ul. Szeroka 24): Geschichte und Kultur der Krakauer Juden; Judenverfolgung im Zweiten Weltkrieg.

Archäologisches Museum

Muzeum Archeologiczne (ul. Poselska 3): Frühgeschichte und Mittelalter in Kleinpolen (Małopolska) sowie im heutigen Stadtgebiet von Krakau (Steinzeit bis frühes Mittelalter); Kultur des Alten Ägypten (u. a. Mumien).

Volkskundliches Museum

Das Muzeum Etnograficzne (pl. Wolnica 1) ist das älteste Museum dieser Art in Polen. Sammlungen zu Lebensweise und Kultur vor allem der Krakauer Bevölkerung. Die Sammlung von Volkstrachten ist die reichhaltigste in Polen.

Naturkundemuseum der Akademie der Wissenschaften

Das Muzeum Przyrodyczne Polskiej Akademii Nauk (ul. Sławkowska 17) dokumentiert die heutigen Tierwelt des Landes und die Fauna der Eiszeit. Das interessanteste Stück ist das weltweit einzige Exemplar des ausgestorbenen Wollnashorns.

Museum der Jagiellonen-Universität

Das Muzeum Universytetu Jagiellońskiego (ul. Jagiellońska 15) ist in den schönen Räumen des ältesten Universitätsgebäudes, des Collegium Maius, untergebracht: Geschichte der Hochschule, alte Forschungsapparate, Rektorenszepter, Siegel, Porträts von Königen, Mäzenen, Rektoren und bekannten Professoren. Wertvoller Uhrenglobus von etwa 1510, auf dem zum ersten Mal Amerika eingezeichnet ist, sowie astronomische Instrumente aus dem Mittelalter (u. a. ein arabisches Astrolabium, 11. Jh.) und Fernrohre.

Luft- und Raumfahrtmuseum

Muzeum Lotnictwa i Astronautyki auf dem Gelände des alten Flughafens in Czyżyny (ul. Planu 6 letniego 17), geöffnet von Mai bis Oktober: Flugzeuge, Hubschrauber, Flugmotoren, Flugzeuge aus dem Zweiten Weltkrieg (ein Exemplar der Spitfire, des berühmten englischen Jagdflugzeugs), ferner Experimentalraketen aus polnischer und ausländischer Produktion.

Sehenswertes

Jan-Matejko-Platz · Plac Jana Matejki

Königsweg

Am Jan-Matejko-Platz am nördlichen Rand der Altstadt begann vor Jahrhunderten der Königsweg (Droga Królewska); von hier begaben sich die Gefolgsleute des Königs zur Krönung oder zu einer Beisetzung. Der Platz ist Teil des Marktes der alten Stadt Kleparz, die 1791 an Krakau angeschlossen wurde.

Częstochowa

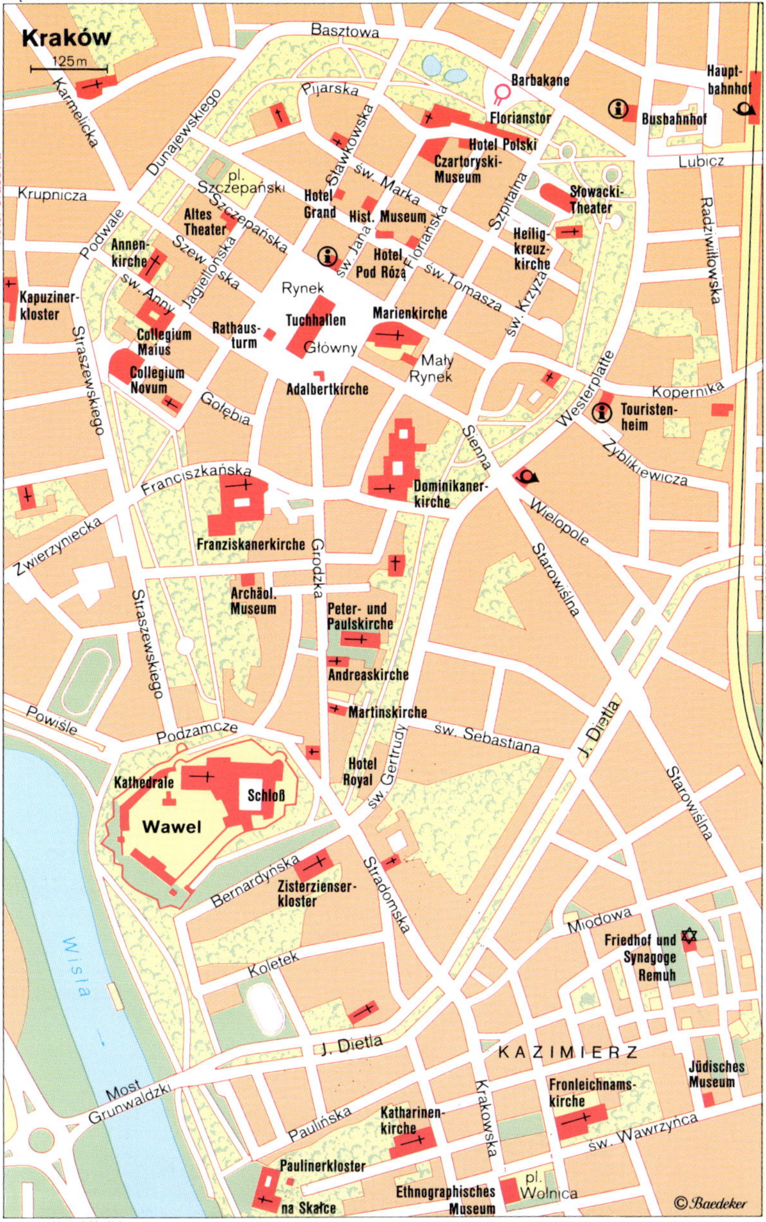

Hotel Cracovia

Hotel Forum

Hotel Holiday

Cieszyn

Tannenberg-Denkmal

Das Denkmal (von Antoni Wiwulski) wurde 1910 zum 500. Jahrestag des Sieges (1410) der polnisch-litauischen Truppen über den Deutschen Orden in der Schlacht bei Grunwald (Tannenberg) enthüllt; gestiftet hat es der Pianist, Komponist und spätere polnische Ministerpräsident Ignacy Paderewski. Das Denkmal wurde im Zweiten Weltkrieg zerstört, das jetzige ist eine Rekonstruktion. Unter König Władysław Jagiełło steht der litauische Großfürst Witold, zu dessen Füßen der tote Großmeister den Deutschen Ordens, Ulrich von Jungingen, liegt. Das Denkmal bildet eine Einheit mit dem Grab des Unbekannten Soldaten.

*Altstadt · Stare Miasto

Stadtmauern

Die Befestigungsanlagen entstanden ab dem Ende des 13. Jh.s; im 18. Jh. waren es sieben Tore und 47 Basteien. Anfang des 19. Jh.s wurde ein Großteil der zerfallenden Mauern abgerissen, nur ihr nördlicher Teil mit drei Basteien, der Barbakane und dem Florianstor (Brama Floriańska) blieb erhalten.

*Barbakane

Der runde gotische Wehrturm aus dem ausgehenden 15. Jh. ist das am weitesten nach Norden vorgeschobene Befestigungselement der Stadt. Einst verband ein schmaler 'Hals', der in der ersten Hälfte des 19. Jh.s abgerissen wurde, die Barbakane mit dem Florianstor.

*Florianstor

Das Brama Floriańska, eines der ältesten Stadttore, entstand Anfang des 14. Jh.s. Zusammen mit der Barbakane bildete es das Repräsentationstor, durch das das Gefolge der Könige und die Gesandten in die Stadt einzogen. Auf der Seite der Barbakane ist das Tor mit einem Wappenschild aus dem 19. Jh. (Adler der Piasten), auf der anderen Seite mit einer barocken Skulptur des hl. Florian aus dem 17. Jh. geschmückt.

Planty

Der große Park, ein Grüngürtel um die Altstadt – etwa 3 km lang und 20 ha groß – mit zahlreichen Denkmälern (vorwiegend aus dem späten 19. Jh.) ist bei Einheimischen wie bei Urlaubern ein beliebter Spazierweg. Er wurde Mitte des 19. Jh.s an der Stelle der abgerissenen Wehrmauern und aufgefüllten Gräben angelegt.

Słowacki-Theater

Das Teatr im. Juliusza Słowackiego am pl. Św. Ducha (Heilig-Geist-Platz, unweit des Florianstors) wurde 1891–1893 nach dem Vorbild der Pariser Oper gebaut. Das monumentale Innere schmückt ein bemalter Vorhang (1894), der heute nur während langer Pausen in den Vorstellungen heruntergelassen wird, ein Werk des bekannten polnischen Malers Henryk Siemiradzki (1843–1902).

Ulica Floriańska (Floriansgasse)

Der Name der ul. Floriańska stammt noch aus dem Mittelalter. In der Gasse interessante Bürgerhäuser mit schmuckvollen Fassaden und prächtigen Portalen (z. B. Nr. 5: Mutter Gottes mit dem Jesuskind, ein Meisterwerk der Krakauer Frührenaissance). Im Haus Nr. 45 das Cafe 'Jana Michalika'; in diesem Lokal versammelten sich Anfang des 20. Jh.s Journalisten, Literaten und Künstler, hier spielte das literarische Kabarett 'Zielony balonik' (Der grüne Ballon). An diese Zeiten erinnern das original ausgestattete Innere wie auch die Puppen des Puppenkabaretts, das einst hier auftrat.

*Rynek Główny (Hauptmarkt)

Der Markt, einer der größten mittelalterlichen Plätze Europas, bildet das Herz der Stadt. Im Jahre 1257 als Quadrat mit 4 ha Grundfläche abgesteckt, hat er bis heute seine authentische architektonische Anlage behalten. Auf ihn münden elf Straßen, sieben von ihnen mit Toren. Viele Jahrhunderte lang war der Rynek Zentrum des öffentlichen Lebens, des Handels, der Religion, der Wirtschaft und der Verwaltung der Stadt sowie Ort der Gerichtsbarkeit. Hier wurden staatliche Festlichkeiten abgehalten, an die eine Tafel, in das Pflaster eingemauert, erinnert. 1525 leistete hier Fürst Albrecht von Hohenzollern König Zygmunt I. Stary den Treueschwur.

Rynek Główny (Fortsetzung)

Über die Persönlichkeiten, die in den historischen Wohnhäusern zu Gast waren, berichten Tafeln (z. B. Nr. 36, in dem Goethe wohnte). Das Haus Nr. 16, in dem sich heute das Restaurant 'Wierzynek' befindet, war einst Eigentum von Mikołaj Wierzynek, der 1364 Königen und Fürsten in seinem Haus einen prunkvollen Empfang bereitete.

* Tuchhallen

Die Sukiennice stehen in der Mitte des Rynek. Die Markthallen aus der Mitte des 13. Jh.s wurden vor allem nach dem Brand 1555 (Attiken aus der Spätrenaissance) und in den Jahren 1875–1879 umgebaut (neugotische Arkaden entlang des Gebäudetrakts). Heute befinden sich im Parterre kleine Läden mit Andenken und Kunsthandwerk sowie Cafés. Im 1. Stock ist die Galerie Polnischer Malerei und Plastik des 18. und 19 Jh.s untergebracht, eine Abteilung des Polnischen Nationalmuseums (s. S. 243).

Denkmal für Adam Mickiewicz

Das Denkmal wurde 1898 auf dem Rynek enthüllt. Während des Zweiten Weltkriegs zerstört, kehrte es 1955 restauriert auf seinen Platz zurück. Adam Mickiewicz (1798–1855) war einer der bedeutendsten polnischen Schriftsteller. Auf den Stufen Figuren, die Vaterland, Dichtung und Wissenschaft symbolisieren.

Adalbertkirche

Die Kościół św. Wojciecha steht nahe beim Mickiewicz-Denkmal. Die Mauern aus Kalksteinblöcken und das Portal zur ul. Grodzka hin sind Reste eines romanischen Gebäudes aus dem 12. Jh., die höheren Partien der Wände und die ovale Kuppel stammen aus dem 17. Jahrhundert. Die 1990 restaurierte Kirche ist barock ausgestattet, u. a. Mutter Gottes mit dem Jesuskind (17. Jh.) im Hauptaltar.

** **Marienkirche**

Die Kościół Mariacki, auch Maria-Himmelfahrt-Basilika (Basylika pod wezwaniem Wniebowzięcia Najświętszej Marii Panny) genannt, ist ein Baudenkmal von hohem Rang. Vom höheren Turm mit schlankem spätgotischem Helm wird jede Stunde der 'Hejnał Mariacki', ein Trompetensignal,

Tuchhallen mit Marienkirche

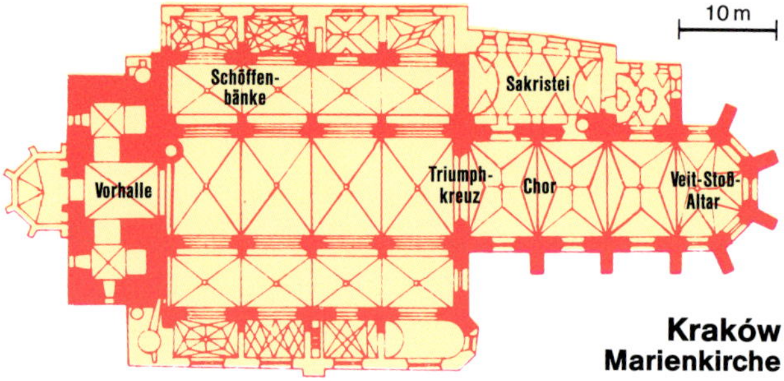

Kraków
Marienkirche

Marienkirche (Fortsetzung)

geblasen (zu Mittag im Rundfunk übertragen). Das Signal bricht jäh ab, in Erinnerung an den legendären Tod des Wächters, der von einem tatarischen Pfeil getroffen wurde, als er Alarm blies. Der niedrigere Turm mit einem Turmhelm aus der Spätrenaissance fungiert als Glockenturm. Chor und Schiff der Kirche stammen aus dem 14. Jh.; im 15. Jh. wurden Seitenkapellen angebaut und Mitte des 18. Jh.s eine spätbarocke Vorhalle, durch die man die Kirche betritt.

** Veit-Stoß-Altar

Foto S. 76

Im ältesten Teil der Kirche, dem Chor (14. Jh.), steht der berühmte Veit-Stoß-Altar, ein Meisterwerk des späten Mittelalters. Der mehrflügelige Altar (13 x 11 m) aus Lindenholz wurde 1477–1489 von Veit Stoß (1447 bis 1533; poln. Wit Stwosz) geschaffen, der vermutlich aus Horb am Neckar stammte. Die bis 2,9 m hohen Skulpturen im mittleren Teil stellen den Tod Mariens dar, die Felder der Seitenflügel Szenen aus dem Leben Marias und Jesu. Im Altaraufsatz ist die Krönung Mariens zu erkennen. Während des Zweiten Weltkriegs wurde der Marienaltar, den man in Kisten verpackt nach Sandomierz ausgelagert hatte, von deutschen Besatzungstruppen als Kriegsbeute mitgenommen. 1946 wurde er in Nürnberg aufgefunden und nach gründlicher Restaurierung 1957 an seinen früheren Platz in Krakau zurückgebracht.

Weitere Innenausstattung

In der Kirche befindet sich noch eine weitere Skulptur von Veit Stoß, ein steinernes Kruzifix (1491) in einem barocken Altar des südlichen Seitenschiffs. Daneben steht der Altar des hl. Sakraments (Ciborium, Renaissance). Das Werk aus Marmor und Alabaster stammt von dem italienischen Architekten Gian Maria Padovano. Die übrige Innenausstattung ist meist barock. Die Wandgemälde aus den Jahren 1889–1891 wurden von Jan Matejko entworfen und von seinen Schülern ausgeführt. Darüber hinaus eine Reihe von Epitaphen für Krakauer Bürger, von denen einige aus Sandstein und Marmor prachtvoll gestaltet sind.

Rathausturm

Der Turm ist ein Überrest des mittelalterlichen Rathauses, eines gotischen Gebäudes, das Anfang des 19. Jh.s abgerissen wurde. Der barocke Turmhelm stammt aus der Zeit der Restaurierung nach einem Brand Ende des 17. Jahrhunderts. Heute ist in dem Turm ein Museum untergebracht mit einer Sammlung alter Dokumente, Waffen und Erinnerungsstücke an wichtige Persönlichkeiten der Stadt. Das Museum ist in den Sommermonaten geöffnet.

* Collegium Maius

Dieses älteste noch erhaltene Gebäude der alten Universität (ul. Jagiellońska), um einen Arkadenhof gruppiert, entstand Ende des 15. Jh.s als Unterrichtsgebäude und Wohnhaus für die Professoren. In den Sälen finden Vorlesungen statt, in der früheren Bibliothek tagt der Senat, die Aula wird für akademische Feiern genutzt. Im Gebäude ist das Universitätsmuseum untergebracht (Muzeum Uniwersytetu Jagiellońskiego; s. S. 244).

Collegium Maius

Die Kościół akademicki św. Anny, eines der schönsten Baudenkmäler in Krakau, steht in der vom Rynek ausgehenden ul. Św. Anny. Sie entstand in den Jahren 1689–1703 mit Unterstützung von König Jan III. Sobieski, der Schüler der Akademie gewesen war, als Universitätskirche. Der Bau wurde von Tylman van Gameren entworfen, einem niederländischen Architekten, der 1666–1706 in Polen tätig war und sich an Kirchen in Rom orientierte; der weite barocke Raum wird von herrlichem Stuck des italienischen Künstlers Baldassare Fontana und Fresken des schwedischen Malers Karl Dankwart geschmückt.

** St.-Anna-Kirche

Die spätbarocke Ausstattung stammt aus dem 18. Jahrhundert; im Hauptaltar ein Bild der hl. Anna von Jerzy Eleuter Siemiginowski, dem Hofmaler Jan Sobieskis, im rechten Schiff ein interessant gestaltetes Grabmal des hl. Jan, geschaffen von Kęty, einem Professor der Akademia Krakowska. Den Sarg mit den sterblichen Resten des Heiligen (1390–1472) stützen allegorische Figuren, die die Fakultäten der Lehranstalt symbolisieren. Beachtenwert ist auch das Denkmal für Nikolaus Kopernikus, einem Absolventen der Akademie.

* Dominikanerkirche

Der mächtige Baukörper der gotischen Kościół Dominikanów (2. Hälfte 14. Jh.) steht südöstlich des Markts am pl. Dominikański. In der Vorhalle ist ein gotisches Portal (14. Jh.) erhalten. Die Innenausstattung ist neugotisch und wurde nach einem Brand 1850 fertiggestellt. Im Chor befindet sich eine bronzene Grabplatte, die in Nürnberg nach einem Entwurf von Veit Stoß gegossen wurde. Sie stellt den Italiener Filippo Buonaccorsi, genannt Kallimach (1437–1496), dar, einen Dichter, Historiker und Diplomaten, der ab 1470 Berater des polnischen Königs Kazimierz Jagiellończk und Erzieher der Königssöhne war. Rechts ist an die Kirche die Myszkowski-Kapelle angebaut (17. Jh.), die sich an der Zygmunt-Kapelle der Kathedrale auf dem Wawel orientiert. Unter der Kuppel Büsten von 16 Mitgliedern der Stifterfamilie. Ein Durchgang führt in die Kapelle der Muttergottes mit Rosenkranz (Kaplica Matki Boskiej Różańcowej); beachtenswert ein Bild aus

Dominikanerkirche (Fortsetzung)

dem 16. Jh., eine Kopie der Maria Schnee in der Basilika Santa Maria Maggiore in Rom.
Zu der Kirche gehört ein großer Kreuzgang, dessen Wände mit Grabplatten aus dem 16.–18. Jh. bedeckt sind. Erhalten ist hier auch ein Fragment einer spätromanischen Wand vom ältesten Kirchenbau (13. Jh.).

* Franziskanerkirche

Die Kościół Franciszkanów wurde Mitte des 13. Jh.s von Fürst Bolesław Wstydliwy (dem Schüchternen) gestiftet. Seine sterblichen Reste befinden sich heute in der Kapelle der seligen Salomea (Kaplica bogosłowionej Salomei), der Schwester des Fürsten, im Querschiff. Die im 15. J.h umgebaute Kirche brannte 1850 fast völlig aus und erhielt nach der Restaurierung eine neugotische Innenausstattung.
Ergänzt wurde die Innenausstattung durch Jugendstil-Wandmalerei in Chor und Querschiff sowie Glasfenster, Arbeiten des berühmten Malers, Dichters und Dramatikers Stanisław Wyspiański. Die Bemalung zeigt u. a. für eine Kirche untypische Blumenmotive. Die großen Bilder im Hauptschiff und im Chor (Szenen aus der Geschichte des Franziskanerorden) haben andere Maler dieser Epoche geschaffen. Zum Hauptschiff gehört die Mater-Dolorosa-Kapelle (Kaplica Matki Boskiej Bolesnej); in dieser ist ein wundervolles spätgotisches Bild der Schmerzensmutter (ca. 1510) zu sehen.
Im Kreuzgang des Klosters Porträts der Krakauer Bischöfe, die einen Überblick über die Malerei vom 15. Jh. bis in die Gegenwart geben. Wände und Decken des Kreuzgangs sind mit Wandmalerei (15. Jh.) geschmückt.

Bischofspalast

Der Pałac Biskupi (gegenüber der Franziskanerkirche, ul. Franciszkańska 3) ist die Residenz der Krakauer Bischöfe. In dem Palast wohnte von 1964 bis 1978 Karol Wojtyła, heute Papst Johannes Paul II. Im Innenhof ein kleines Denkmal des Papstes, das 1980 enthüllt wurde.

** Pfarrkirche St. Peter und Paul

Die Kościół św. św. Piotra i Pawła ist die erste Barockkirche in Krakau und wurde 1605–1619 von Giovanni Trevano nach dem Vorbild der römischen Kirche Il Gesù erbaut. Der Platz vor der Kirche ist von der Straße durch Steinfiguren der zwölf Apostel abgetrennt, Kopien von Skulpturen aus dem 18. Jahrhundert. Die Stuckdekoration stammt von Gian Battista Falconi; das Bild im Hauptaltar (18. Jh.) zeigt die Übergabe der Schlüssel an Petrus (19. Jh.). In der Krypta unter dem Chor ruht der Priester Piotr Skarga (1536–1612), Jesuit und Hofprediger des polnischen Königs Zygmunt III. Ein Marmordenkmal für Skarga (19. Jh.) befindet sich im Hauptschiff.

Wyspiański-Museum

Gegenüber der Kirche jenseits des kleinen pl. Wita Stwosza befindet sich in dem Bürgerhaus an der ul. Kanonicza 9 ein Museum für Stanisław Wyspiański (1869–1907), den hervorragenden und originellen Künstler, der Dichter, Dramatiker, Maler, Zeichner und Bühnenbildner zugleich war.

* Andreaskirche

Die Kościół św. Andrzeja ist mit der Peter-und-Paul-Kirche durch eine gemeinsame Einfriedung aus dem 18. Jh. verbunden. Die Andreaskirche ist die älteste Kirche Krakaus, die ohne Unterbrechung benützt wird, und zugleich eines der am besten erhaltenen romanischen Baudenkmäler in Polen. Die strenge romanische Fassade weist zwei Türme auf, deren Helme von 1639 stammen. Der Bau dauerte von 1086 bis zum Ende des 12. Jh.s; Anfang des 14. Jh.s kam die Kirche zum Klarissinnenorden, der sie noch heute unter seiner Obhut hat. Die spätbarocke Ausstattung (17./18. Jh.) stammt von Baldassare Fontana (Stuck) und Karl Dankwart (Fresken). Die Kanzel (spätbarock, 18. Jh.), hat die Form eines Boots.

Martinskirche

Die Kościół św. Marcina (ul. Grodzka, südlich der Andreaskirche) wurde im 17. Jh. mit einer schlichten frühbarocken Fassade erbaut. Seit 1816 gehört die Kirche der ältesten evangelisch-augsburgischen Gemeinde (gegründet Mitte 16. Jh.) in Polen. Im Hauptaltar befindet sich ein Bild Christi, der dem Sturm auf dem Meer Einhalt gebietet (19. Jh.), gemalt von Henryk Siemiradzki (s. auch Słowacki-Theater).

**Wawel-Hügel · Wzgórze Wawelskie

Allgemeines

Der Wawel, der Burgberg mit Schloß und Kathedrale am südlichen Stadtrand von Krakau, war bis 1596 der Sitz der Herzöge und Könige Polens. Üblicherweise ersteigt man ihn von der ul. Kanonicza aus, entlang einer Ziegelmauer mit grauen Platten, den 'Wawelziegeln', die die Namen von Institutionen, Personen und Orten nennen, die die Erneuerung des Wawel nach dem Ersten Weltkrieg unterstützten. In einer Bastion aus dem 17. Jh. stand ab 1921 ein Denkmal des Nationalhelden Tadeusz Kościuszko; das heutige Denkmal (von 1960) ist eine Rekonstruktion des im Zweiten Weltkrieg zerstörten und wurde mit einer Stiftung Dresdner Bürger angefertigt. Vom Wawel aus bietet sich ein schöner Blick auf die Stadt, auf die neuen Stadtteile und die weitere Umgebung.

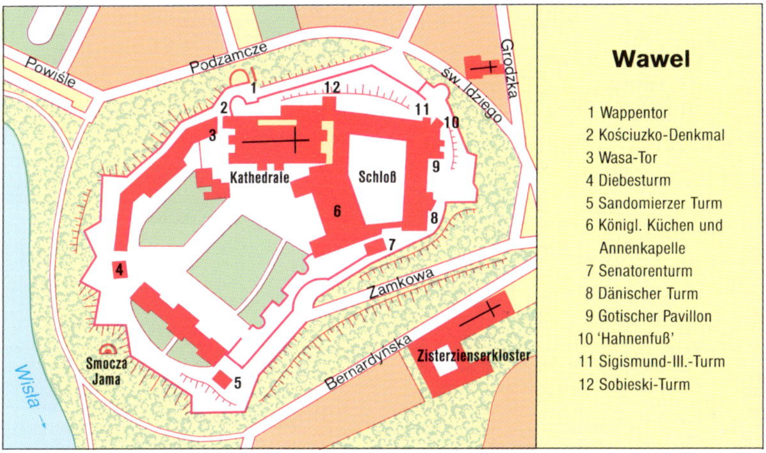

****Kathedrale Hl. Wenzel und hl. Stanislaus**

Die Kościól Katedralny św. św. Wacława i Stanisława wurde als dritte Kirche an dieser Stelle im 14. Jh. aufgrund einer Stiftung von König Władysław Łokietek (Ellenlang) erbaut. Seit seiner Regierungszeit wurden die polnischen Herrscher, mit wenigen Ausnahmen, auf dem Wawel gekrönt und beigesetzt (man zählt 37 Krönungen von Königen und Prinzen); hier legten die Könige am Grab des hl. Bischofs Stanisław Kriegstrophäen zum Dank nieder. Vom 19. Jh. an, als es keine polnischen Könige mehr gab, wurden in den Gewölben Nationalhelden und Dichter beigesetzt.

Äußeres

Die stattliche Kathedrale ist umgeben von Kapellen aus mehreren Epochen, Stiftungen von Königen und mächtigen Familien. Die prächtigste, die Sigismundkapelle (Kaplica Zygmuntowska) aus der Renaissance, ist mit einer goldenen Kuppel gekrönt. Von den drei Türmen der Kathedrale ist der Sigismundturm (Wieża Zygmuntowska) der bekannteste: In ihm befindet sich die Glocke 'Zygmunt', 1520 auf Initiative Zygmunts I. Stary (des Alten) hin gegossen, die nur an kirchlichen und nationalen Feiertagen ertönt. Zugang zur Besichtigung der Glocke in der Sakristei.

Inneres

Die Kathedrale, eine dreischiffige Basilika, besitzt einen Chorumgang und einen Kranz von gotischen und barocken Kapellen. Im Hauptschiff erhebt sich ein großer Barockaltar, das Mausoleum des hl. Stanisław (Konfesja św. Stanisława), Bischof und Schutzpatron Polens, aus den Jahren 1626 bis 1629. Der silberne Sarg mit der Reliquie des Heiligen († 1079) ist mit Reliefs verziert, die Szenen aus seinem Leben zeigen; er wurde im 17. Jh.

Kraków — Kathedrale auf dem Wawel

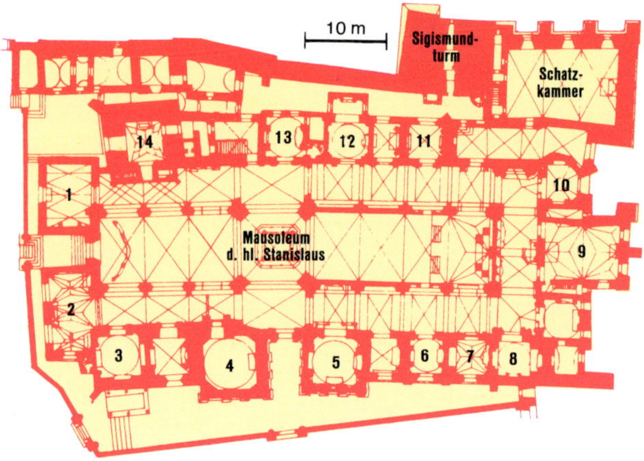

1 Dreifaltigkeitskapelle
2 Heiligkreuzkapelle
3 Potocki-Kapelle
4 Wasa-Kapelle
5 Sigismundkapelle
6 Kapelle des Bischofs Żadzik
7 Kapelle des Königs Jan Olbracht
8 Kapelle des Bischofs Tomicki
9 Marienkapelle
10 Kapelle des Bischofs Gamrat
11 Kapelle des Bischofs Zebrzydowski
12 Lipski-Kapelle
13 Kapelle des Bischofs Maciejowski
14 Czartoryski-Kapelle

Kathedrale, Inneres (Fortsetzung)

in Danzig angefertigt. Im Chor schönes Gestühl (17. Jh.) und der barocke Hauptaltar, vor dem Könige und Königinnen gekrönt wurden. Am Fuß des Altars die bronzene Grabplatte des Kardinals Fryderyk Jagiellończyk, gestiftet von seinem Bruder, König Kazimierz Jagiellończyk, und Anfang des 16. Jh.s in Nürnberg gegossen. Beachtenswert sind auch die gotischen Teile im Gewölbe des Chors.
Zwischen dem Eingang und dem Mausoleum des hl. Stanisław im Hauptschiff stehen die Sarkophage der Könige. Der gotische Sarkophag des Władysław Jagiełło, des Siegers von Grunwald (Tannenberg, 1410), stammt aus dem 15. Jh.; der (symbolische) Sarkophag von Władysław III. Warneńczyk – der König starb im Kampf gegen die Türken in Varna am Schwarzen Meer – ist in neugotischem Stil gehalten und entstand zu Beginn des 20. Jh.s. An den Wänden über den Sarkophagen Brüsseler Gobelins (17. Jh.) mit biblischen Szenen.

Kapellen

In der Heilig-Kreuz-Kapelle (Kaplica Świętokrzyska) steht der herrliche Sarkophag des Königs Kazimierz Jagiellończyk († 1492), ein Werk von Veit Stoß (Ende 15. Jh.s). Die gotischen Gewölbe und die Wände der Kapelle sind mit russischen Malereien (1470) bedeckt, die westliche und östliche Kulturelemente vereinen. Die Kunst des 15. Jh.s ist durch zwei gotische Triptychen repräsentiert. Die Einheit der gotischen Kapelle wird etwas gestört durch das mächtige Grabmal des Krakauer Bischofs Kajetan Sołtyk († 1788).
Die Kapelle der Wasa (Kaplica Wazów, 17. Jh.) ähnelt von außen der benachbarten Sigismundkapelle, im Inneren ist sie jedoch barock(von Giovanni Battista Ghisleni). Die Marmortafeln an den Wänden nennen die Wasa-Könige Zygmunt II. († 1632), seine Söhne Władysław IV. († 1648) und Jan Kazimierz († 1668).
Die schönste Kapelle der Kathedrale ist von außen an ihrer vergoldeten Kuppel zu erkennen: die Sigismundkapelle (Kaplica Zygmuntowska) aus dem 16. Jh., ein Werk des Florentiner Architekten Bartolomeo Berecci. In

Kathedrale, Kapellen (Fortsetzung)

einer Nische befindet sich das zweistöckige Grabmal der beiden letzten Könige der Jagiellonen-Dynastie, Zygmunt I. Stary (der Alte, † 1548), Stifter der Kapelle, und dessen Sohn Zygmunt August († 1572), gestaltet von Santi Gucci 1574/75. Gegenüber dem Eingang die Grabplatte der Königin Anna Jagiellonka († 1596), Tochter Zygmunts I. Der Altar der Kapelle, teilweise aus getriebenem Silber, ist ein Gemeinschaftswerk von Nürnberger Künstlern aus dem 16. Jahrhundert.
In der Kapelle des Königs Jan Olbracht befindet sich das reich ornamentierte Grabmal des 1501 verstorbenen Monarchen, eines der frühesten Werke der Renaissance in Polen.
Die Kapelle für Stefan Batory (Marienkapelle/Kaplica Mariacka) enthält ein prächtiges Grabdenkmal des Königs († 1586), gestiftet von seiner Frau Anna Jagiellonka. Gegenüber der Batory-Kapelle zwei große barocke Denkmäler von Königspaaren des 17. Jh.s; das eine – für Jan III. Sobieski († 1686) und Maria Kazimierza – ist mit Reliefdarstellungen des Sieges über die Türken bei Wien 1683 geschmückt; das zweite erinnert an den König Michał Korybut Wiśnowiecki († 1673) und seine Frau Eleonora.

Grabmäler außerhalb der Kapellen

Gotisch sind die Grabmäler von Władysław Łokietek (Ellenlang, † 1333) und seinem Sohn Kazimierz Wielki († 1370); letzteres enthält tatsächlich die Reste des Königs. Das Grabmal der Königin Jadwiga († 1399), der ersten Frau Władysław Jagiełłos, wurde 1902 aus weißem Carrara-Marmor angefertigt. In den Jahren 1949–1987 ruhten hier die Leichname der Toten, die anfänglich unter dem Hauptaltar bestattet waren. Der Apfel und das Königszepter aus Holz, die 1949 aus dem Grab geborgen wurden, sind heute in einer Vitrine zu sehen (ihre Preziosen hatte die Königin der Akademia Krakowska vermacht, daher die bescheidenen Insignien der Macht in ihrem Sarg). Die sterblichen Reste Jadwigas ruhen heute, seit dem dritten Besuch Papst Johannes Pauls II. in Polen, in einem Bronzeschrein im Altar Jesu am Kreuz (Ołtarz Pana Jezusa Ukrzyżowanego). Hier befindet sich auch das berühmte Schwarze Kruzifix, eine gotische Arbeit

Kathedrale mit Wasa- und Sigismund-Kapelle

Grabmal für Zygmunt I. und Zygmunt August

Kathedrale, Grabmäler außerhalb der Kapellen (Fortsetzung)

(14. Jh.), vor dem Königin Jadwiga der Überlieferung nach in ihrer Jugend betete. Vom Seitenschiff aus gelangt man in die kleine 'Kapelle der Nationaldichter'. In den Sarkophagen ruhen die aus Frankreich hierher überführten sterblichen Reste berühmter polnischer Dichter: Adam Mickiewicz (1789–1855), 1890 hier beigesetzt, und Juliusz Słowacki (1809–1849), 1927 beigesetzt. Gegenüber dem Eingang zur Krypta ein Relief aus Silber, das König Jan III. Sobieski 1683 bei Wien darstellt, im 19. Jh. nach einem Bild Matejkos angefertigt.
Von der Kapelle der Czartoryskis (Kaplica Czartoryskich) führt ein Zugang zu Krypten mit Königen und ihren Familien und den Kriegshelden der Nation. Tadeusz Kościuszko (1746–1817) und Fürst Józef Poniatowski (1763–1813) liegen in der romanischen Leonhard-Krypta (Krypta św. Leonarda), einem Überrest einer früheren, im 11. Jh. auf dem Wawel errichteten Kathedrale. In einer Krypta unter dem Turm der Kathedrale ist Marschall Józef Piłsudski beigesetzt (1867–1935).
Die Kapelle der Königin Sophia (Kaplica św. Trójcy; Dreifaltigkeitskapelle) unter dem Chor ist die Ruhestätte der vierten Frau von König Władysław Jagiełło († 1461). Die Malerei – Szenen aus der polnischen Geschichte – stammt aus dem 20. Jahrhundert. In der Kapelle befindet sich ferner ein Grabmal für Włodzimierz Potocki († 1812), der sich als Oberst der Napoleonischen Truppen um Krakau verdient gemacht hat. Das Grabmal wurde von dem dänischen Bildhauer Bertel Thorwaldsen angefertigt.

Museum der Kathedrale

Das Muzeum Katedralne Katedry Wawelskiej ist in Wohngebäuden aus dem 15. Jh., die zur Kathedrale gehörten, untergebracht. Gezeigt werden Objekte aus der Schatzkammer der Kathedrale, u. a. liturgische Gegenstände und Gewänder, historische Erinnerungsstücke sowie Kroninsignien. In Vitrinen Andenken an den früheren Krakauer Kardinal Wojtyła.

**** Königsschloß**

Das Schloß auf dem Wawel war über Jahrhunderte das Zentrum des politischen und kulturellen Lebens. Zunächst war er Residenz der Piasten, dann

Der Senatorensaal im Königsschloß

Königsschloß (Fortsetzung)

der Jagiellonen und schließlich der Wasa. Zuerst stand hier ein romanisches Bauwerk, seit dem 14. Jh. eine mächtige gotische Burg und schließlich vom 16. Jh. an – auf Geheiß Königs Zygmunt Stary (des Alten) – ein Schloß, das Werk der Architekten Bartolomeo Berecci, Francesco Fiorentino und Benedikt Sandomierzanin; es wurde Vorbild für zahlreiche Schlösser in Polen. Im 14. und 15. Jh. wurde das Burggelände von Ringmauern umgeben (Reste erhalten). Hinzu kamen Backsteintürme, darunter der Senatorenturm, der Sandomierzer Turm und der Diebsturm.

Schloßkomplex

Das Schloß hat einen fünfeckigen Innenhof mit Säulenarkaden, die nur an der Südwestseite durch das Gebäude der königlichen Küche unterbrochen wurden; heute finden im Hof Theatervorstellungen und Konzerte statt.
Im Obergeschoß, das der Repräsentation diente, befinden sich Säulengänge; an den Wänden ein breiter Fries im Renaissancestil (z. T. restauriert) mit Blumenranken und Bildnissen römischer Kaiser in Medaillons.
Die großen Säle besaßen reich verzierte Kassettendecken und Friese unterhalb der Decke (partiell rekonstruiert). Ende des 16. Jh.s wurde der Nordflügel des Schlosses im Barockstil umgebaut. Nach dem endgültigen Umzug König Zygmunts III. nach Warschau (17. Jh.) verödete der Wawel und belebte sich nur bei Gelegenheit einer Königskrönung oder eines Begräbnisses. Die Brandschatzung des Schlosses durch die Schweden im Jahre 1702 brachte das Ende der Königsresidenz. Die Österreicher, die das Schloß im 19. Jh. besetzten, verursachten weitere Zerstörungen; nach 1918 wurden vielfältige erhaltende Arbeiten durchgeführt.

Besichtigung

Seit 1945 ist das Schloß auf dem Wawel wieder öffentlich zugänglich (s. unten 'Staatliche Kunstsammlungen'). Der Besichtigungsweg führt durch die Säle des Parterre (einstmals für die Diener und die höfische Verwaltung vorgesehen), über die Gesandtentreppe (Klatka Poselska) in den 1. Stock (Privaträume des Königs) und zu den Repräsentationsräumen im 2. Stock.

Gesandtensaal ...

... und Detail der Kassettendecke

Schloß, Besichtigung (Fortsetzung)

Beachtenswert sind der plastische Schmuck und die Malerei aus Renaissance und Frühbarock. Der Gesandtensaal (Sala Poselska) hat eine einzigartige Kassettendecke (rekonstruiert) mit etwa 30 Köpfen; unterhalb der Decke ein schöner Fries, ein Werk Hans Dürers (Bruder Albrecht Dürers) aus dem 16. Jahrhundert. Zu den Bildern im Schloß gehört auch das Porträt eines Prinzen, des späteren polnischen Königs Władysław IV., 1634 im Atelier von Peter Paul Rubens gemalt.

**Staatliche Kunstsammlungen (Wawel 5)

Königliche Gemächer (1. und 2. Stock): Interieurs (Textilien, Möbel, Kachelöfen, Porzellan), die die Ausstattung der königlichen Gemächer in Renaissance und Frühbarock rekonstruieren. Erhalten sind originale architektonische Details: Portale, Kamine, Friese und Stuckdekoration. Besonders sehenswert sind die 'Arazzi' (nach der französischen Stadt Arras, Einzahl 'Arazzo'; italienische Bezeichnung für Bildteppiche, die im 15. und 16. Jh. in Arras, Brüssel und anderen Städten nach Entwürfen italienischer Maler gefertigt wurden) aus der Kollektion Zygmunt Augusts. Von etwa 350 Teppichen aus Brüsseler Werkstätten sind 137 erhalten geblieben.

Kronschatz (Parterre): Erinnerungsstücke polnischer Könige, wertvolle Stücke aus Gold und Silber. Ausgestellt ist auch das Schwert, das seit 1320 bei der Krönungszeremonie benutzt wurde.

Rüstkammer (Räume unter dem Kazimierzowska-Saal): Waffen aus verschiedenen Epochen, Rüstungen, mittelalterliche Henkerbeile usw.; eine Nachbildung des Banners des Deutschen Ordens, das von der Armee Władysław Jagiełłos bei Grunwald 1410 erobert wurde.

Östliche Kunst (1. und 2. Stock): Die Sammlung orientalischer Gegenstände (türkische Fahnen und Zelte, 1683 bei Wien von König Jan III. Sobieski erbeutet) kann man nur mit Erlaubnis der Direktion besichtigen.

"Der verschollene Wawel" (Parterre und Kellerräume, ehemalige königliche Küche): Besonders sehenswert ist hier eine vorromanische Rotunde aus flach behauenen Steinen (10. Jh.; teilweise rekonstruiert), die nach den Heiligen Felix und Adauctus benannt ist; beide erlitten als Christen unter dem römischen Kaiser Diokletian den Märtyrertod. Ferner informieren Modelle und Schautafeln über die Geschichte des Wawel.

Drachenhöhle (Smoczna Jama)

Die Kalksteinhöhle ist durch das Backsteintürmchen am Diebsturm (Wieża Złodziejska) im Sommer zugänglich.

Kazimierz

Stadtbild

In den Jahren 1335–1791 war das von Kazimierz Wielki (dem Großen) gegründete Kazimierz eine eigene Stadt. Der mittelalterliche Marktplatz stand dem Krakauer Hauptmarkt nur wenig nach; von ihm ist nur noch ein Teil erhalten (pl. Wolnica). Ende des 15. Jh.s brachte Jan Olbracht die jüdische Bevölkerung aus Krakau hierher und ließ ein ummauertes Ghetto anlegen. Im 19. Jh. lebten Juden in ganz Kazimierz. 1872 wurde im Haus an der ul. Szeroka 14 Helena Rubinstein geboren, die Gründerin des Kosmetikkonzerns († 1965 in New York). Bis 1939 war Kazimierz ein jüdisches Viertel mit eigener Kultur und unverwechselbarem Kolorit. All das wurde während des Zweiten Weltkriegs zerstört, als in den Jahren 1941–1943 die Nationalsozialisten fast die ganze jüdische Bevölkerung ermordeten und die Kunstdenkmäler zerstörten. Nach dem Krieg wurden die wertvollsten Objekte restauriert.

Zentrum für jüdische Kultur

Ul. Rabina Meiselsa 17. Geöffnet ist das Zentrum Mo. bis Fr. 10.00–18.00, Sa. und So. 10.00–14.00 Uhr (Tel. 012/4235587).

"The Schindler's List Tour"

1993 drehte der Regisseur Steven Spielberg in Kasimierz Szenen zu dem Film "Schindlers Liste". Jetzt wird dort eine Führung – "The Schindler's List Tour" – angeboten (alle 2 Std. ab 'Jordan Bookstore', ul. Szeroka 2).

*Alte Synagoge

Die im 15./16. Jh. erbaute Synagoge gehört zu den bedeutendsten Denkmälern sakraler jüdischer Architektur in Polen. Während des Zweiten Weltkriegs zerstörten deutsche Truppen das Gebäude. In der Nachkriegszeit wurde die Synagoge im Stil der Gotik und Renaissance des 16. Jh.s restauriert und als Museum eingerichtet (Judaistisches Museum, Muzeum Judaistyczne). Von der früheren Ausstattung ist u. a. ein Altarschrein erhalten geblieben, der zur Aufbewahrung der Thora diente. Vor der Synagoge ein Denkmal für 30 Polen, die 1943 an dieser Stelle erschossen wurden.

Synagoge Remuh

Die Synagoge (ul. Szeroka 40) wurde im Zweiten Weltkrieg zerstört und später wieder aufgebaut. Seitdem dient sie wieder als jüdisches Gotteshaus. Die Synagoge ersetzte einen Bau, der 1554 als Stiftung eines jüdischen Bankiers erbaut, 1557 abgebrannt war. Seinen Namen erhielt das Gotteshaus zu Ehren des Sohnes des Stifters, des Gelehrten, Philosophen und Rabbiners Mojżesz Isserle, genannt Remuh. Rechts vom Altarschrein steht der Sessel, auf dem Remuh nach der Überlieferung zu sitzen pflegte; eine Tafel erinnert an ihn. Beachtenswert ist auch die Kanzel.

*Friedhof Remuh

Dieser Friedhof, einer der ältesten in Europa, gehört zur Synagoge; das Grab des Rabbiners Remuh († 1572) ist Wallfahrtsstätte für orthodoxe Juden aus aller Welt. Der Friedhof wurde 1533 angelegt, doch erst später begann man hier Tote zu begraben; das älteste Grab ist das der ersten Frau des Rabbiners Remuh. Trotz der Zerstörungen im Zweiten Weltkrieg blieben Hunderte von Gräbern aus Renaissance und Barock, die von künstlerischem Wert sind, erhalten. Der Friedhof wurde 1799 geschlossen; man begrub die Toten auf einem neuen, außerhalb von Kazimierz gelegenen Friedhof.

*Fronleichnamskirche

Die Kościół Bożego Ciała, Mitte des 14. Jh.s von König Kazimierz Wielki (dem Großen) erbaut, war die Hauptpfarrkirche in Kazimierz und gehört zu den prächtigsten gotischen Bauwerken in Polen. Der mächtige Turm wird

Friedhof Remuh

Fronleichnamskirche (Fortsetzung)

von einem barocken Turmhelm (17. Jh.) bekrönt. Die barocke Ausstattung des gotischen Innenraums ist ein wertvolles Zeugnis der Krakauer Schnitzkunst des 17./18. Jh.s (besonders Chorgestühl und Hauptaltar, 2. Hälfte 17. Jh.). Die Kanzel in Form eines Boots und die übrigen Altäre stammen aus dem späten 18. Jahrhundert. In der barocken Verkündigungskapelle (Kaplica Zwiastowanie) befindet sich ein schönes Bild der Muttergottes mit dem Jesuskind (16. Jh.).

Altes Rathaus

Das Alte Rathaus (Renaissance, mit Attika) entstand durch Umbau des gotischen Rathauses nach einem Brand der Stadt 1528. Im 19. Jh. wurde der ursprünglich gotische Turmhelm verändert; das Gebäude diente als Schule. Heute ist hier das Volkskundliche Museum (Muzeum Etnograficzne) untergebracht.

Pfarrkirche St. Katharina und St. Margaretha

Die Kirche (Kościół św. Katarzyny), im 14. Jh. von König Kazimierz Wielki (dem Großen) für den aus Prag gerufenen Augustinerorden gestiftet, wurde nie ganz vollendet. Durch Erdbeben Mitte des 14. Jh.s und Ende des 18. Jh.s wurde sie schwer beschädigt, von den Österreichern in ein Warenlager verwandelt; um die Jahrhundertwende wurde sie von Grund auf restauriert und in den letzten Jahren renoviert.
Die Kirche ist ein außerordentlich interessantes Gebäude, das gotische Architektur in reinster Form präsentiert. Die prächtige Vorhalle (Anfang 15. Jh.) besitzt reichen Skulpturenschmuck. Den frühbarocken Hauptaltar stifteten die Bürger von Kazimierz (Bild der hl. Katharina, 17. Jh.); im Südschiff ein frühbarockes Grabmal (17. Jh.).
Südlich schließt sich an die Kirche ein Kreuzgang an, der mit gotischen Wandmalereien (14.–16. Jh.) geschmückt ist. Im Kreuzgang der Kapelle Maria Trost (Kaplica Matki Boskiej Pocieszenia) ist auf einem Gemälde (15./16. Jh.) die Madonna mit Heiligen dargestellt; es wird eingefaßt von 18 kleineren Bildern, die durch Spruchbänder mit lateinischer Inschrift voneinander getrennt sind.
Am Kreuzgang stehen noch zwei kleinere Kapellen: Die Dorotheenkapelle (Kaplica św. Doroty), deren Gewölbe sich auf zwei Pfeiler stützt, wird heute von den Gläubigen der griechisch-katholischen Kirche benutzt. Die Thomas-Kapelle (Kaplica św. Tomasza) dient als Sakristei. Am Gewölbe sind an drei Stellen Fragmente des Wortes KA-ZY-MI-R zu erkennen, das sich auf den Stifter der Kirche, Kazimierz Wielki, bezieht.

Paulinerkloster 'Auf dem Felsen'

Skałka ist ein unscheinbarer Kalkfelsen, der dem Gebäude, das auf ihm errichtete wurde, den Namen gab (Kościół i klasztor paulinów na Skałce). Der Ort ist mit dem Kult des hl. Bischofs Stanisław verbunden, der hier 1079 nach der Überlieferung den Märtyrertod auf sich nahm. Seit der Kanonisierung des hl. Stanisław im 13. Jh. wird Skałka von Pilgern besucht, auch von den polnischen Königen vor ihrer Krönung.
Die Barockkirche wurde im 18. Jh. von Anton Muntz aus Schlesien und Antonio Solari an der Stelle einer früheren gotischen Kirche erbaut. Zur Kirche gehört ein barockes Klostergebäude an der Nordseite. Im Innenhof befindet sich ein Teich, in dessen Mitte eine spätbarocke Statue des hl. Stanisław steht. Der Legende nach wurde der Leichnam des Heiligen in den Teich geworfen, wodurch das Wasser große Heilkraft – besonders bei Augenkrankheiten – erhielt. Zu der Kirche führt eine monumentale Doppeltreppe. Der Innenraum ist einheitlich spätbarock ausgestattet. Im Hauptaltar ein Bild des Erzengels Michael (Ende 18. Jh.); links vom Hauptaltar die Stanislauskapelle (Kaplica św. Stanisława), die an die Hinrichtung des Heiligen erinnert.
Auf der gegenüberliegenden Seite des Kirchenschiffs steht eine Büste Papst Johannes Pauls II., der sich hier bei seinem ersten Polenbesuch (1979) mit Krakauer Intellektuellen getroffen hat. In der Krypta befinden sich seit 1880 die Gräber verdienter Polen. Jan Długosz (1415–1480), bedeutender Geschichtsschreiber ("Historiae Polonicae libri XII"), wurde bei einem zweiten Begräbnis zum 400. Todestag hier beigesetzt (er hatte im 15. Jh. den Paulinerorden nach Krakau gebracht). Später kamen hinzu

Stanisław Wyspiański (1869–1907), Maler und Dichter, Henryk Siemiradzki (1843–1902), Jacek Malczewski (1854–1929), Maler, und Karol Szymanowski (1882–1937), Komponist.

Paulinerkloster (Fortsetzung)

Außerhalb des alten Krakau

Rakowicki-Friedhof

Der Cmentarz Rakowicki (ul. Rakowicka) nördlich der Altstadt ist der größte Bestattungsort in Krakau. Hier ruhen bekannte Persönlichkeiten aus Kultur und Wissenschaft wie Jan Matejko (1838–1893), berühmter Historienmaler; Helena Modrzejewska (1840–1908), eine hervorragende Schauspielerin, die auf vielen Bühnen der Welt auftrat; Wojciech Kossak (1857–1942), Maler historischer Szenen und Schlachten, als Künstler am "Panorama Racławicka" beteiligt (→ Wrocław), arbeitete in den Jahren 1894–1902 für Kaiser Wilhelm II. in Berlin. Beigesetzt sind auf dem Friedhof auch Karol Olszewski (1846–1915) und Zygmunt Wróblewski (1845 bis 1888), Professoren der Uniwersytet Jagielloński, Chemiker, die 1883 zum ersten Mal Sauerstoff und Wasserstoff in größeren Mengen verflüssigten.
Nahe dem alten Friedhof Cmentarz Rakowicki liegt auf der anderen Seite der ul. Prandoty ein Soldatenfriedhof (heute auch Gemeindefriedhof), der 1920 geschaffen wurde. Hier sind in einem Teilstück polnische, britische, deutsche und sowjetische Soldaten, die im Zweiten Weltkrieg ums Leben kamen, begraben.

Kopiec Kościuszki

Für den 34 m hohen Hügel (im Stadtteil Zwierzyniec, westlich der Altstadt) wurde 1820–1823 zu Ehren des großen polnischen Nationalhelden Tadeusz Kościuszko (1746–1817) Erde von Schlachtfeldern zusammengetragen, auf denen der General gekämpft hatte. Ein Felsblock auf dem Gipfel, von dem sich ein schöner Blick auf Krakau und Umgebung bietet, trägt die Aufschrift "Kościuszce" (Für Kościuszko). Bei dem Hügel eine mächtige Festung (19. Jh.) mit Bastionen, die heute z. T. als Hotel und Restaurant genutzt werden; am Fuß des Hügels eine neogotische Kapelle.

* Zisterzienserabtei in Nowa Huta

Im Stadtteil Nowa Huta (ul. Klasztorna), auf dem Gebiet des früheren Dorfs Mogiła, gibt es eine Zisterzienserabtei. Die Kirche entstand im 13. Jh. und hat trotz mehrfacher Umbauten ihren frühgotischen Charakter bewahrt. Die schlichte spätbarocke Fassade stammt aus dem 18. Jahrhundert. Das Hauptschiff und die Seitenschiffe wurden zu Beginn des 20. Jh.s ausgemalt; in Chor und Querschiff sowie im Kreuzgang des Klosters findet man schöne Renaissancemalereien, geschaffen von Stanisław Samostrzelnik, einem Ordensbruder und bedeutenden Maler des 16. Jahrhunderts. Im Chor ein gotisches Polyptychon von 1514; im Barockaltar (Querschiff) sieht man ein wertvolles Kruzifix aus dem 15. Jh., das schon seit dem frühen Mittelalter Ziel zahlreicher Wallfahrten ist.
Von der Kirche führt ein frühgotisches, reich verziertes Portal (13. Jh.) zum Kreuzgang des Klosters.

Auf der anderen Seite der ul. Klasztorna steht eine Kirche aus dem 15. Jh., das älteste Baudenkmal aus Holz in Krakau, im 18. Jh. umgebaut.

Kirche der Muttergottes, Königin von Polen

Die Kościół Matki Boskiej Królowej Polski in Nowa Huta, ein ansprechender zeitgenössischer Sakralbau, wurde 1967–1977 zur Tausendjahrfeier der Christianisierung Polens errichtet. In das Fundament der Kirche wurde ein Stein aus dem Grab des hl. Petrus in Rom eingemauert, ein Geschenk Papst Pauls VI. Beachtenswert sind die architektonische Gestalt der Kirche, die an die Arche erinnert, und die moderne Innenausstattung mit ausdrucksvollen Skulpturen. In den Tabernakel ist ein Stück Mondgestein eingesetzt, das amerikanische Astronauten mitgebracht haben; Papst Paul VI. schenkte es der Kirche. In der unterirdischen Kapelle erinnert die Holzskulptur "Polnische Pieta" an das Leiden des polnischen Volks im Zweiten Weltkrieg. Die Außenwand der Kirche ist mit zwei Millionen Steinen aus polnischen Gebirgsflüssen besetzt.

Kloster Tyniec an der Weichsel

Benediktinerkloster in Tyniec

Das Kloster steht – südwestlich des Stadtgebiets – auf einem steilen Kalkfelsen an der Weichsel. Es wurde im 11. Jh. aufgrund einer Stiftung des polnischen Königs Bolesław Śmiały (des Tapferen) errichtet; heute wirkt die Anlage barock, romanische und gotische Überreste erinnern an die Entstehungszeit.
Die Kirche mit ihren beiden Türmen wurde im 17. Jh. grundlegend umgebaut. Die Innenausstattung ist spätbarock (18. Jh.). Beachtenswert sind die Kanzel in der Form eines Schiffes und der Hauptaltar aus schwarzem Marmor. Im Kreuzgang des Klosters sind Fragmente und Skulpturen des ursprünglich romanischen Gebäudes zu sehen.

Umgebung von Kraków

Wieliczka

Wieliczka (17 000 Einwohner), 15 km südöstlich von Krakau im Karpatenvorland gelegen, ist bekannt durch sein Salzbergwerk, ein interessantes technisches Denkmal und eines der fünf Objekte in Polen, die auf der Liste des Welterbes der UNESCO stehen. In lateinischen Urkunden aus dem 11. Jh. erscheint Wieliczka als 'Magnum Sal' (Großes Salz); der heutige Ortsname entstand aus 'wielka sól', der polnischen Übersetzung. Seit dem Mittelalter ist die Geschichte der Stadt eng mit der der Salzgewinnung verbunden. Das Stadtrecht erhielt Wieliczka 1290.
Wieliczka verfügt über einige interessante Bauwerke. Das Schloß wurde von dem polnischen König Kazimierz Wielki (dem Großen) im 14. Jh. erbaut; eines seiner Gebäude beherbergt ein Museum zur Frühgeschichte der Gegend und zur Geschichte Wieliczkas (mit einer Sammlung von Salzstreuern). Daneben steht die gotische Bastei, ein Rest der Stadtmauern. Die klassizistische Pfarrkirche St. Clemens (św. Clemens) von 1805 ist wahrscheinlich die zweite Kirche an dieser Stelle, worauf die angebaute Barockkapelle der Familie Morsztyn von 1693, die damit älter ist als die heutige Kirche, hinweist.

*Salzbergwerk 'Wieliczka'

Seit dem Jahr 1251 wurden hier 25 Mio. m^3 Salz gewonnen. Dadurch entstanden 2040 Kammern mit 5 km^2 Fläche, die zwischen 57 und 342 m unter der Erdoberfläche liegen; Schächte und Stollen erreichen eine Länge von 350 km. Das Bergwerk ist noch immer in Betrieb, doch der Salzabbau ist weniger bedeutend als der historisch-museale Wert und die medizinische Funktion (auf 211 m Tiefe ist ein Sanatorium eingerichtet, in dem Bronchialkrankheiten und Asthma behandelt werden).
Die Mine ist 1978 von der UNESCO zum Weltkulturerbe erklärt worden. In das mit über 2000 Kammern größte historische Bauwerk der Erde dringt Sickerwasser ein, und es droht einzustürzen. Das UNESCO-Rettungsprogramm von 1996 soll das Salzbergwerk vor dem Einsturz bewahren.
Von den neun Ebenen des Bergwerks kann man die drei oberen besichtigen. Der Rundgang (Führung, Dauer 2.30 – 3 Std.) beginnt auf der ersten Ebene (64 m), wohin man über Treppen im Daniłowicz-Schacht gelangt. Dieser Schacht entstand im 17. Jh., ebenso einige der Kammern (z. B. die Komora Janowice und die Komora Spalona). Die 4,5 km lange Route führt bis 136 m Tiefe durch 20 Kammern, die oft mit Plastiken aus Salz geschmückt sind, so die Kapelle St. Anton (Kaplica św. Antoniego), deren Bildwerke im 17. Jh. von dem Bergmann Antoni Kuczkowski angefertigt wurden (stark beschädigt). Mit Skulpturen und Reliefs aus den Jahren 1896 – 1963 geschmückt ist die 50 m lange 'Kapelle der seligen Kinga', die als der schönste Teil des Bergwerks gilt (hier finden auch Konzerte statt). Einige Kammern haben eindrucksvolle hölzerne Verkleidungen und Sicherungen, z. B. die Komora Michałowice. Es gibt auch unterirdische Sole-Seen. Die Kammer Komora Warszawa ist 56 m lang und 8 m hoch; die höchste Kammer ist die Komora Stanisława Staszica mit 36 m.
Auf der dritten Ebene informiert ein Museum über Geschichte und Technik des Salzbergbaus sowie über die Geologie von Salzlagerstätten.

Ojców

Der ehemalige Kurort Ojców (330 Einwohner) liegt ca. 20 km nordwestlich von Krakau im Krakau-Tschenstochauer Jura am Flüßchen Prądnik. Hier gab es bereits im 14. Jh. eine Burg, eine von vielen zwischen Krakau und Tschenstochau, die Kleinpolen gegen Schlesien hin verteidigen sollten. Das Museum des Ojcowsky Park Narodowy (s. u.) ist im ehemaligen Kurhaus 'Pod Łokietkiem' (Zum Däumling) von 1860 untergebracht; in der Nähe das frühere Hotel 'Pod Kazimierzem' (1880), heute Post. Sehenswert sind einige Villen im Schweizer Stil, darunter die Villa 'Pod Koroną' (Zur Krone) neben dem Felsen Iglica. Von der gotischen, auf einem Felshügel gelegenen Burg sind zwei Basteien erhalten geblieben, die Baszta Wjazdowa (Torweg-Bastei) und die Baszta Kamienna (Steinerne Bastei); in der ersteren das Regionalmuseum. Am Fuß der Burg verengt sich das Flußtal des Prądnik zwischen steilen Kalkfelsen auf etwa 20 m Breite.

*Ojcowski Park Narodowy

Ojców liegt im Zentrum des 1956 gegründeten Nationalparks, mit 1590 ha der kleinste in Polen. Er umfaßt einen Teil der Täler von Prądnik und Sąspówka. Das Gelände besteht aus Jurakalk; viele Felsen haben phantastische Formen wie Tore, Keulen oder Nadeln. Es gibt etwa 220 Höhlen, die größte, die Jaskinia Łokietka (Däumlingshöhle), ist 270 m lang. In ihr mußte sich König Władysław Łokietek (Däumling oder Ellenlang) nach der Überlieferung während der Kämpfe um die Vereinigung Polens im 14. Jh. vor seinen Feinden verstecken.
In den Höhlen des Nationalparks leben zwölf Fledermausarten; am Prądnik findet man Biber, die 1985 dort ausgesetzt wurden. Von den seltenen Pflanzenarten sind vor allem die Ojców-Birke und die Zwergkirsche beachtenswert. Die Hänge der Täler sind mit schönen Laubwäldern bewachsen, in größerer Höhe mit Mischwäldern.

*Pieskowa Skala

Der Ort, bestehend aus einer Burg auf hohem Felsen und einem Dorf an dessen Fuß, liegt 10 km nordwestlich von Ojców. Die Burg entstand im 14. Jh. wie die meisten der Burgen in dieser Region, wurde aber im 16. Jh. im Renaissancestil umgebaut. Im Inneren ein Museum mit Interieurs vom Mittelalter bis ins 19. Jh.; ausgestellt sind Möbel, Skulpturen, Bilder, Gobelins,

Kraków, Umgebung (Fortsetzung)

Gegenstände aus Silber und Porzellan. In der Nähe steht der wohl berühmteste Felsen Polens mit dem treffenden Namen Maczuga Herkulesa (Herkuleskeule).

Auschwitz — → Oświęcim

Kalwaria Zebrzydowska — → Wadowice

Krosno J 7

Wojewodschaft: Podkarpackie
Höhe: 260–280 m ü. d. M.
Einwohnerzahl: 45 000

Lage und Bedeutung

Die Stadt Krosno, im äußersten Südosten Polens am Fluß Wisłok gelegen, ist wirtschaftlicher und kultureller sowie touristischer Mittelpunkt des Karpatenvorlands. Eine bedeutende Tradition hat sie als Zentrum des ältesten Erdölfördergebiets der Welt (Institut für Erdölgewinnung); dazu kommen Glas- und Metallindustrie.

Geschichte

Der befestigte Platz an den Straßen nach Ungarn und Südeuropa entstand vor dem 10. Jh.; er erhielt 1348 das Stadtrecht und zahlreiche Privilegien des Königs, u. a. das Recht, Waren aus Ungarn und Kleinrußland zu lagern, was eine Belebung der Wirtschaft zur Folge hatte. Wegen seines Wohlstands wurde Krosno einst 'Klein-Krakau' genannt; man handelte mit Wein, Vieh, Kunsthandwerk, Webwaren und Leder. Im 18. Jh. entstand eine Tuchmanufaktur. 1854 entwickelte der Apotheker Ignacy Łukasiewicz als erster eine Methode zur Öldestillation und konstruierte eine Öllampe. Es entstanden erdölverarbeitende Betriebe.

Sehenswertes

*Marktplatz

Der Marktplatz von Krosno mit prächtigen Bürgerhäusern und Laubengängen ist einer der schönsten in Polen. Das eindrucksvollste Haus, das über große Kellergewölbe verfügt, heißt Kamienica Wójtowska und beherbergt ein Restaurant.

Pfarrkirche

Die Pfarrkirche stammt von 1512. Nach der Zerstörung 1637 wurde sie wiederaufgebaut, später im Stil der Renaissance umgebaut. Sie hat drei Glocken aus dem 17. Jahrhundert. Der Barockaltar im Inneren stammt aus dem Jahr 1658.

Franziskanerkirche

Die Kirche stammt von 1380 (1407 umgebaut); im Inneren Grabmäler und eine schön gestaltete Barockkapelle der Oświęcim von 1647.

Bezirksmuseum

Im ehemaligen Bischofspalais (ul. Nowotki 16) ist neben Regionalia eine Abteilung zur Geschichte der Beleuchtung mit einer Sammlung von Öllampen interessant.

Umgebung von Krosno

Dukła

Dukła liegt 22 km südlich von Krosno nahe dem Dukła-Paß in den Niederen Beskiden (Beskid Niski), der durch die Kämpfe im Winter 1944/1945 berühmt wurde (Museum im Schloß der Familie Mniszech (17./18. Jh.). Ausflüge in die Niederen Beskiden bieten sich an.

Bóbrka

Auf dem Gelände der ältesten Erdölförderstätte der Welt, die Ignacy Łukasiewicz 1854 eröffnete, wurde mit Originalgerät ein Freilichtmuseum für Erdölförderung eingerichtet (8 km südwestlich von Krosno).

Żarnowiec

In einem Park des Orts (12 km westlich von Krosno) befindet sich ein Museum für Maria Konopnicka, eine Schriftstellerin, die in erster Linie Kinderbücher schrieb.

❊ Biecz

Die Stadt Biecz (7000 Einw.), 38 km westlich von Krosno malerisch am Ufer der Ropa gelegen, steht unter Denkmalschutz. Sie existiert seit 1023 und war ursprünglich von einer Mauer umgeben. Ab dem 13. Jh. gehörte der Ort zum Krakauer Kapitel. Biecz war immer ein wichtiges Handelszentrum; im Mittelalter war es Sitz einer berühmt-berüchtigten Schule für Henker. Zu den zahlreichen alten Bauten gehören das Rathaus (16. Jh.) mit schlankem Turm, die gotische Pfarrkirche (14. Jh.) mit reich verziertem Chorgestühl sowie Barockkirche und Kloster von 1630. In Biecz wurde 1512 der Historiker Marcin Kromer geboren (Museum an der ul. Kromera). Ferner gibt es ein Museum mit historischen und volkskundlichen Sammlungen. Die Süßwarenfabrik (Honigkuchen) kann man besichtigen.

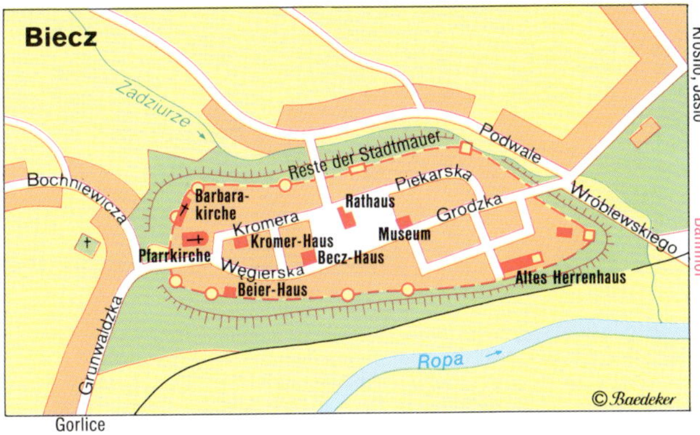

Odrzykoń

Bei Odrzykoń ca. 7 km nordwestlich von Krosno sollte man die Ruinen der gotischen Burg Kamieniec und das Felsreservat Prządki ansehen; in der Nähe die Raststätte 'U Cześnika'.

Krynica

H 7

Wojewodschaft: Małopolski
Höhe: 560–620 m ü. d. M.
Einwohnerzahl: 11 400

Lage und Bedeutung

Krynica, in den Sandezer Beskiden (Beskid Sądecki) nahe der Grenze zur Slowakischen Republik gelegen, ist eines der größten und bekanntesten polnischen Heilbäder (Alkali-Säuerlinge mit Calcium, Magnesium, Natrium und Spurenelementen). Die bekannteste Quelle ist 'Zuber' mit einem der stärksten Mineralwässer in Europa (24 g gelöste Bestandteile pro Liter). Hier werden v. a. Erkrankungen des Verdauungstrakts und der Harnwege behandelt, daneben auch Frauen-, Kreislauf- und Stoffwechselkrankheiten. Es gibt zahlreiche Mineral- und Moorbäder und Sanatorien sowie drei Trinkhallen. Krynica ist darüber hinaus ein Erholungs- und Wintersportort mit guten Schneeverhältnissen (Lifte, Rodel- und Kunsteisbahn).

Geschichte

Erstmals erwähnt wird Krynica 1547, die Heilkraft der Quellen ist seit dem 18. Jh. bekannt. Heilbad wurde der Ort jedoch erst in der zweiten Hälfte

Das Alte Kurhaus in Krynica

Krynica, Geschichte (Fortsetzung)

des 19. Jahrhunderts. In kurzer Zeit war er berühmt: 1937 kam z. B. Prinzessin Juliane hierher, die spätere Königin der Niederlande; sie stieg im Hotel 'Patria' ab, das dem weltbekannten Opernsänger Jan Kiepura gehörte. In Krynica lebte Nikifor Krynicki ('aus Krynica', 1895–1966), einer der bedeutendsten polnischen naiven Maler; er ist hier begraben.

Ortsbild

Krynica dehnt sich etwa 4 km im Tal der Kryniczanka und ihrer Nebenflüsse aus. Der Ort umgibt halbkreisförmig den Parkberg (Góra Parkowa), auf den eine Standseilbahn führt. Das Zentrum bildet die Promenade ('deptak'), eine Allee in Fortsetzung der ul. Kraszewskiego; an ihr liegen die Moorbäder (Łazienki Borowinowe), die Alten Mineralbäder (Stare Łazienki Mineralne), die Neue Heilwasser-Trinkhalle (Nowa Pijalnia Wód, 1971), das Alte Kurhaus (Stary Dom Zdrojowy, 1889) und Hotels. In diesem Viertel (am Bulwary Dietla) stehen Krynicas älteste Holzvillen, meist im Schweizer Stil gegen Ende des 19. Jh.s erbaut; bei einigen sind Einflüsse skandinavischer Architektur zu erkennen. Nahe der Talstation der Bahn auf den Góra Parkowa stehen die Pfarrkirche von 1892 und die Neuen Bäder (Nowe Łazienki, 1934).

Umgebung von Krynica

Kirchen

In den umliegenden Dörfern gibt es schöne orthodoxe Kirchen aus Holz; sie wurden vielfach zu katholischen Kirchen umgewandelt (Powroźnik, Tylicz, Krynica-wieś).

Ausflüge

Es gibt viele Möglichkeiten für Ausflüge in das Gebirge, u. a. Touren auf den Jaworzyna (1114 m; Wanderheim der PTTK unterhalb des Gipfels). Die sehenswerten Orte in den Sandezer Beskiden (wie Rytro, Piwniczna, Żegiestów) sind unter Nowy Sącz beschrieben, von dem aus Krynica auch auf einer pittoresken Bahnfahrt durch das Poprad-Tal zu erreichen ist.

Eine der russisch-orthodoxen Kirche in der Umgebung von Krynica

Kujawy · Kujawien

E/F 3/4

Wojewodschaft: Kujawsko-Pomorskie

Lage

Die historische Landschaft Kujawien (Kujawy) erstreckt sich entlang des Brda sowie zwischen Weichsel (Wisła), Goplo-See (Jezioro Gopło) und Netze (Noteć); sie gehört zu den Kernlanden des polnischen Staates.

Geschichte

Die fruchtbaren Böden und der Salzreichtum begünstigten die Besiedlung Kujawiens. Im frühen Mittelalter ist der Stamm der Goplanen nachgewiesen; 1136 erscheint der Name der Landschaft erstmals in den Urkunden. Kulturelles und politisches Zentrum des Gebiets sowie Sitz des kujawischen Bischofs war im 11. und 12. Jh. die Stadt Kruszwica (⟶ Strzelno) am Goplo-See. Ab 1233 selbständiges Fürstentum, verlor es an Bedeutung, als der Sitz des Bistums nach Włocławek und die Residenz der Fürsten nach Inowrocław verlegt wurde. Das seit 1267 in die Fürstentümer Inowrocław und Brześć-Kujawy geteilte Kujawien ging im 14. Jh. im vereinigten Königreich Polen auf.

Wirtschaft und Kultur

Der Reichtum Kujawiens bestand über Jahrhunderte in dem guten Boden und den Steinsalzlagern. Im 16. Jh. exportierten seine Bewohner große Mengen Getreide über Thorn und Danzig nach Westeuropa. Kujawien ist im Westen mit Großpolen und im Südosten mit Masowien verbunden; daher zeigt die Volkskultur Kujawiens Merkmale beider Landstriche. Die traditionelle Bauweise verschwindet, eine Volkstracht existiert praktisch nicht mehr. Aus Kujawien stammt einer der bekanntesten polnischen Volkstänze, der Kujawiak, der in ruhigem Tempo von Paaren getanzt wird.

Touristische Anziehungspunkte

Hauptsächlich interessant sind Bydgoszcz mit den Brda-Seen im Norden, die Orte des Piasten-Pfads (⟶ Strzelno) und Biskupin (⟶ Gniezno).

Kurpie J/K 3/4

Wojewodschaft: Mazowieckie

Lage und Landschaft

Das Kurpie ist eine mit Fichtenwäldern bestandene Region im nördlichen Masowien (Mazowsze); sie wird von Bug und Narew mit den Nebenflüssen Orzyc, Omulew und Orz durchflossen.

Geschichte

Der Name Kurpie stammt von den beliebten Bastschuhen, die einst hier hergestellt und getragen wurden ('kurp'). Die Bevölkerung lebte jahrhundertelang von Jagd, Teerbrennerei, Köhlerei und Fischfang; eine Besonderheit war die Zeidlerei, die Waldbienenzucht. Kurpie erfreute sich beträchtlicher Privilegien; die von Leibeigenschaft und Frondienst freien Bewohner waren direkt dem König unterstellt. Die Freiheit und die Isolation der in den Wäldern verstreuten Siedlungen hatte die Herausbildung einer besonderen Volkskultur zur Folge.

Folklore

Bis heute sind die Kurpier Meister im Scherenschnitt. Bei kirchlichen Festtagen kann man z. B. in Myszyniec oder Kadzidło bunte Trachten bewundern; zahlreich sind die Folkloreensembles. Am Palmsonntag ist ein Besuch im Dorf Łyse lohnend, wo mit meterhohen Osterpalmen konkurriert wird. Die Verkehrsämter organisieren Essen mit einheimischer Küche und Wacholderbier-Probe. Regionale Volkskultur zeigen die Museen in Łomża und Ostrołęka und das Freilichtmuseum in Nowogród (→ Łomża). Interessante Beispiele der traditionellen Bauweise sind in den Dörfern Klon, Rząśnik, Obryte, Porządzie und Długosiodło zu sehen. Kunsthandwerker, wie Ostereiermaler und Scherenschnittkünstler, arbeiten u. a. in Myszyniec und Kadzidło.

Tourismus

Die Kurpier Heide (Puszcza Kurpiowska) bietet hervorragende Möglichkeiten für Naturfreunde, Wanderer und Wassersportler. Die am Rand der Heide gelegenen Städte → Łomża, Ostrołęka, Ostrów Mazowiecka, Brok nad Bugiem, Wyszków und → Pułtusk sind gute Ausgangspunkte für Unternehmungen. Winters sind die Kuligs, Schlittenfahrten mit anschließendem Lagerfeuer, sehr beliebt.

Kwidzyn · Marienwerder F 3

Wojewodschaft: Warmińsko-Mazurskie
Höhe: 60–70 m ü. d. M.
Einwohnerzahl: 39000

Lage und Bedeutung

Kwidzyn liegt im Tal der unteren Weichsel, auf dem Gebiet des historischen Dolne Powiśle (Unteres Weichselland). Die Stadt hat sich zu einem regionalen Industrie-, Handels- und Dienstleistungszentrum entwickelt und setzt zunehmend auch auf den Fremdenverkehr.

Geschichte

Im 11./12. Jh. stand hier eine preußische Burg, das Zentrum der Provinz Pomezania (Pomesanien = altpreußischer Gau am rechten Weichselufer zwischen Grudziąz und Elbląg). Von 1233 an war die Siedlung in der Hand des Deutschen Ordens, der hier ein Schloß errichtete (1242 von den Pruzzen zerstört). Ab 1254 war die Stadt Sitz des Bischofs von Pomesanien, danach Regentschaftssitz Westpreußens. Durch das Plebiszit von 1920 verblieb Kwidzyn bis 1945 bei Deutschland.

*Burg des Domkapitels

In der ersten Hälfte des 14. Jh.s entstand über dem rechten Liwa-Ufer der Burgkomplex für das Domkapitel, eine quadratische, von Ecktürmen gefaßte Vierflügelanlage, an die sich im Westen die Kathedrale anschließt. Erhalten sind der Nord- und Westflügel der Burg (Süd- und Ostflügel wur-

Burg des pomesanischen Domkapitels

Burg (Fortsetzung)

den 1798 abgebrochen) und der mächtige Dansker (Abtritt) in Form eines freistehenden und durch einen Gang mit der Burg verbundenen Turms. Das Burgmuseum (ul. Parkowa 1) umfaßt Exponate zur Geschichte des Polentums, zur Volkskunst des Weichsellandes, zur Geschichte der Burg (u. a. mittelalterliche Folterinstrumente) sowie naturkundliche Exponate (geöffnet Di.–So. 9.00–16.00 Uhr).

Kathedrale

Eine monumentale Wehrkirche stellt die östlich an die Burg anschließende gotische Kathedrale dar, heute Pfarrkirche St. Marien (Kościół Farny N. P. Marii). Die dreischiffige Hallenkirche mit einer Krypta unter dem Chor wurde um 1330/40 begonnen und in der zweiten Jahrhunderthälfte vollendet. Das heutige Bild ist im wesentlichen das Ergebnis einer Restaurierung in den 1860er Jahren. In den Seitenschiffen sind noch Reste der gotischen Bemalung erhalten; die Wandmalereien unter der Fensterzone im Chor stammen aus der Zeit um 1500. An das nördliche Seitenschiff schließt die 1705 erbaute Kapelle für Friedrich von der Groeben mit einem prächtigen Grabmal für den ehemaligen Starosten von Kwidzyn an.

Kwidzyn **Kathedrale und Burg**

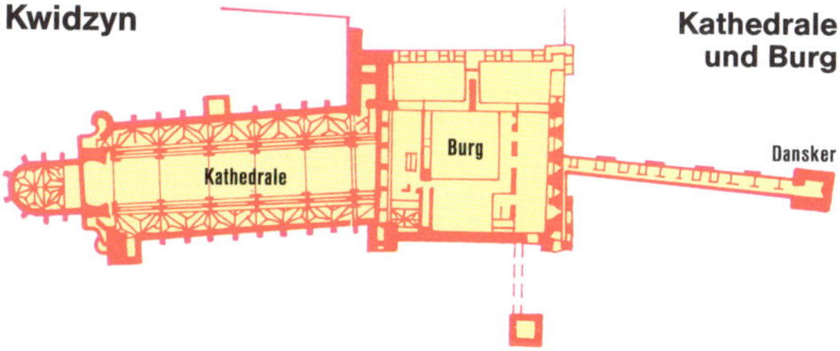

Legnica · Liegnitz D 5

Wojewodschaft: Dolnośląskie
Höhe: 113–168 m ü. d. M.
Einwohnerzahl: 88400

Lage und Bedeutung

Liegnitz, in der Mittelschlesischen Ebene (Nizina Śląska) 90 km vom Grenzübergang Görlitz–Zgorzelec entfernt gelegen, ist ein Industriestandort mit dem Schwerpunkt auf der Kupfergewinnung und -verarbeitung (Liegnitz-Glogauer Kupfergebiet/Legnicko-Głogowski Okręg Miedziowy); traditionell bedeutend ist auch die Wirkwaren- und die Lebensmittelindustrie (Liegnitzer Gurken). Liegnitz ist noch die größte Garnison der sowjetischen Armee in Polen; es wird im Volksmund 'Rußland' genannt, und die Gegenwart der Sowjets gestaltete das Leben der Stadt schwierig. Bis Ende 1993 sollen die Truppen abgezogen werden.

Geschichte

Für 1149 ist in Liegnitz eine Piastenburg bezeugt; nach der Niederlage gegen die Tataren bei Wahlstatt (s. S. 270) wurde der Ort unter deutschem Recht neu angelegt. Ab 1248 Sitz eines unabhängigen Fürstentums, das 1675 durch den Tod des letzten Fürsten aus der Piasten-Dynastie, Georg Wilhelm, an Habsburg fiel. Nach dem Ersten Schlesischen Krieg kam es 1742 zu Preußen; im 19. Jh. wurde Liegnitz nach Breslau wichtigste Stadt in Niederschlesien. Im Zweiten Weltkrieg wurde Liegnitz nur wenig beschädigt; nach dem Krieg verfiel die Innenstadt, in den 60er Jahren Abriß des nördlichen Teils der Altstadt und Wiederaufbau, einige wichtige Baudenkmäler wurden wiederhergestellt.

Sehenswertes

*Schloß

Die unter Heinrich dem Bärtigen errichtete mittelalterliche Burg wurde zu Anfang des 16. Jh.s zu einem stattlichen Renaissanceschloß ausgebaut (Wiederaufbau 1960–1970). Man betritt den Bau durch das prunkvolle Portal von Georg Amberg (1533); über dem Tor Wappen und Porträts des Erbauerpaars, Friedrich II. von Liegnitz und seine Frau Sophie von Ansbach-Hohenzollern. Links vom Eingang zum Innenhof der Turm St. Peter (Wieża św. Piotra), sein unterer zylindrischer Teil ist romanisch (Anfang 13. Jh.), der obere Teil entstand 1415. Der Südflügel des Schlosses, der frühere Palast Heinrichs, besitzt eine Fläche von 16 x 61 m. Ein Pavillon mit Flachdach beherbergt die 1964 gefundenen Reste der romanischen Schloßkapelle. In der Nähe der Uhrturm (Wieża Zegarowa; 17. Jh.). In einem zweiten Innenhof auf der Westseite der Hedwigsturm (Wieża św. Jadwigi); der untere Teil ist romanisch, der obere gotische (15. Jh.). Im Schloß sind Behörden, eine Schule und ein Archiv untergebracht.

Peter-und-Pauls-Kirche

Die Kirche an der Südseite des Marktplatzes entstand 1328–1340, im 15. Jh. wurden Kapellen dazugebaut. Ende des 19. Jh.s Neugestaltung des Äußeren im damals modischen neugotischen Stil. Das Tympanon des Nordportals mit der Anbetung der Hl. Drei Könige (flankiert von den Kirchenpatronen) stammt aus der 2. Hälfte des 14. Jh.s. Reiche Ausstattung aus dem 13.–18. Jh.: spätromanisches Bronzetaufbecken im Chor (Anfang 13. Jh.); barocker Hochaltar (1767); Sandsteinkanzel (Renaissance, 1588). In der ersten Kapelle links vom Eingang das Grabmal des Fürsten von Liegnitz und Brieg Wacław († 1369) und seiner Frau Anna.

Altes Rathaus

Das barocke Rathaus, erbaut 1737–1741, wird heute als Theater genutzt. Die reich geschmückte Fassade mit der eleganten Doppeltreppe ist eher für die Architektur eines Palasts typisch.

Heringsbuden (Kramy śledziowe)

Die Gruppe von acht Häusern auf dem Ring mit verzierten Giebeln und Lauben stammt aus dem 16. Jh. und wurde nach dem Krieg restauriert.

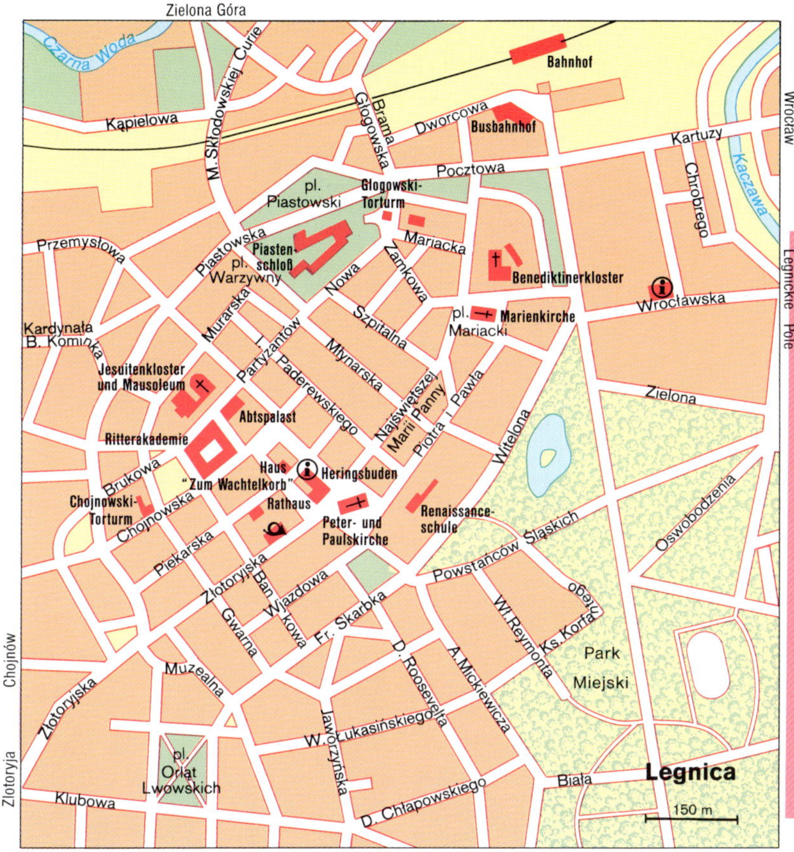

Heringsbuden (Fortsetzung)

Die Häuser Nr. 54 und 55 haben eine prächtige Dekoration, die 1934 unter dem Putz entdeckt und freigelegt wurde.

'Zum Wachtelkorb'

Das Haus Nr. 46 an der Ecke des Markts, 'Zum Wachtelkorb' (Kamienica pod przepiórczym koszem), ist ein Bürgerhaus aus der Renaissance mit herrlichem Sgraffitoschmuck (16. Jh.). Der Name rührt von dem zylindrischen Eckerker her.

Johanniskirche

Die barocke Kościół św. Jana, ein Bau des Breslauers Georg Knoll von 1714–1729, besitzt eine barocke Innenausstattung, z. T. aus anderen Kirchen. Der Chor (Backsteingotik) ist der Rest einer Franziskanerkirche aus dem 13. Jh., umgebaut und zum Mausoleum für die letzten Piasten eingerichtet 1677–1679. Die Toten werden von Alabasterskulpturen in Lebensgröße dargestellt, ein Werk des Wieners Matthias Rauchmiller.
Im anschließenden Jesuitenkollegium, gleichzeitig mit der Kirche erbaut, leben heute Franziskaner.

Abtspalast (Pałac Opatów)

Der Palast der Äbte von Leubus (Lubiąż) gegenüber der Johanneskirche (ul. Partyzantów 1) entstand 1728. Heute ist hier ein Kupfermuseum (Okrę-

Abtspalast (Fortsetzung)

gowe Muzeum Miedzi) untergebracht (Abteilung für Kupferbergbau und Verhüttung von Kupfer, reichhaltige Kunstabteilung sowie archäologische, historische und volkskundliche Sammlungen).

Umgebung von Legnica

**Legnickie Pole (Wahlstatt)

Bei Wahlstatt (9 km südöstlich von Liegnitz) unterlag 1241 die deutsch-polnische Armee den Tataren, wobei Fürst Henryk II. Pobożny (Heinrich der Fromme) fiel. In der gotischen Kirche, die im 13./14. Jh. am Fundort des Leichnams von Heinrich erbaut wurde, ist heute des Museum der Schlacht bei Liegnitz untergebracht (geöffnet Di.–So. 11.00–17.00 Uhr). Ihr gegenüber steht die Benediktinerabtei, 1723–1729 von dem renommierten Architekten Kilian Ignaz Dientzenhofer erbaut und von Cosmas Damian Asam ausgemalt. Die der hl. Hedwig geweihte Klosterkirche, vielleicht die schönste Barockkirche Schlesiens, besitzt einen elliptischen Grundriß und ist durch die großen Fenster sehr licht. Im Hauptaltar ein Bild von Franz de Bakker aus Antwerpen, das die Auffindung Heinrichs des Frommen auf dem Schlachtfeld darstellt; über der Orgelempore eine Szene, wie die Tataren den Kopf Heinrichs hochhalten, während seine Mutter und seine Frau am Leichnam trauern.

*Lubiąż (Leubus)

Das herrlich an der Oder gelegene ehemalige Zisterzienserkloster Lubiąż (Leubus; ca. 33 km östlich von Liegnitz) wurde als erste Niederlassung des Ordens in Schlesien 1175 gegründet. Der heutige barocke Klosterbau war zur Zeit seiner Entstehung 1672–1679 der größte auf dem Kontinent. Der riesige Komplex (223 × 118 m), in den die noch vom mittelalterlichen Kloster erhaltene Kirche (1307–1340; barockisiert) einbezogen ist, wird zur Zeit restauriert; in einigen Klosterräumen sind noch Fresken erhalten (Sommerrefektorium, von F. A. Scheffler; Fürstensaal, von Ch. P. Benthum). Die prächtige Innenausstattung der Kirche ist bis auf Gemälde von

Kloster Lubiąż an der Oder

Benediktinerkirche in Wahlstatt

Michael Willmann, die im Krieg ausgelagert worden waren (Nationalmuseum in Breslau), verlorengegangen.

Legnica, Umgebung, Lubiąż (Fortsetzung)

Leszno · Lissa

D 5

Wojewodschaft: Wielkopolskie
Höhe: 93 m ü. d. M.
Einwohnerzahl: 57 000

Lage und Geschichte

Rund 80 km südlich von Poznań liegt Leszno auf der Lissaer Höhe (Wysoczyzna Leszczyńska). Der nach seinem Gründer Raphael Leszczyński benannte Ort besitzt seit 1547 Stadtrechte. Seit dem 17. Jh. ist Leszno ein Zentrum der Tuchweberei, heute ist es durch seine Segelflugschule über die Grenzen Polens hinaus bekannt.
Anfang des 17. Jh.s nahm Lissa die sogenannten Böhmischen Brüder auf, die während des Dreißigjährigen Kriegs aus ihrer Heimat vertrieben wurden. Berühmtestes Mitglied dieser protestantischen Reformbewegung war der mährische Pädagoge Jan Amos Komeński (Comenius), der von 1628 bis 1650 in Lissa lebte. Damals gab es in der Stadt ein reges Kulturleben, sie besaß ein Archiv, ein Priesterseminar, eine Bibliothek und eine Druckerei. Von 1793 bis 1920 war Lissa (mit Unterbrechung 1807–1815 im Fürstentum Warschau) unter preußischer Herrschaft. Nachdem Polen wieder unabhängig geworden war, wanderten viele deutsche Bürger ab; während des Zweiten Weltkriegs wurde ein Großteil der polnischen Bevölkerung zwangsumgesiedelt. Seit 1975 ist Leszno Wojewodschaftsstadt.

Sehenswertes

Rathaus

Auf dem verkehrsberuhigten Marktplatz (Rynek) erhebt sich das Wahrzeichen der Stadt. Der Bau aus der Spätrenaissance (1637–1639) wurde durch Brand zerstört und um 1707/08 nach einem Entwurf von Pompeo Ferrari barock wiederaufgebaut. Turmhelm von 1817.
Der Rynek wird gesäumt von barocken Bürgerhäusern aus dem 17./18. Jh. und klassizistischen Bauten vom Anfang des 19. Jahrhunderts.

Nikolaikirche

Die barocke Kościół św. Mikołaja (ul. Kościelna) wurde 1686–1696 von Giovanni Catinaci erbaut (Stiftung von Bogusław Leszczyński) und besitzt eine üppige Innenausstattung aus dem Rokoko (Pompeo Ferrari). Die Kirche wurde 1905–1907 von Arnold Güldenpfennig umgestaltet.

Heiligkreuzkirche

Die spätbarocke Kościół św. Krzyża (pl. J. Metziga) wurde 1711–1730 gebaut (Ferrari, Jan Adam Stier) und erhielt 1782 einen Kirchturm (Pläne von K. M. Frantz). Bei der Kirche ein Lapidarium mit Grabmal-Skulpturen.

Johanneskirche

Die spätgotische Kościół św. Jana (ul. Bolesława Chrobrego) von 1652–1654 war eine Kirche der Böhmischen Brüder. Sie besitzt eine spätgotische Kapelle der Familie Gruszczyński von 1711 (P. Ferrari).

Altes Gymnasium

Der Barockbau des Alten Gymnasiums in der ul. Bolesława Chrobrego stammt von 1712 (Catinaci).

Pfarrhaus

Im ehemaligen Pfarrhaus (18. Jh.; ul. Metziga 17) ist ein kleines Regionalmuseum untergebracht.

Umgebung von Leszno

Osieczna (Storchennest)

An drei historischen Windmühlen (die älteste von 1761) vorbei gelangt man nach 10 km in nordöstlicher Richtung zu diesem Städtchen am See

Leszno, Umgebung, Osieczna (Fortsetzung)

Łoniewskie. Es besitzt eine spätgotische Pfarrkirche (1540, 1777 spätbarock umgebaut), ein Franziskanerkloster (1680–1682) mit einer spätbarocken Kirche (1729–1733, Entwurf von P. Ferrari) und eine Burg aus dem 15. Jh., die zuletzt in den Jahren 1890–1908 umgestaltet wurde.

Racot

Das berühmte Gestüt in Racot (32 km nördlich von Leszno, 8 km südöstlich von Kościan) züchtet die Großpolnische Rasse und, als Experiment, Tarpane. Es besitzt ein Wagenmuseum; die Verwaltung ist im klassizistischen Palast der Jabłoński (1775, Domenico Merlini) untergebracht, den ein französischer Park umgibt.

* Rydzyna (Reisen)

Knapp 10 km südöstlich von Lissa liegt die zum Teil denkmalgeschützte Stadt Reisen, die im Barock angelegt wurde. Die spätbarocke Stanislauskirche (Kościół św. Stanisława) entstand 1746–1751 nach Entwürfen von Karl Martin Frantz. Die barock-klassizistische Innenausstattung stammt von J. Graff (1786). Bedeutendste Sehenswürdigkeit ist das auf eine mittelalterliche Burg zurückgehende Schloß der Familie Sułkowski, umgeben von einem tiefen Burggraben und einem französischen Park. Trotz vieler Umbauten sind heute noch einige interessante Stücke erhalten, so ein barocker Marmorkamin im Westzimmer des ersten Stocks und Reste einer prächtigen Stuckdekoration von 1685–1695. Von besonderem Interesse sind der Ballsaal mit korinthischen Säulen und einer Decke von G. W. Neunhertz (1745) im Westflügel, die Säle Morska (Seezimmer), Czterech Pór Roku (Vier Jahreszeiten), Myśliwska (Jagdzimmer) und Rycerska (Rittersaal), außerdem das Kristall- und das Porzellankabinett.

Leżajsk K 6

Wojewodschaft: Podkarpackie
Höhe: 180 m ü. d. M.
Einwohnerzahl: 12 000

Lage und Bedeutung

Leżajsk, ein regionales Handels- und Dienstleistungszentrum, liegt im südlichen Ostpolen am San, ca. 70 km nordöstlich von Przemyśl. Die Siedlung erhielt 1397 das Stadtrecht, doch setzte der wirtschaftliche Aufschwung erst im 19. Jh. ein (u. a. große Brauereien, Maschinenbau). Berühmt ist der Ort durch die überaus prächtige Orgel in der Klosterkirche (Konzerte). Sehenswert sind auch das klassizistische Rathaus (18. Jh.) und eine Pfarrkirche mit Wehrmauern aus dem 17. Jahrhundert.

* Bernhardinerkloster

** Orgel

Das Kloster, ein Bau mit wehrhaftem Charakter, wurde im 17. Jh. von der Familie Opaliński gestiftet. Die frühbarocke Klosterkirche ist ein Werk des italienischen Architekten Pellacini (1618–1628), mit spätbarocker Ausmalung und schönem Chorgestühl (um 1650). Gewaltig wirkt auf den Besucher der riesige, reich verzierte Orgelprospekt; er wurde von den Mönchen des Klosters entworfen und 1680–1729 angefertigt. Das Instrument, 1693 in Krakau von Jan Glowiński gebaut, verfügt über 5900 Pfeifen und 74 Register.

Lidzbark Warmiński · Heilsberg H 2

Wojewodschaft: Warmińsko-Mazurskie
Höhe: 200 m ü. d. M.
Einwohnerzahl: 16 000

Lage und Bedeutung

Lidzbark Warmiński liegt 46 km nördlich von Olsztyn im landwirtschaftlich geprägten Ermland. Die Stadt an der Łyna (Alle) will die schönen Seen der Umgebung und die Wintersportmöglichkeiten verstärkt touristisch nutzen.

Orgel im Bernhardinerkloster Leżajsk

Lidzbark Warmiński: Deutschordensburg

Geschichte

Das von den Pruzzen besiedelte Gebiet wurde in der ersten Hälfte des 13. Jh.s vom Deutschen Orden erobert. In der Stadt, in der 1350–1795 die ermländischen Bischöfe residierten, entfaltete sich seit dem 16. Jh. ein reges Geistesleben. Zu ihren bedeutendsten 'Wahlbürgern' gehörte Nikolaus Kopernikus, der von 1503 bis 1510 hier seinen Studien nachging, und der berühmte Dichter-Bischof und bedeutende Vertreter der polnischen Aufklärung Ignacy Krasicki (1735–1801). Die 1772 an Preußen übergegangene Stadt gehört seit 1945 wieder zu Polen.

Sehenswertes

Stadtbild

Von der mittelalterlichen Stadtbefestigung sind Fragmente der Stadtmauer aus dem 14./15. Jh. sowie das Hohe Tor (Wysoka Brama) erhalten, das mit seinen beiden Rundtürmen an niederländische Stadttore erinnert. Aus dem 19. Jh. stammt die Bebauung der ul. Wysokej Bramy.

*Burg

Ein eindrucksvolles Beispiel für die Baukunst des Deutschen Ordens ist die mächtige, in der zweiten Hälfte des 14. Jh.s errichtete Burg, ehemals Sitz der Bischöfe von Warmia. Ecktürme und ein Bergfried im Nordosten verleihen der Vierflügelanlage, die sich um einen Arkadenhof gruppiert, ein wehrhaftes Aussehen. Durch die sorgfältige Restaurierung 1927 konnten in verschiedenen Räumen der Residenz Fragmente ihrer ursprünglichen Ausmalung gerettet werden. Zu den interessantesten Räumen gehören das große Refektorium, eine gotische Kapelle mit barocker Ausstattung und ein Saal mit Kreuzrippengewölbe, der 'Auf Pfählen' (na słupach = auf Pfähle gegründet) genannt wird.

Im Burgmuseum wird die Geschichte von Burg und Stadt dokumentiert, daneben sind Kunstwerke aus dem Mittelalter zu sehen. Mehrmals im Jahr finden Ausstellungen statt (Di.–So. 9.00–16.00 Uhr).

Lidzbark Warmiński (Forts.) Pfarrkirche St. Peter und Paul

Zur selben Zeit wie die Burg (2. Hälfte 14. Jh.) entstand auch die Kościoł Farny św. św. Piotra i Pawłach, die nach einem Brand 1497 in eine Hallenkirche umgebaut wurde (zwölfteilige Sterngewölbe; qualitätvolle Figurengruppe, Christus am Ölberg darstellend).

Umgebung von Lidzbark Warmiński

Dobre Miasto (Guttstadt)

In Richtung Olsztyn fahrend kommt man nach 20 km nach Dobre Miasto. Die Stadt an der Łyna (Alle) besitzt die größte Pfarrkirche Ermlands, eine dreischiffige gotische Backsteinkirche mit Staffelgiebel (1396 geweiht); der hohe Turm wurde Ende des 16. Jh.s angefügt. Der 1748 geschaffene Hochaltar hat den Altar im Dom auf dem Krakauer Wawel zum Vorbild.

Stoczek (Springborn)

Das kleine Dorf 12 km östlich von Lidzbark Warmiński mit einer schön ausgestatteten Barockkirche (17. Jh.) ist als Wallfahrtsort bekannt. Eine Gedenkstätte erinnert daran, daß der polnische Primas Stefan Wyszyński 1953 hier von den kommunistischen Machthabern gefangengehalten wurde.

Lublin

K 5

Wojewodschaft: Lubelskie
Höhe: 165–240 m ü. d. M.
Einwohnerzahl: 310000

Lage und Bedeutung

Lublin, das wirtschaftliche und kulturelle Zentrum des mittleren Ostpolen, liegt zwischen Weichsel und Bug im landwirtschaftlich genutzten Lubliner Hochland (Wyżyna Lubelska). Fabrikanlagen – ein Lastwagenwerk, Leder- und Fleischverarbeitung, Textil- und Bekleidungsindustrie – und Hochhausviertel umgeben die Altstadt. In Lublin gibt es zwei Universitäten, die Uniwersytet Marii Skłodowskiej-Curie und die Katolicki Uniwersytet Lubelski, ferner Hochschulen, Institute, Museen und Theater. Ein Vorort von Lublin ist Majdanek, das durch das Vernichtungslager der Nationalsozialisten schreckliche Berühmtheit erlangt hat.

Geschichte

Die mittelalterliche Handelssiedlung, die die Zerstörungen durch Pruzzen, Mongolen, Litauer und Jatwinger im 12. Jh. überwunden hatte, erhielt 1317 von König Władysław Łokietek (Ellenlang) das Stadtrecht. Unter Kazimierz Wielki (dem Großen) entstand eine Burg, die Stadt erhielt besondere Privilegien; schon 1471 konnte sie sich den Bau einer Wasserleitung leisten. In der Renaissance kulturelle Blüte; bedeutende Dichter und Bildhauer waren hier tätig. In die große Geschichte ging die Lubliner Union 1569 ein, die Personalunion von polnischem und litauischem Herrscher. 1795 wurde Lublin österreichisch, ab 1809 gehörte es zum Napoleonischen Fürstentum Warschau. Die relative Freiheit war von kurzer Dauer; ab 1815 stand das Land als Königreich Polen unter russischer Kuratel.

Während des Zweiten Weltkriegs wurde die jüdische Bevölkerung ermordet, v.a. in dem Konzentrationslager Majdanek (s. oben).

Sehenswertes

*Altstadt

Das Zentrum bilden mittelalterliche Straßenzüge mit Resten der Stadtmauer, dem Krakauer Tor (Brama Krakowska) aus dem 16./17. Jh. (mit dem Museum für Stadtgeschichte, Muzeum Historii Miasta) und dem Trinitarierturm (Wieża Trynitarska). Am Marktplatz und in den benachbarten Straßen Bürgerhäuser aus dem 16.–18. Jh., einige mit schönen Gewölben und reicher Innendekoration. Hier gibt es mehrere Kunstgalerien, stilvolle Cafés und Weinstuben. Beachtenswert ist u.a. das Haus der Familie

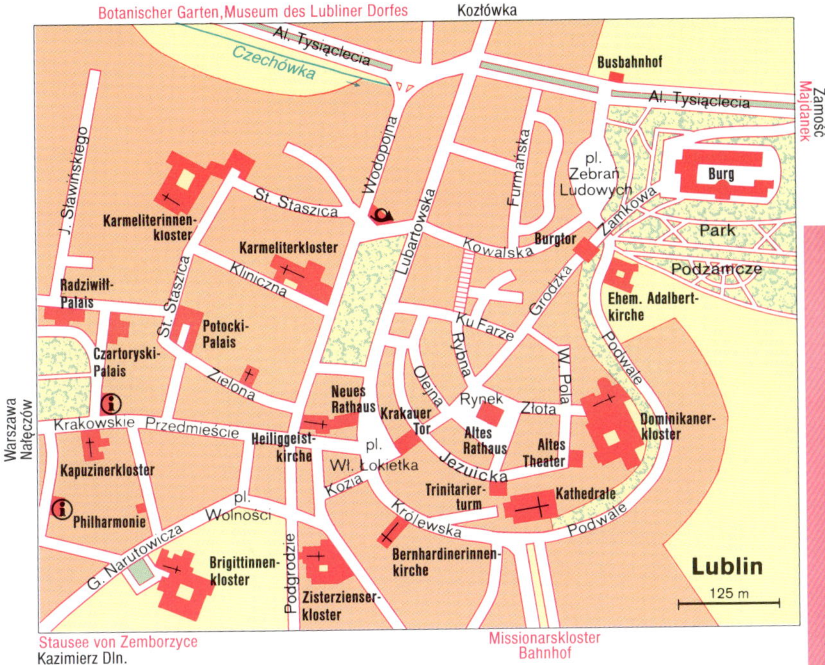

Altstadt (Fortsetzung)

Konopnica aus dem 16./17. Jh. mit reich verzierter Attika. Auf dem Marktplatz steht das im 16. Jh. errichtete, mehrfach umgebaute Alte Rathaus (Stary Ratusz; ab 1579 Sitz des Krontribunals).

*Kathedrale

Die Kathedrale Johannes der Täufer und Johannes der Evangelist ist eine der ersten Barockkirchen in Polen; die Jesuiten, die diese Stilrichtung nach Polen brachten, orientierten sich dabei an der römischen Kirche Il Gesù. Der einschiffige Bau von G. M. Bernardoni entstand 1586–1604; die spätbarocke illusionistische Ausmalung (Darstellung der Apokalypse, Schutzheilige) stammt von J. Mayer. Ein Taufstein aus dem 14. Jh. ist noch erhalten. In der Sakristei Wandgemälde mit der “Vertreibung des Heliodor aus dem Tempel”. Nebenan der Bischofspalast (19. Jh.) und das Diözesanmuseum (Muzeum Diecezjalne) mit Sammlungen sakraler Kunst.

*Dominikanerkirche St. Stanislaus Foto S. 83

Die Bazylika Dominikanów wurde von König Kazimierz Wielki (dem Großen) im 14. Jh. gestiftet. Der gotische Bau erhielt um 1575 seine dreischiffige Anlage, die Kapellen kamen im 17. Jh. dazu. Interessant ist besonders die Kapelle der Familie Firlej von 1615 mit einer Kuppel von Jan Wolf (1630) und einem mehrstöckigen Grabmal; sehenswert auch die barocke Kapelle der Familie Tyszkiewicz in Verlängerung des Chors (Stuck von G. B. Falconi 1655–1658). In der Maria-Magdalena-Kapelle das Bild “Der Brand von Lublin” von 1740, das das damalige Stadtbild dokumentiert.

*Burg

Auf dem Burghügel östlich der Altstadt stand bereits im 9. Jh. eine Festung (Zamek). Die erhalten gebliebene Turm stammt aus dem 13. Jahrhundert. An der Stelle der Burg entstand ab 1823 ein Gefängnis in neogotischem Stil, das auch während des Zweiten Weltkriegs von den Nationalsozialisten genutzt wurde.

Die neogotische Burg in Lublin

Burg (Fortsetzung) Museum

Das Museum (geöffnet Mi.–So. 9.00–15.00, im Sommer tägl.), das die meisten Räume der Burg einnimmt, besitzt eine gute volkskundliche Abteilung und eine Gemäldegalerie mit zwei berühmten Bildern von Matejko, "Lubliner Union" und "Ankunft der Juden in Polen". Außerdem ist die Ikonensammlung sehr sehenswert.

Das wertvollste Gebäude auf dem Burggelände ist die Dreifaltigkeitskapelle (Kaplica św. Trójcy), die Władysław Jagiełło 1395 stiftete. Das Innere des Zentralbaus, dessen Gewölbe auf nur einem Pfeiler ruht, ist vollständig mit russisch-byzantinischen Wandmalereien bedeckt, ein Werk des ukrainischen Meisters Andrzej von 1418. Die Fresken wurden Ende des 19. Jh.s unter dem Putz entdeckt.

Innenstadt

Im 19. Jh. wurde das Stadtzentrum weiter nach Westen verlegt. An den wichtigsten Straßen – Krakowskie Przedmieście, ul. G. Narutowicza und anschließende Straßen – stehen interessante Jugendstilhäuser, darunter das Radziwiłł-Palais. Hier befinden sich heute Ämter, Informations- und Handelsbüros, Warenhäuser, Geschäfte, Hotels und Cafés.

Weitere Sakralbauten

Die Bernhardinerkirche, ursprünglich eine spätgotische Hallenkirche, wurde Anfang des 17. Jh.s von italienischen Architekten im Stil des Manierismus umgebaut. Im Inneren ein barocker Hauptaltar und meisterhaftes Chorgestühl; die Fassade ist neoklassizistisch (1827). Außerdem sehenswert sind in der Innenstadt die Bernhardinerinnenkirche, die Kapuzinerkirche, die Reformatenkirche, die Brigittenkirche (Bild der Heiligen von 1450) und die Visitantinnenkirche; alle aus Renaissance bzw. Barock.

Außenbezirke von Lublin
* Majdanek

Im südöstlichen Vorort Majdanek entstand 1941/1942 ein nationalsozialistisches Vernichtungslager. Das 270 ha große Gelände (geplant war eine Erweiterung auf 516 ha) war mit Stacheldraht umzäunt und schwer bewacht, etwa 40 000 Menschen hielten sich hier gleichzeitig auf; insgesamt sollen etwa 400 000 Menschen hier ermordet worden sein. Seit Kriegsende ist in einer der erhaltengebliebenen Lagerbaracken das Museum der Leidensgeschichte (Muzeum Martyrologii) eingerichtet (geöffnet Di.–So. 8.00 bis 16.00, im Winter bis 15.00 Uhr).

Lublin, Außenbezirke; Majdanek (Fortsetzung)

Das Freilichtmuseum Muzeum Wsi Lubelskiej, nordöstlich von Lublin an der Ausfallstraße nach Warschau, zeigt Speicher, vollständig eingerichtete Bauernhöfe und Windmühlen; folkloristische Veranstaltungen. Auf der anderen Straßenseite ein Botanischer Garten.

Museum des Lubliner Dorfes

Umgebung von Lublin

*Kozłówka

10 km westlich von Lubartów (27 km nördlich von Lublin) steht eine frühere Residenz der Zamoyski. Palast und Park stammen aus der zweiten Hälfte des 18. Jahrhunderts. Museum mit historischer Inneneinrichtung (Möbel, Malerei, Plastik); Ahnenkapelle nach Versailler Vorbild.

Nałęczów

→ Kazimierz Dolny

Łagów · Lagow C 4

Wojewodschaft: Lubuskie
Höhe: 108–120 m ü. d. M.
Einwohnerzahl: 1 000

Lage und Geschichte

Im westlichen Großpolen, ca. 50 km östlich von Frankfurt a. d. Oder, liegt der Urlaubsort Łagów in der Lebuser Seenplatte (Pojezierze Lubuskie) zwischen den fjordartigen Seen Jezioro Łagowski und Ciecz. Das Dorf wird 1299 erstmals erwähnt; Spuren einer Burgfestung des 12. Jh.s sind erhalten. Ab 1347 war Łagów für kurze Zeit Sitz der Komturei des Johanniterordens. Das 1808 zugestandene Stadtrecht wurde Łagów Ende des 19. Jh.s wieder entzogen.

Burg

Blickfang der hübschen Dorfanlage ist die in der zweiten Hälfte des 14. Jh.s von den Johannitern erbaute Burg. Der von Wehrmauern (ebenfalls 14. Jh.) umgebene Bau mit gotischen und barocken Zügen hat einen viereckigen Grundriß. Zwei Tore stammen aus dem 15. Jh., das gotische Polnische Tor (Brama Polska) – ein rechteckiger Backsteinbau – und das mehrstöckige Marktor (Brama Marchijska). Umgeben von einem im 18. Jh. angelegten Landschaftspark, ist diese Burg heute ein stilvolles Hotel.

Weiteres Sehenswerte

Etwa 500 m nördlich der Burg auf dem Falkenberg (Sokoła Góra) eine gut erhaltene Festung (1299); im Ort eine klassizistische Kirche von 1726 und historische Häuser (Ende 18. Jh./Anfang 19. Jh.) mit Walmdächern.

Łańcut K 6

Wojewodschaft: Podkarpackie
Höhe: 240–250 m ü. d. M.
Einwohnerzahl: 16 000

Lage und Bedeutung

Łańcut liegt 17 km östlich von Rzeszów nahe dem Fluß Wisłok an der wichtigen Straße von Krakau nach Przemyśl. Łańcut besitzt Maschinen-, Holz- und Lebensmittelindustrie; touristisch interessant sind historische Bauten und kulturelle Veranstaltungen (u. a. Kammermusiktage). Die Geschichte des Orts ist mit den weitläufigen Ländereien und der Residenz hervorragender Magnatengeschlechter verbunden; die berühmtesten waren die Lubomirski (bis 1667) und die Potocki (bis 1944).

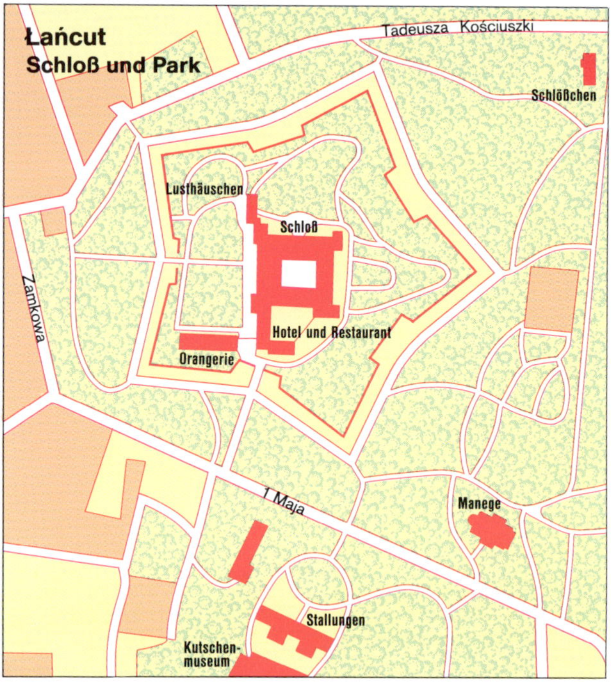

Schloß

Das Schloß (ul. Zamkowa 1), ein zweistöckiger Bau mit Innenhof und vier Ecktürmen, wurde in der zweiten Hälfte des 16. Jh.s errichtet und unter den Czartoryski befestigt; ab Ende 18./Anfang 19. Jh. war es Magnatenresidenz.
Die zahlreichen Innenräume sind reich ausgestattet. Beachtenswert sind die große barocke Diele, der Saal 'Pod Stropem' (Unter der Decke) mit einer Holzdecke von 1642, Räume im Louis-Seize-Stil, das Hoftheater (18. Jh.), der große Speisesaal (19. Jh.), die Skulpturengalerie (18. Jh.), das Spiegelkabinett, der klassizistische Ballsaal (1800), der Säulensaal, ferner die Kapelle mit großer Kuppel. Interessante Sammlungen, u. a. Gemälde, Glas und Porzellan. Das Schloß ist von Gärten mit exotischen Pflanzen umgeben.

Park

Die Parkanlage wurde im 17. Jh. geschaffen und später mehrfach verändert. Sie besteht aus einer Grünfläche, die sich einst innerhalb der Befestigung (Grundriß: fünfstrahliger Stern) befand, und dem äußeren Park. Dieser ist z. T. als Landschaftspark gestaltet, mit Gloriette und Orangerie.

Kutschenmuseum

Im Süden des Schloßparks befindet sich das Kutschenmuseum (Muzeum powozów); die Ställe und Schuppen wurden in den Jahren 1892–1902 errichtet. Hier ist ohne Zweifel die schönste Kutschenkollektion Polens versammelt.

Weiteres Sehenswerte

Der Ort verfügt über ein altes Dominikanerkloster (15.–18. Jh.) und eine Pfarrkirche aus dem 15. Jahrhundert. Einen Besuch lohnt auch die ehemalige Synagoge (18. Jh.), in der Sammlungen zur Regionalgeschichte ausgestellt sind.

Łańcut, prächtige Magnatenresidenz

Łeba · Leba E 2

Wojewodschaft: Pomorskie
Höhe: 0–3 m ü. d. M.
Einwohnerzahl: 4000

Lage und Bedeutung

Berühmt für seine langen und schönen Sandstrände ist das 29 km nördlich von Lębork (Lauenburg) gelegene Fischerstädtchen Łeba. Der seit dem 19. Jh. beliebte Ferienort zwischen dem Jezioro Łebsko (Leba-See) und dem Jezioro Sarbsko (Sarbsker-See) profitiert auch vom nahen Slowinzischen Nationalpark. Fremdenverkehr, Fischfang und -verarbeitung sind die wichtigsten Erwerbsquellen der Einwohner von Łeba.

Geschichte

Das schon im 10. Jh. besiedelte Gebiet an der Mündung des Flusses Łeba befand sich ab 1309 unter der Herrschaft des Deutschen Ordens und gehörte 1466–1722 zu Polen, dann zu Preußen. Immer wieder hatte der Ort mit Überschwemmungen und wandernden Dünen zu kämpfen, bis die Bewohner zwischen 1558 und 1570 ihre Häuser auf das höhere Ostufer des Flusses verlegten. Das Fischerdorf entwickelte sich im 19. Jh., u. a. auch durch den Anschluß an das Eisenbahnnetz, zu einem vielbesuchten Seebad. Seit 1945 ist Łeba wieder polnisch.

Ortsbild

Charakteristisch für den idyllischen Ort sind die schlichten Fischerhäuschen und die kleine barocke Kirche (1683). Inmitten eines Kiefernwalds, der heute auf den Sanddünen wächst, steht als einziges Relikt des an der Küste gelegenen alten Łeba ein Mauerstück der gotischen Nikolaikirche (Kościół św. Mikołaja) aus dem 14. Jahrhundert.

* Slowinzischer Nationalpark

Der Słowiński Park Narodowy, ein Naturschutzgebiet, erstreckt sich westlich von Łeba mit einer Fläche von 18247 ha entlang der Ostseeküste. Im

Fischerhafen in Łeba

Łeba, Slowinzischer Nationalpark (Fortsetzung)

Nationalpark liegen der slawische Kultberg Rowokół (Rewekol, 115 m ü. d. M.) sowie zwei Küstenseen mit üppiger Flora und Fauna, der 7140 ha große Jezioro Łebsko (Leba-See) und der Jezioro Gardno (Garder See) mit 2468 ha. Neben sandigem Gelände gibt es Sümpfe und Moore, die vielen seltenen Vogelarten Lebensraum bieten. Die Hauptattraktion des Parks sind die bis zu 50 m hohen Wanderdünen, die sich jährlich mehrere Meter weiter in die Kiefernwälder hineinschieben und die Bäume nach und nach unter sich begraben. Dadurch entsteht eine wüstenähnliche Landschaft von einzigartiger Schönheit. Für eine Wanderung in den Dünen fährt man am besten in das kleine Dorf Rąbka (etwa 3 km westlich von Łeba) und geht von dort auf markierten Wegen zu Fuß weiter (für Autos wird Gebühr verlangt), oder man nimmt den Bus, der in den Sommermonaten bis an den Rand der Dünen fährt.

* Wanderdünen

Museen

In dem kleinen Dorf Kluki am Westufer des Leba-Sees dokumentiert ein interessantes Freilichtmuseum, u. a. mit eingerichteten Fischerhütten, die traditionelle Lebensweise der Slowinzen, einer ehemals hier beheimateten slawischen Volksgruppe. Wer sich für die Flora und Fauna des Parks interessiert, sollte das Muzeum Przyrodnicze in Smołdzino (Schmolsin) zwischen Leba-See und Garder See besuchen.

Łomża K 3

Wojewodschaft: Podlaskie
Höhe: 130 m ü. d. M.
Einwohnerzahl: 40000

Lage und Bedeutung

Łomża liegt im nördlichen Ostpolen am Narew, 115 km westlich von Białystok. Westlich von Łomża breitet sich die Puszcza Kurpiowska (Zielona) aus, die Kurpier oder Grüne Heide (⟶ Kurpie). Die Stadt ist Dienstleistungszentrum für die landwirtschaftlichen Betriebe in der Umgebung; sie besitzt Textil- und Holzindustrie sowie eine große Brauerei.

Łomża, Bedeutung (Fortsetzung)

Im 10./11. Jh. entstand hier eine Festung (heute Ruinen), die mit dem benachbarten Wizna (20 km östlich) ein Verteidigungssystem für Masowien bildete. Die Stadt wurde 1418 gegründet und entwickelte sich im 16. Jh. zu einem Handelszentrum. Nach den Einfällen der Schweden (1654–1660), die von der Bevölkerung von Kurpie abgewehrt wurden, verzeichnete sie im 17. Jh. einen Niedergang. Ab 1807 war Łomża Departementshauptstadt im Fürstentum Warschau. Im Zweiten Weltkrieg wurde die Stadt zu drei Vierteln zerstört; wichtige Baudenkmäler wurden wiederhergestellt. Seit 1975 Sitz der neugeschaffenen Wojewodschaft.

Geschichte

Sehenswertes

Die gotische Kathedrale (ul. 22. Lipca), Wahrzeichen der Stadt, wurde 1520–1525 erbaut und 1691/1692 von G. S. Belotti mit einem frühbarokken Giebel versehen. Im Innern schöne Stern- und Zellengewölbe (um 1550), ein Triumphkreuz (1526), ein Marienaltar (16. Jh.) und einige Grabmäler aus dem 16. und 17. Jh., von denen dasjenige für Andrzej Dunin-Modliszewski und seine Frau (von Santi Gucci, Ende 16. Jh.) besonders hervorzuheben ist.

* Kathedrale

Weitere Sehenswürdigkeiten sind das nahegelegene klassizistische Rathaus (pl. Żeglickiego), erbaut in den 1820er Jahren, das Kapuzinerkloster (1770–1789) und das Bernhardinerkloster von 1862.

Weitere Baudenkmäler

Das Muzeum Okręgowe (ul. Krzywe Koło 1) enthält reiche Sammlungen zu Archäologie, Geschichte und Volkskultur der Gegend (Kurpie).

Bezirksmuseum

Umgebung von Łomża

Nowogród, 16 km nordwestlich von Łomża an der Mündung der Pisa in den Narew gelegen, besaß im Mittelalter eine Burg; Stadtrecht besitzt der Ort seit 1427. Im 19. Jh. entwickelte sich Industrie, die nicht lange überdauerte; die Stadt ist allerdings Dienstleistungs- und Handwerkszentrum geblieben.

Nowogród

Der größte Anziehungspunkt von Nowogród ist das Kurpie-Museum (Muzeum Kurpiowskie), ein 1927 gegründetes Freilichtmuseum. Die Ausstellung umfaßt vollständig eingerichtete Bauernhäuser, Windmühlen und Werkstätten sowie die außergewöhnliche Volkskunst von ⟶ Kurpie.

* Kurpie-Museum

Die Puszcza Kurpiowska, ein Rest der einst weitläufigen Wälder, ist von besonderem Interesse für Naturliebhaber und Kajaktouristen. Durch die isolierte Lage in Wäldern und Sümpfen bildete sich hier eine spezifische Volkskultur heraus. Farbige Trachten und Scherenschnitte kann man u. a. in den Dörfern Myszyniec, Kadzidło sowie in den Museen von Łomża, Nowogród und Ostrołęka (36 km südwestlich von Łomża) besichtigen.

Puszcza Kurpiowska (Kurpier Heide)

Łowickie · Łowiczer Region — G/H 4/5

Wojewodschaft: Łódzkie

Das Lowickie erstreckt sich im Westteil Masowiens. Die Bewohner der weitläufigen Güter der Gnesener Bischöfe und der Łowiczer Fürsten wurden als ‘księżacy’ (= Fürstenleute) bezeichnet; sie unterschieden sich in

Allgemeines

Łowickie, Allgemeines (Fortsetzung)

Tracht, Sprache und Gewohnheiten von ihren Nachbarn. Die frühe Befreiung von Fronarbeit und Steuern und der Wohlstand der Dörfer begünstigten die Entstehung einer eigenen Volkskultur, die viele Künstler inspirierte.

Trachten, Kunsthandwerk, Volksmusik

Die Tracht aus dem Łowickie gehört neben der von Krakau und Podhale zu den bekanntesten und wird mit der polnischen Volkstracht schlechthin gleichgesetzt. Charakteristisch sind die farbigen Streifen der Stoffe für Kleider, Schürzen und Röcke. Die Frauen tragen schön bestickte Mieder; die Hosen der Männer sind ebenfalls mit farbigen Streifen geschmückt, was in der polnischen Tracht sehr selten ist.
Das Kunsthandwerk der Łowiczer Region ist vielgestaltig: Stickereien, bemalte Eier und vor allem Scherenschnitte. Reich ist ebenso die Volksmusik des Łowickie; das Ensemble 'Mazowsze' ist weltbekannt.

Sehenswertes

Die Volkskunst des Łowickie ist im Museum in → Łowicz zu besichtigen. Die Trachten kann man an kirchlichen Festtagen (besonders Ostern), in Łowicz, Złaków Kościelny, Złaków Borowny und Kiernóz sehen. Von besonderem Interesse sind auch die Baudenkmäler in den Orten Łowicz, Arkadia, Nieborów, Walewice (die drei letzteren → Łowicz) und Kiernóz.

Łowicz

G 4

Wojewodschaft: Łódzkie
Höhe: 110 m ü. d. M.
Einwohnerzahl: 30000

Lage und Bedeutung

Die Gegend von Łowicz ist ein wichtiges kulturelles Zentrum vor den Toren Warschaus. Die Stadt an der Bzura ist berühmt für seine Volkskunst; wirtschaftlich bedeutend sind hier Lebensmittelindustrie (die die landwirtschaftlichen Produkte der Umgebung verarbeitet) und Textilindustrie.

Geschichte

Łowicz geht auf eine Burg der masowischen Fürsten zurück, die an der Kreuzung von Handelsstraßen lag. Ab dem 11. Jh. war es Sitz einer Kastellanei und gehörte vom Beginn des 12. Jh.s zum Erzbistum Gnesen. Stadtrecht erhielt der Ort schon 1298. Im 16. Jh. erfuhr Łowicz einen bedeutenden Aufschwung; es entstanden prächtige Bürgerhäuser und Kirchen. Der Niedergang nach den Einfällen der Schweden in der Mitte des 17. Jh.s dauerte bis ins 19. Jh.; im Ersten Weltkrieg wurde die Stadt zerstört.

Sehenswertes

*Altstadt

In der Altstadt verfügt über zwei Marktplätze, Bauten aus dem 18. und 19. Jh. und historische Bürgerhäuser.

*Stiftskirche

Die Kościół Kolegiacki (Rynek Kościuszki) wurde im 15. Jh. in gotischen Formen errichtet und 1652–1668 barock umgebaut. Die Kirche, Grablege zahlreicher Primasse von Polen, besitzt eine wertvolle Ausstattung: Altäre aus Renaissance und Barock sowie Grabmäler aus dem 16.–18. Jh.; hervorzuheben ist das Grabmal des Erzbischofs Jakub Uchański, errichtet von Jan Michałowicz in den Jahren 1580–1583 (1782–1783 klassizistisch umgestaltet).
In der Stiftskirche finden an Fronleichnam feierliche Gottesdienste mit einer Prozession statt, bei der die Łowiczer Trachten getragen werden.

Missionsseminar

Das barocke Seminarium Misjonarzy (Rynek Kościuszki 4) entstand zwischen 1689 und 1701 nach einem Entwurf von Tylman van Gameren. Im Jahr 1939 brannte es ab und wurde nach dem Krieg wiederaufgebaut. Erhalten geblieben ist die Barockkapelle des hl. Karl Borromäus mit Dekorationen vom Ende des 18. Jahrhunderts.

Museum im Missionsseminar

Das Missionarsgebäude beherbergt eine Zweigstelle des Nationalmuseums Warschau (geöffnet Di.–So. 10.00–15.30 Uhr) mit polnischem Kunsthandwerk des Barock (Glas, Porzellan, Möbel, Textilien), Exponaten zur Stadtgeschichte und Volkskultur (u. a. Plastik, Malerei, Töpferware, Stickerei, Scherenschnitte, Trachten, Haushaltsgeräte). Im Hof ein Freilichtmuseum (zwei Bauernhäuser mit vollständiger Inneneinrichtung und landwirtschaftliche Geräte aus dem Łowickie).

Weitere Baudenkmäler

Sehenswert sind ferner: Ruinen der Bischofsresidenz (ul. Zamkowa); klassizistisches Rathaus (Rynek Kościuszki; 1825–1828); klassizistische Posthalterei (Poczta Konna, ul. Świerczewskiego) von 1829; barocke Piaristenkirche (Kościól Pijarów, ul. Bieruta; 1672–1680); das ursprünglich barocke, in der zweiten Hälfte des 17. Jahrhunderts entstandene Dominikanerkloster (Klasztor Dominikanów; ul. Podrzeczna); die gotische, 1404 begonnene Heiliggeistkirche (ul. Stanisławskiego); das barocke Bernhardinerkloster (Klasztor Bernardynów, ul. Stanisławskiego) aus der Mitte des 18. Jahrhunderts; das barocke Berhardinerinnenkloster (Klasztor Bernardynek; ul. Sienkiewicza), um 1650 errichtet, sowie ein romantischer Park (Naturdenkmal) mit Gebäuden aus der 1. Hälfte des 19. Jahrhunderts.

* Arkadia

In Arkadia, 6 km südöstlich von Łowicz, legte Helena Radziwiłłowna, eine große Sammlerin und Mäzenin, im Jahr 1778 einen Park an (heute Teil des Warschauer Nationalmuseums). Nach damaliger Mode wurde ein malerischer Landschaftsgarten mit Seen, Bächen, Wäldern – darunter seltene griechische Baumarten – und Wiesen geschaffen. Unter den Bauten im Park befinden sich ein klassizistischer Dianatempel von 1783, die künstlichen Ruinen eines Amphitheaters, ein Schweizer Chalet und Wasserläufe.

** Nieborów

In Nieborów (10 km südöstlich von Łowicz) erbaute Tylman van Gameren 1690–1696 für Kardinal Michał Radziejowski einen großen Barockpalast mit französischem Garten. In den 1770er Jahren ging der Bau in den Besitz

Trachten in Łowicz

Nieborów (Fortsetzung)

von Michał Hieronim Radziwiłł und der Fürstin Helena über und wurde teilweise im klassizistischen Stil umgebaut (Simon Zug). Hinzu kam ein ausgedehnter englischer Park. Der Komplex ist heute eine Abteilung des Nationalmuseums (Muzeum Narodowe) Warschau. Berühmt sind die wiederhergestellte Ausstattung des Palasts und die Kunstsammlung.

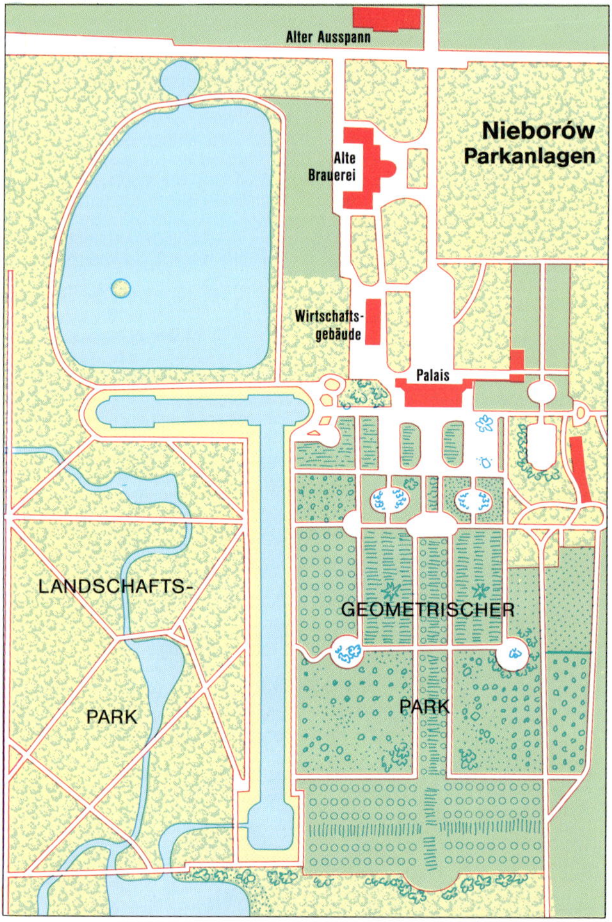

Am interessantesten sind die Hauptdiele, die Bibliothek, der Rote Salon und das Gelbe Kabinett. Die Kunstsammlung umfaßt Malerei, antike Skulpturen (u. a. der berühmte Marmorkopf der Niobe), Kunsthandwerk und eine große Bibliothek mit wertvollen Wiegendrucken. Im Park ein Lapidarium, das u. a. Steinskulpturen aus dem 10. und 11. Jh. zeigt.

Maurzyce

Im 9 km westlich von Łowicz gelegenen Maurzyce entsteht ein großes Freilichtmuseum, das traditionelle Łowiczer Baukunst präsentiert. Daneben findet man die erste geschweißte Brücke der Welt, erbaut nach einem Entwurf von Stefan Bryła.

Nieborów: Klassizistisches Äußeres ...

... und barockes Interieur

Łowicz, Umgebung (Fortsetzung) Walewice

Walewice, 24 km westlich von Łowicz gelegen, ist seit dem 18. Jahrhundert Sitz der Familie Walewski. Hier wurde 1810 Alexander Walewski, Sohn von Maria Łączyńska (Walewska) und Napoleon Bonaparte, geboren. Das Gestüt, das seit dem Ende des 19. Jh.s bekannt ist, züchtet reinrassige Pferde (Angloaraber). Darüberhinaus bietet der Ort einen Palast und Landschaftspark.

Łódź — G 5

Wojewodschaft: Łódzkie
Höhe: 233 m ü. d. M.
Einwohnerzahl: 850000

Lage und * Bedeutung

Łódź, zweitgrößte Stadt und wichtigstes Leichtindustriezentrum Polens – etwa die Hälfte der gesamten Textilproduktion stammen von hier – liegt in der Mitte des Landes. Łódź ist Kernpunkt des Industriegebiets Łódzki Okręg Przemysłowy, das nach den Ballungsräumen Niederschlesien und Warschau den dritten Platz einnimmt. Nicht weniger wichtig sind kulturelle Einrichtungen; von den sieben Hochschulen ist die Staatliche Film-, Fernseh- und Theaterhochschule (Państwowa Wyższa Szkoła Filmowa, Telewizyjna, Teatralna) hervorzuheben, die so bedeutende Regisseure wie Roman Polański, Andrzej Wajda, Krzysztof Zanussi und Wojciech Jerzy Has hervorgebracht hat. In Łódź werden die meisten Spiel- und Dokumentarfilme produziert.
Der Universität angeschlossen ist die einzige Fachschule für 'Polnisch für Ausländer' (Studium Języka Polskiego dla Cudzoziemców) des Landes. Die Philharmonie mit ihrer hervorragenden Akustik ist nach dem wohl berühmtesten Sohn der Stadt benannt, dem Pianisten und Komponisten Arthur Rubinstein. Forschung und Entwicklung sind vertreten durch Insti-

Bedeutung (Fortsetzung)

tute für Textilwesen, für Kunst- und Synthetikfasern und für Lederverarbeitung. Łódź weist als einzige Stadt Polens eine rückläufige Geburtenrate auf.

Geschichte

Erstmals im 14. Jh. erwähnt wurde ein Dorf namens Łódź. Um 1423 erhielt es Stadtrechte, zählte aber 1820 immer noch nur 800 Einwohner. Im Jahre 1823 entstand um den achteckigen Marktplatz, heute pl. Wolności, die erste Niederlassung der Tuchindustrie, Nowe Miasto.
Nach und nach entstanden in Łódź, dem polnischen 'Manchester', riesige Textilfabriken und Arbeitersiedlungen, etwa 1839 der östliche Stadtteil Wodny Rynek (Wassermarkt) um den heutigen pl. Zwycięstwa. Die Aufhebung der Zollgrenzen zwischen Polen und Rußland kam dem Export polnischer Tuchwaren zugute und führte zu einem enormen Aufschwung der Textilindustrie.

Bis zum Abriß des jüdischen Ghettos während des Zweiten Weltkriegs leistete der große Anteil der Juden – rund ein Drittel der Bevölkerung – einen großen Beitrag zum Kulturleben. Aus Łódź stammen etwa der weltbekannte Pianist Arthur Rubinstein und der Dichter Julian Tuwim. Doch brachte auch die hauptsächlich in der Industrie beschäftigte deutsche Bevölkerung (knapp ein Viertel der Stadtbewohner) viele Kulturschaffende hervor, u. a. den Schriftsteller und Übersetzer Karl Dedecius, der 1990 mit dem Friedenspreis des Deutschen Buchhandels ausgezeichnet wurde.

Sehenswertes

* Poznański-Spinnerei

Die Partnerstadt von Stuttgart hat, obwohl in keinem guten Zustand, architektonisch einiges zu bieten. Das monumentalste Bauwerk der Altstadt ist die Fabrikanlage Poznański aus dem 19. Jahrhundert (ul. Ogrodowa 17), deren historisierendes Äußeres gotische und barocke Züge aufweist.

Fabrik Poznański

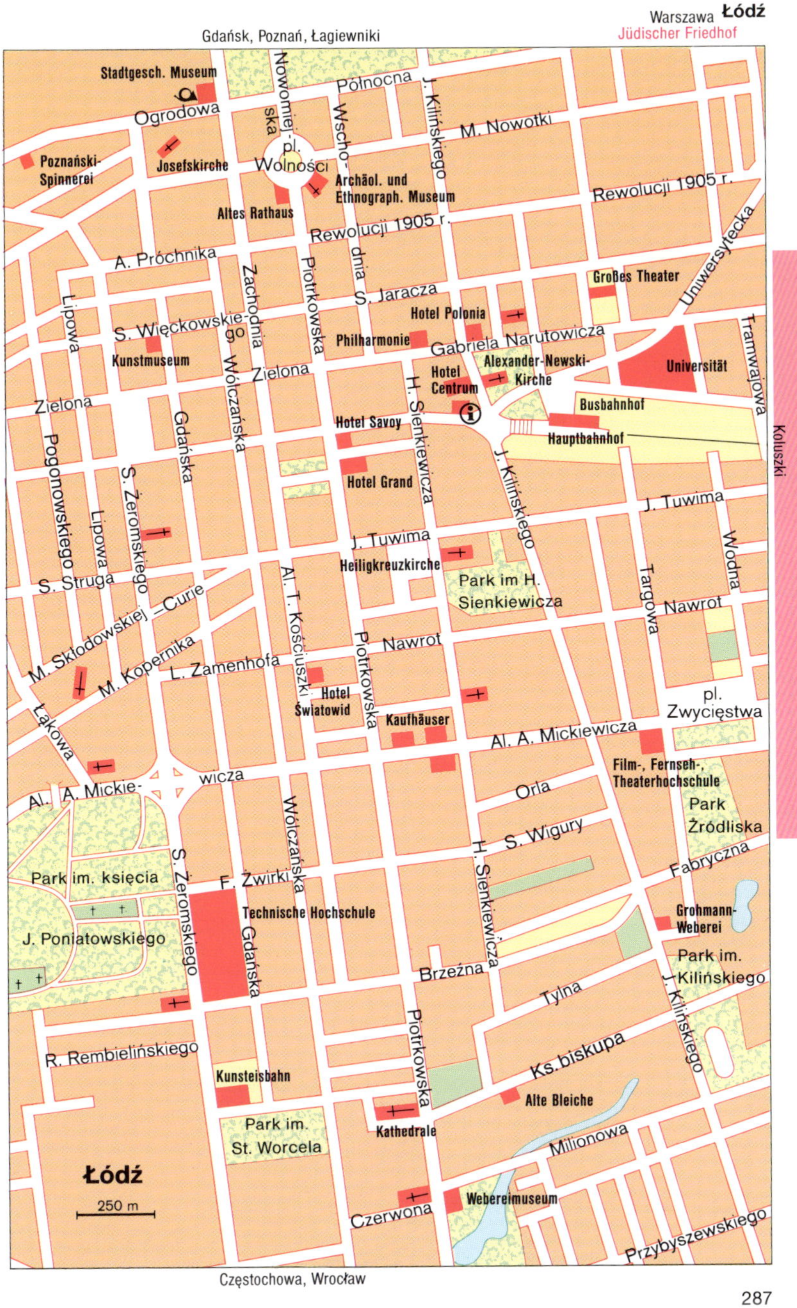
Warszawa Łódź
Jüdischer Friedhof
Gdańsk, Poznań, Łagiewniki
Stadtgesch. Museum
Ogrodowa
Północna
Nowomiejska
pl. Wolności
Wschodnia
J. Kilińskiego
M. Nowotki
Poznański-Spinnerei
Josefskirche
Archäol. und Ethnograph. Museum
Altes Rathaus
Rewolucji 1905 r.
A. Próchnika
Piotrkowska
Zachodnia
S. Jaracza
Großes Theater
Uniwersytecka
Lipowa
S. Więckowskiego
Hotel Polonia
Philharmonie
Gabriela Narutowicza
Tramwajowa
Kunstmuseum
Zielona
Hotel Centrum
Alexander-Newski-Kirche
Universität
Wólczańska
Gdańska
Busbahnhof
Hotel Savoy
Hauptbahnhof
Koluszki
H. Sienkiewicza
Hotel Grand
S. Żeromskiego
Pogonowskiego
J. Tuwima
Heiligkreuzkirche
S. Struga
Al. T. Kościuszki
Park im H. Sienkiewicza
Targowa
Wodna
M. Skłodowskiej-Curie
Nawrot
M. Kopernika
L. Zamenhofa
Hotel Światowid
Kaufhäuser
pl. Zwycięstwa
Łąkowa
Al. A. Mickiewicza
Film-, Fernseh-, Theaterhochschule
Orla
Park Źródliska
S. Wigury
Park im. księcia J. Poniatowskiego
F. Żwirki
Fabryczna
Technische Hochschule
Grohmann-Weberei
Park im. Kilińskiego
Brzeźna
Tylna
R. Rembielińskiego
Ks. biskupa
Kunsteisbahn
Alte Bleiche
Park im. St. Worcela
Kathedrale
Milionowa
Łódź
250 m
Webereimuseum
Czerwona
Przybyszewskiego
Częstochowa, Wrocław

Villa Scheibler, ausgestattet im Stil der Neorenaissance

Poznański-Spinnerei (Forts.)

Neben dem Werksgebäude das Palais des Eigentümers und Wohnhäuser für die Arbeiter.

*Fabrikantenvillen

Vom Reichtum, den der Manchester-Liberalismus einigen Unternehmerfamilien brachte, zeugen die Villen, die in den verschiedensten historisierenden Stilen Mitte des 19. Jh.s bis Anfang des 20. Jh.s erbaut wurden. Die schönsten Wohnhäuser findet man an der 5 km langen, schnurgeraden Hauptstraße ul. Piotrkowska (z. B. Villa Kindermann, Nr. 151; Heinzel-Palais, Nr. 104), am pl. Zwycięstwa (Nr. 1; Villa Scheibler, Nr. 2) und in der ul. Moniuszka (ab 1887 von H. Majewski bebaut). In der Kindermann-Villa an der ul. Wólczańska (Nr. 31), einem der interessantesten Jugendstilbauten Polens von 1903, werden regelmäßig Kunstausstellungen veranstaltet.

Archäologisches und Ethnographisches Museum

Am Plac Wolności steht neben dem klassizistischen Rathaus das Muzeum Archeologiczne i Etnograficzne mit einer Sammlung von Kunsthandwerk, Trachten, Münzen und archäologischen Funden.

Josephskirche

Westlich des Museums steht die barocke Holzkirche Kościół św. Józefa (1765–1768), die im 19. Jh. von der Altstadt an den heutigen Standort in der ul. Ogrodowa verlegt wurde.

*Museum für Stadtgeschichte

Das Muzeum Historii Miasta Łodzi (ul. Ogrodowa 15) ist in einem monumentalen Palast der Poznański untergebracht. Die prachtvoll ausgestatteten Innenräume des neubarocken Baus illustrieren die Stadtgeschichte von prähistorischen Zeiten bis zur Gegenwart. Besondere Aufmerksamkeit gilt dabei Łódź als 'Filmstadt'.

Jüdischer Friedhof

Im nördlichen Stadtteil erinnert der größte jüdische Friedhof Polens (40 ha, etwa 120 000 Grabmäler aus den Jahren 1893–1939) an das jüdische Ghetto. Hervorzuheben sind das imposante Mausoleum für Israel Poznański und ungewöhnliche Grabplatten im Jugendstil.

Klosteranlage in Łagiewniki

Am nördlichen Stadtrand entstand zwischen 1702 und 1723 das ältesteste Bauwerk der Stadt, die Klosteranlage von Łagiewniki. Die Innenausstattung der barocken Antoniuskirche (Kościół św. Antoniego) stammt aus dem 17.–19. Jahrhundert. Das Franziskanerkloster daneben ist ebenfalls im Barockstil errichtet.

*Kunstmuseum

In der ul. Więckowskiego 36 beherbergt das Muzeum Sztuki im alten Palais des Fabrikanten Poznański die beste Sammlung moderner Kunst in Polen (geöffnet Di.–So. 10.00–16.00 Uhr). Neben so berühmten Malern wie Pablo Picasso, Marc Chagall, Paul Klee und Max Ernst sind ausgezeichnete zeitgenössische polnische Künstler vertreten.

*Webereimuseum

In der ehemaligen 'Weißen Fabrik' (ul. Piotrkowska 282) ist das Centralne Muzeum Włókiennictwa untergebracht. Das Gebäude wurde in den Jahren 1835–1837 für den Fabrikanten Ludwig Geyer errichtet. Im Museum wird anhand von Geräten, Maschinen und Materialien die Geschichte des Textilwesens in Łódź von der Steinzeit bis in die Gegenwart dokumentiert. Zu sehen sind neben polnischer Kunstweberei und Volkstrachten eine Kollektion europäischer und orientalischer Textilien.

Denkmal der Passion der Kinder

Eines der zahlreichen Denkmäler, die an die Schrecken des Zweiten Weltkriegs erinnern, steht im Park im. Promienistych. Das 1971 fertiggestellte Pomnik Martyrologii Dzieci ist den polnischen Kindern gewidmet, die in den Lagern der Nationalsozialisten zu Tode gekommen sind.

Umgebung von Łódź

Łęczyca

Rund 40 km nördlich von Łódź liegt das Städtchen Łęczyca (17000 Einwohner), ein regionales Dienstleistungszentrum mit Bergwerken, deren Erze für die Zementherstellung verwendet werden. Im 6. Jh. stand eine Festung auf den Feldern zwischen der heutigen Stadt und dem benachbarten Dorf Tum (2 km östlich). Bevor Łęczyca im 13. Jh. gegründet wurde, gab es auf dem Stadtgebiet bereits im 11. Jh. eine Abtei.
Die Ende des 14. Jh. errichtete und im 16. Jh. umgebaute Burg (ul. Zamkowa 1) war einst Königssitz. Heute beherbergt sie ein Museum mit Sammlungen zur Stadtgeschichte, archäologische Funde und volkskundliche Exponate, u. a. Kultplastik. Die gotische Pfarrkirche (15. Jh.) wurde barockisiert und besitzt eine wertvolle Ausstattung mit Gemälden, Skulpturen und Epitaphen.

**Stiftskirche in Tum

Foto S. 71

Die 1141–1161 erbaute romanische Kósciol N. P. Marii i św. Aleksego (Stiftskirche der hl. Jungfrau Maria und des hl. Alexius) in Tum, eine dreischiffige Pfeilerbasilika, ist die größte romanische Kirche Polens und eine der wenigen überhaupt erhaltenen (nach 1945 restauriert).
Im Tympanon des kunstvollen Nordportals ist die Muttergottes mit dem Jesuskind dargestellt (ca. 1160); die flankierenden Engel tragen Lilie und Kreuz, Symbol für Beginn und Ende des Lebens Jesu. Der äußerlich fast völlig schmucklose, aus einfachen geometrischen Körpern zusammengesetzte Bau mit Ost- und Westchor und Emporen zeigt Einflüsse der niedersächsisch-ottonischen Architektur. Bemerkenswert sind ein Relief des Christus Pantokrator, eine Grabplatte von Ende des 12. Jh.s und Fresken im Westchor (um 1160–1170).

Chełmno

Ca. 33 km westlich von Łęczyca liegt Chełmno (Kulmhof), wo ein Mahnmal an das erste von den Nazis im Jahre 1940 eingerichtete Vernichtungslager erinnert. Hier begann man damit, 'effektive' Tötungsmethoden zu entwikkeln; so wurden beispielsweise die Menschen in als Röntgenwagen getarnten Omnibussen durch die Gegend gefahren, wobei man die Abgase ins Innere leitete. Etwa 300000 Menschen sind hier ermordet worden.

Sieradz

→ dort

Malbork · Marienburg G 2

Wojewodschaft: Warmińsko-Marzuskie
Höhe: 20–30 m ü. d. M.
Einwohnerzahl: 40000

Lage und Geschichte

Malbork liegt etwa 55 km südwestlich von Elbląg am historischen Übergang über die Nogat, im landwirtschaftlich genutzten, unbewaldeten Weichselschwemmland. Verschiedene Industriezweige (elektrotechnische Industrie, Maschinen- und Lebensmittelindustrie) sind hier angesiedelt. Die Stadt wird vor allem wegen der berühmten, nach dem Zweiten Weltkrieg vorbildlich wiederhergestellten Deutschordensburg besucht. Um die Burg, die ab dem 13. Jh. am Ufer der Nogat errichtet wurde, entstand eine Siedlung, die 1276 das Stadtrecht erhielt. 1457 ging Marienburg an den polnischen König, in der 1. Polnischen Teilung 1772 an Preußen. Im Zweiten Weltkrieg wurden Stadt und Burg fast völlig zerstört.

Stadtbild

Erwähnenswert in der überwiegend modernen Stadt sind die gotische Johanneskirche (Kościół św. Jana, 2. Hälfte 15. Jh.; teilweise rekonstruiert) und das ebenfalls gotische Rathaus vom Ende des 14. Jahrhunderts.

**Deutschordensburg

Geschichte und Bedeutung (s. auch S. 39)

Der im Jahre 1226 von dem polnischen Herzog Konrad von Masowien zur Unterwerfung und Christianisierung der heidnischen Pruzzen zu Hilfe gerufene Deutsche Orden begann in der zweiten Hälfte des 13. Jh.s an der strategisch wichtigen Stelle am Ufer der Nogat mit dem Bau einer bewehrten Anlage. Ab 1309 war die Burg Sitz des Hochmeisters. Nachdem Burg und Stadt im 15. Jh. an die polnische Krone übergegangen waren, nahmen die Regenten auf ihren Reisen hier Quartier. Mit der Wiederentdeckung der Gotik zu Beginn des 19. Jh.s und ihrer Vereinnahmung als nationaler Baustil erwachte auch das Interesse an der Marienburg. Das heutige Erscheinungsbild des Burgkomplexes ist das Ergebnis langjähriger Restaurierungsarbeiten, die im Jahr 2005 abgeschlossen sein sollen. 1997 wurde die Burg in die Liste des Weltkulturerbes der UNESCO aufgenommen.

Rundgang

Den Mittelpunkt der Burganlage (geöffnet Mai–Sept. Di.–So. 9.00–16.30, sonst bis 15.00 Uhr) bilden das Hochschloß und das Mittelschloß mit dem südwestlich anschließenden Hochmeisterpalast. Im Nordosten des Burgkomplexes sind die Reste der ehemaligen Vorburg zu finden, die Laurentius-

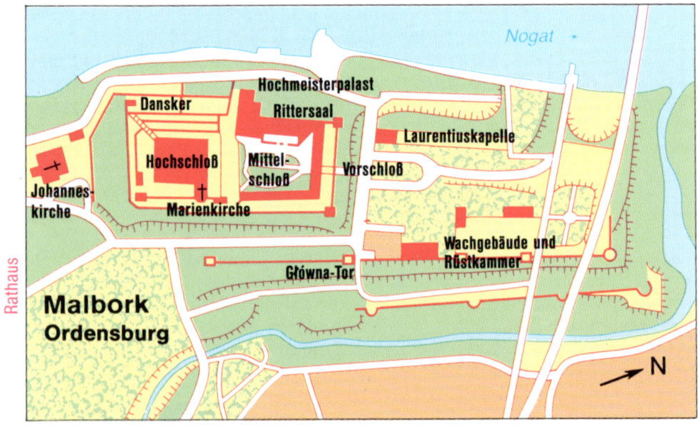

Die Marienburg, Zentrum des Deutschen Ordens

Rundgang (Fortsetzung)

kapelle und das Zeughaus sowie Wirtschaftsgebäude. Ein eindrucksvoller Überrest des mächtigen Befestigungssystems mit doppeltem, turmbesetztem Mauerring ist das Brückentor am Ufer der Nogat.
Von der gegenüberliegenden Seite des Flusses hat man einen guten Überblick über den gesamten Burgkomplex.

Hochschloß

Das Hochschloß (Zamek Wysoki) ist das älteste Gebäude der Burganlage (ul. Hibnera 1). Mit dem Bau des Nordflügels wurde 1274 begonnen; um 1300 war die Vierflügelanlage geschlossen. Beim Umbau in der ersten Hälfte des 14. Jh.s erhielt der quadratische Hof Wandelgänge, die Schloßkapelle wurde zur Schloßkirche St. Marien (Kościół Zamkowy N. P. M.) ausgebaut. Sowohl Schloßkirche wie auch die darunter liegende Annenkapelle besaßen reichen Skulpturenschmuck, von dem nur die beiden Portale erhalten sind. Die weit über die Gebäudeflucht hinausragende Chorpartie der Schloßkirche besaß einst in der mittleren Nische eine monumentale, 8 m hohe Statue der Ordenspatronin Maria, die im Krieg völlig zerstört wurde und wiederhergestellt werden soll. Im Parterre des Hochschlosses sind heute u. a. noch die Gefängniszellen zu besichtigen, im ersten Obergeschoß der Kapitelsaal, von dem ein langer Gang zum Dansker (Abtritt) an der Nogat führt.

Mittelschloß

Das aus drei Flügeln bestehende Zamek Średni entstand zwischen 1310 und 1330 nordwestlich des Hochschlosses und nahm die Wohnräume des Großkomturs, eine Badestube, das Hospital und Gästezimmer auf. Im Westflügel liegt der große Rittersaal mit Sterngewölbe.

Hochmeisterpalast

An den Westflügel schließt sich, durch eine kleine Kapelle getrennt, der Ende des 14. Jh.s erbaute Hochmeisterpalast (Pałac Wielkiego Mistrza) an. Das äußerlich ebenso wehrhafte wie repräsentative Gebäude, vermutlich von Nikolaus von Fellenstein entworfen, gilt als ein Meisterwerk profaner gotischer Backsteinarchitektur. Besonders beeindrucken die beiden

Malbork, Deutschordensburg (Fortsetzung)

Refektorien, Sommer- und Winterremter, mit ihren großen, ursprünglich bunt verglasten Fenstern und den feinen, auf grazilen Säulen ruhenden Sterngewölben. Hier ist auch das monumentale Gemälde "Die Schlacht bei Tannenberg" von Jan Matejko ausgestellt.

Burgmuseum

Das nach dem Wiederaufbau in der Burg eingerichtete Muzeum Zamkowe zeigt Dokumente und Exponate zur Geschichte des Schlosses, mittelalterliche Plastik, Keramik, Kunsthandwerk, polnische und ausländische Porträtmalerei und Schlachtengemälde, Schmuck und Waffen sowie eine der größten Bernsteinkollektionen in Europa.

Umgebung von Malbork

*Pelplin

Foto S. 73

Das 34 km südwestlich von Malbork gelegene Pelplin, seit 1824 Sitz der Diözese Chełmno (Kulm), lohnt einen Abstecher wegen seiner bedeutenden Zisterzienserkirche (heute Bischofskirche); sie überstand den Zweiten Weltkrieg ohne nennenswerte Schäden.
Die Mönche der 1274 gegründeten Zisterzienserabtei begannen um 1280 mit dem Bau einer Klosterkirche, die im wesentlichen um 1320 vollendet war. Die Backsteinbasilika auf kreuzförmigem Grundriß mit eingezogenem, gerade geschlossenem Chor und einem Dachreiter entspricht den zisterziensischen Gewohnheiten der Einfachheit und Strenge. Den Hauptschmuck der Schmalseiten bilden die zierlichen Staffelgiebel und schmale Treppentürmchen, die Ost- und Westfassade flankieren. Nur das Portal im nördlichen Querhaus ist mit Schmuck versehen. Im Inneren der überwiegend barock ausgestatteten Kirche ziehen die aufwendigen, im 15. und 16. Jh. eingezogenen Sterngewölbe im Mittelschiff sowie die filigranen Netzgewölbe im Querhaus den Blick auf sich. Im Chor ein schön gearbeitetes Gestühl aus dem 15. Jahrhundert; die Altäre (17. Jh.) schufen namhafte Künstler wie Hermann Hahn (Hochaltarblatt von 1625), Andreas Steh (Andreas- und Philippus-Altäre) und Bartholomäus Strobel.
Das in den Klausurgebäuden untergebrachte Diözesanmuseum besitzt neben zahlreichen wertvollen Handschriften ein Exemplar der berühmten Gutenberg-Bibel.

Sztum (Stuhm)

An der Straße nach Kwidzyn, 15 km südlich von Malbork, liegt in einem Seengebiet der Ort Sztum. Im geretteten Westflügel der Deutschordensburg ist das Weichsellandmuseum (Muzeum Powiśla, ul. Galla Anonyma 14) mit Sammlungen zur Naturkunde, Geschichte und Regionalgeschichte untergebracht.

Tczew (Dirschau)

Die Stadt am Weichselufer hat sehenswerte alte Bauten. Ferner sind in Dirschau Teile der Weichselbrücke erhalten, die 1850–1857 im Zuge der preußischen Ostbahn Berlin – Königsberg errichtet wurde. Das Weichselmuseum (ul. Gazowa 1) informiert über Naturschutz und Wirtschaft.

Żuławy Wiślane (Weichselschwemmland)

In der Umgebung von Malbork erstreckt sich das Weichselschwemmland, ein landwirtschaftlich intensiv genutztes Gebiet im Weichseldelta, das von vielen Entwässerungskanälen durchzogen ist. Sumpf- und Wasservögel sind hier zu Hause. Zahlreiche Holzbauten (Katen, Speicher) und Windmühlen erinnern an die ehemaligen Besiedler aus Holland.

Małopolska · Kleinpolen G–L 5–7

Lage und touristische Bedeutung

Kleinpolen, eine historische Region, umfaßt den südlichen und südöstlichen Teil Polens. Im Süden wird sie von der Slowakischen Republik, im Osten von der Ukraine (ehemaliges Rotruthenien, Fürstentum Wladimir-Halitsch), im Norden von Masowien (Mazowsze) und Podlasien (Podlasie), im Westen schließlich von Schlesien (Śląsk) begrenzt. In Kleinpolen liegt die alte Hauptstadt Krakau, heute noch kulturgeschichtlich interessantester Ort Polens. Im Süden Kleinpolens sind Tatra und Pieniny landschaftliche Höhepunkte. Zum Kleinpolnischen Hochland schließlich gehören die Heilig-Kreuz-Berge (Góry Świętokrzyskie), ein landschaftlich wie kulturell reizvolles Gebiet.

Lage und touristische Bedeutung (Fortsetzung)

Im frühen Mittelalter hatten die slawischen Wislanen einen starken Stammesstaat errichtet, der im 10. Jh. an das Piastenreich angeschlossen wurde. Im 11. Jh. war Kleinpolen der wichtigste Teil Polens; nach 1037 wurde Krakau die Hauptstadt Polens und Sitz des Erzbistums. Der Name Małopolska, Kleinpolen, wurde erst im 15. Jh. zur Unterscheidung von Großpolen (Wielkopolska) geprägt. Damals umfaßte die Krakauer Diözese zwei Wojewodschaften, Krakau und Sandomierz. 1474 wurden die Gebiete jenseits der Weichsel zu einer selbständigen Wojewodschaft (Lublin) zusammengefaßt.

Geschichte

Im 16. Jh. begann Kleinpolen an Bedeutung zu verlieren; nachdem die Union mit Litauen geschlossen war (1569), lag die Region an der Peripherie eines großen Staatsgebietes. Hauptstadt wurde Warschau, die Entwicklung von Industrie und Bergbau (außer der Gewinnung von Salz) erfolgte ebenfalls in anderen Teilen des Landes. In der dritten Teilung Polens (1795) kam das Gebiet größtenteils zum Österreichisch-Ungarischen Kaiserreich und wurde Galizien genannt (von Halicz, das einmal Hauptstadt des Fürstentums werden sollte, aber auf rotruthenischem und nicht auf kleinpolnischem Gebiet lag). 1918 fiel es an Polen.

'Galizien'

Mazowsze · Masowien

G–K 3–5

Wojewodschaft: Mazowieckie

Masowien heißt das östliche Zentralpolen an der mittleren Weichsel und ihren Zuflüssen Narew, Bug, Pilica und Bzura. Es umfaßt das Masowische Tiefland (Nizina Mazowiecka) um Warschau, im Nordosten das Podlasische Tiefland (Nizina Podlaska) und im Südosten das Lubliner Waldland (Polesie Lubelskie). Die Landschaft ist gekennzeichnet durch Hügel, sandige Ebenen und weite Flußtäler. Sie ist verhältnismäßig wenig bewaldet; mit Ausnahme der Puszcza Kampinoska – Nationalpark "Kampinoski Park Narodowy" – sind kaum noch größere Waldflächen zu finden. Die Wälder, in denen vorwiegend Kiefern wachsen, wurden vor allem im 19. Jh. durch Abholzung dezimiert.

Lage und Landschaft

Die ältesten menschlichen Spuren in diesem Gebiet stammen aus dem jüngeren Paläolithikum (vor ca. 5000 Jahren). Im frühen Mittelalter gelangte Masowien unter die Herrschaft der Piasten; ab 1138 war es Herzogtum, das Mitte des 14. Jh.s unter polnische Lehenshoheit kam. Nach dem Tod des letzten masowischen Fürsten 1526 wurde das Gebiet wieder polnisch, behielt aber eine rechtliche Sonderstellung. Im 16. Jh. wuchs die Bedeutung Warschaus, das ab 1596 Hauptstadt des ganzen Reichs war. Es wurde während der Feldzüge der Schweden (1655–1656), die die ganze Region verwüsteten, zerstört. Mit der zweiten Teilung Polens (1793) gingen der westliche Landesteil und mit der dritten Teilung im Jahr 1795 auch die nördlichen Gebiete Masowiens an Preußen, die übrigen Teile an Österreich. Durch den Wiener Kongreß (1815) kam Masowien unter russischen Einfluß.

Geschichte

Das 19. Jh. war gekennzeichnet von den Kämpfen um die Unabhängigkeit von Rußland; die Bewohner dieses Gebiets nahmen an den Aufständen von 1830 und 1863 teil. Im Jahr 1918 kam Masowien wieder an Polen. Die anschließende wirtschaftliche Entwicklung wurde durch den Zweiten Weltkrieg unterbrochen. Heute ist Masowien von Industrie und Landwirtschaft geprägt. Die wichtigsten Industriezentren sind neben Warschau Płock, Ostrołęka und Żyrardów.

Mazowsze (Fortsetzung) Sehenswertes

Touristische Hauptanziehungspunkte sind der 407 km² große Kampinoski Park Narodowy (Kampinos-Nationalpark; ⟶ Warszawa), das größte Naturreservat Polens, sowie einige historische Denkmäler: die Schlösser der masowischen Fürsten in der alten Hauptstadt Masowiens Czersk (⟶ Warszawa) sowie in ⟶ Ciechanów und Sochaczew und die Klosteranlage in Czerwińsk (⟶ Płock). Bekannt sind die Trachten und die Volkskunst in ⟶ Łowicz und in der ⟶ Kurpie. Vor den Toren Warschaus liegen Żelazowa Wola, der Geburtsort Frédéric Chopins, und das tausendjährige, an historischen Denkmälern reiche ⟶ Płock. Über großen Erholungswert verfügt der Jezioro Zegrzyńskie, ein Stausee an der Narwa.

Mazury · Masuren G–L 2–3

Wojewodschaften: Warmińsko-Mazurskie, Podlaskie

Allgemeines

Der im 19. Jh. eingeführte Name Masuren bezeichnet die wald- und seenreiche Landschaft im Nordosten Polens, die heute im Verwaltungsgebiet der Wojewodschaften Warmińsko-Mazurskie und Podlaskie liegt und bis 1945 zu Ostpreußen gehörte. Masuren ist dank seiner faszinierenden Landschaft eines der beliebtesten Ferienziele und Erholungsgebiete Polens. Die Bevölkerung der schwach besiedelten Region lebt vor allem von der Landwirtschaft und in zunehmendem Maße vom Tourismus.

Landschaft

Masuren nimmt den südlichen Teil des Baltischen Höhenrückens ein. Die in der letzten Eiszeit geformte hügelige Endmoränenlandschaft steigt in der Dylewska Góra (Kernsdorfer Höhe) bis zu 312 m und im Wzgórze Szeskie (Seesker Berg) bis zu 309 m an und senkt sich im mittleren Teil zur Masurischen Seenplatte ab. Das Landschaftsbild Masurens bestimmen die ausgedehnten, überwiegend noch sehr ursprünglichen Waldgebiete und die vielen größeren und kleineren Seen (insgesamt über 1800), die durch Flüsse und Kanäle miteinander verbunden sind. Große Teile dieser Region sind zum Schutz von Flora und Fauna als Reservate ausgewiesen. Das Gebiet der Großen Masurischen Seen (⟶ Wielkie Jeziora Mazurskie) wurde zum Landschaftspark erklärt und soll in einen Nationalpark umgewandelt werden.

Geschichte

Im 13. Jh. wurden die hier ansässigen Pruzzen vom Deutschen Orden unterworfen und christianisiert. Deutsche und polnische Einwanderer aus Masowien besiedelten das Gebiet ab dem 14. Jh. und vermischten sich mit den ansässigen Stämmen. Der Kampf der Polen gegen die Herrschaft des Deutschen Ordens führte im Jahre 1525 zur Umwandlung des Ordensstaates in das säkularisierte Herzogtum Preußen (s. S. 39). Ab 1618 war das Herzogtum durch Personalunion mit Brandenburg verbunden. Im Jahre 1815 wurde die Provinz Ostpreußen eingerichtet, die 1824–1878 mit Westpreußen zusammen die Provinz Preußen bildete. Sowohl Ermland als auch Masuren stimmten beim Plebiszit 1919 für eine Zugehörigkeit zu Deutschland. Während des Zweiten Weltkriegs ließ Hitler sich in der Nähe von Kętrzyn (Rastenburg) das Führerhauptquartier, die 'Wolfschanze' erbauen. Nach 1945 wurde Masuren samt dem Ermland wieder polnisch.

Fremdenverkehr

Am besten für den Fremdenverkehr erschlossen ist das Gebiet um den Jezioro Śniardwy (Spirding-See) und den Jezioro Mamry (Mauer-See) mit den touristischen Zentren Giżycko (Lötzen), Węgorzewo (Angerburg), Mikołajki (Nikolaiken) und Ruciane Nida (Rudczanny). Hier findet der Urlauber eine gut ausgebaute Infrastruktur für Kajak, Segeln und Eissegeln im Winter vor. Auch in der Gegend von Mrągowo (Sensburg), Ostróda (Osterode) und Iława (Deutsch Eylau) wird der Fremdenverkehr ausgebaut.

Kultur

Im Unterschied zum Ermland (Warmia) gibt es in Masuren kaum herausragende Baudenkmäler. Erwähnenswert sind die interessanten Beispiele

Mazury, Kultur (Fortsetzung)

der traditionellen Holzbauweise mit masowischen Zügen in der Puszcza Piska (Johannisberger Heide), die auch im Freilichtmuseum von Olsztynek (Hohenstein) vertreten sind, sowie Burg und Kirche in Kętrzyn und das Kloster Święta Lipka (→ Kętrzyn).

Mierzeja Helska · Halbinsel Hela

F 2

Wojewodschaft: Pomorskie

*Lage und Bedeutung

Etwa 20 km nördlich von Danzig ragt die schmale, 34 km lange Halbinsel Hela in die Danziger Bucht. Die im Lauf von Jahrhunderten durch Versandung aus einzelnen Inselchen zusammengewachsene Nehrung trennt die Putziger Bucht (Zatoka Pucka) von der Ostsee. Dank ihres gesunden Klimas wurde sie schon früh zu Heil- und Erholungszwecken besucht. Die Bewohner von Hela, Nachkommen der Kaschuben, leben traditionell von Fischfang und Fremdenverkehr.
Ebenso wie bei den Kaschuben auf dem Festland wird hier die kaschubische Sprache und Kultur auch heute noch gepflegt; allerdings unterscheidet sich ihre Sprache grundlegend von der der kaschubischen Bevölkerung auf dem Festland.

Sehenswertes

Die von dichten Kiefernwäldern bewachsene Halbinsel ist berühmt für ihre hübschen Fischerdörfer und die langen, von Dünen gesäumten Sandstrände, die zu einem Bad in der Ostsee einladen (das Baden in der Putziger Bucht ist wegen der schlechten Wasserqualität nicht möglich). Am Ausgangspunkt der Halbinsel liegt die Hafenstadt Władysławowo (Großendorf), es folgen die Badeorte Chałupy, Kuźnica, Jastarnia (Heisternest) und Jurata (Forst), das Modebad der Zwischenkriegszeit. Sehenswert ist auch die an der Südspitze der Halbinsel gelegene Stadt Hel (Hela, 5000

Fischer auf der Halbinsel Hela

Mierzeja Helska, Sehenswertes (Fortsetzung)

Einwohner), seit 1128 Fischerhafen und Handwerkszentrum. Sie besitzt eine gotische Peterskirche (Kościół św. Piotra), in der heute das Fischermuseum untergebracht ist. Neben Schiffsmodellen und Werkzeugen zum Fischfang wird hier auch kaschubisches Kunsthandwerk gezeigt.

Verkehrsverbindungen

Hel hat mit dem Festland Bus- und Bahnverbindung. Schiffe fahren von Hel und Jastarnia nach Gdynia (Gdingen), Sopot (Zoppot) und Gdańsk (Danzig). Im Sommer ist der Autoverkehr wegen des Umweltschutzes eingeschränkt (Ausländer können bis Jurata, nicht aber nach Hel fahren).

Nowy Sącz · Neu Sandez H 7

Wojewodschaft: Małopolskie
Höhe: 290 m ü. d. M.
Einwohnerzahl: 74000

Lage und Bedeutung

Nowy Sącz, nördlich der Sandezer Beskiden (Beskid Sądecki) in einer Talweitung an der Mündung der Kamienica in den Dunajec gelegen, ist ein regionales Industrie- und Dienstleistungszentrum mit einem Motorenwerk und Obst- und Gemüseverarbeitung.

Geschichte

Im Jahr 1292 wurde der Ort von König Wacław II. Czeski (dem Böhmen) angelegt, das Stadtrecht erhielt er im 14. Jh. von Władysław Łokietek (Ellenlang). Die von Kazimierz Wielki (dem Großen) gewährten Privilegien bewirkten einen raschen Aufstieg der Stadt; ein Brand (1611), Epidemien und Kriege verursachten den Niedergang. Ab 1772 befand sich die Stadt in den Grenzen des österreichischen Staats, 1918 fiel sie an Polen zurück. Seit 1975 ist sie Wojewodschaftsstadt.

Sehenswertes

* Altstadt

Die Altstadt liegt am Zusammenfluß von Kamienica und Dunajec an einem steilen Hang. Erhalten ist die mittelalterliche Stadtanlage mit einem großen Marktplatz, nach Krakau dem größten in Kleinpolen. In seiner Mitte steht das Rathaus, erbaut Ende des 19. Jahrhunderts; am Markt Bürgerhäuser, die Elemente aus Gotik und Renaissance erkennen lassen. Auf dem Marktplatz und an der Hauptstraße, der ul. Jagiellońska, Geschäfte, Restaurants und Galerien.

Margaretenkirche

Die Kościół św. Małgorzaty wurde im 13./14. Jh. erbaut, im 19. Jh. umgestaltet. Der aus Ziegeln und Stein errichtete Bau besitzt zwei Türme und gotische Portale. Im Inneren u. a. eine Figur der Muttergottes (14. Jh.).

Stadtmuseum

Im Stadtmuseum nahe der Margaretenkirche (ul. Lwowska) sind orthodoxe Ikonen und eine riesige Sammlung von Gemälden des berühmten polnischen Volksmalers Nikifor Krynicki (→ Krynica) ausgestellt.

Heiliggeistkirche

Die Kościół św. Ducha wurde um 1440 (Netzgewölbe) erbaut und im 18./19. Jh. umgestaltet. Im Inneren schöne neugotische Altäre und ein Kultbild der Maria Trost aus dem 15./16. Jahrhundert.

Alte Synagoge

Die alte Synagoge (ul. Berka Joselewicza), 1746 im ehemaligen Ghetto von Nowy Sącz errichtet und im 19. Jh. umgebaut, beherbergt heute eine Galerie für zeitgenössische Kunst.

Schloß

Im Nordteil der Stadt erhebt sich die Ruine eines Schlosses, das im 14. Jh. von Kazimierz Wielki errichtet und im 17. Jh. von den Lubomirski wieder aufgebaut wurde; einst war es Schloß Sitz der Starosten. Von hier weiter Blick über den Dunajec und die Inselbeskiden (Beskid Wyspowy).

Am Dunajec in den Sandezer Beskiden

* Freilichtmuseum

Der Sądecki Park Etnograficzny (Sandezer Volkskundlicher Park) in der Vorstadt Falkowa unweit des Dunajec verfügt über Katen, Bauten von Bauern und Adligen, kleine orthodoxe Kirchen und Speicher, die die traditionelle Baukunst der Sandezer Landes, der Gegend von Łącko und des westlichen Łemków-Gebiets repräsentieren. Es gibt auch eine Abteilung für die Baukunst der Zigeuner.

Umgebung von Nowy Sącz

** Stary Sącz

Das altertümliche Stary Sącz (9000 Einwohner, 7 km südlich von Nowy Sącz) ist reich an kunsthistorisch interessanten Baudenkmälern. Bereits seit dem 8.–10. Jh. stand hier eine Festung; 1257 schenkte Bolesław Wstydliwy (der Schüchterne) den Besitz seiner Frau Kinga, die nach seinem Tod 1273 die Stadt gründete und 1280 ein Kloster stiftete, in das sie eintrat. Die Gönnerin der Stadt und des Klosters starb im Ansehen der Heiligkeit. Die berühmte Klarissinnenkirche mit ihren Klostergebäuden entstand im 13. Jh. und wurde im 18. Jh. erweitert; in der Fassade Statuen der seliggesprochenen Kinga und des Bolesław Wstydliwy. Der Hauptaltar stammt aus dem 17. Jahrhundert. Die Klostergebäude sind von hohen Steinmauern umgeben.
Erhalten sind Gebäude aus dem 19. Jh. am Marktplatz und in den benachbarten Straßen. Man kann die Stadt per Kutsche besichtigen. Auf dem Markt im sogenannten 'Dom na Dołkach' (Haus auf den Gruben) das Regionalmuseum, daneben eine Kunstgalerie.

** Poprad-Tal

Das Tal bietet eine der hübschesten Landschaften in Polen. Der reißende Fluß Poprad windet sich am Fuß der Sandezer Beskiden (Beskid Sądecki) entlang. Dieses nicht allzu hohe bewaldete Gebirge besteht aus sogenanntem Karpatenflysch (Sandstein, Schiefer und Konglomerate); die wichtigsten Gipfel sind die Radziejowa (1262 m), die Przehyba (1175 m)

Nowy Sącz, Umgebung, Poprad-Tal (Fortsetzung)

und die Jaworzyna Krynicka (1113 m). Die zahlreichen Mineralquellen haben Kurorte entstehen lassen. Die malerische Landschaft, Wanderwege in den Bergen und Skipisten ziehen das ganze Jahr hindurch Touristen aus dem In- und Ausland an.

Rytro

Dieser Erholungsort liegt 16 km südlich von Nowy Sącz am Poprad am Fuß der Sandezer Beskiden; beachtenswert die Ruinen eines Schlößchens aus dem 12. Jahrhundert. Von hier aus führen Wanderwege in die Sandezer Beskiden (Beskid Sądecki), z. B. auf die Radziejowa (4 Std.), auf die Przehyba (Berghütte; 4 Std.) und auf die Hala Pisana.

Piwniczna

Ebenfalls südlich von Nowy Sącz (24 km) liegt der 1348 gegründete Kurort Piwniczna (6000 Einw.) mit Mineralquellen. Behandelt werden u. a. Anämie und Magen- und Gelenkkrankheiten. Bergwanderungen führen u. a. auf die Radziejowa (3.30 Std.) und die Hala Pisana (3.30 Std.).

Żegiestów

Noch weiter südlich (35 km von Nowy Sącz) gibt es einen weiteren Kurort; das hübsch auf einer schmalen Terrasse am Poprad gelegene Żegiestów ist einer der kleinsten Kurorte in Polen, dennoch besitzt er eine besondere Atmosphäre. Das Mineralwasser wird bei Erkrankungen des Verdauungssystems, bei Blutarmut, Herzkrankheiten und Erschöpfungszuständen angewandt.
Es gibt hübsche Badepavillons und einen kleinen Kurpark. Von hier aus führen Wege nordöstlich in die Region Wierchomia (Berghütte).

Muszyna

Alte Tradition hat auch dieser Kurort (60000 Einw.; 50 km südlich von Nowy Sącz) an der Mündung der Muszynka in den Poprad. Die Siedlung existiert seit dem 12. Jh. und war Residenz der Krakauer Bischöfe. Der Kurbetrieb ist auf die Behandlung von Atemwegserkrankungen spezialisiert. Ruine eines Schlößchens von 1300; gleich daneben befindet sich das Regionalmuseum.
Im Sonnental (Słoneczna Dolina) nördlich von Muszyna das rings von Bergen umgebene Złockie, ein alter Sanatoriums- und Erholungskomplex.

Krynica

→ dort

Jezioro Rożnowskie

Der Rożnowskie-See nördlich von Nowy Sącz, ein Stausee des Dunajec, wurde bereits im Jahre 1935 angelegt. In Rożnów, Gródek und anderen Orten Erholungsgebiete am Wasser mit Anlegestellen für Segelboote und Kajaks. Auf dem See verkehren im Sommer Passagierschiffe.

Limanowa

Diese Stadt (13000 Einw.) nordwestlich von Nowy Sącz ist mit seinen Hotels und Pensionen ein guter Ausgangspunkt für Ausflüge in den Inselbeskiden (Beskid Wyspowy). Attraktiv sind die schönen und nicht anstrengenden Spazier- und Wanderwege im Gebirge. Auch in dieser Gegend gibt es zahlreiche, jedoch nicht kommerziell genutzte Mineralquellen.

Nowy Targ · Neumarkt H 7

Wojewodschaft: Małoplskie
Höhe: ca. 600 m ü. d. M.
Einwohnerzahl: 27200

Lage und Bedeutung

Nowy Targ, Industriezentrum der Region → Podhale, liegt ca. 80 km südlich von Krakau am Fuß der Gorce (ein Teil der Beskiden). Die Stadt am Zusammenfluß des Biały (Weißen) und des Czarny (Schwarzen) Dunajec verfügt über holz- und lederverarbeitende Industrie (Schuhfabriken), im nahen Szaflary werden Ski produziert. An jedem Donnerstag verwandelt sich die Stadt in einen großen Markt mit Waren aus Podhale und der ganzen Welt.

Blick über die Pieniny Spiskie zur Tatra

Geschichte

Nowy Targ war bereits im 13. Jh. unter dem Namen Długie Pole ('Langes Feld') bekannt. Das Stadtrecht erhielt es im 14. Jh. von König Kazimierz Wielki (dem Großen). Seit jeher war die Stadt als Handelsstadt bekannt (daher der Name 'Neumarkt'), sie lag an wichtigen Handelsstraßen (u. a. zwischen Ungarn und Krakau).

Katharinenkirche

Der Chor der Kościół św. Katarzyny ist gotisch (14. Jh.), sonst ist die Kirche barock (Umbau im 17./18. Jh.).

Friedhofskirche St. Anna

Die Kościół cmentarny św. Anny, in dörflicher Holzbauweise errichtet, entstand vermutlich Anfang des 16. Jahrhunderts. Am Hauptaltar eine gotische Muttergottes mit Jesuskind (15. Jh.) und eine Heilige Familie vom Beginn des 16. Jahrhunderts.

Umgebung von Nowy Targ

Allgemeines

Interessante Baudenkmäler liegen am Weg von Nowy Targ nach → Szczawnica (ca. 40 km östlich) bzw. zur Burg Niedzica (→ Pieniny). Unterwegs bieten sich Ausblicke auf die Tatra im Süden, die Gorce im Norden und die Pieniny im Osten.

Łopuszna

Beachtenswert ist dort ein Herrenhaus aus dem 18. Jh., ein Bau in der für das Podhale typischen Holzarchitektur (schindelgedecktes Dach), früher Eigentum der Familie Tetmajer. Weiterhin eine Goralenkirche aus Holz (15./16. Jh.) mit Wehrturm; im Inneren wertvolle Stücke, darunter ein gotisches Triptychon von etwa 1460 mit der Krönung der Muttergottes.

Harklowa

Auch hier steht eine Holzkirche; sie hat Ähnlichkeit mit der Kirche in Łopuszna und ist zur selben Zeit entstanden. Im Inneren gotische Skulpturen und Freskenfragmente von etwa 1500.

Erzengel-Michael-Kirche in Dębno

Nowy Targ, Umgebung (Fortsetzung)
** Dębno Podhalańskie

Die Erzengel-Michael-Kirche (Kościół św. Michała Archanioła), eine Holzkirche aus dem 15. Jh., zählt zu den wertvollsten Baudenkmälern in Polen. Ein Großteil der gotischen Ausstattung ist erhalten geblieben, und der ganze Innenraum ist mit Malerei von etwa 1500 ausgeschmückt. Am Hauptaltar ein Triptychon vom Beginn des 16. Jh.s (hl. Katharina), das stilistisch am Übergang von der Gotik zur Renaissance steht. Weitere Stücke der Ausstattung sind gotische Skulpturen im barocken Seitenaltar, ein Kruzifix von 1380 am Triumphbogen und eine Statue des hl. Nikolaus von 1420. Im Chor eine gotische Kanzel und eine gotische Stifterbank.

Dunajec

→ dort

Nysa · Neisse — E 6

Wojewodschaft: Opolskie
Höhe: 190 m ü. d. M.
Einwohnerzahl: 45 800

Lage und Bedeutung

Neisse, eine der schönsten Städte Oberschlesiens, liegt an der Nysa Kłodzka (Glatzer Neiße) im Sudetenvorland. Im 19. Jh. entwickelte es sich zur Industriestadt (Herstellung von Industrieanlagen, Lieferwagen und Kleinbussen, Bekleidungs-, Chemie- und Lebensmittelverarbeitung), heute gewinnt der Fremdenverkehr zunehmend Bedeutung.
Aus Neisse stammte der bekannte Zoologe Bernhard Grzimek.

Geschichte

Der aus einer slawischen Siedlung hervorgegangene Ort gehörte seit dem 12. Jh. zum Bistum Breslau. Vor 1223 erhielt er das flämische Stadtrecht verliehen. Während der Reformation entwickelte sich Neisse zum Hauptsitz der Breslauer Bischöfe, die die Stadt befestigen und zahlreiche sakrale

Gebäude errichten ließen ("Schlesisches Rom"). Im 16. und 17. Jh. wirtschaftliche und kulturelle Blüte; zwischen 1575 und 1655 war die Stadt Sitz des Breslauer Prieserseminars, 1624 wurde das Jesuitengymnasium Carolinum gegründet. 1742 fiel Neisse an Preußen und wurde zu einer wichtigen Festung ausgebaut. Mitte März 1945 wurde die Stadt nach heftigen Kämpfen erobert und dabei zu 80 % zerstört. Nach dem Krieg wurden einige historisch wertvolle Bauten wiederhergestellt.

Geschichte (Fortsetzung)

Sehenswertes

*Jakobskirche

Foto S. 302

Die gotische Kościół św. Jakuba, eine der schönsten Kirchen in Polen, überragt den Marktplatz (Rynek); sie entstand 1401–1431 an der Stelle eines abgebrannten spätromanischen Vorgängerbaus. Baumeister der dreischiffigen, neunjochigen Hallenkirche mit Chorumgang und zwanzig Seitenkapellen war Peter aus Frankenstein (Ząbkowice).
Die unverputzt belassenen Wände und achteckigen Pfeilerpaare unterstützen die enorme Raumwirkung. In den mit schönen Gittern versehenen Seitenkapellen befinden sich noch Grabmäler Breslauer Bischöfe, darunter Meisterwerke der Renaissance. Zur Ausstattung gehören weiterhin ein gotisches Taufbecken sowie ein aus Holz geschnittener gotischer Flügelaltar (heute der Hauptaltar).
An dem freistehenden, wie eine Ruine wirkenden unvollendeten Glockenturm wurde noch bis Mitte des 16. Jahrhunderts gebaut.

Nysa **Jakobskirche**

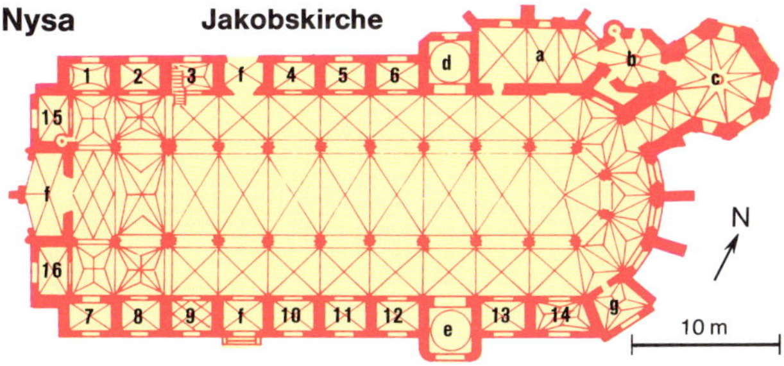

GOTISCHE KAPELLEN
1 Antoniuskapelle
2 Kapelle der Schmerzensreichen Muttergottes
3 Ecce-Homo-Kapelle
4 Josefskapelle
5 Bruderkapelle
6 Johanneskapelle
7 Gartenkapelle
8 Annakapelle
9 Kapelle der Muttergottes mit dem Rosenkranz
10 Laurentiuskapelle
11 Nikolauskapelle
12 Jakobkapelle
13 Peter-und-Pauls-Kapelle
14 Kapelle der Muttergottes mit Skapulier
15 Heiligkreuzkapelle
16 Kapelle Mariä Himmelfahrt

WEITERE RÄUME
a Hauptsakristei
b Kleine Sakristei
c Baptisterium
d Dreifaltigkeitskapelle
e Sakramentskapelle
f Vorhallen
g kleines Lager

Ring

Der Rynek wurde im letzten Krieg weitgehend zerstört, so auch der gotische, 89 m hohe Turm des Rathauses. Einige Bauwerke um den Ring wurden rekonstruiert, u. a. die Stadtwaage von 1604 an der Südseite.

Breslauer Torturm

Unweit der Kirche steht in der ul. Wrocławska der Schöne Brunnen (1686 von W. Helleweg) mit einem kunstvoll geschmiedeten Gehäuse. Die Straße wird vom Breslauer Torturm (Brama Wrocławska) abgeschlossen, einem Überbleibsel der mittelalterlichen Stadtbefestigung. Seine heutige Bekrönung erhielt er erst um 1600.

Barbarakirche

Südöstlich des Breslauer Torturms steht die Kościół św. Ewangelicki, erbaut im 15. Jh. als Krankenstiftskapelle und im 17. Jh. barockisiert.

Bischofspalast

Südöstlich der Jakobskirche liegt das ehemalige geistliche Viertel der Stadt. Über die ul. Jarosława gelangt man zunächst zum Bischofspalast. Der Barockbau mit reich gegliederter Fassade wurde 1608–1624 begonnen und 1729 nach Plänen von Christian Tausch fertiggestellt. Vor dem Krieg war hier das Amts- und Landgericht untergebracht, heute beherbergt das Gebäude das Stadtmuseum (geöffnet Di.–Fr. 10.00–15.00, Sa. 11.00–15.00, So. bis 16.00 Uhr).

Bischofshof

Auf der gegenüberliegenden Straßenseite der ul. Grodzka steht der Dwór Biskupów, der mittelalterliche Bischofshof, dessen älteste Teile noch aus dem 14. Jh. stammen.
Anschließend die frühbarocke ehem. Jesuitenkirche, heute Mariä-Himmelfahrt-Kirche (Kościół Wniebowzięcia Matki Boskiej), die 1688–1692 erbaut wurde (1820 und 1907 teilweise erneuert); im Innern ein erst kürzlich entdecktes Deckengemälde und ein sehenswerter Silbertabernakel.
An der gegenüberliegenden Seite des Platzes steht das St.-Annen-Kolleg, heute Musikschule.

Carolinum

An die Kirche schließt sich das traditionsreiche Jesuitenkolleg Carolinum aus den Jahren 1656–1658 an. Zu seinen berühmtesten Schülern zählten die polnischen Könige Michał Korybut Wiśniowiecki und Jan III. Sobieski; Anfang des 17. Jh.s war Christoph Scheiner, der Entdecker des Sonnenflecken, hier Rektor. Sehenswert sind die Aula sowie der Bibliothekssaal (Bestände seit 1945 in Breslau).
Etwas südlich steht in der ul. Prudnicka die 1741 erbaute ehemalige Brüderkirche, heute Kościół Zwiastowania Najświętszej Marii Panny (Mariä Verkündigung).

*St.-Peter-und-Pauls-Kirche

Am Ende der ul. Bracka erhebt sich die Kościół św. Piotra i Pawła, die ehemalige Kreuzherrenkirche St. Peter und Paul, erbaut 1719–1727 nach Plänen des bischöflichen Hofbaumeisters Michael Klein (aus Ungarn) und

Jakobskirche in Neisse

Die wehrhafte Pfarrkirche in Paczków

St.-Peter-und-Pauls-Kirche (Fortsetzung)

dessen Nachfolger Felix Anton Hammerschmidt. Sie gehört zu den schönsten Barockkirchen Schlesiens. Das über fast quadratischem Grundriß errichtete Kirchenschiff ist von Kapellen umgeben, über denen Emporen angebracht sind. Die aus Bayern stammenden Brüder Felix Anton und Thomas Christoph Scheffler malten den Innenraum aus, Thema ist die Anbetung der Dreifaltigkeit und die Verehrung des Kreuzes; das Gemälde des Hochaltars stammt von Philipp Christian Benthum (1730). Das Klostergebäude wurde ebenfalls von M. Klein 1708–1713 errichtet.

Neptunbrunnen

Folgt man der ul. Bracka in Richtung Rynek, gelangt man zur Fontanna Neptuna, die 1701 nach der römischen Fontana di Trevi erbaut wurde.

Stadtwaage

Im Südteil des Marktplatzes steht die Waga Miejska von 1604, die später als Kämmerei genutzt wurde. Sie zählte einst zu den schönsten Profanbauten der Renaissance in Ostdeutschland.

Dominikanerkirche

Durch den Münsterberger Torturm (Wieża Ziębicka) führt die ul. Krzywoustego über die Neißebrücke an der 1896 errichteten Hauptpost vorbei zur ehemaligen Friedrichstadt, 1742 als eigenständige Gemeinde gegründet und 1811 eingemeindet. Hier steht die Kościół Podominiański von 1788 mit einem barocken Hochaltar und einer Rokokokanzel.
Auf dem ehemaligen Jerusalemer Friedhof (Cmentarz Komunalny, an der Straße nach Otmuchów) das Doppelgrab des Dichters Joseph Freiherr von Eichendorff und seiner Frau Luise (südöstlich des Chors der alten Begräbniskapelle).

Umgebung von Nysa

Otmuchów (Ottmachau)

Ottmachau, 10 km westlich von Neisse am Fuß des Reichensteiner Gebirges (Góry Złote) gelegen, wurde im Jahr 1000 von Bolesław Chrobry gegründet; 1347 erhielt der Ort das deutsche Stadtrecht. Auf den Fundamenten der Burg aus dem 12. Jh. wurde im 16. Jh. ein Schloß errichtet; 1820 kam es in den Besitz Wilhelm von Humboldts und war bis 1928 im Besitz der Familie.
Die Stadt wurde durch Bombardierungen weitgehend zerstört. Einige historischen Baudenkmäler blieben jedoch erhalten, darunter das 1575 erbaute Rathaus mit einem schönen barocken Turmhelm (von 1618). Die Sonnenuhr wurde vom Breslauer Bischof Martin Gerstmann gestiftet und befand sich ursprünglich an der (abgetragenen) Burgkapelle.
Oberhalb des Marktplatzes erhebt sich die zweitürmige barocke Pfarrkirche (Kościół Farny), 1691–1695 nach Plänen von Johann Peter Tobler errichtet. Die Ausmalung stammt von Karl Dankwart, Michael Willmann malte drei Altargemälde. Unterhalb der Kirche die Mariensäule (Kolumna Matki Boskiej) von 1734.
Am Fuße des Burgbergs steht das 1706–1707 von Baumeister Michael Klein errichtete Barockschlößchen.
Westlich der Stadt erstreckt sich ein Stausee der Glatzer Neiße mit mehreren Erholungsgebieten, u. a. Lgota, Ściborz und Sarnowice.

*Paczków (Patschkau)

26 km westlich von Neisse liegt das rund 8500 Einwohner zählende Patschkau zwischen dem Reichensteiner Gebirge (Góry Złote) und der Glatzer Neiße im Sudetenvorland. Im 13. Jh. wurde die Stadt auf ovalem Grundriß angelegt und im 14. Jh. mit einer bis heute erhaltenen Stadtmauer umgeben, drei Tore bieten Einlaß: Breslauer Tor (Brama Wrocławska), Glatzer Tor (Brama Kłodzka) und Frankensteiner Tor (Brama Ząbkowicka). Den zahlreichen nach innen offenen Mauertürmen verdankt die Stadt ihren Beinamen 'Schlesisches Rothenburg'.
Sehenswert sind die wuchtige, etwas erhöht liegende katholische Pfarrkirche aus der 2. Hälfte des 14. Jh.s, an die um 1447 die Marienkapelle angebaut wurde. Der Turm wurde im 15. Jh., die Rochuskapelle erst 1701 hinzugefügt. 1529 wurde die Kirche mit Wehrgängen und den charakteri-

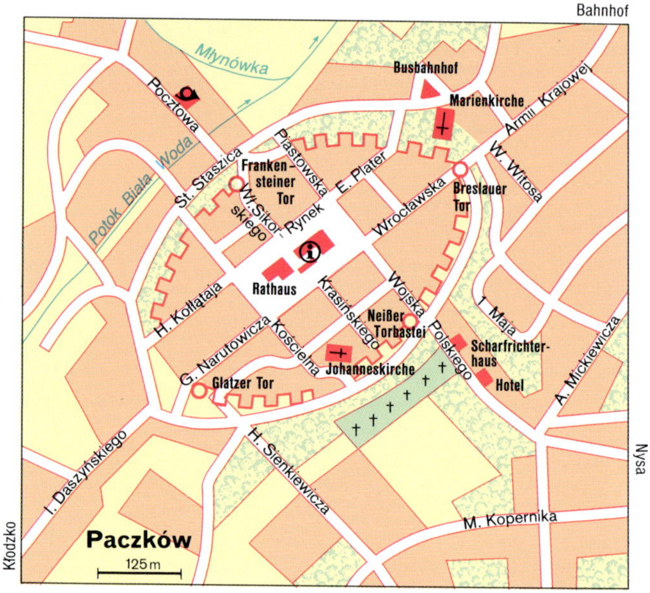

Nysa, Umgebung, Paczków (Fortsetzung)

stischen Dachzinnen ausgestattet. Das gotische Rathaus wurde 1542 bis 1552 erbaut und 1821 neoklassizistisch verändert.

Głuchołazy (Ziegenhals)

Südlich von Neisse (19 km), am Rande des Altvatergebirges (Góry Opawskie) liegt der Kurort Ziegenhals (14500 Einwohner). Vor 1220 stand hier eine von Bischöfen gegründete Burgfestung; im 15. Jh. wurde mit dem Eisenbergbau begonnen. Seit Ende des 19. Jh.s Kurort. Von der mittelalterlichen Stadtbefestigung ist ein Torturm aus dem 15. Jh. erhalten; an der Ostseite des Rings steht inmitten von Bürgerhäusern das alte Rathaus mit einem hölzernen Uhrturm und dem Ziegenhalswappen, ebenfalls am Ring ist die barocke Apotheke sehenswert. Wichtigstes Baudenkmal ist die katholische Stadtkirche St. Lorenz (Kościół św. Wawrzyńca), die 1729 an der Stelle eines Vorgängerbaus errichtet wurde (erhalten ist noch das frühgotische Portal von ca. 1250 mit reichem floralem Reliefschmuck).
Südlich des Stadtzentrums, am Fuße des Holzbergs (Przednia Kopa), befinden sich die Kuranlagen. Hier ist auch der Zugang zu einer alten Goldgrube (Stara Sztolnia). Vom Holzberg (Aussichtsturm; Wanderheim, Restaurant) hat man einen schönen Blick auf die Neiße und das Altvatergebirge.

Jarnołtówek (Arnoldsdorf)

8 km südlich von Ziegenhals liegt Arnoldsdorf, ein kleiner Erholungs- und Badeort. Ein markierter Wanderpfad führt auf die Bischofskoppe (Biskupia Kopa; mit Wanderheim).

Odra · Oder Fluß F7 – B3

Flußlauf

Die Oder, mit etwa 850 km Länge der zweitlängste Fluß des Landes, entspringt in den Sudeten (Sudety) unweit des Weichselursprungs auf nur 634 m Höhe ü. d. M. Mit geringem Gefälle (durchschnittlich 26 cm/km) fließt sie durch die Mittelschlesische Ebene (Nizina Śląska), die Großpolnische Ebene (Nizina Wielkopolska) und entlang der Westpommerschen

Seenplatte (Pojezierze Zachodnopomorskie). Zwischen der Mündung der Nysa Łużycka (Lausitzer Neiße) und dem Ort Pargowo ist die Oder Grenzfluß zwischen Polen und Deutschland. Im Unterlauf teilt sie sich vor Stettin in mehrere Arme, die im Stettiner Haff wieder zusammenfließen. Zwischen den Inseln Wolin (Wollin) und Uznam (Usedom) stellen die Mündungsarme Dzwina (Dievenow), Świna (Swine) und Peene – letztere auf deutschem Gebiet – die Verbindung zur Ostsee her.

Oder, Flußlauf (Fortsetzung)

Um die Schiffbarkeit des Stroms trotz seiner Wasserstandsschwankungen zu ermöglichen, wurde der Fluß fast auf seinem gesamten Verlauf reguliert und kanalisiert. Eine wichtige Rolle spielt der Kanał Gliwicki (Gleiwitzer Kanal), der die Oder mit dem Oberschlesischen Industriegebiet (Górnośląski Okręg Przemysłowy; GOP) verbindet und von Lastkähnen befahren wird. Am Oberlauf des Flusses, zwischen Kędzierzyn-Koźle (Heydebeck-Cosel) und Rędzin, regulieren über 20 Schleusen den Wasserstand.

Flußregulierung

Die Oder wird von zahlreichen Städten gesäumt, die von wirtschaftlicher und kultureller Bedeutung sind: Wrocław (Breslau) und Szczecin (Stettin), Brzeg (Brieg, ⟶ Opole), Oława (Ohlau) und Głogów (Glogau). Sehr malerisch am Fluß liegt das von Zisterziensern gegründete Kloster in Lubiąż (Leubus, ⟶ Legnica), zu dem eine Kirche mit barockem Portal gehört.

Besondere Attraktionen

Personenschiffahrt wird auf dem Gleiwitzer Kanal in der Umgebung von Oppeln, bei Breslau sowie zwischen Stettin und Swinemünde betrieben.

Schiffahrt

Im Bereich der Unteren Oder bei Stettin entsteht der "Internationalpark Unteres Odertal", ein grenzüberschreitendes deutsch-polnisches Projekt. Der deutsche Teil des Naturschutzgebiets wurde 1995 unter dem Namen "Nationalpark Unteres Odertal" eröffnet. Auf polnischer Seite wurde in dem durch Kriegseinwirkungen stark zerstörten Poldersystem jegliche Nutzung aufgegeben, so daß im Laufe der Jahre eine vom Menschen unbeeinflußte Renaturierung stattfinden konnte. Das Untere Odertal hat viele Feuchtbiotope, Wiesen und Auwälder. Während der Zugzeit rasten hier Gänse, Enten und Schwäne sowie Kraniche (Grenzübergänge: Schwedt/Krajnik Dolny und Hohenwutzen/Osinów Dolny).

Projekt Internationalpark Unteres Odertal

Oleśnica · Oels

E 5

Wojewodschaft: Dolnośląskie
Höhe: 178 m ü. d. M.
Einwohnerzahl: 35 000

Oleśnica, zu deutsch Oels, liegt 30 km nordöstlich von Breslau. Mit mehreren Industriebetrieben (u. a. großes Eisenbahnausbesserungswerk und Schuhfabriken) ist Oels nach Breslau die größte und bedeutendste Stadt Niederschlesiens und ein wichtiger Verkehrsknotenpunkt.

Lage und Bedeutung

1247 wird Oels das erste Mal erwähnt, 1255 erhielt es das Stadtrecht. In den Jahren 1312–1815 war es Residenz des gleichnamigen Fürstentums. Während der Reformation bildete es ein Gegengewicht gegen die bis 1742 vom katholischen Habsburg abhängigen übrigen schlesischen Territorialherren. Viele 1945 zerstörte Bauwerke sind wiedererrichtet worden.

Geschichte

Sehenswertes

Das Stadtbild wird von einem Schloß bestimmt; die mittelalterliche Burg wurde ab 1558 zum Renaissanceschloß umgebaut. Der mächtige Turm stammt noch vom Vorgängerbau. Über der Einfahrt zum Innenhof erinnert ein Standbild an Karl II., in dessen Auftrag der Baumeister Hans Lucas

Schloß

Renaissanceschloß Oleśnica

Schloß (Fortsetzung)

1586 weitere Veränderungen vornahm. Im Schloß ein kleines Archäologisches Museum (geöffnet Di.–So. 10.00–15.00 Uhr).

Schloßkirche

Durch einen Kreuzgang gelangt man zur spätgotischen St.-Johannes-Kirche (św. Jana Chrzciciela). Der dreischiffige Ziegelbau aus dem 14. Jh. wurde mehrfach verändert. Im Innern Grabmäler von Oelser Fürsten, u. a. das Renaissance-Epitaph von Herzog Georg I. von Münsterberg-Oels († 1553) sowie die Grabtumba von Herzog Johannes und seiner Ehefrau (aus Sandstein), eine prächtige Kanzel von Gerhard Heinrich von Amsterdam (1605) sowie ein wertvoller spätgotischer Taufstein von etwa 1500. Am Ring steht das wiederaufgebaute Rathaus mit Turm von 1824.

Breslauer Torturm

Am westlichen Stadtrand steht in der ul. Wrocławska der Breslauer Torturm, einziges Überbleibsel der mittelalterlichen Stadtbefestigung. Von hier hat man einen schönen Blick auf das Schloß und die Schloßkirche.

Salvatorkirche

Wieder stadteinwärts gehend, gelangt man zur kleinen gotischen Salvatorkirche Kóściół Zbawiciela (ul. Łużycka) aus dem 15. Jh.; zeitweise als Lagerhaus genutzt, ist sie seit 1695 wieder Gotteshaus einer evangelischen Gemeinde.
Etwas östlich erhebt sich die barocke Dreifaltigkeitskirche (Kościół św. Trójcy). 1959 wurde sie nach einem Brand in barockem Stil neu ausgemalt.

Kirche Mariä Himmelfahrt

Am Ende der Straße befindet sich die ehemalige Propsteikirche (Kościół Parafialny P. W. Wniebowzięcia Matki Boskiej). Im Auftrag der Augustiner-Chorherren entstand, anschließend an das bereits bestehendes Hospital, die einschiffige St. Georgskirche (rechterhand). Später bauten aus Prag stammende Benediktiner ihre der hl. Maria geweihte Kirche an das bestehende Gebäude an. Anfang des 17. Jh.s verband man beide Kirchenräume, die gemeinsame Wand wurde durch Pfeiler ersetzt. Die Turmspitze wurde 1799 nach einem Entwurf von Carl G. Langhans aufgesetzt.

Olsztyn · Allenstein H 3

Wojewodschaft: Warmińsko-Mazurskie
Höhe: 125 m ü. d. M.
Einwohnerzahl: 135 000

Lage und Bedeutung

Das am Westrand der Masurischen Seenplatte in bewaldeter Hügellandschaft gelegene Olsztyn ist nach Białystok die größte Stadt in Nordostpolen. Für die Regionen Warmia (Ermland) und Mazury (Masuren) ist die Wojewodschaftshauptstadt das wirtschaftliche und kulturelle Zentrum mit zahlreiche Institutionen und wissenschaftlichen Instituten (Landwirtschaftlich-technische Akademie, Kulturverein 'Pojezierze', Museen, Theater). Verschiedene Industriezweige, u. a. Reifenfabriken, Lebensmittel- und Textilverarbeitung, haben sich in Olsztyn angesiedelt.

Geschichte

Die 1348 erstmals erwähnte Siedlung entstand im Schutz einer Burg, die wenige Jahre zuvor von den Domherren des Bistums von Ermland errichtet worden war, und besaß ab 1353 das Stadtrecht. Im 16. Jh. gab es im gesamten Ermland einen gewaltigen Zustrom polnischer Siedler, vor allem aus Masuren. Nach dem Frieden von Thorn gehörte Olsztyn mit Ermland zu Polen; durch die Erste Polnische Teilung 1772 kam es zu Preußen. Zu

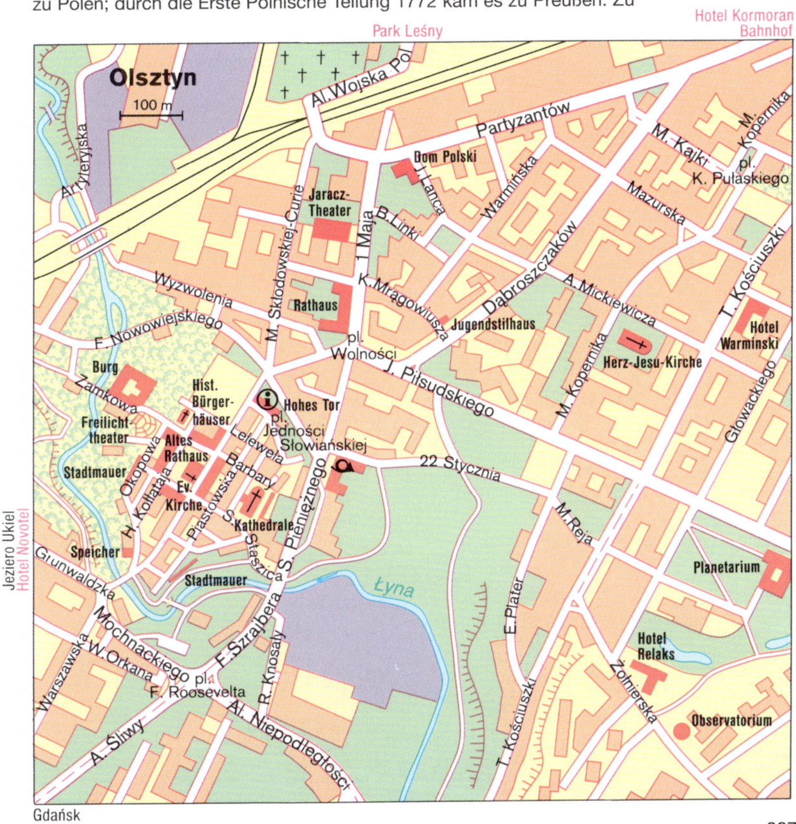

Geschichte (Fortsetzung)

Beginn des 20. Jh.s entwickelte sich in Olsztyn eine starke polnische Bewegung; es gab polnische Schulen, Banken, Geschäfte und Zeitungen. Das Plebiszit 1920 bestätigte aber die Zugehörigkeit zu Deutschland. Seit 1945 ist die Stadt wieder polnisch.

Sehenswertes

Burg

Von Kriegszerstörungen weitgehend verschont blieb die im 14. Jh. von den ermländischen Domherren errichtete Burg (ul. Zamkowa 2) an der Łyna (Alle). Das gotische, mehrflügelige Gebäude wurde im 18. Jh. umgebaut. Hier residierte u. a. Nikolaus Kopernikus, der das Amt eines Verwalters des Kapitels von Ermland innehatte und die Burg und die Stadt vor den Einfällen des Deutschen Ordens verteidigte. In einigen Räumen sind noch herrliche Kreuzgewölbe erhalten. Das Muzeum Warmii i Mazur in der Burg umfaßt Sammlungen zu Archäologie und Regionalgeschichte, sakrale Kunst und Volkskunst sowie Dokumente zur polnischen Nationalbewegung in Ermland.

Ermland- und Masurenmuseum

Altstadt
Hohes Tor

Guter Ausgangspunkt für die Besichtigung der Altstadt ist die Wysoka Brama, das einzige erhaltene der ursprünglich drei Stadttore. Südwestlich des Hohen Tors liegt in einer Biegung der Łyna die Altstadt, die nach Kriegszerstörung wiederaufgebaut wurde und insbesondere um den Marktplatz mit den giebelständigen, durch Laubengänge verbundenen Bürgerhäusern wieder ihr historisches Erscheinungsbild aufweist.

*Kathedrale
St. Jakobus

Zwei Querstraßen östlich des Marktplatzes erhebt sich die Kathedrale św. Jakuba (früher Pfarrkirche) mit einem hohen, in den Grundriß integrierten Westturm (60 m). Der in der zweiten Hälfte des 14. Jh.s begonnene Bau war um die Mitte des 15. Jh.s vollendet, im 16. Jh. wurden die herrlichen Zellen- und Netzgewölbe eingezogen und der Turm erhöht. Bei der Regoti-

Domherrenburg in Allenstein

sierung des Bauwerks 1866–1868 wurden die barocken Umgestaltungen entfernt. Der heutige Primas von Polen, Kardinal Józef Glemp, wirkte hier von März 1979 bis Juli 1981 als Bischof von Warmia.

Olsztyn, Kathedrale (Fortsetzung)

Im Korpernikus-Jahr 1973 wurde das mit modernster Technik ausgestattete Planetarium in Betrieb genommen. Vorführungen für Erwachsene und Kinder.

Planetarium

In den Bezirken um die Alstadt gibt es noch einige sehenswerte Jugendstilhäuser wie das Gebäude ul. Dąbroszczsków 3.

Jugendstilhäuser

Umgebung von Olsztyn

Die 30 km südöstlich von Olsztyn am Jezioro Kalwa (Kalwa-See) gelegene Stadt und ihre Umgebung sind ein beliebtes Urlaubsgebiet.

Pasym (Passenheim)

→ dort
Ostróda

→ Olsztynek
Grunwald

Olsztynek · Hohenstein

H 3

Wojewodschaft: Warmińsko-Mazurskie
Höhe: 160 m ü. d. M.
Einwohnerzahl: 6000

Olsztynek ist eine Kleinstadt in der Masurischen Seenplatte 28 km südwestlich von Olsztyn. Sie entstand ab 1359 auf dem Gebiet des slawischen Dorfes Marka und gehörte von 1411 bis 1466 zu Polen. Danach ging sie an den Deutschen Orden über (davon zeugen noch Reste der Ordensburg und der Stadtbefestigung), von 1525 an stand sie unter preußischer Herrschaft.

Lage und Geschichte

Lohnend ist eine Besichtigung des Muzeum Budownictwa Ludowego an der Straße nach Olsztyn. Das Freilichtmuseum informiert anschaulich über die regionalen Bautraditionen; u. a. sieht man originale und rekonstruierte Gehöfte, Kirchen, Windmühlen aus Litauen, Samogetien, Ermland, Masuren und dem Weichselland.

Museum für Volksbaukunst

Umgebung von Olsztynek

Das kleine, knapp 20 km südwestlich von Olsztynek gelegene Dorf Grunwald ist bekannt als Schauplatz einer der entscheidenden Schlachten der polnischen Geschichte.
Am 15. Juli des Jahres 1410 trafen zwischen Grunwald und dem benachbarten Dorf Stębark (Tannenberg) die vereinigten Armeen der Polen, Litauer, Russen, Tataren und Böhmen unter Führung von König Władysław Jagiełło auf das Heer des Deutschen Ordens, das vom Hochmeister Ulrich von Jungingen angeführt wurde. Die Schlacht, bei der auch Ulrich von Jungingen den Tod fand, endete mit einer schweren Niederlage des Deutschen Ordens, dessen Macht fortan gebrochen war (s. auch S. 39). Zum Gedenken an die Schlacht wurde am 550. Jahrestag auf einer Bergkuppe in Grunwald ein Denkmal errichtet.

Grunwald (Grünfeld)

In der Nähe des Denkmals gibt es ein Museum mit Waffen aus dem 15. Jh. (u. a. eine Kanone mit Kugeln), Kopien der Fahnen der Abteilungen des Königreichs, Litauens, Masowiens und zwölf Fahnen des Deutschen Ordens, die von den vereinigten Armeen erbeutet wurden. Anhand von Schautafeln und Modellen wird der Verlauf der Schlacht rekonstruiert.

Museum der Schlacht bei Grunwald

Olsztynek, Umgebung (Fortsetzung) Stębark (Tannenberg)

Nur wenige Kilometer von Grunwald entfernt liegt Stębark, das ebenfalls durch eine Schlacht in die Geschichte einging. Zwischen Stębark und Nidzica errang im August 1914 die deutsche Armee unter Hindenburg und Ludendorff den Sieg über die russischen Truppen. Das hier errichtete Mausoleum Hindenburgs wurde 1945 von deutschen Truppen gesprengt.

Nidzica (Neidenburg)

Knapp 30 km südlich von Olsztyn, an der Hauptroute nach Warschau, liegt die alte Stadt Nidzica. Sie besitzt eine Burg aus der Zeit des Deutschen Ordens (13./14. Jh.), heute Hotel und Ausstellungsraum.

Opole · Oppeln

E 6

Wojewodschaft: Opolskie
Höhe: 160 m ü. d. M.
Einwohnerzahl: 160000

Lage und Bedeutung

Oppeln liegt 95 km südöstlich von Breslau an der Oder, die sich im Stadtgebiet teilt und zwischen dem Flußarm und dem Mühlgraben (Młynówka) eine Insel bildet, die Wyspa Pasieka (Wilhelmstal). Die von fruchtbarem Ackerland umgebene Industriestadt (Zementwerke, Maschinen- und Waggonbau, Bekleidungs-, Möbel- und Lebensmittelindustrie) ist mit zahlreichen Bildungseinrichtungen wie einer Technischen Hochschule, dem Schlesischen Institut, mehreren Museen und einem Theater auch kulturelles Zentrum. Alljährlich findet hier Mai/Juni das Polnische Liedfestival statt.

Geschichte

'Opole' bedeutet im Slawischen die Gemeinschaft einer Bevölkerung auf einem bestimmten Gebiet. Um 845 berichtet der sogenannte Bayerische Geograph über den Stamm der 'Opoloni' im Norden Oberschlesiens. Um das Jahr 1000 war Oppeln Sitz einer Kastellanei; im 13. Jh. wurde eine Fürstenburg errichtet. Die mittelalterliche Stadt, die 1217 Marktrechte und andere Privilegien erhielt, entstand auf dem östlichen Oderufer. Der günstigen Lage wegen entwickelten sich Handel und Handwerk rasch. 1327 erteilte Herzog Boleslaus II. Oppeln das Neumarkter Stadtrecht, gleichzeitig wurde es wie alle oberschlesischen Territorien unter böhmische Lehenshoheit gestellt. 1532 fiel die Stadt an die Habsburger, 1742 an Preußen. Mit dem Beginn der Industrialisierung (die ersten Zementwerke entstanden 1857) nahm der deutsche Bevölkerungsteil stark zu. Nach 1921, als 20816 Einwohner für den Verbleib bei Deutschland stimmten (1098 für Polen), wurde Oppeln Hauptstadt der Provinz Oberschlesien. Im Zweiten Weltkrieg wurde Oppeln zu 60 % zerstört; auch nach dem Krieg blieb eine bedeutende deutsche Minderheit hier.

Sehenswertes

* Franziskanerkloster zur hl. Dreifaltigkeit

Südlich des Rings (Rynek) stehen die Franziskanerkirche und das -kloster zur hl. Dreifaltigkeit (Kościół i klasztor franciszkański św. Trójcy), deren Gebäude im 14. Jh. im gotischen Stil errichtet wurden; im 15. Jh. folgten Turm und Kapellen. Ältester Bauteil ist die St.-Anna-Kapelle, auch Kapelle der Piasten (Kaplica św. Anny, bzw. Kaplica Piastów), von 1309. Zwei Grabtumben von 1378–1381. Auf den Deckplatten die Liegefiguren der Herzöge Bolko I., Bolko II., Bolko III. und dessen Gemahlin Anna. Auf Schautafeln sind der Stammbaum der Piasten sowie die Stiftungsurkunde der Kirche dargestellt.

Oderinsel

Neben drei weiteren Brücken führt die Schloßbrücke (Most Zamkowy) über den Mühlgraben (Młynówka) auf die Oderinsel Pasieka, heute teilweise archäologisches Reservat, u. a. wurde eine slawische Wehrsiedlung aus dem 8.–12. Jh. freigelegt. Die mittelalterliche Piastenburg wurde bis auf einen runden Turm, der aus dem 14. Jh. stammt, 1928 abgerissen.

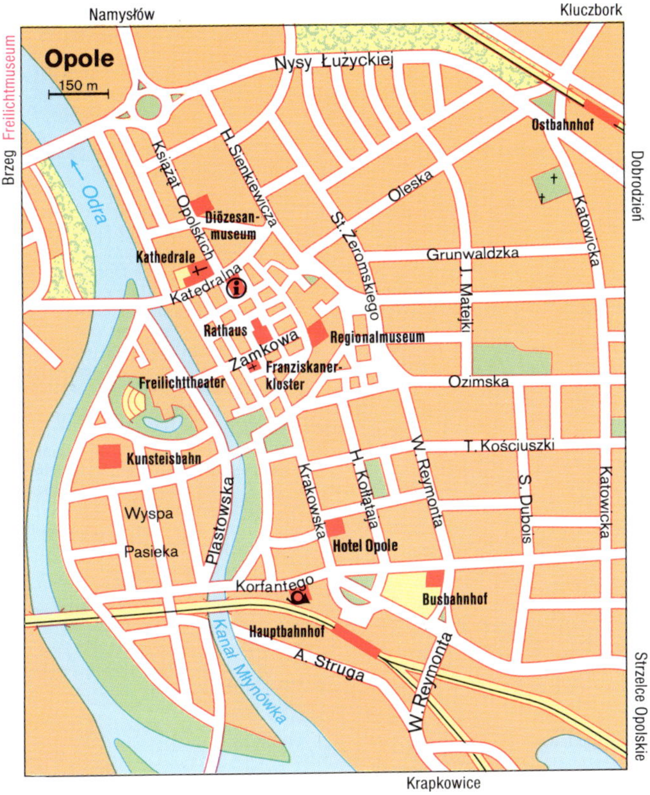

Oderinsel (Fortsetzung)

An ihrer Stelle wurde 1934 das Verwaltungsgebäude (Sitz des Wojwodschaftsrates) erbaut. Nördlich des Turms, von dem man einen schönen Blick auf die Stadt hat, liegt die Freilichtbühne mit rund 5600 Sitzplätzen; hier finden u. a. die Musikfestivals statt. Auf der Insel eine Kunsteisbahn sowie ein künstlich angelegter See, an dessen Ufer die ehemalige 'Schweizerei' steht, jetzt Touristenheim des PTTK (und PTTK-Büro).

Marktplatz (Rynek)

Um den Markt (Rynek) stehen einige (teilweise rekonstruierte) Bürgerhäuser (Nr. 1, 10, 22, 27). Das Haus Nr. 37 (neben der Franziskanerkirche) wird Piastenhaus genannt, da es bis 1532 den Herzögen gehörte. Das Rathaus wurde 1822–1824 von einem italienischen Baumeister nach dem Vorbild des Palazzo Vecchio in Florenz errichtet.

Regionalmuseum

Das Museum des Oppelner Schlesien (Muzeum Śląska Opolskiego; Mały Rynek Nr. 7, in einem Gebäude des Jesuitenkollegs) zeigt u. a. polnische (auch schlesische) Malerei vom 13. Jh. an, eine Porträtsammlung aus dem 18. Jh., Porzellan und Fayencen aus Tillowitz (Tułowice) sowie eine reichhaltige Sammlung von Stichen und Karten.

*Kirche St. Adalbert

Neben dem Museum steht die Kościół Dominikanów, im Volksmund Bergel-Kirche (na Górce) genannt. Der heutige Bau wurde 1701–1731 an der Stelle einer Vorgängerkirche aus dem 14. Jh. gebaut, die Freitreppe wurde

Kirche St. Adalbert (Fortsetzung)

1930–1939 angefügt. In den Kellergewölben der prächtig ausgestatteten Kirche befinden sich alte Grabmäler.
Vorbei am Viereckstum, dem Überbleibsel der 1387 errichteten und 1615 abgebrannten zweiten Burg, gelangt man zu dem 1964 errichteten Denkmal für den polnischen Schriftsteller Józef Lompa.

Sebastianskirche

Die ul. Malczewskiego führt zu der nördlich des Rings gelegenen Kościół Sebastiana, die 1681 nach Abklingen der Pest erbaut wurde.

*Kathedrale zum hl. Kreuz

Die Kościół katedralny Św. Krzyża (ul. Katedralna) wurde um 1024 von Bolesław Chrobry gestiftet und entstand im 15. Jh. an der Stelle einer Vorgängerkirche von 1223. Durch Brände und Umbauten im Laufe der Jahrhunderte verlor die Kirche ihr ursprüngliches Aussehen. Die Doppelturmfassade wurde erst 1890 vorgebaut. Nach dem Krieg wurde die Kirche in gotischem Stil wiederaufgebaut; unzerstört blieb das spätgotische Portal mit den Wappen der Oppelner Piasten. Der Hauptaltar stammt von 1755, die farbigen Glasfenster vermutlich aus dem 14. Jh.; das Bild mit dem Stammbaum der Piasten von Oppeln und Ratibor wird um 1700 datiert.
Die in derselben Straße direkt am Mühlgraben stehende kleine Alexis-Kapelle (Kaplica Aleksiego) erinnert an ein hier erstmals 1421 erbautes Hospital (das heutige Bauwerk stammt von 1866).

Diözesanmuseum

Nördlich der Kathedrale (ul. Książat Opolskich/ul. Buczka) steht das 1987 eröffnete Muzeum Diecezjalne (geöffnet Di., Do. 10.00–12.00, 14.00 bis 17.00 Uhr; 1. So. im Monat 14.00–17.00 Uhr) mit sakraler Kunst aus Schlesien. Ausgestellt sind Skulpturen (u. a. ein Kruzifix von 1480, das der Riemenschneider-Schule zugeschrieben wird), eine Madonna auf dem Thron im Parler-Stil, Gemälde sowie zeitgenössische Arbeiten.

*Freilichtmuseum

Westlich außerhalb des Stadtzentrums (an der Hauptstraße nach Breslau) stehen im sehr sehenswerten Museum des Oppelner Dorfs (Muzeum Wsi Opolskiej, geöffnet Di.–So. 10.00–17.00 Uhr) mehrere bäuerlichen Holzbauten, eine Holzkirche aus dem frühen 17. Jh. aus Gręboszów sowie eine funktionierende Wassermühle aus dem 18. Jahrhundert.

Umgebung von Opole

*Brzeg (Brieg)

44 km nordwestlich von Oppeln liegt das rund 36000 Einwohner zählende Brieg. Zwischen 1311 und 1675 war die aus einem Fischerdorf hervorgegangene Stadt Sitz der Herzöge von Liegnitz und Brieg, einer Nebenlinie der schlesischen Piasten. Zu den sehenswerten Baudenkmälern gehören das ab 1544 von den Baumeistern Jakob Pahr und Bernhard Niuron erbaute Schloß (größtenteils rekonstruiert), eine um einen mehrgeschossigen Arkadenhof angelegte Vierflügelanlage mit reich verziertem Stadtportal. Im Schloß das Piastenmuseum (geöffnet Mi. 10.00 bis 18.00, Do.–So. 10.00–16.00 Uhr) mit schlesischen Kunstwerken, einer Münzsammlung sowie Prunksärgen verschiedener Piastenfürsten.
Links neben dem Stadtportal steht die 1369 erbaute, 1783 barockisierte und mittlerweile wieder originalgetreu restaurierte Schloßkirche.

Schloßportal in Brieg

Umgebung von Opole, Brzeg (Fortsetzung)

Dem Schloß gegenüber steht an der Stelle eines Dominikanerklosters die von Joseph Frisch 1735–1739 errichtete ehem. Jesuitenkirche Hl. Kreuz (Kościół sw. Krzyża). Ihre Doppelturmfassade wurde 1856–1859 angefügt. Deckengemälde und der auf die Wand hinter dem Altar aufgemalte Hochaltar stammen von dem Jesuiten Johannes Kuben. Südlich des Schlosses das Piastengymnasium, ebenfalls ein Bau von Jakob Pahr.
Um und auf dem Marktplatz stehen mehrere Renaissance- und Barockhäuser, u. a. das bereits 1358 erwähnte, 1570–1572 von Pahr und Niuron umgebaute Rathaus mit eindrucksvoller Westfassade und sehenswertem Ratssaal (Rokokostil 1746).
An die Jesuiten erinnern auch die Dreifaltigkeitssäule (Kolumna św. Trójcy) von 1731 und die Statue des hl. Nepomuk (Statua św. Nepomucena) von 1729, beide an der Oderbrücke. Südöstlich hiervon (Pl. Młynow) die spätgotische ehem. Franziskanerkirche (im 16. Jh. profaniert).
Im Süden der Stadt steht die Nikolaikirche (Kościół św. Mikołaja). Die dreischiffige Pfeilerbasilika wurde 1370–1417 errichtet, die Turmhelme wurden 1885 aufgesetzt. Im Innern wurden an der Südwand der Sakristei gotische Wandmalereien freigelegt.

Turawa-See

10 km nordöstlich von Opole liegt der Turawa-See (J. Turawskie), ein Erholungsgebiet mit Campingplätzen und Badeplätzen.

Kluczbork (Kreuzburg)

45 km nördlich von Opole liegt das 23000 Einwohner zählende Kluczbork, im Mittelalter ein wichtiger Marktort, heute bedeutende Industriestadt. Im Mittelpunkt des Rings steht das Rathaus, das nach einem Brand 1737 neu erbaut wurde. Von den alten Giebelhäusern, die es einst umgaben, sind nur zwei erhalten geblieben. Am Westrand des Rings erhebt sich die Salvatorkirche (Kościół Zbawiciela) aus dem 13. Jh., nach Bränden im 18. Jh. rekonstruiert und neu ausgestattet.
Im östlich des Rings gelegenen ehemaligen Schloß befindet sich das Dzierzón-Museum (ul. Grudnia Nr. 12), das an den katholischen Priester und Bienenforscher Johannes Dzierzoń (1811–1906) erinnert.

*Byczyna (Pitschen)

17 km nördlich von Kluczbork liegt an der Grenze zu Großpolen die rund 3000 Einwohner zählende Stadt Byczyna. Von ihrer einstigen Bedeutung zeugen die gut erhaltenen Wehrmauern mit zwei Tortürmen aus dem 15. Jh.; weiterhin sehenswert sind das auf dem Ring stehende Rathaus (1757 neu erbaut) sowie die aus Backstein gebaute Pfarrkirche St. Nikolaus (Kościół Farny św. Mikołaja), die Ende des 14. Jh.s an der Stelle einer Vorgängerkirche errichtet und 1886–1888 erneuert wurde. Im Innern ein auf Holz gemaltes Bild Christi von 1566 (restauriert). Außerhalb der Stadtmauer liegen die St.-Hedwigs-Kapelle aus dem 14. Jh., heute Friedhofskapelle. Die barocke Dreifaltigkeitskirche (Kościół św. Trójcy) wurde 1767 geweiht.

*Olesno (Rosenberg)

Die 20 km südöstlich von Kluczbork gelegene Stadt ist v. a. für die Schrotholzkirche St. Anna berühmt, eine Ablaßkirche von 1516; die fünf in Form eines Rosenblatts angeordneten Kapellen wurden 1668 angebaut. Weiterhin interessant die regelmäßige Anlage der Altstadt mit Marktplatz; das Rathaus von 1820 wurde nach 1945 wiederhergestellt, vor dem Rathaus die barocken Nepomuk- und Mariensäulen. Die 1351 erbaute und mehrfach umgestaltete Pfarrkirche St. Michael steht nördlich am Ring.

*Głogówek (Oberglogau)

Auf der Hochebene von Głubczyca, ca. 40 km südlich von Oppeln, liegt Głogówek, eine erstmals 1214 erwähnte Kleinstadt. Unter den (nach 1945 wiederhergestellten) Baudenkmälern sind hervorzuheben das Renaissanceschloß der Grafen von Oppersdorff (in dem sich 1806 Beethoven aufhielt), die guterhaltenen Stadtmauern, das Rathaus von 1608 (schöner Renaissancegiebel) mit barocken Bürgerhäusern am Ring und die Pfarrkirche St. Bartholomäus (gotisch, 14. Jh., prächtige barocke Ausstattung). Etwas kurios wirkt die Antoniuskapelle (17. Jh.), die mitten im Schiff der gotischen Franziskanerkirche (zwischen Ring und Schloß) steht.

Opole, Umgebung (Fortsetzung) Góra Świętej Anny (St.-Anna-Berg)

Der weithin sichtbare Basaltkegel des Chełm (ca. 40 km südöstlich von Oppeln gelegen) mit dem Franziskanerkloster Góra św. Anny (St.-Anna-Berg) ist ähnlich wie Tschenstochau ein religiöser und nationaler Wallfahrtsort. Das Kloster, das sich über dem steilen Westabfall des Schlesischen Muschelkalkrückens erhebt, wurde 1656 für eine bereits bestehende Wallfahrt zu einer Figur der hl. Anna Selbdritt (in der Kirche) aus dem 14. Jh. gegründet.
Nach der Volksabstimmung vom März 1921, durch die Oberschlesien bei Deutschland blieb, besetzten polnische Aufständische den St.-Anna-Berg; erst zwei Wochen später konnten sie durch deutsche Freiwillige vertrieben werden. 1934 wurden ein Denkmal und ein großes Amphitheater gebaut; während das Denkmal 1945 gesprengt und durch ein Mahnmal des polnischen Bildhauers Ksawery Dunikowski ersetzt wurde, diente das Amphitheater später polnisch-nationalen Kundgebungen.

Klostergebäude

Gebaut wurde die Kirche um 1665, umgebaut 1781; die Klostergebäude entstanden 1733–1749. Den Klosterkomplex umgibt ein Kalvarienberg, dessen 30 Kapellen z. T. von Domenico Signo 1700–1709 errichtet wurden. Bei den Wallfahrten und kirchlichen Festen (v. a. am 26. Juni) kann man noch schlesische Volkstrachten zu sehen bekommen. Juli

Ostróda · Osterode

G 3

Wojewodschaft: Warmińsko-Mazurskie
Höhe: 110–120 m
Einwohnerzahl: 29 000

Lage und Bedeutung

Ostróda liegt im westlichen Teil der Masurischen Seenplatte, der sogenannten Eylauer Seenplatte (Pojezierze Iławskie). Die Stadt am Jezioro Drwęckie (Drewenz-See) ist ein lebhaftes Fremdenverkehrszentrum mit einer gut ausgebauten Infrastruktur und Schiffsverbindungen nach Elbląg und Iława. Ein System von Flüssen und Kanälen verbindet den Drewenz-See mit anderen Gewässern, so daß Kajakfahrer ideale Bedingungen vorfinden. Eine besondere Attraktion ist die 10stündige und 81 km lange Schiffsfahrt auf dem Oberländischen Kanal (→ Elbląg) nach Elbląg.

Burg

Als der Deutsche Orden im Jahre 1370 die die alten Stämme der Sasiny unterwarf, wurde die alte hölzerne Befestigungsanlage durch eine gemauerte Burg ersetzt, die mit der Altstadt 1945 fast vollständig zerstört wurde, aber wieder aufgebaut wird. Seit 1945 gehört Ostróda zu Polen.

Umgebung von Ostróda

Pojezierze Iławskie (Eylauer Seenplatte)

Die Eylauer Seenplatte ist ein lohnendes Erholungsgebiet für Naturfreunde und Wassersportbegeisterte. Besonders die großen Seen Jeziorak, Narie, Drwęckie und Dzierzgoń sowie die zahlreichen Kanäle eignen sich hervorragend für ausgedehnte Kajakwanderungen. Neben den größeren Städten Ostróda und Iława gibt es auch kleinere und ruhigere Orte wie Kretowiny bei Morąg, Stare Jabłonki (Jablonken), Piławki (Bieberswalde) bei Ostróda.

Iława (Deutsch Eylau)

Ein Zentrum für den Kajak- und Segeltourismus ist das 34 km südwestlich von Ostróda gelegene Iława. Die Stadt mit 23 000 Einwohnern lebt vom Fremdenverkehr und von der Holzverarbeitung. Eine Reihe von Erholungs- und Sportanlagen finden sich an dem von Wäldern umgebenen, 27 km langen See Jeziorak.

Morąg (Mohrungen)

Im 28 km nördlich gelegenen Morąg wurde der bekannte deutsche Philosoph Johann Gottfried Herder (1744–1803) geboren, dem ein Museum im gotischen Rathaus gewidmet ist.

Der 23 km östlich von Ostróda gelegene Ort besitzt eine spätgotische Pfarrkirche und einen Kalvarienberg, der von Wallfahrern aus dem Norden Polens besucht wird.

Gietrzwałd (Hermsdorf)

→ Olsztynek

Grunwald, Tannenberg

Oświęcim · Auschwitz

G 6

Wojewodschaft: Śląskie
Höhe: 240 m ü. d. M.
Einwohnerzahl: 40 000

Lage und Bedeutung

Oświęcim, südlich des Ballungsraums von Katowice (Kattowitz) am Zusammenfluß von Sola und Weichsel zwischen Kleinpolen und Schlesien gelegen, ist eine an sich unbedeutende Industriestadt. Auschwitz, die deutsche Entsprechung des Stadtnamens, ist jedoch in aller Welt das Synonym für eines der größten Verbrechen der Menschheit, den Mord an Millionen von Juden durch das nationalsozialistische Deutschland.

Geschichte

Das urkundlich erstmals im 13. Jahrhundert erwähnte Oświęcim gehörte ursprünglich zu Schlesien und wurde im 16. Jahrhundert an Kleinpolen angeschlossen. Bei der Ersten Polnischen Teilung im Jahre 1772 fiel es an die habsburgische Monarchie und kam nach dem Ersten Weltkrieg zum wiedergeschaffenen Polen.
Im Frühjahr 1940 wurde mit dem Bau des Konzentrationslagers begonnen, das am 15. Januar 1945 aufgelöst wurde. Sowjetische Truppen erreichten Auschwitz am 27. Januar 1945.

Tor des Lagers Auschwitz I

** Gedenkstätte Pańśtowe Muzeum w Oświęcimiu · Staatliches Museum Auschwitz

Besichtigung

Man sollte nicht nur das Stammlager, sondern auch das Lager Birkenau besuchen, wenn möglich im Rahmen einer Führung. Am Eingang wird im Kino ein in mehreren Sprachen erläuterter Film gezeigt, den sowjetische Truppen bei der Befreiung des Lagers drehten. Die Gedenkstätte ist täglich ab 8.00 Uhr geöffnet; Mai – Sept. schließt sie um 18.00 Uhr, März und Nov. um 16.00, April und Okt. um 17.00 und im Winter (Dez. – Feb.) um 15.00 Uhr. Kinder unter 13 Jahren haben keinen Zutritt zum KZ-Gelände.

Allgemeines

Aufgrund eines Himmler-Befehls wurde im Frühjahr 1940 ein 40 km² großes Gebietsdreieck zwischen Sola und Weichsel bei Auschwitz als Standort für ein Konzentrationslager ausgewählt. Das Lager bestand im wesentlichen aus dem Stammlager Auschwitz I direkt an der Sola, dem 3 km entfernten Vernichtungslager Birkenau (Brzezinka; Auschwitz II) und dem 7 km abseits gelegenen Arbeitslager Buna-Monowitz (Auschwitz III), das von der Chemie-Firma IG Farben für die Arbeitssklaven errichtet wurde, die sie aus Auschwitz bezog. Hinzu kamen 38 Nebenlager. Beim Anrücken der Sowjetarmee wurden die Lager geräumt; die gehfähigen Häftlinge trieb man in einem Todesmarsch nach Westen, die anderen ließ man zurück. Die Krematorien wurden gesprengt, was aber nur z. T. gelang. So zeigt sich das Lager Auschwitz heute überwiegend im selben Zustand, in dem es zwischen 1942 und 1944 war. Es ist allerdings vom Verfall bedroht; inzwischen werden in Deutschland Spenden zur Erhaltung dieses für die deutsche Geschichte so wichtigen Zeugnisses gesammelt, auch hat sich die Bundesregierung zur Unterstützung bereit erklärt.

Über die Zahl der Opfer gibt es keine genauen Angaben, da die SS die meisten Unterlagen vernichtete. Die Schätzungen reichen von 1,2 bis zu 1,6 Millionen Toten – Juden, Kriegsgefangene, Zigeuner, Homosexuelle, politische Häftlinge –, wobei die höhere Zahl die wahrscheinlichere sein dürfte. Ungefähr 60 000 Menschen überlebten die Hölle von Auschwitz.

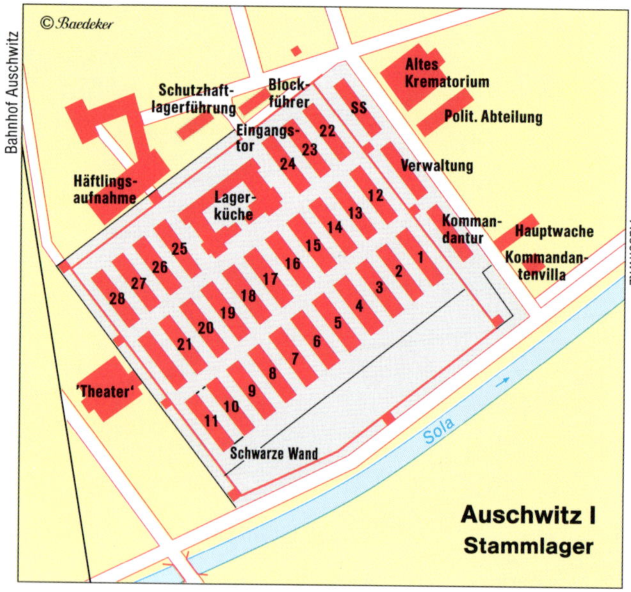

Auschwitz I (Stammlager)

Das Lager Auschwitz I wurde von Mai 1940 an in den Gebäuden einer ehemaligen polnischen Artilleriekaserne eingerichtet. In jedem der 'Häftlingsblöcke' waren meist mehr als 600 Gefangene unter katastrophalen hygienischen Verhältnissen zusammengepfercht.
Die Blöcke 19, 20, 21 und 28 waren Krankenblöcke; in Block 20 wurden Häftlinge massenweise mit Phenol-Injektionen getötet. Block 10 war der Ort grauenhafter medizinischer Experimente, Block 11 der berüchtigte 'Bunker' oder 'Todesblock', wo Häftlinge u. a. tage- und wochenlang in Stehzellen eingesperrt waren. In den unteren Zellenräumen dieses Blocks wurden im Herbst 1941 erstmals sowjetische Kriegsgefangene mit Blausäuregas getötet, später dann im Leichenraum des alten Krematoriums. Zwischen Block 10 und 11 steht die 'Schwarze Wand', an der Tausende durch Genickschuß getötet wurden. Im 'Theatergebäude' sortierte man die Habseligkeiten der Opfer. Im Lager lebten meist 18000 Häftlinge.

Auschwitz II (Birkenau)

Das Lager Birkenau (Brzezinka) wurde einzig zu dem Zweck der Tötung von Menschen errichtet. Durch das Haupttor führten Bahngleise zur 'Rampe', an der die Insassen der aus ganz Europa eintreffenden Züge 'selektiert', d.h. in Arbeitsfähige und nicht Arbeitsfähige eingeteilt wurden.
Die nicht Arbeitsfähigen wurden sofort vergast, die anderen kamen in das Lager, das in ein Frauenlager (B I), ein Männerlager (B II), ein Familienlager und ein Zigeunerlager eingeteilt war, wurden zur Zwangsarbeit herangezogen und später ebenfalls getötet. Der Bauabschnitt III (B III 'Mexiko') wurde nur teilweise verwirklicht. Die großen Krematorien II und III, in denen in 24 Stunden 2000 Menschen getötet und verbrannt werden konnten, nahmen im Frühjahr 1943 den Betrieb auf. Vor ihrer Errichtung wurden die

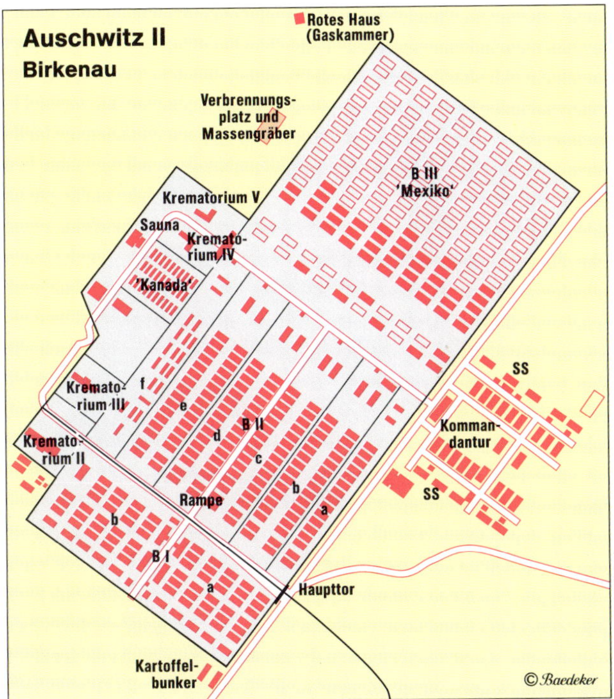

Oświęcim, Auschwitz II (Fortsetzung)

Leichen verscharrt, später wieder ausgegraben und im Freien verbrannt. Mitte 1943 waren in den 250 Baracken von Birkenau 140000 Menschen zusammengepfercht. Ihr Besitz wurde im sog. 'Effektenlager' ('Kanada') verwertet.

Kirche (Gedenkstätte)

1997 wurde eine Kirche, erbaut aus sandsteinfarbenen Ziegeln, zum Gedenken an die in Auschwitz umgekommenen Italiener eingeweiht.

Pieniny

H 7

Wojewodschaft: Małopolski

Lage und **Landschaft

Die Pieniny sind ein Teil der Karpaten an der Grenze zur Slowakischen Republik, nordöstlich der Tatra. Dieses Mittelgebirge mit nur 35 km Länge und etwa 5 km Breite gilt als eine der schönsten Gegenden Polens und ist dementsprechend viel besucht. Die größte Attraktion der Pieniny ist eine Floßfahrt im Durchbruchstal des → Dunajec. Die Pieniny grenzen im Norden an die Beskiden, im Süden an die Höhen der Spišská Magura, die bereits auf slowakischem Staatsgebiet liegen.

Gliederung

Die Pieniny gliedern sich in drei Abschnitte. Am weitesten nach Westen vorgeschoben sind die Pieniny Spiskie zwischen Czorsztyn und dem Fluß Białka. Zwischen Czorsztyn und Szczawnica erstrecken sich die Pieniny im engeren Sinn mit dem Gipfel Trzy Korony (Drei Kronen, 982 m), die landschaftlich am interessantesten sind. Ihre Gipfel werden von Felsen gebildet, die Täler sind meist schluchtartig. Die Nordhänge fallen zum Flußtal der Krośnica hin sanft ab, nach Süden, zum Dunajec hin, sind es bis zu 300 m hohe Kalkwände. Von den Drei Kronen bietet sich eine ausgezeichnete Aussicht auf die Tatra und die Beskiden. Die Małe (Kleinen) Pieniny, der dritte Teil, stellen entgegen ihrem Namen den höchsten Teil der Pie-

Die markanten Gipfel der Drei Kronen

Gliederung (Fortsetzung)

niny, der Gipfel Wysoka (1052 m) ist der höchste des ganzen Gebirgszugs. Wiesen und Weiden sind die vorherrschende Landschaftsform. Auch hier stößt man auf Kalkfelsen und -schluchten. Über den Kamm der Małe Pieniny verläuft die Grenze zur Slowakei.

Fauna und Flora

Für die Pieniny typisch sind Buchenwälder mit Tannen und Laubmischwälder. An den steilen Wänden am Dunajec wächst der Sadebaum, eine Wacholderart, die auch auf dem Balkan vorkommt; in Polen wächst er wild nur an dieser Stelle. Insgesamt gibt es neun Arten von Pflanzen, die nur in den Pieniny auftreten. Besonders schön sind die Almen mit ihren vielen Blumen, u. a. Orchideen. Auf den Almen leben interessante Schmetterlinge, insgesamt mehrere tausend Arten, darunter der seltene Apollofalter. An Vögeln bemerkenswert sind der Uhu und der Schelladler.

Nationalpark

Zum Schutz der Pieniny wurde 1954 der Pienińsky Park Narodowy angelegt (2328 ha). Sitz der Parkdirektion ist Krościenko; dort gibt es auch ein Naturkundemuseum. Wie in jedem polnischen Nationalpark darf man sich auch hier nur auf den markierten Wanderwegen aufhalten, die zu allen interessanten Plätzen führen.

Sehenswertes in den Pieniny

Im Umkreis der Pieniny gibt es mehrere interessante Ortschaften wie Szczawnica und Krościenko (⟶ Szczawnica) oder auch die Orte östlich von ⟶ Nowy Targ. Anziehungspunkt sind auch die Ruinen des Zamek Pieniński (Pieniny-Schloß; 740 m ü. d. M.), einmal die höchstgelegene Burg Polens, auf dem schwer zugänglichen Hang des Zamkowa Góra (nördlich der Trzy Korony). Ihre Entstehungszeit ist nicht genau bekannt; während der Tatareneinfälle im 13. Jh. diente die Burg den Polen als Versteck. Ein andere, wesentlich größere und bekanntere Burg ist die in Czorsztyn (14. Jh.), die auf einem hohen Felsen über dem Dunajec steht (Ruine). Einst bewachte sie den Grenzübergang zwischen Polen und Ungarn, im 17. Jh. war die Burg Sitz des Starosten von Czorsztyn.

Herbst am Dunajec

Pieniny (Fortsetzung) Burg Niedzica

Westlich der Pieniny liegt auf der rechten Seite des Dunajec die weithin sichtbare Burg von Niedzica, die lange Zeit auf ungarischem Territorium lag. 1325 wurde sie erstmals als Burg Dunajec erwähnt, bis 1945 war die Burg Eigentum verschiedener polnischer und ungarischer Magnatenfamilien. Der untere Teil aus der Spätrenaissance (Arkadenhof) ist in gutem Zustand, der obere gotischen Teil ist partiell verfallen. Im ersten Stock der Torbastei befindet sich eine Kapelle aus dem 18. Jahrhundert, ein Teil der Räume enthält historische Interieurs.
Am Fuß der Burg wird seit mehreren Jahren am Dunajec ein großer Staudamm gebaut. Das Wasser des Sees wird mehrere Dörfer überfluten (teilweise sind sie bereits evakuiert, darunter auch Czorsztyn). Die Burg Czorsztyn wird dann auf einer Halbinsel liegen.

Floßfahrten

→ Dunajec

Piła · Schneidemühl D 3

Wojewodschaft: Wielkopolskie
Höhe: 60–70 m ü. d. M.
Einwohnerzahl: 60000

Lage und Geschichte

An der Grenze zwischen Pommern und Großpolen liegt die Industrie- und Verwaltungsstadt Piła. Die von Wiesen und Wäldern umgebene Stadt an der Gwdą (Küddow) ist ein wichtiger Eisenbahnknotenpunkt. Keimzelle der Stadt war im 15. Jh. eine Siedlung um ein Sägewerk. Einfälle der Schweden im 16./17. Jh. führten zum Erliegen der wirtschaftlichen Entwicklung. Im 17./18. Jh. waren Mitglieder der Familie Staszic Stadtvögte. Ihr bedeutendster Sproß, der Gelehrte, Geistliche und Mitbegründer der polnischen Industrie Stanisław Staszic, wurde hier 1755 geboren. Im Jahre 1922 wurde Piła Hauptstadt des gleichnamigen Regierungsbezirks. Die Kämpfe um den Pommernwall während des Zweiten Weltkriegs hinterließen die Stadt in Trümmern.

Sehenswertes

In dem modernen Stadtzentrum mit vielen Grünanlagen gibt es heute kaum mehr historische Bauten. Einen Besuch lohnen das Bezirksmuseum (Muzeum Okręgowe) in der ul. Browarna 19 mit historischen Sammlungen und das Museum der Befreiung der Stadt (Muzeum Wyzwolenia Miasta) in der ul. Miła 1, das die Ereignisse des Jahres 1945 darstellt.

Umgebung von Piła

Wałcz (Deutsch Krone)

Knapp 30 km nordwestlich von Piła liegt das Städtchen Wałcz (22000 Einwohner) an einem See mit Erholungs- und Sportanlagen. Das Museum des Pommernwalls (Muzeum Wały Pomorskiego) und ein Soldatenfriedhof erinnern an die Kämpfe während des Zweiten Weltkriegs.

Wał Pomorski (Pommernwall)

Unweit von hier befindet sich die Befestigungsanlage Pommernwall, die in den Jahren 1934–1936 von der deutschen Wehrmacht aus vermintem Beton erbaut wurde. Die unerbittlichen Kämpfe von Januar bis März 1945, denen weit über 3000 Soldaten zum Opfer fielen, dokumentieren die sog. 'Gedächtnisstuben' in Podgaje, Jastrowie, Szwecja und Zdbice sowie die Museen in Mirosławiec, Piła und Wałcz.

Chodzież (Kolmar)

Rund 30 km südöstlich von Piła liegt das Industriestädtchen Chodzież (18000 Einwohner) mit Porzellanfabriken (seit dem 19. Jh.), Ziegeleien, Betrieben der Holzverarbeitung und Lebensmittelindustrie. Im 15. Jh. erhielt Chodzież Stadtrechte (1443) und wurde ein Zentrum der Textilproduktion. Bis 1919 war die Stadt unter preußischer Herrschaft. Durch seine Lage am Kolmarer Stadtsee (Passagierschiffe) inmitten von Wäldern

Piła, Umgebung Chodzież (Fortsetzung)

und nacheiszeitlichen Hügeln ist Chodzież ein beliebter Freizeitort in der Region. Ein markierter Wanderweg führt auf die höchste Erhebung, den Gontyniec (192 m ü. d. M.). In grauer Vorzeit befand sich hier eine heidnische Kultstätte. Sehenswert sind einige Tuchhäuser aus dem 18. Jh. und die mehrmals umgebaute Pfarrkirche aus der Mitte des 16. Jahrhunderts.

Margonin

In dem Seengebiet 14 km östlich von Chodzież bietet das Städtchen Margonin sehenswerte historische Bauten aus dem 19. Jahrhundert.

Piotrków Trybunalski G 5

Wojewodschaft: Łódzkie
Höhe: 170–200 m ü. d. M.
Einwohnerzahl 70 000

Lage und Bedeutung

Piotrków Trybunalski, ein traditionsreicher Industrieort, liegt ca. 40 km südlich von Łódź. Seine Ursprünge gehen auf das 12./13. Jh. zurück, als hier eine Burgfestung errichtet wurde. Als die Stadt 1578 Sitz des Krontribunals wurde, erhielt sie ihren heutigen Namen.

Sehenswertes

Das gotische Königsschloß (pl. Zamkowy 4) wurde im 16. Jh. an der Stelle der alten Burg für König Zygmunt Stary (den Alten) gebaut. Während der Schwedenkriege wurde es zerstört, dann als gemauerte Burg im Stil der Gotik und Renaissance wiederaufgebaut. Das Schloß beherbergt heute das Bezirksmuseum (Muzeum Okręgowe) mit archäologischen, historischen und volkskundlichen Sammlungen. Erwähnenswert sind auch die aus dem 14./15. Jh. stammende gotische Pfarrkirche mit Barockkapellen, eine Jesuitenkirche aus dem 18. Jh. sowie ein Bernhardinerkloster aus dem 17. Jahrhundert.

Kloster Sulejów bei Piotrków

Umgebung von Piotrków Trybunalski

*Sulejów Podklasztorze

Foto S. 321

Etwa 16 km südöstlich der Stadt steht in Podklasztorze bei Sulejów (Erholungsgebiet) eine Zisterzienserabtei, die 1177 von Kazimierz Sprawiedliwy (dem Gerechten) gestiftet wurde. Die romanische Pfeilerbasilika aus behauenem Stein entstand bis 1232 (Rekonstruktion in den 20er Jahren und 1946–1950). Über dem Nordportal ein romanisches Tympanon mit der Passion Christi. Die reiche Innenausstattung stammt v. a. aus Frühbarock (Altäre aus schwarzem Marmor von 1643–1646; Orgelprospekt) und Rokoko (Hochaltar von 1788, Kanzel und Gestühl). Die Klosteranlage wird umgeben von einer Befestigungmauer und vier Basteien: Baszta Muzyczna (Musikbastei), Baszta Mauretańska (Mauretanische Bastei) und Baszta Krakowska (Krakauer Bastei). Im Ostflügel sind der Kapitelsaal (13. Jh.) und ein gotischer Kreuzgang (15. Jh.) erhalten geblieben. In den in jüngerer Zeit entstandenen Nebengebäuden ist ein Hotel untergebracht.

Tomaszów Mazowiecki

Rund 30 km nordöstlich von Piotrków Trybunalski liegt die im 19. Jh. gegründete Industriestadt an der Pilica (65 000 Einwohner). In der näheren Umgebung befinden sich die Region Opoczyn, die sich durch ihre Volkskultur auszeichnet (Tänze, Trachten, Scherenschnitte), ferner Erholungsgebiete am Zalew Sulejowski und in Spała (ausgedehnte Kiefernwälder und Büffelreservat). Im Palast der Stadtgründer Ostrowski von 1812 (ul. Armii Ludowej 11/15) ist ein stadtgeschichtliches und ethnographisches Museum untergebracht. Hervorzuheben sind Trachten aus Opoczyn.

Inowłódz

Im benachbarten Dorf Inowłódz ist die romanische Wehrkirche (św. Idziego) aus dem 11./12. Jh. mit hohem steinernem Turm beachtenswert.

Płock G 4

Wojewodschaft: Mazowieckie
Höhe: 45 m ü. d. M.
Einwohnerzahl: 125 000

Lage und Bedeutung

Płock liegt malerisch an der mittleren Weichsel auf ihrem Hochufer. Es ist industrielles, kulturelles und wissenschaftliches Zentrum des westlichen Masowien sowie Wojewodschaftsstadt mit großen petrochemischen Anlagen, Landmaschinenbau, Nahrungsmittelindustrie; dazu kommt ein Binnenhafen mit großer Werft. In Płock findet alljährlich Ende Juni ein Folklore-Festival statt, an dem Ensembles aus ganz Polen teilnehmen.

Geschichte

Eine kleine Ansiedlung existierte bereits im 9. Jh., im 10. Jh. wurde eine Burg errichtet. Um 1000 kamen die Benediktiner hierher; ab 1075 war Płock Sitz des Bistums. In den Jahren 1079–1138 stand es unter der Herrschaft von Władysław Herman und Bolesław Krzywousty (Schiefmund), anschließend war es Hauptstadt des Fürstentums Masowien; 1237 erhielt es Stadtrecht. Ab dem 14. Jh. wirtschaftlicher Aufstieg durch den Handel entlang der Weichsel, im 17. Jh. Niedergang in den Schwedenkriegen. Von 1793 bis 1807 war Płock preußisch, danach kam es zum Herzogtum Warschau, 1815 an Kongreßpolen.

Sehenswertes

*Kathedrale

Die auf dem Domhügel (Wzgórze Tumskie) gelegene dreischiffige romanische Basilika entstand in den Jahren 1126–1141. In der Renaissance (16. Jh.) wurde sie von den Italienern Giovanni Cini und Bernardo de Gianotis umgebaut, 1784 bekam sie durch Domenico Merlini eine klassizistische Fassade; Anfang des 20. Jh.s wurden durch Stefan Szyller die mittelalterlichen Formen wiederhergestellt. Die Kirche repräsentiert somit ver-

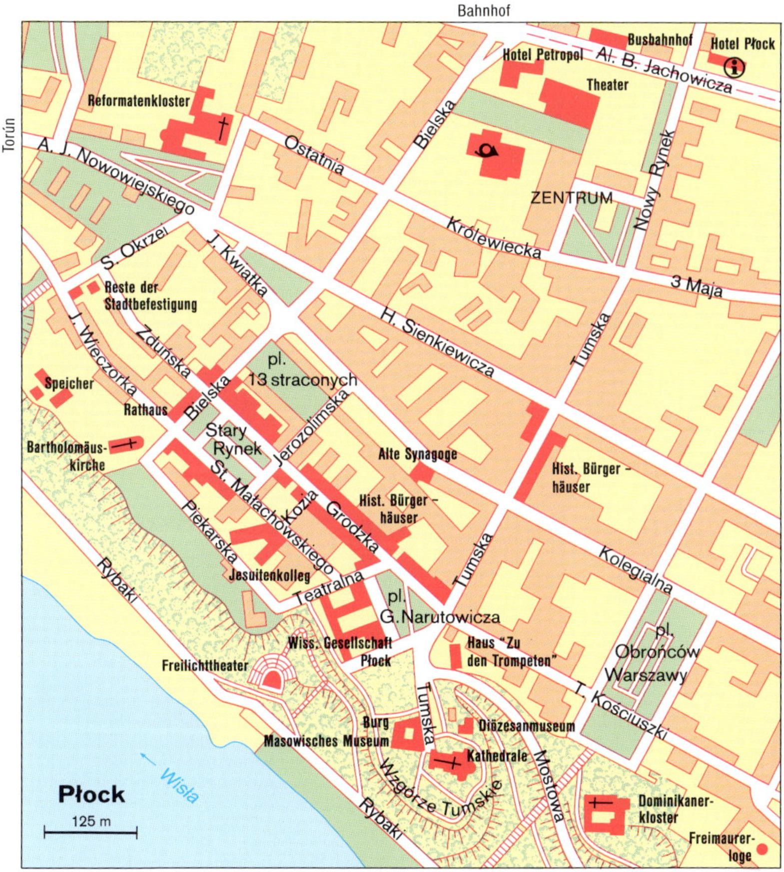

Kathedrale (Fortsetzung)

schiedene Stilrichtungen: Romanik (Baukörper), Gotik (Türme, Gewölbe) und Renaissance (Kuppel). Der heutige Glockenturm (1492) mit barocker Haube von 1730 gehörte ursprünglich zur Burg.

✻ Königskapelle

Besonders beachtenwert ist die Kaplica Królewska mit einem klassizistischen Sarkophag aus schwarzem Marmor. Hier sind die polnischen Herrscher Władysław Herman und Bolesław Krzywousty beigesetzt, die in Płock residiert haben.

Von der Terrasse in der Nähe der Kathedrale weiter Blick auf das gegenüberliegende Weichselufer und das Seengebiet Pojezierze Gostynińskie.

Burg

Die ebenfalls auf dem Domhügel gelegenen Reste der Burg erhielten durch die Restaurierung in den 60er Jahren die heutige Form einer Vierflügelanlage. Erhalten war nur der westliche Trakt mit dem in den 1350er Jahren errichteten Adelsturm (Wieża Szlachecka) und dem spätgotischen Uhrturm (Wieża Zegarowa; um 1492), der zum Glockenturm der Kathedrale umgewandelt wurde. In seinem Fundament sind noch Reste des vor-

Płock: Panorama der Stadt an der Weichsel

Płock, Burg (Fortsetzung)

romanischen Palatiums zu erkennen, das Bolesław I. Chrobry um 1000 errichten ließ.

* Masowisches Museum

Die Burg beherbergt heute das Muzeum Mazowieckie (ul. Tumska 2), das mehrere Abteilungen umfaßt. Beachtenswert ist die außergewöhnliche Jugendstil-Sammlung mit Werken der Malerei, Grafik und Plastik sowie Kunsthandwerk, Glas und Möbeln. Ferner findet man eine volkskundliche und eine historische Abteilung, in der u.a. Handschriften von Tadeusz Kościuszko, einem polnischen Freiheitskämpfer (→ Berühmte Persönlichkeiten), zu sehen sind.

Benediktinerabtei

Südwestlich der Burg befinden sich die Überreste einer Benediktinerabtei (Opactwo Bernardynow), die 1172 gegründet wurde. Zu dieser gehörte die Kirche St. Adalbert (Kościól św. Wojciecha). Von den Klostergebäuden blieb der westliche Flügel (16. Jh.) mit barocker Fassade erhalten.

* Diözesan-Museum

In der Nähe der Burg lohnt das Muzeum Diecezjalne (ul. Tumska 3a), das 1903 eröffnet wurde, einen Besuch. Von Interesse ist die stattliche Kollektion sakraler Kunst, darunter Meßgewänder und Szlachta-Gürtel, ferner eine numismatische Abteilung.

Weiteres Sehenswerte

Das Bild der Altstadt wird stellenweise geprägt durch Ensembles barocker und klassizistischer Bürgerhäuser aus dem 18. und 19. Jahrhundert. Hervorzuheben sind die folgenden Bauten: das spätgotische Haus Dom pod Trąbami (Haus 'Zu den Trompeten') in der ul. Mostowa 1; das Jesuitenkolleg (Kolegium Pojezuickie; 17. Jh.) in der ul. St. Małachowskiego mit der Kirche St. Michael (Kościól św. Michała); die 1356 errichtete gotische Pfarrkirche (Kościól Farny; Stary Rynek) mit barockem Hochaltar (um 1632) und die spätgotische Bartholomäuskirche (erbaut um 1350). Im Nordwesten der Altstadt steht das Rathaus, das um 1825 errichtet wurde und zu den schönsten Denkmälern des Klassizismus in Polen zählt.

Umgebung von Płock

*Czerwińsk nad Wisłą

Rund 48 km südöstlich von Płock liegt – hoch über der Weichsel – das Dorf Czerwińsk nad Wisłą. Die Ortschaft kam um 1100 in den Besitz der Bischöfe von Płock, die etwa 50 Jahre später eine monumentale Chorherrenabtei erbauen ließen. Die zugehörige Kirche, als dreischiffige Basilika mit Doppelturmfassade angelegt und in Ziegelbauweise errichtet, gilt nach der Stiftskirche in Tum als bedeutendste romanische Kirche in Masowien. Obwohl die Kirche im Zweiten Weltkrieg stark zerstört wurde, gelang es beim späteren Wiederaufbau den ursprüngliche Charakter weitgehend zu wahren. Erhalten sind u.a. Teile des romanischen Hauptportals. Im Zuge des Wiederaufbaus wurden im Inneren Säulenarkaden sowie im südlichen Teil der Kirche mehrere Fresken freigelegt. Beachtung verdienen besonders romanische Wandmalereien aus dem 12. Jahrhundert.

Die Klostergebäude, die sich südwärts an die Kirche anschließen, wurden im 15. und 16. Jh. in spätgotischem Stil errichtet. Ein Teil der Räume war dafür gedacht, daß Könige und Herrscher sich hier bei einem Besuch oder auf der Durchreise aufhalten konnten.

Auf dem Feldzug gegen den Deutschen Orden überquerten 1410 die Truppen des polnischen Königs Władisław Jagełłow und des Großfürsten Witold von Litauen bei Czerwińsk nad Wisłą die Weichsel; ein polnisch-litauisches Heer siegte damals bei Grunberg (Tannenberg) über den Deutschen Orden, ohne dessen Macht jedoch völlig brechen zu können.

Słubice

Südlich der Weichsel, etwa auf halber Strecke zwischen Płock und Czerwińsk nad Wisłą, befindet der Ort Słubice. Sehenswert ist dort ein Palast aus dem 19. Jh., der in einem Park mit alten Bäumen liegt und einstmals der Familie Potocki gehörte. Das Innere war prachtvoll ausgestattet. Das Hauptgebäude ist durch Arkadengalerien mit zwei Pavillons verbunden. Beachtung verdient auch die Pfarrkirche von Słubice, deren Fassade die Form eines Triumphbogens erkennen läßt.

Oporów

53 km südlich von Płock liegt die Ortschaft Oporów. Dort sollte man das spätgotische Schloß, zu dem ein Park aus der ersten Hälfte des 15. Jahrhunderts gehört, ansehen.

Sierpc

Am Rand von Sierpc, einer Ortschaft rund 43 km nördlich von Płock, befindet sich ein Freilichtmuseum, das eine Reihe älterer Häuser aus dem südlichen Masowien, die im altpolnischen Stil gehalten sind, zeigt.

Pojezierze Gostynińskie

In der Nähe von Płock erstreckt sich das Pojezierze Gostynińskie, ein Landschaftspark mit Wäldern, Seen und zahlreichen Freizeiteinrichtungen, darunter eine Reitanlage in Łąck.

Podhale

G/H 7

Wojewodschaft: Małopolskie

Lage und Landschaft

Das Podhale ist eine hügelige Landschaft zwischen Tatra im Süden und den Beskiden im Norden. Mäßig hohe Bergkämme sind im Podhale ostwestlich angeordnet; einer, der sog. Kalkfelsengürtel (pasmo skalic wapiennych) geht weiter östlich in die → Pieniny über. Im Westen, an der Wasserscheide zwischen Weichsel und Donau, liegt ein großes Torfmoorgebiet. Ein Teil dieses Gebiets steht unter Naturschutz.

Bevölkerung und Volkskunst

Die Podhalen gehören zum polnischen Volksstamm der Goralen, der vor Jahrhunderten aus zwei Besiedlungsströmen entstand: deutsche Bauern aus dem Norden und rumänische Hirten, die im 14. Jh. über die Karpaten

Podhale, Bevölkerung und Volkskunst (Fortsetzung)

hierher kamen; slowakische und ungarische Einflüsse traten hinzu. Im Podhale haben sich bis heute alte Bauweisen und Volkstrachten erhalten. Eine Goralenkate wird auch heute noch aus Holz gebaut, das Dach ist mit Schindeln gedeckt; sie ist verhältnismäßig schmucklos. Im 19. Jh., als immer mehr Touristen ins Podhale kamen, wurden die Goralenkaten vergrößert, um Zimmer für Urlauber zu schaffen. Solche Erweiterungen sind vielerorts zu sehen (in Zakopane z.B. an der ul. Kościelska).

Podhale heute

Die traditionelle Kultur der Hirten verschwindet allmählich. Früher wurden im Frühjahr die Schafe auf die Berge getrieben, im Herbst holte man sie wieder zurück. Schutzhütten von Viehhirten gibt es jedoch viele, sowohl in der Tatra (z. B. Polana Chochołowska, Hala Stoły) als auch in den Beskiden (am Turbacz in den Gorce). Kunsthandwerker stellen vorwiegend Holz- und Metallplastiken sowie Glasmalerei her. Diese Kunst wird z. B. im Tatra-Museum (Muzeum Tatrzańskie) in Zakopane gezeigt und in vielen Geschäften angeboten.

Sehenswertes

Der Hauptort des Podhale ist ⟶ Nowy Targ (Neumarkt). Im Podhale liegt auch ⟶ Zakopane, das polnische Wintersportzentrum. Die schönsten Holzkirchen der Goralen kann man zwischen Nowy Targ und Czorsztyn besichtigen (Harklowa, Łopuszna, Dębno). In Zakopane und Umgebung gibt es einige Kirchen, deren Baustil traditionelle podhalische Kunst und moderne Architektur verbindet.

Freilichtmuseum

Am Fuß des Babia Góra, im Dorf Zubrzyca Górna, befindet sich ein großes Freilichtmuseum mit Goralenbauten. Einzugsbereich ist der in Polen liegende Teil der Orawa-Region (der andere Teil gehört zur Slowakischen Republik). Den Kern des Museums bildete ein Schulzenhof aus dem 17./18. Jh., der mehrere Gebäude umfaßt; später wurden einige Bauernhäuser hierhergebracht.

Podlasie · Podlasien K/L 3/4

Wojewodschaft: Podlaskie

Lage und Bevölkerung

Podlasien (auch Podlachien) ist ein ebenes, landwirtschaftlich geprägtes Gebiet im östlichen Mittelpolen, am oberen Lauf des Narew und am Mittellauf des Bug. Der Name hat entgegen allem Anschein nichts mit 'las' = 'Wald' zu tun, auch wenn die Region zum großen Teil bewaldet ist. Die Polen wurden vielmehr einst 'Lachen' genannt, und das Land, das an der polnisch-russischen Grenze lag, 'pod lachami' ('bei den Lachen') bzw. hier 'pod lasze', später 'Podlasie'. Das Gebiet war immer ein Schmelztiegel unterschiedlicher Völker. Heute leben hier neben den Polen Weißrussen und Ukrainer (um Bielsk Podlaski und um Hajnówka) sowie Nachkommen der Tataren (um Sokółka), die sich vor Hunderten von Jahren in dieser Region niederließen.

Geschichte

In der Frühzeit spielten die Burgfestungen eine wichtige Rolle: Bielsk Podlaski, Drohiczyn und Brześć (Brest, heute Weißrußland). Seit dem Mittelalter wurden die weitläufigen Urwälder mit ihren Mooren und Sümpfen besiedelt, und zwar von Polen aus dem Westen und von Weißrussen aus dem Osten. Um die Herrschaft über das Gebiet rivalisierten die Kiewer Rus, das Fürstentum Wladimir, Litauen und Polen sowie das autonome Fürstentum Masowien. Zeitweise war Podlasien aufgeteilt in einen südlichen polnischen und einen nördlichen litauischenTeil. Von der 2. Hälfte des 14. Jh.s an dominierten dennoch die Einflüsse aus Masowien. Nach der Lubliner Union 1569 wurde der ganze Landstrich an Polen angeschlossen. Durch die 1772 beginnenden Polnischen Teilungen war Podlasien von wechselnden Mächten besetzt, am längsten blieb es unter russischer Herrschaft. An Polen kam das Gebiet im Jahr 1918 zurück.

Landschaft am Bug

Sehenswertes

Die wichtigsten Städte und Fremdenverkehrsorte sind Białystok, Siedlce und Biała Podlaska. Touristischer Hauptanziehungspunkt von Podlasien ist die → Puszcza Białowieska (Urwald von Białowieża), die 1430 km² umfaßt, wovon die Hälfte auf polnischem Gebiet liegt. In diesem Naturreservat mit Resten von Urwald leben seltene und vom Aussterben bedrohte Arten (u. a. Luchs, Wolf, Büffel, Schwarzstorch, Auerhahn, Uhu und Steinadler). Auch die Flora ist von großer Vielfalt.

**Białowieski Park Narodowy (Nationalpark von Białowieża)

Der interessanteste Teil der Puszcza ist der 47 km² große, 1921 eingerichtete Nationalpark Białowieski Park Narodowy, der zu den Weltreservaten der UNESCO gehört. Sein Landschaftsbild ist von unterschiedlichem Wald (Nadelwälder, Weißbuchen- und Eichenwälder, Erlen- und Eschenwälder) geprägt. Aus Gründen des Naturschutzes darf der Park nur mit Führung besucht werden.

Im südlichen Teil von Podlasien dehnen sich die Seenplatte Pojezierze Łęczyńsko-Włodawskie und naturkundlich interessante Sümpfe aus. In Podlasien gibt es zahlreiche attraktive Reviere für Jäger und Angler, Naturfreunde und Fotografen. Daneben sind einige religiösen Stätten und Wallfahrtsorte, wie Grabarka (orthodoxes Kloster) und Kodeń, sehenswert.

Pomorze · Pommern B–G 2–3

Wojewodschaften: Zachodniepomorskie, Pomorskie

Allgemeines

Pommern ist eine historische Landschaft in Nordpolen, die die Ostseeküste und ihr Hinterland umfaßt. Ihren Namen erhielt sie nach den slawischen Pomoranen, die nach dem Abzug ostgermanischer Stämme bis zum 6./7. Jh. in dieses Gebiet einwanderten. Im Laufe der Jahrhunderte nahmen die beiden Teile Pommerns, Pommerellen (Pomorze Gdańskie)

Pommern, weites Land

Allgemeines (Fortsetzung)

und Westpommern (Pomorze Zachodnie), eine unterschiedliche Entwicklung; daher werden sie getrennt vorgestellt.

Pommerellen

Geschichte

Pommerellen (Pomorze Gdańskie) umfaßt heute die Wojewodschaften Gdańsk und Elbląg sowie Teile von Słupsk und Bydgoszcz. Seit der Regierungszeit von Mieszko I. (um 960–992 n. Chr.) gehörte es zum polnischen Staat. Im 11. Jh. verselbständigten sich die Gebietsteile, bevor Bolesław Krzywousty (Schiefmund) sie im Jahre 1120 an die Krone anschloß. Dank der Handelsstraßen, die durch Pommerellen führten, entwickelte sich die Wirtschaft dieser Region schnell. Von der zweiten Hälfte des 12. Jh.s an war es ein autonomes Fürstentum, das sich nach und nach den polnischen Einflüssen entzog. Die Städte wurden in den Kämpfen gegen Brandenburg und den Deutschen Orden zerstört und verarmten.

1308 übergab das pommerische Geschlecht der Święcy das Gebiet endgültig an Brandenburg. Im Jahre 1440 schlossen sich die pommerischen Städte gegen den Deutschen Orden zum Preußischen Bund zusammen. 1454 kam Pommerellen unter Kazimierz Jagiellończyk formal an Polen; die Verbindung mit der Krone wurde de facto jedoch erst 1466 (2. Thorner Frieden zwischen Polen und dem Deutschen Orden) vollzogen. In der ersten Teilung Polens (1772) fiel das Gebiet an Preußen; Danzig wurde Polen bei der zweiten Teilung (1793) genommen.

Im Versailler Vertrag 1918 wurde die Freie Stadt Danzig geschaffen, ein Gegenstand ständiger Konflikte zwischen Polen und Deutschland. Im Verlauf des Zweiten Weltkriegs wurden viele Städte in Pommerellen zerstört, vor allem Danzig, das 1945 wieder an Polen ging. Der übrige Teil Pommerns kam bereits nach 1920 an Polen; damals erhielt der polnische Staat Zugang zum Meer und ließ in Gdynia (Gdingen) einen modernen Seehafen anlegen.

An der Weichselmündung bei Mikoszewo

Wirtschaft

Pommerellen ist ein Gebiet mit hoch entwickelter Landwirtschaft und Industrie. Hier befindet sich das Stadt- und Hafengebiet von Danzig-Gdingen, das mit dem Badeort Sopot (Zoppot), zwischen beiden im Westen der Danziger Bucht gelegen, die sogenannte Dreistadt (Trójmiast) bildet.

Fremdenverkehr

Frequentiert sind die Badeorte an der Ostseeküste (Jastrzębia Góra/Rixhöft, Władysławowo/Großendorf) und auf der langgestreckten Halbinsel Hela (Mierzeja Helska).
Beliebte Erholungsorte Pommerellens liegen darüber hinaus im Seengebiet der Kaschubischen Schweiz (Pojezierze Kaszubskie), einem Teil des Baltischen Landrückens, und in Kociewa. Sehr interessant für den Touristen sind Folklore und Volkskunst. Unbedingt ansehen sollte man sich Danzig, Marienburg und Frauenburg.

Westpommern

Geschichte

Westpommern (Pomorze Zachodnie, auch Pomorze Szczecińskie) umfaßt die Wojewodschaften Szczecin, Koszalin und den größten Teil von Słupsk. Im 12. Jh. war dieses Gebiet ein großes slawisches Fürstentum. Slawische Burgfestungen in der Gegend von Wolin (Wollin) und Pyrzyce (Pyritz) sind bereits im 9. Jh. bekannt. In der Zeit um 967 bis 972 gehörten diese Gebiete unter Fürst Mieszko I. zum polnischen Staat.
Im Jahre 1000 entstand das Bistum in Kolberg (Kołobrzeg), das vom Papst bestätigt wurde. Im 10.–12. Jh. war Westpommern regional stark zersplittert, die Kleinstaaten waren Einflüssen verschiedenster Art ausgesetzt, slawischen, germanischen wie auch skandinavischen. Ende des 12. Jh.s gelang es Fürst Wracisław, die Mehrzahl dieser Kleinstaaten zu vereinigen. In Wolin entstand 1140 ein weiteres Bistum, dessen Sitz 1176 nach Cammin (Kamień Pomorski) verlegt wurde. Der Christianisierung durch Bischof Otto von Bamberg und der Gründung des zweiten Bistums folgte die all-

Westpommern, Geschichte (Fortsetzung)

mähliche Eindeutschung. Die slawischen Herzöge wurden 1181 Reichsfürsten. Pommern wurde in den folgenden Jahrhunderten wiederholt geteilt. Das 13. und 14. Jh. waren eine Zeit intensiver wirtschaftlicher Entwicklung: Man rodete Wälder und begann Landwirtschaft zu betreiben; die Handelsstraßen erhielten wachsende Bedeutung. Dynastische Verbindungen und Handelskontakte bewirkten, daß das Gebiet seine slawische Prägung nicht verlor.
Die pommerschen Fürsten waren Verbündete Polens im Kampf gegen den Deutschen Orden. Im Jahre 1630 wurde das Land von den Schweden besetzt, 1637 starb Bogisław XIV., der als letzter Fürst aus dem Geschlecht der Gryfity (Greifen) ganz Pommern regierte. Anschließend gehörte ein Teil des Gebiets zu Brandenburg und später zu Preußen (Vorpommern und Hinterpommern). Nach dem Zweiten Weltkrieg kam dann Hinterpommern zu Polen.

Wirtschaft

Die Wirtschaft war lange Zeit landwirtschaftlich bestimmt. Die industrielle Entwicklung der Region fällt in das 19. und das 20. Jahrhundert (u.a. Schiff- und Maschinenbau). Damals brachten es Städte wie Stettin (Szczecin) und Stargard, Kolberg (Kołobrzeg) und Neustettin (Szczecinek), die an den Handelsstraßen lagen, zu einigem Wohlstand.

Fremdenverkehr

Stettin ist das touristische Zentrum dieser Region, eine Stadt mit alter Architektur und interessantem kulturellem Angebot. Eine große Rolle spielen die Badeorte am Meer: Świnoujście (Swinemünde) und Międzyzdroje (Misdroy); ferner die Kurorte Kołobrzeg (Kolberg), Darłowo (Rügenwalde) und Ustka (Stolpmünde). Großer Beliebtheit erfreuen sich bei Wassersportlern die Wasserläufe, bei Wanderern die Wälder an den Seegebieten Pojezierze Myśliborskie und Pojezierze Drawskie.
In Darłowo (→ Koszalin) gibt es noch eine Burg der pommerischen Fürsten und in Kołbacz (→ Szczecin) die 1230 vollendete Kirche des ehemaligen Zisterzienserklosters (schöne Westfassade mit Rundbogenfries und Maßwerkrosette) zu besichtigen. Einen Besuch lohnen ferner die malerischen Städte Chojna (Königsberg), Moryń (Mohrin) und Recz (Reetz), die von Wehrmauern umgeben sind.
Attraktiv sind Schiffsfahrten auf der Ostsee oder im Zalew Szczeciński, dem Oderhaff nördlich von Stettin. Darüber hinaus besteht Gelegenheit zum Segeln (Trzebież/Ziegenort am Oderhaff) und zu Kajaktouren.

Poznań · Posen D 4

Wojewodschaft: Wielkoposkie
Höhe: 52–104 m ü. d. M.
Einwohnerzahl: 590 000

Lage und ** Bedeutung

Posen, die traditionsreiche Stadt und Hauptstadt der Wojewodschaft Wielkopolskie (Großpolen), liegt mitten im großpolnisch-kujawischen Flachland (Nizina Wielkopolsko-Kujawska) an der Warta (Warthe). In dem weit über die Grenzen Polens bekannten Handelszentrum findet alljährlich im Juni die Internationale Posener Messe statt.
In Posen sind alle Wirtschaftszweige vertreten. Bedeutend sind Metallindustrie, Maschinenbau (v. a. das riesige Cegielski-Werk, das Motoren und Eisenbahnfahrzeuge produziert), Elektrotechnik, Chemie und Lebensmittelverarbeitung; bekannt und gut ist das Posener Bier (Marken 'Ratusz', 'Lech'). Posen zeichnet sich aber auch durch eine lebendige und vielseitige Kulturszene aus, mit Oper, Polnischem Tanztheater, zwei Schauspielhäusern, einem Puppentheater, der Philharmonie mit einem berühmtem Männer- und Knabenchor und einem Kammerorchester.

Geschichte

Erste Siedlungsspuren datieren aus dem 8./9. Jh.s: eine Burg auf der Insel zwischen Warta und Cybina und eine mächtige Festung der Polanen auf

Geschichte (Fortsetzung)

der Dominsel. Am linken Wartheufer entstanden im 12. Jh. einige Handelsniederlassungen, von denen eine 1253 das Stadtrecht erhielt. Mit der Entwicklung der Tuchweberei und Gerberei im 14. Jh. begann der wirtschaftliche Aufschwung Posens. Im 16. Jh. war die Stadt eines der wichtigsten Kultur- und Handelszentren des Landes. Damals entstand die zweite Hochschule Polens, die Akademia Lubrańskiego (1518).
Die Schwedenkriege im 17. Jh. und Katastrophen im 18. Jh. (Epidemie 1709, Überschwemmung 1736) hatten den Niedergang der Stadt zur Folge. 1793 wurde Posen in der Zweiten Polnischen Teilung Preußen zugeschlagen, zwischen 1807 und 1815 gehörte es zum Fürstentum Warschau. Nach dem Wiener Kongreß (1815) wurde es Hauptstadt des Großfürstentums Posen, einer Provinz Preußens mit Sonderrechten, und erlebte 1840–1850 eine kulturelle Blüte. An der literarischen Wochenzeitschrift 'Tygodnik Literackie', wirkten u. a. J. Słowacki, C. Norwid und J. I. Kraszewski mit.
Im Jahre 1871 wurde das Großfürstentum Posen aufgelöst und reine Provinz ohne Sonderrechte, Großpolen wurde als sog. 'Posener Provinz' Preußen zugesprochen. Gegen Bismarck'sche Germanisierungspolitik (z. B. wurde 1900 die polnische Sprache aus den Volksschulen verbannt) agierte eine starke polnische Bewegung, etwa mit dem Boykott deutscher Geschäfte. Durch den Aufstand 1921 wurde die Stadt von der preußischen Herrschaft befreit; im selben Jahr öffneten die Posener Universität und die Posener Messe, 1925 fand die erste internationale Messe statt. Im wirtschaftlichen Aufschwung von 1919 bis 1939 wuchs die Stadt beträchtlich, gleichzeitig wanderte die deutsche Bevölkerung auf polnischen Druck hin ab. Nach dem Ausbruch des Zweiten Weltkriegs (1939) wurde Posen zum Zentrum des 'Warthegaus'; die polnische Bevölkerung war Ziel des nationalsozialistischen Terrors. Beim Kampf um die Stadt (Januar/Februar 1945) wurden Posen zur Hälfte zerstört.

Veranstaltungen

Februar (alle drei Jahre, zuletzt 1992): Weltfestival der Knabenchöre
Posener Musikalischer Frühling ('Poznańska Wiosna Muzyczna'; Festival für moderne Musik)
Juni: Internationale Posener Messe, Landwirtschaftmesse 'Polagra'
November (alle fünf Jahre, zuletzt 1990): Internationaler Wieniawski-Violinwettbewerb

Museen

** Nationalmuseum

Das Muzeum Narodowe (Al. Marcinkowskiego 9; Öffnungszeiten: Di.–Sa. 9.00–18.00, So., Fei. 10.00–15.00 Uhr) ist eines der bedeutendsten Kunstmuseen Polens. Der monumentale Bau, entstanden 1900–1903 nach einem Entwurf von K. Hinkeldeyn, enthält Abteilungen für Bildende Kunst, Völkerkunde, Geschichte der Stadt Posen, Musikinstrumente und Kunsthandwerk; Dependancen befinden sich in Rogalin (⟶ Kórnik), Gołuchów (⟶ Kalisz) und Śmiełów (ca. 60 km südöstlich von Posen). Die Sammlungen umfassen hervorragende Werke italienischer, spanischer, französischer, flämischer, deutscher und polnischer Künstler vom Mittelalter bis heute; hervorzuheben sind die großen Polen vom ausgehenden 18. Jh. bis Anfang des 20. Jh.s (Norblin, Gerson, Michałowski, die Gierymskis, Matejko, Chełmoński, Wyspiański, Wyczółkowski) und die zeitgenössische polnische Kunst (J. Cybis, Z. Waliszewski, T. Kantor).

Völkerkundliches Museum

Das Muzeum Etnograficzne (ul. Grobla 15; geöffnet Mi., Do., Sa., So. 10.00–15.00, Di., Fr. 12.00–18.00 Uhr) im klassizistischen Bau der ehemaligen Freimaurerloge (1817–1819) zeigt Folklore Großpolens sowie Völkerkunde afrikanischer, asiatischer und lateinamerikanischer Kulturen.

Stadtmuseum

Die Exponate des Muzeum Historii Miasta Poznania im Rathaus (Stary Rynek; geöffnet Di., Do. 9.00–15.00 Uhr, Mi., Fr. 12.00–18.00 Uhr, So. 10.00–15.00 Uhr) illustrieren die Stadtgeschichte seit ihren Anfängen.

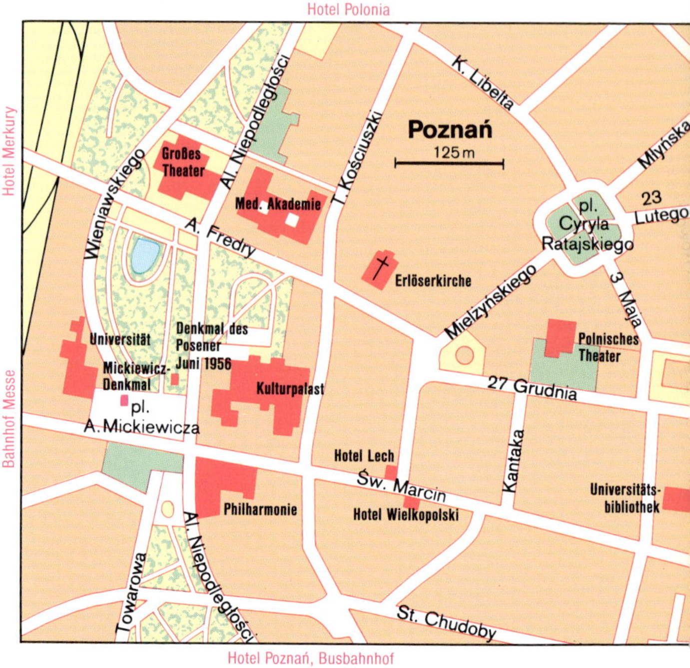

Stadtmuseum (Fortsetzung)

Neben einer Porträtsammlung findet man im sog. Königszimmer kunsthandwerkliche Kostbarkeiten, u. a. die älteste Tischuhr Polens von 1580. Im großen Renaissancesaal mit kunstvoller Kassettendecke – einst Versammlungsort des Stadtrats – prächtige Marmorbüsten römischer Kaiser des 3. und 4. Jh.s, die in Italien im 18. Jh. ausgegraben wurden.

*Museum für Musikinstrumente

Das Muzeum Instrumentów Muzycznich im Haus der Familie Grodzki (Stary Rynek 45; geöffnet Di.–Do., Sa. 9.00–18.00, Fr. 12.00–18.00, So. 10.00–15.00 Uhr) ist das einzige Museum dieser Art in Polen und eines der größten in Europa. Es besitzt eine reichhaltige Sammlung von Instrumenten verschiedener Epochen aus Europa, Asien, Afrika, Amerika und Ozeanien. In der polnischen Abteilung zahlreiche Volksmusikinstrumente.

Museum für Kunsthandwerk

Das Muzeum Rzemiosł Artystycznych (Góra Przemysłowa 1) stellt Kunsthandwerk aus Europa und dem Fernen Osten vom 12. bis zum 20. Jh. aus: Möbel, Webwaren (z. B. Brüsseler Gobelins, polnische Gürtel aus dem 18. Jh.), Goldschmiedekunst und Keramik (polnisches und Meißner Porzellan, italienische Majolika, chinesische Vasen), Glas und Uhren.

Archäologisches Museum

Das Muzeum Archeologiczne im Górka-Palais (ul. Wodna 27; geöffnet Di.–Fr. 10.00–16.00, Sa. 10.00–18.00, So. 10.00–15.00 Uhr) ist nach dem Archäologischen Museum in Krakau das zweitälteste Museum Polens. Es besitzt etwa 180 000 Exponate hauptsächlich aus den westlichen Gebieten Polens vom Ende der Altsteinzeit bis zum Spätmittelalter.

Museum der Erzdiözese

Das Muzeum Arcydiecezjalne auf der Dominsel (ul. Lubrańskiego 1; geöffnet Di.–Sa. 10.00–15.00, So. 13.00–15.00 Uhr) zeigt sakrale Kunst seit der Frühgotik und liturgische Geräte.

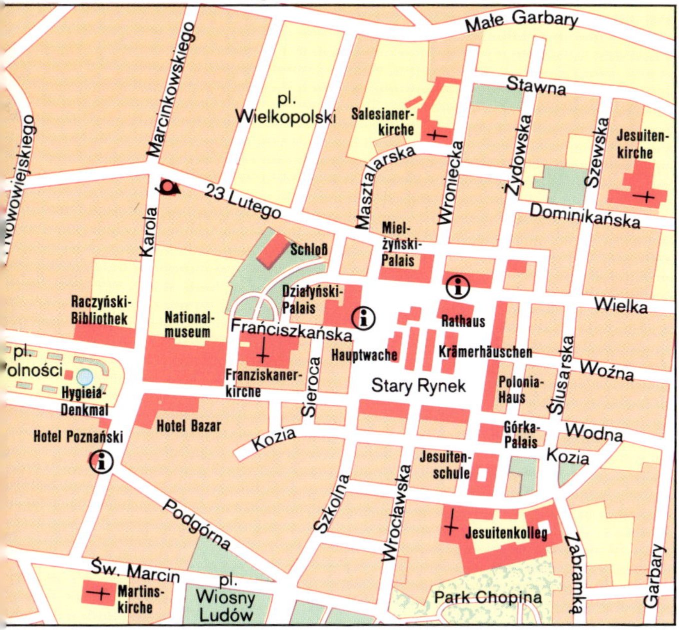

Am Stary Rynek 84 erinnert das Muzeum Literackie im. Henryka Sienkiewicza an den berühmten Schriftsteller (Erstausgaben, Mobiliar).

Museum Henryk Sienkiewicz

Die reichhaltige Sammlung des Pracownia-Muzeum Józefa Ignacego Kraszewskiego (ul. Wroniecka 1) enthält Handschriften, Bücher und persönliche Gegenstände des Schriftstellers Józef Kraszewski (1812–1887), der in der Nachfolge von Balzac, Stendhal und Dickens gesellschaftkritische Erzählungen und Romane schuf.

Arbeitszimmer Józef Kraszewski

Sehenswertes

Altstadt

** Rathaus

Foto S. 134

Der weitläufige Stary Rynek (Alter Markt) ist das Herz der Altstadt. Er wird beherrscht vom Rathaus, der 'Perle der polnischen Renaissance'. Der Vorgängerbau (aus Backstein, 14. Jh.) wurde zwischen 1550 und 1560 durch den Tessiner Architekten G. B. Quadro zu einem prächtigen Renaissancepalast umgewandelt; Quadro erhöhte das Gebäude um ein Stockwerk, baute Attiken an und vor der Ostfassade eine dreistöckige Loggia mit Arkaden. Bei Renovierungsarbeiten 1781–1784 erhielt der Turm den klassizistischen Helm. Nach der Kriegszerstörung erfolgte ein originalgetreuer Wiederaufbau.
Auf der Plattform des Hauptturms erscheinen um 12 Uhr mittags über der Uhr die Figuren zweier Ziegenböcke. Die schönen Räume des Rathauses beherbergen das Stadtmuseum. Im Keller findet man ein frühgotische Gewölbe aus dem 13. Jahrhundert.

Rathaus von Poznań

Erster Stock

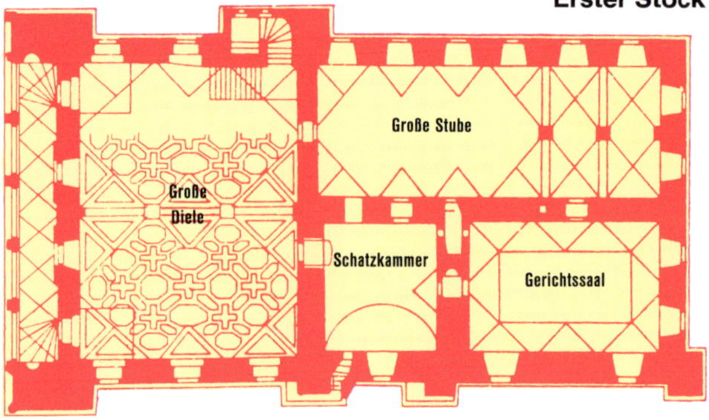

Altstadt, Rathaus (Fortsetzung)

Vor dem Rathaus steht der Proserpina-Brunnen (Fontanna Prozerpiny) aus dem Rokoko (A. Szeps, 1766), daneben eine Kopie des Prangers von 1535 (1925 von M. Rożek gefertigt, Original im Rathaus). Auf der achteckigen Sandsteinsäule die Statue eines Henkers.

Historische Bauten am Marktplatz

An der Südseite des Rathauses stehen schmale Renaissancehäuser aus der ersten Hälfte des 16. Jh.s (1953–1961 restauriert). Hübsche Sandsteinsäulen stützen kleine Lauben, in denen Posener Künstler ihre Werke zum Verkauf ausstellen. Im sog. Haus des Schreibers (Nr. 10) von 1538 hat die Gesellschaft der Freunde der Stadt Posen (Ausstellungssaal) ihren Sitz. Das klassizistische Gebäude westlich des Rathauses (Nr. 3) entstand 1783–1787 wahrscheinlich nach einem Entwurf von J. B. Kamsetzer. In der ehemaligen Stadtwaage (Nr. 2), einem Renaissancebau aus dem 16. Jh., ist heute das Standesamt ('Hochzeitspalast') untergebracht.

Großpolnisches Militärmuseum

Zwischen den Laubenhäusern und der Hauptwache (Odwach) sind in Neubauten das Wielkopolskie Muzeum Wojskowe und das Büro für Kunstausstellungen (Biuro Wystaw Artystycznych) untergebracht. Im Ausstellungssaal finden das ganze Jahr hindurch Wechselausstellungen statt.

Bürgerhäuser am Marktplatz

Die nach dem Krieg wiederaufgebauten Bürgerhäuser am Marktplatz stammen ursprünglich aus dem 15.–17. Jh. und besitzen vorwiegend barocke oder klassizistische Fassaden.
Nr. 45: Haus der Familie Grodzki. In diesem ursprünglich gotischen, danach barock umgestalteten Bau ist das Museum für Musikinstrumente untergebracht.
Nr. 78: Działyński-Palais. Der 1957 wiedererrichtete Palast von 1773–76 besitzt eine prächtige klassizistische Fassade mit korinthischen Säulen. Ende des 18. Jh.s wurde sie mit einer Attika mit Tympanon verziert.
Nr. 84: In dem ehemals gotischen, 1554–1558 von J. B. Quadro umgebauten Haus befindet sich das Sienkiewicz-Museum.
Nr. 91: Mielżyński-Palais. Der nach dem Krieg wiedererrichtete klassizistische Bau ist Hotel und Sitz des PTTK.
Górka-Palais (ul. Wodna 27): Der Innenhof des 1545–1549 errichteten Palasts ist mit Arkaden geschmückt (heute Archäologisches Museum). Hauptportal von 1548 von einem süddeutschen Baumeister.

*Pfarrkirche Maria Magdalena

Südlich des Stary Rynek steht in der ul. Gołębia 1 die frühere Jesuitenkirche Kościół farny św. Marii Magdaleny, einer der schönsten Barockbauten Polens. In den Jahren 1651/1652 leitete T. Poncino die Bauarbeiten, später waren es B. Wąsowski, W. Przybyłkiewicz und J. Poradowski.

Rathaus: 'Mittags-Ziegenböcke'...

... und Eingangshalle

Pfarrkirche (Fortsetzung)

Hauptschiff und Fassade stammen von G. Catenaci (1696–1701); zwischen 1727 und 1732 baute Pompeo Ferrari das Hauptportal und den großen Altar. Hervorzuheben ist die wertvolle Innenausstattung mit tragenden Säulen aus rotem Stuckmarmor und Fresken von Karl Dankwart.

Ehemalige Jesuitenschule

Der mehrstöckige Barockbau (ul. Gołębia 8) von Beginn des 18. Jh.s., eine ehemalige Jesuitenschule mit Arkadenhof, ist heute Domizil einer Ballettschule. Die drei prächtigen Fassaden sind von Säulen unterteilt.

Ehemaliges Jesuitenkolleg

Das einstige Jesuitenkolleg (pl. Kolegiacki 17) wurde 1701–1733 nach einem Entwurf von G. Catenaci errichtet (Anbauten aus dem 19. Jh.); hier residiert die Stadtverwaltung.

Jesuskirche

Die barocke Kościół Pana Jezusa (ul. Żydowska) entstand zu Beginn des 18. Jh.s unter Verwendung der gotischen Mauern von Bürgerhäusern. Die Innenausstattung wurde im Spätbarock geschaffen. Im Innern bedeutende Bilder, u. a. von K. Boguszewski (1630).

Dominikanerkirche

Die ehemalige Dominikanerkirche (ul. Dominikańska) ist die älteste Kirche innerhalb der mittelalterlichen Mauern (errichtet 1244–1253; frühgotisches Westportal 1250). Um 1500 fügte man die spätgotische Rosenkranzkapelle (Kaplica Różańcowa) an. Nach der großen Überschwemmung wurde die Kirche 1700–1724 durch G. Catenaci wiederaufgebaut und erhielt die barocke Innenausstattung. Zwischen der Kapelle und dem Langhaus der Kirche befinden sich zwei Flügel des Dominikanerklosters mit gotischem Kreuzgang (15. Jh.).

Salesianerkirche

Die frühere Dominikanerinnenkirche (ul. Wroniecka / ul. Masztalarska) geht auf einen Bau des beginnenden 14. Jh.s zurück. Ihre heutige Gestalt erhielt die Kirche beim Wiederaufbau nach dem Brand 1536. Auf dem Vorplatz Reste der Stadtmauern vom Ende des 13. Jh.s (Bastei).

Franziskanerkirche

Die Barockkirche (ul. Franciszkańska) entstand 1674–1728 (Jan Koński). Der mit Stuck und Wandmalerei reich verzierte manieristische Kirchenraum besitzt eine sehenswerte barocke Ausstattung (Chorgestühl, Altäre) und eine große Kollektion altpolnischer Porträts aus dem 17. und 18. Jahrhundert. Die Fresken schuf Adam Swach in den Jahren 1702–1735.

Fürstenschloß

Das ursprünglich gotische Fürstenschloß (Góra Przemysłowa 1) wurde 1280 als Teil der Verteidigungsanlage Posens erbaut. Um 1788 erhielt das heutige Museum für Kunsthandwerk seine klassizistische Form (1958–1964 teilweise rekonstruiert).

Stadtmauer

Im Jahr 1947 entdeckte man unter den Ruinen der zerstörten Bürgerhäuser (Ecke ul. 23 Lutego / Masztalarska) die gotische Bastei, die 1949 teilweise rekonstruiert wurde. Weitere Fragmente der Stadtmauer befinden sich an der Ecke ul. Wroniecka / ul. Stawna, und zwar Reste der Barbakane und des Stadttors Brama Wroniecka.

Östlich und südlich des Stary Rynek (Alter Markt)

Allerheiligenkirche

Die klassizistische Kościół Wszystkich Świętych (ul. Grobla 1) wurde 1777–1783 nach Entwürfen von A. Höhn als evangelische Heiligkreuzkirche errichtet.

Bernhardinerkloster

Auf dem Pl. Bernardiński erhebt sich die barocke Bernhardinerkirche, die 1658–1668 von K. Bonadura und G. Catenaci auf den Grundmauern einer gotischen Kirche (15. Jh.) erbaut wurde (Fassade von 1730–1737; wiederaufgebaut 1947–1959). Die Turmhelme rekonstruierte man erst 1982. Das Barockkloster aus dem 17. Jh. (im 18. Jh. umgebaut) dient seit 1821 als Krankenhaus.

* Fronleichnamskirche

Die monumentale gotische Kościół Bożego Ciała (ul. Krakowska) geht auf einen 1465–1470 errichteten Bau zurück (1657 zerstört, bis 1664 wiederaufgebaut). Zu Beginn des 18. Jh.s wurde das Nordschiff verlängert und ein Turm errichtet. 1726 entstand an der Nordseite des Chors die Kapelle der Muttergottes mit Skapulier (Kaplica Matki Boskiej Szkaplarznej) nach einem Entwurf von Pompeo Ferrari. Hervorzuheben sind das gotische Portal und der spätbarocke Hauptaltar von 1726 (Ferrari).

Ostrów Tumski (Dominsel) · Środka · Komandoria

** Kathedrale

Posens alter Stadtkern entstand im 9. Jh. auf dem Ostufer der Warthe, die Dominsel mit der Kathedrale (ul. Mieszka I). An dem Platz der 968 erbauten

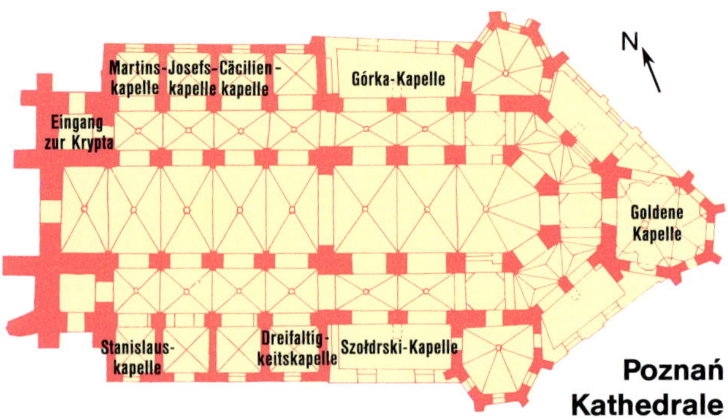

Poznań Kathedrale

Die Goldene Kapelle in der Kathedrale

Kathedrale (Fortsetzung)

vorromanischen Kirche errichtete man ca. 1050–1075 eine romanische Basilika. Die wichtigsten baugeschichtlichen Daten: gotische Umgestaltung Mitte 14. Jh., Anbau von Kapellen um das Langhaus 15. Jh., Ausstattung der Türme mit gotischen Turmhelmen 1509–1513). Das Dach und die Helme wurden im 17. und 18. Jh. durch Stürme und Brände mehrmals zerstört; 1790 stürzte der Südturm ein und zerstörte dabei einige Kapellen und das Hauptportal. In den Jahren 1790–1795 baute B. Solari die Westfassade im klassizistischen Stil um. Nach dem Zweiten Weltkrieg wurde die Kathedrale von 1946 bis 1956 im gotischen Stil des 14./15. Jh.s wiedererrichtet; dabei kamen Reste der vorromanischen und der romanischen Kirche zutage. In den Jahren 1956–1960 wurden die Kapellen restauriert.

Von der Ausstattung hervorzuheben sind ein spätgotisches Polyptychon von 1512 im Hauptaltar (eine schlesische Arbeit), ein spätgotisches Chorgestühl, eine reich verzierte Kanzel von 1720 und zahlreiche Grabmäler, etwa das des Bischofs B. Izdbieński (J. Michałowicz, 1553) und die Grabstätte der Familie Górka (Hieronymus Canavesi, 1574). Die Goldene Kapelle (Złota Kaplica) mit achteckigem Grundriß und Kuppel wurde von F. M. Lanci in den Jahren 1825–1841 im neobyzantinischen Stil als Mausoleum für die ersten polnischen Herrscher Mieszko I. und Bolesław Chrobry (der Tapfere) errichtet.

Marienkirche Psalterium

Neben der Kathedrale steht die Kościół Najświętszej Panny Marii, eine gotische Kirche von 1438 mit schönem Sterngewölbe und gotischen Holzschnitzereien aus dem 15. Jahrhundert.

Das benachbarte Psalterium, ein spätgotisches Wohnhaus, wurde 1518 für die Psalmensänger der Kathedrale erbaut (restauriert 1948).

Lubrański-Akademie

Die ehemalige Akademia Lubrańskiego (ul. Jana Lubrańskiego 1) wurde 1518–1530 erbaut und im 17./18. Jh. umgestaltet. Die 1518 von Bischof Jan Lubrański gegründete Akademie besaß eine naturwissenschaftliche

Die spätromanische Johanneskirche

Lubrański-Akademie (Fortsetzung)

und eine humanistische Abteilung. Heute ist das Gebäude Sitz des Archivs und des Museums der Erzdiözese.

Margaretenkirche

Die gotische Kościół św. Małgorzaty (Rynek Śródecki), erbaut in der zweiten Hälfte des 14. Jh.s, wurde Ende 15./Anfang 16. Jh. erweitert. In der ersten Hälfte des 17. Jh.s kamen zwei Kapellen hinzu, in der zweiten Hälfte des 18. Jh.s die Sakristei. Sehenswert sind im Innern die Rokoko-Kanzel und der Rokoko-Taufstein.

Kasimirkirche

Die barocke Kościół św. Kazimierza (ul. Bydgoska) wurde 1663–1685 nach einem Entwurf von K. Bonadura d. Ä. erbaut; nach dessen Tod leiteten G. Catenaci und K. Bonadura d. J. die Arbeiten. Die Innenausstattung wurde 1752–1755 einheitlich im Rokokostil angefertigt. Zur Kirche gehört ein 1693–1704 im Barockstil erbautes Reformatenkloster.

Johanneskirche

Die Kościół św. Jana (ul. Warszawska) ist ein spätromanisches Bauwerk vom Ende des 12. Jh.s. Die Johanneskirche war nach der Kathedrale die zweitälteste Kirche Posens und einer der ältesten Backsteinbauten des Landes. Die 1512 erweiterte Kirche wurde 1719–1740 restauriert und 1948 wiederaufgebaut. Sehenswert sind ein spätromanisches Portal aus Quadern an der Westfassade, ein gotisches Triptychon von 1520 im Chor und ein spätgotischer Taufstein von 1522 im Seitenschiff.

Wzgórze św. Wojciecha (Adalbert-Hügel) · Park Przyjaźni

Adalbertkirche

Die gotische Kościół św. Wojciecha (ul. św. Wojciecha) aus dem 15. Jh. wurde im 16. Jh. durch Seitenschiffe erweitert. In der ersten Hälfte des 17. Jh.s baute man West- und Ostgiebel im Stil der Spätrenaissance um und fügte die Antoniuskapelle (Kaplica św. Antoniego) an das Südschiff an. 1912 wurde die Kirche mit Jugendstilfresken von Antoni Procajłowicz und

Adalbertkirche (Fortsetzung)

Glasfenstern von S. Wyspiański und J. Mehoffer geschmückt. Leider gingen die Glasfenster bei Kriegsende (1945) zu Bruch. Während der Renovierungsarbeiten von 1946 bis 1949 entdeckte man gotische Portale. Seit die Asche angesehener Großpolen 1923 hierhergebracht wurde, wird die Kirche auch Skałka Poznańska (Posener Fels) genannt. Hier sind Karl Marcinkowski (1800–1846, ein politisch tätiger Arzt), Józef Wybicki (1747 bis 1822, Dichter der polnischen Nationalhymne), der Komponist Feliks Nowowiejski (1877–1946) und andere Persönlichkeiten bestattet.
Neben der Kirche steht ein hölzerner, mit Schindeln gedeckter Glockenturm aus dem 16. Jahrhundert.

Kloster der Barfüßigen Karmeliter

Die barocke Klosteranlage (ul. Działowa) entstand 1658–1687 unter der Leitung von K. Bonadura d. Ä. und nach dessen Tode von G. Catenaci. Nach Kriegsende wurde das Karmeliterkloster 1950 wiederaufgebaut.

Friedhof

Der älteste Friedhof Posens (1810) liegt neben der Karmeliterkirche. Hier sind zahlreiche großpolnische Persönlichkeiten aus Wissenschaft und Kunst sowie Kriegsveteranen und Freiheitskämpfer bestattet.

Park Przyjaźni

Der 100 ha große Park Przyjaźni (Al. Armii Poznań) entstand auf dem Gelände des alten Forts Winiara, der sog. Cytadella (Zitadelle), das die Preußen in den Jahren 1828–1839 erbauten. Nachdem die Stadt im Januar 1945 schon in den Händen der Sowjets war, hielten sich deutsche Truppen hier noch bis Ende Februar; als sie kapitulierten, lag die Zitadelle in Schutt und Asche. Im Park steht (wie lange noch?) das Denkmal der Waffenbrüderschaft und polnisch-russischen Freundschaft (Pomnik Braterstwo Broni i Przyjaźni Polsko-Radzieckiej).
Auf dem Friedhof neben dem Park sind die beim Sturm auf die Zitadelle gefallenen polnischen und sowjetischen Soldaten bestattet. In einer einstigen Kasematte ist das Museum der Befreiung Posens (Muzeum Wyzwolenia Miasta Poznania) untergebracht.

Stadtzentrum

Hotel Bazar (ul. Paderewskiego)

Das älteste Hotel der Stadt wurde 1838–1842 auf Initiative Dr. Karl Marcinkowskis nach einem Entwurf von K. F. Schinkel erbaut und 1898 vergrößert. Nach dem Krieg wurde es 1950 wieder eröffnet. In der Zeit der Zugehörigkeit zu Preußen war das Hotel Zentrum der polnischen Nationalbewegung. Hier hatte Hipolit Cegielski, der Gründer (1846) der nach ihm benannten Metallwerke, zunächst eine Eisenwarenhandlung; Ignacy Paderewski stieg am 26.12.1918, am Vorabend des Aufstandes in Großpolen, in dem Hotel ab.

Raczyński-Bibliothek

Auf dem weitläufigen Plac Wolności (Siegesplatz) steht die spätklassizistische Biblioteka Raczyńskich, gestiftet von dem Mäzen E. Raczyński und erbaut 1822–1828 (bis 1956 wiederaufgebaut). Beeindruckend sind die Fassade im Stil des Pariser Louvre, der monumentale Säulengang mit 24 korinthischen Säulen aus Eisenguß und die Loggia mit hübscher Stuckdekoration.

Brunnen der Hygieia

Die Bronzestatue der Hygieia, Göttin der Gesundheit, wurde nach einem Modell von Albert Wolff von 1841 im Jahr 1908 gegossen; sie hat eine Statue des Raczyński-Grabmals in Zaniemyśl (→ Kórnik) zum Vorbild.

'Arkadia'

Das neuklassizistische Gebäude 'Arkadia' (1879) am Plac Wolności war ursprünglich Theater und wurde nach Erweiterungsbauten 1896 und 1911 in ein Café umgewandelt. Von 1927 bis 1939 war hier das erste Rundfunkstudio Posens untergebracht. Heute ist es Restaurant.

Martinskirche

Die gotische Kościół św. Marcina wurde zu Beginn des 16. Jh.s an der Stelle einer älteren Kirche errichtet. Sie brannte 1657 nieder und wurde

Martinskirche (Fortsetzung)

erst 1834–1840 wiederaufgebaut (Rekonstruktion 1950–1954). Sehenswert sind ein spätgotisches Triptychon von 1498 im Chor und eine spätgotische Madonnenskulptur mit dem Jesuskind (1510) im Südschiff.

Universitätsbibliothek

In der ul. Ratajczaka liegt die Universitätsbibliothek, die 1899–1902 nach einem Entwurf von K. Hinkeldeyn im Stil der Neorenaissance errichtet wurde. Zwischen 1949 und 1953 fügte L. Tomaszewski einen Flügel hinzu.

Polnisches Theater

Das eklektizistische Gebäude des Teatr Polski (ul. 27 Grudnia) wurde aus Spenden der polnischen Bevölkerung von S. Hebanowski in den Jahren 1873–1875 erbaut. Während der preußischen Germanisierungspolitik führte man hier polnische Theaterstücke auf. An der Fassade ist die Inschrift "Naród sobie" ("Das Volk für sich") zu erkennen.

Großes Theater

Das Teatr Wielki ist in einem neoklassizistischen Gebäude in der ul. Fredry untergebracht, das der deutsche Architekt Max Littmann 1910 (u. a. Stuttgarter Staatsoper) errichtete. Die Fassade mit sechs mächtigen ionischen Steinsäulen krönt ein dreieckiges Walmdach mit einem Pegasus auf der Spitze. Seit 1919 finden hier Ausstellungen polnischer Kunst statt.

Mickiewicz-Platz

Das monumentale stählerne Denkmal mit zwei Kreuzen und einem stilisierten Adlerkopf am pl. Mickiewicza erinnert an den Posener Arbeiteraufstand im Juni 1956 ('Posener Juni'; Entwurf A. Graczyk, W. Wojciechowski), als die Arbeiter "Brot, Wahrheit und Freiheit" forderten. Enthüllt wurde es am 25. Jahrestag dieser Ereignisse, 1981.
Benannt wurde der Platz nach dem benachbarten Standbild (1960) des polnischen Dichters Adam Mickiewicz. Der Granitsockel zeigt Reliefs mit Themen aus dem Werk des Dichters, der mit einem Buch in der Hand dargestellt wird. Bis 1919 stand an dieser Stelle das Denkmal des Reichskanzlers Otto von Bismarck.

Universitätsaula

Das Renaissance-Gebäude in der ul. Wieniawskiego wurde 1910 als Sitz der preußischen Königlichen Akademie erbaut. Die Aula der 1919 gegründeten Universität Posen besitzt eine hervorragende Akustik und dient auch als Konzertsaal der Posener Philharmonie. Alle fünf Jahre findet hier der Internationale Henryk-Wieniawski-Violinwettbewerb statt.

Kulturpalast

Der neuromanische Pałac Kultury (ul. św. Marcin) entstand 1905–1910 unter Leitung des deuschen Architekten Franz Schwechten, der auch den Berliner Anhalter Bahnhof und die Kaiser-Wilhelm-Gedächtniskirche entwarf. Das ehemalige Schloß des Kaisers Wilhelm II. ist mit zahlreichen Skulpturen aus der gemanischen Sagenwelt verziert. Heute beherbergt das Palais mehrere kulturelle Einrichtungen, u. a. ein Kino und das Puppen- und Schauspielertheater 'Marcinek'.

Zoologischer Garten

An der ul. Zwierzyniecka befindet sich der älteste zoologische Garten Polens. Der ca. 5 ha große Zoo mit über 250 europäischen und exotischen Tierarten – besonders reich vertreten sind Vögel – wurde bereits 1874 angelegt. Ein Teil des Bestandes wurde in den Großpolnischen Zoologischen Park (Wielkopolski Park Zoologizcny, s. Umgebung) gebracht. Auf dem Zoogelände befindet sich das Museum für Umweltwissen (Muzeum Wiedzy o Środowisku).

Internationale Posener Messe

Das 23 ha große Messegelände (Międzynarodowe Targi Poznańskie, ul. Głogowska) wurde 1921 als nationales Ausstellungsunternehmen gegründet und ist seit 1925 internationalen Ausstellern zugänglich. Die Hauptmesse findet jedes Jahr im Juni statt; sonst werden hier die Landwirtschafts- und Ernährungsmesse 'Polagra', die Landesmesse und andere Ausstellungen veranstaltet.

Wilson-Park

Die Anfänge des rund 7 ha großen Wilson-Parks (ul. Głogowska) reichen bis 1834 zurück, als hier eine Baumschule für die Straßenrandbepflanzung entstand. Seit 1903 ist der Park der Öffentlichkeit als Botanischer Garten zugänglich. Am Eingang steht eines der größten Palmenhäuser Europas (von 1929) mit etwa 17000 Pflanzen von 700 Arten und Unterarten aus südlichen und tropischen Ländern. Zu erwähnen ist ferner ein Aquarium.

Poznań, Wilson-Park (Fortsetzung)

Außerhalb des Stadtzentrums

Botanischer Garten

In der ul. Jarosław Dąbrowskiego liegt einer der schönsten Botanischen Gärten Polens. Angelegt wurde er 1925 von Prof. R. Boetner als 6 ha großer Lehrgarten; heute beträgt seine Fläche rund 17 ha. Hier sind 7000 Arten und Unterarten von heimischen und fremden Pflanzen vertreten, die in Polen unter freiem Himmel wachsen können. Sie sind unterteilt in Steppenpflanzen, Torfmoor-, Wasser-, Wald-, Dünen- und Gebirgspflanzen.

Großpolnischer Zoologischer Park

Der Wielkopolski Park Zoologiczny (ul. Krańcowa) wurde 1967 gegründet und wird seither kontinuierlich auf einem 113 ha großen Gelände im Tal der Cybina zum größten Zoo Polens ausgebaut. Der Park ist in verschiedenen Landschaftsformen gestaltet: Wald, Wüste, Tundra, Taiga, Steppe und Savanne. Die Teiche der Cybina sind Lebensraum für Wasservögel und -tiere. In zahlreichen Gehegen leben etwa 3000 Tiere aus 600 verschiedenen Arten.

Umgebung von Posen

*Wielkopolski Park Narodowy

Ca. 10–20 km südlich von Posen erstreckt sich der Großpolnische Nationalpark. Er wurde 1957 in einem hügeligen Waldgebiet auf einer Fläche von 5260 ha – davon sind 221 ha streng geschützt – angelegt. Alle postglazialen Landschaftsformen sind vertreten. Man findet hier ausgedehnte Kiefernwälder und insgesamt 16 Seen, deren größter der See Jezioro Dymaczewskie (119 ha) ist, der tiefste der See Góreckie (17 m).

*Ostrów Lednicki

Auf der größten der vier Inseln im See Jezioro Lednickie gut 30 km östlich von Posen befinden sich Reste der ältesten Steinburg Polens aus dem 10. Jahrhundert. Zu sehen sind die Ruinen eines ringförmigen Burgwalls und einer Rotundenkapelle von 1000. In diesem einstigen Königssitz wurde Bolesław Chrobry (der Tapfere) geboren, hier empfing er vermutlich den deutschen Kaiser Otto III. Die Burg wurde 1038 vom böhmischen Fürsten Brestislaw zerstört und danach nicht wieder aufgebaut.
Am Ostufer des Ledniczka-Sees liegt malerisch ein Freilichtmuseum mit historischen Holzbauten Großpolens, darunter eine Windmühle von 1585, ein Laubenhaus von Anfang des 19. Jh.s und ein Speicher (18. Jh.).

Gnesen → Gniezno
Kurnik → Kórnik
Rogalin → Kórnik

Przemyśl — K 7

Wojewodschaft: Podkarpackie
Höhe: 200–300 m ü. d. M.
Einwohnerzahl: 62000

Lage und Bedeutung

Przemyśl liegt 14 km von der Grenze zur Ukraine entfernt (Straßengrenzübergang in Medyka) am Durchbruch des San. In Żurawica befindet sich der größte polnisch-ukrainische Güterbahnhof. Wirtschaftlich bedeutend sind die elektronische sowie die elektrotechnische Industrie, ferner gibt es eine Fabrik für Holzplatten und Baustoffe. Darüber hinaus ist die Stadt kulturelles Zentrum Südostpolens.

Przemyśl

Rzeszów

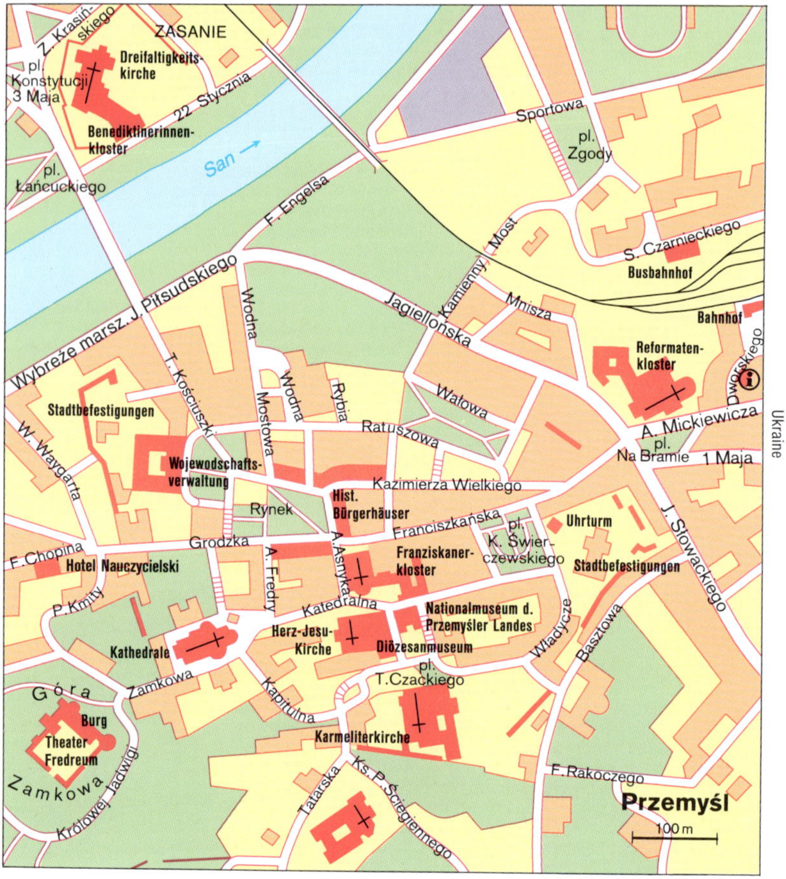

Geschichte

Die ersten Spuren einer Besiedlung sind etwa 4000 Jahre alt. Im Jahr 965 hielt sich wahrscheinlich der spanische Kaufmann Ibrahim Ibn Jakub hier auf, der in seinen Aufzeichnungen eine Handelsniederlassung erwähnt. Bis zum 14. Jh. dauerte der Streit um das Grenzgebiet zwischen polnischer, kleinrussischer und ungarischer Kultur. Unter Kazimierz Wielki (dem Großen) gehörte Przemyśl 1340 zu Polen, später fiel es an Ungarn, 1387 wieder an Polen. Die Entwicklung der Stadt wurde im 14.–16. Jh. von den Invasionen der Tataren und Walachen unterbrochen. Während der Renaissance, als sich bedeutende Künstler in der Stadt aufhielten, erlebte diese ihre Blütezeit. Später drangen Moldawier und Schweden in die Stadt ein. Seit 1772 unter österreichischer Herrschaft, wurde Przemyśl ab 1876 zur Festung ausgebaut, die im Ersten Weltkrieg hart umkämpft war. 1918 kam die Stadt an Polen. Nach dem deutsch-sowjetischen Nichtangriffspakt 1939 besetzten sowjetische Truppen den Stadtteil am rechten Ufer des San. Lange Jahre stagnierte die Stadt: Erst 1975, als Przemyśl zur Wojewodschaftshauptstadt ernannt wurde, setzte eine Belebung auf wirtschaftlichem und kulturellen Gebiet ein.

Sehenswertes

*Aussichtspunkte

Von der Anhöhe Zasanie am linken Ufer des San hat man einen herrlichen Blick auf die gestaffelten Dächer und die Kirchtürme der Altstadt. Auch vom Schloßberg (Góra Zamkowa) bietet sich eine schöne Aussicht.

Burg

Die von Kasimir dem Großen angelegte Burg wurde im 17. Jh. im Stil der Renaissance, im 18. und 19. Jh. erneut umgebaut. Heute ist sie Sitz des Stadttheaters ('Fredreum').

*Kathedrale St. Johannes

Die Kathedrale wurde in den Jahren 1460–1571 als gotischer Bau errichtet und 1724–1744 im Barockstil umgestaltet. Sie hat eine prächtige Innenausstattung (Rankenmalerei). Schön gestaltet ist auch die Kapelle der Familie Fredro (1724), aus der u. a. der Lustspieldichter Aleksander Fredro stammte. Beachtenswert ferner die Pietà im Renaissancealtar. Unter der Kathedrale wurden Fragmente einer frühromanischen Kirche entdeckt.

Karmeliterkirche

Die Kościół Karmelitów (barock, 1625–1630) verfügt über sehenswerte Rokokoaltäre; von 1784 bis 1939 war sie griechisch-katholisches Gotteshaus. Große Holzkuppel mit Laterne.

Franziskanerkirche

Die Klosterkirche Kościół Franziskanów (1754–1778, eindrucksvolle Fassade) ist mit schönen Rokoko-Skulpturen von Fabian Fesinger ausgestattet; an den Wänden Fresken (z. T. von Stanisław Stroiński, 1773–1778) mit religiösen Szenen (Marienzyklus) und Ereignissen aus der Geschichte von Przemyśl.

Uhrturm

Vom Franziskanerkloster sind es nur wenige Schritte zum Uhrturm (Wieża Zegarowa), einem barocken Bauwerk aus dem 18. Jahrhundert.

Diözesanmuseum

Das Muzeum Diecezjalne (pl. Czackiego 2) unweit der Fußgängerzone enthält Sammlungen sakraler Kunst (Ornate und Ikonen).

Altstadt mit Franziskanerkirche

Schloß Krasiczyn bei Przemyśl

Przemyśl (Fortsetzung) Nationalmuseum des Przemyśler Landes

Das Muzeum Narodowe Ziemi Przemyskiej (seit 1877) zeigt einheimische Folklore (Trachten) und sakrale Kunst (Ikonen).
Im einem Tor der Stadtbefestigung eine Abteilung, die die Stadtgeschichte während des Ersten Weltkriegs dokumentiert.

Festung

Die Festungsanlagen wurden um die Jahrhundertwende rund um die Stadt angelegt. Ein 45 km langer Weg führt an den Befestigungslinien auf beiden Seiten des Flusses entlang. Nur einige Gebäude werden genützt.

Deutscher Soldatenfriedhof

In Przemyśl wurde 1995 ein deutscher Soldatenfriedhof eingeweiht, die erste zentrale Kriegsgräberstätte für deutsche Soldaten, die im Zweiten Weltkrieg in Südostpolen gefallen sind.

Umgebung von Przemyśl

Kalwaria Pacławska (Kalvarienberg)

Rund 16 km östlich der Stadt liegt an der Grenze zur Ukraine der kleine Ort mit Wallfahrtskirche und Kloster; in der Nähe 42 Kalvarienkapellen.

*Krasiczyn

Etwa 10 km westlich von Przemyśl liegt am San das Dorf Krasiczyn mit einem Schloß, das der italienische Architekt Galeazzo Appiani 1580 für die Familie Krasicki erbaute (1602 erweitert). Zur Renaissance-Befestigung gehören vier Basteien: Baszta Boska (Göttliche Bastei), Baszta Papieska (Papstbastei), Baszta Królewska (Königsbastei) und Baszta Szlachecka (Adelsbastei). Schloßkapelle und Museum.
Von Krasiczyn aus führt eine Straße in die Ostbeskiden (Bieszczady) über Bircza und in Serpentinen durch die Góry Słonne nach → Sanok.

Pszczyna · Pleß

F 7

Wojewodschaft: Śląskie
Höhe: 250 m ü. d. M.
Einwohnerzahl: 47 000

Lage und Bedeutung

Pszczyna liegt rund 35 km südlich von Kattowitz in einer Senke zwischen dem Schlesischen Landrücken und den Karpaten an der Plesse (Pszczynka), einem Nebenfluß der Weichsel. Die ehemalige Residenzstadt der Grafen Hochberg-Fürstenstein, die erst nach 1945 nennenswerte Industrie bekam (Maschinenbau), ist heute ein beliebtes Urlaubsziel.

Geschichte

Eine slawische Siedlung an der Handelsstraße von Krakau nach Böhmen erhielt um 1276 deutsches Stadtrecht. 1846 kam das Gebiet an Graf Heinrich X. von Hochberg-Fürstenstein, 1848 wurde Pleß Fürstentum. Güter und Schloß blieben bis 1945 im Besitz der adligen Familie, obwohl Pleß 1922 zu Polen kam. Im Ersten Weltkrieg befand sich auf der Burg von Pleß das Stabsquartier der deutschen und österreichischen Armeen.

Sehenswertes

*Schloß (Museum)

Das Schloß, einst Burg, wurde seit dem Mittelalter mehrfach umgebaut und im 19. Jh. nach Art des Neobarock gestaltet. Heute sind die Räume des im Stil verschiedener Epochen gehaltenen Schlosses zu besichtigen. So gibt es ein Renaissance-Schlafzimmer, einen Speisesaal im Jugendstil, einen Spiegelsaal mit illusionistisch gemaltem Himmel und eine Paradetreppe im Treppenhaus. Beachtung verdient eine Sammlung mit Waffen und Rüstungen im Parterre, wo vorwiegend polnische und europäische Waffen ausgestellt sind. Sonntags werden in dem Schloß Konzerte veranstaltet, u. a. mit Werken von Georg Philipp Telemann, der von 1704 bis 1708 in Pleß Kapellmeister war. Das Schloß ist von einem Park umgeben.

Barocke Pracht im Schloß von Pleß

Pszczyna (Fortsetzung) Altstadt

Im alten Teil der Stadt sind beachtenswert: Bürgerhäuser aus dem 18. und 19. Jh.; das Rathaus (Neorenaissance, 1930) mit Säulenvorbau; die evangelische Kirche, ein neobarocker Bau von 1907; ferner die katholische Pfarrkirche (14. Jh., 1748 erneuert) mit schmiedeeisernem Gitter an der Theresienkapelle und Skulpturen aus dem 18. Jahrhundert. Lohnend ist auch ein Gang durch den Stadtpark mit altem Baumbestand und Teich.

Freilichtmuseum

In der Nähe des Bahnhofs zeigt ein Freilichtmuseum Holzhäuser (18. und 19. Jh.) aus der Umgebung von Pleß, darunter eine Wassermühle, die in ein stilvolles Gasthaus umgewandelt wurde. Die Gebäude sind mit originalen Geräten ausgestattet.

Umgebung von Pszczyna

Weichselstausee

Der Zalew Goczałkowickie, ein 32 km^2 großer Weichsel-Stausee südwestlich von Pleß, dient als Trinkwasserreservoir für das Oberschlesische Industriegebiet und als Naherholungsgebiet (Bad). Nebenan der kleine Kurort Goczałkowice-Zdrój mit jod-, brom- und salzhaltigen Quellen.

Puławy

J/K 5

Wojewodschaft: Lubelskie
Höhe: 130–140 m ü. d. M.
Einwohnerzahl: 47 000

Lage und Bedeutung

Puławy liegt im mittleren Ostpolen zwischen Radom und Lublin an der Weichsel. Hier residierte einst die Magnatenfamilie Czartoryski, die sich auch als Kunstsammler und -mäzene betätigte.

Sybillentempel im Schloßpark von Puławy

Bedeutung (Fortsetzung)

Heute ist Puławy ein Industrie- und Dienstleistungszentrum für die landwirtschaftlich geprägte Umgebung, in den sechziger Jahren entstanden hier Stickstoffwerke.

Geschichte

Vom 18. Jh. hatten die Familien Lubomirski und Sieniawski in dem Ort an der Weichsel ihren Wohnsitz, von 1784 an die Familie Czartoryski. Nach dem Novemberaufstand von 1830 gegen die russische Herrschaft konfiszierte der Statthalter des Zaren ihre Güter. 1869 wurde in Puławy das Institut für Landwirtschaft (Instytut Gospodarstwa Wiejskiego) gegründet, das heute noch existiert.

*Palast

Der Palast, eine große Schloßanlage, von den Familien Lubomirski und Czartoryski bewohnt, entstand nach einem Entwurf von Tylman van Gameren 1676–1679; er wurde mehrmals beschädigt und im 19. Jh. im klassizistischen Stil umgestaltet. Nach der Teilung Polens entwickelte sich hier ein nationalpolnisches Zentrum.
Der 30 ha große Park ist teils im französischen, teils im englischen Stil angelegt. Mehrere Bäume stehen unter Denkmalschutz. Im Landschaftspark einige romantische Bauten: ein Sybillentempel (1801) und ein Gotisches Haus (1809), die die ersten öffentlichen Museen Polens bildeten (sehr wertvolle Sammlungen, heute im Czartoryski-Museum in Krakau); ein Griechisches Haus, ein Chinesisches Haus und der 'Marynka'-Palast.

Regionalmuseum des PTTK

Das Muzeum Regionalne PTTK (ul. Pałacowa) im alten Krankenhaus zeigt Sammlungen zur Stadtgeschichte, Malerei und Plastik.

Umgebung von Puławy

Kazimierz Dolny → dort
Nałęczów → Kazimierz Dolny

Pułtusk J 4

Wojewodschaft: Mazowieckie
Höhe: 90 m ü. d. M.
Einwohnerzahl: 15000

Lage und Bedeutung

Pułtusk liegt 60 km nördlich von Warschau am unteren Narew. Die Altstadt breitet sich auf einer Insel zwischen zwei Weichselarmen aus. Pułtusk besitzt keine größere Industrie, es ist von Handel und Handwerk geprägt.

Geschichte

Das auf eine Wehrburg zurückgehende Pułtusk war vom 11. Jh. bis 1791 Eigentum der Bischöfe von Płock. Im Jahr 1257 erhielt es Stadtrecht. Von 1566 bis ins 18. Jh. bestand hier ein bedeutendes Jesuitenkolleg, an dem u. a. der Prediger und Schriftsteller Piotr Skarga (1536–1612) lehrte. In den Schwedenkriegen (1654–1660) große Zerstörungen. 1806 unterlag hier das russische Heer den Truppen Napoleons. Nach dem Zweiten Weltkrieg, in dem 70 % der Stadt zerstört worden waren, entwickelte sich Pułtusk zu einem wirtschaftlichen und kulturellen Zentrum.

Sehenswertes

Marktplatz

Das Zentrum der Stadt bildet der Rynek, der größte Marktplatz Polens, mit dem barocken Rathaus (1728). Daneben steht der gotische Wehrturm des Vorgängerbaus aus der ersten Hälfte des 16. Jh.s mit einem interessanten Regionalmuseum.

*Pfarrkirche

An der Nordseite des Markts steht die Kollegiatskirche, die heutige Pfarrkirche (Kościół Farny) St. Matthäus, einer der bedeutendsten Bauten der polnischen Renaissance. Im frühen 15. Jh. noch in gotischem Stil errichtet, wurde ihr Inneres 1560 von Giovanni Battista Veneziano im Renaissancestil umgestaltet. Von diesem Künstler stammt auch die zur gleichen Zeit entstandene Kapelle des Bischofs Andrzej Noskowski. Die Ausstattung ist barock (17./18. Jh.), der Glockenturm geht auf das Jahr 1507 zurück.

Schloß

Gegenüber der Kirche steht am Markt die ehemalige Schloßkapelle, heute St. Maria Magdalena (Kościół św. Marii Magdaleny). Sie wurde 1538 im Renaissancestil erbaut und dient heute als Ausstellungssaal.
Hinter ihr liegt in einem Park das Schloß. An dieser Stelle befand sich ursprünglich die Burg der Bischöfe von Płock (14. Jh.), die im Laufe der Jahrhunderte mehrfach umgebaut wurde. Heute wird das Schloß am Narew als Hotel genutzt. Zu den Freizeitangeboten zählen Segeln, Reiten und Jagdausflüge; ab und an gibt es Hammelbraten am offenen Feuer.

Weitere Sehenswürdigkeiten

Erhalten sind Teile der mittelalterlichen Stadtmauern (1508/1509) mit einer zinnenbekrönnten Bastion. In der Nähe zwei beachtenswerte Kirchen: die barocke Peterskirche und die Josephskirche (ul. Gomulickiego), letztere eine Jesuitenkirche aus den 1560er Jahren.

Puszcza Białowieska · Urwald von Białowieża L 4

Wojewodschaft: Podlaskie

Lage und Bedeutung

Der Urwald 'Puszcza Białowieska' südöstlich von Białystok ist ein weitläufiges, weitgehend im natürlichen Zustand belassenes Gebiet beiderseits der polnisch-weißrussischen Grenze. Die Urwaldregion umfaßt – einschließlich Orten und landwirtschaftlicher Nutzfläche – 1250 km²; 580 km² liegen auf polnischem Gebiet in der Wojewodschaft Podlaskie. Das Gelände (durchschnittliche Höhe 180 m ü. d. M.) wird vom Narew mit dem

Puszcza Białowieska, Lage und Bedeutung (Fortsetzung)

Nebenfluß Narewka sowie von der Leśna Prawa, einem Nebenfluß des Bug, durchzogen. Jahrhundertelang war die Puszcza Białowieska das Jagdrevier der Könige. Bereits 1409 ging König Władysław Jagiełło hier zur Jagd, dann sein Sohn König Kazimierz Jagielloński und andere Herrscher. An eine Jagd Augusts III., Kurfürst von Sachsen und ab 1733 König von Polen, die am 27. September 1752 stattfand, erinnert ein Obelisk.

Flora

Je nach der Beschaffenheit des Bodens und seinem Feuchtigkeitsgehalt haben sich verschiedenartige Pflanzengemeinschaften herausgebildet. Am stärksten verbreitet ist der Eichen-Hainbuchen-Linden-Wald mit einem Anteil an Ahorn, Fichte, Esche und Ulme, Bäumen, die auf fruchtbaren Böden wachsen. Eine große Fläche nehmen Mischwälder aus Kiefer, Eiche und Fichte ein. Große Sandbodenflächen sind von Kiefer-Fichten-Wald bewachsen. In abflußlosen Mulden findet man Sumpfwälder mit Schwarzerlen, in sumpfigen Flußtälern Bruchwald aus Erlen und Eschen mit einem Anteil an Fichten und Ulmen.
In der Puszcza Białowieska zählt man über 4000 Pflanzenarten, darunter 26 Baumarten; von den Laubbäumen sind vor allem Hainbuche, Stieleiche, Schwarzerle, Espe und Moorbirke, Kleinblättrige Linde und Esche vertreten, von den Sträuchern Haselstrauch und Faulbaum. Außerdem gibt es etwa 1500 Pilz- und 250 Moosarten und über 200 Arten von Flechten.

Fauna

Die Puszcza Białowieska ist Zufluchtsort für über 60 Arten von Säugetieren (davon allein 12 Fledermausarten), 227 Vogel-, 7 Kriechtier-, 12 Amphibien- und 23 Fischarten. Außer dem Büffel, der unter besonderem Schutz steht, und dem Tarpan, einem Wildpferd, leben hier Wildschwein, Hirsch, Reh, Fuchs, Dachs und Marder, Birkhuhn, Auerhahn, Rebhuhn, Eule, Buntspecht, weiße und schwarze Störche sowie Reiher.
Einige der Tierarten, die hier ihren Lebensraum hatten, sind mittlerweile ausgestorben, u. a. der Auerochse, das Flugeichhörnchen, der Vielfraß sowie der Nerz, der Bär und der Wanderfalke. Der Tarpan lebte hier bis Ende des 18. Jh.s, und der letzte Büffel fiel durch die Hand eines Wilderers. Während des Ersten Weltkriegs wurde das Großwild stark dezimiert. In den Zwischenkriegsjahren bemühte man sich um die Rückführung von Büffeln und Bären in das Waldgebiet sowie um die erneute Ansiedlung des Tarpans. Der Bestand an Büffeln ist mittlerweile auf 250 angewachsen. Auch bei den Bären und den Tarpanen waren die Bemühungen erfolgreich.

**Nationalpark

Im Jahre 1921 waren 46 km² des Urwalds geschützt, unter strengem Schutz standen 10,6 km². Dieses Areal bildete den Anfang des Nationalparks Białowieski Park Narodowy, der offiziell am 21.10.1947 gegründet und im Oktober 1979 in die Liste des Welterbes der UNESCO aufgenommen wurde. Der Park hat heute eine Fläche von 53,17 km², streng geschützt sind 47,47 km². Zum Nationalpark gehört ein kleiner Zoo, ein Schloßpark (48 ha) mit einem sehenswerten Naturkundemuseum und den Gebäuden der Parkdirektion, alles in Białowieża, dem touristischen Zentrum der Region und Ausgangspunkt für Ausflüge in den Nationalpark.

Rabka G 7

Wojewodschaft: Małopolskie
Höhe: 520–560 m ü. d. M.
Einwohnerzahl: 12600

Lage und Bedeutung

Rabka liegt ca. 60 km südlich von Krakau im Tal der Raba und ihrer Nebenflüsse. In dem bekannten Kurort zwischen Inselbeskiden und den Gorce werden v. a. Kreislauf- und Stoffwechselkrankheiten, Erkrankungen der Atemwege und Allergien behandelt. Das Staatliche Puppentheater von Rabka, bei Kindern und Jugendlichen in Polen beliebt, ist auch im Ausland aufgetreten (in Deutschland z. B. in Hamburg und Hannover).

Rabka (Fortsetzung) Geschichte

Schon im 13. Jh. wurde aus den Quellen in Rabka Salz gewonnen. Die heilenden Eigenschaften des Wassers war aber nur der örtlichen Bevölkerung bekannt. Erst 1858 wurde das stark jod- und bromhaltige Quellwasser analysiert, worauf sich der Kurort rasch entwickelte. 1953 erhielt Rabka das Stadtrecht, 1962 wurde hier ein großes Zentrum für Kinderheilkunde eingerichtet.

St. Maria Magdalena (Museum)

Die Holzkirche Kościół św. Marii Magdaleny von 1606 ist ein schönes Beispiel für den Baustil der Goralen. Sie hat einen für die Kirchen der polnischen Karpaten typischen Wehrturm mit einer Glockenhaube. Die Kirche wird seit 1908 nicht mehr für sakrale Zwecke genützt, 1936 richtete man dort ein Volkskundliches Museum ein (religiöse Plastiken der Goralen, traditionelle Keramik). Die ältesten Exponate stammen aus dem 16. Jahrhundert. Die Innenausstattung der Kirche ist barock. Die Altäre sind u. a. mit großen Palmen geschmückt; alljährlich findet ein Wettbewerb um die schönste Osterpalme statt.

Alte Villen

Während der zweiten Hälfte des 19. Jh.s wurden in dem Kurort Rabka mehrere Villen erbaut, für deren Architektur die Villa Kazimierz (ul. Nowy Świat) ein gutes Beispiel ist. In der Villa Anioł ('Engel', ul. Parkowa), ebenfalls aus dem 19. Jh., wurde 1984 eine Galerie für moderne Volkskunst und Kunsthandwerk (Ausstellung, Verkauf) eingerichtet.

Umgebung von Rabka

Ausflüge

Rabka ist ein guter Ausgangspunkt für Ausflüge ins Gebirge, vor allem in die Gorce mit ihren Berghütten und Skiliften. In der Nähe von Rabka das Gebiet des Nationalparks Gorczański Park Narodowy. Die Gorce mit zahlreichen markierten Wanderwegen sind wegen ihrer schönen Aussichtspunkte mit Blick auf die Tatra bekannt. Dies gilt auch für die Inselbeskiden (Beskid Wyspowy) nordöstlich von Rabka.

Racibórz · Ratibor

F 6

Wojewodschaft: Śląskie
Höhe: 182 m ü. d. M.
Einwohnerzahl: 53 000

Lage und Bedeutung

Racibórz, ca. 75 km südwestlich von Kattowitz im Schlesischen Tiefland gelegen, ist eine Industrie- und Hafenstadt an der Oder; es gibt hier u. a. Maschinenbau, eine Zuckerraffinerie und eine Brauerei. Auf Schloß Lubowitz bei Ratibor wurde der Schriftsteller Joseph Freiherr von Eichendorff geboren (* 10.3.1788, † 26.11.1857 in Neisse).

Geschichte

Der Ort, als Festung an einem alten Oderübergang angelegt, wird 1108 als Ratibor erstmals in der Chronik des Gallus Anonymus erwähnt. Von 1172 an war Ratibor Hauptstadt eines Fürstentums, bekannt durch den Salzhandel und die größte Getreidemesse in Oberschlesien. 1532 kam der Ort als erledigtes Lehen (Aussterben der Piasten) an Habsburg, das es in der

Racibórz, Geschichte (Fortsetzung)

Folge mehrmals verpfändete; ab 1743 war Ratibor preußische Kreisstadt. Nach dem Bau der Eisenbahnlinie (1848) rascher Aufschwung der Industrie. Bei den Kämpfen 1945 wurde Ratibor großenteils zerstört.

Sehenswertes

Stadtbild

In der als Oval angelegten Altstadt, an einer Biegung der Oder gelegen, sind Teile der Stadtmauer und des Gefängnisturms (Wieża Więzienna) erhalten. Am Marktplatz (Rynek) stehen Bürgerhäuser aus der Renaissance (restauriert). Beachtenswert auch die barocke Mariensäule (Pestsäule zur Erinnerung an die Epidemie 1715) von dem bedeutenden schlesischen Bildhauer Johann Melchior Österreich.

Liebfrauenkirche

Zu den charakteristischen Bauten der Innenstadt gehört die katholische Liebfrauenkirche, deren ältester Teil, der Chor, um 1290 entstand. In der Marcellus-Kapelle von 1426 wird die selige Eufemia verehrt, Tochter eines Piastenfürsten und erste Äbtissin des Dominikanerklosters. Nachdem die Kirche 1945 ausbrannte (nach der Einnahme der Stadt durch die Sowjets), wurden Teile der Ausstattung rekonstruiert, u. a. der Hochaltar.

Regionalmuseum

Das Muzeum Regionalne (ul. Gimnazjalna) ist in einem Dominikanerinnenkloster und der zugehörigen frühgotischen Heilig-Geist-Kirche untergebracht, in der Fresken aus dem 17. Jh. erhalten sind. Gezeigt werden archäologische (romanische Taufsteine) und volkskundliche Exponate, eine ägyptische Mumie, in der Kunstabteilung u. a. Ikonen und Porträts der Habsburger.

Schloß

Am Oder-Ufer steht ein mächtiges Denkmal der 'Polnischen Mutter' (Entwurf J. Borowczak). Am gegenüberliegenden Ufer liegt das frühere Piastenschloß, das im 19. Jh. großenteils verfiel. Gegenwärtig wird das Gebäude restauriert; es soll ein Oder-Museum werden. Erhalten blieb die gotische Schloßkapelle (13. Jh.), die zu den ältesten Bauten im Bezirk Oppeln zählt und nach dem hl. Thomas von Canterbury benannt ist.

Radom

J 5

Wojewodschaft: Mazowieckie
Höhe: 170 m ü. d. M.
Einwohnerzahl: 250 000

Lage und Bedeutung

Radom, Wojewodschaftsstadt, Verkehrsknotenpunkt und bedeutender Industriestandort, liegt ca. 100 km südlich von Warschau im Masowischen Tiefland. Tradition hat die Lederindustrie (Schuhe); wichtig sind ferner Tabak- und Metallindustrie (Näh- und Schreibmaschinen) und Elektronik (Produktion von Telefonen).

Geschichte

Die erste Siedlung am Fluß Mleczna entstand im 8. Jahrhundert. Eine im 10. Jh. entstandene Burg wurde später Sitz einer Kastellanei. 1155 erste Erwähnung, im 13. Jh. Stadtrecht. 1340–1364 wurde der Ort unter König Kazimierz Wielki (dem Großen) neu angelegt. Im 15./16. Jh. fanden hier mehrfach Sitzungen des Sejm, der obersten polnischen Volksvertretung, statt. Im 19. Jh. wurde Radom Wojewodschaftshauptstadt. Vor dem Zweiten Weltkrieg gab es hier eine große jüdische Gemeinde.

Sehenswertes

Piotrówka

Piotrówka heißt der Hügel an der Mleczna westlich der Innenstadt mit Resten der alten Burg.

Radom, Piotrówka (Fortsetzung)

In der Nähe der früheren Festung steht die frühgotische Wenzelskirche (um 1300; restauriert).

Marktplatz

Der Rynek, angelegt unter Kazimierz Wielki, bildet den Mittelpunkt der Stadt. An der Südseite die Gebäude eines ehemaligen Piaristenklosters (Klasztor Pijarów) und einer Piaristenschule (18./19.), die zur Zeit restauriert werden und dann als Museum genutzt werden sollen.
Auf der anderen Seite des Markts das Rathaus von 1848, ein Werk des Warschauer Architekten Enrico Marconi; daneben schöne alte Bürgerhäuser aus dem 18./19. Jh. (Nr. 4 und 5), in der Nr. 5 wohnte 1656 der schwedische König.

Pfarrkirche St. Johannes

Die Kościół Jana Chrzciciela, eine gotische Kirche von 1360–1370, besitzt zwei Kapellen; eine (von 1633) ist ein schönes Beispiel für die Baukunst und Raumgestaltung der Spätrenaissance. Im Inneren viele wertvolle Kunstwerke, darunter eine Skulptur der Muttergottes mit dem Jesuskind aus dem 14. Jahrhundert.

Bernhardinerkirche

Die Kościoł Bernardynów, außerhalb der Mauern der Altstadt an der ul. Żeromskiego gelegen, ist ein Bauwerk vom Ende des 15. Jh.s mit schönen Ziegelgiebeln; beachtenswert auch die Annakapelle aus der Renaissance. Im Hauptaltar eine Gruppe von Skulpturen des 15. Jh.s, die aus der Krakauer Schule des Veit Stoß stammen.

Museum des Radomer Dorfs

Im Freilichtmuseum Muzeum Wsi Radomskiej (an der Straße nach Kielce) sind etwa 50 alte, teilweise beschädigte Holzbauten – Katen, Wirtschaftsgebäude und Windmühlen – aus der Region um Radom zusammengetragen worden. Ferner gibt es hier etwa 200 alte Bienenkörbe und Ausstellungen zur Volkskunst.

Umgebung von Radom

Orońsko

In Orońsko, ca. 14 km südlich an der Straße E 77, ist ein historischer Hofkomplex zu sehen, ehemals im Besitz des Malers Józef Brandt; darin das Zentrum der polnischen Plastik (Centrum Rzeźby Polskiej) mit Ausstellungen unter freiem Himmel.

Szydłowiec

In der 31 km südwestlich von Radom an der E 77 gelegenen Stadt findet man schöne historische Gebäude: ein Renaissance-Rathaus (1602 bis 1626), eine gotische Kirche mit wertvollen Kunstwerken sowie ein Schloß der Radziwiłł (Renaissance, 1510–1526; mit Musikinstrumentenmuseum). Am Stadtrand ein alter jüdischer Friedhof.

Iłża

In Iłża, rund 30 km südlich von Radom, stehen auf einer Anhöhe die Ruinen eines Schlosses, das den Krakauer Bischöfen gehörte. Bis heute ist das Zentrum für traditionelle Töpferei mit historischen Brennöfen in Betrieb.

Czarnolas

In diesem Dorf 46 km östlich von Radom wohnte um 1570 der berühmte polnische Dichter Jan Kochanowski (1530–1584), der als einer der ersten polnisch und nicht lateinisch schrieb. In einem Herrenhaus aus dem 19. Jh. wurde ein Museum eingerichtet, das ihm gewidmet ist; sein Grabmal befindet sich im nahegelegenen Zwoleń.

Roztocze

L 6

Wojewodschaft: Lubelskie

Lage und Gebiet

Der südostpolnische Höhenzug Roztocze, ein langer 'Kreidewall' südlich der Lubliner Hochfläche (Wyżyna Lubelska), erreicht eine maximale Höhe

Roztocze, Lage und Gebiet (Fortsetzung)

von 390 m ü. d. M.; er ist 25 km breit, auf polnischem Gebiet 110 km lang (auf ukrainischem Gebiet reicht er bis Lwow/Lemberg) und bildet die Wasserscheide zwischen San, Bug und Wieprz. Das Kalkgestein liegt unter einer dicken Lößschicht mit tiefen Schluchten; die Flüsse, besonders der Tanew, haben malerische Wasserfälle ausgebildet. Besonders interessant ist die Umgebung von Szczebrzeszyn (westlich von Zamość) mit den Flußtälern des Gorajec und des Wieprz.

Geschichte

Während der deutschen Besatzung im Zweiten Weltkrieg wurde die Bevölkerung der Roztocze, vor allem die jüdische, stark dezimiert. Gedenkstätten erinnern an die Leiden der Opfer. Die Wälder Lasy Lipskie und Lasy Janowskie gehörten zu Partisanengebieten (beim Dorf Wojda 22 km südlich von Zamość ein Denkmal für den Kampf polnischer Bauern gegen die Deportation der Bevölkerung). Heute wird die wirtschaftlich nur wenig entwickelte Region für den Tourismus erschlossen.

*Nationalpark

Wegen der einzigartigen Landschaft und den seltenen Pflanzengemeinschaften wurde 1974 der Nationalpark Roztoczański Park Narodowy angelegt. Den günstigsten Ausgangspunkt für die Besichtigung des Nationalparks bildet die berühmte Renaissancestadt → Zamość. Anziehende Ortschaften sind sommers wie winters Zwierzyniec, Krasnobród und Susiec. Am Rand des Roztocze liegt der Kurort Horyniec-Zdrój (nordöstlich von Lubaczów nahe der ukrainischen Grenze).

*Radruż

Die kunstvoll aus Holz errichtete orthodoxe Kirche (17. Jh.) im Dörfchen Radruż , an der sowjetischen Grenze gelegen (Wojewodschaft Przemyśl), wurde in Liste des Welterbes der UNESCO aufgenommen. Auf markierten Wegen kann der Wanderer das Roztocze kennenlernen.

Rzeszów

J/K 6

Wojewodschaft: Podkarpackie
Höhe: 200–220 m ü. d. M.
Einwohnerzahl: 140000

Lage und Bedeutung

Im südöstlichen Polen, zwischen Karpatenvorland und dem Talkessel von Sandomierz, liegt die Wojewodschaftsstadt Rzeszów. Als wirtschaftliches, kulturelles und wissenschaftliches Zentrum Südostpolens hat Rzeszów über die Grenzen der Wojewodschaft hinaus Bedeutung. Wirtschaftlich wichtig sind mechanische, elektrotechnische, pharmazeutische und optische Industrie, ferner Flugzeugbau, Leder- und Bekleidungsindustrie.

Geschichte

Bereits im Neolithikum war das Gebiet besiedelt; die Stadt (seit 1354) entwickelte sich durch Handwerk und Handel. Die größte Blütezeit fällt in das 15. und 16. Jahrhundert. Später wurde die Stadt durch das nahe Przemyśl überholt. Eine wirtschaftliche und kulturelle Belebung setzte nach dem letzten Krieg ein, nachdem Rzeszów Sitz der Wojewodschaft wurde.

Stadtbild

In der Stadt, die mehrfach durch Kriege zerstört wurde, gibt es eine Reihe von Bauten aus dem 18. und 19. Jahrhundert. An der schmalen Front des Markts (Rynek) das neogotische Rathaus; sehenswert sind westlich des Markts die gotische Pfarrkirche (15. Jh., im 18. Jh. umgebaut) mit eindrucksvollen Renaissance-Grabmälern und das Bernhardinerkloster (1624–1629) mit reicher barocker Ausstattung. An die frühere jüdische Gemeinde erinnern östlich des Rynek die Neustädter und die Altstädter Synagoge (heute Ausstellungshalle bzw. Archiv).
Im Süden der Stadt steht die Burg, eine viereckige Anlage mit barockem Turm und Bastionen (17. Jh.), früher Sitz der Familien Ligenza und Lubomirski (in der Nähe das barocke Schlößchen der Lubomirski). Im alten Piaristenstift (1642) befindet sich das Regionalmuseum (ul. 3 Maja 19) mit Abteilungen zu Stadtgeschichte, Archäologie und Volkskunde.

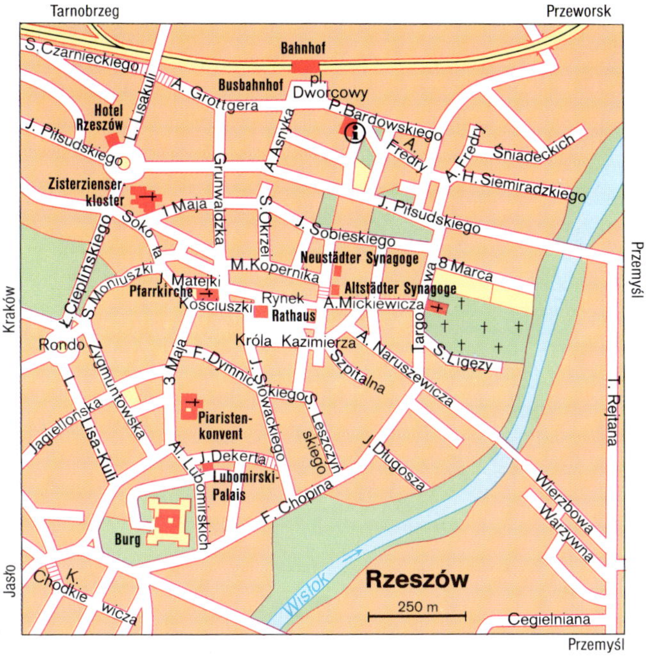

Umgebung von Rzeszów

Kolbuszowa

In Kolbuszowa (33 km nordwestlich von Rzeszów) lohnen das in einer Synagoge aus dem 18. Jh. untergebrachte Regionalmuseum und das Freilichtmuseum einen Besuch (Skansen Lasowiaków; Lasowiacy heißen die Bewohner des Gebiets zwischen Weichsel und San).

Łańcut

→ dort

Lężajsk

→ dort

Sandomierz — J 6

Wojewodschaft: Podkarpackie
Höhe: 145–205 m ü. d. M.
Einwohnerzahl: 21 000

Lage und * Bedeutung

Sandomierz, eine der schönsten Städte Polens, liegt rund 200 km südöstlich von Warschau am Ostrand der Heilig-Kreuz-Berge an der Weichsel. Früher auch eine der bedeutendsten Städte, steht sie heute wirtschaftlich im Schatten benachbarter Industriegebiete wie Tarnobrzeg, der 'polnischen Schwefelmetropole', und Stalowa Wola (Schwerindustrie). In Sandomierz gibt es ein großes Fensterglaswerk und eine Werft für Binnenschiffe.

Geschichte

Die Umgebung von Sandomierz, wegen ihres Lößbodens sehr fruchtbar, war schon im Neolithikum (4000–1700 v. Chr.) besiedelt. Aus dem 7. Jh.

Geschichte (Fortsetzung)

stammt der Grabhügel Salve Regina. Im 10. Jh. lag Sandomierz an der Handelsstraße von Prag über Krakau nach Kiew; im 11. Jh. gehörte es neben Krakau und Breslau zu den drei wichtigsten Städten Polens. Bei den Tatareneinfällen (1241 und 1259) wurde die Stadt zerstört, anschließend jedoch schnell wieder aufgebaut; sie wurde Hauptstadt des Fürstentums Sandomierz und später der Wojewodschaft. Niedergang im 18. Jh.; auch die Industrialisierung im 19. Jh. konnte der Stadt keine entscheidenden Impulse geben. Aus dem Zweiten Weltkrieg ging die Stadt unbeschädigt hervor. Die Verwaltung der Wojewodschaft wurde nach Tarnobrzeg verlegt. Heute hat nur noch die Diözese in Sandomierz ihren Sitz.

Sehenswertes

Allgemeines

Um das Jahr 1360 wurde die Stadt mit einer Befestigungmauer umgeben. Die meisten Baudenkmäler befinden sich innerhalb der Mauer auf dem

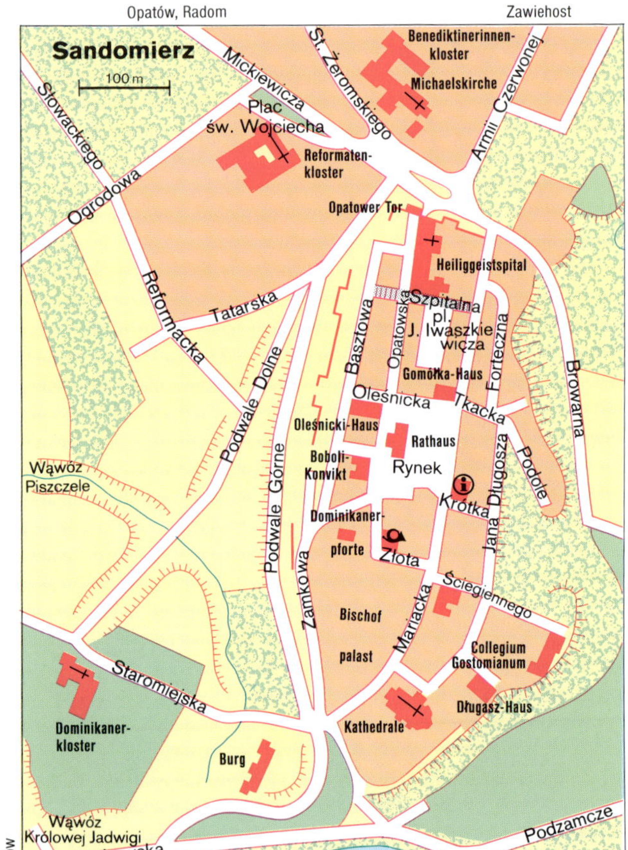

Sandomierz, eine typisch polnische Stadtanlage

Allgemeines (Fortsetzung)

Hochufer der Weichsel; einige andere liegen auf Anhöhen südwestlich der Stadt.

Opatower Tor

Das Brama Opatowska im Norden von Sandomierz, ein gotischer Bau aus dem 14. Jh., ist das einzige erhaltene Stadttor. Es wurde im 16. Jh. aufgestockt und mit einer Renaissance-Attika versehen. Von seiner Terrasse in 30 m Höhe bietet sich eine weite Sicht auf Stadt und Umland.

Unterirdischer Gang

Unter dem alten Sandomierz war ein Labyrinth von Gängen angelegt. Als sie einzustürzen begannen und die Stadt gefährdeten, schüttete man die Gewölbe zu; ein Teil blieb erhalten. Ein restaurierter Gang von etwa 400 m Länge beginnt an der Rückseite des Oleśnicki-Hauses und endet unter dem Rathaus.

*Rathaus

Das Rathaus auf dem Marktplatz (Rynek) im Zentrum der Stadt, ursprünglich ein gotischer Bau, erhielt sein heutiges Aussehen um 1550. Es besitzt eine schöne Attika und eine Sonnenuhr; eine Abteilung des Bezirksmuseums (s. unten) ist hier untergebracht.

*Kathedrale

Ein Vorgängerbau der ehemaligen Kollegiatskirche im Süden von Sandomierz stand hier bereits 1148, das jetzige dreischiffige Bauwerk entstand 1360–1382 aufgrund einer Stiftung von König Kazimierz III. Wielki (dem Großen).
Das Innere ist kunstvoll ausgestattet: byzantinisch-russische Malereien im Chor (1. Hälfte 15. Jh.), Rokoko-Seitenaltar, Holztäfelung mit 16 Bildern (1708–1737; zwölf von ihnen stellen Märtyrer der katholischen Kirche dar). Die Orgel wurde von dem Danziger Andrzej Nitrowski zwischen 1694 und 1697 gebaut.

Collegium Gostomianum

Unweit der Kathedrale steht – außer dem Literaturmuseum (s. Bezirksmuseum) und dem Diözesanmuseum – das sogenannte Collegium Gosto-

Collegium Gostomianum (Forts.)

mianum. Das monumentale Gebäude im Renaissance-Stil, 1602 gestiftet und zwischen 1605 und 1615 errichtet, war früher eine Jesuitenschule.

Diözesanmuseum

Das Muzeum Diecezjalne ist in einem spätgotischen Gebäude untergebracht, dem sogenannten Długosz-Haus (Dom Długosza, ul. J. Długosza 9), in dem der berühmte Historiker des 15 Jh.s lebte. Es besitzt wertvolle sakrale Kunst seit der Romanik.

Burg

Die Festung wurde im 14. Jh. von Kazimierz III. auf dem Hochufer der Weichsel erbaut. Von 1795 bis 1959 diente es als Gefängnis. Seit der Renovierung finden hier Ausstellungen des Bezirksmuseums statt.

*Jakobskirche

Die Kościół św. Jakuba, das wertvollste Baudenkmal der Stadt und einer der ältesten Backsteinbauten in Kleinpolen, wurde im 2. Viertel des 13. Jh.s in spätromanischem Stil errichtet und hat ein stattliches Nordportal. Im eindrucksvollen Inneren u. a. manieristischer Stuck, ein Gemälde der Muttergottes mit Rosenkranz aus einem Flügelaltar (1599), ferner Vitrinen mit den Gebeinen der Mönche, die im 13. Jh. von den Tataren ermordet wurden. Der Glockenturm stammt aus der Zeit der frühen Gotik.

Bezirksmuseum

Das Muzeum Okręgowe ist auf mehrere Gebäude verteilt: Im Schloß werden Wechselausstellungen veranstaltet, im Rathaus ist die Abteilung für Stadtgeschichte untergebracht, gleich daneben im Oleśnicki-Haus (Rynek 10) die archäologische und volkskundliche Abteilung. Zu dem Museum gehört auch das Literaturmuseum (ul. Katedralna 5/7) in dem Haus, in dem viele Jahre lang einer der größten polnischen Schriftsteller des 20. Jh.s, Jarosław Iwaszkiewicz, lebte.

Umgebung von Sandomierz

Tarnobrzeg

Die Wojewodschaftshauptstadt Tarnobrzeg (35 000 Einwohner) liegt rund 14 km südlich von Sandomierz. 1953 entdeckte man in der Umgebung eines der größten Schwefelvorkommen der Welt; bei Machów (an der Straße nach Kielce) wird der Schwefel in einem Kombinat (Tagebau, Aufbereitungsanlagen, Schwefelsäureproduktion) verarbeitet: ein Luftverpester ersten Ranges.

*Koprzywnica

Koprzywnica, ca. 17 km südwestlich von Sandomierz, besitzt eine bedeutende spätromanische Zisterzienserkirche, erbaut 1218–1238 von Meister Simon. Geradezu aufsehenerregend prächtig gestaltet ist der sonst bei Zisterzienserbauten bescheidene Dachreiter. In der Kirche befinden sich beachtenswerte Fragmente gotischer Wandmalerei, im Hochaltar das Bild "Mariä Himmelfahrt" von Bartholomäus Strobel (1645); Renaissance-Grabmäler. Die Klosterräume sind teilweise erhalten, darunter der schöne Kapitelsaal.

*Baranów Sandomierski

Südwestlich von Sandomierz (28 km) steht eines der schönsten Renaissance-Schlösser Polens (1579–1606), das Stammschloß der Familie Leszczyński, mit Arkadenhof und stattlichen Portalen. Es besitzt eine sehenswerte Inneneinrichtung (Schwefelmuseum).

**Opatów

Opatów, ca. 30 km nordwestlich von Sandomierz, ist für eines der bedeutendsten Grabmäler der polnischen Renaissance berühmt. In der aus Stein gebauten, ursprünglich romanischen Basilika St. Martin mit Querhaus und Westtürmen (Umbau 1. Hälfte 15. Jh., spätgotische Elemente) ist das Grabmal des Kanzlers Krzysztof Szydłowiecki († 1533) zu finden, bedeutender Politiker und Förderer des Zisterziensermönchs und Malers Stanisław Samostrzelnik. Das von Bernardino de Gianotis und Jan Cini 1532 bis 1534 geschaffene Grabmal besitzt über einem Sockel aus rotem ungarischem Marmor drei aus Bronze gegossene Teile: in der Mitte die Grabplatte für Szydłowiecki, darunter die "Wehklage von Opatów", das die

Foto S. 78

Zisterzienserkirche in Koprzywnica

Kollegiatskirche St. Martin in Opatów

Sandomierz, Umgebung, Opatów (Fortsetzung)

Beweinung des Toten zeigt, und ganz oben das Epitaph für dessen als Kind verstorbenen Sohn Zygmunt.
Von den alten Stadtmauern ist das Warschauer Tor (Brama Warszawska) erhalten geblieben; wie in Sandomierz gibt es einen unterirdischen Gang.

*Ujazd

In Ujazd 16 km südwestlich von Opatów (Zufahrt über Iwaniska) steht die imposante Ruine der Burg Krzyżtopór, die 1631–1644 von Lorenzo Senes für den Magnaten und Wojewoden Krzysztof Ossoliński erbaut wurde. Diese Burg, vor dem Bau von Versailles größte Residenz in Europa, besaß einmal so viele Türme, wie es Jahreszeiten gibt, so viele Säle, wie es Monate gibt, so viele Zimmer, wie es Wochen gibt, und so viele Fenster, wie es Tage im Jahr gibt.

Sanok K 7

Wojewodschaft: Podkarpackie
Höhe: 360 m ü. d. M.
Einwohnerzahl: 32 000

Lage und Bedeutung

Sanok liegt auf einer Terrasse über dem San in der südöstlichsten Ecke Polens, im Karpatenvorland: im Nordosten erheben sich die Salzberge (Góry Słonne), südlich die Niederen Beskiden (Beskid Niski) und die Bieszczady. Sanok ist Verkehrsknotenpunkt und Industrieregion (Omnibuswerk, Lebensmittelindustrie), aber auch Ausgangspunkt für Ausflüge in das Gebirge.

Geschichte

Die Besiedlung des San-Tals reicht in die Jungsteinzeit zurück. Im 10./11. Jh. kam es zwischen Polen und Kleinrußland (vom 18. bis Anfang des 20. Jh.s Bezeichnung für die Ukraine) zum Streit um Gebiete, die heute in

Geschichte (Fortsetzung)

Südostpolen liegen; um 1340 kamen sie zu Polen. Die Stadt, die 1339 gegründet wurde, entwickelte sich dank ihrer Lage an wichtigen Handelsstraßen schnell.
Im Jahre 1417 fand hier die Hochzeit von Władysław Jagiełło und Elżbieta Granowska statt. Während des Zweiten Weltkriegs wurde die Stadt zerstört, die jüdische Bevölkerung wurde ermordet.

Schloß
* Ikonensammlung

Das Schloß (ul. Zamkowa 2) auf dem Hochufer des San wurde im 16. Jh. errichtet, 1825 erweitert, später teilweise rekonstruiert. Es beherbergt die Sammlungen des 1934 gegründeten Historischen Museums (Muzeum Historyczne) mit Kunsthandwerk, darunter Glas und Porzellan, Porträts verdienter Persönlichkeiten der Stadt und einerIkonensammlung, die zu den interessantesten und größten ihrer Art in Polen zählt (polnische und russische Ikonen aus dem 14.–19. Jh.).

Volkskundlicher Park von Sanok

Im Stadtteil Biała Góra, am rechten Ufer des San, liegt der Park Etnograficzny w Sanoku, ein Freilichtmuseum mit Holzbauten des Berglands im Süden der Wojewodschaft: der Bojkowen (Bojkowie), der Lemkowen (Łemkowie), der Pogórzanie Zachodnie ('westliche Bergbewohner') und der Pogórzanie Wschodni ('östliche Bergbewohner'), ferner der Dolinianie ('Talbewohner').
Es gibt Bauernhütten und Wirtschaftsgebäude, Kirchen, Wasser- und Windmühlen. Auf dem Gelände eine Gaststätte mit regionalen Spezialitäten. Zum Museum gehört auch ein wissenschaftliches Institut für Volksbaukunst.

Umgebung von Sanok

Lesko

Lesko (6000 Einwohner), 14 km südlich von Sanok, ist ein Zentrum der Holzindustrie. Sehenswert sind die spätgotische Kirche (mehrfach um-

Die griechisch-orthodoxe Kirche in Komańcza, erbaut 1805

Sanok, Umgebung, Lesko (Fortsetzung)

gebaut) und das Schloß (um 1500), eine Anlage aus Gotik und Renaissance, die von Befestigungsmauern umgeben ist (heute Erholungsheim). In der alten Synagoge ein Regionalmuseum (Kunst und Naturkunde).

Solina

Der Erholungsort liegt 33 km südöstlich von Sanok am Stausee Zalew Solińskie, der 2200 ha groß ist. Mit dem südwestlich gelegenen Polańczyk und dem Bergland bildet Solina ein reizvolles Urlaubsgebiet.

Niedere Beskiden

Südwestlich der Stadt erheben sich die sanften, kuppelförmigen Sandsteinberge des Beskid Niski. Der höchste Gipfel ist die Lackowa (997 m ü. d. M.; steiler Anstieg), weitere sind die Magura Wątkowska und die Magura Małastowska (813 m ü. d. M.; Berghütten). Im Baumbestand der Wälder dominiert die Buche. Einen Besuch lohnt das Felsreservat Kornuty. Die wichtigsten Urlaubsorte in den Niederen Beskiden sind Komańcza, Krempna, Dukla, Wapienna und Wysowa; die beiden letztgenannten werden als Kurorte besucht. Die Region, die erst nach und nach touristisch erschlossen wird, ist ein ideales urlaubegebiet für Menschen, die Stille, Ursprünglichkeit und schöne Landschaft suchen.

*Ostbeskiden-Schleife

Die Pętla Bieszczadzka, eine 162 km lange Ringstraße durch die Ostbeskiden, wird unter dem Stichwort Bieszczady beschrieben. Eine Attraktion ist auch die Waldeisenbahn von Rzepedź über Nowy Łupków nach Cisna.

Sieradz

F 5

Wojewodschaft: Łódzkie
Höhe: 110 m ü. d. M.
Einwohnerzahl: 36000

Lage und Allgemeines

Rund 65 km südwestlich von Łódź liegt an der Warthe die Stadt Sieradz. Dieses Zentrum einer ländlichen und traditionsverbundenen Region geht auf eine Siedlung des 6. Jh.s zurück. Bereits 1136 erhielt der Ort Stadtrechte, 1262 wurde er Sitz des gleichnamigen Fürstentums.

Sehenswertes

Pfarrkirche Allerheiligen

Die Kościół Farny Wszystkich Świętych, eine gotische Hallenkirche, wurde um 1370 an der Stelle eines Baus aus dem 11. Jh. errichtet und später erweitert. Für die Kirchenmauern wurden Säulen aus dem abgerissenen Stadtschloß und Kanonenkugeln aus der Zeit des Deutschen Ordens (1331) verwendet. Hervorzuheben der barocke Hauptaltar (Altarbild von 1751, Balthasar de Junk) und der gotische Taufstein.

Dominikanerkloster

Die einschiffige, frühgotische Kirche entstand um 1300 und wurde Ende des 17. Jh.s erweitert (barocke Ausstattung). Im Klostergebäude mit schönem Kreuzgang und einem Klostergarten sind wertvolle Bilder aus dem 17.–18. Jh. und eine reichhaltige Schatzkammer zu sehen.

Bezirksmuseum

Das Muzeum Okręgowe (ul. Dominikańska) ist im sog. Jagiellonenhaus von 1450 untergebracht. Im Museum mit schönem Kreuzgewölbe sind volkskundliche und stadtgeschichtliche Exponate zu sehen (Malerei, Plastik, Scherenschnitte, Volkstrachten, sarmatische Porträts).

Umgebung von Sieradz

Łask

Knapp 30 km östlich von Sieradz liegt die Kleinstadt Łask (18000 Einwohner). Die ehemalige Kollegiatskirche wurde 1525 vom Großkanzler der Krone und Primas Jan Łaski gegründet und um 1750 gänzlich barockisiert.

Sieradz, Umgebung, Łask (Fortsetzung)

Sehenswert ist ein Relief aus Alabaster, die Darstellunmg einer Madonna mit dem Jesuskind; die Arbeit stammt aus dem 15. Jh. und wurde vermutlich von dem Florentiner Andrea della Robbia geschaffen. Beachten sollte man auch die barocke Ausstattung und die Schatzkammer mit Goldschmiedarbeiten, liturgischen Gewändern und sakraler Malerei.

Zduńska Wola

In der 14 km östlich von Sieradz gelegenen Industriestadt Zduńska Wola wurde 1894 der Pater Maksymilian Maria Kolbe geboren. Um einen Mithäftling im Konzentrationslager Ausschwitz vor dem Tod zu bewahren, nahm er den Hungertod auf sich. Er wurde 1982 heiliggesprochen. In Vorbereitung sind ein Museum und eine Gedenkstätte.

* Wieluń

Ca. 50 km südlich von Sieradz liegt Wieluń am Rand der Wyżyna Wieluńska (Höhenzug von Wieluń) mit Kalkfelsen, Höhlen und malerischen Wanderwegen. In dem 1283 erstmals erwähnten Ort sind trotz der wiederholten Kriegszerstörungen zahlreiche Baudenkmäler erhalten geblieben oder wurden rekonstruiert.
Zu erwähnen sind die Wehrmauern um die Altstadt mit dem Krakauer Tor (Brama Krakowska), das klassizistische Rathaus, die Fronleichnamskirche (Kościół Bożego Ciała) aus dem 14. Jh. (mit frühgotischem Altar und dem Bild “Der Zinsgroschen” aus der Schule Tizians) und eine Klosteranlage der Jesuiten und Benediktiner, heute Museum des Wieluner Landes (Muzeum Ziemi Wieluńskiej).

Ożarów

Das hölzerne Herrenhaus von 1757 in Ożarów 13 km südlich von Wieluń dient heute als Museum. Sehenswert sind auch die zahlreichen Holzkirchen, die sog. Wieluner Kirchen, in den umliegenden Dörfern. Bisher kaum bekannt ist der Nationalpark Załęczański Park Krajobrazowy, eine Felsenlandschaft mit Höhlen und reißenden Bächen, durch die die hier einen engen Winkel bildende Warthe fließt.

Słupsk · Stolp — D/E 2

Wojewodschaft: Pomorskie
Höhe: 20–30 m ü. d. M.
Einwohnerzahl: 98 000

Lage und Bedeutung

Słupsk liegt an der Hauptstraße von Köslin (Koszalin) nach Danzig, etwa 18 km von der Ostseeküste entfernt am Fluß Slupia. Sie ist kulturelles und wissenschaftliches Zentrum der Region (Hochschulen) und bekannt für ein alljährlich stattfindendes Klavierfestival. Verschiedene Industriezweige (chemische und elektrotechnische Industrie, Metall-, Maschinen-, Schuh- und Lebensmittelindustrie) haben sich in Słupsk angesiedelt.

Geschichte

Bereits im Jahre 1015 ist eine Siedlung, im 12. Jh. eine Kastellanei bezeugt. Im 13. Jh. beherrschten abwechselnd Danziger und großpolnische Fürsten das Gebiet. Das Stadtrecht erhielt Słupsk 1310; nur wenige Jahre zuvor (1307) war die Stadt von Brandenburg eingenommen worden. Zeitweilig stand sie auch unter der Herrschaft des Deutschen Ordens. Ein Brand zerstörte 1476 einen großen Teil der Stadt. Im 15. Jh. kam sie zum Herzogtum Hinterpommern, im Jahr 1653 zu Brandenburg-Preußen; im Zweiten Weltkrieg erlitt Słupsk schwere Zerstörungen.

Sehenswertes

Schloß der pommerschen Fürsten

In der Südostecke der Altstadt liegt das ursprünglich mit Wassergraben und Mauern befestigte Zamek Ks. Pomorskich (ul. Dominikańska 3–5). Der Bau der Anlage wurde 1507 begonnen und zu Ende des Jahrhunderts im Stil der Renaissance verändert. Spätere Umbauten wurden durch die

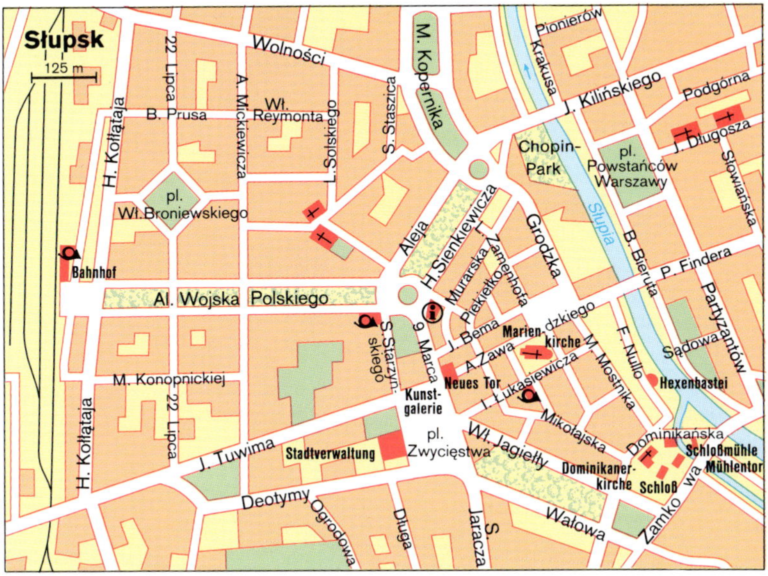

Restaurierung 1959–1965 wieder rückgängig gemacht. Heute sind hier die Sammlungen des Mittelpommerschen Museums (Muzeum Pomorza Środkowego) untergebracht (Kunsthandwerk, Tapisserie, Münzen, Waffen und Bildwerke, u. a. von Witkiewicz; geöffnet Di.–So. 10.00–16.00 Uhr). Zur Schloßanlage gehört auch eine Wassermühle, in der die volkskundliche Abteilung des Museums präsentiert wird.

Schloß (Fortsetzung)

Die Kościól św. Jacka, bis zur Reformation die Kirche der Dominikaner, ist ein schlichter Bau aus dem 15. Jh. mit einem hohen Westturm. In der Reformation verlor sie ihre Ausstattung. Herausragende Ausstattungsstücke aus späterer Zeit sind die Kanzel und der Hochaltar aus dem ausgehenden 17. Jh. sowie die beiden barocken Grabmäler für Herzogin Anna und Herzog Ernst Bogisław von Croy (vermutlich von Andreas Schlüter).

Dominikanerkirche St. Hyazinth

In der Altstadt (ul. Łukaszewicza) steht die gotische, im 14. Jh. erbaute Kościół N. P. Marii, deren Westfassade ebenfalls von einem mächtigen Turm dominiert wird. Die dreischiffige Basilika birgt eine schöne Kreuzigungsgruppe (Anfang 16. Jh.) und eine frühbarocke Kanzel (1609).

Marienkirche

Von der ehemaligen Stadtbefestigung aus dem 14./15. Jh. sind noch einige Teile erhalten, so die Hexenbastei (Baszta Czarownic), das Mühlentor (Brama Młyńska) sowie das Neue Tor (Brama Nowa) am Hauptplatz der Altstadt (pl. Zwycięstwa), in dem heute eine Galerie für moderne Kunst eingerichtet ist.

Stadtbefestigung

Umgebung von Słupsk

Słowiński Park Narodowy

→ Łeba

Ustka (Stolpmünde)

An der Mündung der Słupia in die Ostsee, 18 km nordwestlich von Słupsk, liegt das Seebad Ustka, ein beliebter Ferien- und Kurort mit schönen

Kreuzritterburg Bytów

Słupsk, Umgebung, Ustka (Fortsetzung)

Stränden. Die Hafenstadt besitzt noch einen Leuchtturm von 1871 und einige historische Häuser in Schachtholzkonstruktion. Zwei breite Molen schützen den Hafen.

Bytów (Bütow)

Bytów (16000 Einwohner), eine Industrie- und Verwaltungsstadt 54 km südöstlich von Słupsk, liegt auf dem Moränengebiet des Bütower Hochlands und im Herzen der Kaschubischen Seenplatte (Pojezierze Kaszubskie). Das kulturelle Zentrum der Westkaschubei, ein beliebtes Fremdverkehrs- und Erholungsgebiet, entstand aus einer befestigten Siedlung des 9.–11. Jahrhunderts; nach mehrfachem Herrschaftswechsel wurde der 1346 zur Stadt erhobene Ort unter Kazimierz Jagiellończyk im Jahre 1454 an Polen angegliedert. Von 1657 an gehörte Bytów dann zu Brandenburg-Preußen, ab 1945 zu Polen. Im Zweiten Weltkrieg wurde die Stadt zu 70 % zerstört.

Deutschordensburg

Bytów besitzt eine mächtige Deutschordensburg, die in den Jahren 1398 bis 1406, als die Stadt zum Herrschaftsgebiet des Deutschen Ordens gehörte, von dem Koblenzer Meister Nikolaus Fellensteyn errichtet und im 16. und 17. Jahrhundert umgebaut wurde. Die wehrhafte Anlage mit vier runden Ecktürmen – sie verdanken ihre Form den damals neu entwickelten Feuerwaffen – erhebt sich über einem rechteckigen Grundriß.
Heute beherbergt die Burg das Westkaschubische Museum (Museum Zachodnio-Kaszubskie, ul. Zamkowa 2) mit historischen und volkskundlichen Sammlungen, eine Bibliothek, ein Hotel und ein Restaurant.

Georgskirche

Die gotische Kirche (Kościół św. Jerzego) aus dem 16. Jahrhundert besitzt aus der Zeit des Umbaus im 17. Jahrhundert noch eine barocke Kirchenausstattung.

Ausflüge

Ein lohnendes Ausflugsziel von Bytów aus ist das etwa 17 km nordöstlich in malerischer Wald- und Seenlandschaft gelegene Dorf Jasién (Jassen).

Sobótka · Zobten

D 6

Wojewodschaft: Dolnośląskie
Höhe: 180 m ü. d. M.
Einwohnerzahl: 6500

Lage und Bedeutung

Am nördlichen Fuß des weithin sichtbar aus der Ebene ragenden Zobten (Góra Ślęża) – ein Wahrzeichen Schlesiens (s. S. 364) über die Jahrhunderte hinweg – liegt Sobótka (35 km südwestlich von Breslau), dessen Name von dem slawischen Wort 'sobota', Markttag, abgeleitet ist. Es ist vor allem Naherholungsort für Breslau mit etwas Kleinindustrie (Steinbrüche, Brauerei und Sägewerk). Im Jahr 1148 als Handelssiedlung erwähnt und 1221 unter deutschem Recht als Stadt etabliert, war der Ort von 1494 bis 1810 Klosterländerei.

Sehenswertes

St. Anna

Der Chor der sonst spätgotischen Kościół św. Anny (ca. 1500) stammt noch aus romanischer Zeit (ca. 1300). Sie besitzt eine barocke Innenausstattung. Neben der Kirche steht eine slawische Kultplastik, die als 'Pilz' bezeichnet wird.

Jakobuskirche

Die Kościół św. Jakuba entstand um 1400, besitzt aber noch ältere romanische Fundamente. Nach einem Brand wurde sie 1739 im Barockstil umgebaut (nach teilweiser Zerstörung bei Kriegsende restauriert). Am südwestlichen Strebepfeiler des Turms ist eine romanische Plastik, ein Löwe, eingemauert.

Zobtenmuseum

Das Muzeum Ślężańskie ist in der Nähe der Jakobuskirche im Abtshaus (Dom Opata) aus der Renaissance (Portal von 1568) untergebracht und steht unter dem Motto 'Zeugnisse altslawischen Glaubens' (Sammlungen zur Geschichte der Region, u. a. ein für Schlesien typisches Bußkreuz und ein alter Pranger).

Umgebung von Sobótka

* Ślęża (Zobten)

Das bis 718 m ü. d. M. aufragende Massiv des Zobten war der heilige Berg der slawischen Stammes der Slesanen (Ślężanie), zuvor aber – was in polnischen Darstellungen nicht erwähnt wird – schon Heiligtum von Kelten und dann von wandalischen Silingen, von deren Name wahrscheinlich die polnischen Bezeichnungen für den Berg ebenso wie für das Land Schlesien abgeleitet sind.
Auf dem Berg und in seiner Umgebung sind steinerne Wälle sowie Steinplastiken übriggeblieben, deren Bedeutung und Herkunft unklar ist (datiert ins 9.–11. Jh.). Im Jahr 1110 wurden für kurze Zeit Mönche hierhergebracht, auf dem Heiligtum entstand eine Burg und später ein Schloß, das 1471 zerstört wurde. An seiner Stelle wurde 1851 die heutige Kapelle Mariä Heimsuchung gebaut.
Auf den Berg gelangt man auf verschiedenen, z. T. steinigen Wegen (gutes Schuhwerk ist angezeigt); der übliche Weg (gelb markiert) führt in 2 Std. vom Südrand von Sobótka, vorbei an einem Pavillon mit Kultfiguren ('Jungfrau', 'Bär', 'Fisch'), auf den Gipfel mit der Zobtenbergbaude (sommers bewirtschaftet), einem Aussichtsturm und einem Fernsehsender.
Der Zobten ist ganz mit Wald bedeckt, die Gipfelpartie ist als Reservat geschützt. Der Berg besteht aus Eruptivgestein (der Westteil ist Granit, der Ostteil mit dem Gipfel kristallines Gabbro). Im nahegelegenen Jordansmühl (Jordanów Śląski) kommt die Jade-Varietät Nephrit vor, ein sehr zähes Mineral, das schon in der Jungsteinzeit abgebaut und zu Werkzeug verwendet wurde (Abbau eingestellt).

Baedeker Special

Schlesien gestern und heute

Schlesien ist ein Land mit einer wechselvollen Geschichte, ein Zwischenland, auf dessen Boden sich Völker und Kulturen begegneten, das immer wieder zum Zankapfel wurde. Um Schlesiens willen wurde in unserem Jahrhundert zwischen Deutschland und Polen mehr Unfrieden gestiftet als in allen Jahrhunderten zuvor. Das Land, diesseits und jenseits der mittleren und oberen Oder gelegen und im Süden bis an die Sudeten reichend, besteht in der geschlossenen Form seiner alten Grenzen nicht mehr. Die preußische Provinz (Oberschlesien und Niederschlesien) hatte diese bis zum Ersten Weltkrieg bewahrt. Heute sind die Landesteile Schlesiens in neue polnische Wojewodschaften eingegangen. Geblieben ist die Bedeutung Schlesiens als Kulturlandschaft, seine prächtigen Klöster und Kirchen, die Ausstrahlungskraft seiner Metropole Breslau. Bis zum Zweiten Weltkrieg war Breslau eine der bedeutendsten Städte Ostdeutschlands, heute ist die Stadt ein polnisches Zentrum von Kunst und Wissenschaft, in dem das geistige Erbe der verlorengegangenen Stadt Lwów (Lemberg) bewahrt wird. Oberschlesien mit seinen Industriegebieten, das im Gegensatz zu Niederschlesien immer eine gemischtsprachige Bevölkerung hatte (hier wird das 'Wasserpolnische' gesprochen), ist für Polen eine lebenswichtige Region. Dort hat sich an vielen Orten die deutschstämmige Bevölkerung gehalten; die Menschen haben jetzt wieder die Möglichkeit, ihre Tradition zu pflegen.

Schlesien verdankt seinen Namen vermutlich einem wandalischen Stamm (den Silingen), der dort schon vor unserer Zeitrechnung siedelte. Eine andere, in Polen bevorzugte Lesart sieht den Ursprung in der Bezeichnung des Siedlungsgebietes der Slesanen (Ślęzanie), die mit anderen slawischen Stämmen das Land etwa ab dem 8. Jahrhundert bewohnten. Im 10. Jahrhundert stand Schlesien unter böhmischer Herrschaft. Der böhmische Herzog Wratislaw I. errichtete die älteste Burg an der Oder, wo später Breslau (Worzislawa, heute Wroclaw) entstehen sollte. Aber schon 990 gehörte Schlesien zum polnischen Staat, den der Piastenfürst Mieszko I. 966 begründet hatte. Ein Bistum Wroclaw wurde im Jahr 1000 eingerichtet.

Während der Herrschaft der Piastenherzöge, die vielfach mit Personen aus deutschen Geschlechtern versippt waren, bildeten sich zwei schlesische Linien heraus, die von Breslau und die von Oppeln-Ratibor. Von den berühmten schlesisch-piastischen 'Heinrichen' (Heinrich der Bärtige, Heinrich der Fromme, Heinrich IV. Probus) gingen Pläne einer Erneuerung und Einigung der von Zersplitterung bedrohten polnischen Gebiete aus. Sie alle bemühten sich aber vor allem um einen kulturellen und wirtschaftlichen Aufschwung in ihren Ländern; der deutsche Einfluß in Adel, Geistlichkeit und im Bürgertum Schlesiens war nicht zu übersehen. Heinrich Probus wird sogar unter die deutschen Minnesänger gezählt. Die Piastenfürsten riefen deutsche Siedler ins Land, Handwerker und Bauern, Kaufleute und Bergleute, Mönche und Priester.

Noch einmal geriet Schlesien in Abhängigkeit von Böhmen. Im Jahre 1335 verzichtete der polnische König Kazimierz Wielki (der Große) auf die polnischen Ansprüche gegenüber den piastischen Gebieten in Schlesien. Als Teil Böhmens wurde 1526 ganz Schlesien in die Habsburger Monarchie eingegliedert. In der Reformationszeit wurden die meisten schlesischen Fürsten und Städte lutheranisch. Die Gegenreformation unter der Ägide der katholischen Habsburger trug Unruhe und Verfolgung in die schlesische Bevölkerung. Zugleich aber brachte das 17. und das beginnende 18. Jahrhundert mit dem Aufkommen des schlesischen Barock in Baukunst und Dichtung eine reiche Kultur zur Blüte. In den Schlesischen Kriegen entschied Friedrich der Große über das weitere Schicksal Schlesiens bis zum Jahre 1918. Schlesien wurde eine preußische, später eine deutsche Provinz. Nur ein kleiner Teil im Süden des Landes blieb bei Österreich.

Das 19. Jahrhundert beförderte mit den Ideen des nationalen Erwachens der Völker bei den im preußischen Schlesien lebenden Polen ein Streben nach politischer und kultureller Autonomie. Aber noch gab es keine nennenswerte Rivalität zwischen Deutschen und Polen. Erst der Erste Weltkrieg mit seinen Folgen schuf die Unversöhnlichkeit zwischen den Fronten, die so viele Leiden über die Bevölkerung Schlesiens brachte. Grenzbezirke Nieder- und Ostoberschlesien fielen im Versailler Vertrag und nach einer von Aufständen begleiteten Volksabstimmung an Polen. Die neue sog. 'Unrechtsgrenze' wurde von Deutschland nicht anerkannt.

Der Zweite Weltkrieg führte dann zum endgültigen Verlust Schlesiens für Deutschland. Nach Flucht und Vertreibung der deutschen Bevölkerung fanden Polen aus dem von den Sowjets annektierten Osten ihres Landes, Flüchtlinge aus dem Innern Polens und zurückgekehrte Emigranten in Schlesien eine neue Heimat. Ca. 900 000 Deutsche blieben zurück, vor allem in Oberschlesien. Viele dieser von den Polen als Autochthone (ursprünglich Ansässige) bezeichneten Deutschen, die sich als 'Schlesier' fühlten, siedelten später nach Deutschland über; Hunderttausende bekennen sich als polnische Staatsbürger noch heute zu ihrer deutschen Herkunft.

Nach der Wiedervereinigung Deutschlands wurde in den Grenz- und Nachbarschaftsverträgen von 1990 und 1991 ein neues Verhältnis zwischen Deutschland und seinem Nachbarn Polen begründet. Als gleichberechtigte Bürger können deutsche Schlesier heute ihre eigene Kultur pflegen und sich politisch betätigen.

Ferner gibt es jetzt auch Schlesier, die sich bei den deutschen Konsulaten in Polen einen deutschen Paß besorgt haben. Wer zwei Pässe hat, gilt für die polnischen Behörden als Pole und für die deutschen Ämter als deutscher Staatsbürger.

Landschaft im Oberschlesischen Kohlebecken

Sopot · Zoppot

F 2

Wojewodschaft: Pomorskie
Höhe: 0–60 m ü. d. M.
Einwohnerzahl: 51 500

Lage und Bedeutung

Das an der Danziger Bucht (Zatoka Gdańska) zwischen Danzig und Gdingen (Gdynia) gelegene Zoppot gilt als das traditionsreichste und eleganteste Seebad Polens. Der Badeort, in den 20er Jahren Treffpunkt der vornehmen Gesellschaft, zieht mit seinen langen Sandstränden, den Strandpromenaden, den Badeanstalten in den Strandparks (vom Baden in der Ostsee wird wegen der schlechten Wasserqualität allerdings abgeraten) und diversen Freizeitmöglichkeiten (Schiffsfahrten, Pferderennbahn u. a.) zahlreiche Feriengäste an. In der 1909 als Freilichttheater erbauten Opera Leśna (Waldoper) findet seit 1961 alljährlich im Juli das Internationale Liederfestival statt.

Geschichte

Zusammen mit einigen anderen Dörfern wurde Zoppot im Jahr 1283 von Herzog Mściwój II. den Zisterziensern in Oliva übergeben und blieb in deren Eigentum bis 1772. Das Kloster verpachtete den Danziger Bürgern und dem Adel Grundstücke für den Bau von Sommerresidenzen. Seinen Aufstieg zum vielbesuchten Seebad verdankt Zoppot dem aus dem Elsaß stammenden Militärarzt (der Napoleonischen Armee) Johann Georg Haffner, der in den Jahren 1819–1823 die ersten Badeanstalten einrichtete. Zwischen 1920 und 1945 gehörte Zoppot zur Freien Stadt Danzig; seit 1945 ist es polnisch.

Promenadenmole

Berühmt wegen ihrer Länge von 516 m ist die 1928 fertiggestellte Mole, das markante Zentrum des Kurorts; an ihr legen auch die Ausflugsschiffe an. Die erste Mole wurde im Jahr 1827 von Johann Haffner gebaut. Von ihr

Das Grand Hotel von der Promenadenmole aus

Promenadenmole (Fortsetzung)

aus überblickt man einen großen Abschnitt der Küste vom Adlershorst (Kępa Redłowska) im Norden bis zur Danziger Westerplatte.

Südpark, Nordpark

Der Park Południowy erstreckt sich südlich der Mole am Meer. Vor dem Park eine Badeanlage aus den Jahren 1903–1904. Ein Stück weiter steht die neobarocke evangelische Kirche von 1919; die nahen Südbäder (Łazienki Południowe) wurden 1907 als Frauenbadeanstalt erbaut. Der Park Północny beginnt am gewaltigen Gebäude des Grand Hotel. Am Strand liegen die modernen Nordbäder (Łazienki Północne).

Wehrburg

Die slawische Burg (8.–10. Jh.) lag auf einem bewaldeten Abhang zwischen dem Zentrum Zoppots und dem Stadtteil Kamienny Potok. Die noch erhaltenen Wälle bilden ein 45x49 m großes Oval.

Spanischer Hof

Das älteste noch erhaltene Herrenhaus in Zoppot ist der Dwór Hiszpański (Al. Niepodległości 781). Dem Erdgeschoß des Gebäudes aus dem 17. Jh. wurde im 18. Jh. ein Stockwerk in Fachwerkkonstruktion aufgesetzt.

Klaus-Kinski-Museum

Im Geburtshaus des in Zoppot geborenen Klaus Kinski (1926–1991) ist ein Museum eingerichtet worden, das an den Schauspieler erinnern soll.

Strzelno · Strelno

F 4

Wojewodschaft: Kujawsko-Pomorskie
Höhe: 100 m ü. d. M.
Einwohnerzahl: 6000

Lage und Bedeutung

Das 20 km südlich von Inowrocław am nordöstlichen Rand der Gnesener Seenplatte gelegene Strzelno und das benachbarte Kruszwica (Kruschwitz) werden vor allem wegen der Kirchen aus dem 12. Jh. besucht, die zu den bedeutendsten Stätten romanischer Kunst in Polen gehören.

Geschichte

Im frühen Mittelalter entstand aus einem Umschlagplatz eine Siedlung, die 1231 das Stadtrecht erhielt. Die mittelalterliche Bausubstanz fiel den Schwedeneinfällen im 17. Jh. und einem Brand im 18. Jh. fast völlig zum Opfer. Durch die Erste Polnische Teilung kam die Stadt 1772 zu Preußen.

Sehenswertes

**Prokopkirche

Die Kościół św. Prokopa ist eines der wenigen vollständig erhaltenen frühromanischen Baudenkmäler in Polen. Die um 1160 errichtete Kirche steht in der Tradition der frühchristlichen Tauf- und Grabkapellen mit einem kuppelbekrönten Rundbau (Durchmesser 8 m) im Zentrum, an den im Osten ein quadratischer Chor und gegenüber ein Westturm mit Empore anschließen. Die Bedeutung der beiden kleinen Apsiden im Norden ist bislang ungeklärt. Das Innere der Rotunde schmückt ein Palmgewölbe mit zentraler Säule, der Chor besitzt ein Kreuzgewölbe. Über dem Eingang ein Sandsteintympanon mit der Auferstehung Christi.

*Kirche zur hl. Dreifaltigkeit

Neben der Prokopkirche erhebt sich die Kościół św. Trójcy. Die um das Jahr 1180 als romanische Säulenbasilika mit doppeltürmiger Westfassade erbaute Kirche wurde später mehrfach verändert, vor allem um die Mitte des 17. Jahrhunderts, als der gesamte Innenraum zu einer Pfeilerbasilika umgestaltet wurde. Das Erscheinungsbild der Westfassade ist das Ergebnis einer Barockisierung um 1750.
Ihre herausragende Bedeutung erhält die Kirche durch ihren ungewöhnlich reichen plastischen Schmuck aus romanischer Zeit, neben gut erhaltenen Tympana über dem nördlichen und dem südlichen Seitenportal insbesondere die vier freigelegten romanischen Säulen im Mittelschiff. Bei zwei der

Frühromanische Rotunde: St. Prokop

In der Kirche zur hl. Dreifaltigkeit

Kirche zur hl. Dreifaltigkeit (Fortsetzung)

Säulen sind die Schäfte durch drei übereinandersitzende Blendarkaden gegliedert. In die Arkaden eingestellte Figuren symbolisieren Tugenden und Laster.

Umgebung von Strzelno

Mogilno

Die Anfänge der 17 km westlich von Strzelno gelegenen Stadt reichen bis ins 11. Jh. zurück, als dort im Zuge der Christianisierung Großpolens ein Benediktinerkloster gegründet wurde. Neben der romanischen, im 17. Jh. umgebauten Klosterkirche besitzt der Ort eine gotische Pfarrkirche aus dem 16. Jahrhundert.

Trzemeszno (Tremessen)

Der kleine Ort Trzemeszno, 26 km südwestlich von Strzelno in der Nähe malerischer Seen gelegen, entstand um ein Benediktinerkloster, das der heilige Wojciech (hl. Adalbert) gegründet haben soll. Hier befand sich auch zunächst das Grab des Missionars, das später in den Dom von Gnesen verlegt wurde. An der Stelle der im 12. Jh. errichteten romanischen Basilika steht heute ein spätbarocker Kirchenbau aus der zweiten Hälfte des 18. Jh.s mit einer beinahe vollständig wiederhergestellten Dekoration aus der gleichen Zeit.

* Kruszwica (Kruschwitz)

An der Nordspitze des Goplo-Sees (Jezioro Gopło), etwa 15 km südlich von Inowrocław, liegt Kruszwica. Hier soll der Legende nach der Bauer Piast zum König und damit zum Begründer der ersten polnischen Herrscherdynastie erhoben worden sein. Ein Abstecher dorthin lohnt sich vor allem wegen der ehemaligen Benediktinerkirche St. Marien (Kolegiata N. P. M.), die auf einer Anhöhe oberhalb des Goplo-Sees steht. Die zwischen 1120 und 1140 erbaute Kirche verkörpert den Typus der romanischen, dreischiffigen Basilika auf kreuzförmigem Grundriß. Das charakteristische Merkmal dieser Architektur, die Addition einzelner Baukörper, tritt

Strzelno, Umgebung, Kruszwica (Fortsetzung)

besonders an der gestaffelten, mit fünf Apsiden schließenden Chorpartie deutlich zutage. Eine doppeltürmige Westfassade war geplant, kam aber nicht zur Ausführung; der heutige Westturm stammt aus dem 16. Jahrhundert. Von der gotischen Burg des letzten Piastenkönigs Kazimierz III. Wielki steht noch der achteckige Mäuseturm (Mysia Wieża, 14. Jh.), von dem man einen schönen Blick auf den Goplo-See hat. Die Umgebung des Sees wurde 1967 zum Tausendjahrespark (Nadgoplański Park Tysiąclecia; Fläche 13000 ha) erklärt, um die Landschaft und die bedeutenden Kulturdenkmäler aus der Frühzeit der polnischen Geschichte zu schützen.

Suwałki

K 2

Wojewodschaft: Podlaskie
Höhe: 130 m ü. d. M.
Einwohnerzahl: 55000

Lage und Geschichte

Suwałki liegt in der Suwalker Seenplatte (Pojezierze Suwalskie), dem östlichen Teil der Masurischen Seenplatte, im touristisch und wirtschaftlich noch wenig erschlossenen äußersten Nordosten Polens. In der Stadt sind verschiedene Industriezweige, insbesondere Möbelfabriken, angesiedelt. Die noch junge Stadt entstand im 17. Jh. aus einer Siedlung, die Kamaldulensermönche aus dem nahegelegenen Wigry hier gründeten. Im Jahre 1715 erhielt sie das Stadtrecht, 1816 wurde Suwałki erstmals Hauptstadt einer Wojewodschaft.

Stadtbild

Charakteristisch für Suwałki sind die klassizistischen Häuser im Zentrum, insbesondere das Rathaus aus der ersten Hälfte des 19. Jh.s sowie einige Gebäude in seiner näheren Umgebung wie z. B. die Gymnasialkirche (1838–1840) und das ehemalige Gymnasium (1833), das u. a. der bedeu-

Abendstimmung am Kloster Wigry

Suwałki, Stadtbild (Fortsetzung)

tende polnische Pianist Jerzy Lalewicz besuchte. Die Alexanderkirche (Kościół św. Aleksandra) am pl. Wolności ist ebenfalls klassizistisch (1820–1845, Architekten Christian Aigner, Enrico Marconi); in der Kirche ein Gemälde aus dem 17. Jh. mit der Kreuzigungsszene. In der ul. Kościuszki (Nr. 31) steht das Geburtshaus der polnischen Dichterin Maria Konopnicka (1842–1910) mit einem kleinen Museum zum Gedenken an die berühmte Tochter der Stadt.

Umgebung von Suwałki

Nationalpark Wigry

Der Wigierski Park Narodowy liegt südöstlich von Suwałki beiderseits der Straße nach Sejny. In den ausgedehnten Wäldern dort leben u. a. Elche, Dachse und Luchse, die Seen bieten Bibern und Fischottern Lebensraum. Im Zentrum des Parks liegt der 17,6 km lange Wigry-See (Jezioro Wigry) mit dem kleinen gleichnamigen Ort am östlichen Ufer.
Sehenswert ist die barocke Kirche (2. Hälfte 17. Jh.) des ehemaligen Kamaldulenserklosters. In den Einsiedlerhäusern neben der Kirche wohnten früher die Mönche.

Sejny

30 km östlich von Suwałki liegt der Wallfahrtsort Sejny mit der ehemaligen Dominikanerkirche, die 1760 zu einem spätbarocken Gotteshaus umgebaut wurde. In der Seitenkapelle befindet sich eine herrliche gotische Madonnenfigur aus dem 14. Jahrhundert.
Sejny ist neben Puńsko das Zentrum der einige tausend Mitglieder zählenden litauischen Minderheit in Polen.

Suwalski Park Narodowy

Der Suwalski Nationalpark erstreckt sich nördlich der Stadt. Wälder gibt es hier kaum, dafür aber viele Seen, darunter den nacheiszeitlichen Rinnensee Hańcza, den tiefsten See Polens (108 m). Die Seen sind von hohen Bergen umgeben, wo man sogar skifahren kann. Geologen bezeichnen dieses Gebiet als ein 'Museum für nacheiszeitliche Formationen'. Auf dem Berg Cisowa Góra (guter Ausblick) gibt es noch einen kleinen Friedhof der längst ausgestorbenen jatwingischen Bevölkerung.

Szczawnica

H 7

Wojewodschaft: Małopolskie
Höhe: 420–500 m ü. d. M.
Einwohnerzahl: 9200

Lage und Bedeutung

Szczawnica, ein bekannter Kurort mit klimatischen und landschaftlichen Qualitäten, liegt im Tal des Flüßchens Grajcarek (Nebenfluß des Dunajec), das die Grenze zwischen → Pieniny und Sandezer Beskiden (Beskid Sądecki) bildet. Der Ort erstreckt sich talabwärts bis zur Mündung in den → Dunajec; hier enden die bekannten Floßfahrten. Mit dem Mineralwasser (Bicarbonat-Sole-Säuerling) werden vorwiegend Erkrankungen der Atemwege behandelt.

Geschichte

Szczawnica wurde im 15. Jh. erstmals urkundlich erwähnt. Obwohl die Quellen schon früh bekannt waren (sie gaben auch dem Ort seinen Namen: 'szczawa' heißt 'Sauerbrunnen'), blieb es ein wenig beachtetes Goralendorf. Die ersten Kuranlagen entstanden 1820–1828 im sogenannten Oberbad (Zdrój Górny), heute das Zentrum des Kurorts (an der ul. Główna und der ul. Zdrojowa). Das Geschäftszentrum liegt weiter unten im Tal.

Ortsbild

Das Ortsbild ist vor allem durch die zahlreichen Villen geprägt, meist ein- oder zweistöckige Holzbauten mit Balkonen und reicher Verzierung. Im oberen Teil von Szczawnica stehen noch alte Goralenkaten. Besonders sehenswert ist u. a. die Alte Trinkhalle (Stara Pijalnia Zdrojów).

Szczawnica (Fortsetzung) St. Adalbert

Die neugotische Pfarrkirche św. Wojciecha von 1892 wurde 1913 von Karol Polityński prächtig ausgemalt. St. Adalbert ist von 14 Goralenkapellen umgeben; die Holzbauten mit Passionsszenen sind ein Werk des einheimischen Bildhauers Ryszard Hamarski.

Umgebung von Szczawnica

Wanderungen

Szczawnica ist ein guter Ausgangspunkt für Wanderungen in die Pieniny und in die Sandezer Beskiden (markierte Wege).

Krościenko

Auch in dem 5 km von Szczawnica entfernt am Dunajec gelegenen Städtchen gibt es Heilquellen (nicht genützt). Die Kirche des Orts ist teilweise gotisch (Chor), teilweise aus der Renaissance. Ein Teil der Fresken stammt aus der Renaissance und ist mit "Jacobus Korab de Nowy Targ" signiert, als Jahr ist 1589 angegeben. Beachtung verdient auch ein gotischer Taufstein von 1493, geschmückt mit dem polnischen Adler.
In Krościenko hat die Direktion des Pieniny-Nationalparks (Pieniński Park Narodowy) ihren Sitz (mit Naturkundemuseum).

Szczecin · Stettin

B 3

Wojewodschaft: Pomorskie
Höhe: 5–100 m ü. d. M.
Einwohnerzahl: 390 000

Lage und *Bedeutung

Die Hafenstadt Stettin liegt nahe der Grenze zu Deutschland in Westpommern, am westlichen Arm der Oder und am Jezioro Dąbie (Dammscher See). Das historische Zentrum befindet sich am Westufer der Oder; im Norden der Stadt breitet sich die Warsower Hochfläche aus (Wzgórza Warszewskie), im Süden die mit Buchenwald bestandene Buchheide (Góry Bukowe). Stettin ist ein Zentrum der Wirtschaft und Verkehrsknotenpunkt. Die hier angesiedelte Industrie (Schiffbau u. a.) steht überwiegend in Zusammenhang mit der Nutzung des Meeres. 1996 beschloß die Stadtverwaltung, zusammen mit einem amerikanischen Unternehmen einen Flughafen zu bauen (Fertigstellung für 1998 geplant), damit kleine Maschinen u.a. nach Hamburg und zu Städten in Skandinavien fliegen können.
Das 1543 ins Leben gerufene Fürstliche Pädagogium begründete die lange Tradition der Stadt als Stätte der Wissenschaft.

Geschichte

Im 9. Jh. existierte zu Füßen einer Burg auf dem Schloßberg (Wzgórze Zamkowe) eine Fischersiedlung, die durch den günstigen Standort an der Oder rasch zu einem blühenden Handelsplatz aufstieg. Im 12. Jh. zählte die Siedlung fast 10 000 Bewohner. Unter König Bolesław Krzywousty (Schiefmund) gehörte Stettin mit ganz Pommern zum polnischen Staat. Im 12. Jh. wurde im Süden der slawischen Vorstadt eine deutsche Kaufmannssiedlung gegründet, die um 1240 Magdeburger Stadtrecht erhielt und ab 1275 Mitglied der Hanse war. Durch König Władysław Jagiełło mit Handelsprivilegien ausgestattet, zog die Stadt deutsche Kaufleute an. Im 15. Jh. kämpfte Stettin mehrmals gegen eindringende brandenburgische Truppen. Die Einnahme des Hafens durch die Schweden 1630 unterbrach die Entwicklung der Stadt. Während des Nordischen Kriegs (1700 bis 1721) wurde Stettin von Preußen eingenommen; zu Polen kam es erst wieder 1945. Bombenangriffe im Zweiten Weltkrieg zerstörten große Teile der Stadt und des Hafens; von der Altstadt wurden anfangs nur einzelne Gebäude wieder aufgebaut. Seit 1993 werden Bauarbeiten durchgeführt, um der Stadt ihren historisch gewachsenen Mittelpunkt wiederzugeben.
In den Jahren 1970 und 1980 war die Stadt Schauplatz von Arbeiteraufständen gegen die damaligen Machthaber: Neben Danzig war Stettin eine der Keimzellen der Gewerkschaft Solidarność.

Museen

*Nationalmuseum

Die Sammlungen des Muzeum Narodowe sind auf Gebäude in der ul. Staromłyńska und auf den Wały Chrobrego verteilt. Es umfaßt Abteilungen zur Archäologie, Volkskunst, Bildenden Kunst (polnische und ausländische Malerei und Plastik, besonders aus Pommern, seit dem Mittelalter; großes Lapidarium), Kunsthandwerk (Juwelen der pommerschen Fürsten, Kunstschmiedearbeiten, Stickereien, Keramik, Glas), sowie ein Grafikkabinett (polnische und ausländische Werke, reichhaltige Sammlung zu Stettin und Westpommern). Sehenswert ist auch die Ausstellung zur Geschichte der polnischen Seefahrt sowie die naturkundliche Abteilung.

Stadtmuseum

Das Muzeum Historii Miasta Szczecina (pl. Rzepichy 1) ist im Altstädter Rathaus untergebracht. Anhand von Bildern, Schautafeln, Landkarten und Modellen wird die Geschichte der Stadt bis in die Gegenwart und die Geschichte polnischer Organisationen in Stettin anschaulich vermittelt.

Sehenswertes

Altstadt

Tore

Von der mittelalterlichen Stadtbefestigung Stettins stehen noch Fragmente an der Ecke ul. Pod Brama/ul. Podgórna sowie die Bastei der Sieben Mäntel (Baszta Panieńska Siedmiu Płaszczy) in der ul. Panieńska. An der Stelle von gotischen Toren entstanden im 18. Jh. nach der preußischen Besitznahme das Tor der Preußischen Huldigung (Brama Hołdu Pruskiego; 1726–1728) und das Hafentor (Brama Portowa; 1725). Für beide lieferte der Architekt Cornelius von Walrave die Pläne. Den Bauschmuck des Hafentors schuf Bartholomé Damast im Jahre 1740.

Altstädter Rathaus

Am Marktplatz erhebt sich das Altstädter Rathaus. Vom frühesten Gebäude aus dem 14. Jh. sind noch Teile des Kellergewölbes erhalten (heute Weinkeller). Der Nachfolgebau aus dem 15. Jh., im Barock durchgreifend umgestaltet, erstand nach Kriegszerstörung 1945 wieder in rein gotischen Formen und beherbergt seit 1975 das Stadtmuseum.

*Schloß der pommerschen Fürsten

An der Stelle einer frühmittelalterlichen Festung entstand ab 1346 der Zamek Książąt Pomorskich. Nach mehrfachen Umbauten erhielt es in den Jahren 1575–1577 durch den italienischen Architekten Guglielmo di Zaccaria im wesentlichen seine heutige Gestalt. Die einen Innenhof umschließende Vierflügelanlage wurde 1616–1619 im Westen um den Museumsflügel erweitert, durch den ein zweiter, kleinerer Hof dazukam.
Der im Zweiten Weltkrieg schwer beschädigte Gebäudekomplex beherbergt seit Abschluß der Wiederaufbaumaßnahmen zu Beginn der 80er Jahre ein Museum sowie ein Kulturzentrum mit verschiedenen Einrichtungen (Konzertsaal, Ausstellungsräume, Café). Im Nordflügel, dem ältesten Teil der Schloßanlage, befindet sich der Glockenturm mit der Kopie einer mittelalterlichen Statue des hl. Otto an der Südostseite und einer Aussichtsplattform (schöner Blick über die Stadt) sowie die zu einem Konzertsaal umgestaltete Schloßkapelle.
Das Museum (Gemälde, Kunstgegenstände) ist im Westflügel untergebracht, der bereits bei seiner Erbauung zur Aufnahme einer Sammlung konzipiert war. Eine Krypta aus der Spätrenaissance mit den Sarkophagen der pommerschen Fürsten findet sich im Ostflügel.

Loitzenhof

Gegenüber dem Schloß steht das prächtige Wohnhaus der Kaufmannsfamilie Loitze (Dom Loitzow), die als Bankiers im Dienst der Jagiellonen-Könige stand. Das 1547 erbaute, den Stilwandel von der Spätgotik zur Renaissance spiegelnde Haus vertritt exemplarisch die bürgerliche Architektur Stettins in der frühen Neuzeit.

Szczecin
250 m
pl. Jasne Błonie
K. Szymanowskiego
Stadtverwaltung
Z. Felczaka
Philharmonie
Hotel WDS
Unisławy
Odzieżowa
Ks. Salomei
Gontyny
J. Kazimierza
Niedziałkowskiego
Wielkopolska
Al. Wyzwolenia
J. Malczewskiego
Park S. Żeromskiego
Wielkopolska
Mazurska
Al. Jedności
Śląska
czewskiego
Mazurska
pl. Odrodzenia
Al. M. Bu-
pl. Grunwaldzki
czka
Hotel Neptun
Jana Matejki
T. Starzyńskiego
Pobożnego
Jarowita
Wojewodschafts-verwaltung
pl. K. Świer
Zamenhofa
Narodowej
pl. Rodła
Roosevelta
Al. Wojska
Hotel Gryf
Jagiellońska
Mazowiecka
Zygmunta Starego
National-museum
pl. Królowej Jadwigi
Hotel Bolko
pl. Lotników
Małopolska
Henryka
Chrobrego
Hochschule für Meeresforschung
pl. Zgody
Śląska
Obrońców Stalingradu
pl. Żołnierza Polskiego
Tor der preußischen Huldigung
Wały
pl. Wł. Andersa
National-museum
Małopolska
Polskiego
Św. Wojciecha
Kaszubska
Al. Niepodległości
Tkacka
Staromłyńska
pl. Mariacki
B. Krzywoustego
Hotel Pomorski
Adler-brunnen
Farna
Kuśnierska
Schloß
Panieńska
Bastei der sieben Mäntel
ks. Bogusława
pl. Zwycięstwa
Hafentor
Loitzenhof
Hotel Arkona
M. Kopernika
Hotel Piast
Brama Portowa
Kathedrale
Sołtysia
Nowy Rynek
Wieleckie
Ks. Kard St. Wyszyńskiego
Altstädter Rathaus
Stary Rynek
Hotel
Hotel Continental
Al. 3 Maja
Dworcowa
Podgórna
Nabrzeże Piastowski
Zbożowa
pl. Dziecka
Potulicka
Pod Brama
Johannes-kirche
bulwar
most Długi
Gdański
G. Narutowicza
M. Drzymały
Hotel PTTK
pl. Tobrucki
Odra
bulwar
Władysława IV
Owocowa
Celna
Energetyków
Kaszubska
Owocowa
Kanał Zielony
S. Czarnieckiego
J. Sowińskiego
bulwar Gdański
Parnica
K. Kolumba
bulwar Elbląski
L. Heyki
Bahnhof
pl. Polskiej Nysy
Las Arkoński Głębokie
Deutschland
Hotel Reda
Stargard Szcz. Świnoujście

Loitzenhof

Haus 'Zum Globus'

*Peter-und-Pauls-Kirche

Die Gründung der Kościół ś. Piotra i Pawła, heute polnisch-katholische Kirche, geht auf die Christianisierung Stettins im 12. Jh. zurück. Das Gotteshaus wurde angeblich an der Stelle einer heidnischen Kultstätte errichtet und um 1370 durch eine gotische Backsteinkirche mit Stufengiebel ersetzt. Die Fassade der Kirche schmücken glasierte Ziegel, wie man sie häufig bei gotischen Kirchen der Region findet.

'Professorenhäuser'

An der Ostseite des pl. Żołnierza Polskiego stehen die sogenannten Kamienice Profesorskie, im Kern gotische Gebäude aus dem 14. Jh., die um 1740 und nochmals um 1830 umgestaltet und mit repräsentativen Fassaden zum Platz hin versehen wurden.

*Kathedrale St. Jacob

Die Katedra św. Jakuba, eine gotische Hallenkirche, ist eine der größten Kirchen Pommern und entstand ab dem 14. Jh. an der Stelle eines 1187 gegründeten Vorgängerbaus. Ältester Bauteil ist der Chor (1375–1387), das Langhaus wurde um 1400 errichtet und der Turm im Jahre 1504 vollendet. Mit dem Wiederaufbau der im Zweiten Weltkrieg schwer zerstörten Kirche wurde 1971 begonnen. Im Inneren gefällt die Marienkapelle wegen ihres schönen Kreuzgewölbes.

Johanniskirche

Die Franziskanerkirche Kościół św. Jana Ewangelista ist eine gotische, dreischiffige Hallenkirche aus dem 14. Jh. mit moderner Ausstattung.

Weitere Stadtbezirke

Wały Chrobrego

Die über dem Oderufer verlaufenden, nach Bolesław Chrobry benannten Wały Chrobrego (Chrobry-Wälle) wurden seit dem Ausgang des 19. Jh.s zu einer Prachtstraße ausgebaut, an der sich die repräsentativen Gebäude des Nationalmuseums, der Marinehochschule (Wyższa Szkoła Morska) und der Wojewodschaftsregierung (Urząd Wojewódzki) aneinanderreihen;

Hakenterrasse mit Nationalmuseum und dem Gebäude der Wojewodschaftsregierung

Wały Chrobrego (Fortsetzung)

*Hakenterrasse

ursprünglich waren dies die Landesversicherungsanstalt, das Landesfinanzamt, das Stadtmuseum und das Regierungsgebäude. Zur Oder hin erstreckt sich die von Pavillons gefaßte Hakenterrasse (benannt nach dem verdienstvollen Oberbürgermeister der Stadt von 1876 bis 1906, Hermann Haken), mit schönem Ausblick auf Stadt und Hafen.

Śródmieście

Zwischen 1873 und 1914 entstanden im Norden und Nordwesten der Altstadt der Śródmieście genannte, weitläufig angelegte Stadtbezirk um den pl. Grunwaldzki, heute Geschäftszentrum von Stettin. Charakteristisch für den um die Jahrhundertwende nach dem Pariser Vorbild angelegten Stadtteil sind die breiten Alleen und Straßen, die sternförmig von großzügigen Plätzen ausgehen und von stattlichen Bürgerhäusern gesäumt sind. Die Hauptachse der Śródmieście, die al. Jedności, führt stadtauswärts direkt auf den Königsplatz (Jasne Błonia) mit der Philharmonie an der Südwestecke. Den schönen Park umgeben Villen aus dem 19. und 20. Jh.

Naherholungsgebiete

Schnell erreichbare Naherholungsgebiete von Stettin sind der Badeort Głębokie (Glambeck) im nordwestlichen Teil der Stadt, in der Nähe der Wzgórza Warszewskie und der Las Arkoński (Eckerberger Wald). Im Sommer ist das Freibad 'Arkonka' in Betrieb, im Winter die Schlittenbahn.

Umgebung von Szczecin

Nowe Warpno (Neuwarp)

Für einen Abstecher an das Oderhaff (Zalew Szczeciński) empfiehlt sich Nowe Warpno, 51 km nördlich von Stettin. Die mittelalterliche Stadt mit schöner Fachwerkarchitektur ist malerisch auf einer schmalen Halbinsel gelegen und bietet einen weiten Blick auf das Haff.

*Kołbacz (Kolbatz)

Das etwa 20 km südöstlich von Stettin gelegene Dorf auf dem fruchtbaren Terrain der Ziemia Pyrzycka (Pyrzycer Land) lohnt einen Besuch wegen der

Szczecin, Umgebung, Kolbacz (Fortsetzung)

Kirche des ehemaligen Zisterzienserklosters. Die spätromanische Basilika entstand zwischen 1210 und 1230 und wurde zu Beginn des 14. Jh.s bereits in gotischen Formen (Fensterrose an der Westfassade) umgestaltet. Die Klostergebäude aus dem 13. Jh., im 15. Jh. zu einem Schloß umgebaut, sind bis auf auf das Abtshaus, das Haus der Laienbrüder und eine Scheune zerstört.

Jezioro Miedwie (Madü-See)

Südöstlich von Stettin erstreckt sich der Jezioro Miedwie (Madü-See), der drittgrößte See Polens. Der Grund des Sees liegt unter dem Meeresspiegel, seine maximale Tiefe beträgt 42 m.

*Stargard Szczeciński (Stargard)

Stargard Szczeciński, 36 km östlich von Stettin, ist das nach Stettin wichtigste Zentrum von Westpommern. Der Verkehrsknotenpunkt und Industriestandort besitzt u. a. eine fast vollständig erhaltene bzw. nach Kriegszerstörung rekonstruierte Stadtbefestigung mit Basteien und Toren. Zu den bedeutendsten gotischen Kirchen Polens zählt die Pfarrkirche St. Marien (Kościół N. P. Marii), eine monumentale Backsteinbasilika aus dem 14. Jh. mit mächtiger Doppelturmfassade. Im Inneren lohnen vor allem die aufwendig ausgestalteten Familienkapellen eine Besichtigung. Am Markt stehen das spätgotische Rathaus von 1569 sowie die 1720 erbaute Wache mit dem Regionalmuseum (Muzeum Regionalne).

Puszcza Bukowa

Empfehlenswert ist ein Ausflug in die Buchheide südöstlich von Stettin, die die Góry Bukowskie (Buchheide-Höhen) bedeckt. Die Moränenhügellandschaft ist durch ihre vielen Seen abwechslungsreich. Der schönste, der Jezioro Szmaragdowe, hat smaragdgrün leuchtendes Wasser.

Nationalpark Unteres Odertal

Die Niederung der unteren Oder, im nördlichen (polnischen) Teil durch Ost- und Westoder und im südlichen (deutschen) Teil durch Oder und die Friedrichsthaler Wasserstraße begrenzt, ist eine der letzten unverbauten Flußlandschaften Mitteleuropas. Auf über 60 km Länge und 2–3 km Breite bieten die siedlungsfreien Oderauen vielen selten gewordenen Tierarten wie Fischadler, Eisvogel oder Brachvogel, Fischotter und Biber Lebensraum; dazu sind sie Rastplatz für Zugvögel. Das deutsche, das polnische und das brandenburgische Umweltministerium und die Wojewodschaft Stettin haben sich verpflichtet, im unteren Odertal ein grenzüberschreitendes Schutzgebiet nach den Regeln der World Conservation Union zu schaffen. Das fast 10 000 ha große Kerngebiet soll in den nächsten Jahren erworben und Teile davon Bauern zur reglementierten Nutzung überlassen werden.

Szczecinek · Neustettin — D 3

Wojewodschaft: Zachodniopomorskie
Höhe: 130 m ü. d. M.
Einwohnerzahl: 40 000

Lage und Bedeutung

Szczecinek liegt etwa 70 km südöstlich von Koszalin (Köslin) in der Pommerschen Seenplatte. Die Stadt ist das touristische Zentrum der hügeligen Draheimer Seenplatte (Pojezierze Drawskie); in unmittelbarer Nähe der Stadt erstrecken sich der Jezioro Trzesiecko (Streitzigsee) und der Jezioro Wielimie (Vilmsee), die insbesondere im Sommer Wander- und Wassersportbegeisterte anziehen. Als Knotenpunkt verschiedener Eisenbahnlinien ist Szczecinek auch eine rege Handels- und Industriestadt.

Geschichte

Auf dem Stadtgebiet von Szczecinek bestand eine frühmittelalterliche slawische Siedlung. Das Stadtrecht als Neustettin (Nowy Szczecin) erhielt sie im Jahre 1310. Die Burg wurde in den folgenden Jahrhunderten zerstört und verlassen. Bis zum 16. Jh. war die Mehrheit der Bevölkerung slawisch, im 17. Jh. waren es nur noch etwa ein Viertel. Im Jahre 1648 wurde die Stadt von Brandenburg eingenommen. Seit 1945 gehört sie zu Polen.

Szczecinek (Fortsetzung) Sehenswertes

Das Regionalmuseum (ul. Ks. Elżbiety 6) im alten gotischen Turm der Nikolaikirche (Kościół św. Mikołaja, 16. Jh.) zeigt Gegenstände zu Stadtgeschichte und Volkskunde. Sehenswert sind auch das neugotische Rathaus und die neugotische Marienkirche mit hohem Turm (78 m). Die ehemalige Burg wurde in ein Hotel umgebaut. Am See gibt es eine Badeanstalt, Bootsanlegestellen und Erholungseinrichtungen.

Umgebung von Szczecinek

Biały Bór (Baldenburg)

Die 29 km nördlich von Szczecinek gelegene, von Wald umgebene Stadt wird v. a. wegen ihrer berühmten Hengstzucht besucht (Reitanlage). Der benachbarte Jezioro Bielsko (Bielsko-See) ist bekannt für seinen Fischreichtum.

Pojerzierze Drawskie (Draheimer Seenplatte)

Den Aufenthalt in Szczecinek sollte man mit einer Erkundung des Draheimer Seengebiets verbinden. Zwischen bewaldeten Moränenhügeln (eine der höchsten Erhebungen ist der Wola Góra bei Połczyn Zdrój mit 219 m) liegen zahlreiche kleine Seen mit Inseln und Halbinseln, Buchten und reichem Fischbestand. In diesem Erholungsgebiet gibt es viele Freizeitmöglichkeiten wie Segeln, Kajakfahren, Wandern und Baden. Das größte Gewässer der Seenplatte ist der Jezioro Drawsko (Großer Lübbesee). An seiner Südspitze, 43 km von Szczecinek entfernt, liegt der Ort Czaplinek mit einer Badeanstalt, Erholungsheimen, Pensionen und Campingplätzen. Seine gotische Kirche (15. Jh.) wurde im 18. Jh. umgebaut und besitzt aus dieser Zeit eine barocke Innenausstattung.
In Stary Drawsko, 5 km von Czaplinek entfernt, steht das Schloß Draheim mit einer herrlichen Aussicht auf den Jezioro Drawskie. Einst befand sich auf einer Halbinsel des Sees eine slawische Festung. Von einer im 13. Jh. errichteten Burg des Johanniterordens, die von König Władysław erweitert wurde, sind 12 m hohe Mauerreste erhalten. Daneben eine Raststätte (Restaurant).

Połczyn-Zdrój (Bad Polzin)

Die 43 km westlich von Szczecinek gelegene Stadt besitzt ein Solebad mit einem altem Kurhaus von 1705 und einen schönen Park. In der Nähe erstreckt sich der 42 000 ha große, fünf Seen umfassende Landschaftspark Drawski Park Krajobrazowy.

Pile (Pielburg)

In der Umgebung des Dorfes Pile (Pielburg; 20 km südwestlich von Szczecinek) stößt man auf Reste der Befestigungsanlagen des unter Hitler erbauten Pommernwalls, u. a. fünf Bunker aus Stahlbeton und Panzersperren.

Szczyrk

G 7

Wojewodschaft: Podlaskie
Höhe: 460–600 m ü. d. M.
Einwohnerzahl: 5100

Lage und Bedeutung

Szczyrk, in den Westbeskiden (Beskid Śląski) im Tal des Flüßchens Żylica 17 km südlich Bielsko-Biała gelegen, ist nach Zakopane der größte Wintersportort Polens. An Winterwochenenden hat der Ort bis zu 30 000 Skifahrer zu verkraften. Von Szczyrk, das noch bis in die Zwischenkriegszeit ein typisches Goralendorf war (zur Stadt erhoben 1973), gehen viele Wanderwege in die Westbeskiden aus (Orientierungstafel am Busbahnhof).

Pfarrkirche

Die typische Goralenkirche, ein Holzbau mit Wehrturm und charakteristischem Zeltdach, wurde in den Jahren 1797–1800 errichtet und 1937 umgebaut. Die Innenausstattung stammt aus dem 17.–19. Jh., hervorzuheben ein Bild des hl. Johannes von Anfang des 18. Jh.s.

Szczyrk (Fortsetzung) Skrzyczne

Der Skrzyczne ist mit 1257 m ü. d. M. der höchste Gipfel des polnischen Teils der Westbeskiden; von Szczyrk aus in 2.30 Std. zu ersteigen. Ein Sessellift führt in zwei Abschnitten (Mittelstation Jaworzyna) von 524 m auf 1234 m Höhe. Unterhalb des Gipfels ein Wanderheim der PTTK mit Übernachtungsmöglichkeit. Die Skiabfahrten vom Skrzyczne sind wie überall in der Umgebung von Szczyrk farbig markiert: grün = sehr leicht, blau = leicht, rot = mittelschwer, schwarz = sehr schwierig.
Vom Skrzycne führt ein grün markierter Weg in ca. 4–5 Std. über den Bergkamm nach Süden zum Barania Góra (1220 m), an dem die Weichsel entspringt. Eine Berghütte findet sich südwestlich des Gipfels auf 900 m Höhe (Przysłop); von hier aus auf grün markiertem Weg entlang der Czarna Wiselka (Schwarze kleine Weichsel), dann der Weichsel nach → Wisła; oder mit roter Markierung auf dem Kamm über Stecówka (Wanderhütte) zum Kubalonka-Paß (von der Przysłop-Hütte 3 Std.), von dort Bus nach Wisła.

Przełécz Salmopolska

Über den Salmopolska-Paß (934 m ü. d. M.) führt die Straße von Szczyrk südwestlich nach Wisła (Weichsel). Der Paß bildet die Grenze zwischen Kleinpolen (Małopolska) und Schlesien.

Szklarska Poręba · Schreiberhau C 6

Wojewodschaft: Dolnośląskie
Höhe: 440–886 m ü. d. M.
Einwohnerzahl: 8000

Lage und *Bedeutung

Szklarska Poręba, zu deutsch Schreiberhau, ist neben Karpacz der bedeutendste Ferienort in den Sudeten; im Jahr zählt man ca. 120000 Gäste. Der Ort besteht aus mehreren Weilern im Tal des Zacken (Kamienna) und seiner Nebenflüsse zwischen zwei Gebirgszügen der Sudeten, dem Riesengebirge und dem Isergebirge (Góry Izerskie). Das Stadtgebiet liegt zwischen 440 und 886 m ü. d. M. und umfaßt insgesamt 74,7 km² (ehemals flächenmäßig größtes Dorf in Preußen) mit den Ortsteilen Niederschreiberhau (Szklarska Poręba Dolna), Mittelschreiberhau (Szklarska Poręba Średnia) und Oberschreiberhau (Szklarska Poręba Górna). Zu Oberschreiberhau, dem höchstgelegenen Ortsteil, gehört Jakuszyce (Jakobsthal) mit dem Grenzübergang zur Tschechischen Republik. Industrie gibt es bis auf die berühmte Kristallglashütte 'Julia' nicht.

Geschichte

Schreiberhau erscheint erstmals 1366 in den Urkunden als 'Schribirshau'; schon damals existierte im heutigen Niederschreiberhau eine Glashütte. Mit der Rodung der Wälder verschob sich die Siedlung nach Westen zum Zacken. Es entstanden weitere Glashütten und im 16. Jh. auch ein Pyritbergwerk und eine Schwefelsäurefabrik. Die 1842 von Graf Leopold Schaffgotsch gegründete Josephinenhütte entwickelte sich schnell zur bedeutendsten Glasfabrik Schlesiens; in Preußen war sie lange Zeit einziger Hersteller von künstlerisch gestaltetem Kristallglas (nach dem Zweiten Weltkrieg nach Schwäbisch Gmünd umgesiedelt; der hiesige Betrieb eröffnete 1956 als 'Julia-Hütte'). Der Fremdenverkehr begann sich gegen Ende des 19. Jh.s zu entwickeln (Bau der Eisenbahnlinie von Jelenia Góra 1900–1902), 1960 erhielt Szklarska Poręba das Stadtrecht.

Szklarska Poręba Dolna

Die evangelische Kirche entstand 1755 und wurde 1817 im neogotischen Stil umgebaut. Im Innern Bilder von Vlastimil Hofman (s. unten), der Hauptaltar enthält zwei Bilder aus der Renaissance. Unterhalb der Kirche, in der ul. Piastowska, steht eine mächtige Gerichtslinde mit einem Umfang von 6,5 m. In den unteren Teilen der Stadt sind viele alte sudetische Holzhäuser aus dem 18. und 19. Jh. erhalten geblieben.

Szklarska Poręba Średnia

Im Haus ul. Dzierzyńskiego 9 (am Bahndamm) wohnte 1890–1902 der deutsche Schriftsteller und Dramatiker Gerhart Hauptmann (1862–1946),

Schreiberhau mit den Schneegruben

Szklarka Poręba Dolna (Fortsetzung)

Nobelpreisträger von 1912, zusammen mit seinem Bruder Carl, der ebenfalls Schriftsteller war (u. a. "Rübezahl-Buch"), und ihren Ehefrauen. Das Haus ist als heute als 'Haus der Heimat' eingerichtet. Von hier zog Gerhart Hauptmann nach dem 6 km entfernten Jagniątków (Agnetendorf) um.
Im Haus ul. Matejki 12 lebte, arbeitete und starb der polnische Maler tschechischer Abstammung Vlastimil Hofman (1881–1970), ein Neoromantiker. Im Haus eine Sammlung seiner Bilder sowie Werke von anderen Malern des 'Jungen Polen' (Młoda Polska).

Szklarska Poręba Góra

Die Glashütte 'Julia' (s. oben Geschichte) ist als historisches Bauwerk anerkannt; Besichtigung nach vorheriger Anmeldung. Die St.-Lukas-Mühle, ehemals Domizil einer Malervereinigung, ist heute Hotel.

Umgebung von Szklarska Poręba

Wasserfälle

Schöne Wanderungen in unmittelbarer Umgebung von Schreiberhau führen zu den Wasserfällen der Szklarka und des Kamieńczyk. Den Kochelfall (Wodospad Szklarki) erreicht man von Oberschreiberhau in 1 Std. (entlang der Kamienna bis zur Einmündung der Szklarska, dann rechts); der 27 m hohe Zackelfall (Wodospad Kamieńczyka), der vom Kamieńczyk (Zackerle) gebildet wird, ist von Oberschreiberhau über die Julia-Hütte in 0.50 Std. zu erreichen.

* 'Todeskurve'

Nicht versäumen sollte man, vom Hotel Karkonosze die alte Sudetenstraße (1937 vom Reichsarbeitsdienst angelegt) Richtung Świeradów-Zdrój (Bad Flinsberg) zu fahren. Die Straße erreicht den Kamm des Isergebirges in der berühmten 'Todeskurve' (Parkplatz); von hier großartiger Blick auf Schreiberhau und das Riesengebirge.

Bergwanderungen

Auf den Reifträger (Szrenica, 1362 m) bringen – außer dem Sessellift – verschiedene Wege von Oberschreiberhau in ca. 2.30 Std. (rote Markierung

Szklarska Poręba, Umgebung (Fortsetzung)

** Riesengebirgs-Kammweg

über Zackelfall und Neue Schlesische Baude; oder mit gelber Markierung zur Neuen Schlesischen Baude, von dort grüne Markierung). Eine der herrlichsten Wanderungen führt von Oberschreiberhau auf dem sog. Kammweg zur Schneekoppe (8 Std.); man berührt dabei fast alles, was hier sehenswert ist: Zackelfall, Pferdekopfsteine und Reifträger; Sausteine, Quarksteine und die Schneegruben unterhalb der Veilchenspitze; Hohes Rad, Große Sturmhaube und Mädelsteine; jenseits des Spindler-Passes die Kleine Sturmhaube, die Mittagsteine, den Großen und den Kleinen Teich; abschließend, nach Durchquerung des Koppenplans, der krönende Aufstieg zur Schneekoppe (→ Karpacz, Karkonosze).

Śląsk · Schlesien C–G 5–7

→ Special 'Schlesien gestern und heute', S. 364

Świdnica · Schweidnitz D 6

Wojewodschaft: Dolnośląskie
Höhe: 250 m ü. d. M.
Einwohnerzahl: 58 000

Lage und Bedeutung

Schweidnitz, ca. 45 km südwestlich von Breslau in der weiten Ebene des Sudetenvorlands gelegen, war einmal nach Breslau wichtigste Stadt in Schlesien. Die wirtschaftliche Entwicklung nach dem letzten Krieg hat Schweidnitz ebensowenig negativ berührt wie der Krieg selbst, so daß die traditionsreiche Handels- und Industriestadt sich noch eine schöne Atmosphäre bewahrt hat. Leider ist vieles von der alten Bausubstanz in schlechtem Zustand. Die Industrie ist mit Waggon- und Anlagenbau, Präzisionsmechanik, Leder- und Lebensmittelindustrie recht vielfältig.

Geschichte

Die frühslawische Burg und Wehrsiedlung erhielt 1243 deutsches Stadtrecht; von 1291 an Sitz des Herzogtums Schweidnitz, kam die Stadt 1392 an Böhmen, 1742 an Preußen (Ausbau zur Festung durch Friedrich den Großen). Die Festungsanlagen wurden 1867 geschleift. Im letzten Krieg blieb die Stadt unversehrt; beträchtliche Schäden verursachte die sowjetische Besatzung.

Sehenswertes

Rynek

Den repräsentativen Ring beherrscht das in seiner Mitte stehende Rathaus, das in seiner heutigen Form von 1720 stammt (grundlegende Umgestaltung eines Baus aus dem 16. Jh.). An seiner Westseite ist die Renaissance-Fassade erhalten geblieben, an der Nordseite erkennt man den Altarraum der einstigen Ratskapelle (Erker). Im Rathaus das 'Museum des alten Kaufmannsstands' mit alten Maßen, Waagen und anderem Kaufmannsgerät. Nördlich vor dem Rathaus der Neptunbrunnen von 1732 (mit den Wappen der Stadt, des Grafen Anton Schaffgotsch, des Schweidnitzer Fürsten, Böhmens und des Kaiserreichs).
Am Ring schöne, doch schlecht erhaltene Fassaden; hervorzuheben Haus Nr. 8, 'Pod Złotym Chłopkiem' (Zum Goldenen Mann; ehemals Hotel), Nr. 7 (Goldenes Kreuz). Die vom Ring östlich zum pl. Wolnosci führende ul. Pułaskiego ist mit hochliegenden Gehsteigen und schmeideeisernen Geländern ungewöhnlich gestaltet. An ihrem Ende rechterhand der Grundhof, ein Barockhaus mit zwei Stierskulpturen, seit seiner Entstehung Apotheke.

ul. Pułaskiego

* St. Stanislaus und St. Wenzel

Vom Ring führt die einstige Hauptgeschäftsstraße ul. Staromiejska zur katholischen Pfarrkirche św. Stanisława i Wacława, einer gewaltigen goti-

St. Stanislaus und St. Wenzel (Fortsetzung)

schen Hallenkirche (Bauzeit 1325–1488). Ihr 104 m hoher Turm – mit dreifacher Renaissancehaube von 1565 – ist das weithin sichtbare Wahrzeichen der Stadt. Der hohe Innenraum beeindruckt durch den Kontrast von gotischer Architektur und üppiger barocker Ausstattung, die 1692–1709 entstand (Altar und Kanzel von dem Prager Johann Riedel, Orgelprospekt von Georg Weber aus Schweidnitz). Die Gestaltung des Hauptaltars ist der Gegenreformation verpflichtet (Darstellung der Argumente gegen den Protestantismus). Erhalten ist noch der spätgotische Altar mit dem Tod Mariens von einem Veit-Stoß-Schüler.

**Friedenskirche

Vom Ring gelangt man in nordöstlicher Richtung zur evangelischen Kościół Pokoju, einem der beeindruckendsten Kirchenbauten Europas (geöffnet Mo.–Sa. 9.00–13.00, 15.00–17.00, So. und Fei. 15.00–17.00 Uhr; Erläuterung in deutscher Sprache vom Tonband). Entspricht das Äußere trotz der vielen orthodox wirkenden Anbauten den Erwartungen an eine protestantische Kirche, überrascht das Innere mit einer sehr 'katholischen' barocken Pracht. Nach dem Dreißigjährigen Krieg gehörte Schweidnitz zu Österreich; daher konnte sich die protestantische Bevölkerung nur unter engen Bedingungen eine Kirche bauen: kein Glockenturm, nicht aus Stein, ein Jahr Bauzeit. Der Militärbaumeister Albrecht von Saebisch erstellte die Kirche in Fachwerk über dem Grundriß eines griechischen Kreuzes (Langhaus 44 × 20 m, Querhaus 30,5 × 20 m) von August 1656 bis Juni 1657; im Innern umgeben zwei- bis dreistöckige Emporen den ganzen Innenraum, so daß 7500 Menschen Platz finden. Die 28 außen sichtbaren Anbauten sind Sondereingänge, durch die man zu den Logen und Emporen gelangt. Das ganze Innere ist ausgemalt, eine dreijährige Arbeit der Schweidnitzer Christian Süßenbach und Christian Kolicki mit Themen aus der Apokalypse; die Emporen sind mit 78 Bibelsprüchen beschriftet, allegorische Szenen daneben stellen die Sprüche dar. Über dem Haupteingang die vergoldete Loge der Grafenfamilie Hochberg, 1698 errichtet als Dank für die Bauholzspende. Der Altar entstand 1752 (Gottfried Hoffmann); über dem

Schlichte Friedenskirche ...

... mit prächtigem Inneren

Świdnica, Friedenskirche (Fortsetzung)

Altar die zweite, kleine Orgel von 1695, Vertretung für die 1666–1669 erbaute Hauptorgel, die häufig ausfiel. Die große Orgel wurde 1776–1784 mit musizierenden Engeln verziert, deren Bewegungen an das Spiel gekoppelt ist. Von Gottfried Hoffmann ist auch die Kanzel (1728). Die Kirche wurde 1979/1980 mit Hilfe des deutschen Gustav-Adolf-Werks und des Weltkirchenrats behutsam restauriert, so daß der Originalzustand weitestgehend erhalten blieb. Etwas abseits der Kirche steht ein Glockenturm. Im alten Friedhof sind noch Gräber deutscher Familien erhalten.

Umgebung

*Strzegom (Striegau)

In den Striegauer Bergen (Wzgórze Strzegomskie), 18 km nördlich von Schweidnitz, liegt die Stadt Striegau (18000 Einwohner). In der noch gut erkennbaren mittelalterlichen Stadtanlage ragt die katholische Stadtpfarrkirche St. Peter und Paul heraus. Das mächtige Schiff aus Granitbruchsteinen besitzt zwei nur bis zum First reichende Türme und reich verzierte Portale, im Inneren ein seltenes gotisches Netzgewölbe.
Die Laubenhäuser am Ring wurden 1945 zerstört; das Rathaus entstand 1829, sein Turm stammt aus Gotik und Barockzeit. Vom Kreuzberg (Góra Krzyżowa), einem Berg im Nordwesten, schöner Blick auf die Stadt.

Rogoźnica (Groß Rosen)

Bei Rogoźnica 8 km nordwestlich von Striegau war das Konzentrationslager Groß Rosen eingerichtet, dessen Häftlinge in den Granitsteinbrüchen der Umgebung arbeiten und ein sog. Führerhauptquartier erbauen mußten. Teile des Lager sind noch erhalten (Gedenkstätte und Museum).

Krzyzowa (Kreisau)

Auf Gut Kreisau bei Schweidnitz, das Helmuth James Graf von Moltke gehörte, trafen sich im Zweiten Weltkrieg die Mitglieder einer Widerstandsgruppe, des "Kreisauer Kreises". Heute gibt es hier eine Internationale Jugendbegegnungsstätte, eine Akademie für Erwachsenenbildung und – im sogenannten Berghaus – eine Gedenk- und Forschungsstätte. Die Dauerausstellung dokumentiert zum einen den Widerstand des Kreisauer Kreises gegen das NS-Regime und zum anderen die Opposition gegen die kommunistische Herrschaft in Ost- und Mitteleuropa.

Świnoujście · Swinemünde B 3

Wojewodschaft: Zachodniopomorskie
Höhe: 0–5 m ü. d. M.
Einwohnerzahl: 43000

Lage und Bedeutung

Auf den zwei Inseln Usedom (Uznam) und Wollin (Wolin), die das Oderhaff (Zalew Szczeciński) von der Pommerschen Bucht trennen, erstreckt sich Swinemünde mit bedeutendem Umschlag- und Fischereihafen, Werften und Fischverarbeitungsindustrie. Dank seiner Lage an einem reizvollen Abschnitt der Ostseeküste konnte sich Swinemünde auch zu einem attraktiven Fremdenverkehrsort mit Bademöglichkeiten und Kureinrichtungen entwickeln.

Geschichte

Seit dem 12. Jh. bewohnten Fischer und Kaufleute hier eine Wehrsiedlung, ein Hafen wurde im Jahre 1297 erstmals erwähnt. Im Jahre 1630 fiel der Ort an die Schweden. Die Stadtrechte erhielt die seit 1720 preußische Siedlung 1765. Im 19. Jh. setzte der Ausbau zum Kurort ein; damals entstanden zahlreiche Pensionen und Sanatorien.

Sehenswertes

Sehenswert sind die Jugendstilhäuser (Pensionen) in dem am Meer gelegenen Stadtteil, die Pfarrkirche (Ende 18. Jh.) sowie das Fischereimuseum (Muzeum rybołówstwa morskiego, Pl. Rybaka 1). In der Vorstadt Karsibór (Kaseburg) befindet sich der Bootshafen.

Umgebung von Świnoujście

Ahlbeck

Nur 5 km westlich von Swinemünde, bereits auf deutschem Gebiet, liegt das Seebad Ahlbeck (Grenzübergang für Fußgänger). Das Fischerdorf entwickelte sich ab den 1880er Jahren zum Ferienort.

Międzyzdroje (Misdroy)

→ Wolin

Tarnowskie Góry · Tarnowitz

F 6

Wojewodschaft: Śląskie
Höhe: 300 m ü. d. M.
Einwohnerzahl: 66 000

Lage und Bedeutung

Tarnowskie Góry, Industriestadt mit Metall-, Bekleidungs- und chemischer Industrie, liegt 25 km nordwestlich von Kattowitz in einem der ältesten Bergbaugebiete Polens. Jedes Jahr im September werden hier die 'Tage der Tarnowitzer Bergknappen' ('Dni Gwarków Tarnogórskich') begangen, die die Tradition des bergmännischen Feiertags fortführen.

Geschichte

Den Anfang der Ortschaft bildete die Siedlung Tarnowice Stare (Alt-Tarnowitz), die im 13. Jh. urkundlich erwähnt wird. 1526 erhielt sie von dem letzten Oppelner Piasten, Jan II. Dobry (dem Guten), das Stadtrecht, und die Freie Bergbaustadt Tarnowskie Góry wurde für einige Jahrhunderte Zentrum des schlesischen Silber-, Zink- und Bleibergbaus. 1788 wurde in der Friedrichsgrube eine Dampfmaschine zur Wasserhaltung in Betrieb genommen, die erste auf dem europäischen Festland. Anfang des 20. Jh.s war der Vorrat an Bodenschätzen (Blei- und Silbererz) erschöpft.

Historisches Bergwerk

Die Stollen des alten Blei- und Silberbergwerks (ul. Staffa 52) können besichtigt werden; teilweise stehen sie unter Wasser und sind nur mit Booten zu erreichen. Neben dem Bergwerk ein Freilichtmuseum mit Dampfmaschinen.

Sztolnia Czarnego Pstrąga

Der 'Stollen der Schwarzen Forelle' im Stadtteil Repty (Alt-Repten) ist ein 600 m langer Abschnitt eines Abbauhohlraums; da er unter Wasser steht, findet die Besichtigung als Kahnfahrt untertage statt. Der Stollen diente dazu, Wasser aus dem Bergwerk abzuleiten. Das Schloß in Repty wird als Rehabilitationszentrum genutzt.

Marktplatz Regionalmuseum

Am Marktplatz stehen alte Bürgerhäuser (16. und 17. Jh.) mit Laubengängen und der historischen Weinstube 'Sedlaczka' (16. Jh.). In diesem Haus waren viele bekannte Persönlichkeiten zu Gast, darunter der sächsische und polnische König August der Starke und Goethe. Eine Tafel an der Fassade erinnert an Goethes Aufenthalt. Im ersten Stock des Gebäudes das Regionalmuseum (Muzeum Ziemi Tarnogórskiej).

Bergmannsglocke

Seit 1953 steht gegenüber der katholischen Pfarrkirche ein rekonstruierter Holzturm mit einer Bergmannsglocke aus dem 16. Jahrhundert.

Umgebung von Tarnowskie Góry

Świerklaniec (Neudeck)

In Świerklaniec 8 km östlich von Tarnowitz liegt an einem See ein alter Park, der früher den Fürsten von Donnersmarck gehörte. Beachtenswert sind ein neobarockes Palais, eine neogotische Kapelle, ein nach französischem Vorbild gefertigter Brunnen und gußeiserne Plastiken.

Piekary Śląskie (Deutsch Piekar)

In Deutsch Piekar (12 km südlich von Tarnowitz) wird in der neoromanischen Wallfahrtskirche das Bild der Muttergottes von Piekar verehrt, das

Tarnowskie Góry, Umgebung, Piekary Śląskie (Fortsetzung)

als wundertätig gilt. Dabei ist das Bild hier nur eine Kopie (17. Jh.), das Original wurde 1702 nach Oppeln gebracht, damit es nicht in die Hand der Schweden fällt.
Oberhalb der Kirche führt ein Weg zu einem Kalvarienberg (19. Jh.) mit neogotischer Wallfahrtskirche; am Kreuzweg 14 Kapellen.

Tarnów

H/J 6/7

Wojewodschaft: Małopolskie
Höhe: 220–230 m ü. d. M.
Einwohnerzahl: 115 000

Lage und Bedeutung

Tarnów, 80 km östlich Krakau zwischen Karpatenvorland und dem Talkessel von Sandomierz am Rand der Tarnower Hochebene gelegen, ist ein großes Industrie- und Handelszentrum mit Stickstoffwerken, Maschinenbau, Glas- und Keramik- sowie Lebensmittelindustrie.
Daneben ist Tarnów kultureller Mittelpunkt der gleichnamigen Wojewodschaft.

Geschichte

Ein Dorf, das dem Kloster in Tyniec gehörte, wird 1125 erstmals erwähnt; ab 1325 gehörte es einem Geschlecht, das später den Namen Tarnowski annahm. Die Gründungsakte der Stadt stammt aus dem Jahre 1330. Im 14.–16. Jh. gute Entwicklung dank der günstigen Lage an Handelsstraßen. Im 16. Jh. wurden die Stadtmauern verbreitert; ab 1559 gab es in Tarnów eine Abteilung der Krakauer Akademie. 1772 kam die Stadt unter österreichische Herrschaft.
Im 19. Jh. wirtschaftlicher Aufschwung; in den 1930er Jahren Bau großer staatlicher Betriebe für Stickstoffchemie in Mościce (heute Stadtteil von Tarnów). Seit 1975 Sitz der Wojewodschaftsverwaltung.

Am Marktplatz in Tarnów

Sehenswertes

In der mittelalterlichen Stadtanlage (viereckiger Marktplatz mit Rathaus, sich rechtwinklig kreuzende Straßen) sieht man Bürgerhäuser aus dem 16.–19. Jh., einige mit Lauben und Fassadendekor. Die engen Gäßchen (z. B. ul. Wielkie Schody) besitzen ein altertümliches Flair.

* Altstadt

Das Rathaus mit Turm und prächtiger Attika wurde Mitte des 14. Jh.s im gotischen Stil errichtet und im 16. Jh. von italienischen Architekten umgebaut. Das Muzeum Okręgowe im Rathaus zeigt Exponate zur Stadtgeschichte sowie Kunsthandwerk, Porzellan und Malerei (u. a. sarmatische Porträts).

* Rathaus

Regionalmuseum

Die Kathedrale wurde um 1400 als dreischiffiger gotischer Backsteinbau errichtet (im 19. Jh. mehrfach umgebaut). Ausstattung überwiegend barock; beachtenswert das gotische Chorgestühl (15. Jh.) und Grabmäler aus der Renaissance.

* Kathedrale

Das Mikołajowski-Haus (pl. Katedralny) wurde 1524 erbaut und blieb seither unverändert. Hier war früher die Akademia Krakowska untergebracht, heute ist es Diözesanmuseum (Muzeum Diecezjalne) mit sakraler Kunst, darunter Madonnen aus dem 14. Jh, Triptychen aus dem 15. und 16. Jh. sowie liturgische Gewändern; ferner Hinterglasmalerei der Goralen.

Mikołajowski-Haus
Diözesanmuseum

Die Burg auf dem Góra św. Marcina (St.-Martins-Berg) über der Stadt wurde 1340 erbaut und im 16. Jh. zerstört. Daneben steht eine Holzkirche (15. Jh.) mit schöner barocker Innenausstattung.

Burgruine

Umgebung von Tarnów

Ciężkowice, 38 km südlich von Tarnów am Fluß Biała gelegen, ist ein Markt mit Laubenhäusern und malerischen Straßenzügen. In seiner Nähe das Schutzgebiet 'Skamieniałe miasto' (Versteinerte Stadt). Im Dorf Kąśna Dolna (westlich der Bahnlinie) ein Herrenhaus, in dem der Pianist und Politiker Ignacy Paderewski wohnte (heute Museum).

Ciężkowice

Die alte Stadt befindet sich 48 km südöstlich von Tarnów. Das Schloß der Lubomirski wurde im 14.–16. Jh. nach dem Vorbild des Krakauer Wawel erbaut, es hat eine Verteidigungsanlage (zwei Basteien und Wehrmauern). In der Nähe befindet sich das Gut der Familie des Malers Jan Matejko (Museum).

Nowy Wiśnicz

Tatry · Tatra

G/H 7

Wojewodschaft: Małopolskie

Die Tatra in Südpolen ist das höchste Gebirge des Landes und zugleich der höchste Teil der Karpaten, einer 1000 km langen Bergkette. Die Tatra bedeckt eine Fläche von 785 km², ihr höchster Gipfel ist der Gerlachovský štít (Gerlsdorfer Spitze, 2655 m ü. d. M.) in der Slowakei.
In Polen liegt nur ein Viertel der gesamten Tatra (175 km²), der höchste Gipfel auf polnischem Gebiet ist der Rysy (2499 m ü. d. M.). Die polnische Tatra erstreckt sich vom Paß Przełęcz Huciański (904 m ü. d. M.) zum Paß Przełęcz Zdziarski (1076 m ü. d.M.), in Luftlinie 50 km, tatsächlich ist der Bergkamm 75 km lang.

Allgemeines

Die Tatra wird gegliedert in die Westtatra (Tatry Zachodnie), die Hohe Tatra (Tatry Wysokie) und die Belaer Tatra (Belanske Tatry), die ganz in der Slowakei liegt. Diese Aufteilung folgt dem geologischen Aufbau des Gebirges.

** Landschaft

Landschaft (Fortsetzung)

Die Hohe Tatra besteht hauptsächlich aus Granit und anderem kristallinem Gestein. Hier gibt es die steilsten, bei Kletterern beliebten Felswände, die Tallandschaft ist durch nacheiszeitliche Seen abwechslungsreich gestaltet. Die Westtatra, hauptsächlich die zu Polen gehörenden Nordhänge, besteht aus Kalk. Seen gibt es in dieser Region nicht, jedoch zahlreiche Höhlen. Der geologische Aufbau hat auch Einfluß auf die Pflanzenwelt, so wächst etwa das Edelweiß nur auf Kalk.

Die Tatra hat sich, wie die gesamten Karpaten, in der Zeit der alpidischen Faltung herausgehoben, gleichzeitig mit den Alpen und den Pyrenäen. Sie sind also wesentlich jünger als die Sudeten oder die Heilig-Kreuz- Berge (Góry Świętokrzyskie). Großen Einfluß auf die Oberflächengestalt der Tatra hatte die Eiszeit. Nach dem Zurücktreten der Gletscher in den Karen der Hochtäler entstanden dort Seen, die Täler selbst hatten die typische Trogform. Überbleibsel der Eiszeit sind die sogenannten hängenden Täler, die mit einem steilen Abfall in ein tieferes Tal münden.

Seen

Die Tatra besitzt relativ große und tiefe Seen, z. B. das Morskie Oko (Meerauge) mit 34,5 ha und 50,8 m Tiefe ('Meerauge' nach der Legende, daß der See mit dem Meer in Verbindung steht), den Wielki Staw (Großer Teich) im Tal der Fünf Polnischen Seen (Dolina Pięciu Stawów Polskich) mit ebenfalls 34,5 ha und 79 m Tiefe. Der kleine Czarny Staw (Schwarzer Teich) über dem Morskie Oko (20,64 ha) ist mit 76 m der zweittiefste See in der Tatra.

Klima

Wie in anderen Gebirgen ist das Klima der Tatra sehr rauh und feuchter als in der Ebene. Je 200 Höhenmeter fällt die Temperatur um 1 °C. Auf dem Kasprowy Wierch (1985 m ü. d. M.) beträgt die Durchschnittstemperatur im Juli 7,5 °C, im Februar, dem kältesten Monat, −8,6 °C. Schnee fällt in der Tatra manchmal mitten im Sommer, und das Wetter kann sehr schnell umschlagen (bei Wanderungen an heißen Sommertagen zu beachten). Wie in den Alpen weht hier oft der Föhn (poln.: halny wiatr), der große Schäden in Wäldern und Siedlungen anrichten kann. Die Schneeperiode ist ziemlich lang, in Zakopane z. B. im Durchschnitt drei Monate und auf dem Kasprowy Wierch etwa sieben Monate.

Vegetation

Bis 1000 m ü. d. M. reicht die landwirtschaftlich genutzte Zone. Bis auf 1500 m Höhe wachsen Wälder, in einem tieferen Bereich (1200–1250 m) Mischwälder aus Tannen und Buchen, im oberen Bereich Fichtenwälder. Auch die Zirbelkiefer ist verbreitet, v. a. am Morskie Oko. Oberhalb der Baumgrenze in 1500–1800 m Höhe liegt die Krummholz-Zone, an die sich die Bergwiesen anschließen, auf denen früher Schafzucht betrieben wurde. Nach der Einrichtung des Nationalparks in der Tatra ist die Schafzucht auf wenige Almen beschränkt. Über dem Almengürtel (über 2300 m Höhe) liegt die Felszone. Hier wachsen vorwiegend Hochgebirgs- und arktische Pflanzen, darunter etwa 130 Blumenarten. Außer dem Edelweiß ist noch der Türkenbund und die stengellose Silberdistel zu nennen, die beide in der Volkskunst der Goralen als Motiv häufig verwendet werden. Im zeitigen Frühjahr, nach der Schneeschmelze, blüht der violette Krokus, der die Wiesen in Blumenteppiche verwandelt (berühmt dafür ist das Chochołowska-Tal südwestlich von Zakopane).

Fauna

Die Tierwelt der Tatra ist sehr reichhaltig. In den niederen Lagen sind Hirsche, Rehe, Füchse verbreitet, sehr selten sind Luchse und Bären. In den höheren Lagen leben vier Säugetierarten, die nur in der Tatra vorkommen: Zwei sind Nagetiere aus der Familie der Mäuse; die beiden anderen sind die Gemse, von der in der polnischen Tatra nur 200 Stück im Bereich der Baumgrenze leben, und das weiterverbreitete Murmeltier, das in Erdlöchern in den Almen in einer Höhe zwischen 1700 und 2000 m lebt. Bei Gefahr warnen sich die Murmeltiere mit einem schrillen Pfiff, daher ihr polnischer Name 'świstak' (von świstać, pfeifen).

Naturschutz

Der Mensch hat die Tatra stark verändert. Für die Hüttenwerke in Kuźnice wurden Wälder gerodet; die Goralen machten Jagd auf Gemsen und Mur-

Im Tal der Fünf Polnischen Seen

Zirbelkiefern am Morskie Oko

Der Giewont im Winter

Naturschutz (Fortsetzung)

meltiere. Beide Tierarten unterlagen bereits 1869 der Obhut des galizischen Sejm. Ende des 19. Jh.s wurde die Gesellschaft zum Schutz der polnischen Tatra (Towarzystwo Ochrony Tatr Polskich) gegründet.

Nationalpark

1939 entstand der Tatra-Nationalpark. Er hat eine Fläche von 18426 ha und umfaßt praktisch die ganze polnische Tatra, im Norden reicht er bis Poronin (ein Dorf, das durch den Aufenthalt Lenins bekannt wurde). Dieser Nationalpark ist Teil des von Polen und der Tschechischen Republik eingerichteten grenzübergreifenden, insgesamt 730 km² großen Tatra-Nationalparks TANAP. Das gesamte Areal steht unter Naturschutz, bestimmte Teile sind vollständig gesperrt. Markierte Wege mit Tafeln zur Orientierung wurden angelegt. Die polnische Parkdirektion hat ihren Sitz in Zakopane.

Berghütten

Viele Berghütten für Wanderer und Sennhütten sind als Baudenkmäler geschützt. Aufmerksamkeit verdienen die Sennhütten auf der Alm Stoły sowie das 'Schäferdorf' auf der Polana Chochołowska. Dieses Dorf besuchte Johannes Paul II. am 23.6.1983, wobei er auch Lech Wałęsa traf. Als die schönsten Berghütten gelten die am Morskie Oko und im Fünf-Seen-Tal (Dolina Pięciu Stawów Polskich). Letztere ist die einzige polnische Berghütte im Hochgebirge oberhalb der Baumgrenze. Beide Hütten stehen unter Denkmalschutz.

Kapellen und Wegkreuze

In der Tatra gibt es eine Reihe von Kapellen und Wegkreuzen sowie mehrere Holzkirchen. Am bekanntesten ist die Holzkirche von Wiktorówki (1937) auf 1150 m Höhe (südlich der Straße Zakopane–Javorina). Eine andere Kirche, 1898 nach einem Entwurf von Stanisław Witkiewicz (⟶ Zakopane) erbaut, steht an der Straße nach Kalatówki (von Zakopane südlich, hinter Kuźnice); sie ist verbunden mit dem seligen Bruder Albert (eigentlich Adam Chmielowski, 1846–1916), einem Maler und Franziskanermönch, der hier gewohnt hat (Besichtigung möglich).

Tourismus

Der Geschichte des polnischen Tourismus begann in der Tatra: 1873 wurde in Zakopane die Tatra-Gesellschaft (Towarzystwo Tatrzańskie) gegründet, eine der ersten Organisationen der Welt, die sich dem Tourismus widmeten. Die Tatra wurde durch den Bau von Berghütten und die Anlage von markierten Wanderpfaden zugänglich gemacht, die Gesellschaft veranlaßte die wissenschaftliche Erforschung der Tatra. 1950 rief die Tatra-Gesellschaft die Polnische Gesellschaft für Tourismus und Landeskunde (Polskie Towarzystwo Turystyczno-Krajoznawcze, PTTK) ins Leben, die bis heute aktiv ist. Im Rahmen der Tatra-Gesellschaft entwikkelte sich der Alpinismus, der Skitourismus und die Bergwacht.

Ausflüge und Bergwanderungen

Ausflüge in die Tatra sollte man durch einen Besuch im Tatra-Museum und im Alpinarium in ⟶ Zakopane vorbereiten, wo geologischer Aufbau sowie Flora und Fauna der Tatra erläutert werden. Ein schöner Blick auf die Tatra bietet sich bei einem Ausflug auf die 1120 m hohe Gubałówka nördlich von Zakopane (Seilbahn).

Bei einem Ausflug in die Tatra kann man sich eine Route durch eines der Täler wählen. Man kann z. B. mit dem Bus nach Kiry fahren (7 km) und nach Süden durch das Tal Dolina Kościelska wandern (eines der schönsten Täler in der Tatra) zur Hütte auf der Hala Ornak (Ornak-Alm, 1093 m ü. d. M.).

Andere lohnende Routen sind das Tal Dolina Chochołowska (weiter westlich) oder das Tal Dolina Rybiego Potoku mit dem berühmten Bergsee Morskie Oko (südöstlich). Von Zakopane ist das Meerauge (Hütte) über den Zawrat-Paß und durch das Fünf-Seen-Tal in ca. 7 Std. zu erreichen; von Zakopane Busverbindung zum Meerauge. Zu den schwierigeren Gipfelrouten gehört der Orła Perć sowie die Besteigung des Rysy (vom Morskie Oko 4 Std.). Relativ leicht ist dagegen eine Wanderung auf den Giewont, den Hausberg von Zakopane, durch die Dolina Małej Łąki; eine andere Route führt von Kuźnice über Kalatówka und die Hala Kondratowa (jeweils 3.30 Std.). In der Tatra darf man sich nur auf den markierten Pfaden bewegen.

Toruń · Thorn

F 3/4

Wojewodschaft: Kujawsko-Pomorskie
Höhe: 50 m ü. d. M.
Einwohnerzahl: 200 000

Lage und ✻✻Bedeutung

Das an der Weichsel südlich von Danzig gelegene Thorn ist eine an mittelalterlichen Baudenkmälern besonders reiche Stadt und Geburtsort des Astronomen Nikolaus Kopernikus (19.2.1473). Ebenfalls hier geboren ist Samuel Bogumił Linde (1771–1847), Autor des 'Słownik języka polskiego' (Wörterbuch der polnischen Sprache) und der 'Bibliografia polska' (Polnische Bibliographie). In der Universitätsstadt (Uniwersytet Mikołaja Kopernika) gibt es zwei Theater und ein Staatliches Kammerorchester (Państwowe Okiestra Kameralna); das Festival des Ein-Mann-Theaters alljährlich im März, das Nordpolnische Theaterfestival (Mai/Juni) und die Tage von Thorn im Juni sind feste Bestandteile des Kulturangebots.
Einzigartig in Polen ist das 1963 eingerichtete, mit einer Galerie verbundene 'Zentrum plastischer Arbeiten von Kindern' (Galeria i ośrodek plastycznej twórczości dziecka; Rynek Nowomiejski 17).
Im Jahr 1997 wurde die Altstadt von Thorn in die Liste des Weltkulturerbes der UNESCO aufgenommen.

Geschichte

Vom 8. bis zum 12. Jh. existierte eine slawische Burgfestung an der Weichsel. Die Siedlung, ab 1288 wie das gesamte Kulmer Land unter der Herrschaft des Deutschen Ordens, erhielt 1233 das Stadtrecht. Auf dem Areal der slawischen Festung entstand ab der Mitte des 13. Jh.s die Deutschordensburg als Sitz für den Komtur. Im Jahre 1264 gründete der Deutsche Orden im Norden der Burg die Neue Stadt (Nowe Miasto). Der Aufstieg Thorns, ab 1280 Mitglied der Hanse, zur wohlhabenden Handelsstadt vollzog sich im 14. und 15. Jahrhundert. Am Aufstand des Preußischen Bundes gegen den Deutschen Orden (1454), der den Anfang des Dreizehnjährigen Kriegs bildete, war die Stadt maßgeblich beteiligt. Der Zweite Thorner Friede beendete 1466 diesen Krieg, Thorn ging an Polen. Bis zur Mitte des 17. Jh.s erlebte die Stadt eine Blütezeit, die Schwedenkriege machten jedoch ihrem Reichtum ein Ende. In der Zweiten Polnischen Teilung wurde es 1793 Preußen angeschlossen.
In der zweiten Hälfte des 19. Jh.s gab es in Thorn starke nationale Bestrebungen, wie die zahlreichen polnischen Verbände und Einrichtungen belegen. Durch den Versailler Vertrag wurde die Stadt 1920 wieder polnisch und Hauptstadt der Pommerschen Wojewodschaft. Während der deutschen Besetzung kam es auch in Thorn zu Massenverhaftungen, Deportationen, Exekutionen und Aussiedlung der polnischen Bevölkerung.

Museen

Bezirksmuseum

Das Muzeum Okręgowe im Rathaus (Rynek Staromiejski) besitzt eine Sammlung von mittelalterlicher Kunst und Kunsthandwerk (u. a. Formen der berühmten Thorner Honigkuchen), eine Galerie mit den Porträts Thorner Bürger, darunter auch ein zeitgenössisches Bildnis von Nikolaus Kopernikus (2. Hälfte 16. Jh.), sowie eine Sammlung polnischer Malerei vom Ende des 18. Jh.s bis heute.

✻Kopernikus-Museum

Das Haus Nr. 17 in der ul. Kopernika wurde im späten 15. Jh. an der Stelle des Geburtshauses von Kopernikus erbaut und beherbergt heute das Muzeum Mikołaja Kopernika, eine Abteilung des Bezirksmuseums. Die umfangreiche Sammlung dokumentiert Leben und Wirken des berühmten Astronomen.

Museum für Kunst des Fernen Ostens

Das Muzeum Sztuki Dalekiego Wschodu, ebenfalls eine Zweigstelle des Bezirksmuseums, ist im Haus zum Stern (Pod Gwiazdą; Rynek Staromiejski) untergebracht. Es zeigt Kunst und Kunsthandwerk aus China,

Museen (Fortsetzung)

Japan, Indien, Tibet und Vietnam. Die ältesten Stücke stammen aus der chinesischen Han-Dynastie (206 v. Chr.–220 n. Chr.).

Museum in der Deutschordensburg

In den Resten der Deutschordensburg (ul. Przedzamcze) informiert eine Abteilung des Bezirksmuseums über die Besiedlung des Gebietes vor dem Auftreten des Deutschen Ordens, über die Geschichte der Burg und über den Konflikt zwischen den Bürgern und dem Deutschen Orden in den Jahren 1454–1466.

Volkskundliches Museum

Das Muzeum Etnograficzne in einem klassizistischen Zeughaus von 1824 (ul. Wały gen. Sikorskiego 19) zeigt Volkskultur aus Nordpolen. Daneben ein Freilichtmuseum mit einem kaschubischen, einem kujawischen und einem Tucheler Gutshof vom Ende des 19. Jh.s.

Sehenswertes

Altstadt

*Rathaus

Den Mittelpunkt des Altstadtmarkts (Rynek Staromiejski) bildet das mächtige gotische Rathaus, das zu den interessantesten Denkmälern der bürgerlichen Architektur in Europa gehört. An seiner Stelle existierten bereits seit der zweiten Hälfte des 13. Jh.s öffentliche Gebäude der städtischen Wirtschaft und Verwaltung wie die Tuchhallen, die Waage, Brotbänke, Krämerläden und die Gerichtslaube. Im Jahre 1385 wurde der dazugehörige, bereits 1250 erbaute Turm erhöht; wenige Jahre später, 1391–1399, wurden die einzelnen Gebäude durch eine großzügige, um einen Innenhof gruppierte Vierflügelanlage ersetzt, die die Handels-, Lager- und Amtsgebäude unter einem Dach vereinte. Sein heutiges Aussehen verdankt das Gebäude dem Umbau zu Beginn des 17. Jh.s (1602–1605) durch den flä-

Haus 'Zum Stern'

Rathausturm mit Kopernikus-Denkmal

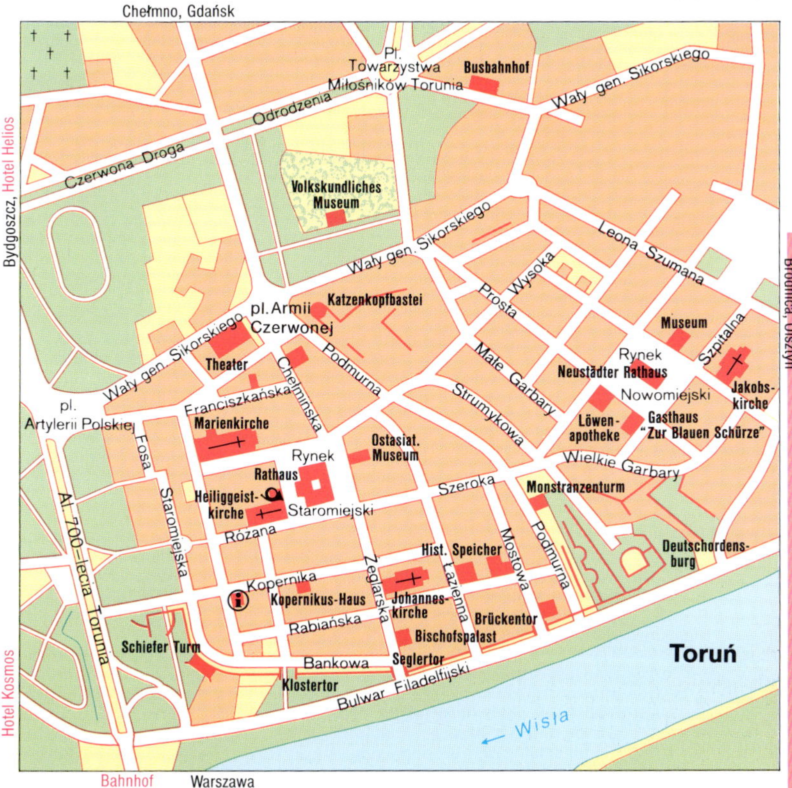

Rathaus (Fortsetzung)

mischen Baumeister Anton van Opbergen. Er erhöhte das Rathaus um ein weiteres Geschoß, setzte den Ecken zierliche Türmchen auf und akzentuierte die Fassaden durch Giebel. Die reiche Innenausstattung mit prächtiger Holztäfelung wurde 1703 durch einen Brand zerstört und 1722–1737 im spätbarocken Stil wiederhergestellt (Portale mit Intarsien, bemalte Dekken). In dem 1957 bis 1963 restaurierten Gebäude ist das Bezirksmuseum (Muzeum Okręgowe) untergebracht.
Vor dem Rathaus das Kopernikus-Denkmal des Berliner Bildhauers Friedrich Tieck von 1853.

Haus 'Zum Stern'

Das im 15. Jh. erbaute und im 16. Jh. umgestaltete Pod Gwiadą (Nr. 35) gehört mit seiner prächtigen spätbarocken Fassade (1697) mit charakteristischer Blumen- und Fruchtornamentik zu den schönsten Häusern am Altstadtmarkt. Im Erdgeschoß liegt eine große gotische Diele, deren hölzerne Wendeltreppe eine Minerva-Statue und eine Löwenfigur schmükken. In den historischen Innenräumen hat das Museum für Kunst des Fernen Ostens (Muzeum Sztuki Dalekiego Wschodu) seinen Sitz.

Weitere Bürgerhäuser am Altstadtmarkt

Die meisten Bürgerhäuser am Altstadtmarkt waren ursprünglich im gotischen und spätgotischen Stil erbaut worden (14./15. Jh.), meist dreistökkig mit drei Fensterachsen, mit Malereien und prächtig gestalteten Details verziert. Heute zeigen die Hausfassaden sämtliche Stilrichtungen zwi-

Weitere Bürgerhäuser am Altstadtmarkt (Fortsetzung)

schen Gotik und Neoklassizismus, wobei Renaissancefassaden überwiegen. Gegenüber dem Rathaus ein Neorenaissancebau, der in den Jahren 1889–1891 an der Stelle des früheren Artushofs (Dwór Artusa; Nr. 6) errichtet wurde und heute das Collegium Maximum der Thorner Universität aufnimmt. Im Artushof wurde 1466 der Frieden von Thorn unterschrieben, der den Dreizehnjährigen Krieg zwischen Polen und dem Deutschen Orden beendete. Das Haus 'Zum Adler' (Pod orłem; Nr. 4) beherbergt die älteste Apotheke Thorns aus der Mitte des 17. Jh.s. An der klassizistischen Fassade des Gebäudes sind einige gotische Elemente erhalten geblieben. Nach seinem ersten Besitzer, dem Bürgermeister und königlichen Burggraf Jacob Meissner, ist das Gebäude Nr. 7 benannt. Die spätbarocke Fassade des Palais Meissner (1739) wurde um 1800 durch eine klassizistische ersetzt. Eines der ältesten Häuser der Stadt ist das im 14. Jh. erbaute Haus Nr. 17 (umgebaut im 15. und 18. Jh.). Das Portal stammt von 1630. Das 'Haus zu den drei Kronen' (Pod trema koronami, Nr. 21), heute Hotel Trzy Korony, war eines der ersten Gasthäuser in Thorn. In dem spätgotischen, im 19. Jh. umgebauten Haus nahmen viele berühmte Gäste, u. a. August der Starke und Peter der Große, Quartier. Von der ehemaligen Barockfassade des Hauses 'Zum Engel' (Pod aniołem; Nr. 29), die einer klassizistischen Umgestaltung weichen mußte, hat sich der schöne Eingang (1699) erhalten. Über dem Portal prangt das Wappen des damaligen Besitzers, des Bürgermeisters J. Zimmermann. Im Haus Nr. 34 wurde der Arzt Samuel Thomas von Sömmering (1755–1830) geboren, der u. a. den Gelben Fleck im Augenhintergrund beschrieb und einen elektrischen Telegraphen konstruierte.

Heiliggeistkirche

Die spätbarocke Kościół św. Ducha an der Südwestecke des Altstadtmarkts wurde Mitte des 18. Jh.s nach einem Entwurf des Thorner Barockbaumeisters Ephraim Schroeger erbaut. Ihre Ausstattung ist im Stil des Rokoko gehalten. Der Turm stammt aus den Jahren 1897–1899. Bis 1945 war sie das Gotteshaus einer evangelischen Gemeinde.

** Marienkirche

Die Kościół N. P. Marii (ul. Panny Marii) entstand in der zweiten Hälfte des 14. Jh.s als Klosterkirche eines Franziskanerkonvents. Die monumentale dreischiffige Hallenkirche ist ein ausgezeichnetes Beispiel für die Gotik des Weichsellandes. Ihre reiche Ausstattung vereint Werke aus mehreren Jahrhunderten. Aus der Erbauungszeit der Kirche finden sich im südlichen Seitenschiff noch Wandmalereien (ca. 1370), die Einflüsse der italienischen Malerei verraten (perspektivische Darstellung). Das Chorgestühl (erste Hälfte 15. Jh.) und das Triumphkreuz (15. Jh.) sind eindrucksvolle Zeugnisse mittelalterlicher Holzschnitzkunst. Aus der Zeit der Renaissance und des frühen Barock stammen der geschnitzte Orgelprospekt von 1609 und das Grabmal der Schwester von König Zygmunt III., Anna Waza (1636). Der Hauptaltar (1731) mit Baldachin repräsentiert die Kunst des späten Barocks. Er nimmt die Stelle des gotischen Flügelaltars von 1380/1390 ein, der sich heute im Warschauer Nationalmuseum befindet.

** Johanneskirche

Von Kriegszerstörungen und späteren Umgestaltungen verschont blieb die gotische Kościół św. Jana (pl. św. Jana). Mit ihrem Bau wurde um 1260 vom Chor aus begonnen, das Langhaus noch im 13. Jh. errichtet (im 15. Jh. erhöht und eingewölbt), die Seitenkapellen im 14. und 15. Jh. angefügt. Der mächtige, ins Langhaus integrierte Westturm (1407–1433) ist ein Werk des Baumeisters Hans Gotland. Seit 1500 hängt im Turm die zweitgrößte Glocke Polens, die sogenannte Tuba Dei. Die wertvolle Ausstattung der Kirche ist weitgehend erhalten geblieben. An Kopernikus erinnern eine Gedenktafel und das gotische Becken, an dem er die Taufe empfing (erste Kapelle im südlichen Seitenschiff). Im nördlichen Seitenschiff eine Gedenktafel für Jan Sobieski und eine Ecce-Homo-Skulptur. Der Blickfang des Mittelschiffs ist der Heiligkreuzaltar und die Skulptur des Auferstandenen Christus. Im Chor Wandmalerei aus dem 13. Jh. und eine gotische Grabplatte des Bürgermeisters Johann von Soest und seiner Frau. Hier stehen auch die Kopie einer bedeutenden Madonnenfigur aus der Zeit

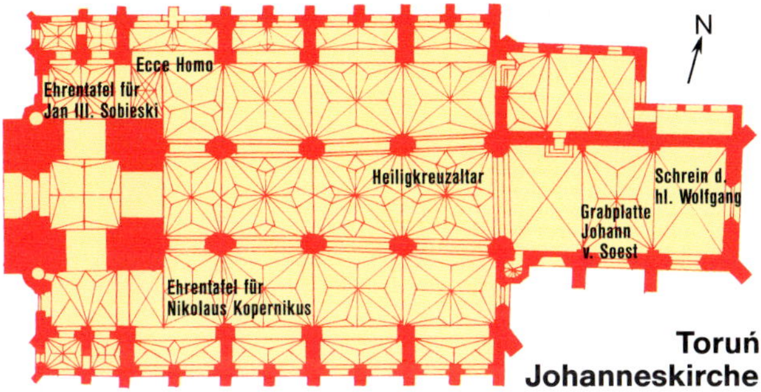

Toruń Johanneskirche

Johanneskirche (Fortsetzung)

um 1400 sowie der Hauptaltar mit dem spätgotischen Wolfgangsschrein (1506), darüber ein Kruzifix aus der zweiten Hälfte des 14. Jh.s.

Bischofspalast

Im Pałac Biskupów Kujawskich (ul. Żeglarska) residierten die Bischöfe von Kujawien. Aus der Entstehungszeit des Palasts (1693) stammt noch die reich dekorierte Barockfassade.

Stadtmauern

Ab dem 13./14. Jh. war die Altstadt von einem Mauerring umgeben, die im 15. Jh. weiter ausgebaut und mit Toren, Türmen und Basteien besetzt wurde. Am besten erhalten ist der südliche, an der Weichsel gelegene Abschnitt der Wehranlage. Den südöstlichen Eckpunkt der Altstadt bildet der Schiefe Turm (Krzywa Wieża), es folgen an der Mündung der ul. Ducha Świętego das Klostertor (Brama Klasztorna) aus der ersten Hälfte des 14. Jh.s, das Seglertor (Brama Żeglarska; 14. Jh.), das die ul. Żeglarska

Stolz einer Hansestadt: Johanneskirche

Stadtmauern (Fortsetzung)

beschließt, und in der südwestlichen Ecke das 1432 von Hans Gotland errichtete Brückentor (Brama Mostowa), auf das die ul. Mostowa hinführt. Ein Überrest der östlichen Stadtbefestigung an der ul. Podmurna ist der achteckige Monstranzturm (Wieża Monstrancji) aus dem 15. Jahrhundert.

Junkerhof

Der Dwór Mieszczański (ul. Podmurna) wurde 1489 in einen Mauerzwischenraum der Stadtbefestigung hineingebaut und gehörte zu einer Bastei vom Ende des 13. Jh.s. Im 19. Jh. wurde der Hof teilweise unter Hinzufügung einiger neogotischer Elemente umgebaut.

Palast der Eskens

Das Dom Eskenów, ein großes gotisches Haus (ul. Łazienna 16) vom Ende des 14. Jh.s, wurde im 19. Jh. in einen Speicher umgewandelt. Von seiner ehemals prachtvollen Renaissanceausstattung zeugt noch das schöne Portal, ein Werk Wilhelm van den Blockes.

Speicher

In Thorn trifft man an verschiedenen Stellen der Stadt noch auf die alten Speicherhäuser, so in der ul. Rabińska oder in der ul. Piekary, wo ein besonders schöner gotischer Speicher aus der zweiten Hälfte des 14. Jh.s mit gut erhaltenen Giebeln steht. Weitere Speicher finden sich in der ul. Mostowa. Der Speicher mit der Hausnummer 1 entstand 1719 und wurde 1832 renoviert. Die drei spätgotischen Speicher (1520) mit der Hausnummer 6 sind durch eine gemeinsame Fassade miteinander verbunden. Sie wurden im 17. Jh. teilweise zu Wohnungen umgebaut.

*Deutschordensburg

Die Deutschordensburg (Zamek Krzyżacki; ul. Przedzamcze) in Thorn gehört zu den ältesten im ehemaligen Ordensstaat. An der Stelle einer Holzburg aus der ersten Hälfte des 13. Jh.s entstand nach der Mitte des Jahrhunderts ein Backsteinbau, der bis zur Mitte des 15. Jh.s erweitert wurde. Die Burg bestand aus einem vieleckigen Hauptbau mit Innenhof und sowie einem Mauerring mit Wachturm, Gräben und Toren. Die 1454 von den Bürgern Thorns zerstörte Anlage blieb bis ins 19. Jh. Ruine. Bei Ausgrabungen in der Zwischenkriegszeit und in den Jahren 1958–1966 wurden Teile der Hauptburg, der Grundriß des Ordenshauses, Fragmente der Wehrmauern und des Danskers (Abtritt) freigelegt. In den Kellern der Burg ein Museum und auf dem Burggelände ein Café.

Nowe Miasto · Neustadt

Löwenapotheke

Das gotische, 1830 im Stil des romantischen Klassizismus umgebaute Gebäude am Neustädter Marktplatz (Rynek Nowomiejski) ist Domizil der 1624 gegründeten Apteka pod Złotym Lwem.

Gasthaus zur Blauen Schürze

Das Gasthaus 'Zur Blauen Schürze' (Gospoda pod Modrym Fartuchem), ein barockes Bürgerhaus aus dem 18. Jh., wurde 1957/1958 grundlegend renoviert. Heute ist hier ein stilvolles Café eingerichtet, das an die Tradition des um 1489 gegründeten Gasthauses anknüpft.

*Jakobuskirche

An der südöstlichen Ecke des Marktplatzes (ul. św. Jakuba) liegt die Kościół św. Jakuba. Mit dem Bau des Chors wurde 1309 begonnen, danach entstanden das Langhaus (1340) und die Seitenkapellen (bis 1424). Die durch die Jahrhunderte gewachsene Ausstattung umfaßt zahlreiche Fresken (14./15. Jh.), ein großes Kruzifix vom Ende des 14. Jh.s und ein spätgotisches Passionsbild (2. Hälfte 15. Jh.) im Chor; aus dem Barock stammen ein Gestühl vom Beginn des 17. Jh.s, Altäre aus den Jahren 1730 bis 1740 und einen Hochaltar von 1731.

Weitere Sehenswürdigkeiten

Stadttheater

An der Fassade des 1904 erbauten Teatr Miejski (pl. Armii Czerwonej) vermischen sich Merkmale des späten Historismus mit Elementen des Jugendstils. Den Entwurf lieferte das Atelier Fellner & Helmer in Wien, damals eines der führenden Architekturbüros für Theaterbauten.

Toruń, Stadttheater (Fortsetzung)

Alte Katzenkopfbastei

Die Dawna Baszta Koci Łeb (pl. Armii Czerwonej) ist eine Eckbastei der Mauern der Altstadt. Die im 16. Jh. erbaute, 1703 z. T. zerstörte Bastei wurde 1900 im neogotischen Stil wiederaufgebaut. Östlich und südlich von ihr Gräben und Wehrmauern der Neustadt aus dem 14. Jahrhundert.

Umgebung von Toruń

Golub-Dobrzyń (Gollub)

Der Doppelort Golub-Dobrzyń, etwa 40 km nordöstlich von Thorn an der Drwęca (Drewenz) in schöner Umgebung gelegen, besitzt ein gut erhaltenes Deutschordensschloß. Zu Beginn des 14. Jh.s errichtete der Deutsche Orden eine kastellartige Anlage mit vier Flügeln um einen annähernd quadratischen Innenhof. Von den zwei Ecktürmen, die im 15. Jh. der Westfassade angefügt wurden, ist einer erhalten. Zwischen 1616 und 1623 ließ Anna Waza, die Schwester des Königs Zygmunt III., der Burg ein Attikageschoß mit runden Ecktürmchen im Stil der Spätrenaissance aufsetzen. Die während der Schwedenkriege zerstörte Burg wurde nach dem Zweiten Weltkrieg wiederaufgebaut und nimmt heute das Bezirksmuseum auf. Im ersten Obergeschoß die Heilig-Kreuz-Kapelle und der Rittersaal mit Waffenkammer; im Keller eine zünftige Ritterschenke. Auch für kulturelle Veranstaltungen werden die historischen Räumlichkeiten genutzt.
In der Stadt kann man noch Teile der Stadtmauern aus dem 14./15. Jh. und die gotische Pfarrkirche St. Katharina besichtigen. Die 1320–1350 erbaute und mehrfach umgestaltete Kirche besitzt noch einige schöne Ausstattungsstücke, u. a. eine bemerkenswerte Pietà von etwa 1400.

Ciechocinek

Das etwa 25 km südöstlich von Thorn im polnischen Tiefland gelegene Ciechocinek hat als Solekurort eine lange Tradition. Im 12. Jh. waren die Solevorkommen bereits bekannt, aber erst im 19. Jh. wurde eine Salzsiederei eingerichtet (1823) und Ciechocinek zum Kurort ausgebaut. In dem Solekurort werden vor allem Rheuma, Frauenleiden und Kreislauferkrankungen behandelt. Die historischen Kuranlagen aus dem 19. Jh. sind teilweise erhalten. Ein interessantes Architektur- und Industriedenkmal sind die 1827/1828 erbauten Gradierwerke, 16 m hohe Holzkonstruktionen, ausgefüllt mit Reisigzweigen, über die die heiße Salzlösung zur Anreicherung geleitet wird. Um die Gradierwerke legte man zu Beginn des 20. Jh.s einen Park mit exotischen Bäumen an.

Gradierwerke Foto S. 396

Brodnica → dort
Chełmno → dort
Strzelno → dort
Kruszwica → Strzelno

Treblinka K 4

Wojewodschaft: Mazowieckie
Höhe: 90 m ü. d. M.
Einwohnerzahl: 400

Lage und Bedeutung

Treblinka, ein Dorf 100 km nordöstlich von Warschau und 7 km von der Bahnstation Małkiń entfernt, hat im Zweiten Weltkrieg traurige Berühmtheit erlangt. Auf dem Gelände bei Treblinka errichteten die Nationalsozialisten zwei Konzentrationslager (1941 und 1942). Das erste war ein Straflager (Arbeitslager Treblinka I), in dem 1941–1944 etwa 7000 Gefangene starben, meist Polen. Das zweite war ein Massenvernichtungslager (Sonderlager Treblinka II), in dem 1942–1943 etwa 800000 Menschen ermor-

Gradierwerk in Ciechocinek bei Thorn

Mahnmal in Treblinka

Treblinka, Bedeutung (Fortsetzung)

det wurden, hauptsächlich Juden aus Polen, darunter über 300 000 aus dem Warschauer Ghetto, und aus anderen besetzten Ländern. Die Gefangenen, die mit den Transporten auf dem Bahnhof eintrafen, wurden unmittelbar in die Gaskammern geführt. Ende 1943 lösten die Nationalsozialisten das Vernichtungslager auf und ebneten das Gelände ein.

Mahnmal auf dem Lagergelände

Das Gelände des ehemaligen Massenvernichtungslagers wurde 1964 zu einem Mahnmal gestaltet. An der Stelle, wo sich früher die Gaskammern befanden, steht ein Denkmal, umgeben von einem symbolischen Friedhof mit 17 000 Granitplatten. Der Weg zum Lager Treblinka I, wo ebenfalls eine Gedenkstätte angelegt wurde, ist durch Sandsteinblöcke bezeichnet.

Trzebnica · Trebnitz E 5

Wojewodschaft: Dolnośląskie
Höhe: 220 m ü. d. M.
Einwohnerzahl: 9 000

Lage und Bedeutung

Trebnitz, ca. 25 km nördlich von Breslau in der Mittelschlesischen Ackerbauebene gelegen, ist Handels- und Dienstleistungszentrum für die landwirtschaftlich geprägte Region der Umgebung. Darüber hinaus hat Trebnitz durch seine Mineralquellen Bedeutung als Kurort.

Geschichte

Die Ortschaft ist seit dem 12. Jh. bekannt. Um 1202 ließ Herzog Henryk Brodaty (Heinrich der Bärtige) hier eine Kirche errichten und auf Bitten seiner Gemahlin Hedwig (Jadwiga) hin ein Zisterzienserinnenkloster gründen, das erste Frauenkloster in Schlesien. Nach der Säkularisation ging das Klosters 1814 in Privatbesitz über. Die Herzogin Hedwig († 1243) wurde wegen ihrer Fürsorge für Schlesien 1267 heiliggesprochen.

Trzebnica (Fortsetzung) Altstadt

Im Zweiten Weltkrieg wurden Teile der Stadt zerstört. Erhalten blieben die alte Stadtanlage und einige barocke Bürgerhäuser. Das Rathaus nordwestlich des Rings wurde nach dem Zweiten Weltkrieg wieder aufgebaut. Westlich vom Ring hat man einen kleinen Burghügel rekonstruiert.

Peter-und-Pauls-Kirche

Die Kościół św. Piotra i Pawła, ehemals eine evangelische Pfarrkirche, wurde 1855 umgebaut, das Äußere im neogotischen Stil gestaltet. An die mittelalterliche Anlage erinnert noch der spätgotische Backsteinturm.

**Kloster der Zisterzienserinnen

Das Kloster gehört zu den wertvollsten Architekturdenkmälern in Polen und zu den Baudenkmälern von internationalem Rang. Die Kirche, zu Beginn des 13. Jh.s errichtet, war der erste Ziegelbau auf polnischem Boden. Aus dem 13. Jh. stammen zwei schöne spätromanische Portale. Im 17. Jh. wurde die Kirche im Barockstil umgebaut. Die prächtige barocke Ausstattung umfaßt u. a. Bilder (um 1735), die Szenen aus der Legende der hl. Hedwig zeigen. Die Seitenaltäre der Kirche sind mit Stuck verziert. Am südlichen Seitenschiff die Hedwigskapelle (Kaplica św. Jadwigi), eine gotische Kapelle von 1269. In der Kapelle steht der Sarkophag der hl. Hedwig, die in dem Kloster ihre letzten Lebensjahre verbrachte, unter einem von Marmorsäulen getragenen Baldachin. Die Kapelle ist hauptsächlich barock ausgestattet, so der Hauptaltar mit einem Bild der hl. Hedwig.
Neben der Kirche steht das mächtige Kloster (Maße 115 x 88 m), eine der größten Klosteranlagen in Polen. Das barocke Gebäude wurde 1697 bis 1726 an der Stelle eines mittelalterlichen errichtet.

Wadowice — G 7

Wojewodschaft: Małopolski
Höhe: 265 m ü. d. M.
Einwohnerzahl: 14000

Lage und Bedeutung

Wadowice, Geburtsort von Karol Wojtyła, Papst Johannes Paul II., liegt im Karpatenvorland 47 km südwestlich von Krakau. Das Städtchen besitzt kleinere Industriebetriebe (Fabrik für Fernmeldegeräte, Ziegelei), ferner ein Institut für Gießereitechnik und spanabhebende Fertigung.

Geschichte

Im Mittelalter gehörte Wadowice zu Schlesien. 1494 wurde es vom polnischen König Jan Olbracht gekauft und später an Kleinpolen angeschlossen. 1888 wurde eine Eisenbahnlinie nach Bielsko-Biała gebaut, die die Entwicklung der Stadt förderte.

Geburtshaus von Johannes Paul II.

In dem Haus ul. Kóscielna 7 wurde am 18. Mai 1920 Karol Wojtyła, seit 1978 Papst Johannes Paul II., geboren. 1984 wurde hier ein Museum eingerichtet (Muzeum Jana Pawła II.), das den Lebensweg Karol Wojtyłas von der Schulzeit bis zur Übernahme des Papstamts illustriert. Neben Erinnerungsstücken und Dokumenten sind seine literarischen Werke ausgestellt.

Papstskulptur

Der Vatikan hat der Stadt Wadowice eine Skulptur geschenkt, die Papst Johannes Paul II. darstellt und von Liciano Minouzzi geschaffen wurde.

Pfarrkirche

Der Chor, der älteste Teil der Kirche, stammt aus dem 15. Jh., die Schiffe wurden in den Jahren 1791–1798 erbaut. Im 19. und 20. Jh. hat man Kapellen und die Sakristei angefügt. An die Taufe Karol Wojtyłas am 20. Juni 1920 erinnert eine Gedenktafel über dem Taufstein im linken Schiff.

Umgebung von Wadowice

Kalwaria Zebrzydowska

Das kleine Städtchen 40 km südwestlich von Krakau ist nach dem Jasna Góra in Tschenstochau ist das größte Marienheiligtum in Polen. Keimzelle

Wallfahrt in Kalwaria Zebrzydowska

Wadowice, Umgebung, Kalwaria Zebrzydowska (Fortsetzung)

war ein Bernhardiner-(Zisterzienser-)Kloster, das Anfang des 17. Jh.s von Mikołaj Zebrzydowski auf dem Berg Żar gegründet wurde. Am Berghang entstand 1617 für die Bedürfnisse der Pilger eine Siedlung namens Zebrzydów. Auf der 6 km langen Strecke zwischen dem Berg Żar und dem Berg Lanckorońska Góra wurden 42 Kirchen und Kapellen gebaut, die erste Nachbildung des Kalvarienbergs von Jerusalem in Polen. Es wird berichtet, daß der im 15 km entfernten Wadowice geborene Karol Wojtyła, heute Papst, als Schüler öfter hierher kam.

Kalvarienberg

Die Kirchen und Kapellen auf dem Kalvarienberg sind über unterschiedlichen Grundrissen erbaut, die teilweise symbolische Bedeutung haben. Man sollte in der Karwoche (Passionsspiele) oder auch am 15. August (Mariä Himmelfahrt) hierherkommen, wenn die Prozession zur Grabeskirche der Muttergottes stattfindet; sie beginnt bei der barocken Basilika der Muttergottes von den Engeln (Bazylika Matki Boskiej Anielskiej) auf dem Berg Żar. In der reich mit Stuck dekorierten Kirche befindet sich ein wunderbares Bild der Muttergottes (17. Jh.).

Der Basilika angeschlossen ist ein Bernhardinerkloster; von hier gehen Alleen zur Himmelfahrtskapelle (Kaplica Wniebowzięcia) und zur Grabeskirche der Muttergottes (Kościół Grobu Matki Boskiej), zum Garten Gethsemane, zum Ölberg und zu anderen geweihten Stätten.

Wałbrzych · Waldenburg D 6

Wojewodschaft: Dolnośląskie
Höhe: 400–500 m ü. d. M.
Einwohnerzahl: 140 000

Lage und Bedeutung

Waldenburg, wirtschaftliches und kulturelles Zentrum der gleichnamigen Wojewodschaft, liegt umgeben von Abraumhalden im Waldenburger Berg-

Lage und Bedeutung (Fortsetzung)

land, einem Teil der Mittleren Sudeten. Die reichen Steinkohlelager in der Umgebung werden seit Mitte des 17. Jh.s ausgebeutet, ab Mitte des 19. Jh.s in beträchtlichem Ausmaß; die Kohle wird zu Koks verarbeitet. In der Folge Aufbau von Hüttenwerken, Maschinenbau, Porzellanherstellung, chemischer u. a. Industrie; eine lange Tradition hat auch die Textilwirtschaft (Leinenweberei). Die Bedeutung Waldenburgs für den Tourismus ist gering. Man kommt auf dem Weg vom Riesengebirge nach Schweidnitz und Breslau durch die Gegend; sehenswert sind südwestlich das Kloster Grüssau und im Norden vor der Stadt das Schloß Fürstenstein.

Geschichte

Die 1426 erstmals urkundlich erwähnte Siedlung wurde erst gegen Ende des 18. Jh.s als Zentrum der Vermarktung von Leinen bedeutend. Im Stadtteil Altwasser, der schon 1357 genannt wird, gab es ab dem Mittelalter Silberbergbau; vom 17. Jh. war es bis zum Versiegen der Mineralquellen im Jahre 1873 durch den Kohlebergbau Badeort. Seit 1945 gehört Waldenburg zu Polen.

Sehenswertes

Ortsbild

Sehenswert ist der Stadtkern mit engen, steilen Gassen und charakteristischen Bauten aus dem 19. Jh., die kleine Marienkirche aus dem 18. Jh. und die Sammlungen des Bezirksmuseums (ul. 1 Maja 9). Innerhalb der Stadtgrenzen liegt die Góra Parkowa (Schillerhöhe) mit dem Stadtpark und einem Ausflugshaus (Aussichtspunkt).

** Zamek Książ Fürstenstein

Das monumentale Schloß Fürstenstein liegt nördlich der Stadt sehr malerisch auf einem Bergsporn über der Hellebachschlucht (Zufahrt von der Straße Waldenburg – Świebodzice; Parkplatz). Vom Parkplatz nach dem Tor links zu einem Aussichtspunkt, rechts durch einen schönen Park zur Schloßanlage. Die Anlage, eine der größten im Land mit über 400 Sälen,

Schloß Fürstenstein

Zamek Książ (Fortsetzung)

wurde im Laufe der Jahrhunderte mehrmals umgestaltet und repräsentiert daher Romanik, Gotik, Barock und Jugendstil. Seinen ältesten Teil erbaute Bolko I. von Schweidnitz. Bis zum 14. Jh. war das Schloß unter der Herrschaft polnischer, später böhmischer Fürsten; von 1509 bis 1945 gehörte es den Grafen Hochberg, die ab 1847 auch Fürsten von Pleß (Pszczyna) waren. Die barocken Flügel entstanden 1722–1724 (Torhaus, Treppenhaus und Marmorsaal von Anton Hammerschmidt).
Während des Zweiten Weltkriegs wollten die Nazis aus dem Schloß einen Sitz Adolf Hitlers zu machen, bei den Vorbereitungen dazu wurde ein Teil der Innenräume zerstört. Heute ist das Schloß Sitz eines Kulturzentrums, in dem Veranstaltungen wie Ausstellungen und Konzerte sowie Konferenzen stattfinden. Eine Ausstellung informiert anhand von Fotos über die Geschichte des Schlosses. Zu dem Schloß gehört ein Hotel.
In der Nähe des Schlosses die Gebäude eines renommierten Gestüts.

Umgebung von Wałbrzych

Szczawno Zdrój (Bad Salzbrunn)

Der 5 km nordwestlich Waldenburg gelegene Kurort ist seit dem Mittelalter bekannt (1509–1934 im Besitz der Familie Hochberg). Er entwickelte sich ab 1815 zum bedeutendsten Badeort in Schlesien, wovon noch große, schöne Parks zeugen. Mit den Alkalisäuerlingen werden Erkrankungen der Atemwege und des Verdauungskanals behandelt. In Obersalzbrunn sind Gerhart und Carl Hauptmann geboren, und zwar in ‘Hauptmanns Hotel zur preußischen Krone’, heute Sanatorium (ul. Sienkiewica 2; Gedenktafel).
Von Niedersalzbrunn (Szczawienko) führt ein Weg nördlich entlang des Hellebachs nach Polsnitz (Pełcnica), von dort zum Schloß Książ.

Jedlina Zdrój (Bad Charlottenbrunn)

Der Kurort Jedlina Zdrój liegt 13 km südöstlich von Waldenburg am Rand ausgedehnter Wälder, die die Emissionen der Waldenburger Industrie abhalten. Der deutsche Name rührt von Charlotte von Pückler her, der zweiten Frau des Adligen von Seherr-Troß, der die Quelle 1723 erwarb. Hier werden u. a. Entzündungen der oberen Atemwege und Staublunge behandelt. Schöne Wanderwege in die Berge, z. B. auf die Hohe Eule (Wielka Sowa, 1015 m ü. d. M., 4 Std.).

** Krzeszów (Grüssau)

Foto S. 87

In Grüssau, ca. 15 km südwestlich von Waldenburg, ist die bedeutendste spätbarocke Klosteranlage Schlesiens zu finden (Anfahrt: entweder in Kamienna Góra beim Bahnhof in die Stadt abbiegen, dann Wegweiser; oder bei Czarny Bór Richtung Kochanów, dann Wegweiser).
Gegründet wurde das Kloster von Anna, der Witwe des 1241 bei Legnickie Pole (⟶ Legnica) gefallenen Herzogs Heinrich. Im Lauf der Zeit wuchs der Klosterbesitz auf stattliche 330 km^2 mit 40 Dörfern an.
Die große Marienkirche mit der prunkvollen Doppelturmfassade (in der Mitte eine Marienstatue) wurde an der Stelle des mittelalterlichen Baus 1728–1735 von Josef Anton Jentsch errichtet; der Entwurf stammt vermutlich von K. I. Dientzenhofer. Das durch eingezogene Strebepfeiler und eine umlaufende Empore gegliederte Innere ist mit Fresken von Georg Wilhelm Neunhertz (1733–1735) und Altären, Orgelprospekt und Chorgestühl von Anton Dorazil (entstanden 1730–1758) reich ausgestattet. Hinter dem Chor das Mausoleum der Schweidnitzer Piasten mit Statuen von Dorazil und Kuppelfresken (zur Klostergeschichte) von Neunhertz.
Links vor der Marienkirche steht die ältere, turmlose Josefskirche, erbaut 1690–1696 von Martin Urban und Michael Klein aus Neisse. Berühmt ist sie durch die Fresken von Michael Willmann d. Ä. (1693–1698 unter Mitwirkung seines Sohnes Michael entstanden), die als dessen bedeutendstes Werk gelten. Die Thematik nimmt auf den hl. Joseph bezug; an den Decken Vorfahren der Heiligen Familie, im Chor die Anbetung durch die Drei Könige, in den Seitenkapellen die sieben Freuden und Leiden Josephs (u. a. Flucht nach Ägypten).

Schweidnitz

⟶ Świdnica

Warka

J 5

Wojewodschaft: Mazowieckie
Höhe: 102–120 m ü. d. M.
Einwohnerzahl: 7000

Lage und Bedeutung

Warka liegt auf dem Hochufer der Pilica 60 km südlich von Warschau, und zwar in einem der größten Obstanbaugebiete Europas (45000 ha, hauptsächlich Apfelbäume). Wirtschaftlich bedeutend sind weiterhin eine Werkzeugmaschinenfabrik und die Brauerei, eine der größten in Polen.

Geschichte

Warka, seit dem 13. Jh. bekannt, erhielt 1321 das Stadtrecht. Im Jahre 1656 schlugen polnische Truppen die Schweden, die 1655 in das Land eingefallen waren. Im August 1944 richteten sowjetische Truppen auf der anderen Seite der Pilica einen Brückenkopf ein, von dem im Januar 1945 die Hauptoffensive gegen Berlin ausging.

Sehenswertes

Die Baudenkmäler in der Altstadt sind künstlerisch wenig bedeutend. Das klassizistische Rathaus entstand Anfang des 19. Jh.s, die Pfarrkirche und die Franziskanerkirche stammen aus dem 17. Jahrhundert. Auf dem Friedhof das Grab von Piotr Wysocki (1797–1874), dem Helden des gegen den russischen Zaren Nikolaus I. gerichteten Novemberaufstands 1830/31.

Warmia · Ermland

G/H 2/3

Wojewodschaft: Warmińsko-Mazurskie

Lage und Allgemeines

Warmia ist eine historische Landschaft im Norden Polens am Zusammenfluß der Pasłęka und der Łyna (Alle). Sie geht heute in den Wojewodschaften Elbląg und Olsztyn auf. Warmia ist eine Wald- und Seenlandschaft ('Land der tausend Seen'), die zusammen mit Masuren ein in Europa einzigartiges Urlaubsgebiet bildet.

Geschichte

Der Name der Landschaft stammt vom Volksstamm der Ermen (Warmy), die der Deutsche Orden um 1240 unterwarf. Im Zuge der Christianisierung wurde 1243 ein ermländisches Bistum eingerichtet. Sitz des Domkapitels war zunächst Braunsberg (Braniewo) und ab 1288 Frauenburg (Frombork), wo auch die Kathedrale stand. Mitte des 16. Jh.s entstand die Bischofsresidenz in Heilsberg (Lidzbark Warmiński). Zwischen den Bischöfen von Ermland und dem Deutschen Orden gab es im 14. und 15. Jh. zahlreiche Konflikte. Im Jahre 1454 trat Ermland dem gegen den Deutschen Orden gerichteten Preußischen Bund bei und erkannte die Oberhoheit Polens an. Im 16. Jh. setzte eine intensive polnische Kolonisation ein. Durch die Angliederung an Polen blieb die Region im Gegensatz zum protestantischen Masuren katholisch. Nach der Ersten Polnischen Teilung gehörte Ermland wieder zu Preußen. Im Plebiszit von 1919 entschied sich die Region für den Verbleib beim deutschen Ostpreußen.

Bedeutung

Neben Olsztyn waren es vor allem die alten Bischofsstädte Frombork (Frauenburg) und Lidzbark Warmiński (Heilsberg), in denen sich ein reges kulturelles Leben entfaltete. Berühmte Wissenschaftler und Denker wie der Bischof und Astronom Lukas Watzenrode, ein Onkel von Nikolaus Kopernikus, der Dichter Jan Dantyszek, der Historiker und Chronist Martin Kromer und der Dichter-Bischof Ignacy Krasicki waren hier zu Hause. Sehenswert sind vor allem Frombork (Frauenburg) mit seinem Kathedralhügel, langjähriger Wirkungsort von Kopernikus, und das in einem Seengebiet gelegene Olsztyn (Allenstein). Einen Besuch lohnen auch Lidzbark Warmiński mit dem Bischofsschloß, Orneta (Wormditt), Braniewo (Braunsberg) und Pieniężno (Mehlsack).

Warszawa · Warschau

H/J 4

Wojewodschaft: Mazowieckie
Höhe: 90–115 m ü. d. M.
Einwohnerzahl: 1650000

Lage und ✻✻Bedeutung

Warschau, die Hauptstadt Polens und nach Einwohnern wie nach Fläche (485 km²) größte Stadt des Landes, liegt in Masowien am Mittellauf der Weichsel. Der Regierungssitz ist zugleich Verwaltungs- und Industriezentrum sowie kultureller und wissenschaftlicher Mittelpunkt Polens. Hier befinden sich u. a. die Nationalbibliothek (Biblioteka Narodowa), die Polnische Akademie der Wissenschaften (Polska Akademia Nauk), zwölf Hochschulen, zahlreiche Forschungsinstitute und Verlage; ferner über 25 Bühnen, u. a. Oper, Ballett, Operettenhaus, Philharmonie.
Die Altstadt wurde nach dem Zweiten Weltkrieg sorgfältig rekonstruiert; ansonsten ist das Stadtbild leider wenig attraktiv: Was der Krieg von den historischen Gebäuden übriggelassen hat, ist in keinem guten Zustand; das Zentrum ist geprägt von den Bauten aus der sozialistischen Ära, die Außenbezirke von gesichtslosen Wohnsilos.

Geschichte

Im 10. Jh. gab es hier eine Burg und eine Marktsiedlung; gegründet wurde Warschau um 1300 am linken Weichselufer, 1408 begann man mit dem Bau der Neustadt (Nowe Miasto). Im Jahr 1413 erhob es der masowische Herzog Janusz I. zur Hauptstadt seines Herzogtums. Nach dem Aussterben der masowischen Fürsten kam Masowien und damit auch Warschau 1526 unter die Herrschaft des polnischen Königs. Von 1569 an war sie Versammlungsort des Reichstags (Sejm), und ab 1573 fanden hier die Königswahlen statt. Das führte zu einer kontinuierlichen Entwicklung der Stadt; auf dem rechten Weichselufer entstand der separate Ort Praga.
Das bedeutendste Datum in der Geschichte Warschaus ist die Verlegung der königlichen Residenz 1596–1661 durch König Zygmunt III. von Krakau hierher. Entwicklung und Ausbau der Haupstadt wurden 1655–1656 durch die Invasion der Schweden unterbrochen. Seine große Blütezeit erlebte Warschau unter Jan III. Sobieski 1674–1696, als herrliche Paläste

Warschau in einer Darstellung von 1656

Geschichte (Fortsetzung)

und Kirchen gebaut wurden. Unter dem letzten polnischen König Stanisław August Poniatowski (1764–1795) wurde Warschau zur Metropole. In den polnischen Teilungen kam Warschau 1795 an Preußen, 1807–1815 war es Hauptstadt des von Napoleon geschaffenen Fürstentums Warschau und von 1815 an des von Rußland abhängigen Königreichs Polen ('Kongreßpolen'). Während dieser Jahre der Unfreiheit war Warschau Zentrum der nationalen Befreiungsbewegungen; der Novemberaufstand (1830/1831) und der Januaraufstand (1863/1864) waren gegen die russische Herrschaft gerichtet.
Ab Mitte des 19. Jh.s Industrialisierung, die Eisenbahnlinie Warschau–Wien und die Dampfschiffahrt auf der Weichsel wurden in Betrieb genommen. Im Jahr 1897 hatte die Stadt 600000 Einwohner. Während des Ersten Weltkriegs war sie 1915–1918 von deutschen Truppen besetzt; Hauptstadt eines unabhängigen Polen wurde Warschau 1918. In den 20er Jahren entwickelte sich Warschau zu einer modernen Großstadt.
Das Jahr 1939 war der Beginn einer kaum vorstellbaren Katastrophe. Warschau wurde von der deutschen Armee eingenommen; 1940 richtete die deutsche Besatzungsmacht im Zentrum das jüdische Ghetto ein, in dem auf 4 km^2 500000 Menschen zusammengepfercht waren. Die Deportation der jüdischen Bevölkerung in die Gaskammern begann im Jahre 1942; die 1943 noch übriggebliebenen 60000 Juden versuchten im April/Mai den verzweifelten Aufstand, der mit der Auslöschung des Ghettos endete. Am 1. August 1944 brach der Aufstand der polnischen Untergrundarmee gegen die Deutschen aus, nach zwei Monaten mußte auch sie kapitulieren. Die Bevölkerung wurde ausgesiedelt und die Stadt systematisch, Straßenzug für Straßenzug, zerstört. Warschau verlor im Zweiten Weltkrieg ca. 800000 Einwohner, 90 % seiner Fläche lag in Ruinen. Nach der Besetzung durch sowjetische Truppen im Januar 1945 kehrte die Regierung in die Stadt zurück.

Veranstaltungen

Mai: Internationale Buchmesse
Mai/Juni: Kinder- und Amateurfilmschau
Juli: Old Jazz Meeting
September: Warschauer Herbst (Warszawski jesień, Internationales Festival für zeitgenössische Musik)

Warschauer Panorama mit Weichsel und Altstadt

Veranstaltungen (Fortsetzung)

Oktober: Internationaler Chopin-Wettbewerb (alle fünf Jahre, der letzte fand 1995 statt); Jazz Jamboree (Jazz-Festival)
November: Internationale Theaterbegegnungen

Museen

**** Königsschloß**

Im Parterre und 1. Stock des Zamek Królewski (pl. Zamkowy 1; Besichtigung mit Führung, Einlaßzeiten Di.–So. 10.00–15.00) sind Räume aus dem 15.–17. Jh. mit Kunstwerken aus den früheren Sammlungen des Schlosses ausgestattet. Im 2. Stock Numismatisches Kabinett mit über 8000 Stücken und der Schau 'Münzen und Medaillen in der Geschichte Polens'. Eine Ausstellung ist dem Schriftsteller Stefan Żeromski (1864 bis 1925) gewidmet (persönliche Stücke, Handschriften, Erstausgaben seiner Werke und Übersetzungen).
In den Kellerräumen eine archäologische Sammlung mit Alltagsgegenständen, die während der Ausgrabungen auf dem Gelände des Königsschlosses und der Altstadt gefunden wurden.

Palast 'Unter dem Blech'

Im Pałac pod Blachą, der unmittelbar an das Schloß anschließt, enthält eine interessante Orientteppichsammlung (Stücke aus dem 17.–19. Jh.).

**** Nationalmuseum**

Das Nationalmuseum (Muzeum Narodowe, al. Jerozolomskie; Di. 10.00 bis 17.00, Mi.–Sa. 10.00–16.00, So. 12.00–18.00 Uhr) besitzt Abteilungen für: Antike Kunst (Ägypten, Griechenland, Rom); Kunst von Faras (frühchristliche Fresken aus dem 8.–12. Jh., die von polnischen Archäologen in den Jahren 1961–1964 in Faras/Sudan entdeckt wurden); mittelalterliche Kunst, vor allem Altäre und religiöse Skulpturen (13.–Mitte 14. Jh., aus Polen; 14.–16. Jh. aus West- und Mitteleuropa); polnische Malerei des 16.–20. Jh.s (darunter Werke von Jan Matejko, Eugeniusz Szermentowski, Józef Chełmoński, Jacek Malczewski, Stanisław Wyspiański, Józef

Simmler); europäische Malerei des 15.–20. Jh.s (u. a. Leonardo da Vinci, Rembrandt, Lukas Cranach, Jacob Jordaens, Jaques Louis David, Angelika Kauffmann).

Nationalmuseum (Fortsetzung)

***Łazienki**

Im Museum im Łazienki-Park (Agrykola 1) werden Inneneinrichtungen aus dem 18. Jh. gezeigt. Zu besichtigen sind außerdem der Palast auf der Insel (Pałac na Wyspie) mit Bildern aus dem 17. Jh. (hauptsächlich niederländische Maler) und 18. Jh. (Einlaßzeiten Di.–So. 10.00–15.20); das Weiße Haus (Biały Domek); das Myślewicki-Palais (Pałac Myślewicki); die Alte Orangerie (Stara Pomarańczarnia) mit einem ausgezeichnet erhaltenen Hoftheater aus dem 18. Jh. und einem Wintergarten mit Gipsabgüssen antiker Statuen sowie einer Galerie mit polnischer Plastik vom Ende des 16. Jh.s bis in die Gegenwart.
In der alten Offiziersschule ist die Sammlung Ignacy Paderewskis untergebracht, sie umfaßt u. a. persönliche Erinnerungsstücke, Autographe und Kunstwerke aus dem Fernen Osten.

***Museen in Wilanów**

Im Museum in Wilanów (ul. Wiertnica 1) werden Inneneinrichtungen des 17.–19. Jh. von großem historischem und künstlerischem Wert gezeigt, mit originalem Wand- und Deckenschmuck sowie prächtiger Ausstattung. In einer Galerie sind polnische Porträts aus dem 16.–19. Jh. ausgestellt.

*Plakatmuseum

Die Gebäude der früheren Reitschule baute man zum Plakatmuseum um, das im Jahre 1968 eröffnet wurde. Die Sammlung umfaßt über 40000 Plakate aus Polen und dem Ausland vom Beginn des 19. Jahrhunderts bis zur Gegenwart.

Orangerie

Das Gebäude der früheren Orangerie beherbergt eine Ausstellung mit wertvollen Stücken aus Wilanów (Glas, Porzellan, Goldschmiedearbeiten, Uhren, Möbel, Waffen, Kunstwerke aus China und Japan), die nicht bei der Innenausstattung des Palasts verwendet werden konnten.

Weitere Museen

**Johannes-Paul-II.-Sammlung

Das Muzeum Kolekcji im. Jana Pawła II. (pl. Bankowy 1) besitzt eine ungewöhnlich wertvolle Sammlung europäischer Malerei mit über 420 Werken, u. a. von Cranach, van Dyck, Tizian, Rubens, Rembrandt, Velazquez, Renoir, Murillo. Die Bilder sind in thematische Gruppen geordnet, z. B. Bibel und Heilige, Porträt, Mutter und Kind, Stilleben und Landschaft.

*Historisches Museum

Das Muzeum Historyczne Miasta Stołecznego Warszawy (Rynek Starego Miasta; geöffnet Di.–So. 10.00–16.00 Uhr) dokumentiert die Geschichte Warschaus von den Anfängen bis in die Nachkriegszeit, v. a. auch den Widerstand im Zweiten Weltkrieg.

Mickiewicz-Museum

Das Muzeum Literatury im. Adama Mickiewicza (Rynek Starego Miasta; Öffnungszeiten wie Historisches Museum) ist dem Nationaldichter Polens, Adam Mieckiewicz, gewidmet.

Staatliches Ethnographisches Museum

Das Gebäude des Państwowe Muzeum Etnograficzne (ul. Kredytowa 1; geöffnet Di., Do., Fr. 9.00–16.00, Mi. 11.00–18.00, Sa., So. 10.00–17.00 Uhr) wurde von Enrico Marconi 1854–1858 im Renaissancestil errichtet. Das Museum zeigt Exponate zur Volkskunst und -kultur Polens; besonders sehenswert ist die Trachtensammlung. Zudem wird die Kultur außereuropäischer Länder (Afrika, Ozeanien, Südamerika) präsentiert.

Staatliches Archäologisches Museum

Das Państwowe Muzeum Archeologiczne (ul. Długa 52; Di.–Fr. 9.00 bis 16.00, Sa., So. 10.00–17.00 Uhr) ist im ehemaligen Königlichen Zeughaus untergebracht, das 1638–1643 errichtet und später in neoklassizistischen Formen umgebaut wurde. Beim Wiederaufbau nach dem Zweiten Weltkrieg griff man auf die frühbarocke Form zurück. Das Museum macht seine Sammlungen zur Kultur vom Neolithikum bis zum Mittelalter in wechselnden Ausstellungen zugänglich. Es zeigt u. a. ein Modell der Siedlung von Biskupin (6. Jh. v. Chr.) und den Bernsteinschatz von Basson.

Polen-Museum der Akademie der Wissenschaften

Das Muzeum Ziemi Polskiej Akademii Nauk (al. Na Skarpie 20, 26, 27) verfügt über Exponate zu Geologie, Mineralogie und Petrographie. Die Bernsteinsammlung des Museums (über 20000 Exemplare) zählt zu den größten der Welt.

Museum der polnischen Armee

Das Muzeum Wojska Polskiego (al. Jerozolimskie; Öffungszeiten wie Nationalmuseum) illustriert die Geschichte der polnischen Armee vom Mittelalter bis zum Zweiten Weltkrieg. Gezeigt werden Waffen aus Europa (15. bis 19. Jh.) sowie anderen Erdteilen (16.–19. Jh.), ergänzt durch Exponate zum Thema Ballistik. In der Freilichtausstellung ist vor allem schweres Gerät aus der Zeit des Zweiten Weltkriegs zu sehen.

Eisenbahnmuseum

Das Muzeum Kolejnictwa (ul. Tomarowa 1) befaßt sich mit der Geschichte der Eisenbahn in Polen und der Eisenbahntechnik, die durch bewegliche Modelle veranschaulicht wird. Besonders interessant ist das Freilichtmuseum mit Dampf-, Diesel- und elektrischen Lokomotiven. Einige Stücke sind die letzten Exemplare ihrer Serie in Europa.

*Museum des Jüdischen Instituts

Das Muzeum Żydowskiego Instytutu Historycznego (ul. Tłomackia 3/5; geöffnet Mo.–Fr. 9.00–15.00 Uhr) dokumentiert das Leben im Ghetto während des Kriegs. Es besitzt auch ein Archiv und eine Bibliothek.

Sehenswertes

*Altstadt · Stare Miasto

Allgemeines

Das Stadtzentrum erstreckt sich am linken Hochufer des Flusses; am niedrigeren rechten Ufer der Stadtteil Praga. Die Geschichte der Altstadt reicht zwar bis ins Mittelalter zurück, die heutige Bebauung ist jedoch neu. Nach der Zerstörung im Zweiten Weltkrieg wurde die Altstadt 1949–1963 originalgetreu wiederaufgebaut und als Beispiel einer vorbildlichen Rekonstruktion von der UNESCO 1980 in die Liste des Welterbes aufgenommen.

Altstädter Marktplatz

Von der Stadtgründung an bis Anfang des 19. Jh.s bildete der Rynek Starego Miasta das Zentrum des politischen, wirtschaftlichen, administrativen und kulturellen Lebens. Hier stand 1429–1817 das Rathaus. Heute ist der rechteckige Altstadtring mit den anschließenden Gäßchen eines der schönsten Viertel Warschaus. Die 1944 zerstörten Bürgerhäuser wurden in ihrer Gestalt aus dem 17. und 18. Jh. wiederhergestellt; erhaltengebliebene Teile der Mauern wurden miteinbezogen. Sie beherbergen stilvolle Restaurants, Cafés und Galerien.

Einzelne Häuser

Das Eckhaus (Nr. 13), nach dem Relief aus dem 18. Jh. 'Zum Löwen' ('Pod Lwem') genannt, besitzt die Spätrenaissanceformen von 1669. Am Haus Nr. 21 (Café-Restaurant 'Krokodyl') hat sich das gotische Portal erhalten. Das Restaurant 'U Fukiera' (Nr. 27) war bis vor kurzem eine beliebte Weinstube; seit dem 16. Jh. bestand hier eine Trinkstube, die ihren Namen durch einen Nachkommen der Augsburger Fugger erhielt, dem das Lokal ab 1820 gehörte.

Beim Eckhaus 'Zur hl. Anna' ('Pod św. Anną'; Nr. 31) läßt sich noch die gotische Grundstruktur erkennen; in der Ecknische steht die Figur der hl. Anna aus der ersten Hälfte des 16. Jh.s. Die Häuser 'Zum Mohren' ('Pod Murzynkiem'; Nr. 36) aus der Spätrenaissance mit Sgrafitto-Dekoration und das Barczykowski-Haus (Nr. 32) mit Spätrenaissancefassade und frühbarockem Portal sind interessante Beispiele für die schönen Häuser der reichen Bürgerfamilien des 17. Jahrhunderts. Der Eigentümer des ersteren, die italienische Kaufmannsfamilie Gianotti (polonisiert Dzianot), betrieb Seehandel, daher war an der Fassade seines Hauses der Kopf eines Mohren angebracht. Heute ist in diesen und den benachbarten Häusern das Historische Museum von Warschau untergebracht. Im Talenti-

Altstädter Marktplatz

Haus (Nr. 38) sind spätgotische Gewölbe zu sehen, und Nr. 40 besitzt schöne Fassadenmalereien und einen spätgotischen Flur. – Auf dem Marktplatz zwei gußeiserne Brunnen vom Ende des 18. Jahrhunderts.

Altstädter Marktplatz (Fortsetzung)

Kathedrale

Die Katedra św. Jana (Hl. Johannes) war einmal die älteste Kirche Warschaus (um 1300). Anfang des 15. Jh.s ersetzte man den Holzbau durch einen Steinbau. Die Kirche wurde einige Male umgebaut, nach einem Brand im 17. und 18. Jh. neu errichtet und schließlich 1836–1840 von Adam Idźkowski neogotisch umgestaltet. Nach der Zerstörung im Zweiten Weltkrieg wurde sie in diesen Formen wiederhergestellt.
Der Innenraum ist schlicht; die erhalten gebliebenen Teile der Ausstattung sind in großem Umfang restauriert oder rekonstruiert. Beachtenswert im rechten Seitenschiff ist die Renaissance-Grabplatte (1526–1528) der beiden letzten masowischen Herzöge, Stanisław und Janusz, ferner ein als wundertätig geltendes Kruzifix aus dem 16. Jh. in der Herz-Jesu-Kapelle und die Kapelle des Allerheiligsten Sakraments (17. Jh.).
In der Krypta ruhen u. a. die Warschauer Erzbischöfe sowie Henryk Sienkiewicz, Gabriel Narutowicz (1865–1922), der erste Präsident des unabhängigen Polen nach 1918, und Primas Stefan Wyszyński (1901–1981).

Martinskirche

Die nahegelegene gotische Kościół św. Marcina (ul. Piwna 9/11) mit dem ehemaligen Augustinerkloster aus dem 14. Jh. wurde im 17. und 18. Jh. im Stil des Spätbarock umgebaut. Der Wiederaufbau nach dem Zweiten Weltkrieg gab ihr die letzte spätbarocke Form. Die moderne Innenausstattung nach Entwürfen von Alma Skrzydlewska harmoniert mit der historischen Architektur.

Barbakane

Die Barbakan Nowomiejska, die Befestigung des Neustadt-Tors (Brama Nowomiejska), wurde 1548 von Giovanni Battista Veneziano errichtet. Das Tor wurde Anfang des 19. Jh. in die Wohnhäuser einbezogen und 1952 bis 1954 wieder freigelegt. Heute wird sie für Wechselausstellungen genutzt.

Runder Turm

Entlang der Stadtmauern gelangt man zu einem Rest des früheren Wieża Okrągła, auch Wieża Marszałkowska, Marschallturm, genannt. Die kleine Statue einer Sirene – Wahrzeichen Warschaus seit Jahrhunderten – aus dem 19. Jh. schmückte einst den Altstädter Marktplatz.

*Neustadt · Nowe Miasto

Allgemeines

Mit dem Bau der Neustadt begann man 1408; sie ist demnach nur 100 Jahre jünger als die Altstadt. Sie wurde beim Warschauer Aufstand 1944 zerstört und nach 1945 in den Zustand des 18./19. Jh.s zurückversetzt.

Samson-Haus

Im Haus Pod Samsonem (ul. Freta 5, damals Nr. 278) mit klassizistischer Fassade lebte 1804–1807 der deutsche Romantiker E. T. A. Hoffmann, der in Warschau als preußischer Regierungsrat tätig war.

Marie-Skłodowska-Curie-Museum

Im Haus ul. Freta Nr. 16, 1770–1780 von Simon Zug erbaut, ist das Muzeum Marii Skłodowskiej-Curie untergebracht (geöffnet Di.–Sa. 10.00 bis 16.00 Uhr). Hier wurde 1867 die Physikerin geboren, die 1903 mit ihrem Ehemann den Nobelpreis für Chemie und 1911 allein den für Physik erhielt.

Dominikanerkirche

Die von 1604–1639 erbaute Dominikanerkirche Kościół św. Jacka vereint gotische und frühbarocke Elemente. Von besonderem Wert ist die barocke Grabkapelle der Familie Kotowski, die auf Entwürfe von Tylman van Gameren (1691–1694) zurückgeht.

Neustädter Marktplatz

Der Rynek Nowego Miasto war ursprünglich wie der Altstädter Marktplatz rechteckig, jedoch doppelt so groß; nach dem Zweiten Weltkrieg erhielt er wieder die Form des 18. Jh.s. Die hier stehenden Patrizierhäuser wurden im Stil des 18./19. Jh.s wiederaufgebaut. In der Mitte des Platzes ein gußeiserner Brunnen (19. Jh.).

Sakramentinerinnenkirche

Die auf dem Neustädter Marktplatz stehende Kościół Sakramentek wurde 1688/1689 aufgrund einer Stiftung der polnischen Königin Maria Sobieska für den aus Frankreich eingeführten Orden erbaut, als Dank für den Sieg ihres Gemahls Jan III. Sobieski über die Türken bei Wien (1683). In der Kirche ist die Enkelin der Sobieskis, Karolina, begraben, für die 1746 von Lorenzo Mattielli ein prächtiges Grabmal aus Marmor errichtet wurde. Architekt und Baumeister der kleinen kuppelbekrönten Kirche war Tylman van Gameren. Ein eindrucksvolles Epitaph erinnert an die 1 000 Menschen, die beim Bombardement 1944 hier umkamen; auch die historische Innenausstattung wurde damals zerstört.

Kirche Mariä Heimsuchung

Die gotische Kościół Nawiedzania N. M. P. stammt aus dem 15./16. Jh. und wurde einige Male umgebaut. Der Wiederaufbau nach dem Zweiten Weltkrieg gab der Kirche ihre gotischen Formen mit schönen Sterngewölben und zwei Kapellen aus dem 18. Jh. zurück. In einer der Kapellen befindet sich ein kleines gotisches Bild der Verkündigung (Ende 15. Jh.). Von der Terrasse hinter der Kirche hat man einen schönen Ausblick auf die Weichsel und die Vorstadt Praga.

Franziskanerkirche

Der Chor der Kościol Franciszka Serafickiego (ul. Zakroczymska) wurde 1679–1698 von G. B. Ceroni errichtet; das Querschiff und Langhaus sind bereits spätbarock (1713–1733; Giuseppe und Jacopo Fontana). Die Fassade stammt von Giuseppe Boretti (1788).

Sapieha-Palais

Gegenüber befindet sich das Palac Sapiechów (Haus Nr. 6), das im Jahr 1734 von dem Dresdner Architekten Johann Sigismund Deibel für Jan Fryderyk Sapieha entworfen wurde (Rokoko-Fassade).

Zitadelle

Die ul. Zakroczymska stößt auf die Zitadelle, die von den zaristischen Behörden nach der Niederschlagung des Novemberaufstands (1830/31) auf

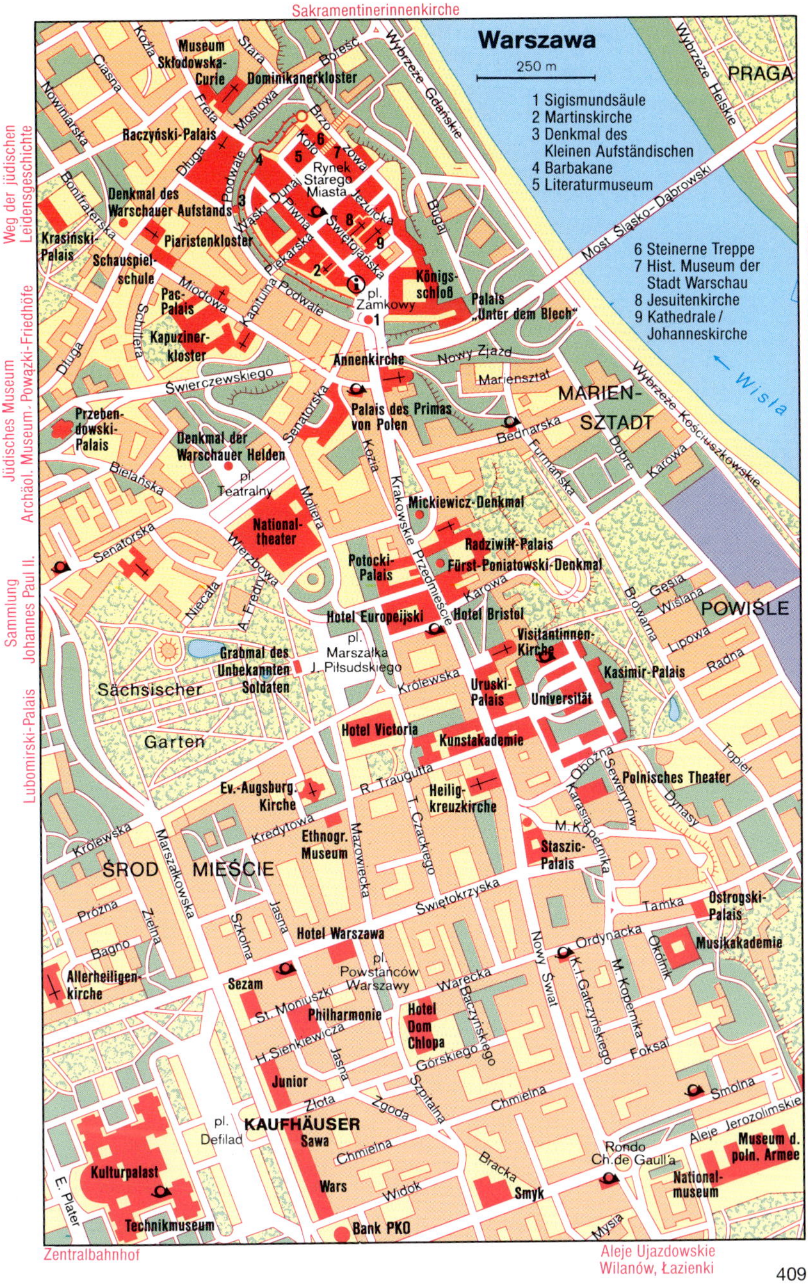
Warszawa
250 m
1 Sigismundsäule
2 Martinskirche
3 Denkmal des Kleinen Aufständischen
4 Barbakane
5 Literaturmuseum
6 Steinerne Treppe
7 Hist. Museum der Stadt Warschau
8 Jesuitenkirche
9 Kathedrale / Johanneskirche
Sakramentinerinnenkirche
Weg der jüdischen Leidensgeschichte
Jüdisches Museum
Archäol. Museum, Powązki-Friedhöfe
Sammlung Johannes Paul II.
Lubomirski-Palais
Zentralbahnhof
Aleje Ujazdowskie
Wilanów, Łazienki
PRAGA
MARIEN-SZTADT
POWIŚLE
ŚROD MIEŚCIE
KAUFHÄUSER
Wisła
Museum Skłodowska-Curie
Dominikanerkloster
Raczyński-Palais
Denkmal des Warschauer Aufstands
Krasiński-Palais
Piaristenkloster
Schauspielschule
Pac-Palais
Kapuzinerkloster
Rynek Starego Miasta
Königsschloß
pl. Zamkowy
Palais „Unter dem Blech"
Annenkirche
Palais des Primas von Polen
Przebendowski-Palais
Denkmal der Warschauer Helden
pl. Teatralny
Nationaltheater
Mickiewicz-Denkmal
Radziwiłł-Palais
Fürst-Poniatowski-Denkmal
Potocki-Palais
Hotel Europejski
Hotel Bristol
Visitantinnen-Kirche
Kasimir-Palais
Grabmal des Unbekannten Soldaten
pl. Marszałka J. Piłsudskiego
Sächsischer Garten
Uruski-Palais
Universität
Hotel Victoria
Kunstakademie
Polnisches Theater
Ev.-Augsburg. Kirche
Heiligkreuzkirche
Ethnogr. Museum
Staszic-Palais
Ostrogski-Palais
Musikakademie
Hotel Warszawa
Allerheiligenkirche
Sezam
pl. Powstańców Warszawy
Philharmonie
Hotel Dom Chłopa
Junior
pl. Defilad
Sawa
Wars
Kulturpalast
Technikmuseum
Bank PKO
Smyk
Rondo Ch. de Gaull'a
Museum d. poln. Armee
Nationalmuseum
Stara
Freta
Mostowa
Kozia
Ciasna
Nowiniarska
Boleść
Brzozowa
Wybrzeże Gdańskie
Wybrzeże Helskie
Most Śląsko-Dąbrowski
Długa
Podwale
Wąski Dunaj
Piwna
Jezuicka
Świętojańska
Piekarska
Kanonia
Bugaj
Bonifraterska
Miodowa
Kapitulna
Senatorska
Świerczewskiego
Nowy Zjazd
Mariensztat
Bednarska
Furmańska
Dobra
Karowa
Wybrzeże Kościuszkowskie
Bielańska
Moliera
Krakowskie Przedmieście
Wierzbowa
Niecała
A. Fredry
Gęsia
Wiślana
Browarna
Lipowa
Radna
Królewska
Topiel
Oboźna
Sewerynów
Karasia
Dynasy
M. Kopernika
R. Traugutta
T. Czackiego
Kredytowa
Mazowiecka
Marszałkowska
Próżna
Zielna
Bagno
Szkolna
Jasna
Świętokrzyska
Tamka
Ordynacka
Okólnik
Nowy Świat
K. I. Gałczyńskiego
Warecka
Moniuszki
H. Sienkiewicza
Bacciarellego
Górskiego
Foksal
Złota
Zgoda
Szpitalna
Chmielna
Smolna
Aleje Jerozolimskie
Bracka
Widok
E. Plater
Mysia

Zitadelle (Fortsetzung)

Kosten der Stadt errichtete Festung, in der viele polnische Patrioten gefangengehalten und hingerichtet wurden. Sie wurde zum Symbol der Unterdrückung und des Befreiungskampfes. Im Innern der Zitadelle der klassizistische X. Pavillon (X. Pawillon; 1822–1827), der als Gefängnis diente; heute dient er als Museum (geöffnet Di.–So. 9.00–16.00 Uhr).

Raczyński-Palais

Der Pałac Raczyńskich (ul. Długa 7) geht in seinen jetzigen Formen auf den klassizistischen Umbau durch Johann Baptist Kamsetzer aus dem Jahr 1786 zurück. Heute ist hier das Staatsarchiv untergebracht.

Denkmal des Warschauer Aufstands

Das Denkmal am Plac Krasińskich erinnert an den Warschauer Aufstand von 1944 und wurde am 1. September 1989 zum 45. Jahrestag seines Ausbruchs enthüllt.

**Krasiński-Palais

Der in einem großen Park gelegene Pałac Krasińskich (pl. Krasińskich), das schönste Barockpalais Warschaus und eines der bedeutendsten Barockbauwerke in Polen, wurde 1677–1682 von Tylman van Gameren erbaut und zwischen 1766 und 1783 von Jacopo Fontana und Domenico Merlini umgebaut. Die Fassade ist mit Risaliten und Skulpturen von Andreas Schlüter versehen, die die Familie Krasiński verherrlichen. Im Jahr 1776 ging das Palais in staatlichen Besitz über (daher sein zweiter Name Pałac Rzeczpospolitej, Palast der Republik). Das 1948–1961 wiederhergestellte Gebäude beherbergt die Abteilung für Handschriften und alte Drucke der Nationalbibliothek.
Der Krasiński-Park (Ogród Krasińskich), ebenfalls von Tylman van Gameren entworfen, wurde 1766 umgestaltet und für die Allgemeinheit geöffnet.

Ulica Miodowa

Allgemeines

Die ul. Miodowa wurde im 15. Jh. als Querverbindung zwischen der ul. Długa und der ul. Senatorska angelegt. Die Palastanlagen stammen aus der Zeit von 1700 bis 1800, wurden mehrfach umgestaltet und nach dem Zweiten Weltkrieg wiederaufgebaut.

Palais des Primas von Polen

Der Palac Prymasowski (ul. Senatorska 13–15) wurde 1593 für den Bischof von Płock und Primas von Polen Wojciech Baranowski errichtet und vermutlich nach 1691 von Tylman van Gameren im Stil des Hochbarock umgebaut. In den Jahren 1777–1783 erweiterte ihn Ephraim Schröger, und bis 1789 erhielt der Palast von Simon Zug durch umfangreiche Veränderungen sein klassizistisches Erscheinungsbild.

Palais der Krakauer Bischöfe, Branicki-Palais

Der spätbarocke Pałac Biskupów Krakowskich (ul. Miodowa 5) wurde im 19. Jh. in Mietwohnungen aufgeteilt. In dem von Johann Sigismund Deibel 1740 erbauten Pałac Branickich (ul. Miodowa 6) ist heute das Ministerium für Wissenschaft, Technik und Hochschulen untergebracht.

Kapuzinerkirche

Die Kościol Kapucynów (Miodowa 13) geht auf eine Stiftung von König Jan III. Sobieski zurück und wurde von Tylman van Gameren und Agostino Locci 1683–1692 errichtet. Die Königskapelle im rechten Seitenschiff (Kaplica Królewska) ließ König August III. 1726 von Daniel Jauch als Grablege für das Herz seines Vaters August II. ausgestalten. Im Auftrag des Zaren Nikolaus I. wurde sie 1829 modernisiert, ein Grabmal für das Herz von König Jan III. Sobieski geschaffen.

Pac-Palais

Das Pac-Palais (ul. Miodowa 15) wurde von Tylman van Gameren im Auftrag der Familie Radziwiłł Ende des 17. Jh.s erbaut. Im Jahr 1825 kam es in den Besitz des Generals Ludwik Pac, der durch Enrico Marconi große Umbauten vornehmen ließ, die das heutige Erscheinungsbild prägen. Nach der Teilnahme des Eigentümers am Novemberaufstand (1830) wurde das Gebäude beschlagnahmt und Sitz des Gouvernements-, später des Kreisgerichts (heute Ministerium für Gesundheit und Soziales).

Borch-Palais

Der Palac Borchów (ul. Miodowa 17–19), heute Sitz des Primas von Polen, geht auf das frühe 17. Jh. zurück. Der klassizistische Umbau von Domenico Merlini von 1780 war die Vorlage für die Rekonstruktion nach dem Zweiten Weltkrieg.

Piaristenkloster

Vor der Einmündung der ul. Długa in die ul. Miodowa steht das Klasztor Popijarski mit der Kirche der allerheiligsten Jungfrau Maria, Königin der Krone Polens (Kościół N. M. P. Królewej Korony Polskiej). Der Komplex wurde in der zweiten Hälfte des 17. Jh.s errichtet und erst 1712 von Giuseppe Fontana vollendet. Nach mehreren Umbauten erhielt er 1923–1933 seine ursprüngliche Form, so auch beim Wiederaufbau 1946–1960. Der Kirchenraum enthält sakrale Kunstwerke aus Niederschlesien (Flügel eines spätgotischen Triptychons, barocke Altarbilder).

Innenstadt · Śródmieście

Kulturpalast

Der Pałac Kultury i Nauki (pl. Defilad), das höchste Gebäude der Hauptstadt (234 m), wurde 1952–1955 von Lew V. Rudnew als Geschenk der UdSSR in dem für jene Zeit typischen 'Zuckerbäckerstil' erbaut und spielt, obwohl bei der Bevölkerung ungeliebt, im kulturellen und wissenschaftlichen Leben der Stadt eine wichtige Rolle. Er beherbergt Theater, Kinos, Ausstellungs- und Konferenzsäle, ein Casino, das Technikmuseum, ein Zoologisches Museum, wissenschaftliche Institutionen wie die Akademia Nauk (Akademie der Wissenschaften) sowie das polnische Komitee der UNESCO. Zudem befinden sich hier Geschäfte, Cafés und Restaurants sowie Sporteinrichtungen. Von der Aussichtsterrasse im 30. Stock hat man einen sehr schönen Blick auf Warschau und Umgebung.

Ściana Wschodnia

Die sog. Ostwand umfaßt das Gebiet der dem Haupteingang des Kulturpalasts gegenüberliegenden Seite der ul. Marszałkowska, von deren Kreu-

Warschauer Kontraste: Akkordeonspieler ...

... und neue Bürohochhäuser

Ściana Wschodnia (Fortsetzung)

zung mit den Aleje Jerozolimskie bis zur Kreuzung mit der ul. Świętokrzyska. Dieses neue Zentrum der Innenstadt entstand in den Jahren 1961–1969 und wird von den Kaufhäusern 'Sezam', 'Junior', 'Sawa' und 'Wars' beherrscht.

Zentralbahnhof

Der Dworzec Centralny, entstanden 1972–1975, hat einen interessanten architektonischen Aufbau: ein rechteckiger Baukörper mit einem Dach in Form ausgebreiteter Flügel. Ein System von Unterführungen und unterirdischen Galerien verbindet das Gebäude mit dem Bahnhof für den Vorstadtverkehr, den angrenzenden Straßen und den Verkehrsinseln mit den Bus- und Straßenbahnhaltestellen.

Königsweg · Trakt Królewski

Allgemeines

Der über 10 km lange Königsweg ist als Spazierweg bei den Warschauern sehr beliebt. Er beginnt am Plac Zamkowy (Schloßplatz), verläuft entlang der Krakowskie Przedmieście (Krakauer Vorstadt), der Nowy Świat (Neue Welt), den Aleje Ujazdowskie zum Łazienki-Palast und endet in Wilanów.

Schloßplatz

Der Plac Zamkowy am Rand der Altstadt wurde 1644 zur Präsentation der Sigismundsäule ausgestaltet und 1818–1821 von Jakub Kubicki vergrößert. Der Verlauf der früheren Stadtmauern ist mit einem Streifen farbiger Ziegel gekennzeichnet. Bei Grabungen wurde eine gotische Brücke freigelegt und der Besichtigung zugänglich gemacht.

Sigismund-Säule

Die 22 m hohe Kolumna Zygmunta III wurde ursprünglich 1644 auf Initiative König Władysławs IV. zu Ehren seines Vaters Zygmunt III. (1587–1632) nach Plänen von Agostino Locci und Constantino Tencalla errichtet, die Statue stammt von Clemente Molli. Der Säule wurde mit neuen Schaft und restaurierter Statue nach dem Zweiten Weltkrieg wieder aufgestellt.

Das Königsschloß mit der Sigismund-Säule

✻ Königsschloß

Erster Vorläufer des Zamek Królewski war eine Burg der masowischen Fürsten aus Holz und Lehm (13. Jh.). Das erste gemauerte Bauwerk war der etwa Mitte des 14. Jh.s gebaute Stadtturm (Wieża Grodzka), neben dem Anfang des 15. Jh.s eine Fürstenresidenz entstand. 1569–1572 ließ König Zygmunt II. August diese von Giovanno Battista Quadro in einen Renaissancepalast umbauen. Seine heutige frühbarocke Gestalt erhielt das Schloß 1598–1619 unter Zygmunt III. durch Jacopo Rodondo. 1741 bis 1747 wurde der Nordostflügel im Auftrag von August III. von Gaetano Chiaveri und Antonio Solari im Rokokostil umgebaut. Ein wichtiger Abschnitt in der Geschichte des Schlosses waren die Jahre 1764–1795, die Herrschaftszeit von König Stanisław August Poniatowski. Damals wurden der Bibliotheksflügel angebaut und die Wohnräume des Königs und die Regierungssäle barock und klassizistisch ausgestaltet. In dieser Zeit baute man auch den zugehörigen Palast unter dem Blech (Pałac pod Blachą) um. Im 19. Jh. residierten im Schloß die Besatzungsmächte, und nach Erlangung der Unabhängigkeit 1918 war es Sitz des Präsidenten der Republik. Im Zweiten Weltkrieg wurde das Bauwerk völlig zerstört. Viele Kunstwerke und Teile der Einrichtung konnten allerdings in Sicherheit gebracht werden. In den Jahren 1971–1974 stellte man das Aussehen des 17./18. Jh.s wieder her. 1984 wurde das Königsschloß als 'Denkmal der Geschichte und Nationalkultur' der Öffentlichkeit zugänglich gemacht.
In seiner 700jährigen Geschichte war das Schloß immer eng mit der Geschichte Polens verbunden. Zuerst war es Residenz der Fürsten, dann der polnischen Könige. Etwa 300 Jahre lang war es Sitz des polnischen Parlaments. Im Jahr 1791 wurde hier die Verfassung des 3. Mai angenommen, nach der amerikanischen die zweite demokratische Verfassung der Welt. 1918–1939 war das Schloß Sitz des Staatspräsidenten.
Die schönsten Räume des Schlosses (Führung, Einlaßzeiten Di.–So. 10.00 bis 15.00 Uhr) sind: der Mirowski-Saal; die Kapelle (1774–1777), von Domenico Merlini ausgestaltet (hier wird das Herz von Tadeusz Kościuszko aufbewahrt); der Canaletto-Saal mit Landschaftsbildern und Stadt-

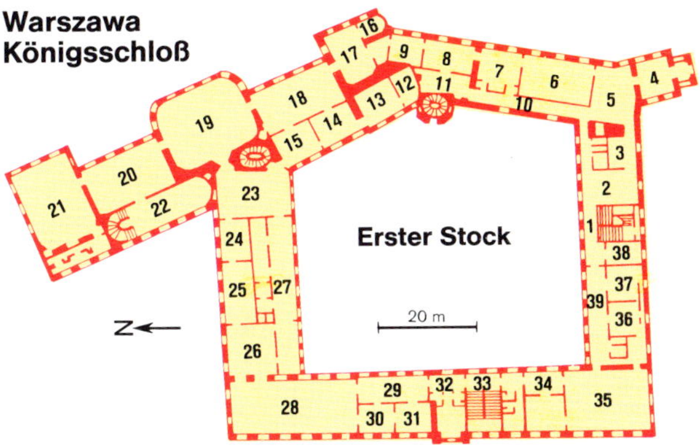

1 Große Treppe
2 Mirowski-Saal
3 Offiziersstube
4 Kapelle
5 Canaletto-Saal
6 Alter Audienzsaal
7 Schlafraum
8 Garderobe
9 Kabinett
10 Korridor
11 Zweite Garderobe
12 Altes Holzlager
13 Grünes Zimmer
14 Goldenes Zimmer
15 Marmorkabinett
16 Konferenzraum
17 Thronsaal
18 Rittersaal
19 Ballsaal
20 Ratssaal
21 Konzertsaal (frühere Sächsische Kapelle)
22 Galerie
23-27 Matejko-Galerien
28 Senatssaal
29 Saal der Marschallswacht
30-31 Zimmer der Marschallswacht
32 Diele
33 Sigismund-Treppe
34 Diele
35 Gesandtensaal
36-39 Wohnräume des Unterkämmerers

Königsschloß (Fortsetzung)

ansichten – sie dienten beim Wiederaufbau als Vorlage – von Bernardo Bellotto gen. Canaletto; der klassizistische Alte Audienzsaal, von Merlini gestaltet und Marcello Bacciarelli ausgemalt; der ebenfalls von Merlini und Bacciarelli realisierte königliche Schlafsaal (1772–1774); das Grüne Zimmer; das Goldene Zimmer; das Marmorkabinett mit Porträts von 22 polnischen Monarchen; der Konferenzraum; der Thronsaal; der Rittersaal mit historischem Bilderzyklus von Bacciarelli; der von Merlini entworfene barocke Ballsaal mit Werken von Bacciarelli und den Bildhauern André Lebrun und Jacopo Monaldi.
Hinter dem Schloß befindet sich das barocke Palais Lubomirski (Pałac Lubomirskich), genannt 'Unter dem Blech' (Pod Blachą), da zur Entstehungszeit ein solches Dach eine Seltenheit war. Das ursprüngliche Wohnhaus aus dem 17. Jh. wurde 1776 von Merlini zu einem dreiflügeligen Palast ausgebaut. Heute ist hier das Bauamt untergebracht.

Badehaus

Das Dom Łaziebny (u. Bednarka 2/4) ist eine klassizistische Badeanstalt, 1831 von Alfons Kropiwnicki geschaffen (heute Grundschule).

Akademische Kirche St. Anna

Die Kościół akademicki św. Anny wurde als gotischer Bau 1454 errichtet und nach einem Brand Mitte des 17. Jh.s in barocken Formen wieder aufgebaut; die klassizistische Fassade (1786–1788) stammt von Christian Peter Aigner und Stanisław Kostka Potocki. Von der ursprünglichen Architektur sind der gotische Chor und Teile der Mauern sowie das spätgotische Klostergebäude (1513) erhalten geblieben. Die prächtige Innenausstattung der Kirche ist barock (17./18. Jh.). Beachtenswert ist die frühbarocke Kuppelkapelle des seligesprochenen Władysław aus Gielniów, des Patrons der Stadt. Sie wurde 1620 auf quadratischem Grundriß angebaut und Mitte des 18. Jh.s mit Fresken geschmückt. Bemerkenswert sind die Türen und Paramentenschränke der Sakristei mit Schnitzereien und Intarsien (1729–1754).

Mickiewicz-Denkmal

Das Denkmal für den bedeutenden polnischen Dichter wurde 1898 zu dessen hundertstem Geburtstag von Cyprian Godebski errichtet. Im Jahr 1942 demontierte man das Denkmal und rekonstruierte es 1950 nach einem erhaltengebliebenen Modell.

Radziwiłł-Palais

Der Pałac Radziwiłłów, errichtet 1642–1643 in barockem Stil, war vom Ende des 17. Jh.s bis 1817 Eigentum der Fürstenfamilie Radziwiłł. 1818/19 wurde er von Christian Aigner klassizistisch umgebaut und war seitdem Sitz des russischen Statthalters im Königreich Polen. Seit dem Ersten Weltkrieg ist in dem Palais der Ministerrat untergebracht. 1955 wurde hier der Warschauer Vertrag unterzeichnet, 1970 der Vertrag über die polnisch-deutschen Beziehungen. Den Zugang zum Innenhof bewachen vier steinerne Löwen von 1821.

Denkmal des Fürsten Józef Poniatowski

Das Denkmal für Józef Poniatowski vor dem Radziwiłł-Palais war ursprünglich ein Werk des dänischen Bildhauers Bertel Thorwaldsen (1826 bis 1832). Das Original wurde von den Nationalsozialisten zerstört. Die Stadt Kopenhagen ließ das Denkmal später nach einem erhaltengebliebenen Modell neu angefertigen und schenkte es Warschau.

Potocki-Palais

Der dreiflügelige barocke Pałac Potockich wurde Ende des 17. Jh.s errichtet, 1760–1766 erweitert und nach den Zerstörungen durch den Zweiten Weltkrieg wiederaufgebaut. Von 1799 bis 1944 war er das Eigentum der Familie Potocki. Das Palais ist heute Sitz des Ministeriums für Kunst und Kultur. Das neobarocke Gittertor entstand um 1900 (Władysław Marconi).

Hotel Europa
Hotel Bristol

Die Neorenaissance prägt das von Enrico Marconi 1855–1859 gebaute Hotel Europejski, das erste moderne Hotel Warschaus. Im Zweiten Weltkrieg teilweise zerstört, 1962 wiederaufgebaut. Das gegenüberliegende Hotel Bristol entstand 1899–1901 (Władysław Marconi). Seine Jugendstilausstattung wurde 1934 und 1950 bei Modernisierungen zerstört.

Piłsudski-Platz

Der Plac Marszałka Józefa Piłsudskiego, ehemals Siegesplatz (pl. Zwycięstwa) und einer der größten Plätze der Stadt, befindet sich in unmittelbarer Nähe der Krakowskie Przedmieście (Krakauer Vorstadt).

Sächsischer Garten

Der am Piłsudski-Platz gelegene Ogród Saski, 1666–1671 von Tylman van Gameren angelegt, gehörte ursprünglich als Teil der 'Sächsischen Achse' zu einem Palast, der im Zweiten Weltkrieg zerstört und nicht wieder aufgebaut wurde. Er war der erste Park in Warschau, der für die Öffentlichkeit geöffnet wurde (1727). In den Jahren 1816–1827 verwandelte James Savage die Grünanlage in einen englischen Landschaftpark. Heute sind noch die allegorischen Steinskulpturen, die im 18. Jh. von Franz Xaver Deibel geschaffen wurden, und der schöne kelchförmige Brunnen zu sehen.

Grabmal des unbekannten Soldaten

In dem erhaltengebliebenen Arkadengang des erwähnten Palasts erinnert das Grabmal des unbekannten Soldaten an die vielen Polen, die im Kampf um die Unabhängigkeit ihres Landes gefallen sind. Urnen mit Erde von den Schlachtfeldern des Zweiten Weltkriegs aus aller Welt, auf denen Polen ungekommen sind, wurden hier aufgestellt. Jeden Sonntagmittag um 12.00 Uhr findet hier die feierliche Wachablösung statt.

Nationaltheater

Das Theater (pl. Teatralny) wurde von Antonio Corazzi in klassizistischem Stil errichtet. Beim Wiederaufbau nach dem Zweiten Weltkrieg behielt man die klassizistische Fassade bei. Das Nationaltheater, das erst seit 1996 existiert, ist aus dem Großen Theater hervorgegangen. Es gehört zu den größten Opernhäusern in Europa, der Zuschauerraum hat 1900 Plätze. Hier ist auch das Theatermuseum (Muzeum Teatralne) untergebracht.
Vor dem Theater stehen die Denkmäler (1965, Jan Sczepkowski) für den Komponisten Stanisław Moniuszko und den Dramatiker und Schauspieler Wojciech Bogusławski.

Denkmal der Warschauer Helden

Die 'Warschauer Nike' wurde zu Ehren den polnischen Toten des Zweiten Weltkriegs, besonders den im Warschauer Aufstand umgekommenen, im Jahr 1964 von Marian Konieczny auf dem pl. Teatralny errichtet.

*Visitantinnen-Kloster

Kirche und Kloster der Visitantinnen (ul. Krakowskie Przedmieście 34) sind das interessanteste Bauwerk auf dem Königsweg. Sie entstanden in zwei Phasen: 1728 bis 1733 (Karol Bay) und 1754 bis 1766 (Ephraim Schroeger). Die Kirche entging im Zweiten Weltkrieg der Zerstörung. Ihre Fassade zeigt schon den Übergang vom Rokoko zum Klassizismus; von der original erhaltenen Innenausstattung verdient die Kanzel in Form eines Boots Beachtung (von Johann Georg Plersch, 1750 bis 1760). Der Ebenholztabernakel (ca. 1654) von H. Pothoff stammt noch aus dem Vorgängerbau und wurde von Königin Maria Ludovica gestiftet. Daher finden sich in der Kirche auch Porträts der Königin und ihres Mannes Jan Kazimierz.

Fassade der Visitantinnen-Kirche

Vor der Kirche ein Denkmal für Primas Stefan Wyszyński (1901–1981), das 1987 enthüllt wurde. In der Nähe auf einer kleinen Grünfläche das Denkmal für den Schriftsteller und Publizisten Bolesław Prus (Aleksander Głowacki, 1847–1912).

Universität

Die Uniwersytet Warszawski (ul. Krakowskie Przedmieście 26/28), 1816 gegründet, ist eine der größten Ausbildungsstätten des Landes. Die Universitätsgebäude entstanden im 18. und im 19. Jahrhundert. Auf das Gelände führt ein Neorenaissancetor, das mit dem Wappen der Universität geschmückt ist. Der älteste Bau, das Kazimierz-Palais (Pałac Kazimierzowski), heute Sitz der Universitätsverwaltung, wurde 1634 für König Władysław IV. errichtet und diente später als Sommerresidenz von Jan Kazimierz (daher der Name). In den Jahren 1737–1739 erfolgte ein Umbau durch Karl Friedrich Pöppelmann, Joachim Daniel Jauch und Johann Sigismund Deibel. 1765 richtete König Stanisław August eine Militärakademie ein. Ein Absolvent dieser Lehranstalt war Tadeusz Kościuszko. Das Palais wurde nach dem Zweiten Weltkrieg in barocken Formen wiederaufgebaut, es hat eine klassizistische Front und eine spätbarocke Gartenfassade.
Das Tyszkiewicz-Palais (Pałac Tyszkiewiczów; Haus Nr. 32) stammt vom Ende des 18. Jh.s und geht auf Entwürfe von Johann Baptist Kamsetzer, Graff und später Enrico Marconi zurück. Auch der anschließende Uruski-Palais (Pałac Uruskich, Neorenaissance) aus dem 19. Jh. und das ehemalige St.-Rochus-Spital (Szpital św. Rocha) gehören zur Universität.
Im Zentrum des Campus liegt die Alte Universitätsbibliothek (neobarock, um 1890); auf der gegenüberliegenden Straßenseite (Krakowskie Przedmieście 5) befindet sich die Akademie der Bildenden Künste (Akademia Sztuk Pięknych) im früheren Czapski-Palais (Pałac Czapskich). Hier wohnte Fryderyk (Frédéric) Chopin vor seiner Abreise aus Polen 1830. Ein Salon seiner Wohnung wurde rekonstruiert. Auf dem Hof steht das Reiterdenkmal von Bartolomeo Colleoni, eine Kopie des bekannten Monuments von Andrea del Verrocchio in Venedig (Ende 15. Jh.).
Im Dezember 1996 wurde der Grundstein für einen Neubau der Universitätsbibliothek gelegt, die bis Frühjahr 1999 fertiggestellt sein soll.

Heiligkreuzkirche

Die barocke Kościół św. Krzyża wurde nach einem Entwurf von Giuseppe Simone Belotti 1679–1696 erbaut und im 18. Jh. umgestaltet (Giuseppe und Jacopo Fontana). Während des Warschauer Aufstands 1944 war das Gelände der Kirche heftig umkämpft, woran mehrere Gedenktafeln erinnern. Von der ursprünglichen reichen Innenausstattung ist u. a. die schmiedeeiserne Kanzel (1698) erhalten geblieben. Der Hauptaltar ist eine originalgetreue Kopie des zerstörten Barockaltars von 1699.
In der Kirche stehen die Urnen mit den Herzen zweier berühmter Polen: von Frédéric Chopin, der in Paris begraben ist, und von Władysław Reymont, der auf dem Powązki-Friedhof beigesetzt ist. Zudem befinden sich hier die Epitaphe weiterer berühmter Persönlichkeiten.

Nowy Świat (Neue Welt)

Die Straße Nowy Świat setzt die ul. Krakowskie Przedmieście nach Süden fort. Ihre Anfänge reichen in die Mitte des 17. Jh.s zurück. Um die Jahrhundertwende war sie eine der belebtesten Straßen der Stadt mit eleganten Geschäften, Unterhaltungslokalen und Restaurants. Diesen Charakter hat die Straße trotz der weitgehenden Zerstörungen im Zweiten Weltkrieg bis heute bewahrt; beim Wiederaufbau 1945–1950 erhielt sie die klassizistische Gestalt vom Beginn des 19. Jh.s zurück. Im Haus Nr. 35 besteht seit 1869 die bekannte Konditorei 'Blikle'; im Haus Nr. 45 wohnte 1861 als Kind Joseph Conrad. Der Platz an der Kreuzung der Nowy Świat mit den Aleje Jerozolimskie trägt seit 1990 den Namen von General de Gaulle.

Staszic-Palais Kopernikus-Denkmal

Der klassizistische Pałac Staszica (Nowy Świat 72) wurde 1820–1823 von A. Corazzi für die Gesellschaft der Freunde der Wissenschaft erbaut und ist heute Sitz der Polnischen Akademie der Wissenschaften (Polska Akademia Nauk) ist. Davor das Denkmal für Nikolaus Kopernikus von dem dänischen Bildhauer Bertel Thorwaldsen (1830).

Gniński-Palais Statue der Sirene

In der ul. Tamka 41 ist der Pałac Gnińskich sehenswert, der 1681 von Tylman van Gameren errichtet und mehrere Male umgestaltet wurde. Heute hat hier die Fryderyk-Chopin-Gesellschaft ihren Sitz. Am Ende der ul. Tamka steht die Statue einer Sirene, eines der Wahrzeichen Warschaus.

Die Nowy Świat stößt auf den Dreikreuz-Platz (pl. Trzech Krzyży) mit der Alexanderkirche (Kościół św. Aleksandra), die 1818–1825 von Christian Peter Aigner nach dem Vorbild des römischen Pantheons zu Ehren von Zar Alexander I. erbaut wurde (rekonstruiert). Von hier führt die Aleje Ujazdowskie weiter, die aus einem 1724–1731 von August dem Starken angelegten Kreuzweg entstand und 100 Jahre später die eleganteste Promenade Warschaus war. Heute Botschafts- und Regierungsviertel.

Ujazdow-Allee
* Alexanderkirche
Foto S. 88

In der Nähe (ul. Wiejska) befindet sich das Gebäude des Parlaments (Sejm; Besichtigung außerhalb der Sitzungszeiten) und des Senats aus der Mitte des 19. Jh.s. Besonders bemerkenswert ist der halbrunde Sitzungssaal, der 1925–1929 entstand.

Parlament

Vor der jugoslawischen Botschaft (al. Ujazdowskie 23/25) erinnert ein Gedenkstein an das Attentat, das am 1.2.1944 auf den SS-Kommandeur Franz Kutschera verübt wurde. Im Park Ujazdowski, der Ende des 19. Jh.s angelegt wurde, steht ein Denkmal Ignacy Paderewskis.

Das Schloß Ujazdów (Zamek Ujazdowskie) entstand in der 1. Hälfte des 17. Jh.s als Vorstadtresidenz des polnischen Königs Zygmunt III. In den Jahren 1766–1771 ließ es König Stanisław August von Jacopo Fontana, Domenico Merlini und Ephraim Schroeger umbauen. Während des Zweiten Weltkriegs abgebrannt, seit 1976 im Wiederaufbau.

Schloß Ujazdów

In der Nähe des Plac na Rozdrożu erstreckt sich der 1819 angelegte Botanische Garten der Warschauer Universität.

** Łazienki

Der Łazienki-Palast ist eine der wertvollsten Palastanlagen Europas. Er war die Sommerresidenz des letzten polnischen Königs Stanisław August Poniatowski, nach dessen Vorstellungen in der 2. Hälfte des 18. Jh.s der Park angelegt und die Palais und Pavillons errichtet wurden. Daran arbei-

Allgemeines

Łazienki: Palast auf der Insel

Łazienki, Allgemeines (Fortsetzung)

teten u. a. die königlichen Architekten Domenico Merlini und Johann Baptist Kamsetzer. Der Park, den v. a. Johann Christian Schuch gestaltete, wurde zu einem der schönsten englischen Landschaftsparks in Polen. Der ganze Komplex ist heute eine Abteilung des Nationalmuseums.

Palast auf der Insel

Malerisch im Zentrum des Parks liegt der Pałac na Wyspie. In den Jahren 1683–1690 wurde hier von Tylman van Gameren ein Badehaus errichtet, das in der zweiten Hälfte des 18. Jh.s ausgebaut wurde; daher der Name des Parks (łazienki = Bäder). Die Räume sind noch original erhalten, so das mit blau-weiß bemalten Kacheln ausgekleidete Bacchus-Zimmer. Klassizistisch sind der Ballsaal, entworfen von J. B. Kamsetzer und ausgestaltet von André Lebrun und Jan Bogumił Plersch; das Porträtkabinett (mit Arbeiten von Bacciarelli, Per Krafft u. a.); der prunkvolle Salomonsaal, der als Audienzsaal diente, ausgemalt von Bacciarelli; die Gemäldegalerie, die als Ausstellungsraum sparsam dekoriert ist; die Rotunde, von Domenico Merlini ausgestaltet, mit Statuen polnischer Könige und Büsten römischer Kaiser.

Weitere Bauwerke

Das Weiße Haus (Biały Dom) wurde vermutlich 1774–1777 von Merlini geschaffen. An der Südseite des Hauses eine Sonnenuhr von 1776. Das Theater auf der Insel ist ein Amphitheater, das J. B. Kamsetzer 1790/1791 nach dem Vorbild des antiken Herculaneum in Gestalt einer künstlichen Theaterruine baute. Wertvoll ist das Theater im Ostflügel der Alten Orangerie (Stara Pomarańczarnia), errichtet 1784–1788 von Merlini, ausgemalt von J. G. Plersch und mit Skulpturen von Giacopo Monaldi, denn es ist

Sonntägliches Konzert am Chopin-Denkmal

Weitere Bauwerke (Fortsetzung)

weltweit eines der wenigen Beispiele original erhaltener höfischer Theater des 18. Jahrhunderts. In der Orangerie ist eine Skulpturensammlung des 16.–20. Jh.s zu sehen.
Südlich des Gebäudes befindet sich der Rundbau eines Wassereservoirs (Wodozbiór), das von Merlini stammt und von Christian Peter Aigner umgestaltet wurde. Das zur Universität gehörende Observatorium erbaute 1820–1824 ebenfalls Aigner.
Im Innern des Myślewicki-Palais (Pałac Myślewicki), 1775–1778 von Merlini im klassizistischen Stil errichtet, sind Wandfresken von Jan Bogumił Plersch erhalten geblieben. Eine Reihe von Jahren hatte dieses Palais repräsentative Funktion; hier wohnten bedeutende Staatsgäste. Heute ist das Palais für Besichtigungen zugänglich.
Der antikisierende Diana-Tempel (Świątynia Diany) und der Ägyptische Tempel (Świątynia Egipska) stammen aus der 1. Hälfte des 19. Jahrhunderts. In der Neuen Orangerie (Nowa Pomarańczarnia), 1860–1861 von Adam Adolf Loewe errichtet, werden exotische Pflanzen gezogen.

Chopin-Denkmal

Das im Park stehende Jugendstildenkmal von Fryderyk (Frédéric) Chopin wurde 1904 von Wacław Szymanowski geschaffen. Hier finden im Sommer Konzerte mit Klaviermusik von Chopin statt.

Belvedere-Palais

Am Rand von Łazienki liegt der Pałac Belweder. Zur Zeit von König Stanisław August wohnte hier ein Teil des Hofstaats. Im nördlichen Seitenflügel befand sich die berühmte Manufaktur der ‘Belvedere-Fayencen’. In den Jahren 1818–1822 wurde der Palast, den Jacopo Fontana zwischen 1730 und 1750 errichtet hatte, von Jakub Kubicki im klassizistischen Stil zum Sitz des Fürsten Konstantin, Bruder des russischen Zaren, umgebaut. Ab 1919 war der Palast Residenz des Präsidenten der Republik Polen; heute ist er Sitz des Staatsratsvorsitzenden.
Beachtenswert sind die Alte Wache der königlichen Garde von Johann Baptist Kamsetzer (1793/1794) und die Neue Wache (Kubicki, ca. 1830).

** Wilanów

Lage und Bedeutung

Wilanów liegt am Ende des Königswegs, ca. 7 km vom Stadtzentrum entfernt. Es ist wie Łazienki eine der wertvollsten Park- und Palastanlagen Europas, das 'polnische Versailles'.

Baugeschichte

Wilanów war Vorstadtresidenz von König Jan III. Sobieski. Der älteste Teil des Palasts ist der barocke Haupttrakt, der ab 1677 durch den Umbau eines Herrenhauses durch Agostino Locci entstand. Die Skulpturen an den Fassaden stammen von Andreas Schlüter, das reich ausgestattete Innere ist mit Gemälden von M. A. Palloni, J. Eleuter Siemiginowski und Claude Callot geschmückt. Die Dekoration der Frontfassade stellt eine Apotheose des Königs und Feldherrn Jan III. dar. Der Erbauer ließ auch einen geometrischen Garten anlegen. Von der 1. Hälfte des 18. Jh.s an blieb Wilanów in den Händen reicher Magnatenfamilien, die den Komplex mit klassizistischen und historistischen Anbauten versahen. 1805 eröffnete der Kunstsammler Stanisław Kostka Potocki im Palast eines der ersten Museen in Polen. Während der deutschen Besatzung wurden die wertvollsten Kunstwerke geraubt und der Garten verwüstet. Nach dem Zweiten Weltkrieg wurde das Schloß in den Stand des 17. und 18. Jh. zurückversetzt.

Palast

Die Anlage (geöffnet Mi.–Mo. 9.30–14.30 Uhr) gehört zum Nationalmuseum. Im Palast ein Museum mit Inneneinrichtungen des 17., 18. und 19. Jh.s. Am interessantesten sind die Repräsentationsräume im Parterre. Das erste Geschoß besitzt schlichtere Räume mit einer großen Galerie polnischer Porträts vom 16. bis 19. Jahrhundert.

Weitere Gebäude

In der aus der Mitte des 18. Jh.s stammenden Orangerie (1806–1821 umgestaltet) sind kunsthandwerkliche Sammlungen zu sehen. Gegenüber das Hospital St. Alexander (Szpital św. Aleksandra), das im 18. Jh. errichtet und 1845–1847 von Enrico Marconi umgebaut wurde. Weiter westlich steht die Pfarrkirche St. Anna (um 1770), umgestaltet 1857–1870 ebenfalls von Marconi im Stil der Neorenaissance. Das gegenüberliegende Gasthaus (Karczma) und das Alte Gasthaus (Stara Karczma) stammen noch aus der zweiten Hälfte des 17. Jahrhunderts, wurden jedoch auch im Neorenaissancestil verändert (um 1850 von Francesco Maria Lanci).

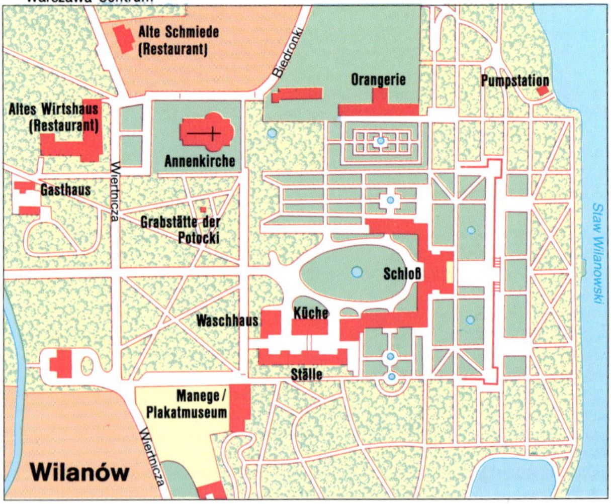

Italienisches Flair: Palast in Wilanów

Weitere Gebäude (Fortsetzung)

Weiter südlich findet man das interessante Plakatmuseum (Muzeum Plakatu), das in der ehemaligen Reitschule untergebracht ist, die 1848–1850 ebenfalls Lanci errichtete. Es zeigt Gebrauchsgrafik seit 1930.

Park

Auf der Rückseite des Schlosses wurde der italienische Garten aus dem 17. Jh. wiederhergestellt. Im südlichen Teil der Anlage erstreckt sich ein großer englischer Landschaftspark mit schönem Baumbestand und im nördlichen Teil ein weiterer englischer Park. In der Sommersaison finden in Wilanów 'Light-and-sound'-Vorführungen statt.

*Straße des Erinnerns, der Leiden und des Kampfes der Juden

Allgemeines

Warschau war vor dem Zweiten Weltkrieg die Stadt mit dem größten jüdischen Bevölkerungsanteil der Welt. Daran erinnern vor allem Denkmäler und die sehr wenigen erhaltenen historischen Bauten. Zum 25. Jahrestag des Aufstands im jüdischen Ghetto 1988 wurde der sog. Trakt Pamięci, Męczeństwa i Walki Żydów geschaffen, die 'Straße des Erinnerns, der Leiden und des Kampfes der Juden', die an die Leiden der jüdischen Bevölkerung in den Jahren 1940–1943 in dem von den Nationalsozialisten geschaffenen Ghetto sowie an den Aufstand 1943 erinnert.
Die Straße führt entlang der ul. Zamenhofa vom Denkmal der Helden des Ghettos zur Gedächnismauer am ehemaligen sog. Umschlagplatz (heute ul. Stawki). Sie ist mit Steinblöcken (mit Texten zu Ereignissen, Personen und Orten, denen diese Straße gewidmet ist) markiert.

Denkmal für die Helden des Ghettos

Dieses Denkmal wurde 1948 enthüllt, am fünften Jahrestag des Ausbruchs des Aufstands im Warschauer Ghetto. Es steht an der Stelle des ersten Zusammenstoßes der Aufständischen mit den Nationalsozialisten und wurde aus schwedischem Granit angefertigt, der von den Besatzern für ein Siegesdenkmal vorgesehen war; es besteht aus einem Block, dessen

Denkmal für die Helden des Ghettos

Im Powązki-Friedhof

Denkmal für die Helden des Ghettos (Forts.)

Wände zwei Reliefs sowie zwei siebenarmige jüdische Leuchter aus Stein schmücken. Hier hat Bundeskanzler Willy Brandt 1970 mit seinem Kniefall die Wende in den deutsch-polnischen Beziehungen eingeleitet.

Gedächtnismauer am Umschlagplatz

Die Gedächtnismauer wurde an der Stelle des Umladeplatzes errichtet, einem Nebengleis, von dem die Züge nach Treblinka abfuhren. Das Denkmal des Bildhauers Władysław Klamerus wurde am 45. Jahrestag des Ausbruchs des Aufstandes im Warschauer Ghetto enthüllt. Es hat die Gestalt einer weißen Mauer mit einem schwarzen Streifen, der symbolisch einen Teil des ehemaligen Umschlagplatzes umgibt. Am Eingang befinden sich vier Tafeln mit Inschriften in polnischer, jiddischer, hebräischer und englischer Sprache: "Diesen Weg des Leidens und Todes gingen über 300 000 Juden." Stellvertretend für die vielen Tausend Opfer wurden 400 Namen um die Tafeln eingraviert.

Friedhöfe

* Powązki-Friedhof

Der Cmentarz Powązkowski (ul. Powązkowska 14) wurde 1790 auf dem Gelände des Dorfs Powązki angelegt. Während des Zweiten Weltkriegs verwüstet, nach dem Krieg wurden die Grabmäler restauriert. Am 1. und 2. November (Allerheiligen und Allerseelen) strömen unzählige Warschauer auf den Friedhof, um die Gräber mit Blumen zu schmücken und Grablichter anzuzünden. Viele Ruhestätten sind mit Plastiken von hohem künstlerischem Wert geschmückt. Vom 1915 gestalteten Haupttor, dem Tor der hl. Honorate, führt eine Allee zu klassizistischen Mausoleen, die Ende des 18. Jh.s entstanden sind. Hier wurden berühmte Personen begraben, u. a. Domenico Merlini (1730–1797), der Architekt Stanisław Augusts. An der 1925 angelegte Prominentenallee ruhen bedeutende Politiker, Schriftsteller, Wissenschaftler, Musiker und Künstler, u. a. Władysław Reymont und Jan Kiepura. Außerhalb der Allee sind auf dem Friedhof u. a. Henryk Wieniawski und Stanisław Moniuszko beigesetzt. Außerdem ein Grabmal der französischen Soldaten, die in der polnischen Armee 1919–1921 gefallen oder gestorben sind.

Powązki-Friedhof (Fortsetzung)

Kommunaler Friedhof in Powązki

Der Friedhof (ul. Powązka 43), 1,5 km vom Powązki-Friedhof entfernt, wurde 1912 für die russischen Soldaten der Warschauer Garnison angelegt. Ab 1918 war er Militärfriedhof, ab 1946 kommunaler Friedhof. Hier ruhen die Toten des Januaraufstands 1863, der beiden Weltkriege und des polnisch-bolschewistischen Kriegs 1919/1920. Ein Mahnmal erinnert an die Opfer der Konzentrationslager der Nationalsozialisten, ein monumentales Granitkreuz an die ca. 4500 polnischen Soldaten, die von den Sowjets 1940 in Katyń ermordet wurden. An der Hauptallee sind berühmte Personen, Armeeangehörige, Wissenschaftler, Literaten, Künstler und Musiker, begraben. Am 1. August, dem Tag des Ausbruchs des Warschauer Aufstands, versammeln sich jedes Jahr auf dem Friedhof viele Menschen zu einer Gedenkfeier.

Jüdische Friedhöfe

Der Jüdische Friedhof in der ul. Okopowa 49/51 (geöffnet So.–Do. 9.00 bis 15.00, Fr. 9.00–13.00 Uhr) wurde 1806 angelegt. Tausende noch erhaltene Gräber sind ein wichtiges Zeugnis für die Kultur der polnischen Juden. Er ist einer der wenigen Friedhöfe, auf dem immer noch Beerdigungen stattfinden. Einige Grabsteine sind von hohem künstlerischem Wert. Die ewige Ruhestätte fanden hier u. a. Ludwik Zamenhof und Szymon Askenazy (1867–1935), Historiker und Diplomat. In Massengräbern sind Soldaten der polnischen Armee beigesetzt, die im September 1939 gefallen sind, und von Opfern des Warschauer Aufstands 1944. Beachtenswert ist das Denkmal für Janusz Korczak.
Der jüdische Friedhof in Bródno (ul. Wincentego), der seit Mitte des 18. Jh.s besteht, wird z. Zt. durch die Nissenbaum-Stiftung restauriert, die sich auch anderer jüdischer Baudenkmäler in Warschau annimmt. Ihr Gründer ist der aus Warschau stammende und heute in Konstanz lebende Zygmunt Nissenbaum.

Evangelisch-lutherischer Friedhof

Auf dem 1792 angelegten Friedhof (ul. Młynarska 54–56) wurden bis 1841 auch Angehörige der orthodoxen Kirche beerdigt. Beim Tor steht eine Kapelle im Empire-Stil aus der 2. Hälfte des 19. Jahrhunderts. Auf dem Friedhof ruhen viele bedeutende Künstler, Wissenschaftler, Industrielle. Zahlreiche Grabmäler haben einen hohen künstlerischen Wert. Hier ruhen u. a. Johann Baptist Kamsetzer (1753–1795), der Architekt von König Stanisław August Poniatowski, Samuel Bogumił Linde (1771–1947), Philologe und Autor des Polnischen Wörterbuchs, und Emil Wedel (1841 bis 1919), Inhaber der bekannten Süßwarenfabrik.

Umgebung von Warschau

*Puszcza Kampinoska (Kampinoski-Urwald)

Die Puszcza Kampinoska erstreckt sich unmittelbar nordwestlich von Warschau, begrenzt im Westen von der Bzura und im Norden von der Weichsel. Sie ist ein Naherholungsgebiet für Warschau von hoher naturkundlicher Qualität. Zu ihrem Schutz wurde 1959 der Nationalpark Kampinoski Park Narodowy angelegt, der eine Fläche von 35433 ha umfaßt. Die Landschaft ist geprägt von parallel verlaufenden Dünenstreifen, die mit Kiefernwäldern bewachsen sind, von Sümpfen, Wiesen und feuchten Laubwäldern. Hier haben sich voreiszeitliche Pflanzen, wie etwa die Schwarzbirke, erhalten. Wie in allen Nationalparks darf man sich nur auf den markierten Wanderwegen bewegen. Von Kampinos am Südrand des Parks können Pferdewagen- oder Schlittenfahrten unternommen werden.

Palmiry

Palmiry heißt ein Dorf am Rand der Puszcza Kampinoska sowie eine Wiese, die 6 km vom Dorf entfernt im Wald liegt. Hier wurden in den Jahren 1939–1941 Polen aus den Warschauer Gefängnissen exekutiert. Etwa 1000 Menschen wurden ermordet, darunter viele namhafte Politiker, Wis-

Umgebung, Palmiry (Fortsetzung)

senschaftler, Schriftsteller und Geistliche. Nach dem Zweiten Weltkrieg wurde ein Friedhof eingerichtet, auf dem ca. 2000 Opfer ihre letzte Ruhestätte fanden.

* Żelazowa Wola

In Żelazowa Wola, einem kleinen Dorf am Westrand der Puszcza Kampinoska, wurde am 22. Februar 1810 der bedeutendste polnische Komponist, Fryderyk (Frédéric) Chopin geboren. Im erhalten gebliebenen Herrenhaus ist ein Chopin-Museum eingerichtet, mit Originalmöbeln, Porträts und faksimilierten Autographen. Das Haus ist von einem 1932–1939 angelegten Park umgeben. Im Sommer finden hier sonntags um 11.00 und 15.00 Uhr Konzerte mit Klaviermusik von Chopin statt.

Niepokalanów

In Paprotnia, westlich von Warschau an der Straße nach Posen (Poznań) gelegen, findet man Niepokalanów, ein Franziskanerkloster, das 1927 Pater Maksymilian Kolbe (1894–1941) erbaute. Er starb im Konzentrationslager Auschwitz, indem er sein Leben für einen anderen Häftling opferte. In der 1948–1954 gebauten Kirche ein Erinnerungsraum an den 1982 heiliggesprochenen Pater.

Radzymin

Die Umgebung von Radzymin 26 km nordöstlich von Warschau war während des polnisch-bolschewistischen Kriegs im August 1920 Schauplatz einer großen Schlacht, in der die Polen die zahlenmäßig überlegene russische Armee zurückschlugen. An das 'Wunder an der Weichsel' erinnern Denkmäler und Friedhöfe, u. a. an der Straße Warschau – Białystok in der Vorstadt von Radzymin (Richtung Warschau).

Czersk

Czersk, 35 km südlich von Warschau auf dem Hochufer der Weichsel gelegen, war einst die Hauptstadt des Fürstentums. Es bestand schon im 11. Jh. und wurde in der zweiten Hälfte des 14. Jh.s zur Stadt erhoben. Der Ort erlangte politische und dank seiner Lage an einem wichtigen Handelsweg wirtschaftliche Bedeutung; im 16. Jh. war er bekannt für seine Tuchher-

Chopins Geburtshaus in Zelazowa Wola

stellung. Die Einfälle der Schweden Mitte des 17. Jh.s ließen die Stadt verfallen, und 1869 verlor sie sogar das Stadtrecht. Zeugen ihrer einstigen Pracht sind die der Besichtigung zugänglichen Ruinen der gotischen Burg der masowischen Fürsten (14. Jh.). Von hier hat man einen weiten Blick über die Warschauer Tiefebene.

Warszawa, Umgebung, Czersk (Fortsetzung)

Warta · Warthe Fluß

G 6 – B 4

Flußlauf

Die Warthe, ein rechter Nebenfluß der Oder, ist 824 km lang und entspringt nordöstlich von Kattowitz in Kromołów. Das Quellgebiet im Zagłębie Dóbrowskie liegt auf einer Höhe von 352 m ü. d. M. Bei Kostrzyn (Küstrin), ca. 30 km nördlich von Frankfurt a. d. Oder, mündet die Warthe in die Oder. Nur auf einem kleinen Abschnitt des Oberlaufs hat die Warthe ein beträchtliches Gefälle; der Durchschnittswert liegt bei 28 cm/km. Unterhalb der Einmündung der Prosna-Mündung ist der Fluß reguliert und begradigt. Die Warthe durchfließt den fruchtbaren Warthebruch.

Touristische Anziehungspunkte

Die Warthe fließt zunächst durch die malerische Berglandschaft des Krakau-Tschenstochauer Jura (Wyżyna Krakowsko-Częstochowskie) mit ihren mittelalterlichen Burgen, anschließend durch die historische Landschaft Großpolen (Wielkopolska).

Die schönsten Abschnitte findet man im Nationalpark Załęczański Park Narodowy unweit von Wieluń (Flußabschnitt inmitten eines malerischen Felsgebiets), ferner im Nationalpark Wielkopolski Park Narodowy bei Posen mit altem Baumbestand sowie in der Puszcza Notecka (Netzer Heide) und dem Seengebiet Pojezierze Międzychodzko-Sierakowsko.

An der Warthe liegen bedeutende Städte und Kulturzentren sowie Fremdenverkehrsorte wie Tschenstochau, Sieradz, Konin, Posen oder Gorzów Wielkopolski. In den letzten Jahren wurde in der Region Jeziorska (nördlich von Sieradz) ein großer Stausee angelegt, ein beliebtes Naherholungsgebiet. Im oberen und mittleren Lauf eignet sich der Fluß zum Baden; für Kajakfahrer ist die Verbindung zu den Seen des Pojezierze Wolsztyńskie und Zbąszyńskie über die Oderkanäle zu empfehlen. Passagierschiffe verkehren nur in der Umgebung von Posen.

Wąchock

J 5

Wojewodschaft: Świętokrzyskie
Höhe: 220 m ü. d. M.
Einwohnerzahl: 3700

Lage und Bedeutung

Das große Dorf – dessen Bewohner Gegenstand 'polnischer Ostfriesenwitze' sind – liegt nordöstlich von Kielce bzw. 5 km nordwestlich der Industriestadt Starachowice. Mit seiner 1179 gegründeten Zisterzienserabtei besitzt es ein einzigartiges Architekturdenkmal. Die Siedlung, die neben der Klosteranlage entstand, war 1454–1869 Stadt. Zwischen dem 15. und 19. Jh. gab es in der Region Eisenhütten. Im Kloster ist Jan Piwnik 'Ponury' (der Düstere, 1912–1944) beigesetzt, ein Partisanenführer des Zweiten Weltkriegs (Denkmal auf dem Marktplatz). Von Wąchock führt ein Wanderweg in die Heilig-Kreuz-Berge (Góry Świętokrzyskie).

*Zisterzienserabtei

Die Anlage besteht aus einer romanischen Kirche vom Beginn des 13. Jh.s und einem Klostergebäude mit dem Grundriß eines doppelten Rechtecks (zwei Innenhöfe). Erhalten geblieben sind Bauteile aus der Romanik, die Innenausstattung ist barock. Im Ostflügel des Klosters befinden sich Räume in romanischem Stil vom Beginn des 13. Jh.s: der Versammlungs-

Zisterzienserkloster in Wąchock

Wąchock, Zisterzienser-abtei (Fortsetzung)

saal der Klosterbrüder (Kapitelsaal), einer der schönsten romanischen Räume in Polen, und der Arbeitsraum der Mönche. Im Südflügel liegt das frühgotische Refektorium (13. Jh.; Kreuzrippengewölbe). In einem der Kreuzgänge ist die Urne mit der Asche des Partisanenführers Jan Piwnik aufgestellt, die aus Litauen hierher überführt wurde.

Wielkie Jeziora Mazurskie · Große Masurische Seen G–K 2–3

Wojewodschaften: Warmińsko-Mazurskie, Podlaskie

Lage und ** Landschaft

Das Gebiet der Großen Masurischen Seen liegt im mittleren Teil der Masurischen Seenplatte (Pojezierze Mazurskie). Wie der gesamte Norden Polens wurde die Landschaft durch die Gletschertätigkeit der letzten Eiszeit geformt. Hier finden sich die beiden größten Seen Polens, der Jezioro Śniardwy (Spirding-See) mit einer Fläche von 11 380 ha und einer Tiefe von 25 m und der 10 450 ha große Jezioro Mamry (Mauer-See), der eine Tiefe von 44 m erreicht und aus einer Gruppe von sieben miteinander verbundenen Seen besteht. Der drittgrößte See des Gebiets ist der 2669 ha große und 40 m tiefe Jezioro Niegocin (Löwentin-See). Die Seen bedecken insgesamt eine Fläche von 486 km², das entspricht etwa 20 % des Gebiets der Großen Masurischen Seen. Das hügelige Gelände steigt westlich von Giżycko (Lötzen) bis auf 193 m ü. d. M. an.

Geschichte

Die Geschichte der Großen Masurischen Seen entspricht der Geschichte ganz Masurens (⟶ Mazury). Im 13. Jh. eroberte der Deutsche Orden die hier angesiedelten baltischen Stämme und holte deutsche Siedler ins Land. Der Ordensstaat wurde 1525 in das weltliche Herzogtum Preußen umgewandelt; 1701 wurde Preußen souveränes Königreich, und für den beschriebenen Teil des großen preußischen Staates bürgerte sich der

Spirdingsee

Geschichte (Fortsetzung)

Name Ostpreußen ein. Das Gebiet der Großen Masurischen Seen spielte in der preußischen Geschichte eine große Rolle angesichts der militärischen Bedeutung der Landengen zwischen den Seen. In → Giżycko entstand 1844–1855 die nach dem preußischen Kriegsminister Boyen benannte Festung, mit der im Ersten Weltkrieg die Stadt gegen die russische Armee verteidigt wurde.

1925 begannen die Deutschen mit dem Bau von Befestigungsanlagen in Ostpreußen. So entstand hier die sogenannte Befestigte Region Lötzen, eine kreisförmige Stellung von 110 km Länge. Aufgrund ihrer starken Befestigungen und ihrer Lage in einem fast menschenleeren Gebiet außerhalb der Reichweite der allierten Luftwaffe war die Region Lötzen ein geeigneter Platz für das ständige Quartier der deutschen Befehlshaber. In den Jahren 1940/1941 entstand bei Kętrzyn (Rastenburg) das Führerhauptquartier 'Wolfschanze', am Mamry-See die Zentrale der Infanterietruppen 'Anna' und an der Eisenbahnlinie Ruciane – Pisz die Zentrale der Luftwaffe, 'Robinson' genannt. Bei den Kämpfen 1945 spielten diese mächtigen Befestigungsanlagen keine größere Rolle.

Naturpark

Eine 70000 ha große Fläche im Gebiet der Masurischen Seen wurde 1977 zum Mazurski Park Krajobrazowy erklärt. Innerhalb dieses Naturparks gibt es Reservate zum Schutz seltener Flora und Fauna. Nicht betreten darf man das Reservat um den See Jezioro Łabędzie Łukajno 2 km südöstlich von Mikołajki (Nikolaiken) mit einer der größten Schwankolonien in Europa. Zugänglich ist das Reservat um den Jezioro Nidzkie (Nieder-See); hier sind nur Motorboote verboten.

Von den übrigen Reservaten seien noch die Inseln auf dem Mamry-See erwähnt, auf denen zahlreiche Wasser-, Sumpf- und Waldvögel nisten. Eine dieser Inseln, Ostrów Wysoki, wird auch die Insel der Kormorane genannt, denn hier haben diese seltenen Vögel ihre Nistplätze. Eine Brutkolonie von Graureihern wird im Reservat 'Czapliniec' geschützt, das am Westufer des Jezioro Śniardwy (Spirding-See) liegt.

Wielkie Jeziora Mazurskie (Fortsetzung)
Tourismus

Das touristische Zentrum der Großen Masurischen Seen ist die Stadt → Giżycko. Weitere Fremdenverkehrsorte sind Kętrzyn (Rastenburg), Węgorzewo (Angerburg), Mikołajki (Nikolaiken) und Ryn (Rhein).
Besonders geschätzt werden die Großen Masurischen Seen von Seglern und Kajakfahrern (letztere sollten sich auf den größeren Seen möglichst nahe am Ufer halten). Man kann die Seen aber auch mit einem Ausflugsdampfer der 'Weißen Flotte' (Biała Flota) erkunden. Fast überall, außer in der Nähe größerer Städte, ist das Baden erlaubt. We eine Wanderung machen will, kann sich an markierten Wanderwegen orientieren. Im Winter frieren die Seen zu, dann kann man ausgezeichnet eissegeln und schlittschuhlaufen.

Schiffahrtswege

Die Schiffahrtswege auf den Großen Masurischen Seen haben eine Länge von insgesamt 200 km. Die wichtigsten Verbindungen der 'Weißen Flotte' sind :

Giżycko – Węgorzewo	25,2 km
Giżycko – Mikołajki (Nikolaiken)	37,2 km
Mikołajki – Ruciane-Nida (Rudczanny)	19,2 km
Mikołajki – Pisz (Johannisburg)	25,0 km
Mikołajki – Ryn (Rhein)	20,0 km

An den Kanälen, die die Seen verbinden, liegen zwei Schleusen. Die Schleuse Śluza Guzianka zwischen den Seen Bełdany und Guzianka Mała hat eine Länge von 44 m, die Breite der Tore beträgt 7,5 m, der Niveauunterschied etwa 2 m. Die Śluza Karwik am Kanał Jegliński ist 45 m lang, die Breite der Tore beträgt 7,5 m, der Niveauunterschied etwa 1 m.

Wielkopolska · Großpolen — B–F 3–5

Wojewodschaft: Wielkopolskie

Lage und Allgemeines

Zwischen der Grenze zu Deutschland und der zweitgrößten polnischen Stadt Łódź erstreckt sich die historische Region Großpolen (Wielkopolska). Im Norden grenzt sie an Pommern (Pomorze), im Osten an Kujawien (Kujawy) und im Süden an Schlesien (Śląsk). Auf die geschichtliche Bedeutung dieser Provinz deutet ihr Name, der vom altslawischen Volksstamm der Polanen (poln. Polanie) abgeleitet wurde, die neben den Wiślanie einst hier siedelten. Die Piastenfürsten Mieszko I. und dessen Nachfolger Bolesław I. Chrobry (der Tapfere) legten im 10./11. Jh. den Grundstein des polnischen Staatswesens.

Landschaft und Gewässer

Die flache Landschaft im Norden ist durch Moränenhügel, Wälder und Seen gekennzeichnet. Seit frühesten Zeiten wird in diesem Gebiet Landwirtschaft betrieben. Insgesamt ist Großpolen wenig bewaldet; größere Waldgebiete sind etwa die Puszcza Notecka (Netzer Heide), die Puszcza nad Drawą, die Puszcza Zielonka sowie die Wälder des Nationalparks Wielkopolski Park Narodowy. Bedeutendster Fluß für die Schiffahrt ist die Warta (Warthe), die von historischen Städten gesäumt wird. Ebenfalls wichtig sind ihre Nebenflüsse Ner, Noteć (Netze) und Prosna sowie das ausgedehnte Kanalsystem Obrzański Kanał südlich von Posen. Zwischen Netze, Warthe und Oder erstreckt sich die Großpolnische Seenplatte (Pojezierze Wielkopolskie) mit ihren größten Seen Powidzkie, Zbąszyńskie, Przemęckie, Bytyn Wielki und Niedzięgiel (J. Skorzęcińskie).

Geschichte

Durch Großpolen führte die berühmte Bernsteinstraße, die das Römische Reich mit dem Baltikum verband. Im 7. Jh. entstanden bei den heutigen Städten Kruszwica (Kruschwitz) und Gniezno (Gnesen) sowie beim Lednica-See erste Festungen. Im 9. Jh. wurden die Burgen in Posen und Kalisz errichtet, Kalisz gilt als die älteste Stadt Polens. Im Jahr 1000 wurde Gne-

Wielkopolska, Geschichte (Fortsetzung)

sen Hauptstadt des erstem Erzbistums auf polnischem Boden. Am 25.12.1024 empfing Bolesław Chrobry (der Tapfere) in Gnesen den deutschen Kaiser Otto III.
Die Aufteilung Großpolens zwischen den Feudalherren in den folgenden Jahrhunderten schwächte seine wirtschaftliche und politische Bedeutung. Im 13. Jh. entstanden neue Städte und Handelsniederlassungen. Von Großpolen aus begann Władysław Łokietek (Ellenlang) in der ersten Hälfte des 14. Jh.s die Vereinigung der polnischen Gebiete. Die politische Landschaft Großpolen wurde durch die drei Polnischen Teilungen sehr verändert. Bei der ersten Teilung 1772 wurde das Gebiet nördlich der Netze, bei der zweiten Teilung 1793 ganz Großpolen Preußen zugesprochen. In den Jahren 1807–1815 gehörte Großpolen für kurze Zeit dem Napoleonischen Königreich Warschau an, und nach dem Wiener Kongreß 1815 wurde es in das Großfürstentum Posen (Preußen) und das sog. Kongreßpolen (unter Kuratel des Zaren) aufgeteilt.
Ein geringes Echo fanden die nationalen Aufstände von 1830 und 1848 in Großpolen. Im Rahmen der preußischen Germanisierungspolitik war ab 1894 die sog. 'Hakata' (Kolonialisierungkommission) in Großpolen tätig, die der polnischen Bevölkerung etwa verbot, Wohnhäuser zu bauen. Nach dem Großpolnischen Aufstand von 1918 wurde ein bedeutender Teil des Gebiets Polen zugesprochen; erst nach dem Zweiten Weltkrieg fiel es endgültig an das Mutterland zurück.

Sehenswertes

Hauptattraktion der Provinz Großpolen ist ihre Hauptstadt Posen und der landschaftlich reizvolle Wielkopolski-Nationalpark. Nicht minder sehenswert sind die wohl älteste Stadt Polens, Kalisz, oder die geistliche Hauptstadt Gnesen am sog. Piastenweg zwischen den historischen Stätten, die mit den Anfängen des polnischen Staates verbunden sind: Lednica-See, Giecz, Kruszwica, Strzelno. Zudem bietet Großpolen dem Besucher die sehenswerten Palast- und Parkanlagen in Kórnik (Kurnik), Rogalin und Gołuchów oder die Seengebiete Pojezierze Międzychodzko-Sierakowskie, Gnieźnieńskie und Wolsztyńskie.

Wisła · Weichsel F 7

Wojewodschaft: Słaskie
Höhe: 400–515 m ü. d. M.
Einwohnerzahl: 11 000

Lage und Bedeutung

Wisła liegt ca. 35 km südwestlich von Bielsko-Biała in den Schlesischen Beskiden (Beskid Śląski) am Oberlauf der Weichsel. Die Stadt dehnt sich auf 112 km² aus und ist damit flächenmäßig eine der größten Städte in Schlesien. Im Westen wird die Stadt vom Gebirgsgürtel der Czantoria und des Stożek (Grenze zur Tschechei und Slowakei) begrenzt, im Osten von der Barania Góra. Nach Szczyrk ist Wisła der bekannteste Wintersportort in Oberschlesien.

Geschichte

Der nach dem Fluß Wisła (Weichsel) benannte Ort wurde erst im 17. Jh. urkundlich erwähnt. Seine ursprünglichen Einwohner waren Bauern, Viehhirten und Waldarbeiter. Kurort wurde Wisła erst Ende des 19. Jh.s, das Stadtrecht erhielt es 1962.

Veranstaltungen

Die Kulturwoche der Beskiden (Tydzień Kultzury Beskidzkiej) findet alljährlich Anfang August statt. Außer Wisła sind auch Szczyrk und Żywiec (Saybusch) beteiligt; Folklore-Ensembles aus dem Teschener Land (Śląsk Cieszyński) und aus anderen Bergregionen Polens nehmen daran teil.

Beskiden-Museum

Das in einem ehemaligen Wirtshaus aus dem 18. Jh. untergebrachte Muzeum Beskidzkie in Wisła-Uzdrowisko (pl. B. Hoffa) zeigt Volkskultur der schlesischen Goralen, Trachten, Arbeits- und Haushaltsgeräte.

In den Schlesischen Beskiden

Alte Herberge

Der Holzbau entstand 1903 auf dem Berg Barania Góra als Jagdhaus der Habsburger. Später wurde es als Wanderhütte verpachtet, und als 1978 die neue Herberge fertiggestellt war, wurde das alte Gebäude zerlegt und im Zentrum der Stadt wieder aufgestellt.

Umgebung von Wisła

Bergwanderungen

Wisła ist ein ausgezeichneter Ausgangspunkt für Ausflüge in die umliegenden Berge (zahlreiche markierte Wanderwege; Sesselbahnen vom nahegelegenen Ustronie Polany auf die Czantoria, Talstation 380 m, Bergstation 854 m ü. d. M.). Beliebtes Ziel auf der Barania Góra sind auch die Quellen der Schwarzen (Czarna Wisełka) und der Weißen Weichsel (Biała Wisełka), die sich zur Weichsel, dem größten Fluß Polens, zusammenschließen (s. auch Szczyrk).

Kubalonka-Paß

Über den Kubalonka-Paß führt die Straße von Wisła nach Istebna. An dem Paß steht die hölzerne Heiligkreuzkirche (św. Krzyża) aus dem 18. Jh., die 1957 aus dem Dorf Przyrowice hierher gebracht wurde. Heute beherbergt sie ein Museum für sakrale Volkskunst der Beskiden.

Istebna

Aus dem Goralendorf stammte Jerzy Kukuczka (1948–1989), der bedeutendste polnische Bergsteiger, Bezwinger aller Achttausender der Welt. In dem Dorf sind viele historische Holzbauten der Goralen erhalten geblieben. Im Haus Nr. 163 befindet sich eine goralische Museumsstube mit einer Sammlung von Volksmusikinstrumenten. Das benachbarte Koniaków ist berühmt durch seine Herstellung von Spitzen. Im Haus Nr. 550, das der Familie Gwarek gehört, gibt es ein privates Spitzenmuseum.

Cieszyn → dort

Sczcyrk → dort

Wisła · Weichsel Fluß F7 – F/G2

Flußlauf

Die Weichsel ist der längste Fluß Polens; seine Länge wird – abhängig von der Art der Berechnung – mit 1066 (bis zur Mündung bei Świbno) oder 1089 km (bis zur Mündung des Kanals in Gdańsk-Nowy Port/Danzig-Neufahrwasser) angegeben. Die Quellbäche der Czarna und Biała Wisełka (Schwarze und Weiße kleine Weichsel) entspringen auf der Barania Góra in den Westbeskiden (Beskid Śląski). Die Mündung bildet ein Delta, südwestlich von Malbork (Marienburg) zweigt die Nogat vom Hauptarm der Weichsel (Leniwka) ab.

Die Weichsel fließt durch fast ganz Polen, durch die Karpaten, das Karpatenvorland (Pogórze Karpackie), die Sandomierzer Ebene und die großen Ebenen im mittleren und nördlichen Teil des Landes. Sie ist durch den Bromberger Kanal (Kanał Bydgoski) über die Brda (Brahe) mit dem Noteć (Netze) und durch den Kanał Żerański mit der Narwa verbunden.

Die Weichsel ist ein Fluß ohne großes Gefälle; es schwankt zwischen 34 cm/km in der Gegend der Mündung der Skawa und 16 cm/km an der Mündung der Wierzyca. Aufgestaut wird die Weichsel bei Goczałkowice (bei Bielsko-Biała) und in der Gegend von Włocławek. Die wichtigsten Nebenflüsse, die von links kommen, sind in der Ebene die Pilica, die Brda und die Wda, die rechten die Gebirgsflüsse Soła, Skawa, Raba, Dunajec und San, in der Ebene der Narew und die Drwęca (Drewenz).

Auf einer beträchtlichen Länge ist der Fluß nicht reguliert, was seine wirtschaftliche Rolle schwächt, jedoch ermöglichte, daß sich verschiedene, weitgehend natürlich gebliebene Landschaftsformen erhalten haben. In vielen Abschnitten hat die Weichsel malerische Altwasser und Inseln, die Brutplätze für Wasservögel bieten.

Die Weichsel bei Kazimierz Dolny

Wisła (Fortsetzung) Touristische Anziehungspunkte

In der Geschichte Polens spielte der Fluß für die Stadtgründungen eine große Rolle. Früher war die Weichsel auf ihrer ganzen Länge schiffbar, an ihrem Ufer entstanden Städte, Kultur- und Wirtschaftszentren, heute wichtige Ziele des Tourismus: Krakau, Warschau und Danzig. Sehenswert sind ebenso alte Städte wie Sandomierz, Kazimierz Dolny, Płock, Włocławek, Toruń (Thorn), Chełmno (Kulm) und Grudziądz (Graudenz).

Der Fluß ist auf weiten Strecken stark verschmutzt und eignet sich nicht zum Baden. Kajakfahren kann man (zumindest theoretisch) fast auf der ganzen Länge zwischen Goczałkowice und Danzig (etwa 1 000 km). Passagierschiffahrt gibt es heute nur noch in der Umgebung von Krakau (Linie nach Bielany und Tyniec) und von Sandomierz, auf dem Abschnitt Kazimierz–Puławy, in der Region Warschau (Ausflugsfahrten auf der Weichsel und eine Linie zum Zalew Zegrzyński), in der Umgebung von Płock und Toruń/Thorn (Ausflugsfahrten auf der Weichsel, Linie nach Ciechocinek).

Włocławek — G 4

Wojewodschaft: Kujawsko-Pomorskie
Höhe: 40 m ü. d. M.
Einwohnerzahl: 120 000

Lage und Allgemeines

Die historische Hauptstadt der Provinz Kujawien (Kujawy) liegt 150 km nordwestlich von Warschau an der hier aufgestauten mittleren Weichsel. Im Süden grenzt der bewaldete Landschaftspark Gostynińsko-Włocławski Park Krajobrazowy an die Industriestadt (Chemie, Landmaschinen, Lebensmittel), die den Baumbestand in der Umgebung bereits seit dem 19. Jh. für die Papierherstellung verwendet. Aus Włocławek stammen auch die beliebten, mit braunen Blumenmotiven bemalten Fayencen. Erstmals erwähnt wurde der Ort 1065 als Niederlassung an Handelspfaden, Vermutlich gab es an dieser Stelle jedoch bereits im 9. Jh. eine Siedlung. Nachdem 1124 ein Bischofssitz eingerichtet wurde und der Ort 1255 das Stadtrecht erhielt, entwickelte er sich bis zum 15./16. Jh. zu einem wohlhabenden Handelsort, nicht zuletzt dank seiner strategischen Lage an der Weichsel und wichtigen Straßen. Eine neuerliche Belebung erfuhr Włocławek mit der Industrialisierung im 19. Jh. (Zelluloseverarbeitung) sowie nach dem Zweiten Weltkrieg (Stickstoffherstellung).

*Kathedrale

Die 1340–1365 erbaute Backstein-Basilika wurde in der Folgezeit mehrmals umgebaut und besitzt eine wertvolle Ausstattung aus verschiedenen Epochen: barockes Chorgestühl, einen spätbarocken Silberaltar (1744) aus dem Kloster von Łódź, Epitaphe und Grabmäler der Bischöfe vom 15. bis zum 19. Jh. sowie Jugendstilfenster nach Entwürfen von Józef Mehoffer. Die Sonnenuhr wurde der lokalen Überlieferung zufolge von Nikolaus Kopernikus entworfen. Erwähnenswert sind auch die Barock- und Renaissancekapellen, etwa die Kapelle der Muttergottes (Kaplica Matki Boskiej) aus dem 16./17. Jh. und die Kapelle St. Martin (św. Marcina) mit romanischen Resten. In der Josefskapelle (Kaplica św. Józefa) findet man die prächtige Marmorgrabplatte, die der Nürnberger Bildhauer Veit Stoß 1493 für den Bischof Piotr Moszyński geschaffen hat.

Johanneskirche

Am Marktplatz erhebt sich die spätgotische Kościół św. Jana von 1538 mit Ausstattung aus Spätrenaissance und Barock.

Vitaliskirche

Die einschiffige Kościół św. Witalisa unweit der Kathedrale stammt von 1330 und besitzt ein sehenswertes Triptychon aus der Mitte des 16. Jh.s.

Regionalmuseum

Das Muzeum Ziemi Kujawskiej i Dobrzyńskiej (Museum für Kujawien und Dobrzyń) in der ul. Słowackiego 1a wurde 1909 gegründet und dokumentiert die Geschichte und Kultur der Region.

Die Kathedrale in Włocławek

An der Ostsee

Wolin · Wollin Insel

B 3

Wojewodschaft: Zachodniopomorskie

Lage und Landschaft

Die 265 km^2 große Ostsee-Insel wird im Westen durch die Meerenge der Świna (Swine) von der Insel Uznam (Usedom), im Osten durch die Dziwna (Dievenow) vom Festland getrennt. Dziwna und Świna bilden die Mündungsabschnitte der Oder. Charakteristisch für das abwechslungsreiche Landschaftsbild der Insel sind die direkt am Meer liegenden, hohen Moränenhügel (Grzywacz/Greweberg, 115 m ü. d. M.; Gosań/Gosanberg, 95 m; Strażnica/Galgenberg, 74 m). Auf der Hochebene der Insel trifft man auf kleine nacheiszeitliche Seen, Torfmoore und Sümpfe sowie Dünenwälle, die von Fichten- und Kiefernwäldern bedeckt sind. Das steile, von der Brandung geformte Klippenufer an der Ostsee ragt an einigen Stellen bis zu 95 m hoch über das Meer. Ein Großteil der Insel wurde zum Nationalpark (Woliński Park Narodowy) erklärt, der durch ein dichtes Netz von markierten Wanderwegen zugänglich ist. Dort gedeihen seltene Pflanzen wie die Stranddistel, Orchideen und Geißblatt. Zahlreiche Vögel, u. a. Meeradler und Fischreiher, finden hier ihre Nistplätze.

Sehenswertes

Auf der Insel liegen beliebte Kur- und Badeorte: Międzyzdroje (s. u.), Międzywodzie, Dziwnów (Dievenow), Dziwnówek (Klein Dievenow) sowie Lubin (Lebbin) auf der Seite des Oderhaffs (Zalew Szczeciński). Die Stadt Wolin (Wollin), ein Zentrum frühslawischer Kultur, ist bereits seit dem 9. Jh. bekannt; das Archäologische Museum dort zeigt wertvolle Gegenstände aus zahlreichen Grabungsorten. Wollin ist Geburtsort von Johannes Bugenhagen (1485 – 1558), Freund Luthers und Reformator Pommerns.

Międzyzdroje (Misdroy)

Das 15 km östlich von Swinemünde (⟶ Świnoujście) auf der Insel Wollin gelegene Seebad ist ein guter Ausgangspunkt für Wanderungen in den

Wolin, Międzyzdroje (Fortsetzung)

Wolliner Nationalpark. Von hier aus erreicht man in ca. 30 Min. den Moränenhügel Kawcza Góra (Kaffeeberg, 61 m ü. d. M.), in weiteren 40 Min. den unmittelbar am Meer aufragenden Gosań (Gosanberg, 95 m ü. d. M.). Wer sich über den Naturpark informieren will, besuche das Museum in der ul. Niepodległości.

Naturschutz

Die Odermündung mit den Inseln Usedom und Wollin und dem Oderhaff wurde von der Naturfreunde-Internationalen zur 'Landschaft des Jahres 1993/94' ausgerufen. In einer Initiative deutscher und polnischer Organe in Politik und Tourismus soll eine unkontrollierte Vermarktung der schützenswerten Naturlandschaft verhindert werden – einer Landschaft, die im Volksmund zu Unrecht als 'Land der drei Meere' bezeichnet wird: Waldmeer, Sandmeer und dann nichts mehr.

Wrocław · Breslau D/E 5

Wojewodschaft: Dolnośląskie
Höhe: 120 m ü. d. M.
Einwohnerzahl: 609000

Lage und ** Bedeutung

Breslau, die größte Stadt Schlesiens und der Einwohnerzahl nach die viertgrößte Polens, liegt am Zusammmenfluß von Oława (Ohle) und Oder in Niederschlesien. Über Jahrhunderte war Breslau praktisch die Hauptstadt von ganz Schlesien, erst im 19. Jh. entstand in Verbindung mit der Steinkohleförderung mit → Katowice (Kattowitz), der Hauptstadt Oberschlesiens, ein neues Zentrum, so daß Breslau nun die Hauptstadt von Niederschlesien ist. Die meisten der aus Gotik und Barock stammenden Baudenkmäler, die heute zu bewundern sind, wurden nach der katastrophalen Zerstörung der Stadt im Zweiten Weltkrieg wiederaufgebaut; immer noch sind große Flächen unbebaut geblieben. Der Einwohnerverlust durch Evakuierung und Vertreibung der deutschen Bevölkerung wurde durch Zuwanderer aus der ehemals polnischen Ukraine, hauptsächlich aus Lwów (Lemberg), ausgeglichen.

Wirtschaft

Mit den umliegenden Städten bildet Breslau ein großes Industriegebiet, in dem eine Waggonfabrik, Maschinenindustrie, elektrotechnische und elektronische Industrie die bedeutendsten Produktionszweige sind.

Kultur

Als kulturelles Zentrum Schlesiens besitzt Breslau zehn Hochschulen und sechs Theater, eine Oper, eine Operette sowie mehrere Museen. International renommiert ist das Pantomimentheater von Henryk Tomaszewski. Wichtige internationale Veranstaltungen sind das Jazzfestival 'Jazz nad Odrą' (Jazz an der Oder) im April und das Oratorienfestival 'Wratislavia Cantans' im September.

Bedeutende Breslauer

Aus Breslau stammen u. a. der Barockdichter Christian Hofmann von Hofmannswaldau (1617–1679), der geistliche Dichter Angelus Silesius (eig. Johann Scheffler, 1624–1677), der Religionsphilosoph Friedrich Schleiermacher (1768–1834), der Maler Adolph von Menzel (1815–1905), der Begründer der Sozialdemokratie Ferdinand Lassalle (1825–1874), der Physiker und Nobelpreisträger Max Born (1872–1970) sowie der Widerstandskämpfer Pastor Dietrich Bonhoeffer (1906–1945).

Geschichte

Die Gründung einer Stadt namens Wrocisław durch den Böhmenherzog Wratisław am Ort einer vielleicht schon zu Römerzeiten bestehenden Handelsniederlassung wird um die Wende vom 9. zum 10. Jh. vermutet. Die ersten Bauten der Stadt waren eine Burgfestung aus Holz und Lehm und später ein gemauertes Schloß auf der Dominsel. Besiedelt wurde auch die benachbarte Sandinsel. Um 990 wurde Breslau zusammen mit ganz Schlesien an den Staat von Mieszko I. angeschlossen, und zehn Jahre später wurde ein vom Erzbistum in Gniezno (Gnesen) abhängiges Bistum gegründet. 1109 siegte das Heer des polnischen Königs Bolesław III. Krzywousty (Schiefmund) bei Breslau über den deutschen Kaiser Heinrich V. Nach der Zerstörung durch die Tataren im Jahr 1241 begann die Stadt sich um den heutigen Rathausplatz herum auszudehnen und sich mit einer Festungsmauer zu umgeben. Auf der Dominsel blieben jedoch die Kathedrale und andere Kirchen. Bis 1335 war Breslau Hauptstadt eines unabhängigen Herzogtums der Piasten und fiel dann an Böhmen, das 1526 wiederum unter habsburgische Herrschaft geriet. Die Entwicklung der Stadt wurde zuerst durch den Dreißigjährigen Krieg und später durch die drei Kriege zwischen Österreich und Preußen im 18. Jh. unterbrochen, infolge derer Breslau an Preußen ging. Der seitdem einsetzende Aufstieg zu einem bedeutenden industriellen Zentrum im Deutschen Reich wurde nur durch die Besatzung der Napoleonischen Truppen beeinträchtigt.

Geschichte (Fortsetzung)

Bei Ausbruch des Zweiten Weltkriegs hatte Breslau 660000 Einwohner. Als Ende 1944 die Front immer näher rückte, wurde die Stadt zur 'Festung' erklärt, die bis zum letzten verteidigt werden sollte. Im Januar 1945 wurden 700000 Personen z. T. rücksichtslos evakuiert und ganze Straßenzüge zu Verteidigungszwecken zerstört. Zurück blieben noch 200000 Einwohner und etwa 50000 Soldaten. Um sie schloß sich am 15. Februar der sowjetische Belagerungsring. Erst am 6. Mai 1945, eine Woche nach Hitlers Selbstmord, gab die Besatzung von Breslau auf. Was die Verteidiger nicht schon selbst zerstört hatten, erledigte der pausenlose Artilleriebeschuß, der Breslau in ein Meer von Ruinen verwandelte.

Museen

Historisches Museum

Das Breslauer Rathaus ist heute als ganzes ein Museum seiner selbst (siehe auch S. 438); geöffnet Mi.–Fr. 10.00–16.00, Sa. 11.00–17.00, So. 10.00–18.00 Uhr.

Die alte Universität an der Oder

*Nationalmuseum

Das Muzeum Narodowe befindet sich in einem 1883–1886 errichteten Neorenaissancegebäude (Pl. Powstańców Warszawy 5; geöffnet Mi., Fr.–So. 10.00–16.00, Do. 9.00–16.00, Sa., So. 10.00–17.00 Uhr). Seine wertvollsten Sammlungen sind in der Abteilung Schlesische Kunst des Mittelalters zu sehen, darunter Steinmetzarbeiten wie das Grab Heinrichs des Gerechten und farbig bemalte Holzskulpturen (u. a. viele 'Schöne Madonnen'). Auch das Tympanon des romanischen Portals der Maria-Magdalenen-Kirche ist hier zu sehen. Weitere Abteilungen zeigen polnische Malerei des 17.–20. Jh.s (darunter Canaletto, Matejko, Malczewski, Gerson), ausländische Malerei des 16.–20. Jh.s und neuere schlesische Kunst sowie Kunsthandwerk und Waffen.

Archäologisches und Volkskunde-Museum

Das barocke Palais Spaetgen (pałac Spaetgenów, ul. Kazimierza Wielkiego 33/34), erbaut 1719 und 1750–1755 zur Breslauer Residenz Friedrichs des Großen erweitert, beherbergt das Muzeum Archeologiczne, das über die Frühgeschichte Schlesiens informiert (geöffnet Mi.–Fr. 10.00 bis

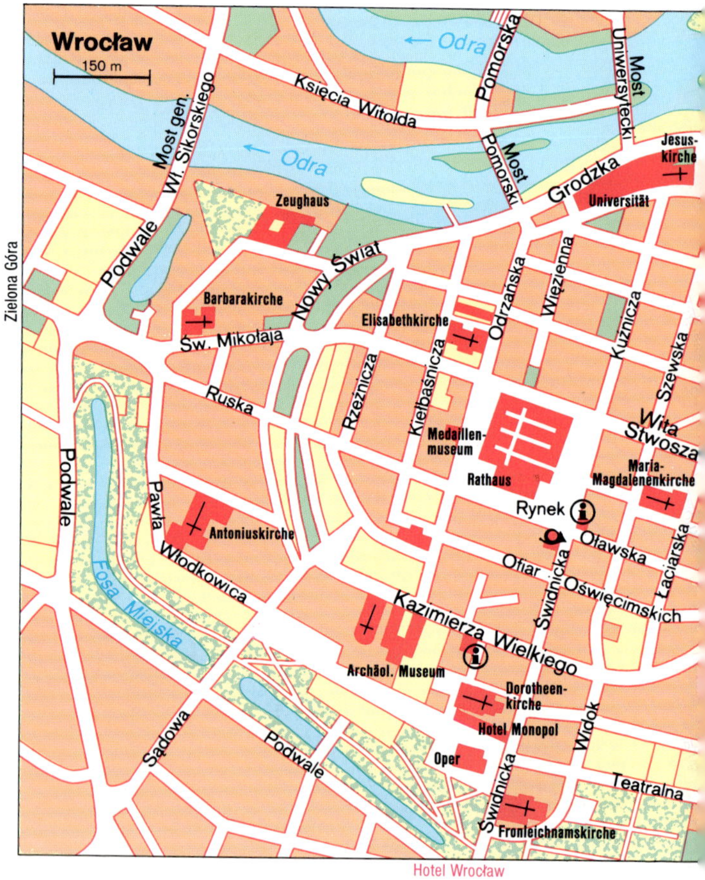

Archäologisches und Volkskunde-Museum (Forts.)

16.00, Do. 9.00–16.00, Sa., So. 10.00–17.00 Uhr), sowie das Muzeum Etnograficzne mit seiner Sammlung schlesischer Volkskunst und Laienmalerei (geöffnet Mi.–So. 10.00–16.00 Uhr).

Panorama Racławicka

In einer eigens zu diesem Zweck errichteten Rotunde (ul. Purkyniego 11) ist ein 114 m langes und 15 m hohes Panoramagemälde ausgestellt, das die Schlacht bei Racławice (in der Nähe von Krakau) vom 4. April 1794 zwischen der polnischen Armee unter Tadeusz Kościuszko und den Russen darstellt, einen der Marksteine für das polnische Nationalbewußtsein. Das Gemälde entstand in den Jahren 1893/1894 in Lwów (Lemberg) durch eine Gruppe von Malern unter Leitung von Jan Styka und Wojciech Kossak. Es war dort bis 1944 zu sehen und wurde 1946 nach Breslau gebracht. Erst 1980 begann man mit der Restaurierung, und seit 1985 ist es wieder zu besichtigen (tägl. 8.00–20.00 Uhr; Dauer der Führung 45 Min.; meist großer Andrang, Eintrittskarte daher am besten einige Stunden vorher lösen).

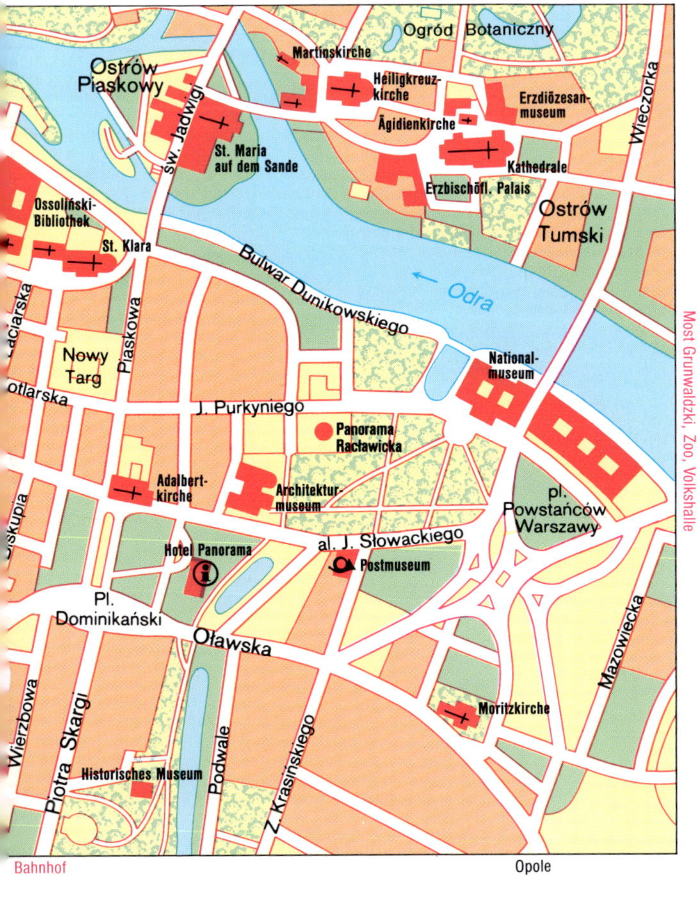

Post- und Fernmeldemuseum

Das Muzeum Poczty i Telekomunikacji (ul. Krasińskiego 1), 1926–1929 errichtet, enthält Exponate zur Geschichte des polnischen Post-, Fernmelde-, Telefon-, Fernseh- und Rundfunkwesens (geöffnet Mo.–Sa. 10.00 bis 15.00, So. 11.00–14.30 Uhr).

Erzdiözesanmuseum

Das Muzeum Arcydiecezjalne (ul. Kanonia 12) zeigt sakrale Kunst aus Schlesien des 15.–20. Jh.s wie Skulpturen, Malerei, Kunsthandwerk und liturgische Gewänder (geöffnet D.i–So. 10.00–15.00 Uhr).

Architekturmuseum

Das Muzeum Architektury befindet sich im früheren Bernhardinerkloster (ul. Bernardyńska 5) und zeigt mittelalterliche, neuere und moderne Architektur sowie den Wiederaufbau Breslaus nach dem letzten Krieg (geöffnet Di., Do., Fr. 10.00–15.30, Mi., Sa. 10.00–16.00, So. 10.00–17.00 Uhr).

** Rynek · Ring

Allgemeines

Das Zentrum der schachbrettartig angelegten Altstadt ist der Rathausplatz (Ring). Er entstand 1241 auf einer Fläche von 175 × 212 m. Die Gebäudegruppe aus Rathaus und anderen Häusern in der Mitte bildet zusammen mit den den Platz umgebenden Bürgerhäusern ein schönes Ensemble. Die meisten Häuser mußten nach dem Krieg rekonstruiert werden.

** Rathaus

Eines der wertvollsten Baudenkmäler in Polen ist das im 14./15. Jh. erbaute Rathaus, ein gotischer Profanbau von europäischem Rang. Wahrzeichen Breslaus ist die Ostfassade mit dem 1508 vollendeten, prächtig verzierten Mittelgiebel, der eine astronomische Uhr von 1580 trägt. Nicht weniger schön ist die spätgotische Südfassade, deren aufwendig gestaltete Fenster schon auf die Renaissance hinweisen. Über diesen sind die Elemente des Breslauer Wappens zu erkennen: der Adler der schlesischen Piasten, der böhmische Löwe, der Buchstabe W (vom lateinischen Namen Wratislavia), der Kopf des Evangelisten Johannes (des Patrons des Stadtrats) und der Kopf Johannes des Täufers, des Stadtpatrons. Unter dem besonders schönen mittleren Turm liegt der Eingang zur Piwnica Świdnicka (Schweidnitzer Keller), einem der ältesten (ehemals deutschen) Ratskeller, in dem das berühmte Schweidnitzer Bier ausgeschenkt wurde. Die Westfassade des Rathauses ist weniger imponierend; sie wird dominiert vom 66 m hohen, mit einem Renaissancehelm abgeschlossenen Uhrturm.

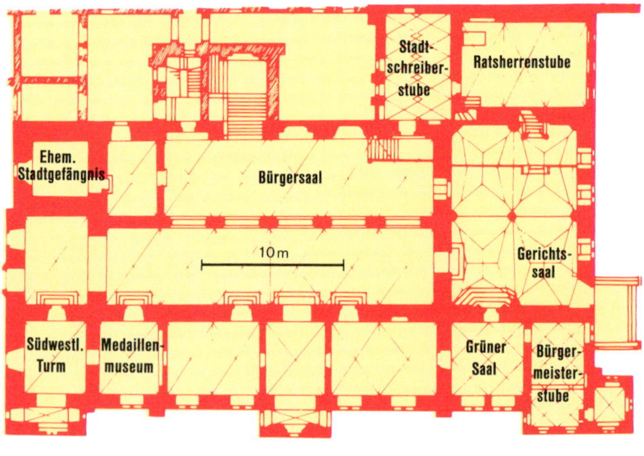

Wrocław **Rathaus (Erdgeschoß)**

Breslauer Rathaus: östliche Fassade

Rathaus (Fortsetzung)

Die prachtvollen Räume des Rathauses dienen als Historisches Museum. Von der Westseite gelangt man zunächst in den Bürgersaal, der 1616 sein heutiges Aussehen erhielt. Es folgt geradeaus der Gerichtssaal mit seinem schönen gotischen Sterngewölbe aus der Mitte des 15. Jh.s, das von einem Pfeiler in der Mitte getragen wird. Durch ein schönes Renaissanceportal von 1528 geht es links in die Ratsherrenstube; rechts befinden sich der als Vogtskanzlei benutzte Grüne Saal und die Vogtsstube. Herausragend im Obergeschoß ist der Repräsentationsraum des Rathauses, der Große Saal oder Remter, ein prächtiges Beispiel für die Architektur der Spätgotik, dessen Glanzpunkt der Mittelerker mit Kassettendecke und Steinbalustrade ist. Die Schluß- und Kragsteine des den Saal überspannenden Netzgewölbes tragen Motive aus dem Bürger- und Adelsleben

Rathaus (Fortsetzung)

Breslaus. Weitere bemerkenswerte Säle im Obergeschoß sind der 1345 ursprünglich als Kapelle entstandene Fürstensaal sowie das über eine Treppe zu erreichende Zimmer des Ratsältesten mit schöner Decke und einem großen Gemälde von 1688, eine Ratssitzung darstellend.

Bürgerhäuser am Ring

Zu den interessantesten Häusern am Ring gehören das Haus Nr. 2 'Pod Gryfami' (Greifenhaus), ein Beispiel niederländischer Architektur des 16. Jh.s, und das Haus Nr. 8 'Pod Siedmioma Elektorami' (Zu den Sieben Kurfürsten) mit teilweise gotischen Mauern und einem Barockportal aus dem 17. Jh., verziert mit dem zweiköpfigen Adler der Habsburger. In ihm und im benachbarten Haus Nr. 6 'Pod Złotym Słońcem' (Zur Goldenen Sonne) stiegen die böhmischen und habsburgischen Herrscher ab; heute ist hier ein Münzen- und Medaillenmuseum eingerichtet. An der Nordwestecke (ul. Odrzańska/ul. św. Mikołaja) stehen zwei kleinere Häuser aus dem 16. Jh., 'Jasio' und 'Małgosia' (Hänsel und Gretel) genannt. Sie sind durch ein Barocktor aus dem 18. Jh. verbunden, durch das man zur Elisabethkirche (Kościół św. Elżbiety) kommt.

Rund um den Ring

Elisabethkirche

Die Kościół św. Elżbiety, eine der großen gotischen Backsteinkirchen Breslaus, besitzt den höchsten Kirchturm der Stadt (86 m, ursprünglich 130 m). Ein erstes Gotteshaus stand 1211 an dieser Stelle; die heutige Kirche stammt aus dem 13./14. Jh., der Turm wurde 1458 vollendet. Von 1525 bis 1945 war sie protestantisch. In dem imposanten Ziegelbau mit drei Schiffen, der 1976 abgebrannt und 1988 wiederhergestellt war, wird die größte Sammlung bürgerlicher Grabmäler und Epitaphe in Schlesien bewahrt: 370 Exemplare aus Gotik, Renaissance und Barock. Die übrige Innenausstattung ist hauptsächlich barock und recht schlicht.

Zeughaus

Westlich der Elisabethkirche liegt schon außerhalb des ursprünglichen Festungsrings das im 15. Jh. erbaute Arsenal, in dem heute u. a. Waffen ausgestellt werden.

Salzmarkt

An die Südwestecke des Rings grenzt der Plac Solny, auf dem in früheren Zeiten die Waren der Kaufleute umgeschlagen wurden. Auch er ist von schönen Bürgerhäusern umstanden. Herausragendes Bauwerk ist die klassizistische Alte Börse (Haus Nr. 16) von 1842.

Kirche St. Maria Magdalena

Die Kościół św. Marii Magdaleny steht wenig östlich des Rings in der ul. Szewskiej. Das imposante Bauwerk entstand von 1355 bis 1360, die Türme wurden erst 1488 vollendet. Um 1546 wurde an der Südwand ein reich mit Blattwerk, Tier- und Fabelwesen verziertes romanisches Portal eingemauert, das aus einer nicht mehr existierenden Kirche der Benediktiner auf der Ołbyna (Elbing) im Norden Breslaus stammt und in den Jahren 1150–1175 entstanden ist. Es knüpft zum Teil an die französische Architektur, zum Teil an die Architektur der Lombardei an. Das Tympanon wird im Nationalmuseum bewahrt. Im Inneren sind sehenswert die Renaissance-Marmorkanzel, ein gotisches Sakramentshaus aus dem 15. Jh. sowie Grabmäler und Epitaphe aus verschiedenen Epochen.

Romanisches Portal

Adalbertkirche

Weiter in östlicher Richtung gehend kommt man zur Kościół św. Wojciecha (ul. Słowackiego/ul. św. Katarzyny) in einen schon außerhalb des Festungsrings liegenden Stadtteil, der 1945 völlig zerstört wurde. Noch heute blickt man hier über leere Flächen, die früher dicht bebaut waren. Vorläuferin der jetzigen Kirche war die 1112 gestiftete älteste Kirche des linksufrigen Breslau. An ihrer Stelle erbauten die Dominikaner ihr – nach → Sandomierz – zweites Gotteshaus in Polen, ein schönes Beispiel einfacher, früher Backsteingotik. Das Schiff entstand ab 1226 und wurde nach einem Brand beim Tatarensturm von 1241 ab 1260 neu gebaut, der Chor folgte um 1300 und der Turm 1359; 1492 wurde das Schiff verlängert. Der Innenraum der nach dem Zweiten Weltkrieg Krieg wiederaufgebauten Kirche ist sehr schlicht. Im Chor befindet sich die Lauretanische Kapelle (Kaplica Lauretańska) aus dem 17. Jh., außerdem steht hier eine steinerne gotische Skulptur der Muttergottes (15. Jh.) Im 18. Jh. wurde die Barockkapelle des seligen Czesław Odrwąża an die Südseite angebaut, deren prächtige Innenausstattung einen Gegensatz zum schlichten Inneren der Kirche bildet. Die Kapelle wurde von Georg Leonhard Weber aus Schweidnitz üppig ausgeschmückt. Am Altar befindet sich ein Alabastersarkophag mit 34 Reliefs mit Szenen aus dem Leben Czesławs, dessen Gebete 1241 die Tataren zurückgeworfen haben sollen. Ähnliche Szenen finden sich auch auf den Bildern an den Seitenwänden, Werken von Johann Franz de Bakker aus Antwerpen.

Dorotheenkirche

Auch die Kościół św. św. Stanisławy, Wacława i Doroty (ul. Świdnicka) etwas weiter südlich des Rings imponiert durch ihre Ausmaße (80 m lang, 30 m breit, 25 m Firsthöhe). Sie wurde zum Gedenken an die Begegnung Kaiser Karls IV. mit dem polnischen König Kazimierz Wielki (dem Großen) 1351 vom Kaiser für die augustinischen Einsiedler gestiftet. Der Chor entstand in den Jahren 1354–1381, um 1400 die drei gleich hohen Schiffe, Mitte des 15. Jh.s der Giebel der Kirche. Nach einem Brand im Jahr 1686, der die Gewölbe und das ganze Innere zerstörte, wurde sie im 18. Jh. wiederaufgebaut, allerdings teilweise bereits im Barockstil. Bewahrt wurden Kreuz-, Stern- und Springgewölbe in Mittel- und Seitenschiffen. Die Innenausstattung ist heute überwiegend barock. Das wertvollste Architekturdenkmal ist das Rokoko-Grabmal des Barons Gottfried von Spaetgen im Südschiff aus den Jahren 1752–1753.

Universitätsviertel

* Universität
Foto S. 435

Das Hauptgebäude der Universität liegt nördlich vom Rynek zur Oder hin. Die mittelalterliche Festung, die den Übergang über den Fluß schützte, wurde 1659 von Kaiser Leopold I. dem Jesuitenorden geschenkt, der das zerstörte Gebäude abtragen ließ und 1728–1742 das heutige monumentale Barockbauwerk errichtete. Die Schule, die der Orden in Breslau betrieb, hatte schon 1702 den Rang einer Hochschule erhalten. 1811 schließlich wurde sie durch die Übernahme der in Frankfurt a. d. Oder aufgelösten Fakultäten in die bis heute existierende allgemeine Universität umgewandelt. Die mächtige Fassade zur Oder hin ist 171 m lang und wird überragt vom Astronomischen Turm, verziert mit einem Globus und umgeben von Skulpturen, die die vier Wissenschaften Recht, Theologie, Astronomie und Medizin symbolisieren. Viele Säle des Universitätsgebäudes besitzen eine prächtige barocke Ausstattung, einzigartig jedoch ist die Aula Leopoldina, einer der schönsten Barockräume in Polen (2. Hälfte des 17. Jh.s, Entwurf von Christoph Tausch). Die Ausgestaltung stammt von Franz Joseph Mangold (Skulpturen), Ignazio Provisore (Stuck) und Johann Friedrich Handke (Fresken). Über dem Podium sieht man die Figur des Universitätsgründers Leopold I., das Fresko darüber stellt die Widmung der Universität an die Gottesmutter dar. Andere Skulpturen und Gemälde zeigen die Söhne Leopolds und Gönner der Universität wie Papst Urban VIII. oder Friedrich den Großen. In den Fensterlaibungen sind verdiente Wissenschaftler porträtiert.

** Aula Leopoldina
Foto S. 442

Die Aula Leopoldina

Matthiaskirche

Die Uniwersytetski Kósciół im. Jezus, die ehemalige Kirche der Jesuiten, schließt an den Südflügel der Universität an. Das recht stattliche Gebäude entstand 1689–1698 an der Stelle des Ostflügels des Fürstenschlosses, wobei die alten Mauern miteinbezogen wurden. Die barocke Innenausstattung wurde von Christoph Tausch entworfen. Neben dem Hauptaltar eine von drei existierenden Kopien der Pietà, die Michelangelo für die Peterskirche in Rom schuf. Die Gewölbefresken aus dem 18. Jh. zeigen die Verherrlichung Christi. Die an den Chor angefügten Kapellen sind dem Ordensgründer Ignatius von Loyola und dem hl. Franz Xaver, dem berühmten Missionar des Fernen Ostens, geweiht.

*Bibliothek des Ossoliński-Instituts 'Ossolineum'

Die Biblioteka Zakładu Narodowego im. Ossolińskich (ul. Grodzka/Szewska), nach der Nationalbibliothek in Warschau und der Jagiellonen-Bibliothek in Krakau die größte Bibliothek in Polen, wurde 1946 aus Lwów nach Breslau gebracht und in dem 1675–1715 ursprünglich als Johanniterkloster, ab 1811 als Gymnasium genutzten Gebäude eingerichtet. Zur Bibliothek gehören die größte Exlibris-Sammlung Polens, umfangreiche Grafiksammlungen (darunter Werke von Rembrandt und Dürer) sowie eine Handschriftensammlung.

Matthias-Gymnasialkirche

In der Krypta der kleinen gotischen Kósciół św. Macieja (ul. Szweska) ist Angelus Silesius begraben.

Kirche St. Klara

Die Kościół św. Klary am pl. Nankiera (benannt nach dem Krakauer Bischof Nanker, ab 1320 an Bischof von Breslau und Kämpfer für ein polnisches Schlesien) bildet eine barocke Anlage mit dem ehemaligen Ursulinerinnenkloster (bis 1811 Klarissinnenkloster, heute Schule). Der Komplex entstand aus einem im 13. Jh. errichteten Kaufmannshaus, das schon bald nach seiner Fertigstelltung für sakrale Zwecke verwendet wurde. Ein Teil wurde zur Kirche St. Klara umgebaut, der zweite mit fast identischen Ausmaßen zu der mit ihr verbundenen Hedwigskirche (Kościół św. Jadwigi).

Ein Umbau in den Jahren 1693–1699 gab der ganzen Anlage barocke Züge, dennoch sind große Teile der ursprünglichen Mauern erhalten geblieben. In beiden Kirchen sind Grabmäler und -platten schlesischer Fürsten zu sehen; besonders interessant ist die Hedwigskapelle (Kaplica św. Jadwigi) mit den Grabmälern Heinrichs III., Heinrichs V. und Heinrichs VI., weshalb sie auch Mausoleum der Breslauer Piasten genannt wird. Auch die Urne mit dem Herzen der Fürstin Karolina († 1707), letzter Sproß der Piasten-Dynastie, wird hier aufbewahrt.
Die Reihe der Kirchen am Platz wird beschlossen von der großen gotischen Vinzenzkirche (Kóściół św. Wincentego).

Kirche St. Klara (Fortsetzung)

Gegenüber der Vinzenzkirche steht die Markthalle, die 1908 aus mit Backstein verkleidetem Stahlbeton errichtet wurde (1983 wiederaufgebaut) und einen interessanten offenen Dachstuhl mit parabelförmig geschwungenen Betonträgern besitzt.

Markthalle

Ostrów Piaskowy · Sandinsel

Vom linken Oderufer führt die 1861 erbaute Sandbrücke (Most Piaskowy), die älteste erhaltene Brücke Breslaus, auf die Sandinsel. Piotr Włast, der die 'rechte Hand' des Königs Bolesław Krzwousty werden sollte, stiftete um 1149 dem Augustinerorden ein auf der Insel zu errichtendes Kloster. Heute nimmt diesen Platz die barocke Universitätsbibliothek ein, in der 1945 der Verteidigungsstab der Festung Breslau stationiert war.

Allgemeines

Die Kościół Najświętszej Marii Panny na Piasku, die gewaltige gotische Kirche auf der Sandinsel, ist ein Backsteinbau mit drei gleich hohen Schiffen und zwei Türmen (der Nordturm ist unvollendet), der in den Jahren 1334–1425 an der Stelle eines Vorgängerbaus aus dem 12. Jh. erbaut wurde. 1945 wurden die Dächer, die Gewölbe und ein großer Teil der Innenausstattung zerstört. Bei der Restaurierung strich man den bis zum Dachfirst 41 m hohen Kirchenraum weiß; in dem hohen, hellen Raum kommen die zeitgenössischen Glasfenster gut zur Geltung. Im Südschiff ist das Stiftungstympanon der ersten Kirche aus dem 12. Jh. zu sehen. Dargestellt sind Piotr Własts Ehefrau Maria und sein Sohn Świętosław, die der Muttergottes ein Modell der Kirche übergeben und diese ihr weihen, wie die lateinische Inschrift bekundet. Hohen künstlerischen Wert hat auch der spätgotische, reliefgeschmückte Taufstein aus dem 15. Jh. links vom Eingang in einem Raum unter dem Turm. Die gotischen Altäre an den Pfeilern stammen aus schlesischen Kirchen. Im Nordschiff eine bemerkenswerte Ikone der Siegreichen Muttergottes (16. Jh.), die aus dem östlichen Polen hierher gebracht wurde.

** Kirche Maria auf dem Sande

Ostrów Tumski · Dominsel

Von der Sandinsel geht man am besten auf der hübschen gußeisernen Dombrücke (Most Tumski) hinüber auf die Dominsel. Sie ist der älteste Teil Breslaus und seit dem 9. Jh. bewohnt. Hier befand sich der älteste Fürstenhof, der 1241 zusammen mit der ganzen Stadt auf das linke Oderufer verlegt wurde. Seitdem wurde die Insel zum Stadtteil der Kirchen, Sitz des Erzbischofs und anderer Mächtiger des Klerus. Im 19. Jh. wurde der alte Oderlauf zugeschüttet und die Insel mit dem Land verbunden.

Allgemeines

Die kleine gotische Backsteinkirche Kościół św. Piotra i Pawła (ul. Katedralna) erhielt ihre heutige Gestalt im 15. Jahrhundert. Ihr Gewölbe stützt sich lediglich auf einen Pfeiler.

St.-Peter-und-Paulskirche

Links geht es zur Kościół św. Marcina, ursprünglich eine Schloßkapelle aus dem 13. Jh. mit achteckigem Grundriß, im 13./14. Jh. sowie 1571 zu einem gotischen Bauwerk umgebaut. Vor dem Zweiten Weltkrieg wurden

Martinskirche

Martinskirche (Fortsetzung)

hier Gottesdienste in polnischer Sprache abgehalten, der letzte fand am 17. September 1939 statt. Neben der Kirche ein Granitdenkmal für Papst Johannes XXIII. von 1968.

*Doppelkirche zum hl. Kreuz

Das gotische Bauwerk der Kościoły św. Krzyża i św. Bartłomieja besteht aus zwei Kirchen übereinander; oben liegt die Kreuzkirche, unten die Bartholomäuskirche. Beide wurden auf Geheiß des Piastenfürsten Heinrich IV. Probus in den Jahren 1288–1295 als Familienmausoleum errichtet. Aus dieser Zeit stammt noch der Chor; die Kirchenschiffe wurden in den Jahren 1320–1350 unter Bischof Nanker angebaut. Das Bauwerk in Form eines lateinischen Kreuzes ist 66 m lang, 44 m breit und 19 m hoch; 1945 wurde es von einer Bombe so zerstört, daß die Anordnung der Kirchen sichtbar wurde. Der Wiederaufbau dauerte sechs Jahre.
Das früher in der oberen Kirche befindliche Grabmal Heinrichs IV. steht heute im Nationalmuseum. In der oberen Kirche befindet sich über dem Eingang zum Südschiff das Stiftungstympanon von 1360, das die Heilige Dreifaltigkeit sowie die Gründer, Heinrich IV. und seine Frau Mathilda, zeigt. Der Hauptaltar trägt ein gotisches Triptychon aus dem 15. Jahrhundert. Im südlichen Querschiff das schöne Renaissancegrabmal des Fürsten Stanisław Sauer († 1535). In der unteren, heute griechisch-orthodoxen Kirche die 1945 stark beschädigten Grabplatten der Bischöfe Nanker und Lubusz.

Fürstbischöfliches Palais

Das klassizistische Gebäude des Pałac Arcybiskupi (ul. Katedralna 11) wurde 1795–1802 errichtet. Seine Fassade schmücken ionische Säulen. 1955 wurden im nordöstlichen Teil des Gebäudes Mauern eines Bischofspalais von etwa 1240 entdeckt, mithin das älteste Wohngebäude der Stadt. Bis heute erhalten sind Bauteile aus Romanik und Gotik.

****Dom Johannes der Täufer**

Das beherrschende Bauwerk auf der Dominsel ist die Katedra św. Jana Chrzciciela. Schon um das Jahr 1000 stand die erste Kirche an dieser Stelle, die heutige Kathedrale ist die vierte. Ihr ältester Teil ist der gotische Chor, der nach dem Tatareneinfall ab 1244 dem romanischen Schiff angefügt wurde, das erste gotische Bauwerk auf polnischem Boden. Etwa zur selben Zeit wurden auch zwei niedrige Türme errichtet. Die gegenwärtigen Schiffe entstanden, ebenso wie die Marienkapelle, im 14. Jh.; an den anderen Kapellen wurde bis ins 17. Jh. hinein gebaut. Die heutigen imposanten Türme stammen aus dem 15. Jh., doch sind die schlanken Turmspitzen Rekonstruktion. Die 1945 zu 70 % zerstörte Kathedrale wurde in den Jahren 1946–1951 wiederaufgebaut.
An der nördlichen Außenmauer der Kirche befindet sich eine Kapelle mit der Kopie einer romanischen Skulptur Johannes des Täufers (Original im Diözesanmuseum).

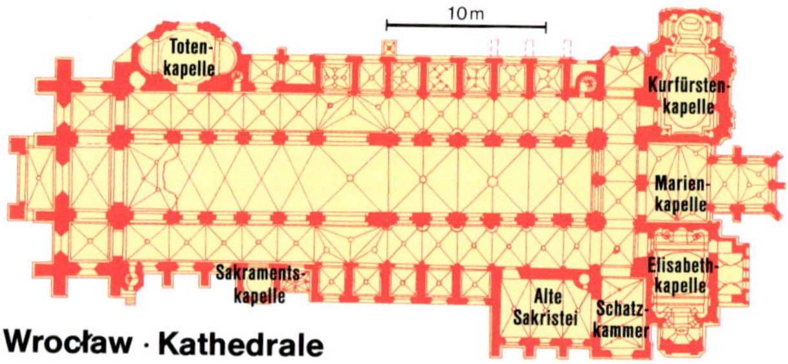

Wrocław · Kathedrale

Innenraum

Mittelpunkt des Chors, vom Kirchenraum durch eine Balustrade mit Figuren der Schutzpatrone der Kathedrale getrennt, ist ein spätgotisches Triptychon von 1552 aus Lubin (Lüben). Das Barockgestühl aus dem 17. Jh.

Dombrücke mit Kreuzkirche und Dom

Dom, Innenraum (Fortsetzung)

wurde ursprünglich für die Vinzenzkirche angefertigt. Die Glasfenster sind nach dem Krieg entstanden, ebenso die Orgel, eine der größten in Polen. Von den Kapellen im südlichen Seitenschiff sind beachtenswert die Sakramentskapelle, gestiftet 1672, vom Schiff durch ein schmiedeeisernes Barockgitter getrennt; dann, näher am Hauptaltar, die Kapelle des hl. Kasimir, des Schutzpatrons Litauens, mit dem Grabmal von Bolesław Komink, dem ersten Breslauer Erzbischof nach dem Zweiten Weltkrieg. Zur Großen Sakristei führt ein schönes Renaissanceportal, gestiftet 1517 von Bischof Johann von Thurzo, mit dem Relief "Enthauptung Johannes des Täufers" und einer Figur des Stifters. Im nördlichen Seitenschiff sind Freskenreste aus dem 15. Jh. erhalten geblieben.

Elisabeth-Kapelle

Die drei schönsten Kapellen liegen an der Ostseite, der Giebelwand der Kathedrale (Zugang über den Chorumgang). Die erste von ihnen, die Elisabeth-Kapelle, entstand in den Jahren 1684–1700 und ist ein Meisterwerk der italienischen Künstler Scianzi, Rossi, Ferrato, Guidi und Passerino, von denen auch die Skulpturen stammen. Besonders schön das Epitaph des Stifters der Kapelle, des Erzbischofs von Breslau und hessischen Kurfürsten Friedrich, und die Kuppelfresken mit Szenen aus dem Leben der hl. Elisabeth.

Marienkapelle

Kurfürstenkapelle

Die Nachbarkapelle, die auf der Achse der Kirche stehende gotische Marienkapelle, wurde 1354–1361 aus einer Stiftung des Breslauer Bischofs Przecław erbaut und enthält dessen Marmorsarkophag. Die nächste Kapelle, die Kurfürstenkapelle, gilt als das schönste Beispiel der Barockarchitektur in Breslau. Sie wurde in den Jahren 1716–1724 vom Wiener Hofarchitekten Johann Bernhard Fischer von Erlach für den Erzbischof von Breslau und Trier, Franz Ludwig Neuburg, erbaut. Die prächtige Innenausstattung ist ein Werk verschiedener europäischer Künstler, darunter Carlo Carlone (Deckenfresko). Im Zentrum des prächtigen barocken Altars steht eine vergoldete Nachbildung der Bundeslade. Die benachbarte gotische Kapelle Johannes des Täufers mit dem Grabmal des Bischofs Johann von Thurzo entstand 1408 und wurde 1517 umgebaut.

Ägidienkirche

Die romanische Kościół św. Idziego nördlich des Doms ist die älteste noch benützte Kirche Breslaus (1. Hälfte des 13. Jh.s); aus dieser Zeit ist das Südportal erhalten geblieben, das zweite Portal stammt aus der Renaissance. Das Gewölbe stützt sich auf einen einzigen Pfeiler. Die Kirche ist durch einen Backstein-Schwibbogen mit dem spätgotischen Gebäude des Domkapitels aus dem 16. Jh. verbunden; hier und im benachbarten neogotischen Gebäude ist das Erzdiözesanmuseum untergebracht.

Botanischer Garten der Universität

Der nur im Sommer geöffnete Botanische Garten nördlich der Ägidienkirche erstreckt sich auf dem Gelände des alten Oderlaufs, von dem noch einige Teiche zurückgeblieben sind. Der Garten wurde in den Jahren 1811–1816 angelegt und umfaßt u. a. einen Rosengarten, ein Alpinarium und eine Orangerie sowie eine der größten Kakteenzuchten Polens.

Östliche Außenbezirke

*Kaiserbrücke

Von der Altstadt führt die Kaiserbrücke (Most Grunwaldzki) über die Oder. Diese längste Hängebrücke Polens wurde 1910 erbaut und drei Jahre nach ihrer Zerstörung 1945 wiederaufgebaut. Von der Brücke aus hat man einen schönen Blick auf die Oder, auf die Kirchtürme auf Sand- und Dominsel sowie auf das östlich der Brücke liegende Universitätsviertel. Auf diesem Gelände ließ die deutsche Wehrmacht ab März 1945 einen Flugplatz anlegen. Für die Arbeiten wurden die Breslauer Bevölkerung sowie Zwangsarbeiter, KZ-Häftlinge und Kriegsgefangene herangezogen. Ständige Luftangriffe und Artilleriefeuer forderten mehr als 10000 Opfer. Das einzige Flugzeug, das schließlich von hier startete, brachte den Gauleiter von Schlesien, den Hauptverantwortlichen für das Sterben in der 'Festung Breslau', in Sicherheit. Das leere Gelände erhielt nach dem Krieg den Namen Plac Grunwaldzki, und 1953 begann man mit dem Bau von Universitätsgebäuden und Wohnhäusern.

Die Kaiserbrücke (Most Grunwaldzki)

Wrocław (Fortsetzung) Hala Ludowa

Noch weiter östlich des akademischen Viertels, jenseits des Oderkanals, liegt die 'Volkshalle' (ul. Wróblewskiego), eine bahnbrechende Stahlbetonkonstruktion von Max Berg aus den Jahren 1912/1913, erbaut zur Hundertjahrfeier der Völkerschlacht von Leipzig. Die imposante Halle – Höhe 42 m, Innendurchmesser 95 m, Gesamtfläche 13330 m² – verfügt über 6000 Sitzplätze und kann bis zu 20000 Menschen aufnehmen.
Die 96 m hohe stählerne Nadel vor der Halle wurde 1948 anläßlich der polnischen 'Ausstellung der Wiedergewonnenen Gebiete' hier aufgestellt. Im angrenzenden Park ein Kindergartengebäude von Le Corbusier.

Zoologischer Garten

Im 1865 gegründeten Zoologischen Garten (ul. Wróblewska 1) leben etwa 6000 Tiere 600 verschiedener Arten, was ihn an die erste Stelle unter den polnischen Zoos stellt.

Umgebung von Wrocław

Oława (Ohlau)

Die 27 km südöstlich von Breslau gelegene Stadt wurde im 12. Jh. gegründet. Das bedeutendste Baudenkmal ist das Rathaus aus dem 14. Jh., das seine heutige Gestalt 1823 durch Karl Friedrich Schinkel erhielt. Der barocke Rathausturm aus dem 17. Jh. ist 53 m hoch und verfügt über eine berühmte, 1718 fertiggestellte Uhr, den sog. 'Tod von Ohlau'. Zur vollen Stunde erscheinen Figuren, u. a. der Tod mit einer Sense. Weiterhin sehenswert der steinerne Pranger vor dem Rathaus und das frühere Schloß der schlesischen Piasten, an dem heute nach mehreren Umbauten der Barockstil dominiert.

Środa Śląska (Neumarkt)

Dieses Städtchen 32 km westlich von Breslau ist eine der ältesten Städte Schlesiens. Teile der einst 1700 m langen Stadtmauer sind noch erhalten. Außergewöhnlich lang (335 m) ist der spindelförmige Rynek (Ring) mit dem Rathaus von 1552 und einer Rolandsfigur. Die gotische Andreaskirche (św. Andrzeja) aus dem 13./14. Jh. besitzt Fragmente einer älteren romanischen Kirche. Daneben ein gotischer Wehrglockenturm (15. Jh.).

Złotoryja

In Złotoryja (Goldberg) westlich von Breslau wurde 1998 ein Goldmuseum eröffnet. Es zeigt Werkzeuge, die Goldsucher früher benutzt haben.

Zakopane

G 7

Wojewodschaft: Małopolski
Höhe: 838 m ü. d. M. (Stadtzentrum)
Einwohnerzahl: 29000

* Lage und Bedeutung

Zakopane liegt ca. 110 km südlich von Krakau im sogenannten Tatra-Graben (Rów Podtatrzański), der im Süden durch die → Tatra und im Norden durch den Berg Gubałówka begrenzt wird. Zakopane ist Polens 'Winterhauptstadt', aber auch in der übrigen Zeit des Jahres ein beliebtes Urlaubsziel. Wegen der Lage in einem Talkessel ist die Luft – die Häuser werden mit Kohle geheizt – oft stark verschmutzt. In Zakopane gibt es eine gute touristische Infrastruktur; eine Schwebebahn führt auf den Kasprowy Wierch (1985 m) und eine Standseilbahn auf die Gubałówka (1120 m).

Geschichte

Den Anfang der Stadt bildeten Hirtensiedlungen, Mitte des 16. Jh.s wird der Name Zakopane erstmals urkundlich erwähnt. Im 18./Anfang des 19. Jh.s war es ein Dorf im Schatten der Hütten in Kuźnice (heute ein Teil Zakopanes). Erst ab Mitte des 19. Jh.s begann sich der Fremdenverkehr zu entwickeln, wobei sich der Arzt Tytus Chałubiński (1820–1889) besondere Verdienste um die Popularität Zakopanes erworben hat. 1873 entstand die Towarzystwo Tatrzańskie (Tatra-Gesellschaft), die die Tatra für den Tourismus zu erschließen begann. Ende des 19. Jh.s und im 20. Jh. hielten sich

Zakopane in der Hohen Tatra

Geschichte (Fortsetzung)

bedeutende polnische Maler, Schriftsteller, Dichter und Komponisten für längere oder kürzere Zeit in Zakopane auf. An sie erinnern Dokumente in Villen und Museen sowie Grabmäler.

Veranstaltungen

Jedes Jahr im September wird in Zakopane das Internationale Festival der Berglandfolklore veranstaltet, an dem Goralen-Ensembles und Gruppen aus vielen anderen Ländern teilnehmen. Das Festival ist Teil des Tatraer Herbstes (Jesień Tatrzański) mit Ausstellungen, Wettbewerben, Gesang und Tanz und anderen Veranstaltungen.

Sehenswertes

Ehem. Pfarrkirche

Der im Jahr 1847 von den Goralen errichtete Holzbau (an der ul. Kościeliska, im ältesten Teil Zakopanes) trägt die Namen der Mutter Gottes von Tschenstochau und des hl. Clemens. Die drei Altäre wurden von dem Goralenbildhauer Wojciech Kułach angefertigt. Neben der Kirche eine Steinkapelle, 1810 von dem Goralen Paweł Gąsienica erbaut, das älteste sakrale Bauwerk in Zakopane.

Alter Friedhof

Der Friedhof neben der Holzkirche ist Mitte des 19. Jh.s entstanden und als historisches Baudenkmal anerkannt. Unter den 250 Gräbern sind einige Dutzend Gräber von Personen, die sich um die polnische Kultur verdient gemacht haben. Hier ruhen Tytus Chałubiński, Kornel Makuszyński (s. S. 450) und der aus den Beskiden stammende Schriftsteller Władysław Orkan (1875–1930), ferner Stanisław Witkiewicz (1851–1915), der Architekt, der den 'Zakopaner Stil' prägte (Vater des bedeutenden Dramatikers und Malers Stanisław Ignacy Witkiewicz).

Pfarrkirche zur hl. Familie

Die neoromanische Kościół parafialny Najświętszej Rodziny (im unteren Teil der ul. Krupówka, der Hauptstraße Zakopanes) entstand 1877–1896 und enthält Werke bedeutender Zakopaner und Krakauer Künstler sowie Goralen-Skulpturen.

Pfarrkirche (Fortsetzung)

* Tatra-Museum

Das Gebäude des Tatra-Museums (u. Krupówki 10) entstand 1913–1920 und ist ein Beispiel für den Zakopaner Stil in Steinbauweise. Die Anfänge des Museums, das nach Dr. Tytus Chałubiński benannt ist (Muzeum Tatrzańskie im. dr. Tytusa Chałubińskiego), reichen in das Jahr 1875 zurück. Im Parterre Sammlungen zu Volkskunde und Geschichte des Podhale (Geräte der Hirten, Volkskunst, Goralentrachten und Inneneinrichtungen von Goralenkaten aus dem 19. Jh.); im ersten Stock naturkundliche Sammlungen. Hinter dem Museum liegt ein Botanischer Garten mit 550 Pflanzenarten aus der Tatra.

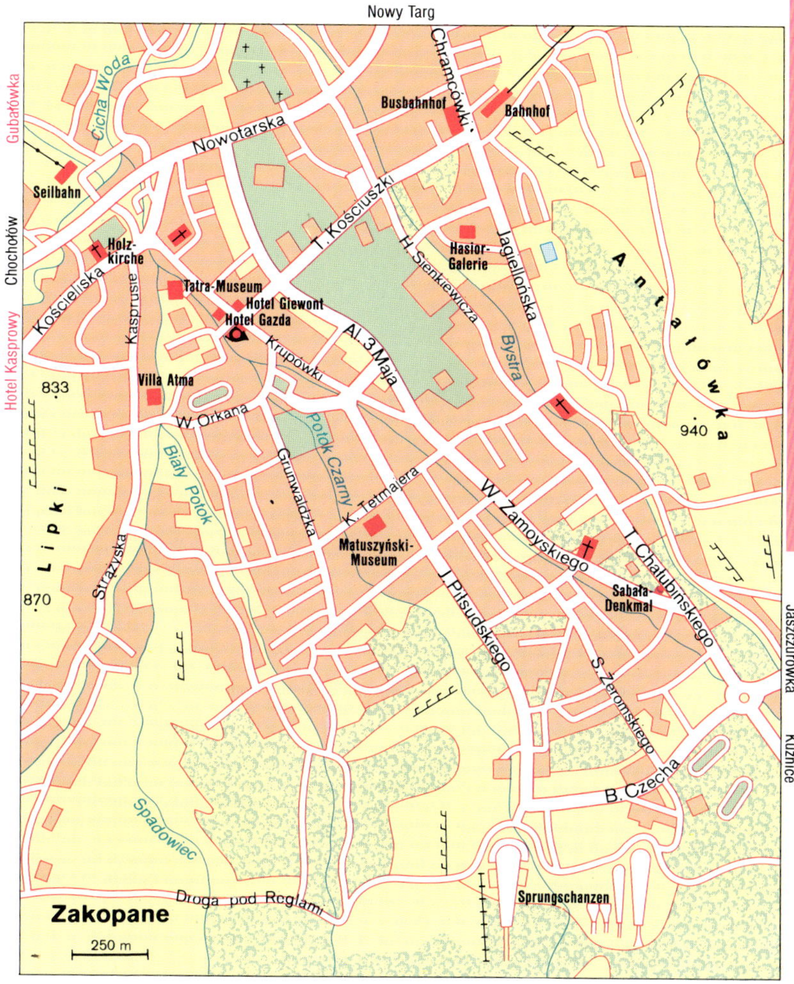

Kate 'Tea'

Die typische Goralenkate (19. Jh.) wurde 1919 gekauft, um dort Sammlungen der Goralen-Volkskunst aufzubewahren. Die Diele der Kate und die Stuben sind angefüllt mit Gebrauchsgegenständen und Volkskunst.

Karol-Szymanowski-Museum (Villa Atma)

Das Museum (ul. Kasprusie 19) ist in einer Holzvilla von 1905 untergebracht und dem Andenken des großen polnischen Komponisten und Pädagogen Karol Szymanowski (1882–1937) gewidmet, der ab 1930 hier lebte. Er schrieb u. a. das Goralenballett "Harnasie". In der Villa Atma finden in kleinerem Rahmen auch Kammerkonzerte statt.

Museum Kornel Makuszyński

In der Villa Opolanka (ul. Tetmajera 15) wohnte Kornel Makuszyński (1884 bis 1953), Schriftsteller und Publizist, Textautor des bekannten polnischen Kindercomics 'Koziołek Matołek'. Neben Erinnerungsstücken an den Schriftsteller finden sich hier viele wertvolle Bilder polnischer Meister.

Hasior-Galerie

Einen Besuch lohnt auch die Galeria Władysław Hasiora (ul. Jagiellónska 7), wo Arbeiten des bekannten zeitgenössischen Bildhauers W. Hasior und anderer Künstler besichtigt werden können (Wechselausstellungen).

Kunstgalerie auf dem Koziniec

Koziniec ist der Name eines Bergs am östlichen Rand von Zakopane und einer Straße. Dort ist in einem Haus (Nr. 8) seit 1981 eine Sammlung von Orientteppichen untergebracht, die früher in Privatbesitz war. Außer den Teppichen sind in der Galerie auch Wechselausstellungen zu sehen.

Villen

Die meisten Villen der Stadt sind im Zakopaner Stil gebaut, der um die Jahrhundertwende von Stanisław Witkiewicz geschaffen wurde. Dieser Stil ist eine den traditionellen Holzbauformen nachempfundene Architektur. Das beste Beispiel dafür sind die von Witkiewicz entworfenen Villen 'Koliba' (1893) an der ul. Kościeliska und 'Pod Jedlami' (1897) auf dem Koziniec. An der ul. Kościeliska findet man auch alte Goralenkaten, die Straße ist ein 'natürliches Freilichtmuseum' der Goralenarchitektur.

Zakopaner Stil: Kapelle in Jaszczurówka

*Kapelle in Jaszczurówka

Diese Kapelle (östlich Zakopane), eine Holzkonstruktion von 1908 und entworfen von Witkiewicz, ist ein weiteres hervorragendes Beispiel für den Zakopaner Stil. Die Innenausstattung ist ebenfalls aus Holz gearbeitet. Den Kreuzweg malte Józef Jan Jachymiak auf Glas, die Seitenaltäre und den Lüster (Eichenholz) schuf Józef Janas aus Dębno Podhalańskie.

Jan-Kasprowicz-Museum

Das Museum befindet sich im Ortsteil Harenda an der Straße nach Nowy Targ. Jan Kasprowicz (1860–1926), Lyriker, Literaturwissenschaftler und Übersetzer (u. a. Shakespeare, Aischylos, Tennyson, Goethe und Hauptmann), lebte bis zu seinem Tode in der 1920 erbauten Villa. Daneben ein Mausoleum mit seinen sterblichen Resten.

Pfarrkirche in Harenda

Diese Kirche – heute Apostel-Johannes-Kirche (św. Jana Apostola) – ist Anfang des 18. Jh.s in Zakrzów bei Kalwaria Zebrzydowska (→ Wadowice) entstanden. Im Jahre 1947 wurde sie hierher gebracht. Der Holzbau ist mit niedrigen Lauben umgeben und hat eine barocke Innenausstattung.

Umgebung von Zakopane

Ausflüge

Zakopane ist Ausgangspunkt für Ausflüge in die → Tatra und in das → Podhale. Die Dörfer der Umgebung sind für ihre ländliche Architektur bekannt, insbesondere Chochołów (bei Witów, 18 km) und Jurgów (östlich bei Bukowina Tatrzańska, 19 km). In Białka Tatrzańska (nördlich von Bukowina) steht eine hölzerne Goralenkirche von etwa 1700.

Gubałówka

Der Berg nördlich von Zakopane (1123 m ü. d. M.) ist wegen seiner guten Skigebiete bekannt (Schlepplifte; → Praktische Informationen, Sport); vom Gipfel schöne Aussicht auf die Tatra. Man kann ihn zu Fuß erreichen (auch im Winter; ca. 1.30 Std.) oder mit der Bergbahn (Länge ca. 1 000 m, Höhenunterschied 299 m, Fahrdauer 7 Min.).

Goralen-Holzarchitektur in Chochołów

Zakopane, Umgebung (Fortsetzung) Poronin

Wladimir Iljitsch Lenin (1870–1924) hielt sich vor seiner Reise in die Schweiz in dem Dorf Poronin auf, das etwa 5 km nordöstlich Zakopane an der Straße von Nowy Targ liegt, um eine (vermutete) Tuberkulose zu kurieren. Lenin-Museum unterhalb der Bahnstation.

Nowy Targ → dort
Pieniny → dort

Zamość L 6

Wojewodschaft: Lubelskie
Höhe: 220 m ü. d. M.
Einwohnerzahl: 47 000

Lage und Bedeutung

Im Südosten Polens, etwa 50 km von der Grenze zur Ukraine entfernt, liegt das berühmte Zamość, das 'polnische Pienza'. Die Stadt in der Zamośćer Senke (Padoł Zamojski) nordöstlich des Hochlands der Roztocze ist das wirtschaftliche und kulturelle Zentrum einer landwirtschaftlich geprägten Region. In Zamość wurde am 5.3.1870 Rosa Luxemburg geboren.

Geschichte

Anfang des 16. Jh.s erwarben die Zamoyskis, reiche Magnaten, die hohe Staatsämter bekleideten, das Land. 1578 ließ sich der 36jährige Großkanzler Jan Zamoyski von dem italienischen Architekten Bernardo Morando aus Padua – wo Zamoyski studiert hatte – eine Residenz errichten. Parallel dazu wurde in dem sumpfigen Gelände der Grundriß für eine Stadt abgesteckt, die 1580 deutsches Stadtrecht erhielt. Von 1580 bis 1590 wurden umfangreiche Arbeiten zur Meliorisation des Geländes durchgeführt, Dämme und Wälle aufgeschüttet. 1585 siedelten sich hier Armenier an, im Jahr 1588 Juden. 1589 wurde die Stadt Verwaltungssitz großer Ländereien, des sogenannten Zamośćer Majorats (Ordynacja Zamojska). In den folgenden Jahren wurden Befestigungen, Rathaus und Kirchen erbaut und eine Akademie gegründet. Im 17. Jh. erweiterte man die Befestigunganlagen, die sich bei der Abwehr der schwedischen Truppen im Jahre 1656 bewährten; Zamość war die einzige Festung, die der 'schwedischen Sintflut' standhielt. In der Ersten Polnischen Teilung (1772) kam des Gebiet an Österreich. Ab 1815 gehörte Zamość zum Königreich Polen (dem sog. Kongreßpolen) und stand de facto unter russischer Herrschaft; 1866 wurde die mächtige Festung abgetragen.
Im polnisch-sowjetischen Krieg wurde 1919/1920 vor Zamość die Rote Armee vernichtend geschlagen. Den Zweiten Weltkrieg überstand Zamość – als Zentrum eines Germanisierungsgebiets in 'Himmlerstadt' umbenannt – weitgehend unzerstört, doch kamen in den Kriegsgefangenenlagern und in der Rotunde viele tausend Menschen um; viele wurden in das Vernichtungslager Bełżec (42 km südlich) deportiert. Die einst zahlreiche jüdische Bevölkerung wurde ausgelöscht. Die ehemalige Synagoge beherbergt heute die städtische Bibliothek.
In den siebziger Jahren pumpte die Regierung beträchtliche Summen in die Renovierung der historischen Gebäude. Seit 1992 steht Zamosc auf der Liste der von der UNESCO als Kuturerbe anerkannten Stätten.

Sehenswertes

**Stadtbild

Die Stadt wurde nach einem Entwurf geplant und gebaut, der sich an der Idee der idealen Stadt orientierte. Zamość besteht aus einer Residenz und der eigentlichen, von Befestigungsmauern mit Bastionen umgebenen Stadt (fünfeckiger Grundriß). Das Areal innerhalb der Mauern ist mit 600 m Länge und 400 m Breite 24 ha groß. Zu den Festigungsmauern gehörten das Lubliner Tor (Brama Lubelska, im Nordwesten), Lemberger Tor (Brama Lwowska, im Osten) und Szczebrzeszyner Tor (Brama Szczebrzeska, im Südwesten).

Stadtbild (Fortsetzung)

In der Innenstadt gibt es drei wichtige Plätze: Rynek Wielki (Großer Markt), Rynek Solny (Salzmarkt) und Rynek Wodny (Wassermarkt). Die Straßen schneiden sich im rechten Winkel.
Im Stadtpark, im sogenannten Käfig (Kojec), steht ein Modell der Stadt.

** Großer Markt

Das Zentrum von Zamość ist der Große Markt mit dem Rathaus, angelegt 1591–1600 durch Bernardo Morando und vergrößert 1639–1651 durch J. Jaroszewicz und Jan Wolff. Sein Bild wird durch den organisch aus dem Kubus des Ratsgebäudes wachsenden achteckigen Uhrturm (52 m hoch) und die großzügige doppelte Freitreppe (1768 angefügt) geprägt. Der barocke Turmhelm stammt von 1770; schöne Stuckreliefs schmücken die große Diele.
Den Platz umgeben Arkadenhäuser, die großenteils restauriert sind (Attiken, Fassadengestaltung); hier haben sich Geschäfte, Kunstgalerien und Restaurants installiert. Beachtenswert ist besonders das Haus 'Zum Engel' an der Nordseite des Markts (Nr. 26), ein armenisches Kaufmannshaus von 1634 mit dem Erzengel Gabriel an der Fassade; es enthält das sehr sehenswerte Stadtmuseum (geöffnet Di.–So. 10.00–15.00 Uhr). Das Haus Nr. 37 ist das Geburtshaus von Rosa Luxemburg.

* Stiftskirche (Kollegiatskirche)

Die dreischiffige Stiftskirche St. Thomas wurde 1587–1598 von Bernardo Morando erbaut, ausgestattet ist sie mit manieristischen Skulpturen und Illusionsmalerei. Das Gemälde im Hauptaltar ('Ungläubiger Thomas') wird

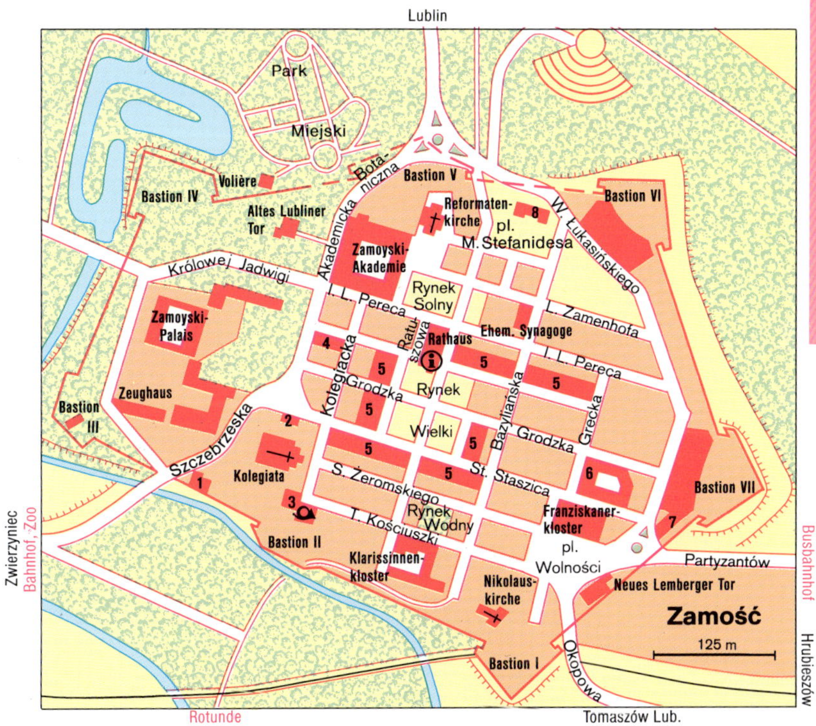

1 Szczebrzeszyner Tor
2 Glockenturm
3 'Bischofsmütze'
4 Seminar
5 Hist. Bürgerhäuser
6 Bonifraterkloster und -spital
7 Altes Lemberger Tor
8 Neues Lubliner Tor

Zamość: Der Große Markt mit Rathaus

Stiftskirche (Fortsetzung)

Domenico Tintoretto, Sohn des 'berühmten' Tintoretto, zugeschrieben (1602–1604). Im Fußboden der barocken Kapelle der Zamoyski (Stuck von G. B. Falconi 1634) ist die Grabplatte (1618) des Großkanzlers Jan Zamoyski aus schwarzem Marmor eingelassen; unter der Kapelle die Krypta der Zamoyski. Die Kirche hat noch weitere prächtig ausgestattete Kapellen. In der Schatzkammer werden wertvolles liturgisches Gerät und alte liturgische Gewänder aufbewahrt. Der Glockenturm (Dzwonnica) stammt aus den Jahren 1761 und 1776.

Weitere Sehenswürdigkeiten

Auf dem Programm eines Stadtrundgangs stehen: der Palast der Zamoyski von 1585, das 1831 als Militärkrankenhaus eingerichtet wurde; die Akademie, heute wie zur Entstehungszeit (1595) ein Gymnasium; die ehemalige Synagoge (ul. Zamenhofa), ein Gebäude der Spätrenaissance (1620) in manieristischer 'Lubliner' Gestaltung; und nicht zuletzt die Rotunde im Süden der Stadt (jenseits der Bahnlinie), ein Pulverhaus von 1831, Stätte von Massenerschießungen im Zweiten Weltkrieg (Museum).
Nördlich der Stadt befindet sich ein großes Freilichttheater (kulturelle Veranstaltungen).

Umgebung von Zamość

Krasnobród

In Krasnobród, 24 km südlich von Zamość in den Wäldern des → Roztocze gelegen, sind ein Palais aus dem 18. Jh., eine Barockkirche und ein Dominikanerkloster (18. Jh.) sehenswert.

Zwierzyniec

In dem 28 km südwestlich von Zamość am Wieprz gelegenen Dorf gibt es neben einer Brauerei eine spätbarocke Kirche auf einer Insel und die alten Bauten des Zamośćer Majorats (1. Hälfte 19. Jh.). Zwierzyniec besitzt Bademöglichkeiten und ist Ausgangspunkt für Wanderungen in den Roztocze-Nationalpark.

Zielona Góra · Grünberg C 5

Wojewodschaft: Lubuskie
Höhe: 120–200 m ü. d. M.
Einwohnerzahl: 118 000

Lage und Bedeutung

Zielona Góra, hübsch an den Hängen der Grünberger Höhen (Wał Zielonogórski) gelegen, ist dank des günstigen Klimas der am weitesten nördlich gelegene Ort Europas mit Weinbau. Von der deutschen Grenze ist Grünberg 60 km entfernt (Grenzübergang Guben/Gubin).
Die Stadt ist ein Zentrum der Textilindustrie (Wollspinnerei), des Maschinenbaus (Baumwollspinnmaschinen, Eisenbahwaggons) und der Lebensmittelindustrie (Produktion von Wein und Wodka).
Ferner gibt es in der Stadt eine Reihe kultureller Einrichtungen, ein Theater, ein Puppentheater, eine Philharmonie und ein Museum, das Museum des Lebuser Landes. Für Sportfans interessant ist die Speedway-Rennbahn (Morawski Speedway Team).

Geschichte

Erstmals erwähnt wurde Grünberg 1302, das Stadtrecht bekam es 1323 von dem Piastenfürsten von Glogau und Sagan Heinrich IV.; ab Mitte des 14. Jh. stand es unter böhmischer Herrschaft. Die erste Erwähnung des Weinbaus geht auf das Jahr 1314 zurück; im 15./16. Jh. entwickelten sich Tuchweberei und Weinbau. Von 1742 bis 1945 war Grünberg unter preußischer bzw. deutscher Herrschaft. Im 19. Jh. bedeutender Aufschwung durch die Industrialisierung (1816 erste Wollspinnerei). Grünberg war ein Zentrum polnisch-nationaler Bestrebungen (1898 wurde die 'Gesellschaft polnischer Handwerker' gegründet, 1923 der 'Verband der Polen in Deutschland'). Während des Zweiten Weltkriegs gab es hier ein für Frauen bestimmtes Nebenlager des Konzentrationslagers Groß Rosen bei Liegnitz. 1945 kam die Stadt an Polen zurück.

Gotische Hedwigskirche mit klassizistischem Turm

Veranstaltungen

Auf ein 1846 zum erstenmal begangenes Weinfest gehen die Grünberger Tage (Dni Zielonej Góry) zurück, die im September stattfinden.
Alle zwei Jahre wird ein Internationales Festival für Volkstänze und -lieder veranstaltet.

Sehenswertes

Rathaus

An der Stelle eines 1542 abgebrannten Holzbaus entstand in den Jahren 1652–1679 das Rathaus am Rynek, im 18./19. Jh. wurde es neoklassizistisch umgebaut. Der Turm mit dreistöckiger Haube stammt aus dem Jahre 1670.

Pfarrkirche St. Hedwig

Die an der Łącza gelegene Kościół św. Jadwigi stammt aus den Jahren 1373–1384 und wurde einige Male durch Feuer zerstört und wieder instandgesetzt, zuletzt 1679; der Turm entstand 1778–1780 neu (jetzige Gestalt von 1832). Bemerkenswert im Innern ein barocker Orgelprospekt, eine schmiedeeisernes Gitter aus der Renaissance und einige barocke Grabplatten.

Ehemalige evang. Kirche

Der Fachwerkbau (ul. Mickiewicza) entstand 1746–1748, nachdem die Protestanten unter den Preußen ihre Religion wieder frei ausüben konnten. Die klassizistische Fassade und der Turm datieren von 1828.

Im Innenraum verdienen der spätbarocker Hauptaltar, die dreistöckige hölzerne Emporen, eine Rokoko-Kanzel in Form einer Lotosblume und ein Taufstein von 1755 Beachtung.

Weinberg

Der Park Winny (Weinpark; ul. Wrocławska) hat eine lange Tradition als Weinberg. Auf dem Hügel steht das ehemalige Haus des Weinbergeigentümers von 1818, daneben ein Palmenhaus mit etwa 150 Pflanzenarten (Sträucher und Bäume aus den Tropen) und Café.

Hungerturm

Der Hungerturm (Wieża Głodowa; pl. Pocztowy) ist ein Rest der Stadtbefestigung aus dem 14. Jh., erbaut 1479/1480; er diente als Wachturm und Gefängnis. Der Turmhelm ist barock (17. Jh.).

Museum des Lebuser Landes

Das Muzeum Ziemi Lubuskiej (Al. Niepodległości 15) dokumentiert die Alltagskultur des Lebuser Lands, vor allem den Weinbau (Geräte aus dem 18.–20. Jh.).

Umgebung von Zielona Góra

Ochla (Ochel)

Südwestlich von Grünberg (ca. 6 km) befindet sich der Zielonogórski Park Etnograficzny, ein Freilichtmuseum mit Holzbauten, u. a. Rekonstruktion einer Hütte von 1675.
Östlich von Ochla liegen die interessanten Naturreservate ‘Zatonie’ (ca. 7 km; u. a. Tulpenbäume, Sequoien), bei Niedzoraz (ca. 15 km südöstlich von Grünberg) ‘Bażantarnia’ und ‘Bukowa Góra’ (Buchen- und Lärchenwald).

Kożuchów (Freystadt)

Das 33 km südlich von Grünberg gelegene Freystadt wurde im Mittelalter angelegt, die Stadtmauern aus Feldsteinen (13./14. Jh.) sind fast in ihrer gesamten Länge erhalten geblieben. In der 2. Hälfte des 15. Jh.s wurde der Mauerring mit Basteien verstärkt, erhalten ist nur noch eine.
Die Kirche, 1273 erstmals erwähnt, wurde 1340–1369 erweitert und im 15./16. Jh. umgebaut; der gotische Baukörper besitzt Renaissancegewölbe und eine barocke Innenausstattung.
Das Rathaus aus dem 15. Jh. wurde im 19. Jh. im klassizistischen Stil umgebaut und 1963–1966 nach den Kriegszerstörungen rekonstruiert. Weiterhin gibt es ein Schloß (15. Jh., umgebaut um 1680 und im 19. Jh.) und Renaissancehäuser um den Marktplatz.

Żywiec · Saybusch

G 7

Wojewodschaft: Śląskie
Höhe: 345–355 m ü. d. M.
Einwohnerzahl: 28 000

Lage und Bedeutung

Żywiec, 20 km südöstlich von Bielsko-Biała in dem von den Beskiden umgebenen Saybuscher Talkessel (Kotlina Żywiecka) gelegen, ist durch sein Bier berühmt geworden, eines der besten in Polen, das in der 1856 gegründeten Brauerei hergestellt wird. Zu nennen sind außerdem Papier- und Metallindustrie. Saybusch ist ein bedeutendes Zentrum der Goralenkultur; die kunsthandwerklichen Produkte der Gegend (z. B. Holzspielzeug) werden auch nach Westeuropa exportiert. Saybusch hält den polnischen Kälterekord; am 10. Februar 1929 wurden hier –40,6 °C gemessen.

Geschichte

Żywiec wurde erstmals im 14. Jh. urkundlich erwähnt; davor existierte auf dem sich die Stadt überrageden Berg Grojec (612 m ü. d. M.) eine Befestigung, später eine Burg. Żywiec war ein Handels- und Handwerkszentrum; zunächst gehörte die Stadt reichen Magnaten und von den 1830er Jahren bis 1939 den Habsburgern.

Sehenswertes

Schloß

Die in den Jahren 1569–1571 für die Familie Komorowski errichtete Renaissance-Residenz mit schönem Arkaden-Innenhof bekam ihr heutiges neogotisches Aussehen durch einen Umbau im 19. Jahrhundert. Heute beherbergt sie verschiedene Behörden und ist nicht im besten Zustand. Die Habsburger wohnten in einem Palast neben dem Schloß, das heute Schule als Schule dient. Im Park der Residenz ist ein romantisches chinesisches Häuschen (Ende des 19. Jh.) zu sehen.

Pfarrkirche

Die Kirche, die aus der ersten Hälfte des 15. Jh.s stammt und 1515–1542 erweitert wurde, ist barock ausgestattet. Man findet darin auch einige Stücke aus älterer Zeit, z.B ein gotisches Relief (um 1500) mit einer Darstellung des Marientods. In der Krypta ruhen die sterblichen Reste der Habsburger Fürsten, u.a. des Erzherzogs Karl Stefan († 1933). In der Nähe steht, in einer Ecke des Marktplatzes, ein Glockenturm von 1723/1724.

Heiligkreuzkirche

Die gotische Kościoł św. Krzyża entstand im 14. Jh. und wurde im Barock umgebaut. Wertvolle Kunstwerke aus der Kirche, z. B. ein gotisches Kruzifix (um 1400), sind im Städtischen Museum aufbewahrt. Neben der Kirche ein steinernes Malteserkreuz (1624), eine Seltenheit in Kleinpolen.

Museum

Das Stadtmuseum (ul. Kościuszki 5) ist in einem Gebäude aus dem 18./19. Jh. untergebracht und besitzt außer Volkskunst archäologische, historische und naturkundliche Sammlungen.

Umgebung von Żywiec

Beskiden

Żywiec ist ein guter Ausgangspunkt für Ausflüge in die Beskiden (⟶ Szczyrk, Wisła). Die Soła ist nördlich von Żywiec zu drei Seen aufgestaut, den Jezioro Żywieckie, an den die Stadt grenzt (1 000 ha), den Jezioro Międzybrodzkie (367 ha) und den Jezioro Czaniec (45 ha) am Durchbruch der Soła durch die Kleinen Beskiden (Beskid Mały).

Jeleśnia

In Jeleśnia, 10 km südöstlich von Żywiec, gibt es ein Gasthaus aus dem Jahr 1774 (Stara Karczma, 'Altes Wirtshaus'), das noch in Betrieb ist.

Szczyrk

⟶ dort

PINGWIN

Praktische Informationen von A bis Z

Anreise

Mit dem Auto

Allgemeines

Seit den politischen Umwälzungen in Ostdeutschland und Polen sind die Straßenverbindungen durch den internationalen Lkw-Verkehr stark belastet; das gilt für die deutschen Autobahnen ebenso wie für die polnischen Transitstrecken. Da letztere gut ausgebaut sind, wird das Fortkommen nicht behindert; dennoch sollte man bei der Planung der Anfahrtszeit von einer Durchschnittsgeschwindigkeit von ca. 60 km/h ausgehen. Das bedeutet für die Anreise aus Süd- und Westdeutschland, aus der Schweiz und dem westlichen Österreich, daß man ggf. eine Übernachtung in Nähe der polnischen Grenze einkalkulieren sollte.

Entfernungen

Entfernung einiger ausgewähler Orte von Warschau:
Berlin 600 km; Frankfurt/M. 1100 km; Hamburg 850 km; Köln 1150 km; Stuttgart 1300 km; Genf 1660 km; Zürich 1320 km; Wien 680 km.

Hauptrouten und Grenzübergänge

Bei der Einreise und Ausreise können unterschiedliche Grenzübergänge benutzt werden. Die wichtigen Grenzübergänge sind rund um die Uhr geöffnet. An allen Straßengrenzübergängen befinden sich Dienststellen des Polnischen Motorverbandes (PZM), wo man Geld wechseln und Informationen einholen kann (⟶ Autohilfe).

Die wichtigsten Straßenverbindungen mit ihren Grenzübergängen sind:
Pomellen – Kołbaskowo oder Linken – Lubieszyn (Berlin – Szczecin)
Frankfurt/O. – Slubice oder Świecko (Berlin – Warszawa)
Forst (Lausitz) – Olszyna (Cottbus – Wrocław)
Görlitz – Zgorzelec (Dresden – Wrocław)
Zittau – Porajow
Harrachov – Jakuszyce (Prag – Jelenia Góra)
Náchod – Kudowa-Zdrój (Prag – Wrocław)
Die Anfahrt über Prag ist für Reisende aus dem süddeutschen Raum sinnvoll, vor allem wenn man sich etwas Zeit nehmen kann.
Český Těšín – Cieszyn (Bratislava – Bielsko Biała)
Dieser Grenzübergang wird in der Regel von Anreisenden aus Österreich, speziell aus Wien, benützt. Die Variante Brno – Olmouc ist interessanter, die Strecke über Nové Mesto – Žilina kürzer.

Litauen – Polen

Der Grenzübergang von Polen nach Litauen befindet sich zwischen Ogrodniki und Lazdijai; Auskunft erteilt:
Baltische Zentrale für Fremdenverkehr, Woldsenstr. 36
D-25813 Husum, Tel. 04841/3004, Fax 2109

Mit der Eisenbahn

Von Deutschland

Von Berlin über Szczecin und Gdańsk nach Olsztyn (IC).
Von Köln über Berlin, Frankfurt/O. und Posnań nach Warszawa (EC).
Von Berlin über Wrocław nach Kraków (IC).
Von Frankfurt/M. über Leipzig, Dresden, Görlitz, Wrocław und Kraków nach Warszawa (IC).

Von Österreich

Durchgehende Züge von Wien über Katowice nach Warszawa.

◀ *Auf dem Oberländischen Kanal (Kanał Elbląski)*

Anreise mit Bahn Von der Schweiz — Anfahrt über Wien oder München–Prag.

Bahnhöfe in Warschau — → Eisenbahn

Auskunft — Detaillierte Auskünfte über Fahrpläne, Preise u. a. sind erhältlich bei den Reisebüros, an den Schaltern der Deutschen Bundesbahn, der Österreichischen Bundesbahnen und der Schweizerischen Bundesbahnen sowie bei den Polnischen Staatsbahnen PKP (→ Eisenbahn).

Mit dem Flugzeug

Von Deutschland — Von Deutschland aus bestehen folgende Direktverbindungen: Von Berlin und von Frankfurt a. M. nach Gdańsk, Katowice, Kraków, Warszawa, Wrocław; von Hamburg nach Gdańsk, Katowice, Warszawa, Wrocław; von Köln/Bonn nach Gdańsk, Kraków, Warszawa; von Düsseldorf und München nach Warszawa

Von Österreich — Von Wien aus werden Gdańsk, Katowice, Warszawa und Wrocław direkt angeflogen.

Von der Schweiz — Von Zürich aus werden Gdańsk, Warszawa und Wrocław direkt angeflogen, von Genf aus Gdańsk, Warszawa und Wrocław.

Auskunft — → Flugverkehr. Pauschalflugreisen verschiedenen Zuschnitts bietet Polorbis an (→ Auskunft).

Mit dem Bus

Deutsche Touring Gesellschaft — Die Deutsche Touring Gesellschaft fährt folgende Städte an:
von Frankfurt a. M.: Warszawa, Kraków
von München, Nürnberg, Hof: Wrocław, Opole, Katowice
von Hamburg: Poznań, Warszawa
von Köln: Warszawa, Kraków , Katowice

Auskunft — Deutsche Touring Gesellschaft
Am Römerhof 17/Postfach 900244, D-60486 Frankfurt am Main
Reservierungen: Tel. (069) 790350, Fax 7074904

Busreisen — Nostalgie-Busreisen durch Schlesien, nach Masuren oder an die Ostseeküste veranstaltet Polorbis; Reisen nach Masuren (mit Abstecher nach Königsberg) bietet Intercontact an (In der Wässerscheid 49, D-53424 Remagen, Tel. 02642 / 2009-0).

Bus Görlitz–Zgorzelec — Zwischen Görlitz und Zgorzelec, dem polnischen Teil der seit 1945 geteilten Stadt, verkehrt eine Buslinie.

Antiquitäten

Ausfuhrgenehmigung — Die Ausfuhr von antiken Gegenständen und Kunstwerken (auch Büchern), die vor dem 9. Mai 1945 hergestellt wurden, muß vom Denkmalpfleger (Wojewódzki Konserwator Zabytków) der betreffenden Wojewodschaft oder von der Nationalbibliothek in Warschau genehmigt werden.
Auskunft erteilt auch das Ministerium für Kunst und Kultur:
Ministerstwo Kultury i Sztuki
ul. Krakowskie Przedmieście 15-17, PL-00-930 Warszawa

'Desa' 'Antykwariat' — Mit 'Desa' oder 'Antykwariat' bezeichnete Geschäfte verkaufen gegen Devisen Antiquitäten. Meist haben sie sich auf bestimmte Gegenstände wie Bücher, Bilder, Skulpturen, Möbel, Münzen, Kunstgewerbe und Schmuck spezialisiert. Häufig kümmern sie sich auch um ggf. notwendige Ausfuhrgenehmigungen; auf jeden Fall stehen sie für Informationen bereit. — Antiquitäten (Fortsetzung)

Apotheken

Cefarm / Apteka: In Polen gibt es staatliche Apotheken, die 'Cefarm' heißen, und private Apotheken (apteka). Es werden sowohl einheimische als auch importierte Medikamente verkauft (meist mit deutschen, englischen oder französischen Beipackzetteln; Achtung vor Produkten ohne Beipackzettel).

Öffnungszeiten: Die meisten Apotheken sind werktags von 8.00 bis 20.00 Uhr geöffnet. Nachts haben nur in Großstädten einige Apotheken Dienst (für dringende Fälle); darüber informieren Aushänge in jeder Apotheke.

Reiseapotheke: Wer ständig bestimmte Medikamente nehmen muß, sollte sich einen ausreichenden Vorrat von zu Hause mitnehmen.

Weitere Informationen:
→ Ärztliche Hilfe
→ Notdienste

Ärztliche Hilfe

Allgemeines: Ärztliche Hilfe leisten Ambulanzen und Krankenhäuser, fernenr staatliche und kommunale Praxen sowie Privatpraxen (Behandlung sehr teuer). In großen Hotels können die Gäste die Dienste von Ärzten und Krankenschwestern in Anspruch nehmen.

Bezahlung: Erste Hilfe ist für Ausländer kostenlos. Kosten für eine ambulante oder stationäre Behandlung sind sofort bar zu begleichen. Da die in Polen in Rechnung gestellten Behandlungskosten von den Krankenkassen im Heimatland in der Regel nicht erstattet werden, ist der Abschluß einer privaten Auslandskrankenversicherung absolut notwendig. Auch für einen Rücktransport (Luftrettungsdienst → Notdienste), der sehr teuer werden kann, ist der Abschluß einer Kurzzeit-Zusatzversicherung unbedingt ratsam.

Deutschsprachige Ärzte: Anschriften deutschsprechender Ärzte können beim ADAC-Ambulanz-Dienst in München erfragt werden. Tel. aus Polen: (0049 / 89) 767676.

Wichtige Wörter: Arzt: lekarz; Krankenhaus: szpital; Notarztwagen: pogotowie ratunkowe.

Weitere Informationen:
→ Apotheken
→ Notdienste

Auskunft

Auskunft außerhalb Polens

Deutschland

Polnisches Fremdenverkehrsamt
Marburger Str. 1
D-10789 Berlin
Tel. (030) 2100920, Fax 210092-14

Polorbis: Auskunft über die verschiedensten Reiseangebote – Pauschal-, Gruppen-, Flug-, Bus-, Jugend- und Jagdreisen – erhält man auch in den Büros der Polorbis Reiseunternehmen GmbH in Deutschland:

Polorbis (Fortsetzung)	in Hamburg: Ernst-Merck-Straße 12–14, D-20099 Hamburg Tel. (040) 248103
	in Köln: Hohenzollernring 99–101, D-50672 Köln Tel. (0221) 951534-0 Tel. (0221) 951534-33 (Flug- und Busauskunft) Tel. (0221) 951534-30 (Einzelreisen) Tel. (0221) 951534-41 (Gruppenreisen)
Polobest Reisen	Rotebühlstraße 51, D-70178 Stuttgart Tel. (0711) 612420
Österreich	Polnisches Fremdenverkehrsamt Mariahilferstr. 32–34, A-1070 Wien Tel. (01) 5247191
Orbis	Orbis Handelsgesellschaft mbH Schottenfeldgasse 92, A-1070 Wien Tel. (01) 5234202

Auskunft in Polen

Polnische Fremdenverkehrszentrale	Polnische Agentur für Tourismusförderung ul. Mazowiecka 7, PL-00-052 Warszawa Tel. (022) 8266448
'it' (Informacja Turystyczna)	Elementare touristische Informationen werden bei den mit dem Kürzel 'it' (informacja turystyczna) gekennzeichneten Stellen in Hotels, auf Bahnhöfen, in Flughäfen etc. erteilt. Darüber hinaus gibt es in vielen Städten Fremdenverkehrsbüros (centra informacji turystycznej, Touristeninformationszentren), die detaillierte Auskünfte geben, so über die Verkehrsbedingungen, Übernachtungsmöglichkeiten, Gastronomie und Veranstaltungen. Sie verkaufen auch Spezialreiseführer, Landkarten u. ä.; in einigen sind Busfahrkarten und Eintrittskarten für Veranstaltungen erhältlich.
Abkürzungen	ul. = ulica (Straße) al. = aleja (Allee) pl. = plac (Platz)

Białystok	ul. Piekna 3, PL-15-282, Tel. (085) 7441742
Bielsko-Biała	ul. Piastowska 2, PL-43-300, Tel. (033) 122400
Bydgoszcz	ul. Zygmunta Augusta 10, PL-85-082, Tel. (052) 228432
Chełm	ul. Lubelska 20, PL-22-100, Tel. (082) 5653667, 54185
Częstochowa	al. Najswietszej Marii Panny 65, PL-42-200, Tel. (034) 3241360
Elbląg	ul. 1 Maja 30, PL-82-300, Tel. (055) 2328471
Gdańsk	ul. Heweliusza 27, PL-80-861, Tel. (058) 3014355
Katowice	ul. Młyńska 11, PL-40-014, Tel. (032) 539787, 538834
Koszalin	ul. Dworcowa 10, PL-75-201, Tel. (094) 3427399
Kraków	ul. Pawia 8, PL-31-154, Tel. (012) 4226091
Legnica	ul. Rynek 29, PL-29-220, Tel. (076) 8512280
Lublin	ul. Krakowskie Przedmieście 78, PL-20-076, Tel. (081) 5324412
Łomża	ul. Wojska Polskiego 1, PL-18-400, Tel. (086) 164718
Łódź	ul. Traugutta 18, PL-90-102, Tel. (042) 6337169
Nowy Sącz	ul. Piotra Skargi 2, PL-33-300, Tel. (018) 4441838
Olsztyn	ul. Al. Pilsuskiego 7-9, L-10-083, Tel. (089) 5232222
Opole	ul. Książąt Opolskich 22, PL-45-006, Tel. (077) 35480
Płock	ul. Al. Jachowicza 49, PL-09-400, Tel. (024) 2629497
Poznań	ul. Stary Rynek 59, PL-61-722, Tel. (061) 8526156
Radom	ul. Żeromskiego 116, PL-26-600, Tel. (048) 21300

ul. Piłsudskiego 40, PL-08-110, Tel. (025) 22374 — Auskunft Siedlce
ul. Jana Pawla II 3, PL-98-200, Tel. (043) 8226231 — Sieradz
ul. Al. Wojska Polskiego 16, PL-76-200, Tel. (059) 420791 — Słupsk
ul.Kosciuszki 71, PL-16-400, Tel. (087) 5665872 — Suwałki
ul. Ks. Wyszynskiego 26, PL-70-203, Tel. (091) 4340440 — Szczecin
ul. Rynek 9, PL-58-300, Pl-58-300 Wałbrzych, Tel. (074) 22000 — Wałbrzych
ul. Pl. Zamkowy 1–3, PL-00-262, Tel. (022) 6351881 — Warszawa
ul. Rynek 14, PL-50-101, Tel. (071) 441109 — Wrocław
ul. Rynek Wielki 13, PL-22-400, Tel. (084) 6392292 — Zamość
ul. Pod Filarami 1, PL-65-067, Tel. (068) 3202700 — Zielona Góra

Weitere Auskunftsstellen und Touristikunternehmen in Polen

Orbis

Das größte (ehemals staatliche) Touristikunternehmen in Polen ist "Orbis" mit vielen Büros und eigenen Hotels in vielen Orten des Landes. Orbis erteilt umfassende Informationen über das Land und organisiert Rundreisen, Aktivurlaub, Kuraufenthalte und Tagungen. In einigen Büros sind auch Wechselstuben eingerichtet sowie Fahrkarten für öffentliche Verkehrsmittel und Eintrittskarten für Veranstaltungen erhältlich. Adressen können vor der Abreise bei der Polorbis-Vertretung erfragt werden.

PTTK

Die PTTK (Polskiego Towarzystwo Turystyczno-Krajoznawcze, Polnische Gesellschaft für Tourismus und Landeskunde) unterhält im ganzen Land Dienst- und Beratungsstellen (im Telefonbuch verzeichnet). Hier sind auch spezielle Auskünfte über Bau- und Naturdenkmäler und Museen zu haben. Das PTTK-Büro für Auslandstouristik organisiert Campingferien, Familienferien in Sommerhäusern, Fotosafaris, Sportreisen u.a. Zentrale:
PTTK, ul. Senatorska 11, PL-00-075 Warszawa
Tel. (022) 8262251

Studentenreisen

Almatur
(Reise- und Touristikbüro der Vereinigung Polnischer Studenten)
ul. Kopernika 15
PL-00-359 Warszawa
Tel. (022) 8265381
Das Büro bietet u.a. Studienprogramme für aktive Erholung
(z.B. Segeln) und Aufenthalte bei Familien (→ Jugendunterkunft).

Goethe-Institute

Rynek Glowny 20 (Eingang ul. Bracka 2),
Skr. Poczt. 836
PL-31-045 Krakow
Tel. (012) 4225829 und 4226902

pl. Defilad 1/PKIN, Xp.
PL-00-901 Warszawa
Tel. (022) 6277671

Botschaften, Konsulate

→ Diplomatische Vertretungen

PZM

→ Autohilfe

Autobus

PKS

Die Busse des Staatlichen Unternehmens für Automobilverkehr PKS (Państwowa Komunikacja Samochodowa) sind ein wichtiges Überland-Transportmittel und verkehren zwischen den meisten Orten. In zunehmendem Maß entstehen auch private Linien. Ein Busbahnhof (Dworzek autobusowy; kurz Dw. PKS) ist in jeder größeren Stadt vorhanden, meist in der näheren Umgebung eines Bahnhofs.

Autobus (Fortsetzung) Fahrkarten

Fahrkarten sind an den Fahrkartenschaltern auf den Busbahnhöfen sowie in Orbis-Reisebüros (→ Auskunft) erhältlich; sofern im Bus noch Platz ist, auch beim Fahrer. Kleinkinder bis zum vierten Lebensjahr reisen gratis, Kinder zwischen vier und zehn Jahren zahlen die Hälfte.
Plant man eine längere Busreise, sollte man sich die Fahrkarte einige Zeit vor Fahrtantritt besorgen, um sicherzugehen, daß man noch einen Sitzplatz erhält (auf längeren Strecken werden keine Stehplätze vergeben).

Mit PKS nach Kaliningrad (Königsberg)

Die PKS befährt zweimal täglich die 140 km lange Strecke zwischen Olsztyn (Allenstein) in Polen und Kaliningrad (Königsberg) in Rußland (Fahrtdauer 4 Std.). Die Rückreise kann am gleichen Tag angetreten werden; möglich sind aber auch eine oder mehrere Übernachtungen.
Auskunft in Olsztyn: P.O. PKS Olsztyn, ul. Okrzei 19, Tel. (089) 265011.

Autohilfe

PZM

Polski Związek Motorowy (Polnischer Automobilverband)
ul. Kazimierzowska 66, PL-02-518 Warszawa
Tel. (022)8499361

Straßenhilfsdienst

Pannenhilfe des PZM: Tel. 981 (landesweit)
In Warschau: Tel. (022) 499361

Kostenfreie Hilfeleistungen

Für ADAC-Mitglieder ist die Hilfeleistung am Fahrzeug in 25 km Umkreis vom nächsten PZM-Stützpunkt sowie Abschleppen bis zu 25 km Strecke kostenlos.

Pannenhilfe

Pannenhilfs- und Reparaturdienste leisten Tankstellen (sowohl private wie die Betriebe des PZM, der das größte Tankstellennetz im Land unterhält) und die Filialen des Reparaturdienstes 'Polmozbyt' (landesweite Rufnummer: Tel. 954), die in den meisten größeren Orten vorhanden sind. Adressen und Telefonnummern im Telefonbuch.

Kredithilfe

'Autotour', das Reisebüro des PZM, gibt Mitgliedern von Automobilclubs, die der Fédération Internationale de l'Automobile (FIA) oder der Alliance Internationale de Tourisme (AIT) angehören, Kredithilfe.
Auskunft: PZM Autotour, Aleje Jerozolimskie 63, PL-00-697 Warszawa
Tel. (022) 6210789 und 6286254

Notruftelefon

→ Notdienste

Verhalten bei Unfällen

→ Straßenverkehr

Autovermietung

→ Mietwagen

Badestrände

Ostseeküste

Die kilometerlangen, flachen Sandstrände an der ungefähr 500 km langen polnischen Ostseeküste sind bei Familien mit Kindern beliebte Urlaubsziele. Die breitesten Strände findet man an der mittleren Ostseeküste, etwa bei Łeba (Leba) und Ustka (Stolpmünde), wo es auch die große Wanderdünen gibt. Eines der beliebtestes Seebäder ist Sopot (Zoppot), unweit nordwestlich von Gdańsk (Danzig). Da die meisten Kurorte an der Küste sowohl am Meer als auch an Flußmündungen oder an Küstenseen liegen, kann man sowohl in Salzwasser als auch in Süßwasser baden.

Man sollte nur im Bereich zwischen Bojen, der von Rettungsschwimmern überwacht wird, schwimmen. Die Brandung ist oft sehr stark und sollte in ihrer Gefährlichkeit nicht unterschätzt werden.

Badestrände, Sicherheit

An einigen Orten ist das Baden wegen Wasserverschmutzung verboten, so bei Kołobrzeg (Kolberg) und in Orten an der Danziger Bucht.

Badeverbote

Diese Form der Erholung an frischer Luft ist in Polen nicht gern gesehen. An der Ostsee finden FKK-Fans gelegentlich speziell für sie abgeteilte Strände. An allgemein zugänglichen Stränden wird ‘oben ohne’ toleriert.

FKK

Behindertenhilfe

In Polen werden die Bedürfnisse von Behinderten in weitem Umfang berücksichtigt, so in öffentlichen Gebäuden, Kirchen, Verkehrseinrichtungen, Hotels und Museen. Behinderte werden in Geschäften und Institutionen bevorzugt bedient.

Allgemeines

Eine der Aufgaben der Polnischen Gesellschaft für den Kampf gegen das Gebrechen (Polskie Towarzystwo dla Walki z Kalectwem) ist die Beseitigung technischer Hindernisse, damit Behinderte sich in der Öffentlichkeit möglichst frei bewegen können. Sie hat u. a. einen speziellen Stadtführer für Warschau, einen Führer für die Warschauer Museen und eine Serie von Landkarten für Blinde herausgegeben. Adresse:

Auskunft in Polen

Centralny Ośrodek Informacji do Inwalidów
ul. Partyzanów 4
PL-Warszawa

Bundesverband Selbsthilfe Körperbehinderter
(BSK-Reisedienst)
Altkrautheimer Str. 17
D-74238 Krautheim (Jagst)
Tel. (06294) 68303

Informationen im Ausland

Verband aller Körperbehinderten Österreichs (VAKÖ)
Lützowgasse 24-28
A-1010 Wien
Tel. (01) 9113225

Mobility International Schweiz
Postfach 129
CH-8034 Zürich
Tel. (01) 3830497

Camping und Caravaning

Campingplätze liegen in der Regel in der näheren Umgebung größerer Städte und in touristisch besonders attraktiven Gebieten, so in der Masurischen Seenplatte, an der Ostseeküste, in den Vorgebirgs- und Gebirgsregionen. Meist sind die Plätze von Mitte Juni bis Ende September geöffnet. Die Plätze sind durch die international bekannten Schilder ausgewiesen. Auch für den Camper besteht Meldepflicht bei der jeweiligen Ortsverwaltung (in der Regel erledigt das die Campingplatzverwaltung). ‘Wildes Campen’ ist nur mit Erlaubnis des Grundeigentümers gestattet.

Allgemeines

Die Campingplätze sind in drei Kategorien eingeteilt: Plätze der ersten Kategorie verfügen über fließend Wasser, Elektrizität und sanitäre Anlagen, in der zweiten Kategorie zusätzlich über Waschräume und in der dritten Kategorie auch über warmes Wasser und ein Restaurant.

Kategorien

Camping (Fortsetzung) Auskunft in Polen	Die meisten der über 200 Campinganlagen gehören dem Polnischen Verband für Camping und Caravaning (PFC), die der Internationalen Föderation für Camping und Caravaning (FICC) angeschlossen ist: Polska Federacia Campingu i Caravaningu ul. Grochowska 331 PL-03-828 Warschau Tel. (022) 8106050 Der Polnische Verband für Camping und Caravaning unterhält ein Touristik- und Handelsbüro; dort werden Platzreservierungen vorgenommen und Auskünfte über Campingplätze, Zufahrtsmöglichkeiten u.a. erteilt.
Auskunft in Deutschland	Deutscher Camping-Club Mandlstr. 28 D-80802 München, Tel. (089) 3801420
In Österreich	Camping- und Caravaning-Club Austria Mariahilfer Str. 180 A-1015 Wien, Tel. (01) 89121-0
In der Schweiz	Schweizerischer Camping- und Caravanning-Verband (SCCV) Habsburgerstr. 35 CH-6000 Luzern 4, Tel. (041) 234822
Karten	Das PPWK (→ Karten) gibt die offizielle Campingkarte (Polska mapa campingów) des PFC heraus, die die Campingplätze mit ihren Daten auflistet und Lagepläne für wichtigere Orte enthält.

Diplomatische und konsularische Vertretungen

Vertretungen in Polen

Bundesrepublik Deutschland Botschaft	Ambasada Republiki Federalnej Niemiec ul. Dąbrowiecka 30 PL-03-932 Warszawa Tel. (022) 6173011, Fax 6173582
General-konsulate	Aleja Zwycięstwa 23, PL-80-219 Gdańsk Tel. (058) 3414366, Fax 3412245 ul. Stolarska 7, PL-31-043 Kraków Tel. (012) 4218473, Fax 4217628 ul. Królowej Korony Polskiej 31, PL-70-485 Szczecin Tel. (091) 225212, Fax 225133 ul. Podwale 76, PL-50-449 Wrocław Tel. (071) 3425252, Fax 3424114
Vizekonsulat	ul. Strzelcow Bytomskich 11, PL-45-084 Opole Tel. (077) 4542184, Fax 4531963
Republik Österreich Botschaft	ul. Gagarina 34, PL-00-748 Warszawa Tel. (022) 6410081 Geschäftszeiten: Mo.–Fr. 9.00–12.00 Uhr
Schweizer. Eidgenossenschaft Botschaft	Al. Ujazdowskie 27, PL-00-540 Warszawa Tel. (02) 6280481 Geschäftszeiten: Mo.–Fr. 9.00–11.00 Uhr

Vertretungen Polens

Diplomatische Vertretungen (Forts.)

In Deutschland
Botschaft

Unter den Linden 72
D-10117 Berlin
Tel. (030) 2202451, Fax 2290358

Konsularabteilung

Lindenallee 7
D-50968 Köln
Tel. (0221) 937300, Fax 343089

Generalkonsulate

Gründgens Str. 20, D-22309 Hamburg
Tel. (040) 6311181, Fax 6325030

Poetenweg 51, D-04155 Leipzig
Tel. (0341) 5852763, Fax 5852130

Ismaninger Str. 62a, D-81675 München
Tel. (089) 418608-0, Fax 471318

In Österreich
Botschaft

Hietzinger Hauptstr. 42c
A-1130 Wien
Tel. (01)8777444, Fax 877744238

In der Schweiz
Botschaft

Elfenstr. 20
CH-3000 Bern 16
Tel. (031) 3525457, Fax 3523416

Einkäufe und Souvenirs

Allgemeines

Fast der ganze Einzelhandel ist bereits in privater Hand. Hotelboutiquen und Geschäfte in Bahnhöfen, Flughäfen und touristischen Zentren sind natürlich teurer als etwa die Kaufhäuser. In den touristisch interessanten Städten gibt es viele Läden mit Andenken ('upominki-ozdoby').

'Baltona'
'Pewex'
'Interpegro'

In den Geschäften der Ketten 'Pewex', 'Baltona' und 'Interpegro' werden ausländische Lebensmittel und Industriewaren verkauft; 'Baltona' und 'Pewex' führen auch Souvenirs.

Volkstümliches Kunsthandwerk

Volkskunsterzeugnisse verkaufen vor allem die Geschäfte der 'Cepelia'-Kette; angeboten werden sie häufig auch auf Jahrmärkten wie dem berühmten Danziger Dominikaner-Markt in der ersten Augusthälfte.

Kunst
Kunsthandwerk

Zeitgenössische und antiquarische Kunstgegenstände verkaufen die 'Desa'-Läden, eine Einrichtung zur Förderung von Künstlern, sowie private Antiquitätenhändler (poln. antykwariat) und Kunstgalerien (Exportbeschränkungen ⟶ Antiquitäten).

Einkaufen in Warschau

Hauptgeschäftsstraßen sind Marszałkowska, Świętokryzska, Nowy Świat sowie die Aleja Jerozolimskie. Cepelia-Läden finden sich in der ul. Marszałkowska 99/101 und in der ul. Bracka 3, in der Untergrundpassage im Zentralbahnhof sowie am pl. Konstytucji 2 und 5. Desa-Läden finden sich u.a. in der ul. Marszałkowska 34.
Der Lebensmittelmarkt liegt in der ul. Polna. Für Leute, die gerne etwas ziellos bummeln, lohnt der Antiquitäten- und Flohmarkt (Koło Basar; So.) in der ul. Obozowa einen Besuch. Im Stadtviertel Praga Nord liegt der berüchtigte Różycki-Markt, auf dem sich Schwarzhändler mit Kollegen aus Rumänien, Rußland, aus der Ukraine und anderen Ländern treffen.

Landestypische Erzeugnisse

Sehr schön sind die verschiedenen Textilien aus allen Landesteilen wie Wandteppiche aus der Łowickie, Tischdecken und Stickereien aus Konia-

Einkäufe und Souvenirs, landestypische Erzeugnisse (Fortsetzung)

ków oder Istebna, Klöppelspitzen aus dem Dorf Bobowa im Biała-Tal. Kurpie und Łowicz sind für ihre Scherenschnitte berühmt, Iłża, Chełmno und Kielce für Töpferwaren. Auf dem Warschauer Altstadtmarkt, in der Floriansgasse in Krakau oder auf dem Langen Markt in Danzig stellen Maler ihre Bilder aus. Holzschnitzereien, insbesondere Kruzifixe, sind sehr begehrt. Für Krakau typisch ist die Krakus-Puppe oder ein Lajkonik (Zentralfigur eines Krakauer Volksfestes). Verzierte Ledergürtel, Goralenstickerei o. ä. sind beliebte Geschenke aus Podhale und Zakopane. Berühmt sind die kunstvoll bemalten Ostereier und Holzeier, handbemaltes Porzellan aus Włocławek und die ungewöhnlichen Weihnachtskrippen aus Krakau.

Hinweis

Seit September 1999 ist es für Touristen möglich, sich die Mehrwertsteuer (22%) für gekaufte Waren bei der Ausreise zurückerstatten zu lassen.

Eisenbahn

Warnung

Überfälle und Diebstähle, insbesondere in internationalen Zügen, sind nicht selten. Man kleide sich möglichst zurückhaltend, suche Abteile mit mehreren Mitreisenden auf und versuche Drängeleien, v. a. mit Gruppen von Jugendlichen, aus dem Weg zu gehen. Besonders wachsam sei man bei Fahrten durch Tunnels.

Zugarten

Expreßzüge (ekspresowy), die schnellste Kategorie, verbinden die Großstädte, sie sind platzkartenpflichtig (zusätzlich zu lösen). Am schnellsten sind Expreßzüge im internationalen Reiseverkehr. Schnellzüge (pośpieszny) halten in größeren Städten; Platzreservierung ist möglich, in einigen Schnellzügen erforderlich. Personenzüge (osobowy) halten an jeder Station und erreichen damit Reisegeschwindigkeiten um 20 km/h.
In Expreß- und Schnellzügen werden Waggons 1. und 2. Klasse, Liegewagen (kuszetka), Schlafwagen (wagon sypialny) und Speisewagen eingesetzt. Rechtzeitige Reservierung ist ratsam.

Fahrkarten

Fahrkarten und Platzkarten für Schlaf- und Liegewagen sind an den Fahrkartenschaltern auf den Bahnhöfen oder in den Orbis-Reisebüros erhältlich. In den großen Städten sind die Warteschlangen an den Schaltern meist lang: Daher sollte man sich genug Zeit nehmen oder bei Orbis kaufen. Bei den geringen Kosten ist es sinnvoll, erster Klasse zu fahren, auch ein Bett im Schlafwagen ist erschwinglich. Kleinkinder bis zum vierten Lebensjahr reisen gratis, wenn sie keinen eigenen Sitzplatz beanspruchen; Kinder von vier bis zehn Jahre bezahlen die Hälfte des Fahrpreises.

Polrailpaß

Der Polrailpaß (Ausstellung unter Vorlage des Reisepasses; nicht übertragbar) berechtigt zu einer unbegrenzten Anzahl von Fahrten innerhalb von 8, 15 oder 21 Tagen bzw. eines Monats und gilt in allen Zügen. Zuschläge für Platz-, Schlaf- oder Liegewagenkarten sind im Preis nicht inbegriffen.

Bahnhöfe in Warschau

Internationale sowie die wichtigsten innerpolnischen Züge fahren im Zentralbahnhof (Warszawa-Centralna), Al. Jerozolimskie, ein. Östlich davon liegt der Śródmieście-Bahnhof, der für den Nahverkehr zuständig ist. Im Ostbahnhof (Warszawa-Wschodnia; ul. Kijowska, Stadtteil Praga-Nord) treffen die großen Fernzüge aus Osteuropa ein. Züge aus dem Norden halten auch im Bahnhof Warszawa-Gdańska, ul. M. Buczka. In den Westbahnhof Warszawa-Zachodnia, Al. Jerozolimskie, fahren Züge aus dem Westen und Süden ein.

Königsberg

Täglich außer So. verkehren Personenzüge zwischen Braniewo (Braunsberg) in Polen und Kaliningrad (Königsberg) in Rußland.

Auskunft

Polskie Koleje Pánstwowe (PKP; Polnische Staatsbahnen)
Schillerstr. 3, D-60313 Frankfurt am Main, Tel. (069) 294366

Eisenbahn, Auskunft (Fortsetzung)

Generalvertretung der Polnischen Staatsbahnen
Karl-Liebknecht-Str. 7, D-10178 Berlin, Tel. (030) 2423453

Polskie Koleje Pánstwowe (PKP)
ul. Chalubinskiego 4, PL-00-928 Warszawa

Inlandsverkehr:
Aleja Jerozolimskie 44, PL-00-697 Warzawa

Schmalspurbahnen

Eine Touristenattraktion sind einige Schmalspurbahnen, die noch mit Dampflokomotiven betrieben werden, so bei Żnin (Woj. Bydgoszcz), Zaniemyśl (Woj. Poznań) und Trzebiatów (Treptow; Woj. Szczecin). Informationen bei den unter → Auskunft erwähnten Fremdenverkehrsbüros.

Elektrizität

Stromspannung

Das polnische Stromnetz führt 220 Volt Wechselspannung mit 50 Hertz.

Stecker

Es gibt zwei Sorten von Steckdosen, ohne bzw. mit Schutzkontakt (letztere anders konstruiert als in Deutschland). Europa-Norm-Gerätestecker passen immer; für Schuko-Stecker ist ein Adapter notwendig, da ihre Kontaktstifte für die Nicht-Schuko-Steckdosen zu dick sind.

Essen und Trinken

Allgemeines

Die traditionelle polnische Küche ist recht bodenständig und handfest und spiegelt die vielfältigen Einflüsse wider, denen Polen im Lauf der Zeit ausgesetzt war. Generell wird viel Fleisch gegessen (Rind, Schwein und Geflügel ebenso wie Schinken und Wurst). Regionale Unterschiede gibt es kaum; eine schlesische Spezialität wäre in Bier eingelegtes Eisbein (golonka) und Grützwurst (kaszanka), in Großpolen sind Hefedampfnudeln (pyzy poznańskiei) mit dicker Soße beliebt. An Freitagen und anderen Fastentagen verzichtet ein Großteil der überwiegend katholischen Bevölkerung auf Fleisch. Im Sommer gibt es am Meer und an den Seen des Landes fangfrischen, gebratenen Fisch; im Herbst stehen häufig Wild- (oft mit Preiselbeeren) und Pilzgerichte (v. a. Pfifferlinge) auf der Speisekarte.

Mahlzeiten

Das Frühstück ist reichhaltig (Brot, Wurst, Rührei, Tee oder Kaffee) und entspricht mitteleuropäischen Gewohnheiten. Zum zweiten Frühstück zwischen 10 und 11 Uhr gibt es ein Wurst- oder Käsebrot oder auch Hefekuchen und Tee. Das Mittagessen, etwa zwischen 13 und 14 Uhr, besteht meist aus drei Gängen: Suppe, Fleisch- oder Fischgericht, Dessert (Kuchen, Kompott). Zu Abend gegessen wird etwa zwischen 19 und 20 Uhr.

Speisen

Suppen und Eintöpfe

Das polnische 'Nationalgericht' ist Bigos, ein Eintopf auf Sauerkrautbasis mit Würstchen, Speck, Pilzen und Fleisch (auch Wild). Die Auswahl an Suppen ist überhaupt reich; gleich nach dem Bigos kommt der Żurek, eine saure Suppe, die aus einem speziell fermentierten Mehl hergestellt wird und oft ziemlich scharf und dickflüssig ist (und sehr gut schmeckt). Beliebt sind auch Flaczki (oder Flaki), Kutteln mit Gemüse, und Barszcz (Rote-Bete-Suppe) und – im Sommer – Chłodnik (kalte Rote-Bete-Suppe, auch chłodnik litewski genannt, da sie aus Litauen eingeführt wurde). Eine Spezialität ist Czernina, eine Suppe aus dem Blut junger Gänse, Enten oder Ferkel mit Fleisch, gedörrten Pflaumen, Birnen und Nudeln. Grochówka ist eine mit Majoran gewürzte Erbsensuppe mit Fleisch und geräuchertem

Suppen, Eintöpfe (Fortsetzung)

Speck. Kapuśniak, eine Sauerkrautsuppe, sollte man ebenso probieren wie Krupnik, eine dicke Suppe aus Graupen, Kartoffeln und Gemüse.

Hauptgerichte

Die geläufigsten Fleischgerichte sind: Schweinekotelett (kotlet schabowy) mit Kohl (kapusta) und Kartoffeln (ziemniaki), Schweinerücken mit Pflaumensauce sowie Fleischklöße (kołduni) aus Rindfleisch mit Buchweizengrütze (kasza gryczana), Rindfleischschnitten mit Grütze (zrazy), Rouladen (rolada) mit einer Füllung aus getrockneten Pilzen und Zwiebeln; ferner Hackfleischsteaks (zrazy siekane), Kalbsschnitzel (sznycel cielęcy), Rippchen (żeberka) u. v. a. Unter den Wildgerichten ist Wildschwein (dzik) und Reh (sarnina) häufig.
Weitere klassische Gerichte sind die mit Äpfeln gefüllte und mit Majoran gewürzte gebratene Gans (gęś pieczona) mit Buchweizengrütze oder die in Rotwein gedünstete Gans mit Rotkraut (kapusta czerwona) und Bratkartoffeln, ebenso die mit Äpfeln gefüllte Ente (kaczka), der auf verschiedene Arten zubereitete Karpfen (karp) und die in Gemüse und Champignons gedünstete Schleie (lin). Als Hauptgericht werden auch Pfannkuchen (naleśniki), oft mit Frischkäse gefüllt (z serem), serviert. Bliny wiederum sind Pfannkuchen aus Buchweizenmehl, Butter und Rahm.

Süßspeisen

Beliebte Süßspeisen sind Mazurek, dünne kleine Küchlein mit Datteln, Sultaninen und Nüssen; ferner die mit Rosenkonfitüre gefüllten, Paczki genannten Krapfen und die Pierogi leniwe, Knödel aus Quark, Eiern und Mehl. Ein traditionelles Weihnachtsdessert sind Makietki aus Mohn, Honig, Rosinen und Mandeln.

Getränke

Kaffee, Tee Erfrischungsgetränke

Nationalgetränk ist der Tee (herbata), der meist aus Teebeuteln, durchaus aber auch aus Teeblättern aufgegossen wird. Der Kaffee (kawa) ist meist akzeptabel und wird üblicherweise schwarz (und mit Satz) serviert; zum Frühstück trinkt man Kaffee mit Milch oder Sahne. Ein beliebtes Fruchtsaftgetränk (sok owocowy) ist schwarzer Johannisbeersaft. Zum Essen wird gern Mineralwasser (woda mineralna) aus den vielen Quellen des Landes getrunken, eine verbreitete Marke ist Kryniczanka (aus Krynica). Auch Milch (mleka) wird zum Essen getrunken.

Bier

Bier (piwo) zählt zu den beliebtesten Getränken. Zwar wird auch ausländisches Bier angeboten (deutsches, belgisches und tschechisches), aber das polnische Bier ist ausgezeichnet und natürlich auch billiger. Bekannte Marken (meist nach Herstellungsort benannt) sind Okocim, Żywiec, Tychy, Łężajsk. Brok-Bier wird in Hinterpommern in den Brauereien von Koszalin, Połczyn-Zdrój und Słupsk hergestellt: Wiking light, Martin Pils und das dunkle, starke O'Kay.

Spirituosen

Sehr gut ist der polnische Wodka, und zwar der pure (Żytnia, Wyborowa, Polonez) ebenso wie der aromatisierte. Von letzteren ist der Żubrówka mit dem Halm Büffelgras am bekanntesten; Wodka gibt es aber auch mit Pfeffer (Pieprzówka), mit Kirschen (Wiśniówka), mit Honig (Miodówka), mit Wacholder (Myśliwka) und einigen anderen Zutaten. Auch koscherer Wodka wird hergestellt, eine Marke ist sogar für Passah zugelassen (er schmeckt aber auch nicht anders als der normale). Weiter zu nennen sind der Pflaumenschnaps (Śliwowica) und der Winiak, ein Weinbrand.

Wein

Der Weinbau hat in Polen keine Tradition. Obwohl Wein problemlos zu bekommen ist, wird er kaum getrunken. Bei der Zusammenstellung eines altpolnischen Gerichtes wird zum Fleisch trockener Weißwein vom Typ Tokaj angeboten. Eine Spezialität ist der Honigwein (miód pitny), der heiß getrunken wird.

Sprachführer

→ Sprache

Feiertage

1. Januar	Neujahr (Nowy Rok)	Gesetzliche Feiertage
März/April	Ostermontag (Ostern: Wielkanoc)	
1. Mai	Tag der Arbeit bzw. Maifeiertag (Swięto 1 Maja)	
3. Mai	Tag der Verfassung vom 3. Mai 1791 (Konstytucja 3 Maja)	
Mai/Juni	Fronleichnam (Boże Ciało)	
15. August	Mariä Himmelfahrt (Wniebowzięcie Najświętszej Marii Panny)	
1. November	Allerheiligen (Wszystkich Świętych)	
11. November	Tag der Wiedergewinnung der Unabhängigkeit 1918 (Odzyskanie Niepodległości Polski)	
25./26. Dezember	Weihnachten (Boże Narodzenie)	

Arbeitsfreie Samstage

→ Öffnungszeiten

Flugverkehr

Flughäfen

Der wichtigste Flugplatz Polens, der von der polnischen Gesellschaft LOT, von Lufthansa, AUA und Swissair bedient wird, ist Warszawa-Okęcie. Daneben fliegt LOT von Deutschland, Österreich bzw. der Schweiz die Städte Gdańsk, Kraków, Katowice, Poznań und Wrocław an.
Außer den internationalen Flughäfen werden Rzeszów und Szczecin im nationalen Flugverkehr bedient.

Warszawa-Okęcie

Der Warschauer Flughafen liegt rund 10 km südwestlich des Stadtzentrums und ist mit Bus und Taxi zu erreichen.

Weiterflug in Polen

LOT und ihre Tochtergesellschaft Eurolot verbinden die großen polnischen Städte. Zum Weiterflug innerhalb Polens muß vom internationalen Terminal 1 zum nationalen Terminal 2 gewechselt werden (Busverkehr).

Fluggesellschaften:

LOT Warschau

LOT (Polskie Linie Lotnicze)
Air Terminal, Al. Jerozolimskie 65/79
Tel. (022) 6281009, Fax 6305503

Berlin

Budapester Str. 18, D-10787 Berlin
Tel. (030) 2611505; Fax (030) 2650806

Frankfurt a. M.

Wiesenhüttenplatz 26, D-60329 Frankfurt am Main
Tel. (069) 231981; Fax (069) 232948

Hamburg

Ernst-Merck-Str. 12–14, D-20099 Hamburg
Tel. (040) 244747; Fax (040) 244494

Köln

Trankgasse 7–9, D-50667 Köln
Tel. (0221) 133078; Fax (0221) 138507

München

Flughafen Terminal C, Raum 4308
Tel. (089) 97591820

Wien

Schwedenplatz 5, A-1010 Wien
Tel. (01) 5331212; Fax 5355273

Zürich

Pelikanstr. 37, CH-8001 Zürich
Tel. (01) 2115390

LOT in Gdańsk	ul. Wały Jagiellońskie 2/4, Tel. (058) 311161, 314026
Katowice	Al. Korfantego 36, Tel. (032) 1062460, 1062459
Kraków	ul. Basztowa 15, Tel. (012) 952, 953 Flughafen Kraków-Balice: Tel. (012) 116700
Poznań	ul. Święty Marcin 69, Tel. (061) 522847
Rzeszów	Pl. Ofiar Getta 6, Tel. (017) 33550
Szczecin	ul. Wyzwolenia 17, Tel. (091) 39926, 55058
Wrocław	ul. Pilsudskiego 36, Tel. (071) 952, 952
Austrian Airlines	ul. Zlota 44/46 (4. Stock), Warszawa Tel. (022) 6252050 Warszawa-Okecie: Tel. (022) 460128
Deutsche Lufthansa	Lufthansa Verkaufsbüro ul. Novi Swiat 19, P-00-029 Warszawa Warszawa-Okecie: Tel. (022) 6504628
Swissair	Hotel Victoria, ul. Królewska 11, Warszawa Tel. (022) 8275016 Warszawa-Okecie: Tel. (022) 460128

Fremdenführer

An vielen Orten kann man professionelle Fremdenführer engagieren, die deutsch sprechen. Vor allem in ehemals deutschen Gebieten finden sich auch Taxifahrer, die sich gern als Führer betätigen und einem Land und Leute näherbringen. Fremdenführungen bieten die Büros der PTTK (→ Auskunft), diverse Reisebüros im ganzen Land sowie in Krakau das auf Fremdenführungen spezialisierte Büro "Renesans", ul. Sławkowska 19, Tel. (012) 220165.

Geld

Währung

Währungseinheit ist der Złoty (Zł). 1 Złoty = 100 Grosz.
Banknoten gibt es zu 10, 20, 50, 100 und 200 Złoty. Münzen im Nennwert von 1, 2, 5, 10, 20 und 50 Grosz sowie 1, 2 und 5 Złoty sind im Umlauf. In einigen Geschäften wird auch ausländische Währung angenommen.

Wechselkurse (veränderlich)

Der aktuelle Kurs der polnischen Währung wird nach dem Dollarkurs bestimmt:

100 Zł = 51 DM	1 DM = 1,96 Zł
100 Zł = 349 öS	1 öS = 0,29 Zł
100 Zł = 39 sfr	1 sfr = 2,53 Zł
100 Zł = 26 Euro	1 Euro = 3,83 Zł

Devisenbestimmungen

Die Ein- und Ausfuhr polnischen Geldes ist verboten. Die Einfuhr und Ausfuhr ausländischer Zahlungsmittel unterliegt keiner Beschränkung; größere Mengen müssen bei der Einreise deklariert werden, das Zollamt bestätigt in der Devisenerklärung die Einfuhr fremder Währung.

Geldwechsel

Ausländische Touristen sind nicht verpflichtet, ihr Geld in polnische Złoty umzutauschen. Wenn der Urlauber dies jedoch machen will, stehen ihm Wechselstuben an den Grenzübergängen, Flughäfen und Bahnhöfen zur Verfügung. Ferner bieten die meisten Reisebüros einen Service für Geldumtausch an. Auch in den Hotels kann man Geld umtauschen. In der Regel bieten die Banken die interessantesten Wechselkurse an. Die Banken sind im allgemeinen Mo.–Fr. 7.30–17.00, Sa. 7.30–14.00 Uhr geöffnet.

Geld (Fortsetzung) Geldautomaten

In größeren Städten und in Feriengebieten gibt es Geldautomaten, die auch ec-Karten akzeptieren.

Kreditkarten

Die meisten internationalen Kreditkarten (z. B. American Express, Carte Blanche, Diners Club, Eurocard, Visa) werden in den größeren Orten (weniger in der Provinz) akzeptiert, u.a. von den meisten Hotels, in vielen Restaurants und in vielen Geschäften.

Verlustmeldung (ec-Karten)

Bei Verlust der ec-Karte informiere man umgehend den Zentralen Annahmedienst für Verlustmeldungen von Eurocheque-Karten in Frankfurt/M. Telefon aus Polen: (00 49) 18 05 02 10 21 (24-Stunden-Dienst).

Geschäftszeiten

→ Öffnungszeiten

Hotels

Allgemeines

Hotels der obersten Klasse sind in Polen mit 5 Sternen, solche der niedrigsten Klasse mit 1 Stern gekennzeichnet (in der folgenden Liste mit A–E wiedergegeben). Die Hotels mit drei oder mit vier Sternen sind gute Mittelklassehotels. Daneben gibt es in fast allen Städten meist noch sehr einfache Hotels, die wesentlich preiswerter sind. An der Ostseeküste, in den Masuren oder in Schlesien werden außerdem immer häufiger Privatquartiere oder Bungalows angeboten. In den Hotels gibt es meist einen Kellner oder Portier, der englisch spricht (manchmal auch deutsch).

Gebucht werden kann bei den Hotels direkt, über Orbis und Polorbis oder bei der entsprechenden internationalen Hotelkette.

Preise

Die Hotelpreise sind nach mitteleuropäischen Maßstäben im allgemeinen recht günstig, allerdings auch sehr unterschiedlich. Während man in Warschau in einem Tophotel bis zu 300 DM pro Person und Nacht ausgeben kann, bekommt man in der 'Provinz' – etwa im touristisch wenig (wohl aber von ausländischen Geschäftsleuten) frequentierten Łódź – schon für 25 DM ein Bett in einem sehr guten Hotel. Man wird also mit einem Durchschnittswert von 30–40 DM immer eine gute Unterkunft bekommen. In Pensionen bezahlt man ca. 10–30 DM. (Preise immer mit Frühstück).

Rasthäuser

An den großen Fernstraßen liegen Rasthäuser, die Unterkunft und Verpflegung auf einfachem Niveau bieten.

Übernachten in Burgen und Schlössern

Bei Polorbis (→ Auskunft) können Aufenthalte in einigen polnischen Burgen und Schlössern gebucht werden: so etwa in Łańcut im Schloßhotel "Zamkowy"; in Wałbrzych in Schloß Ksiąz, dem größten Schloß Niederschlesiens; in Tuczno (Tütz) in einer alten Ritterburg an einem See; in Pułtusk im Polonia-Hotel, 60 km nördlich von Warschau; in Baranów Sandomierski, einem Ort an der Weichsel, in einem Renaissance-Schloß.

Hotelliste

Auf den folgenden Seiten findet man eine Liste ausgewählter Hotels. Die Ein- und Aus-Check-Zeiten liegen je nach Hotel bei 12.00 bis 14.00 Uhr. Die Mehrzahl der Hotels akzeptiert Hunde gegen einen Aufpreis. Die Gebühren für Park- bzw. Garagenplätze sind vor Ort zu entrichten.
Außer Telefonnummern werden auch die Telefaxnummern aufgeführt.

Abkürzungen

ul.	= ulica (Straße)	Fax	= Telefax
Al.	= Aleja (Allee)	Tel.	= Telefon
Pl.	= Plac (Platz)	M	= Motel

Hotels

Białystok

C: Leśny, al. Jana Pawla II., PL-15-703,
Tel. (085) 6511641, Fax 6511701.
72 Zimmer (62 DZ mit Bad).
Restaurant; bewachter Parkplatz, Hunde erlaubt.

D: Mosir, ul. Wolodyjowskiego 5, PL-15-350, Tel. (085) 7422031.
Restaurant, Sauna, Tennisplatz; bewachter Parkplatz.

Bielsko-Biała

C: Magura, ul. Żywiecka 93, PL-43-300,
Tel. (033) 146545, Fax 145874.
44 Doppel- und 96 Einzelzimmer (alle mit Bad und TV).
Restaurant, Café, Konferenzraum; bewachter Parkplatz, Hunde erlaubt.

C: Prezydent, ul. 3 Maja 12, PL-43-300,
Tel. (033) 27211, Fax 150273.
36 Zimmer (23 DZ mit Bad).
Restaurant, Café, Bar, Konferenzräume; bewachter Parkplatz.

Bydgoszcz

C: Brda, ul. Dworcowa 94, PL-85-010,
Tel. (052) 224006, Fax 225655.
Restaurant, Veranstaltungsräume; bewachter Parkplatz.

C: City-Hotel, ul. 3. Maja 6, PL-85-016,
Tel. (052) 3252500, Fax 225266.
118 Zimmer (mit Bad und TV).
Zwei Restaurants, Bars, Wiener Café, Fitneßcenter, Konferenzräume; bewachter Parkplatz, Hunde erlaubt.

B: Pod Orlem, ul. Gdańska 14, PL-85-006,
Tel. (052) 221861, Fax 228988.
80 Betten (Einzel- und Doppelzimmer mit Bad).
Zwei Restaurants, Sauna, Solarium, Einrichtungen für Kinder und Behinderte; bewachter Parkplatz und Garage.

Cieszyn

B: Orbis (M), ul. Motelowa 21, PL-43-400,
Tel. (033) 520451, Fax 522930.
80 Doppelzimmer (mit Bad und TV).
Restaurant, Bar und Disko; bewachter Parkplatz, Hunde erlaubt.

Częstochowa

C: Patria, ul. Ks. Popieluszki 2, PL-42-200,
Tel. (034) 3247001, Fax 3246332.
66 Doppel- und 30 Einzelzimmer (mit Bad). Restaurant, Café, Bar.

C: Polonia, ul. Pilsudskiego 9, PL-42-200,
Tel. (034) 3244067, Fax 3651105.
62 Zimmer (22 DZ mit Bad).
Restaurant, Café, Veranstaltungsräume; bewachter Parkplatz.

C: Orbis (M), ul. Wojska Polskiego 281, PL-42-200,
Tel. (034) 3610233, Fax 3655607. 80 Doppelzimmer (mit Bad).
Restaurant, Bar, Disko, Einrichtungen für Behinderte; bewachter Parkplatz, Hunde erlaubt.

Elbląg

B: Elzam, Pl. Słowiański 2, PL-82-300,
Tel. (055) 2348111, Fax 2324083.
112 Zimmer (mit Bad, Klimaanlage und TV).
Restaurant, Bar, Nachtklub, Sauna, Solarium, Einrichtungen für Behinderte; bewachter Parkplatz.

C: Żuławy, ul. Krolewicka 126, PL-82-300,
Tel. (050) 2345711, Fax 348338.
54 Zimmer (mit Bad und TV). Restaurant; bewachter Parkplatz.

Gdańsk

C: Hevelius, ul. Heweliusza 22, PL-80-890,
Tel. (058) 3015631, Fax 3019122.
178 Doppel- und 88 Einzelzimmer (mit Bad, Klimaanlage und TV).
Restaurant, Café und Nachtklub; bewachter Parkplatz, Hunde erlaubt.

C: Marina, ul. Jelitkowska 20, PL-80-342,
Tel. (058) 5530460, Fax 5530460. 10 km außerhalb.
175 Doppelzimmer und 16 Appartements (alle mit Bad).
Restaurant, Hallenbad, Tennisplatz, Kegelbahn; bewachter Parkplatz.

C: Novotel, ul. Pszenna 1, PL-80-749,
Tel. (058) 3015611, Fax 3015619.
154 Doppelzimmer (mit Bad, Klimaanlage und TV).
Restaurant, Veranstaltungssaal; bewachter Parkplatz, Hunde erlaubt.

C: Posejdon, ul. Kapliczna 30, PL-80-341,
Tel. (058) 5531803, Fax 5530228. 12 km außerhalb.
147 Doppelzimmer (mit Bad, Klimaanlage und TV).
Restaurant, Hallenbad; bewachter Parkplatz, Hunde erlaubt.

Gdynia

C: Gdynia, ul. Armii Krajowej 22, PL-81-372,
Tel. (058) 6206661, Fax 6208651.
288 Doppel- und 50 Einzelzimmer (mit Bad, Klimaanlage und TV).
Restaurant, Café, Hallenbad, Sauna, Solarium, Konferenzräume, Nachtklub; bewachter Parkplatz, Hunde erlaubt.

Giżycko

C: Europa, Al. Wojska Polskiego 37, Pl-11-55,
Tel. (087) 4293001, Fax 4292554.
24 Doppelzimmer und 3 Einzelzimmer (mit Dusche und TV), 50 m vom Kisajno-See entfernt. Restaurant, Café, Bar.

C: Wodnik, ul. 3 Maja 2, PL-11-500,
Tel. (087) 4283871, Fax 4283958.
25 Doppel- und 46 Einzelzimmer (mit Dusche).
Restaurant; bewachter Parkplatz, Hunde erlaubt.

Gliwice

D: Diament, ul. Zwycicstwa 3, PL-44-100,
Tel. (032) 2312244, Fax 2317216. 25 Zimmer (Bad).
Restaurant, Café, Bierstube, Spielsalon; Hunde erlaubt.

Gorzów Wielkopolski

C: Mieszko, ul. Kosynierów Gdyńskich 82, PL-66-400,
Tel. (095) 7205051, Fax 7225671.
80 Doppel- und 160 Einzelzimmer (mit Bad und TV),
Restaurant, Café, Bar, Disko, Spielsalon; bewachter Parkplatz.

Iwonicz Zdrój

C: Pod Jodłą, ul. Tarasiewicza 3, PL-38-840,
Tel. (0131) 4350115, Fax 4350505.

Jelenia Góra

B: Jelenia Góra, ul. Świerczewskiego 63, PL-58-500,
Tel. (075) 7646480, Fax 7526269.
152 Doppel- und 30 Einzelzimmer (mit Bad und TV).
Restaurants, Brasserie, Bars, Konferenzräume, Einrichtungen für Behinderte, Hallenbad, Sauna und Solarium; bewachter Parkplatz.

B: Cieplice, ul. Cervi 11, PL-58-560,
Tel. (075) 7551041, Fax 7551441. 106 Zimmer (mit Bad).
Restaurant, Bar, Konferenzräume; bewachter Parkplatz, Garage.

Kalisz

C: Prosna, ul. Górnośląska 53, PL-62-800,
Tel. (062) 7644974, Fax 7644994.
70 Doppel- und 35 Einzelzimmer (mit Bad und TV).
Restaurant, Café, Nachtklub; bewachter Parkplatz, Hunde erlaubt.

Karpacz	C: Skalny, ul. Obrońców 5, PL-58-540, Tel. (07519) 7527000, Fax 7619103. 145 Doppelzimmer (mit Bad und TV). Resturant, Nachtklub, Hallenbad, Konferenzsaal; bewachter Parkplatz.
Katowice	C: Katowice, Al. Korfantego 9, PL-40-951, Tel. (032) 588281, Fax 597526. 30 Zimmer (mit Bad). Restaurant, Café, Konferenzräume; bewachter Parkplatz, Hunde erlaubt.
	C: Silesia, ul. P. Skargi 2, PL-40-951, Tel. (032) 596211, Fax 596140. 144 Doppel- und 60 Einzelzimmer (mit Bad und TV). Restaurant, Café, Bar; Garage, bewachter Parkplatz, Hunde erlaubt.
	B: Warszawa, ul. Roździenskiego 16, PL-40-202, Tel. (032) 2037730, Fax 2037707. Restaurant, Café, Bar, Nachtklub, Hallenbad, Sauna, Solarium, Konferenzräume; bewachter Parkplatz, Hunde erlaubt.
Kazimierz Dolny	C: Zajazd Piatowski, ul. Słoneczna 3, PL-24-120, Tel. (081) 810346, Fax 810351. 56 Z. (mit Bad). Restaurant, Veranstaltungsräume, Bar; Hunde erlaubt.
Kołobrzeg	C: New Skanpol, ul. Dworcowa 10, PL-78-100, Tel. (094) 3528211, Fax 3524478. Ca. 1 km zum Strand. 370 Betten (EZ und DZ mit Bad). Restaurant, Café, Bar, Konferenzsaal; bewachter Parkplatz.
	C: Solny, ul. Fredry 4, PL-78-100, Tel. (094) 3545700, Fax 3545828. 1 km zum Strand. 150 Doppelzimmer (mit Bad und TV). Restaurant, Café, Nachtlokal, Konferenzsaal, Freibad, Sauna, Solarium, Einrichtungen für Kinder, Tennisplätze; bewachter Parkplatz.
Konin	C: Sonata, ul. Chopina 14 b, PL-62-510, Tel. (063) 2424507, Fax 2423260. 60 Einzel- und 30 Doppelzimmer (mit Bad). Restaurant, Café, Bar, Sauna, Konferenzsaal; bewachter Parkplatz, Hunde erlaubt.
Koszalin	C: Arka, ul. Zwycięstwa 20, PL-75-950, Tel. (094) 3427911. 76 Doppelzimmer (mit Bad und TV). Restaurant, Bierstube, Nachtklub, Spielsalon, Konferenzräume; bewachter Parkplatz.
Kraków	C: Continental, ul. Armii Krajowej 11, PL-30-150, Tel. (012) 6375938, Fax 6375938. 290 Doppelzimmer (mit Bad und TV). Restaurant, Café, Bar, behindertengerecht, Hallenbad, Sauna, Solarium, Veranstaltungsräume; bewachter Parkplatz, Hunde erlaubt.
	C: Cracovia, ul. Al. F. Focha 1, PL-30-111, Tel. (012) 4228666, Fax 4219586. 79 Doppel- und 335 Einzelzimmer (mit Bad und TV). Restaurant, Café, Bars, Disko, Veranstaltungsräume; bewachter Parkplatz, Hunde erlaubt.
	C: Demel, ul. Glowackiego 2, PL-30-085, Tel. (012) 6361600, Fax 6364543. 58 Doppelzimmer (mit Dusche; behindertengerecht). Restaurant, Café, Bierstube, Sauna, Solarium, Konferenzsaal; bewachter Parkplatz.

Krákow (Fortsetzung)

B: Forum, ul. Konopnickiej 28, PL-30-302,
Tel. (012) 2669500, Fax 2665827.
530 Betten (DZ, EZ und App. mit Bad, Klimaanlage und TV).
Restaurant, Café, Hallenbad; bewachter Parkplatz, Hunde erlaubt.

C: Francuski, ul. Pijarska 13, PL-31-015,
Tel. (012) 4225122, Fax 4225270.
80 Betten (EZ, DZ und App. mit Bad und TV).
Restaurant, Café; bewachter Parkplatz, Hunde erlaubt.

C: Logos, ul. Szujskiego 5, PL-31-123,
Tel. (012) 6323333, Fax 6224210.
37 Zimmer (EZ und DZ mit Bad, TV, Telefon und Radio).
Restaurant (Rôtisserie), Bar, Sauna, Veranstaltungssaal.

Łeba

C: Wodnik, ul. Nadmorska 10, PL-84-360,
Tel. (059) 661366, Fax 661542. 300 Betten (Bad, TV).
Restaurant, Café, Bar, Konferenzraum, Hallenbad, Sauna.

Legnica

C: Cuprum, ul. Skarbowa 7, PL-59-220,
Tel. (076) 28041, Fax 28544.
60 Doppel- und 200 Einzelzimmer (mit Bad).
Restaurant, Café, Konferenzraum; bew. Parkplatz, Hunde erlaubt.

Łódź

C: Centrum, ul. Kilinskiego 59, PL-90-118,
Tel. (042) 6328640, Fax 369650.
Restaurant, Kasino, Kabarett; bewachter Parkplatz.

C: Grand, ul. Piotrkowska 72, PL-90-102,
Tel. (042) 6339920, Fax 3337876.
300 Betten (Zimmer mit Bad, TV). Restaurant, Café, Bar, Einrichtungen für Kinder, Solarium; bewachter Parkplatz; Hunde erlaubt.

B: Światowit, Al. Kościuszki 68, PL-90-432,
Tel. (042) 6363044, Fax 6365291.
212 Zimmer (96 EZ und 113 DZ mit Bad).
Restaurant, Café, behindertengerecht, Veranstaltungssaal; bewachter Parkplatz.

Łomża

C: Polonez, ul. Rządowa 1a, PL-18-400,
Tel. (086) 165451, Fax 163196. 74 Zimmer (mit Bad).
Restaurant, Café, Veranstaltungssaal; bewachter Parkplatz.

Lublin

C: Unia, Al. Racławickie 12, PL-20-037,
Tel. (081) 32061, Fax 33021.
70 Doppel- und 35 Einzelzimmer (mit Bad und TV).
Restaurant, Café, Bankettsaal; bewachter Parkplatz, Hunde erlaubt.

Malbork

C: Zamek, ul. Staroscinska 14, PL-82-200, Tel. (055) 2728400.
Direkt an der Deutschordensburg, 100 Betten (DZ und EZ mit Bad).
Zwei Restaurants, Café; bewachter Parkplatz.

Międzyzdroje (Ostseeinsel Wolin)

C: Amber Baltic (Vienna International Hotel), ul. Bohaterow Warszawy 26a,
PL-72-510, Tel. (097) 3280800, Fax 3281022.
400 Betten in Luxuszimmern (DZ und EZ mit Bad; Meerblick).
Restaurant, Bar, Wiener Kaffeehaus, Disko, Tennisplätze, Golfplatz (außerhalb); bewachter Parkplatz.

Mikołajki

B: Gołebiewski, ul. Mrągowska 34, PL-11-730,
Tel. (087) 4216517,Fax 4216010.
Am Talty-See, 280 Zimmer (DZ und EZ mit Bad und TV).
Restaurants, Hallenbad, Tennisplätze; bewachter Parkplatz.

Hotels

Olsztyn	C: Park (Best Eastern Plaza Hotel), ul. Warszawska 119, Tel. (089) 5236604, Fax 5276077. 100 Doppelzimmer (mit Bad, Klimaanlage, TV und Telefon). Restaurant, behindertengerecht; bewachter Parkplatz, Hunde erlaubt.
Opole	C: Opole, ul. Krakowska 59, PL-45-018, Tel. (077) 4538651, Fax 4536075. 34 Doppel- und 59 Einzelzimmer (mit Bad). Café-Restaurant, Bankettsaal; Garage und bewachter Parkplatz.
Piła	B: Elite, ul. Orla 67, PL-64-920, Tel. (067) 2125534, Fax 2124324. 34 Doppelzimmer (mit Bad). Restaurant, Bar; bewachter Parkplatz.
Poznán	C: Merkury, ul. Roosvelta 20, PL-60-029, Tel. (061) 8558000, Fax 8558855. 54 Doppel- und 255 Einzelzimmer (alle mit Bad und TV). Restaurant, Café, Tennisplätze; bewachter Parkplatz.
	C: Park (Best Eastern Plaza Hotel), ul. Majakowskiego 77, Tel. (061) 8794081, Fax 8773830. Am Malta-See, 102 Doppelzimmer (mit Bad, TV und Telefon). Restaurant, Café, Konferenzsaal; bewachter Parkplatz, Hunde erlaubt.
	C: Polonez, Al. Niepodległości 36, PL-61-714, Tel. (061) 8699141, Fax 8523762. 192 Doppel- und 192 Einzelzimmer (mit Bad, Klimaanlage und TV). Restaurant, Café, Bar, Nachtlokal; bewachter Parkplatz, Hunde erlaubt.
	C: Poznań, Pl. Wtadyslawa Andersa 1, PL-61-898, Tel. (061) 8332081, Fax 8332961. 495 Zimmer (160 EZ und 325 DZ mit Bad). Restaurant, Bar, Sauna, Konferenzräume; bewachter Parkplatz.
Puławy	C: Izabella, ul. Lubelska 1, PL-24-100, Tel. (081) 8863041, Fax 8879989. 114 Zimmer (38 EZ und 70 DZ mit Bad). Restaurant.
Sopot	B: Grand, ul. Powstanców Warszawy 12, PL-81-718, Tel. (058) 5510041, Fax 5516124. Direkt am Strand gelegen, 65 Doppel- und 43 Einzelzimmer (mit Bad). Restaurant, Café, Bar, Kasino, Einrichtungen für Behinderte, Veranstaltungsräume; bewachter Parkplatz, Hunde erlaubt.
Szczecin	C: Arkona, ul. Panieńska 10, PL-70-535, Tel. (091) 4880261, Fax 4880260. 34 Doppel- und 54 Einzelzimmer (mit Bad und TV). Restaurant, Bar.
	C: Neptun, ul. Matejki 18, PL-70-530, Tel. (091) 4883883, Fax 4890077. 184 Doppel- und 96 Einzelzimmer (mit Bad, TV). Behindertengerecht. Restaurant, Café, Bar, Nachtklub, Bankettsäle; bewachter Parkplatz.
	B: Radisson SAS, Pl. Rodla 10, PL-70-419, Tel. (091) 595595, Fax 3595595. 370 Zimmer (DZ, EZ und App. mit TV und Telefon). Restaurant, Nachtklub, Sauna, Kongreßräume; bewachter Parkplatz.
	C: Reda, ul. Cukrowa 2, PL-71-004, Tel. (091) 4822461, Fax 4826323. 151 Doppelzimmer (mit Bad und TV). Restaurant, Bar, Nachtklub, behindertengerecht; bewachter Parkplatz.

Szklarska Poręba

C: Sudety, ul. Krasickiego 10, PL-58-580,
Tel. (07517) 7172736, Fax 7172225.
200 Betten (Zimmer mit Bad und TV).
Restaurant, Bar, Billard; bewachter Parkplatz.

Tarnów

C: Tarnóvia, ul. Kościuszki 10, PL-33-100,
Tel. (014) 212671, Fax 212744.
163 Zimmer (mit Bad). Restaurant, Café; bewachter Parkplatz.

Toruń

C: Helios, ul. Kraszewskiego 13, PL-87-100,
Tel. (056) 6225033, Fax 6223565.
68 Doppel- und 35 Einzelzimmer (mit Bad und TV).
Restaurant, Café, Nachtlokal; bewachter Parkplatz, Hunde erlaubt.

Wałbrzych

C: Sudety, ul. Parkowa 15, PL-58-302,
Tel. (074) 77431, Fax 76450.
83 Doppel- und 158 Einzelzimmer (mit Bad).
Restaurant, Café, Konferenzsaal; Parkplatz.

Warszawa

A: Bristol (Forte-Hotel), ul. Krakowskie Przedmieście 42, PL-00-325,
Tel. (022) 6252525, Fax 6252577.
Im alten Glanz renoviertes Traditionshotel. 155 Zimmer (Bad und TV).
Restaurants, Café, Bar, Einrichtungen für Kinder und Behinderte,
Hallenbad, Sauna, Solarium.

B: Holiday Inn, ul. Zlota 48, PL-00-120,
Tel. (022) 6973999, Fax 6973899.
592 Betten (DZ, EZ und App. mit Bad und TV).
Restaurant, Café, Bar, Sauna, Solarium, Veranstaltungsräume,
Einrichtungen für Behinderte; bewachter Parkplatz, Hunde erlaubt.

B: Jan III Sobieski (Rogner International), ul. A. Zawiszy 1, PL-02-025,
Tel. (022) 6584444, Fax 6598828.
436 Zimmer (DZ, EZ und App. mit Bad, TV und Telefon).
Restaurants, Café, Bars, Dachgarten, Mehrzweckräume; Garagen.

B: Marriott, Al. Jerozolimskie 65, PL-00-697,
Tel. (022) 6306306, Fax 6305239.
521 Zimmer und 34 Appartements (mit Bad und TV).
Restaurants, Vienna-Café, Pub, Nachtklub, Hallenbad, Sauna, Kasino;
bewachter Parkplatz.

C: Polonia, ul. Al. Jerozolimskie 45, PL-00-692,
Tel. (022) 6287241, Fax 6285106.
283 Zimmer (EZ, DZ und App. mit Bad, TV, Telefon und Mini-Bar).
Restaurant, Café, Dancing, Veranstaltungssaal; bewachter Parkplatz.

A: Victoria-Intercontinental, ul. Królewska 11, PL-00-065,
Tel. (022) 6578011, Fax 6578057.
194 Doppel- und 144 Einzelzimmer (mit Bad, Klimaanlage und TV).
Restaurant, Café, Nachtklub, Hallenbad, Sauna, Solarium, Veranstaltungssäle; Garage und bewachter Parkplatz, Hunde erlaubt.

Wrocław

B: Dwór Wazów, ul. Kiełbaśnicza 2, PL-50-106,
Tel. (071) 725829, Fax 723419.
70 Betten (DZ und EZ mit Bad, TV und Telefon).
Restaurant, Café, Honigkeller, Bar, Nachtklub und Konferenzsaal.

C: Novotel, ul. Wyścigowa 35, PL-53-011,
Tel. (071) 675051, Fax 675275.
150 Doppelzimmer (mit Bad, Klimaanlage und TV). Behindertengerecht.
Restaurant, Bar, Konferenzraum; bewachter Parkplatz, Hunde erlaubt.

Hotels, Wrocław (Fortsetzung)

C: Panorama, Pl. Dominikański 8, PL-50-159,
Tel. (071) 443681, Fax 441125.
70 Doppel- und 34 Einzelzimmer (mit Bad und TV).
Restaurant, Café; bewachter Parkplatz, Hunde erlaubt.

Zakopane

C: Kasprowy, ul. Polana Szymoszkowa 1, PL-34-500,
Tel. (018) 2014011, Fax 2015272.
252 Doppel- und 24 Einzelzimmer (mit Bad und TV).
Restaurants, Hallenbad, Sauna, Solarium; bewachter Parkplatz.

C: Giewont, ul. Kościuszki 1, PL-34-500,
Tel. (0165) 2012011, Fax 2012015.
27 Doppel- und 17 Einzelzimmer (meist mit Bad).
Restaurant, Café, Bar, Disko; Hunde erlaubt.

Zielona Góra

C: Polan, ul. Staszica 9a, PL-65-175,
Tel. (068) 3270091, Fax 3271859.
25 Doppel- und 51 Einzelzimmer (mit Bad und TV).
Restaurant, Café; bewachter Parkplatz, Hunde erlaubt.

Information

→ Auskunft

Jugendunterkünfte

Allgemeines

In den polnischen Jugendherbergen werden Jugendliche und Mitglieder des Internationalen Jugendherbergswerks bevorzugt aufgenommen. Anmeldung ist für Gruppen und Individualreisende erforderlich. Eine Liste der Jugendherbergen, die ganzjährig geöffnet sind, hält das Polnische Informationszentrum für Touristik bereit (→ Auskunft).

Information in Polen

Polskie Towarzystwo Schronisk Mlodziezowych (PTSM)
(Polnisches Jugendherbergswerk)
ul. Chocimska 28, PL-00-791 Warszawa
Tel. (022)8494251

Information im Ausland

Deutsches Jugendherbergswerk (DJH)
Bismarckstr. 8, D-32756 Detmold
Tel. (05231) 99360

Das Handbuch "Hostelling International. Europe" (mit einem Kapitel über Polen), herausgegeben von der International Youth Hostel Federation, kann beim Deutschen Jugendherbergswerk bestellt werden.

Österreichischer Jugendherbergsverband
Gonzagagasse 22, A-1010 Wien, Tel. (01) 5335353
Österreichisches Jugendherbergswerk (ÖJHW)
Helferstorferstr. 4, A-1010 Wien, Tel. (01) 5331833/4

Schweizerischer Bund für Jugendherbergen (SBJ)
Postfach, CH-3001 Bern, Tel. (031) 245503

Studentenhotels

Preiswerte Übernachtungsmöglichkeiten bestehen auch in Studentenhotels bzw. -heimen. Internationale Studentenhotels werden geleitet von:
Almatur (Reise- und Touristikbüro der Vereinigung Polnischer Studenten):
ul. Ordynacka 9, PL-00-364 Warszawa
Tel. (022) 268404

Almatur bietet auch Aktivurlaub sowie Studienprogramme und vermittelt in Zusammenarbeit mit der Organisation "Experiment in International Living" Aufenthalte bei Familien.

Jugendunterkünfte Aufenthalt bei Familien

Karten

Wer sich auch abseits der größeren Straßen bewegen will, sollte neben der zu diesem Reiseführer gehörenden Übersichtskarte zusätzlich einige Karten mitführen. Im folgenden eine Auswahl der wichtigsten Maßstäbe. Auch in den Orbis-Informationszentren (⟶ Auskunft) in Polen werden Karten verkauft.

Allgemeines

Karten der polnischen Staatlichen Kartographischen Verlagsgesellschaft PPWK (Panstwowe Przedsiębiostwo Wydawnictw Kartograficznych) sind auch im Heimatland erhältlich. Außer den im folgenden erwähnten Karten sind bei PPWK auch ein Autoatlas (mit Stadtdurchfahrtsplänen und Ortsregister; 34 Kartendoppelseiten 1 : 5000000) sowie ein Atlas der polnischen Kurorte (Atlas uzdrowisk Polskich) erschienen.

PPWK

Wertvoll sind auch die Karten des Zarząd Topograficzny (ZT; Topographisches Amt) des Generalstabs der Polnischen Armee.

Zarząd Topograficzny

PPWK: Touristenkarten für ausgewählte Gebiete	1 : 30000– 1 : 200000
ZT: Topographische Karte Polen (118 Blätter)	1 : 100000
ZT: Topographische Karte Polen (79 Blätter)	1 : 200000
RV: Euro-Regionalkarte Polen (4 Blätter) Euro-Reiseatlas Polen	1 : 300000
PPWK: Touristenkarten Polen (16 Blätter; touristische Hinweise in dt.)	1 : 500000

Konsulate

⟶ Diplomatische und konsularische Vertretungen

Krankheitsfall

⟶ Apotheken
⟶ Ärztliche Hilfe
⟶ Notdienste

Kreditkarten

⟶ Geld

Kur und Erholung

52 Orte in Polen sind als Heilbäder anerkannt, 50 weitere eignen sich zu Heilzwecken, da sie über ein heilsames Mikroklima, Mineralquellen, Moor und andere notwendige Bedingungen verfügen. Die Heilbäder sind mit

Allgemeines

Kur und Erholung (Fortsetzung)	Badevorrichtungen bzw. Sanatorien ausgestattet. Die Mindestaufenthaltsdauer beträgt zwischen 10 und 21 Tagen. Man kann an organisierten Ausflügen teilnehmen; auch ist das kulturelle Angebot groß.
Auskunft	Informationen über Kurorte erteilen das Polnische Informationszentrum in Berlin (→ Auskunft) sowie die Abteilung für Gesundheitspolitik im Gesundheitsministerium, ul. Miodowa 13, in Warschau.

Mietwagen

Pkws Minibusse	Personenwagen ('Rent-a-car') und Minibusse kann man bei Polorbis-Büros (→ Auskunft) und einigen internationalen Mietwagenfirmen vor Reiseantritt im Heimatland sowie in Polen in den Orbis-Büros oder in allen größeren Orbis-Hotels mieten. Auch einige private Veanstalter vermieten Busse und Personenwagen.
Orbis Warschau	Autos sind in Warschau bei Orbis u. a. an folgenden Stellen zu mieten: Hotel Victoria, ulica Królewska 11, Tel. (022) 6578011; Flughafen Okęcie (Ankunftshalle), ulica Żwirki i Wigury, Tel. (022) 6469896; ulica Nowogrodzka 24 (Parkplatz beim Hotel Forum), Tel. (022) 6210271.
Internationale Mietwagenfirmen	Wegen der Diebstahlsgefahr verleihen nur wenige internationale Firmen Autos zur Fahrt nach Polen. Im Land selbst sind sie jedoch vertreten.
AVIS	Warschau, Al. Jerozolimskie 65, Tel. (022) 6504872
Europcar	Warschau: ul. Moliera 4, Tel. (022) 8279984 Internationaler Flughafen Okęcie, Tel. (022) 6469454 Gdańsk: Flughafen Rebiehowo, Tel. (058) 3415251 Wroclaw: ul. Rynek 45, Tel. (071) 3448940
Hertz	Warschau: Nowogrodzka 27, Tel. (022) 6211360 Internationaler Flughafen Okęcie, Tel. (022) 6469896
Sixt	Reservierung in Deutschland: (0180) 5232222 Bei Sixt kann man einen Mietwagen mit Hilfe einer Sixt-Kundenkarte per 'Rent-o-mat' schon für den Zielflughafen buchen. Warschau: Zentrale, Tel. (022) 6465986 Internationaler Flughafen Okęcie, Tel. (022) 6467310 Hotel Marriott, Al. Jerozolimskie 65, Tel. (022) 6504872

Nationalparks, Landschaftsparks, Naturschutzgebiete

Allgemeines	Landschaftsparks und Naturschutzgebiete dienen sowohl der Natur wie der Erholung der Bevölkerung. Die ersten Landschaftsparks Polens entstanden 1976. Es gibt etwa 1000 Naturschutzgebiete, von einem Bruchteil eines Hektars bis zu einigen tausend Hektar Größe; sie werden unterschieden in streng geschützte und gemäßigt geschützte Gebiete, geologische, Wald-, Wasser-, Flora- und Faunareservate u. a. m. In den Nationalparks liegen streng geschützte Gebiete, in denen jedes Eingreifen des Menschen verboten ist, in den übrigen Gebieten wird versucht, die ursprüngliche Flora wiederherzustellen. Auch einzelne Objekte können in Polen unter Naturschutz gestellt sein, 'Naturdenkmäler' (Sing. zabytek przyrody) wie Bäume, Felsen, Höhlen, Quellen und Wasserfälle.

Nationalparks

Zahlreiche markierte Wanderwege durchziehen die Nationalparks, die man nur in Begleitung eines Reiseführers betreten darf. Zum Fotografieren und Filmen ist eine Genehmigung erforderlich.

Allgemeines

Die Liste der Nationalparks ist nach ihrer geographischen Lage von Norden nach Süden geordnet. In der Randspalte steht der polnische Namen des Nationalparks mit dem Gründungsjahr; im Text folgen die deutsche Bezeichnung des Parks, die Größe in Hektar sowie Angaben über die charakteristischen Landschaftsormen, Tiere und Pflanzen.

Hinweise zur folgenden Liste

Nationalpark auf der Insel Wolin
4844 ha
Wälder, zerklüftete Küste; Weißschwanzadler

Woliński
Park Narodowy
1960

Słowinzischer Nationalpark
18247 ha
Dünen, Küstenwälder, Seen; Weißschwanzadler, Uhu, Schwarzstorch
In die UNESCO-Liste der Biosphärenreservate aufgenommen.

Słowiński
Park Narodowy
1966

Bory-Tucholskie-Nationalpark
Waldgebiet mit Kiefern, Birken und Eichen; Uhu, Seeadler, Kranich

"Bory Tucholskie"
Park Narodowy

Drawa-Nationalpark
8691 ha
Wälder, Seen, Flüsse

Drawieński
Park Narodowy
1990

Großpolnischer Nationalpark
5198 ha
Wälder und Seen; Schwarzspechte, Wild

Wielkopolski
Park Narodowy
1957

Wigry-Nationalpark
14840 ha
Wälder, Seen; u.a. Biber, Wölfe, Luchse

Wigierski
Park Narodowy
1989

Biebrza-Nationalpark
59223 ha
Park im Flußtal der Biebrza mit großen Moorgebieten; u.a. Schnepfen

Biebrzański
Parka Narodowy

Narew-Nationalpark
Sümpfe mit Schilf und Wasserpflanzen; Brutvögel (Enten, Schwalben) und Zugvögel (im Frühjahr); Biber seit Ende der siebziger Jahre

Narwiański
Parka Naradowy
1996

Nationalpark von Białowieża
5316 ha
Ältester Nationalpark Polens; Urwälder; Zuchtzentrum für seltene Tiere; u. a. Wisente, Tarpane (poln. Pferde), Büffel
In die UNESCO-Liste der Biosphärenreservate aufgenommen.

Białowieski
Park Narodowy
1947

Kampinos-Nationalpark
35433 ha
Der Nationalpark umfaßt den bei Warschau gelegenen Kampinos-Urwald; u.a. Elche, Schwarzstörche, Dachse, Füchse, Biber, Kraniche

Kampinoski
Park Narodowy
1959

Nationalpark von Ojców
1590 ha
Täler in Jurahochfläche; u.a. Fledermäuse und Schmetterlinge

Ojcowski
Park Narodowy
1956

Heilig-Kreuz-Nationalpark
5884 ha
Bewaldeter Bergkamm; u.a. Rehe, Dachse, Füchse, Wildschweine

Świętokrzyski
Park Narodowy
1950

Poleski Park Narodowy 1990	Polesie-Nationalpark 4813 ha Sümpfe, Seen und Wälder
Roztoczański Park Narodowy 1974	Roztocze-Nationalpark 6832 ha Buchenwälder; u.a. Auerhähne, Schwarzstörche, Kraniche, Tarpane
Magura Park Narodowy	Magura-Nationalpark Gebirgsregion (Beskiden) mit Magura-Wątkowska-Gebirgskamm Wald, Bäche; Braunbär, Luchs, Wolf und Fuchs, Schreiadler
Karkonoski Park Narodowy 1959	Nationalpark Karkonosze (Riesengebirge) 5562 ha Höchster Teil des Riesengebirges; Bergflora; Mufflons, Auerhähne
Góry Stołowe Park Narodowy	Góry Stołowe-Nationalpark Heuscheuergebirge (Góry Stołowe) in den Sudenten; Felsen, Wälder, Hirsch, Reh
Babiogórski Park Narodowy 1954	Nationalpark Babia Góra 1741 ha Höchster Berg der Beskiden; Luchs, Dachs, Wolf, Bär, Haselhühner, Eulen, Käuze, Mäusefalken In die UNESCO-Liste der Biosphärenreservate aufgenommen.
Tatrzański Park Narodowy 1954	Tatra-Nationalpark 18426 ha Höchster Teil der Karpaten; u.a. Wild, Bären, Luchse, Wölfe, Steinadler
Gorczański Park Narodowy 1981	Nationalpark Gorce 5933 ha Bergwälder in den Beskiden; u.a. Karpatenhirsche, Hermeline, Habichte, Schreiadler
Pieniński Park Narodowy 1954	Nationalpark Pieniny 2328 ha Mittlerer Teil der Pieniny; u.a. Luchse, Wildkatzen, Wölfe, Hirsche. Artenreichste Flora in Europa (über 1200 Arten)
Bieszczadzki Park Narodowy 1973	Nationalpark Bieszczady (Ostbeskiden) 5726 ha Mit Wiesen bedeckte Gipfel; u.a. Bären, Wölfe, Luchse, Wisente

Notdienste

Polizei	Tel. 997
Feuerwehr	Tel. 998
Unfallrettung	Tel. 999
Pannenhilfe	Tel. 981
ADAC-Notruf in Polen	ADAC-Notrufstation in Polen/Warschau. Tel. (022) 6222060 (rund um die Uhr besetzt)
Notdienste in Deutschland	ACE-Euro-Notruf Tel. aus Polen: (0049) 1802343536 ADAC-Notrufzentrale München Tel. aus Polen: (0049 / 89) 222222 (rund um die Uhr besetzt) ADAC-Telefonarzt, Tel. aus Polen: (0049 / 89) 76762244

Notdienste (Fortsetzung)

(täglich 8.00–20.00 Uhr; in der Hauptreisezeit 7.00–23.00 Uhr)
Der Telefonarzt kann den Rücktransport veranlassen.

Luftrettung

ADAC München
Tel. aus Polen: (0049 / 89) 767676

Deutsche Flug-Ambulanz Düsseldorf
Tel. aus Polen: (0049 / 211) 431717

Deutsche Rettungsflugwacht Stuttgart
Tel. aus Polen: (0049 / 711) 701070

DRK-Flugdienst Bonn
Tel. aus Polen: (0049 / 228) 230023

ÖAMTC-Notrufzentrale Wien
Tel. aus Polen: (0043 / 1) 9821304 (ÖAMTC-Euronotruf)

Schweizerische Rettungsflugwacht Zürich
Tel. aus Polen: (0041 / 1) 3831111

Öffnungszeiten

Arbeitsfreie Samstage

Arbeitsfrei sind in der Regel jeder zweite und dritte Samstag im Monat. Viele Geschäfte haben an diesen Tagen nur zwischen 6.00 und 13.00 Uhr geöffnet.

Kaufhäuser

Kaufhäuser haben werktags in größeren Städten in der Regel 9.00–20.00 oder 21.00 Uhr, in anderen bis 19.00 Uhr geöffnet.

Lebensmittelläden

In Warschau und anderen großen Städten (wie Danzig, Kattowitz, Krakau, Posen, Stettin, Breslau) haben Lebensmittelläden in der Regel Mo.–Fr. 6.00–19.00 (größere Geschäfte bis 20.00 Uhr) geöffnet, Sa. 7.00–14.00/15.00 Uhr (an arbeitsfreien Samstagen bis 13.00 Uhr).
In vielen Städten gibt es einige Läden, die auch an Sonn- und Feiertagen, von 19.00 bis 24.00 bzw. bis 2.00 Uhr oder durchgehend geöffnet haben. Die Preise hier können allerdings bis zu 20 % höher liegen als in normalen Geschäften.

In kleineren Städten sowie auf dem Dorf öffnen die Lebensmittelgeschäfte ebenfalls werktags um 6.00 Uhr. Auf dem Dorf schließen sie jedoch über Mittag und um 17.00 Uhr, in Kleinstädten sowie in Städten mittlerer Größe um 18.00 Uhr; Sa. 7.00–13.00 Uhr (manche auch geschlossen).

Souvenirläden

In größeren Städten sind Läden mit Souvenir- und Geschenkartikeln (Desa, Cepelia, Jubiler, Orno, Pewex, Baltona) geöffnet werktags 8.00–20.00 Uhr, in kleineren Städten 11.00–19.00 Uhr. Eine Reihe von Andenkenläden haben auch sonntags für einige Stunden geöffnet.

Geschäfte

Alle übrigen Geschäfte haben in der Regel Mo.–Fr. 10.00/11.00–18.00/19.00 Uhr, Sa. 9.00–13.00/14.00 Uhr geöffnet.

Apotheken

Die meisten Apotheken haben werktags von 8.00 bis 20.00 Uhr geöffnet. Nachts haben nur in Großstädten einige Apotheken Dienst (für dringende Fälle); darüber informieren Aushänge in jeder Apotheke.

Banken

Banken haben in der Regel Mo.–Fr. 9.00/10.00–16.00 Uhr geöffnet.

Museen

Die Öffnungszeiten der Museen sind sehr unterschiedlich. Viele haben montags oder dienstags geschlossen; geöffnet sind sie Sa., So. 10.00 bis

Öffnungszeiten, Museen (Forts.)	17.00 Uhr, an den übrigen Tagen bis 16.00 Uhr. Einige Museen bleiben auch über Mittag geschlossen.
Postämter	In den Wojewodschaftsstädten sind einige Postämter durchgehend offen, in großen Städten in der Regel werktags von 7.00 oder 8.00 bis 20.00 oder 21.00 Uhr, auf dem Land nur bis 15.00 Uhr geöffnet.
Tankstellen	In der Regel haben Tankstellen Mo.–Sa. 6.00–22.00, So. und Fei. 7.00 bis 15.00/17.00 Uhr geöffnet. An Fernverkehrstraßen (und in größeren Städten) haben ausreichend viele Tankstellen rund um die Uhr geöffnet.

Post und Telekommunikation

Postämter	In den Postämtern (Sing. 'Urząd Pocztowy' bzw. 'Poczta'; kurz PTT: 'Poczta, Telegraf, Telefon') können außer der Post bzw. Paketen auch Telegramme aufgegeben, Telefonkarten gekauft und Ferngespräche bestellt werden. In den großen Städten fungieren die Postämter auch als Zollämter. Außer Briefmarken (Sing. 'znaczek pocztowy') sind hier auch Postkarten (Sing. 'pocztówka') und Kuverts erhältlich.
Öffnungszeiten	In den Wojewodschaftsstädten sind einige Postämter durchgehend offen, in großen Städten haben die Postschalter in der Regels werktags von 7.00/8.00 bis 20.00 oder 21.00 Uhr, auf dem Land bis 15.00 Uhr geöffnet.
Briefkästen	Die Briefkästen für Luftpostsendungen sind blau, die Kästen für Postsendungen innerhalb eines Orts sind grün, rot für alle übrige Post.
Posttarife	Da sich die Tarife durch die hohe Inflation ständig ändern, ist eine Nennung hier nicht sinnvoll. In der Regel braucht ein Brief zwischen Polen und Europa (und umgekehrt) rund zwei Wochen.
Postleitzahlen	Das polnische Postleitzahlensystem ist eines der differenziertesten; in den meisten Orten gehört zu jeder Straße eine andere Postleitzahl (2. Gruppe der Ziffer). Für eine Reihe von Städten ist die 'Hauptleitzahl' der Hotelliste (⟶ Hotels) zu entnehmen.
Telex, Telefax	Die Hauptpostämter in den Wojewodschaftsstädten sowie die Hotels der höheren Kategorien haben Telex und/oder Telefax.
Telefon	Große Städte und Touristikzentren in Polen sind telefonisch im Selbstwählverkehr erreichbar (Telefonjetons für Automaten im Postamt erhältlich). Kleine Orte innerhalb Polens können nur über die Vermittlung Tel. 900 erreicht werden. Ein dringendes Telefongespräch (pilna rozmowa) kostet doppelt soviel wie ein normales Gespräch, wird aber innerhalb einer Stunde vermittelt. Wer außerhalb der Öffnungszeiten der Postämter ein Ferngespräch führen muß, sollte sich mit der Polizei am Ort in Verbindung setzen. Nach Deutschland etc. telefoniert man spätabends oder nachts, da tagsüber das Telefonnetz in der Regel überlastet ist.
Telefon-Ländernetzkennzahlen	Von Deutschland, Österreich und der Schweiz nach Polen: 0048 Von Polen nach Deutschland 0049 nach Österreich 0043 in die Schweiz 0041 Die Null der Ortsnetzkennzahl entfällt.
Warschau	Warschau hat die Vorwahlnummer 022.

Reisedokumente

Personalpapiere

Zur Einreise in die Republik Polen benötigen deutsche Staatsangehörige bei einem Aufenthalt bis zu drei Monaten einen Reisepaß, der noch mindestens sechs Monate gültig sein muß. Für Kinder unter 16 Jahre ist ein Kinderausweis oder Eintrag im Elternpaß erforderlich.

Fahrzeugpapiere

Nationaler Führerschein und Kraftfahrzeugschein werden anerkannt und sind mitzuführen. Das Mitführen der Grünen Versicherungskarte ist in Polen Pflicht und wird bei der Ein- und Ausreise stichprobenartig kontrolliert. Fehlt die Grüne Karte bei der Ausreise, kann auch dann noch ein Bußgeld verhängt werden. Sollte man seine Grüne Karte vergessen haben, empfiehlt es sich, an der Grenze eine Haftpflichtversicherung für Polen abzuschließen. Für Wohnwagen ist eine zusätzliche Versicherungskarte erforderlich.
Ist der Fahrzeugführer nicht der Fahrzeughalter, so ist eine Benutzungsvollmacht erforderlich (Vordrucke und Beglaubigung bei den Automobilclubs). Der Fahrzeugführer darf seinen Wohnsitz nicht in Polen haben.

Verlust von Dokumenten

Beim Verlust des Reisepasses stellt die Konsularabteilung der Botschaft der Bundesrepublik Deutschland (→ Diplomatische Vertretungen) in Warschau einen Reiseausweis zur Rückkehr nach Deutschland aus. Vorzulegen sind die Verlustanzeige, bestätigt durch die örtliche Polizei, sowie zwei Paßbilder (von zu Hause mitnehmen). Bei Verlust der Fahrzeugpapiere genügt die durch die Polizei bestätigte Verlustanzeige.
Man sollte Fotokopien von allen Papieren mitnehmen (getrennt verwahren) und die Registriernummern auf einem gesonderten Blatt notieren; das vereinfacht die Ausstellung von Ersatzpapieren erheblich.

Haustiere

Wer Haustiere (Hund, Katze) nach Polen mitnehmen will (berücksichtigen, daß Tiere nicht in allen Hotels, Restaurants etc. zugelassen sind!), benötigt ein amtstierärztliches Gesundheitszeugnis (das kurz vor der Reise vom Arzt bestätigt wurde) sowie eine Tollwutimpfbescheinigung (mindestens 21 Tage und höchstens 12 Monate alt). Beide Bescheinigungen müssen im Internationalen Impfpaß des Tieres eingetragen sein.

Meldepflicht

Innerhalb von 48 Stunden (in grenznahen Gebieten innerhalb von 24 Stunden) nach Grenzübertritt müssen sich ausländische Touristen an jedem Aufenthaltsort bei den Behörden anmelden. Die Meldung wird in der Regel von den Unterkunftgebern erledigt.

Zollbestimmungen

→ dort

Reisezeit

Allgemeines

Bis auf die Zeit zwischen Herbst und Winter – November und Dezember sind naß und grau – kann man immer nach Polen fahren; die Landschaften Polens entwickeln zu jeder Jahreszeit ihren Reiz. Das Klima in Polen ist gemäßigt; es gibt weder übermäßig kalte Winter noch extrem heiße Sommer. Weitere Informationen → Zahlen und Fakten, Klima.

Frühling

Im Mai, wenn die Obstbäume blühen, empfiehlt sich beispielsweise ein Besuch des Dorfes Łącko (südwestlich von Nowy Sącz in den Beskiden), in dem die 'Tage des blühenden Apfelbaumes' mit Volkstrachten und -tänzen gefeiert werden. Auch die Gegenden um Warschau, v. a. bei Sochaczew und Warka, sind große Obstgärten.

Sommer

Für einen Aufenthalt am Meer ist die Zeit von Mitte Juni bis Mitte/Ende August am besten geeignet; u. U. kann es bereits ab Mitte August zu kühl

Reisezeit (Fortsetzung)	für ein Bad in der Ostsee sein. Da es auch im Sommer nicht selten regnet und windig ist, sollte man Pullover und Jacke (oder einen leichten Mantel) nicht vergessen.
Herbst	Während im Sommer viele Theater geschlossen sind, bietet sich Kulturfreunden im Herbst das interessanteste Programm. Fast bis Ende September kann man Sonnenbäder nehmen und in den Seen baden. Der Herbst eignet sich auch hervorragend zum Wandern – besonders im Mittel- und Hochgebirge – und Pilzesammeln.
Winter	Schnee liegt etwa von Dezember bis März/April in den Gebirgslagen von Tatra und Riesengebirge, so daß Wintersportfreunde hier auf ihre Kosten kommen. Auch ein Aufenthalt am Meer kann im Winter von besonderem Reiz sein.
Zwischensaison	Außerhalb der Hauptsaison – in den Städten von November bis März, in den Bergen im April und im Mai, an der See zwischen September und Mai – sind die Preise in den Hotels, z. T. auch in Restaurants niedriger.

Restaurants

Allgemeines	Mit der Wende in Polen hat sich auch die Gastronomie geändert. Es gibt sehr viel mehr Restaurants, und niemand muß mehr darauf warten, daß ihm von einem Türsteher (vielleicht sogar noch gegen einen Obolus) ein Platz zugewiesen wird. Viele polnische Restaurants werden von dem Unternehmen Orbis geführt, sie müssen sich aber in zunehmendem Maße der privaten Konkurrenz stellen. Gehobene Restaurants, u.a. in Vier- und Fünf-Sterne-Hotels, sind annehmbar bis sehr gut, und die Preise sind für Reisende aus westlichen Ländern recht günstig. Darüber hinaus kann man mit einem aufmerksamen und freundlichen Service rechnen. In den größeren Hotels verstehen einige Personen in der Regel Deutsch, Englisch oder Französisch.
Kategorien	Die meisten Restaurants sind in vier Kategorien klassifiziert (kat 1 – kat 4); die Kategorie ist jeweils auf der Speisekarte angegeben. Zu empfehlen sind die Kategorien 1 und 2.
Öffnungszeiten	In Polen sind die Restaurants in der Regel von 9.00 bis 21.00 (!) Uhr oder von 13.00 bis 24.00 Uhr geöffnet.
Einheimische/ internationale Küche	Vor allem in den großen Städten gibt es neben Restaurants mit einheimischer Speisenkarte auch Lokale mit internationaler (französischer, chinesischer, indischer, japanischer etc.) Küche.
Cafés	In den Cafés werden neben Kaffee und Tee auch alkoholische und Erfrischungsgetränke sowie Kuchen und Desserts serviert.
Landgasthöfe	Gut essen kann man auch in den Gasthäusern an Durchgangsstraßen sowie v. a. in Landgasthöfen ('gościny') in Großpolen und in Pommern.
Preiswert essen	Die polnischen Restaurant-Bars (mit begrenzter Auswahl an warmen Speisen), in denen man für wenig Geld Barszcz, Bigos und Piroggen bekommt, verschwinden immer mehr, ebenso die Milchbars (bar mleczny), in denen man preiswert vegetarisch essen kann (Gerichte aus Milch, Eiern, Gemüse). Sie werden zunehmend von Fast-food-Ständen bzw. Schnellgaststätten mit Hamburgern und Hot Dogs verdrängt, die doch recht teuer sind (und in der Regel nicht jedermanns Geschmack treffen dürften), sowie von Pizzerien. In Milchbars holt man sich sein Essen am Buffet; das hat den Vorteil, daß man auf das Gewünschte zeigen kann.

Auswahl

Hotelrestaurants

Die Anschriften der Hotelrestaurants findet man bei den → Hotels.

Preisangaben für die genannten Restaurants

Die Preise sind – der Übersichtlichkeit halber – gerundet in DM angegeben und gelten für eine Mahlzeit mit Vor-, Haupt- und Nachspeise, aber ohne Alkohol. Der Preis für ein Essen liegt in etwa zwischen 20 DM und 40 DM.

Gdańsk

Kubicki, ul. Wartka 5, Tel. (058) 3010050, geöffnet tgl. 11.00–23.00 Uhr. Das Lokal bietet einfache Gerichte zu günstigen Preisen. 20 bis 40 DM.

Major, ul. Mickiewicza 1-3, Tel. (058) 6210954, geöffnet tgl. 11.00 bis 23.00 Uhr. Traditionelle polnische Küche. 20 bis 40 DM.

Pod Łososiem, ul. Szeroka 54, Tel. (058) 3017652, geöffnet tgl. 12.00 bis 23.00 Uhr. Ambrozy Vermollen, ein gebürtiger Holländer, eröffnete 1598 eine Gastwirtschaft und Likörfabrik, deren berühmtes Produkt das "Danziger Goldwasser" war. Spezialitäten des Hauses sind Lachs, ein Fischteller mit vier und ein Fleischteller mit sechs Sorten. 20 bis 40 DM.

Złota Podkowa, Tel. (058) 6838960, 7 km von Danzig Richtung Warschau in Przejazdowo, geöffnet tgl. 11.00–22.00 Uhr. Hier bekommt man gutes polnisches Essen in gemütlicher Atmosphäre. 20 bis 40 DM.

Kraków

Ariel, ul. Szeroka 6 und 17, Tel. (012) 213870. Die beiden Restaurants liegen in Kazimierz, dem alten jüdischen Viertel von Krakau. Es gibt koschere Speisen, mitunter begleitet von Klezmerklängen. 20 bis 40 DM.

Hawełka, Rynek Główny 34, Tel. (012) 4 220631, geöffnet tgl. 10.00 bis 22.00 Uhr. Wiederbelebtes traditionsreiches Restaurant mit verfeinerter polnischer Küche. Über 40 DM.

Jama Michalika, ul. Floriańska 45, Tel. (012) 422156, tgl. 9.00–22.00 Uhr. In den 20er Jahren trafen sich in diesem Café die Künstler, um zu diskutieren. Heute tritt das gleichnamige Kabarett hier auf. 20 bis über 40 DM.

U Literatów, ul. Kanonicza 7, geöffnet tgl. 10.00–21.00 Uhr. Künstler-Café in Krakaus ältester Straße – dicht beim Theater von Tadeusz Kantor "Cricot 2". Das Haus hat einen besonders schönen Garten. Mittlere Preisklasse.

U Pugetów, ul. Starowiślna, geöffnet tgl. 10.00–24.00 Uhr. Zehn Minuten von der Altstadt entfernt wird eine exquisite altpolnische Küche in historischen Mauern serviert. Zu dem Restaurant gehört ein Garten. Über 40 DM.

U Zijada, ul. Jodłowa 12, Tel. (012) 4219831, geöffnet tgl. 12.00–21.00 Uhr. Im Schloß, oberhalb der Stadt mit herrlichem Blick auf die Weichsel. Polnische und europäische Küche. 20 bis 40 DM.

Wierzynek, Rynek Główny 15, Telefon (012) 221035, geöffnet täglich 12.00–24.00 Uhr. Traditionsreiches Lokal, das schmackhafte polnische Küche in angenehmem Ambiente anbietet. Über 40 DM.

Olsztyn

Kormoran, pl. Konstytucji 3 Maja 4 (moderner Bau neben dem Bahnhof), Tel. (089) 345864, geöffnet täglich 13.00–23.00 Uhr. Geboten wird polnische Küche. 20 bis 40 DM.

Nowoczesna, ul. Głowackiego 8, Tel. (089) 335353, geöffnet täglich 20 bis 1 Uhr. Eine der besten Küchen am Ort mit typisch polnischen Gerichten (im Hotel Warmiński). 20 bis 40 DM.

Poznań

Malta, ul. Krańcowa, Tel. (061) 766011, geöffnet tgl. 12.00–24.00 Uhr. Lokal mit Terrasse und schönem Blick auf den See. 20 bis 40 DM.

Poznań (Fortsetzung)

Salon Urszuli Lorenz, ul. Slusarska 16, Tel. (061) 527859, geöffnet tgl. 13.00–24.00 Uhr. Mischung aus Restaurant und Kabarett. 20 bis 40 DM.

Stara Ratuszowa, Stary Rynek 55, Tel. (061) 515318, geöffnet tgl. 10.00–24.00 Uhr. Renovierter, gemütlicher Weinkeller in einem alten Gewölbe aus dem 16. Jh., direkt am Markt. Möglichst Voranmeldung am Morgen. 20 bis 40 DM.

Szczecin

Argentyna, al. Wojska Polskiego 39, Tel. (091) 345415. Spezialität des Hauses sind argentinische Steaks vom Holzgrill. 20 bis 40 DM.

Chief, ul. Rayskiego 16, Tel. (091) 343765. Geboten werden Suppen, Vorspeisen und Hauptgerichte – alles vom Fisch. 20 bis 40 DM.

Julian, ul. Welecka 1, geöffnet tgl. 11.00–22.00 Uhr. Internationale Küche, u.a. italienische und französische Gerichte. Etwas außerhalb gelegen in Mierzyn (zwischen Grenzstation Lubieszyn und Stettin). 20 bis 40 DM.

Toruń

Zajazd Staroplski, ul. Zeglarska 10/4. In den historischen Mauern bekommt man gutbürgerliches polnisches Essen. 20 bis 40 DM.

Warszawa

Belvedere, Łazienki-Park, Parkmöglichkeit von der ul. Parkowa, Tel. (022) 414806. In den lichten, hohen Räumen der ehemaligen Orangerie kann man ausgezeichnete polnische Speisen verzehren. 20 bis 40 DM.

Flik, ul. Puławska 43, Tel. (022) 494406. Es gibt polnisch-internationale Küche und eine große Salatbar bei angenehmem Ambiente. Ständig wechselnde Ausstellungen junger Künstler. 20 bis 40 DM.

Fukier, Rynek Starego Miasta 27, Tel. (022) 8311013, geöffnet 13.00–24.00 Uhr. Verfeinerte polnische Küche im altem Weinkeller der Bankiersfamilie Fugger in der Altstadt. Nobeladresse für Ausländer und die einheimische Schickeria. Über 40 DM.

Lapidarium, ul, Nowomiejska 6, geöffnet tgl. 11.00–23.00 Uhr (Juni bis Okt.). Schönes Café in einem begrünten Innenhof der Altstadt, geboten werden Jazz- und Theaterprogramm.

Nowe miasto, Rynek Nowego Miasta 13, geöffnet tgl. 10.00–24.00 Uhr. Erstes und einziges vegetarisches Restaurant, in der Altstadt. Originelle Gerichte. 20 bis 40 DM.

Nowy Świat, in der Einkaufsstraße Nowy Świat 61, Tel. (022) 8265803. In diesem traditionsreichen, immer gut besuchten Café wird Wiener Apfelstrudel serviert.

Restauracja Polska, ul. Nowy Świat 21, Tel. (022) 8263877, geöffnet tgl. 12.00–22.00 Uhr. Altpolnische Delikatessen. 20 bis 40 DM.

Świętoszek, ul. Jezuicka 48, geöffnet tgl. 10.00–24.00 Uhr. Heimelige Atmosphäre bei polnischen Spezialitäten in einem traditionsreichen Altstadtgewölbe. Über 40 DM.

Wrocław

Brauhaus “Spiż”, Rynek Ratusz 9, Tel. (071) 446856, geöffnet tgl. 10.00–24.00 Uhr. Renoviertes Lokal im Rathauskeller, gutbürgerliches Essen, selbstgebrautes Bier. 20 bis 40 DM.

Casablanca, ul. Włodkowica 8 a, Tel. (071) 447817, geöffnet täglich 12.30–24.00 Uhr. Große Auswahl an Speisen und Getränken unter Bildern aus dem gleichnamigen Filmklassiker. Über 40 DM.

Zamość

Wiatrak, ul. Lwowska 52. Gute polnische Küche. 20 bis 40 DM.

Rundfunk und Fernsehen

Rundfunk

Rundfunksendungen sind in Polen auf folgenden Frequenzbereichen zu empfangen: UKW: 66–73,5 MHz (das heißt, daß mitteleuropäische UKW-Empfänger mit ihrem Frequenzbereich von 87,5–108 MHz keinen Ton von sich geben!); Mittelwelle: 500–1 500 kHz; Kurzwelle: 6–10 MHz; Langwelle: 170–280 kHz.

Deutschsprachige Sendungen

Radio Warszawa überträgt von Ende Juni bis Ende September auf Langwelle (Frequenz 225 KHz, 1 200 m) im Rahmen der internationalen Sendung "Der Sommer mit dem Radio" u. a. Nachrichten, Wettervorhersagen und andere interessante Meldungen für Touristen in englischer und auch in deutscher Sprache.

Radio Stargard hat während der Sommersaison auf Mittelwelle (1 503 kHz) ebenfalls deutschsprachige Sendungen (mehrmals am Tag) im Programm.

Deutsche Welle

Die Deutsche Welle versendet kostenlos ihr aktuelles Programm mit Sendezeiten und Frequenzangaben:
Deutsche Welle · Hörerpost
D-50588 Köln

Reiserufe

Im Notfall können Reiserufe in deutscher Sprache in der Sendung "Der Sommer mit dem Radio" (s. oben) durchgegeben werden. Auskunft erteilt die Redaktion der Sendung unter Tel. (022) 45 92 77 (Adresse: Al. Niepodległości 75–89, P-00-950 Warszawa).
Da die Reisebüros weder über Namen noch Aufenthaltsort eines Reiseteilnehmers Auskunft geben, sollte man Reiseroute, Urlaubsanschrift und Wagenbeschreibung (mit Autokennzeichen) zu Hause hinterlassen, damit bei einem Reiseruf genaue Angaben gemacht werden können.

Fernsehen

Das Polnische Fernsehen ist Mitglied von "Eurovision" und "Intervision". Es strahlt zwei Programme für ganz Polen aus. In den größeren Städten existieren auch lokale Rundfunk- und Fernsehsender. In den größeren Hotels sind Satellitenanlagen vorhanden, so daß westliche Fernsehprogramme empfangen werden können.

Schiffsverkehr

Küstenschiffahrt

Während der Sommersaison verkehren zwischen den Ostseehäfen und in der Danziger Bucht (Zatoka Gdánska) Schiffe zu ein- bis zweistündigen Ausflugsfahrten. Informationen gibt Orbis (⟶ Auskunft) sowie in Warschau Tel. (022) 6 30 29 61.

Binnenschiffahrt

Allgemeiner Beliebtheit erfreuen sich Ausflugsfahrten auf der Strecke Szczecin (Stettin) – Świnoujście (Swinemünde), im Zalew Wiślany (Frisches Haff) sowie in den Bereichen von Warschau, Krakau und Bydgoszcz (Bromberg) auf der Weichsel oder in Breslau auf der Oder.

Eine in Europa einzigartige Sehenswürdigkeit ist der Kanal zwischen Elbląg (Elbing) und Ostróda (Osterode); anstatt mithilfe von Schleusen überwinden die Schiffe auf Plattformen die Höhenunterschiede. Details sind in Orbis-Büros (⟶ Auskunft) zu erfahren.

Masurische Seenplatte

Ein Paradies für Wasserratten ist Masuren, die "grüne Lunge" Polens mit Tausenden von klaren Seen und dunklen Wäldern. Auf den Masurischen Seen verkehren vom 15. Mai bis zum 15. September zahlreiche Schiffe, darunter auch die der 'Weißen Flotte' (Biała Flota). Information, Reservierung und Fahrkarten in Giżycko (s. Reiseziele von A bis Z, Seite 182).

Schiffsverkehr, Masurische Seenplatte (Fortsetzung) Auskunft	PUH Navigo ul. Moniuszki 1, PL-11-500 Giżycko, Tel. (0878) 2151, 3410
	OREUS S.A., Polskie Biuro Podróży ul. Dąbrowskiego 3, PL-11-500 Giżycko Tel. (0878) 3112, 5146, 2128

Sicherheit

Geld

Geld nur in Banken bzw. offiziellen Wechselstuben wechseln. Höhere Geldbeträge und Wertsachen im Hotelsafe deponieren.

Gepäck

Das Gepäck (Koffer, Handtaschen mit Dokumenten, Fotoapparate) nie unbeaufsichtigt lassen.

Parken

Bewachte (eingezäunte) Parkplätze benützen. Keine wichtigen Gegenstände im Auto zurücklassen, Auto immer abschließen.

Eisenbahn

Vor Überfällen und Diebstählen, insbesondere in internationalen Zügen, sei gewarnt: Man kleide sich möglichst zurückhaltend, suche Abteile mit mehreren Mitreisenden auf, versuche Drängeleien, vor allem von Jugendbanden, aus dem Weg zu gehen. Besonders wachsam sei man bei Fahrten durch Tunnels.

Straßenverkehr

Wie man sich als Autofahrer auf polnischen Straßen und bei einem Verkehrsunfall verhält, ist unter 'Straßenverkehr' beschrieben (S. 503).

Spielkasinos

Allgemeines

Besonders beliebte Spielkasinos in der Zeit vor dem Zweiten Weltkrieg waren die in Warschau und Zoppot; nach langjähriger Pause entstanden und entstehen nun viele Spielkasinos vor allem in den größeren Städten. Gespielt wird American Roulette, Black Jack, Poker und Glücksrad; ferner kann man sein Glück an Spielautomaten versuchen. Alle Spielkasinos sind täglich, in der Regel nachmittags ab 15.00 oder 16.00 Uhr bis in die frühen Morgenstunden, geöffnet. Der Eintritt ist kostenlos. Im Kasino des Marriott-Hotels in Warschau ist täglich rund um die Uhr Spielbetrieb.

Casinos Poland

Die Gruppe Casinos Poland hat Betriebe in folgenden Städten:

Gdańsk	Długa 75/76, Tel. (058) 315381
Kraków	im Hotel Pod Różą, 14, Floriańska, Tel. (012) 224783
Poznań	Arkadia, Plac Wolności 8, Tel. (061) 524308
Szczecin	Al. Niepodległości 26
Warszawa	im Hotel Marriott, Al. Jerozolimskie 65/79, Tel. (022) 8300177
Wrocław	Reduta, Piotra Skargi 18a, Tel. (071) 441205

Casinotouren

Über Polorbis (→ Auskunft) können 'Casinotouren' (Kurzflugreisen nach Warschau mit Besuch des Casinos im Marriott-Hotel; ferner "Casinos Poland" für Pkw-Reisende) gebucht werden.

Orbis-Spielkasinos

Über Spielkasinos verfügen folgende Orbis-Hotels (→ Hotels): in Warschau Orbis-Forum, Orbis-Grand Hotel Victoria; in Zoppot Orbis-Grand. Informationen bei der Direktion der Orbis-Spielkasinos, c/o Hotel Orbis-Europejski, ul. Krakowskie Przedmieście 13, PL-00-071 Warszawa.

Weitere Spielbetriebe

In Warschau gibt es noch das Queen Casino im Kulturpalast, in Międzyzdroje (Misdroj) ein Casino im Hotel Amber Baltic.

Sport

Allgemeines

Reisebüros wie Polorbis und PTTK haben vielfältige Reisen für sportlich Aktive im Programm. Eine weitere wichtige Informationsquelle ist das Polnische Informationszentrum für Touristik in Köln. Ihre Anschriften sind unter 'Auskunft' genannt. Im folgenden sind einige Sportmöglichkeiten zusammengestellt.

Angeln

Von den über 9000 Seen und den zahlreichen Flüssen des Landes (die allerdings nur im Oberlauf in Betracht kommen) liegen die fischreichsten in den Masuren, in Pommern und im südöstlichen Polen. Angler müssen im Besitz einer Anglerkarte sein. Information über Vorschriften, Fischarten, Fangzeiten etc. → Auskunft.

Fliegen

Die Touristenbüros in verschiedenen Städten des Landes bieten Flüge beispielsweise über Warschau, über Ermland und Masuren sowie über dem Hirschberger Kessel an.
Von den Flugsportclubs sei der Aeroklub Jelenia Góra (Hirschberg im Riesengebirge) genannt, bei dem man Segel- und Motorflugzeuge chartern kann (angeboten auch Rundflüge, Flugschule, Fallschirm, Paraglider, Drachen). Auskunft: Aeroklub Jeleniogórski, ul. Łomnicka, PL-58-500 Jelenia Góra; Tel. (075) 26020

Jagen

Über Jagdreisen informiert u. a. Polorbis. Alle Formalitäten sind im Heimatland beim Reisebüro zu erledigen, das mit dem Polnischen Jagdverband Łowex zusammenarbeitet.

Klettern

Kletterer treffen sich in der Tatra, im Riesengebirge und im Krakau-Tschenstochauer Jura.

Reiten

Die Pferdezucht und der Reitsport haben in Polen eine große Tradition. Über 'Urlaub im Sattel', über Gestüte und Pferdesportzentren informiert ein Faltblatt des Polnischen Informationszentrums für Touristik.

Wandern

Das Wandern gehört in Polen zu den beliebtesten Freizeitaktivitäten. Die Wanderwege sind von der PTTK nach einem einheitlichen System gekennzeichnet (farbiger Streifen auf weißem Grund) und detailliert in Wanderführern beschrieben. Auf diesen Wegen ist Radfahren und Langlauf erlaubt, nicht zugelassen sind Autos.
Die meisten markierten und schönsten Wanderwege findet man in Südpolen, insbesondere in den Bergen. Beliebte Kammrouten verlaufen in den Sudeten (u. a. der Riesengebirgs-Kammweg und der Mieczysław-Orłowicz-Pfad) und in den Karpaten (Roter Grenzpfad, internationaler Freundschaftspfad auf beiden Seiten der Grenze). In den Sudeten liegt auch ein Abschnitt des Fernwanderwegs Eisenach – Budapest.

Wassersport
Wasserwandern

Die zahlreichen, oft miteinander verbundenen Seen, Flüsse und Kanäle stellen schöne Wanderwege für Kanuten, Ruderer und Paddler dar; bekannt sind v. a. die Masurische und die Pommerschen Seenplatte und die Gebirge. Die interessantesten Kajakstrecken sind die Czarna Hańcza, die Krutynia, der Kanal Elbląg–Ostróda, die Brda, die Wda sowie in den Bergen im Süden der Dunajec und der Poprad (auch Wildwasserfahrten).

Segeln
Motorboot

Die lange Ostseeküste und die zahlreichen Seen des Landes sind gute Segelreviere. Am stärksten besucht werden die Großen Masurischen Seen. In einigen Gewässern, in den sogenannten Ruhezonen, ist das Fahren mit Motor verboten. Ausländische Gäste können ihre eigenen Segel- und Motorboote mitbringen; in größeren Wassersportzentren gibt es aber auch Bootsverleih und -werkstätten. In Trzebieża am Oderhaff existiert ein Zentrales Segelzentrum (Centralny Ośrodek Żeglarski). Weitere Segelschulen gibt es außerdem an vielen Seen.

Sport (Fortsetzung) **Wintersport**

Alpin Skifahren kann man im Südwesten und Süden Polens, in den Sudeten (Riesengebirge), den Beskiden und der Tatra; die Góry Świętokrzyskie (Heilig-Kreuz-Berge) kommen, obwohl es auch dort einige Wintersportmöglichkeiten gibt, kaum in Betracht.
Ski alpin im Riesengebirge und in der Tatra sowie Langlauf in den Masuren wird von Polorbis und PTTK (s. S. 463) angeboten.

Tatra

Die Tatra bietet, da weite Teile Nationalpark sind, trotz guter Schneeverhältnisse nur wenige Abfahrtsmöglichkeiten. Die 'ungekrönte' Winterhauptstadt Polens ist das am Fuß der Tatra gelegene Zakopane – Stadt der FIS und der Universiade. Am wichtigsten ist der Kasprowy Wierch bei Zakopane (Lift, Seilbahn) mit Abfahrten durch die Hala Gąsienicowa und die Hala Goryczkowa (Sessellift); ein Sessellift führt auch auf den Nosal. Nördlich von Zakopane ist die Gubałówka ein beliebter Skiberg. Die meisten Skilifte findet man bei Bukowina Tatrzańska.

Schlesische Beskiden

Größtes Wintersportzentrum nach Zakopane ist Szczyrk in den Schlesischen Beskiden mit 20 Skiliften. Von Bielsko Biała führt eine Seilbahn auf die Szyndzielnia mit verschiedenen Abfahrten. In den Schlesischen Beskiden sind v. a. noch Wisła und Ustroń als Wintersportorte zu nennen.

Sudeten

In den Sudeten findet man die besten Bedingungen im Riesengebirge bei Szklarska Poręba und Karpacz (Sessellifte auf die Szrenica und die Mała Kopa, Schlepplifte). Bekannt ist die Piste 'Lollobrigida' von der Szrenica (4,8 km Länge, 635 m Höhenunterschied). Im Glatzer Kessel ist Zieleniec (Grunwald) Wintersportzentrum, Teil von Duszniki-Zdrój.

Langlauf

Die weiten Ebenen Polens sind wie geschaffen für den Langlauf; die besten Bedingungen findet man in Masuren und Südostpolen (viel Schnee, abwechslungsreiches Terrain). In den letzten Jahren wurde die touristische Infrastruktur ausgebaut.

Eislauf

Zum Eislauf sind die Masurischen Seen sehr gut geeignet, da sie früh zufrieren und gewöhnlich lange Zeit nicht von Schnee bedeckt sind.

Schlittenfahrten

Das polnische Nationalvergnügen ist der 'kulig', eine Schlittenfahrt, bei der Pferde einen Schlitten ziehen, an den kleine Schlitten festgemacht sind. Oft werden solche Schlittenfahrten abends mit Fackeln durchgeführt; nach der Fahrt wärmt man sich meist noch am Lagerfeuer.

Sprache

Verständigung

In den letzten Jahren wuchs das Interesse der Polen an (westlichen) Fremdsprachen, was sich für die Verständigung positiv auswirken dürfte. Man sollte sich zu Hause einen Grundstock an Polnischkenntnissen aneignen; die Polen schätzen Bemühungen, sich in ihrer Sprache zu verständigen, sehr hoch. Hin und wieder trifft man auf ältere Menschen, die (etwas) deutsch können. Mit jüngeren Polen kann man sich evtl. auf englisch verständigen. In gehobeneren Kreisen sprechen vor allem ältere Damen noch französisch. In guten Hotels, auf größeren Bahnhöfen und in guten Restaurants kennt das Personal zumindest die grundlegenden Wendungen und Ausdrücke. Speisekarten sind nur in von Ausländern frequentierten Lokalen auch fremdsprachig erläutert, Landkarten und Stadtpläne haben Erklärungen in Fremdsprachen, zumindest in englisch, deutsch, französisch.

Schrift und Aussprache

Das polnische Alphabet verwendet Buchstaben des lateinischen Alphabets, die z. T. mit diakritischen Zeichen (Häkchen, Akzenten, Punkten) versehen (ą, ę, ć, ś, ź, ó, ń, ż, ł) bzw. als Buchstabenkombinationen (ch, cz, dz, dż, dź, rz, sz) die polnischen Laute wiedergeben. Alle polnischen Vokale sind kurz und offen auszusprechen. Nasallaute sind durch ą (auszuspre-

Schrift und Aussprache (Fortsetzung)

chen als -on-, -om-, -o-), ę (auszusprechen als -en-, -eń-, -em-, -e-) und m, n wiedergegeben. Die Aussprache hängt auch von der jeweiligen Umgebung ab.

z	wie stimmhaftes 's' in 'Sonne': gazeta, zupa; im Auslaut stimmlos: zaraz, teraz
s	wie stimmloses 's' in 'was': stary, wysoki, sport
dz	Einheit aus 'd' und 'z': dzwon, do widzenia
c	wie 'tz' in 'Platz' (niemals wie 'k'): plac, niemiecki (niemiec-ki)
ł	wie engl. 'w' in 'well': mały, ładny
r	wie "gerolltes" Zungen-r (keine Zäpfchen-r): z.B. drogi, Odra
ż/rz	stimmhaft wie 'g' in 'Rage': duży, lekarz
sz	stimmlos wie 'sch' in 'Schule': szkoła, Warszawa, ratusz
dż/drz	stimmhafte Einheit aus 'd' und 'ż/rz', wie 'g' in engl. 'gentleman': dżem, kradzież
cz	stimmlos, wie 'tsch' in 'Matsch': Karpacz, czekolada
ź	vor Vokalen 'zi': stimmhafter Zischlaut, der wie das deutsche 'j' gebildet wird, aber mit an den Gaumen angehobener Mittelzunge: źródło, ziarno
ś	vor Vokalen 'si': stimmloses Pendant zu 'ź', wie das deutsche 'ch' in 'ich': środa, cieśnina
dź	vor Vokalen 'zi': stimmhafter Zischlaut/Einheit aus 'd' und 'ź': dziękuję, gdzie
ć	vor Vokalen 'ci': stimmlose Entsprechung zu 'dź', etwa wie 'tś': być, nauczyćiel
ń	vor Vokalen 'ci': nasales, erweichtes 'n', klingt wie 'gn' in 'cognac': dzień, nie

Die Kombinationen e + u, a + u, e + i werden immer als zwei verbundene, aber deutlich unterschiedene Laute gesprochen: neutralny als ne-utralny, Aurora als A-urora, nadziei als nadzie-i.
Die polnischen Wörter werden in der Regel auf der vorletzten Silbe betont, unabhängig von der grammatischen Form.

Zahlen

Grundzahlen

0	zero	30	trzydzieści
1	jeden/jedna/jedno (m/f/n)	40	czterdzieści
2	dwaj, dwa, dwie	50	pięćdziesiąt
3	trzy	60	sześćdziesiąt
4	cztery	100	sto
5	pięć	101	sto jeden/jedna/jedno
6	sześć	102	sto dwa/dwie
7	siedem	103	sto trzy
8	osiem	110	sto dziesięć
9	dziewięć	115	sto piętnaście
10	dziesięć	120	sto dwadzieścia
11	jedenaście	136	sto trzydzieści sześć
12	dwanaście	200	dwieście
13	trzynaście	300	trzysta
20	dwadzieścia	400	czterysta
21	dwadzieścia jeden/-na/-o	500	pięćset
22	dwadzieścia dwa/dwie	600	sześćset
23	dwadzieścia trzy	1 000	tysiąc

1 001	tysiąc jeden
1 245	tysiąc dwieście czterdzieści pięć
2 589	dwa tysiące pięćset osiemdziesiąt dziewięć
5 470	pięć tysięcy czterysta siedemdziesiąt
1 Mio.	milion
2 Mio.	dwa miliony (trzy, cztery miliony)
5 Mio.	pięć milionów (6 Mio. sześć milionów)

Ordnungszahlen

1	pierwszy, pierwsza, pierwsze (m/f/n)	22	dwudziesty drugi, -a, -ie
2	drugi, -a, -e	23	dwudziesty trzeci, -a, -ie
3	trzeci, -a, -e	24	dwudziesty czwarty, -a, -e
4	czwarty, -a, -e	30	trzydziesty, -a, -e
5	piąty, -a, -e	33	trzydziesty trzeci, -a, -e
6	szósty, -a, -e	40	czterdziesty, -a, -e
7	siódmy, -a, -e	100	setny, -a, -e
8	ósmy, -a, -e	110	sto dziesiąty, -a, -e
9	dziewąty, -a, -e	124	sto dwudziesty czwarty, -a, -e
10	dziesiąty, -a, -e	200	dwusetny, -a, -e
11	jedenasty, -a, -e	256	dwieście pięćdziesiąty szósty, -a, -e
12	dwunasty, -a, -e	300	trzysetny, -a, -e
13	trzynasty, -a, -e	500	pięćsetny, -a, -e
20	dwudziesty, -a, -e	1 000	tysięczny, -a, -e
21	dwudziesty pierwszy, -a, -e	1 Mio.	milionowy, -a, -e

Bruchzahlen

1/2	jedna druga
1/3	jedna trzecia
1/4	jedna czwarta
3/4	trzy czwarte

Sammelzahlen

obaj, obie	beide
wszyscy, wszystkie	alle
para	ein Paar, zwei
tuzin	ein Dutzend

Wichtige Redewendungen und Wörter

Anrede

Herren werden gewöhnlich mit “proszę pana” angesprochen (“bitte mein Herr”), Frauen mit “proszę pani”; bei einem Paar heißt es “proszę państwa”. Im Plural heißt es bei Herren “panowie”, bei Frauen “panie”, bei gemischten Gruppen “państwo”. Sehr höflich ist es, mit dem Wort “szanowny”, “geehrt” zu beginnen; dann lauten die Anredeformen: im Singular “szanowny panie”, “szanowna pani”, Plural “szanowni panowie”, “szanowne panie” und “szanowni państwo”. Bei familiären Beziehungen spricht man sich mit dem Vornamen unter Voranstellung von “pan/pani” an, z. B. “Panie Janku!”, “Pani Barbaro!” Der Vornamen steht dann im Vokativ. Nie aber verwendet man, wie in Deutschland, “Herr” oder “Frau” mit dem Familiennamen, also nicht “Panie Kowalski!”, “Pani Kowalska!”, sondern “Proszę pana!” und “Proszę pani!”.

Redewendungen

Guten Morgen/Guten Tag	Dzień dobry
Guten Abend	Dobry wieczór
Gute Nacht	Dobranoc
Auf Wiedersehen	Do widzenia!/Do zobaczenia
Ja/Nein	Tak/Nie
Entschuldigen Sie	Przepraszam Pana/Panią/Państwa
Bitte! (nach Dank)	Proszę!
Macht nichts (nach Entschuldigung)	Nic/Nie szkodzi
Bitte (bedienen Sie sich)	Proszę się częstować
Bitte (um etwas)	Proszę
Danke (sehr)	Dziękuję (bardzo)
Gestatten Sie bitte	Pozwoli Pan/Pani
Sprechen Sie deutsch?	Czy mówi Pan/Pani po niemiecku?
Ein wenig/Nicht viel	Trochę/Niewiele
Ich verstehe nicht(s)	Nie rozumiem (niczego)
Wie heißt ... auf polnisch?	Jak się nazywa po polsku ...?
Ist ein Zimmer frei?	Czy jest wolny pokój? (Sing.)
Ich möchte gerne ...	Chcę ...
Ein Zimmer mit Bad/Dusche	Pokój z łazienką/prysznicem
Mit Vollpension	Z pełnym utrzymaniem
Was kostet es?	Ile to kozstuje?
Bitte, zahlen!	Chcę zapłacić
Bitte die Rechnung!	Proszę o rachunek
Wo ist die Straße ...	Gdzie jest ulica ...?

Wo ist die Autostraße nach …?	Gdzie jest droga do …?	Redewendungen (Fortsetzung)
Wo ist ein Arzt/Zahnarzt?	Gdzie jest lekarz/dentysta?	
Rechts, links	Na prawo, na lewo	
Immer geradeaus	Cały czas prosto	
Oben, unten	Wysoko, nisko (na górze, na dole)	
Wann ist geöffnet?	Kiedy (jest) otwarte?	
Wie weit?	Jak daleko?	

Kierunek w prawo (w lewo)	Rechts (links) fahren	Verkehrsschilder
Mgła	Nebel	
Niebezpieczeństwo	Gefahr	
Niebezpieczny zakręt	Gefährliche Kurve	
Objazd	Umleitung	
Ostrożnie	Vorsicht	
Piesi	Fußgänger	
Powoli	Langsam!	
Prozejazd wzbroniony	Durchfahrt verboten	
Ulica jednokierunkowa	Einbahnstraße	
Uwaga	Achtung	
Zakaz parkowania	Parkverbot	
Zakaz wyprzedzania	Überholverbot	

Abschleppen	holować	Autotechnische Ausdrücke
Batterie	akumulator	
Ersatzteil	część zamienna	
Führerschein	prawo jazdy	
Öl (wechseln)	olej (wymienić)	
Parken	parkować	
Parkplatz	parking	
Reparaturwerkstatt	warsztat naprawczy	
Tankstelle	stacja benzynowa	

Bahnhof	Dworzec	Auf der Reise
Besetzt	Zajęty	
Dieb/Diebstahl	Złodziej/Kradzież	
Eingang	Wejście	
Einsteigen!	Wsiadać!	
Fahrkarte	Bilet	
Fahrpreis	Cena (biletu)	
Flughafen	Lotnisko	
Flugschein	Bilet lotniczy	
Frei	Wolny	
Gepäck	Bagaż	
Gepäckaufbewahrung	Przechowalnia bagaży	
Gleis	Tor	
Haltestelle	Przystanek	
Liegewagen	Kuszetka	
Offen	Otwarty	
Platzkarte	Miejscówka	
Reisebüro	Biuro podróży	
Schalter	Okienko (kasa)	
Schlafwagen/Speisewagen	Wagon sypialny/restauracyjny	
Toilette	Toaleta	
Zu	Zamknięty	

Januar	styczeń	August	sierpień	Monate
Februar	luty	September	wrzesień	
März	marzec	Oktober	październik	
April	kwiecień	November	listopad	
Mai	maj	Dezember	grudzień	
Juni	czerwiec	Monat	miesiąc	
Juli	lipiec	Jahr	rok	

Tage	Montag	poniedziałek	Samstag	sobota
	Dienstag	wtorek	Sonntag	niedziela
	Mittwoch	środa	Feiertag	święto
	Donnerstag	czwartek	Woche	tydzień
	Freitag	piątek	Tag	dzień

Auf der Post	Brief	List
	Briefmarke (für einen Brief)	vnaczek pocztowy (na list)
	Briefumschlag	Koperta
	Eilbrief	List ekspresowy
	Einschreibebrief	List polecony
	Fernschreiben	Teleks
	Per Luftpost	Pocztą lotniczą
	Päckchen	Przesyłka
	Paket	Paczka
	Porto	Opłata za przesyłkę
	Postamt	Urząd pocztowy/poczta
	Postgebühr	Opłata pocztowa
	Postkarte	Kartka pocztowa

Essen und Trinken

Posiłki Mahlzeiten	śniadanie	Frühstück
	obiad	Mittagessen
	kolacja	Abendessen
Tisch und Gedeck	restauracja czynna od ... do ...	Restaurant geöffnet von ... bis ...
	stół/krzesło	Tisch/Platz (Stuhl)
	Czy ten stoł jest wolny?	Ist dieser Tisch frei?
	Czy to krzesło jest wolne?	Ist dieser Platz frei?
	menú/jadłospis	Speisekarte
	butelka/kieliszek	Flasche/Glas
	łyżka/łyżeczka (do herbaty/kawy)	Löffel (Tee-, Kaffee-)
	nóż/widelec	Messer/Gabel
	talerz głęboki/płytki	flacher/tiefer Teller
	szklanka	Wasserglas
	serwetka/wykłaczka	Serviette/Zahnstocher
	solniczka/pieprzniczka	Salzfaß/Pfefferstreuer
Śniadanie Frühstück	chleb biały/ciemny	Weißbrot/Schwarzbrot
	bułka/rogalik	Brötchen/Hörnchen
	szynka/kiełbasa	Schinken/Wurst
	jajko (na miękko)	(weiches) Ei
	jajko w majonezie	Ei mit Mayonnaise
	jajecznica (na szynce)	Rühreier (mit Schinken)
	jajecznica na bekonie	Rühreier mit Bacon
	masło/dżem/miód	Butter/Konfitüre/Honig
	ser biały/ser żółty	Frischkäse/Schweizer Käse
	twarożek	Quark
	kawa czarna	Schwarzer Kaffee
	kawa z mlekiem	Kaffee mit Milch
	kawa z bitą śmietaną	Kaffee mit Sahne
	herbata czarna	Schwarzer Tee
	herbata po angielsku	Tee auf englische Art
	herbata ziołowa	Kräutertee
	kakao/czekolada	Kakao/Schokolade
	cukier/cytryna	Zucker/Zitrone
	sok owocowy	Obstsaft
	pieprz/sól	Pfeffer/Salz
	musztarda/ketczup	Senf/Ketchup

śledź w śmietanie	Hering in Sahne	**Obiad**
karp w galarecie	Karpfen in Gelee	**Mittagessen**
karp po żydowsku	Karpfen auf jüdische Art	Przystawki
ryba w galarecie	Fisch in Gelee	Vorspeisen
węgorz wędzony	Aal geräuchert	
łosoś (wędzony)	Lachs (geräuchert)	
pasztet	Pastete	
rosół (z makaronem)	Brühe (mit Nudeln)	Zupy
bulion	Fleischbrühe, Bouillon	Suppen
zupa jarzynowa	Gemüsesuppe	
zupa kalafiorowa	Blumenkohlsuppe	
zupa pomidorowa	Tomatensuppe	
zupa fasolowa	Bohnensuppe	
barszcz czerwony	Rote-Rüben-Suppe	
chłodnik	Kalte Gemüsesuppe mit Sauermilch	
żurek	Saure Mehlsuppe (mit Schinken)	
kurczak/kaczka	Hähnchen/Ente	Dania główne
indyk/gęś	Truthahn/Gans	Hauptgerichte
dieprzowina	Schweinefleisch	
sznycel (po wiedeńsku)	Schnitzel (Wiener Schnitzel)	
kotlet schabowy	Kotelett	
watróbka/stek wieprzowa	Leber/Steak	
wołowina	Rindfleisch	
pieczeń wołowa	Rinderbraten	
polędwica wołowa	Lendenbraten	
zraz zawijany	Rouladen	
gulasz wołowy	Gulasch	
cielęcina	Kalbfleisch	
mostek cielęcy	Kalbsbrust	
sznycel cielęcy	Kalbsschnitzel	
pieczeń cielęca	Kalbsbraten	
ryby	Fisch	
dorsz/karp	Schellfisch/Karpfen	
makrela/pstrąg	Makrele/Forelle	
sandacz/szczupak	Zander/Hecht	
baranina	Lammfleisch	
dziczyzna	Wild	
sarnina/królik	Reh/Kaninchen	
zając/kuropatwa	Hase/Rebhuhn	
(mięso) duszone	geschmort (Fleisch)	Zubereitungsarten
gotowane/pieczone	gekocht/gebraten	
siekane/wędzone	gehackt/geräuchert	
ziemniaki/kartofle	Kartoffeln	Dodatiki
ryż/makaron	Reis/Nudeln	Beilagen
knedle/kluski/frytki	Knödel/Klößchen/Pommes frites	
brukselka/kalafior	Rosenkohl/Blumenkohl	Jarzyny
buraczki/marchewka	Rote Rüben/Möhren	Gemüse
cebula/czosnek	Zwiebel/Knoblauch	
fasola/groch	Bohnen/Erbsen	
kapusta biała (kiszona)	Weißkraut/Sauerkraut	
grzyby/kurki	Pilze/Pfifferlinge	
szpinak/seler	Spinat/Sellerie	

Gerichte mit Teig, Gemüse etc.	kasza gryczana	Buchweizengrütze
	makaron zapiekany)	Makkaroniauflauf
	ryża na mleku	Milchreis
	naleśniki	Palatschinken
	z twarogiem/z dżemem	mit Quark/Marmelade
	pierogi, pierożki	Gefüllte Teigtaschen
	z kapustą/z mięsem/z serem	mit Kraut-/Fleisch-/Quarkfüllung
Surówki Salat	sałatka z ogórków/papryki	Gurken-/Paprikasalat
	sałatka z pomidorów/cykorii	Tomaten-/Chicoreesalat
	sałatka z marchewki i kapusty	Möhren-und-Kohl-Salat
	zielona sałata ze śmietaną	Kopfsalat mit Sahne
	mizeria	Gurkensalat mit Sahne
	ogórek kiszony/rzodkiewki	Essiggurke/Radieschen
	ocet/oliwa	Essig/Öl
Desery Nachtisch	babka piaskowa	Sandkuchen
	makowiec	Mohnkuchen
	tort/lody	Torte/Eis
	ciastka	Plätzchen, Keks
	galaretiki owocowe	Obstgelee
Napoje Getränke	Napoje alkoholowe	Alkoholische Getränke
	wino białe/wino czerwone	Weißwein/Rotwein
	wytrawne/półwytrawne/słodkie	trocken/halbtrocken/süß
	piwo jasne/piwo ciemne	helles Bier/dunkles Bier
	piwo z beczki	Bier vom Faß
	wódka/Żubrówka	Wodka (mit Büffelgras)
	brandy/koniak	Brandy/Cognac
	likier/szampan	Likör/Sekt
	Napoje bezalkoholowe	Alkoholfreie Getränke
	woda mineralna	Mineralwasser
	sok owocowy/oranżada	Obstsaft/Orangenlimonade
	Napoje mleczne	Milchgetränke
	mleko słodkie	Milch
	mleko kwaśne	saure Milch
	jogurt	Joghurt
Owoce Obst	agrest/borówki	Stachelbeeren/Heidelbeeren
	brzoskiwinie/czereśnie	Pfirsiche/Kirschen
	gruszki/jabłka	Birnen/Äpfel
	morele/pomarańcze	Aprikosen/Orangen
	śliwki/truskawki	Pflaumen/Erdbeeren
	winogrona/wiśnie	Trauben/Sauerkirschen
Häufig vorkommende Ausdrücke	Aleja	Allee
	Brama miejska	Stadttor
	Chór	Chor
	Cmentarz	Friedhof
	Dolina	Tal
	Dom	Haus
	Dom wiejski	Landhaus
	Dom zdrojowy	Kurhaus
	Droga	Weg
	Dziedziniec, podwórze	Hof
	Dworzec	Bahnhof (auch Busbahnhof)
	Dzielnica	Stadtviertel
	Galeria	(Kunst-)Galerie
	Góra/Góry	Berg/Gebirge
	Granica	Grenze
	Jezioro	See
	Kaplica	Kapelle

Häufig vorkommende Ausdrücke (Fortsetzung)

Katedra	Kathedrale
Kawiarnia	Café
Kilim	Wandteppich
Klasztor	Kloster
Kolej	Eisenbahn
Kościół	Kirche
Krużganek	Kreuzgang
Księgarnia	Buchhandlung
Las	Wald
Malarstwo	Malerei
Miasto	Stadt
Morze	Meer
Most	Brücke
Mur miejski/Barbakan	Stadtmauer/Stadtbefestigung
Muzeum	Museum
Obraz	Bild, Gemälde
Ogród botaniczny	Botanischer Garten
Ołtarz	Altar
Pałac	Palast
Park narodowy	Nationalpark
Plaża	Strand
Płaskowyż	Hochebene
Pole	Feld, Land
Południe	Süden
Pomnik	Denkmal
Port	Hafen
Północ	Norden
Półwysep	Halbinsel
Przedstawienie	Vorstellung (z. B. Theater)
Przedział	Abteil
Przełęcz	Paß, Engpaß
Punkt widokowy	Aussichtspunkt
Ratusz	Rathaus
Restauracja	Restaurant
Rzeka	Fluß
Sala	Saal
Skała	Felsen
Skarb/Skarbiec	Schatz/Schatzkammer
Sklep	Geschäft
Skrzyżowanie	Straßenkreuzung
Statek	Schiff
Szczyt	Spitze
Szpital	Krankenhaus
Teatr	Theater
Twierdza	Festung
Ulica	Straße
Urząd gminny	Gemeindeamt
Uzdrowisko	Bad
Wieś	Dorf
Wieża	Turm
Woda	Wasser
Wodospad	Wasserfall
Wschód	Osten
Wzgórze	Hügel
Wybrzeże	Küste
Wyspa	Insel
Zachód	Westen
Zajazd	Rasthaus
Zamek	Kastell, Schloß
Zatoka	Bucht
Źródło, studnia	Quelle, Brunnen
Żydowski	Jüdisch

Sprachunterricht

Einige polnische Universitäten bieten Sommerkurse zum Erlernen der polnischen Sprache an. Die Kurse dauern im allgemeinen 3 bis 6 Wochen.

Warszawa

Uniwersytet Warszawski
Instytut Języka i Kultury Polskiej dla Cudzoziemców "Polonicum"
ul. Krakowskie Przedmieście 26/28, PL-00-927/1 Warszawa 64

Kraków

Szkoła Letnia Kultury i Języka Polskiego Uniwersytetu Jagiellońskiego
Rynek Główny 34, PL-31-010 Kraków

Wrocław

Szkoła Letnia Kultury i języka Polskiego dlo Cudzoziemców
Uniwersytet Wrocławski, Pl. Nankiera 15, PL-50-140 Wrocław

Lublin

Szoła Letnia Katolickiego Uniwersytetu Lubelskiego
Katolicki Uniwersytet Lubelski
Al. Racławickie 14, PL-20-950 Lublin

Centrum Języka i Kultury Polskiej dla Polonii i Cuczoziemców
Uniwersytet im. Marii Curie-Słodowskiej
ul. Weteranów 18, PL-20-038 Lublin

Katowice

Letnia Szkoła Języka, Literatury i Kultury Polskiej
Uniwersytet Śląski, Plac Sejmu Śląskiego 1, PL-40-032 Katowice

Sopot

Sopocka Szkoła Języka Polskiego
Al. Niepodległości 763, P-81-838 Sopot

Straßenverkehr

Allgemeines

Ein Straßennetz von rund 250000 km Länge erschließt das Land. Die Hauptverkehrsstraßen sind in gutem Zustand, was für die Nebenstraßen nicht immer zutrifft. Im Winter können einige Wege außerhalb geschlossener Ortschaften unbefahrbar sein.
Autobahnen bzw. vierspurig ausgebaute Straßen gibt es bei Stettin (A6; E 65), bei Danzig/Gdingen (Straßen 6, E 28), zwischen Poznań und Konin (E 30, A 2), im Umkreis von Warschau, zwischen Golnice und Breslau (A 12, A 4), im Großraum Kattowitz – Bielsko-Biała – Krakau (u. a. A 4) sowie zwischen Kattowitz und Warschau (E 75, E 67).
Die anderen Durchgangsstraßen sind zweispurig, aber sehr breit und mit separaten Spuren für Lkws, Radfahrer und Fußgänger versehen. Sie werden auch als Ausweichspur benützt, wenn ein Überholender entgegenkommt; allerdings sollte man selbst beim Überholen vorsichtig sein und damit rechnen, daß die Ausweichspur auf der anderen Seite 'belegt' ist.
Ferner ist zu beachten, daß Radfahrer, landwirtschaftliche Fahrzeuge, auch Lkws und natürlich Fußgänger oft ohne oder mit unzureichender Beleuchtung unterwegs sind.

Verkehrsbestimmungen

Die Verkehrsbestimmungen entsprechen weitestgehend denen in Deutschland bzw. in ganz Europa. Hier deshalb nur einige wichtige polnische Besonderheiten.
Vom 1. November bis 31. März muß auch tagsüber mit Abblendlicht gefahren werden; Parken ist an Durchgangsstraßen bei Dunkelheit nur mit Standlicht gestattet.
Halteverbot besteht 100 m vor und nach Bahnübergängen. Besondere Vorsicht ist geboten an bewachten und unbewachten Übergängen von lokalen Eisenbahnlinien.

Verkehrsbestimmungen (Fortsetzung)

Es besteht absolutes Alkoholverbot (Höchstgrenze für den Blutalkoholgehalt 0,2 Promille).
Straßenbahnen haben Vorfahrt an Kreuzungen gleichrangiger Straßen. An Straßenbahnhaltestellen muß angehalten werden, um das gefahrlose Ein- und Aussteigen der Fahrgäste zu ermöglichen.

Geschwindkeitsbeschränkungen

Innerorts: Pkws (auch mit Anhänger) und Motorräder bis 60 km/h (sofern nicht anders ausgeschildert)
außerorts: Motorräder und Pkws 90 km/h (mit Anhänger 70 km/h)
auf Autobahnen und Schnellstraßen: Pkws 110 km/h (mit Anhänger 70 km/h), Motorräder 90 km/h.

Tankstellen

Die meisten Tankstellen in Polen gehören der staatlichen 'Zentrale für Erdölprodukte' (Centrala Produktów Naftowych, CPN), doch zunehmend drängen private polnische und ausländische Firmen (AGIP, BP, Shell) auf den Markt.
Geöffnet sind die Tankstellen in der Regel Mo.–Sa. 6.00–22.00 Uhr, So. und Fei. 7.00–15.00/17.00 Uhr. An Fernverkehrsstraßen und in größeren Städten haben viele Tankstellen durchgehend geöffnet.

Kraftstoff

Die wichtigsten Kraftstoffsorten sind:
Super 94 Oktan (entspricht unserem Normalbenzin) und 98 Oktan (entspricht unserem Super)
Diesel (abgekürzt ON) und bleifreies Superbenzin mit 95 Oktan (gekennzeichnet durch ein schräg durchgestrichenes 'Pb')
Die Versorgung mit bleifreiem Benzin ist flächendeckend; östlich von Warschau sollte man aber einen gutgefüllten Reservekanister dabei haben (bis 20 l zugelassen).
Neben polnischen Motorölen (zahlbar in Złoty) wird auch Öl ausländischer Firmen verkauft (zahlbar in konvertierbaren Währungen).

Verhalten bei einem Verkehrsunfall in Polen

Sofortmaßnahmen

Bewahren Sie Ruhe und bleiben Sie höflich. Treffen Sie folgende Maßnahmen:
Sichern Sie die Unfallstelle ab: Warnblinkanlage einschalten, Warndreieck (und Blinklampe) in ausreichendem Abstand aufstellen.
Kümmern Sie sich um Verletzte. Hinweise für Erste Hilfe finden Sie in der Broschüre 'Sofortmaßnahmen am Unfallort' in Ihrer Autoapotheke. Sorgen Sie nötigenfalls für einen Krankenwagen.
In Polen muß jeder Unfall von der Polizei aufgenommen werden (Tel. 997).
Notieren Sie Namen und Anschriften anderer Unfallbeteiligter, außerdem Kennzeichen und Fabrikat der anderen Fahrzeuge sowie Namen und Nummern der Haftpflichtversicherungen von polnischen Kraftfahrzeugen, die in den Unfall verwickelt sind. Wichtig sind auch Zeit und Ort des Unfalles sowie die Anschrift der eingeschalteten Polizeidienststelle.
Sichern Sie Beweismittel: Schreiben Sie Namen und Adressen von möglichst unbeteiligten Zeugen auf; machen Sie Skizzen von der Situation am Unfallort. Besser noch sind mehrere Fotos aus verschiedenen Richtungen.
Verwenden Sie möglichst den (bei Ihrem Versicherungsfachmann oder Automobilclub erhältlichen) Europäischen Unfallbericht und lassen Sie ihn vom Unfallgegner gegenzeichnen. Unterschreiben Sie kein Schuldanerkenntnis und kein Schriftstück, dessen Sprache Sie nicht verstehen.
Unter Umständen können bis zur Klärung der Unfallursache Reisepaß, Kraftfahrzeugpapiere oder sogar der Pkw einbehalten werden.

Schadensregulierung

Wenn an Sie Ansprüche gestellt werden, melden Sie den Schaden Ihrer eigenen Kraftfahrzeug-Haftpflichtversicherung. Außerdem können Sie sich an die polnische Versicherung wenden, deren Anschrift in Ihrer Grünen Versicherungskarte angegeben ist.

Straßenverkehr, Schadensregulierung bei Verkehrsunfall (Fortsetzung)

Eigene Ersatzansprüche müssen Sie gegen gegen den Schadenstifter und seine Haftpflichtversicherung selbst geltendmachen; die Grüne Karte hilft hier nicht. Wurden Sie in einen Unfall mit einem in Deutschland zugelassenen Fahrzeug verwickelt, können Sie sich direkt an die deutsche Versicherung des Schadenstifters wenden. Bei einem Totalschaden ist auch die zuständige Zollbehörde zu benachrichtigen.

Gerichtsverhandlung

Wenn Sie zu einer Gerichtsverhandlung geladen werden, informieren Sie unverzüglich Ihre Kraftfahrzeug-Haftpflichtversicherung. Ihre Rechtsschutzversicherung nennt einheimische Anwälte, die deutsch sprechen und deren Bezahlung von der Versicherung geregelt wird.
Allianz Versicherte finden alle notwendigen Angaben und Adressen in der Broschüre "Mit dem Auto ins Ausland".

Ersatzansprüche

In Polen wird Nutzungsausfall nicht entschädigt. Mietwagenkosten werden bei beruflicher Nutzung des Fahrzeugs erstattet.

Allianz Auto-Schutzbrief

Mit einem Auto-Schutzbrief der Allianz Gesellschaften sind Sie gegen eine Reihe von Kosten versichert, die Ihnen durch einen Unfall entstehen können, z. B. für Bergen und Abschleppen Ihres Fahrzeugs, für Übernachtungen, Bahnfahrt oder Mietwagen, für Krankenrücktransport, Fahrzeugrückholung oder -transport, ggf. für Verschrottung und Verzollung.

Weitere Informationen

→ Autohilfe
→ Notdienste

Taxi

Allgemeines

Taxis sind entweder Eigentum einer Kommune oder in Privatbesitz, wobei die privaten Besitzer entweder selber fahren oder einem Verband angehören. Städtische Taxiunternehmen (Miejskie Przedsiębiorstwo Taksówkowe) bürgen für die Solidität und Ehrlichkeit ihrer Fahrer.
In Warschau (Taxiruf Tel. 919) muß man bis zu 30 Min. auf sein Taxi warten.

Preise

Da sich die Tarife schnell ändern (Inflation, Benzinpreiserhöhungen), werden die Taxameter schon seit Jahren nicht mehr ausgewechselt. Viele Taxifahrer heften neben ihr Lenkrad eine Karte mit der Aufschrift: 'Taxameter mal x'. Faktoren von 1 000 oder gar 1 500, wie sie beispielsweise in Warschau vor dem Flughafen verlangt werden, sind Mondpreise für ahnungslose Ausländer. Für große Hotels fahren eigene Taxis; Fahrten in diesen Taxis sind teuer, da dem Fahrgast, der sich z. B. vom Hotel ins Stadtzentrum fahren läßt und nicht wieder mit zurückfährt, u. U. auch die Rückfahrt berechnet wird. Nachts und an den → Feiertagen wird vielfach ein Zuschlag von 50 % erhoben. Man sollte den Preis für Taxifahrten, v. a. längere, möglichst vor Fahrtbeginn aushandeln.

Toiletten

Gelegentlich sind öffentliche Toiletten mit einem Kreis für Damen und einem Dreieck für Herren gekennzeichnet. Meist ist eine kleine Gebühr zu zahlen.

Trinkgeld

Die Preise enthalten üblicherweise auch das Bedienungsgeld. Trinkgelder für besondere Leistungen sind in Polen nicht obligatorisch, werden jedoch gern angenommen; je luxuriöser das Hotel oder das Restaurant, desto höher das Trinkgeld. Nach Begleichung der Rechnung kann man das Trinkgeld auf dem Tisch liegenlassen (üblich ist es, den Rechnungsbetrag aufzurunden). Unüblich sind Trinkgelder in kleinen Restaurants, in Bars mit Selbstbedienung oder in kleineren Cafés und Restaurants, in denen der Besitzer des Lokals selbst bedient. — Trinkgeld (Fortsetzung)

Preise für Gepäckträgerdienste in Hotels oder auf Bahnhöfen sollten im voraus abgesprochen werden, um Mißverständnisse auszuschließen und übertrieben hohe Trinkgelder zu vermeiden.

Umgangsregeln

Anrede: → Sprache

Handkuß: Ein weit verbreiteter Brauch ist es, den Damen die Hand zu küssen, unabhängig von Alter und Bekanntheitsgrad.

Sitzplatz: Es versteht sich von selbst, daß man Älteren, Kranken und Behinderten in öffentlichen Verkehrsmitteln seinen Sitzplatz anbietet.

Besuche: Termine und Besuche sollten vorher vereinbart werden. Ohne feste Verabredung kann man zu Freunden oder Verwandten sonntags nach 17.00 Uhr gehen (das betrifft natürlich nicht engeFreunde).

Gastgeschenke: Kleine Gastgeschenke sind üblich, z. B. Blumen, die man sich in Polen zu fast jeder Gelegenheit schenkt (zum Rendezvous, zu Namenstagen, an Feiertagen und auch in Ämtern und Büros).

Trinksprüche: Auch bei Geschäftsessen sind Trinksprüche üblich, die besonders gern zu harten Getränken ausgebracht werden.

Unterkunft

Camping: → Camping und Caravaning

Ferienwohnungen: Sommerhäuschen werden v. a. in Westpommern, an der Ostsee oder in der Masurischen Seenplatte vermietet; sie sind unterschiedlich groß (von drei bis acht Personen) und mit Herd, Kühlschrank, Geschirr und Besteck versehen. Die Mindestmietdauer ist eine Woche (von Samstag zu Samstag). Die Preise beinhalten neben Gas- und Stromversorgung sowie wöchentlichem Wäschewechsel auch die Endreinigung; Preisnachlaß wird gewährt in der Vorsaison (etwa ab Mitte Mai bis Mitte Juni) sowie während der Nachsaison (Ende August bis Ende September). Auskunft bei Polorbis und der Polnischen Fremdenverkehrsinformation (→ Auskunft).

Hotels: → dort

Jugendherbergen: → Jugendunterkünfte

Privatquartiere: In den meisten Städten und in touristischen Zentren sind in den größeren Reisebüros (→ Auskunft) Büros für die Vermittlung von Privatzimmern eingerichtet (Biuro Zakwaterowania). Über Gästezimmer informieren in den kleineren Städten die Hotels oder die Stadtverwaltung. In Ferienorten werden Privatquartiere aber auch einfach durch das Schild 'Noclegi' (Übernachtung) oder 'Pokoje' (Zimmer) kenntlich gemacht. Unerbetene Angebote – etwa auf Bahnhöfen – sind eher zweifelhafter Qualität.

Rasthäuser: Rasthäuser an den Hauptverkehrsstrecken bieten dem Reisenden Übernachtung und Verpflegung.

Unterkunft (Forts.) Studentenhotels	→ Jugendunterkünfte
Wanderheime	An Wanderwegen unterhält die PTTK (→ Auskunft) Wanderheime mit unterschiedlicher, meist jedoch einfacher Ausstattung.

Veranstaltungen

Termine	Sofern nicht anders vermerkt, finden die Veranstaltungen alljährlich statt. Die genauen Termine erfährt man beim Polnischen Informationszentrum für Touristik (→ Auskunft). Über Veranstaltungen in Krakau informiert auch das Internationale Kulturzentrum, Rynek Główny 25, PL-31-008 Kraków (Fax 012/218571).
Februar	Kraków: "Shanties" (Gesamtpolnisches Festival der Seemannslieder); Festival der Straßenkapellen (Krakowski Festiwal Podwórko); Liedermacher-Schau (Przegląd Piosenki Autorskiej) Poznań: Weltfestival der Knabenchöre (alle drei Jahre)
März	Kurpie, Łyse (Woj. Ostrołąa): Palmsonntag (Palma Kurpiowska)
April/Mai	Częstochowa: "Gaude Mater" (Internationales Festival für Sakrale Musik)
Mai	Bielsko Biała: Internationales Puppentheaterfestival Katowice: Theatertreffen 'Vision und Plastik' (Spotkanie Teatru Wizji i Plastyki) Łańcut: Musikfestival im Palast Przemyśl: Gesamtpolnisches Festival der Straßenkapellen Warszawa: Internationale Buchmesse Wrocław: Jazzmusikfestival "Jazz nad Odrą"
Mai/Juni	Busko Zdrój: Begegnung mit der Folklore (Buskie Spotkanie z Folklorem) Kraków: Internationales Kurzfilmfestival Łódź: Ballett-Treffen (Łódzkie Spotkanie Baletowe; alle zwei Jahre) Lublin: Gesamtpolnisches Festival für Folkloresänger und -kapellen Opole: Landesfestival des Polnischen Lieds Sanok: Folklore-Markt (Jarmark Folklorystyczny) Warszawa: Kinder- und Jugendamateurfilmschau (Przegląd Dziecięcych i Młodzieżowych Filmów Amatorskich)
Juni	Kazimierz Dolny: Polnische Volkskunstmesse (Ogólnopolskie Targi Sztuki Ludowej) Kraków: Krakauer Tage (Dni Krakowa): Namenstag der Stadt, Ernennung des Schützenkönigs, Johannisfeier, Konzerte Rzeszów: Gesamtpolnischer Wettbewerb für traditionellen Volkstanz (Ogólnopolski Konkurs Tradycyjnego Tańca Ludowego) Sanniki: Sonntag in Sanniki (Niedziela Sannicka; Folklore) Szczawno-Zdrój: Henryk-Wieniawski-Violinfestival
Juni–August	Gdańsk, Gdynia: "Musica Sacra" (Orgel-, Chor- und Kammermusik) Kamień Pomorski: Internationales Festival für Orgel- und Kammermusik (Konzerte jeden Freitag in der Kathedrale) Tyniec: Tyniecer Orgelrecital (Tynieckie Recitale Organowe) in der Benediktinerabtei
Juli	Chodzież: Internat. Jazz-Werkstatt (Międzynarodowe Warsztaty Jazzowe) Świnoujście: "Fama" (Kunstfestival der Akademischen Jugend) Warszawa: Old Jazz Meeting 'Złota Tarka' Zakopane: Karol-Szymanowski-Musiktage (Dni Muzyki Karola Szymanowskiego)

Gdańsk: Dominikanermarkt (Jarmak Dominikański; Markt und kulturelle Veranstaltungen)
Kołobrzeg: Jarmak Solny (Salzmarkt)

Veranstaltungen Juli/August

Bielsko-Biała: Beskiden-Kulturwoche (Tydzień Kultury Beskidzkiej)
Duszniki Zdrój: Internationales Chopin-Festival
Kraków: Festival "Musik im Alten Krakau" (Muzyka w Starym Krakowie)
Mrągowo: Musikfestival "Picknick Country"
Sopot: Internationales Musikfestival
Zwierzyniec: Internationale Werkstatt der Jazzvokalisten (Międzynarodowe Warsztaty Wokalistów Jazzowych)

August

Antonin: "Chopin in den Farben des Herbstes" (Chopin-Festival)
Gdańsk: Festival für Polnische Spielfilme
Kraków: Internationales Jazzfestival der Kleinen Besetzung "Solo Duo Trio"; Volkskunstmesse (Targi Sztuki Ludowej)
Krynica: Internationaler Opernsängerwettbewerb, Jan-Kiepura-Festival
Rzeszów: Festival Auslandspolnischer Folklore-Ensembles
Warszawa: "Warschauer Herbst" (Warszawski jesien; Internationales Festival für zeitgenössische Musik)
Wrocław: "Wratislavia Cantans" (Internationales Oratorien- und Kantatenfestival)
Zakopane: "Tatra-Herbst" (Internationales Folklorefestival der Bergländer)
Zamość: Festival der Jazzvokalisten

September

Szczezin: Herbst-Musiksalon
Warszawa: Internationaler Fryderyk-Chopin-Klavierwettbewerb (alle fünf Jahre); "Jazz Jamboree" (Internationales Jazzfestival)

Oktober

Pommern: Pommerscher Jazz-Herbst (Pomorska Jesień Jazzowa) mit Konzerten in Poznań, Gorzów Wielkopolski, Szczecin, Gdynia, Toruń, Bydgoszcz
Poznań: Internationaler Wieniawski-Violinwettbewerb
Warszawa: Internationale Theaterbegegnungen

November

Katowice: Internationaler Fitelberg-Dirigentenwettbewerb
Kraków: Krippenwettbewerb (Konkurs Szopek Krakowskich)

Dezember

Zeit

In Polen gilt im Winterhalbjahr die Mitteleuropäische Zeit (MEZ); für die Zeit von Ende März bis Ende Oktober wurde die Mitteleuropäische Sommerzeit (MESZ = MEZ + 1 Std.) eingeführt. Die Umstellung erfolgt zu denselben Terminen wie in Deutschland.

Zeitungen und Zeitschriften

Ausländische Zeitungen und Zeitschriften

Ausländische Zeitungen und Zeitschriften sind an Hotelkiosken, in Buchhandlungen, die fremdsprachige Literatur führen, sowie auf Bahnhöfen, an den Ruch-Kiosken oder in großen Städten in den Klubs der Internationalen Presse (KMPiK) erhältlich.

Englischsprachige Wochenzeitungen

In englischer Sprache erscheinen die Wochenzeitungen "The Varsaw Voice" und "Gazeta International", die zukünftige Version der "Gazeta Wyborcza", die von der "Solidarność" herausgegeben wird.

"Welcome" in div. Sprachen

Das Polnische Reisebüro "Orbis" gibt die touristische Vierteljahresschrift "Welcome" in verschiedenen Fremdsprachen heraus.

Zeitungen und Zeitschriften (Fortsetzung) Polnische Presse

Die Presse ist weitgehend privatisiert; der Konzern der PZPR (Prasa-Książka-Ruch-Kette), die 80 % der Titel herausbrachte, wurde aufgelöst.

Zu den beliebtesten Tageszeitungen, die u. a. in Krakau, Danzig, Posen und Kattowitz erscheinen, gehören die unabhängigen "Życie Warszawy" (Leben von Warschau), "Express Wieczorny" und "Wiadomości Dnia", die mit der Solidarność verbundene "Gazeta Wyborcza", die katholische Zeitung "Słowo powszechne" und die Tageszeitung der Demokratischen Partei "Kurier Polski". "Trybuna" ist eine Tageszeitung der Sozialdemokratie der Republik Polen. Die Regierungszeitung heißt "Rzeczpospolita" (49 % der Aktien im Besitz des französischen Hersant-Verlags, 51 % im Besitz der polnischen Regierung).

Wochenzeitschriften

Wöchentlich erscheinen die unabhängigen Zeitungen "Polityka" und "Przegląd Tygodniowy", die Zeitung "Solidarność", das Finanzblatt "Gazeta Bankowa" und die katholische "Tygodnik Powszechny".

Satirische Zeitungen

Sehr beliebt sind die satirischen Zeitungen "Szpilki" und "Karuzela", vor allen andern aber "NIE" (Nein), das Blatt des ehemaligen Jaruzelski-Regierungssprechers Jerzy Urban.

Zollbestimmungen

Einreise nach Polen

Verboten ist in Polen die Einfuhr von Gewehren und Munition, explosiven und radioaktiven Stoffen, pornographischen Publikationen, Narkotika, Giften und Rauschmitteln. Über die Bestimmungen, die CB-Funkgeräte und Autotelefone betreffen, informieren der ADAC und das Polnische Informationszentrum für Touristik (⟶ Auskunft).
Zollfrei eingeführt werden dürfen Gegenstände des persönlichen Bedarfs wie Lebensmittel, die für die Reise bis zum Aufenthaltsort notwendig sind, z.B.: Fleisch bis zu 2 kg, tierische Fette bis 1 kg, Milchprodukte bis 1 kg, Schokolade bis 1 kg und Kaffee bis 200 g. Personen über 18 Jahre dürfen außerdem zollfrei einführen: Spirituosen (0,5 l), Wein (2 l), Bier (5 l), Tabak (250 Zigaretten oder 50 Zigarren oder 250 g Tabak).
Zollfrei nach Polen mitnehmen darf man folgende Gegenstände, die jedoch deklariert und wieder ausgeführt werden müssen: 1 Fernglas, 1 Videokamera, 1 Videorecorder, 2 Fotoapparate und 1 Filmkamera mit je 10 Filmen, 1 Radio mit Kassettenrecorder, je 1 Sportgerät (Fahrrad; Boot, Surfbrett, Kanu bis 5,50 m Länge).
Zollfrei einführen darf man ferner Geschenkartikel, sofern sie den Gegenwert von 100 US-Dollar nicht übersteigen. Bei Überschreitung dieses Werts werden die Gegenstände pauschal mit 10% des Warenwerts verzollt.
Kraftwagen sind vom Zoll für die Zeit des Reiseaufenthalts in Polen befreit. Diese Zollbefreiung wird in vereinfachter Form durch eine Eintragung in den Reisepaß vorgenommen (normalerweise verzichtet der Zoll darauf). Bis max. 20 Liter Kraftstoff im Reservekanister sind bei der Einreise zollfrei.

Ausreise

Antiquitäten ⟶ dort.

Wiedereinreise nach Deutschland und Österreich

Zollfrei sind Geschenke bis zu einem Wert von 200 DM; ferner 200 Zigaretten oder 100 Zigarillos oder 50 Zigarren oder 250 g Tabak, an alkoholischen Getränken 1 l Spirituosen über 22 % oder 2 l Spirituosen unter 22 % Alkoholgehalt oder 2 l Schaum- oder Likörwein, außerdem 2 l Wein, 500 g Kaffee oder 200 g Kaffeeauszüge, 50 g Parfüm oder 0,25 l Eau de Toilette und 10 l Kraftstoff im Kanister. Tabak und alkoholische Getränke sind nur für Personen über 17 Jahre, Kaffee für Personen ab 15 Jahre, zollfrei.

Wiedereinreise in die Schweiz

Nähere Auskünfte über die Bestimmungen, die bei der Wiedereinreise in die Schweiz gelten, erteilen die schweizerischen Zollbehörden.

Register

Das Register enthält auch die deutschen Ortsnamen und ist nach den Regeln der deutschen Sprache alphabetisch geordnet. Diakritische Zeichen werden also – im Gegensatz zur Anordnung im Hauptteil "Reiseziele von A bis Z" (s. auch Anmerkung S. 5) – vernachlässigt. Beispiel: Dębno, Dedecius; Fałat, Falconi.